◎2011年6月27～28日，全国工商联十届七次常委会议在广东省广州市召开。

◎2011年12月21～22日，全国工商联十届五次执委会议在贵州省贵阳市召开。

◎ 全国工商联对2011年全国工商联系统的60项优秀调研成果进行了表彰，并为129项成果颁发了2011年全国工商联科学技术奖，授予39家企业科技创新企业奖。

◎ 中央统战部副部长，全国工商联党组书记、第一副主席全哲洙在全国工商联十届五次执委会议闭幕式上讲话。

◎ 在执委会议期间，全国工商联与贵州省人民政府共同主办全国民营企业助推贵州发展大会暨项目集中签约仪式。

◎ 2011 年 10 月 13 日，全国政协副主席、全国工商联主席黄孟复，中央统战部副部长，全国工商联党组书记、第一副主席全哲洙在全国工商联机关会见了云南省委副书记、代省长李纪恒一行。

◎ 2011 年 10 月 10 日，中央统战部副部长，全国工商联党组书记、第一副主席全哲洙在全国工商联机关会见了湖南省委书记、省人大常委会主任周强一行。

◎ 2011 年 11 月 30 日，中央统战部副部长，全国工商联党组书记、第一副主席全哲洙在机关会见了贵州省委书记、省人大常委会主任栗战书和贵州省委副书记、省长赵克志一行。

◎ 2011 年 12 月 30 日，中央统战部副部长，全国工商联党组书记、第一副主席全哲洙在机关会见了青海省副省长骆玉林一行。

◎ 2011 年 3 月 7 日，全国工商联与安徽省人民政府在北京签署战略合作框架协议。

◎ 2011 年 6 月 28 日，在全国工商联十届七次常委会议期间，由全国工商联和广东省人民政府共同主办的“广东与全国知名民营企业合作发展共促转型升级大会暨合作项目签约仪式”在广东召开。

◎ 2011 年 12 月 20 日，在全国工商联十届五次执委会议期间，全国工商联与贵州省人民政府共同举办战略合作框架协议签字仪式。

◎ 2011 年 9 月 16 日，由全国工商联和山东省人民政府联合主办的“2011 海内外知名企业家齐鲁行暨第十三届环渤海民营经济经贸洽谈会”在山东省东营市开幕。

◎ 2011 年 11 月 29 日，由全国工商联、湖南省人民政府和香港中华总商会共同举办的“2011 中国（湖南）民营经济投资洽谈会暨海内外华商湖南行”活动在长沙开幕。

◎ 在“首届中国—亚欧博览会暨光彩事业新疆行”活动中，全国工商联组织民营企业分别与新疆相关企业和州县签订了 7 个投资项目，总投资额达 1226.89 亿元人民币。

◎ 2011 年 8 月 25 日，全国工商联在京召开 2011 中国民营企业 500 强发布会，发布 2011 中国民营企业 500 强、2011 中国民营企业制造业 500 强名单以及 2011 中国民营企业 500 强分析报告。

◎ 全国政协副主席、全国工商联主席黄孟复，中央统战部副部长，全国工商联党组书记、第一副主席全哲洙在发布会上为企业家颁发证书。

◎ 全国工商联常务副主席孙安民在发布会上发言。

◎ 全国工商联副秘书长、经济部部长欧阳晓明发布 2011 中国民营企业 500 强分析报告。

◎ 2011年6月23日，全国工商联举办“纪念建党九十周年党员大会”。

◎ 2011年7月6日，离退休老干部在机关举办“庆祝中国共产党建党90周年演唱会”。

◎ 全国工商联副主席宋北杉观看“庆祝建党九十周年书画作品展”。

◎ 2011年10月，全国政协副主席、全国工商联主席黄孟复第四次率民营企业家赴四川省仪陇县考察调研，总结仪陇经验，检查帮扶成果，推动创新发展。

◎ 2011年12月，中共中央统战部副部长，全国工商联党组书记、第一副主席全哲洙率调研组赴贵州省织金县三甲乡大戛村考察我会试点乡镇帮扶项目——千亩葡萄种植产业基地。

◎ 2011年4月19日，全国工商联召开中小企业综合性调研研讨会，中共中央统战部副部长，全国工商联党组书记、第一副主席全哲洙在研讨会上发言。

◎ 2011年3月，全国工商联副主席褚平带队赴辽宁调研中小企业问题。

◎ 2011年1月，全国政协副主席、全国工商联主席黄孟复到北京市朝阳区农民工子弟学校星河双语学校金盏分校视察，近距离了解学校教学和学生学习情况。

◎ 2011年4月，全国工商联副主席谢经荣率团考察了中华红丝带基金凉山州村级卫生室、栋梁班、母婴阻断等项目，并出席昭觉县抗病毒治疗关爱中心奠基仪式。

◎ 2011年12月，全国工商联扶贫与社会服务部和教育部全国高等学校学生信息咨询与就业指导中心联合举办了“全国高校毕业生就业网络联盟首次校企合作班研讨会”。

◎ 2011 年 1 月 18 日，2010 ~ 2011 年中国民营经济发展形势分析会在北京召开。

◎ 全国政协副主席、全国工商联主席黄孟复在会上作题为“民营经济是转方式、保民生的重要力量”的主旨演讲。

◎ 中共中央统战部副部长，全国工商联党组书记、第一副主席全哲洙出席会议。

◎ 全国工商联副主席、中国民（私）营经济研究会会长庄聪生主持会议。

◎ 2011 年 5 月 11 日，全国政协副主席、全国工商联主席黄孟复会见了马有礼会长为团长的澳门中华总商会访京团一行。

◎ 2011 年 6 月 2 日，全国政协副主席、全国工商联主席黄孟复会见了来访的新西兰恒天然合作集团首席执行官安德鲁·费里一行。

◎ 2011 年 11 月 29 日，全国工商联副主席李路会见了以香港雇主联合会主席彭耀佳为团长的香港雇主联合会访京团一行。

◎ 2011年10月12日，全国工商联召开"学习'七一'讲话，提高'四种能力'，加强和改进机关工作研讨会"。

◎ 2011年11月4日，全国工商联在机关组织学习十七届六中全会精神辅导报告。

◎ 2011年全国工商联陆续举办了机关部门领导讲坛。

◎ 2011年10月，全国工商联机关正式迁入新办公楼。

延边州工商业联合会

延边州工商业联合会始创于1957年8月15日，在中共延边州委、延边州人民政府的正确领导下，在上级工商联和州委统战部的具体指导下，以“团结、服务、引导、教育”广大会员“爱国、敬业、诚信、守法、贡献”为己任，充分发挥统战性、经济性、民间性作用，促进非公有制经济健康发展和非公有制经济人士健康成长，为推动延边经济与社会发展作出了贡献。

表彰先进

延边州工商联第十次代表大会开幕式

延边州委常委、统战部部长金寿浩主持会议

吉林省委常委、延边州委书记张安顺作重要讲话

加强宣传教育，为改善民生贡献力量

向社会各界广泛宣传工商联和非公有制经济人士的业绩，2011年，延边州工商联会同延边电视台宣传报道了20多家会员企业，向吉林省工商联及有关部门推荐表彰优秀民营企业。通过“民营企业招聘周”等活动，促进下岗职工再就业，缓解社会就业压力。开展“民企系三农，共建新农村”和“百企进百村，共建新农村”活动，培训农村劳动力6万余人次，带动了100多个行政村、2万多户农民增收致富，促进了社会主义新农村建设。

引导会员投身光彩事业，带领各行业商会和会员走访慰问光荣院、城市低保户、农村贫困户，开展捐资助教、建桥修路、为特困户集资建房等慈善事业，近5年所捐款物累计价值2000多万元。

围绕中心工作，为社会发展建言献策

目前，全州非公有制经济代表人士担任省人大代表9人，省政协委员4人；担任省工商联执委8人，常委3人；担任州人大代表31人，州政协委员66人。

州工商联积极组织会员参与人大、政协的视察工作，向相关部门提出意见建议，担任人大代表、政协委员的工商联会员撰写提案、议案近年累计200余条，许多团体提案受到关注。《关于促进房地产业健康发展的几点建议》、《建议政府及相关部门尽快出台一些符合“先行先试”的相关政策》等多条建议，被州委、州政府以及相关部门采纳和落实。

强化服务意识，为民企成长创造条件

搭建非有制公经济人士与党委、政府领导共商民营企业发展的平台，拓展沟通对话渠道；搭建与国内外企业合作发展平台，拓宽非公经济发展空间；搭建与各部门交流、服务平台，营造良好发展环境。积极开展非公企业的咨询、信息、政策、融资、维权、市场开拓等多项服务，推动银企对接、配合治理软环境等等，为企业发展创造了有利条件。

2011年帮助企业办理进出口手续、化解债务纠纷，挽回经济损失达2.13亿元。一大批政治觉悟高、经济实力强、事业贡献大、社会影响广的非公有制经济代表人士在延边州经济、政治、文化、社会建设中的作用日益突出。近年来，非公有制经济企业和个人荣获国家级荣誉30余项，省级荣誉70余项。

助推经济发展，为招商引资搭桥铺路

州工商联发挥自身联系广泛的优势，广交朋友，加强联谊，为各级政府和非公有制企业牵线搭桥，促进经贸合作。组织会员“走出去”参观考察，近5年，全州工商联系统共引进项目35个，到位资金5.05亿元。引进光彩小学建设资金75万元，为7所光彩小学建立图书室，捐赠图书1.4万册。

抓好组织建设，为商会工作增添活力

延边州工商联始终把抓基层打基础工作和机关建设作为重要任务，坚持以创建“学习型、服务型、和谐型”机关为目标，坚持理论学习与实际工作相结合，通过深入开展“创先争优”活动，激发干部工作热情，形成“想干事、会干事、干成事”的良好氛围，干部素质不断提高，服务科学发展和实现自身科学发展能力明显增强。各级工商联加大组织工作力度，确保会员的数量和质量与延边州非公有制经济发展相适应。

扬帆起航正当时，中央、省《关于加强和改进新形势下工商联工作的意见》的颁布实施，标志着工商联事业迎来了重要机遇期、创新发展期和大有作为期。机遇当前，大任在肩，延边州工商联将在州委、州政府的领导下，以改革创新精神统揽工作全局，和衷共济，聚智聚力，乘势而上，展现作为，不断谱写工商联事业新篇章。

延边朝鲜族自治州工商业联合会（商会）第十次会员代表大会合影留念　2011.12.16

包头市工商联（总商会）

包头市工商业联合会（总商会）是中共包头市委领导的以非公有制企业和非公有制经济人士为主体的人民团体和商会组织，是党和政府联系非公有制经济人士的桥梁纽带，是政府管理和服务非公有制经济的助手。内设经济部、会员部、宣传教育培训部和办公室4个职能部室，2011年成立了非公有制经济服务中心和非公有制经济维权投诉中心2个事业单位。市非公有制经济组织党工委设在工商联。现有工作人员33名，其中行政编制19名，事业编制14名。目前，全市9个旗县区和稀土高新区都设有工商联组织，会员企业达4600家，行业商（协）会、异地商会共46家。

为彰显民营经济实力，提振小微企业发展信心，推动民营企业共融发展，包头市工商联投资7.5亿元，建成了单体建筑面积15万平方米、31层120米高的包头商会大厦，并配套了五星级酒店和3万平方米的同心公寓大厦。大厦内设新闻发布室、洽谈签约室、大中小型智能会议室、教育培训室、文体活动室和会展服务中心等公共服务设施，引进了金融、保险、法律、评估、审计、监理、会计、信息技术咨询等17个服务机构，并将市工商联所属各商（协）会集中在大厦内办公。目前，大厦签约入驻企业206家，集聚了全市文化、高端制造、房地产、商贸流通等多个行业，形成了信息资源共享、辐射行业广泛、合作共赢显著、服务管理高效的包头民营企业总部经济阵地。

为了推动小微企业入园发展、上档升级、人才培养、市场开拓、政策扶持“五大工程”的实施，针对小微企业“小、弱、散”和随着城市扩容造成“无地自容、望园兴叹”的生存发展困境，包头市工商联积极协调政府，组建了全国首个以工商联组织牵头、市场化运作的中小企业创业园区。一期占地3平方公里，建成后可容纳小微企业100多户，总投资150亿元，年创税收5亿元，吸纳就业近万人。园区实行统一规划布局、统一基础设施建设、统一招商引资政策、统一征地办证、统一管理服务“五个统一”定位，按照规划

2008年10月，全国政协副主席、中央统战部部长杜青林（右一）在全国工商联系统先进集体表彰大会上接见先进集体代表，与包头市政协副主席、工商联主席安润生亲切握手。

2009年7月，包头市工商联被中华慈善总会评为中华慈善突出贡献单位。

2012年6月，包头市政协副主席、工商联主席安润生在全国工商联十届九次常委会上作交流发言。

2009年6月，包头商会中小企业担保股份有限公司隆重开业。

2010年11月，包头市中小企业创业园暨首期入园项目集中开工奠基仪式。

设计、基础建设、招商引资“三个同时”进行。目前，园区“七通一平”基础设施建设基本完成，已有总投资50亿元的30个项目开工建设。被《中华工商时报》评为“2011年度工商联工作优秀案例”。

为了有效缓解小微企业贷款难、融资难的问题，包头市工商联牵头组建了包头商会中小企业担保股份有限公司，从2009年注册成立至今，已累计为200多家小微企业提供担保贷款总额11亿多元，实现营业收入7175万元，缴纳各项税款1300多万元，扶持小微企业解决就业5000多人，取得了良好的经济效益和社会效益。为引导民间资本合法、有序进入金融领域投资，远离非法集资，由包头市工商联牵头组建的商会村镇银行——包头市民发银行，得到了内蒙古自治区银监局的批准，已报国家银监会审批。

近年来，包头市工商联积极创新服务载体，以“两个健康”为工作主题，与市委组织部、统战部、市公务员局、包头装备制造园区、内蒙古科技大学、包头职业技术学院、市人才交流中心联合签署了《小微企业人才培养开发战略合作协议》。及时办理企业各类投诉案件60余件，协调处理各类纠纷100余件，开展法律咨询、参与合同（协议）修订500余件。通过举办南北商会联谊会、中国制造业论坛等商务活动，为小微企业交流与发展提供广阔空间，促成合作项目103个，到位资金110多亿元。通过开展“百企帮百村”、“温暖高考学子”等公益活动，引导小微企业多渠道参与社会公益事业，有力促进了社会和谐稳定。

2008年，包头市工商联被全国工商联、国家人力资源和社会保障部评为“全国工商联系统先进集体”，2009年被中华慈善总会评为“中华慈善突出贡献单位”，2010年又被中国产业集群研究院、中国发展战略学研究会评为“中国最具影响力民间商会50强”的光荣称号，2011年被全国工商联十届七次常委会树为服务民营企业的先进典型。

包头市商会大厦实景图

2012年3月，全国工商联副主席庄聪生（左二）来包头开展小微企业“保生存谋发展”调研。

2012年4月，内蒙古自治区政府副主席、包头市委书记郭启俊（中）在全市加强和改进工商联工作暨非公有制经济工作会议上为先进单位颁奖。

2012年5月，包头市委副书记、市长孙炜东（中）在市工商联与民营企业家代表座谈。

2011年12月，包头市工商联（总商会）召开第十三次会员代表大会，完成了换届工作。

闽商融入云南　十五年新辉煌

云南省福建总商会

云南省福建商会成立于1996年12月，2009年6月换届，民营企业家林时营当选为云南省福建商会第三届会长，并于2010年6月经云南省民政厅批准更名为云南省福建总商会，至2011年12月商会成立已15周年。在创会会长黄民选、二届会长张银森和三届会长林时营的领导和带领下，特别是林时营会长以“扬帆竞远，矢志必达，做一个实实在在诚实守信的人是事业成功的根本”之理念抓好商会工作。总商会曾被中华全国工商业联合会评为抗震救灾先进集体，并获云南省关心下一代先进集体、云南省光彩事业先进集体等荣誉称号。

中共云南省委书记、省人大常委会主任秦光荣（右）亲切接见林时营会长。

全国政协副主席、全国工商联主席黄孟复（左二）亲切接见林时营会长（右二）并合影留念。

闽商乘改革开放的春风，从海峡西岸妈祖的故乡来到七彩云南，在这片美丽富饶的热土上，在滇闽商由极少数创业者发展到40万人；商协会由1家发展到40家，形成拥有10500多名会员的队伍；投资由几千几万元扩大到累计投资1300多亿元；创业由摆摊设点扩展到规模企业200多家、一般性企业2万多家；代步工具由自行车变为中高档轿车；从单身闯市场发展到团队拼天下；多数闽商由“富一代”延伸到“富二代”；由靠别人资助转换为社会作贡献，闽商累计为云南捐赠超过10亿元，闽商奉献社会，承担责任，这是“爱拼会赢”精神的结果和写照。福建籍人士已融入到云南，普遍认为云南是家乡、

中共福建省委副书记、福建省人民政府省长黄小晶（中）莅临商会，并与林时营会长（右）吴世界秘书长合影。

全国政协副主席罗豪才（右八）莅临商会关心指导，并与商会部分领导合影留念。

福建是故乡，一心一意参与云南经济建设和社会发展，有一部分企业家荣任全国和省州市县政协委员、人大代表、工商联副主席或商会副会长、光彩促进会副会长。

本届商会真诚服务，不断努力发挥商会作用，在转变发展方式上，着重解决会员企业发展中遇到的困难，特别是在小微企业融资难问题上，以总商会名义分别与浦发银行昆明分行和交通银行云南省分行签署了《战略合作协议》，获得70亿元的授信，解决了上百家闽企融资难问题。在为会员提供服务方面，充分发挥商会平台的作用，总商会与云南华度律师事务所签订了精诚合作、共促发展的《合作协议》，为会员提供相关的法律服务、咨询、法律业务培训和诉讼代理，维护了会员合法的正当权利。在及时了解会员的意愿和要求上，积极反映他们的诉求，为会员企业和初来乍到的投资闽商的发展充当坚强后盾，通过为会员提供高效的服务，赢得了会员的信任，增强了商会的凝聚力。

会员企业和闽籍企业家在滇艰苦创业、自我发展的同时，不忘记云南各级党委、政府和人民的大力支持，积极参与公益事业，回报社会，闽商历年捐赠近10亿元。2009年秋冬至2010年初夏云南四季连旱，云南福建商会以商会和企业家的名义先后捐赠8600多万元。

总商会积极配合参加云南省对外经济交流活动，特别是在2010年组织了28人的商会代表团参加了在福建举行的第六届泛珠三角区域经贸合作洽谈会，并为云南省政府代表团和经贸代表团进行在福建商务活动提供了极大的方便。在全国瑞丽重点开发开放实验区动员会上，商会选派了有实力的知名企业家前往投资，如闽麒国际旅游度假项目投资70亿元已于2011年12月开工奠基。

总商会、昭通市福建商会、丽江市福建商会、保山市福建商会等参与和陪同省州市领导和招商部门奔赴福州、厦门、泉州等地推介招商项目等重要活动，为招商引资做了大量的工作。闽商抓住“两强一堡”战略机遇，努力适应云南发展模式，为科学发展、和谐发展、跨越发展和建设开放富裕文明幸福的新云南作出了积极贡献。

贵州省毕节市工商业联合会

贵州省毕节市工商业联合会（简称“毕节市工商联”）坚持以邓小平理论、“三个代表”重要思想为指导，深入贯彻落实科学发展观，认真学习贯彻中央和地方加强和改进工商联工作以及推动民营经济发展的有关文件和会议精神，紧紧围绕市委、市政府的中心工作，充分发挥工商联的五大职能作用，突出重点，狠抓落实，扎实推进各项工作，培养了一支坚决拥护中国共产党的领导、坚定不移走中国特色社会主义道路的非公有制经济人士队伍，涌现出一大批非公有制经济典型代表并受到各级党委、政府的表彰和肯定。

全区加强和改进工商联工作隆重召开，地委书记秦如培出席大会并讲话

举办全区招商引资推介会，取得了良好的效果

参政议政有新水平

目前，毕节市工商联成员中非公有制经济代表人士担任省、市、县（区）人大代表有18名，省、市、县（区）政协委员46名，省政协常委3名，市政协常委4名。市、县（区）工商联充分发挥成员担任各级人大代表、政协委员的作用，深入调研，撰写调研报告，提交提案、议案。2006年以来，共撰写《毕节地区民营经济发展报告》等调研报告30余篇，提出提案、议案272个，充分发挥了工商界参政议政的重要作用。

服务领域有新面貌

积极争取地委、行署的大力支持，建立了有利于工商联工作开展的机制，为推进工商联事业发展奠定了坚实基础。在机构设置上，批复成立了经济部和会员服务中心；在人员配备上，增加了9名编制；在经费保障上，地委同意将办公经费、教育培训经费、考察调研经费、招商引资经费、党建工作经费纳入财政预算。

组织各县（区）党委统战部、工商联和部分非公有制经济人士赴区内外、省内外考察学习，借鉴经验、开阔视野。与有关部门配合，组织开展“毕节地区十大影响力公信力商家”、“非公企业创业之星”、“毕节地区十佳民营企业家”、“十佳纳税大户”等评选表彰活动，表彰先进，营造良好氛围。

引导和动员全区非公有制企业采取产业带村、项目兴村、村企合作、入户结对等方式积极参与新农村建设。组织非公有制经济人士参加省地有关部门组织的研讨会、专题讲座、培训班，使他们增长知识，开阔了思路。完成了全国工商联“光彩文库”建设项目，在全区30所小学建有“光彩文库”。

服务非公经济有新举措

搭建政企交流平台。全市各级工商联通过举办座谈会、茶话会、“创业毕节．财智沙龙”等方式，邀请党政领导与非公有制经济人士同台交流，加深了解，增进感情，帮助解决非公有制企业实际困难和问题，营造良好的投资兴业环境，促进企业健康发展。

搭建融资平台。全市各级工商联把探索建立融资担保体系建设作为推动非公有制经济发展的主要工作来抓，全市工商联系统已经建立融资担保公司、小额贷款公司4家，一定程度上缓解了非公有制经济融资难题。全市各级工商联还通过召开银企座谈会、金融产品推介会等形式，推动银行与企业签订战略合作协议，积极搭建银企沟通平台和中小企业融资平台。

搭建信息宣传平台。全方位宣传毕节试验区发展优势，招商引资优惠政策，全面展示试验区工商联干部求实进取、奋发有为的精神面貌。展现广大非公有制经济人士投资创业、拼搏奉献的全新面貌。

工商联工作有新亮点

5年来，毕节市各级工商联深入经济活动第一线，积极走访调研，走近非公有制经济人士、走近非公有制企业，广泛宣传，交朋结友，吸纳了一大批有实力有影响、公众形象好的会员和代表人士，壮大了工商联队伍；加强对会员和直属商会的教育管理，加大评先选优、表彰宣传力度，营造良好的非公有制经济人士创业干事的环境和平台，有力推动了组织建设和会员发展工作。目前全市各级工商联现有会员7925名，其中企业会员614名，团体会员47名，个体会员4925名。组建乡镇商会96个，行业商会73个。

全国工商联十届五次执委会和全国民营企业助推贵州发展大会期间，毕节地区工商联加强与全国工商联及全国五百强民营企业沟通，为毕节地区完成2237亿元投资签约项目作出了积极贡献。

与市委组织部定期举办“创业毕节．财智沙龙”联谊会，加强党和非公有制经济人士感情，搭建政企沟通平台。

内蒙古通辽市
开鲁县工商业联合会

开鲁县工商联成立于1954年3月，截至目前，累计发展会员1100名。先后成立镇场商会7个，隶属工商联的业商会（协会）6个，现有驻会工作人员4名。非驻会副会长35名，执委96名。

近几年来开鲁县工商联立足当地实际，积极发挥桥梁纽带作用和政府管理非公有制经济助手作用，在促进“两个健康”中发挥了重要作用，工商联工作也跨上了新的台阶。

会员企业新项目落成庆典

名誉村主任工作经验交流会

村企联姻

会员企业生产场景

(一)创新工作方式，组织建设得到跨越式发展

加强商会组织制度建设。先后制定了基层商会考核办法、副会长执行月等20余项工作制度。开展“三联一直通”、“三会一联”等组织活动，积极组织企业家参与扶贫救灾，捐资助学等活动。 加强非公企业党建工作。积极探索了“基层商会＋支部”、“行业商会（协会）＋支部”等党建模式取得了良好效果。工商联党委先后开展了“党员先进性教育活动”、“争先创优活动”、“四联一促”等活动，加强基层商会组织建设。通过创建“五有基层商会活动”，有力地促进了地方经济和各项事业的发展。

(二)创新主体活动，光彩事业得到跨越式发展

几年来，开鲁县工商联进行的光彩事业活动除常规的捐助以外，主要以开展名誉村主任工作为主，并努力建立长效机制。

2004年开展“民营企业家到嘎查村任名誉村主任”工作以来，先后选聘了52名企业家到镇场村任名誉镇、场长和名誉村主任，数量之多、行业之广、覆盖面之大都是历史上没有的。截至2011年，名誉村主任已累计为任职村引进项目12个，引进资金3000多万元，为任职村办实事131件。已帮283户贫困户脱贫，捐助学生517名，捐资30多万元，慰问五保户、孤寡老人等投入资金12万余元，安置转移农村剩余劳动力8000多人（次）。名誉村主任任职村先后有6个村达到市级文明村，有4个村受到县市优秀基层党组织奖励，有9位名誉村主任荣获自治区、市、县优秀民营企业家、劳动模范、五一劳动奖章、光彩事业先进个人等殊荣。实践证明，名誉村主任已经成为一方产业发展的示范者，新思想、新文化、新技术的传播者，转变经济发展方式的领航者，县域经济中劳动力转移的组织者，化解矛盾纠纷的思想工作者和勤劳致富的带动者，有力地助推了开鲁县的社会主义新农村建设。

原自治区党委常委、统战部长伏来旺、现任自治区党委常委、统战部长王素毅来开鲁视察后给予了高度评价。

(三)创新载体内容，实现了服务工作跨越式发展

通过“服务直通车”进行维权服务。通过法律服务为企业挽回经济损失累计490多万元。破解“金融瓶颈”为企业融资服务。通过建立银企座会制度、“开鲁县民营小企业创业促就业专项基金”及与工商银行成立了“工银商友俱乐部”，为融资信息的沟通交流、诚信等级评定、加强企业的管理等建立了平台。

(四)树形象，提素质，会员作用得到充分发挥

目前在35名非驻会副会长（企业家）中有MBA研究生2名、本科生11名，中专学历15名，每年邀请专家进行不同形式的讲座，以提高理论和专业素质。

会员中有全国党代表1名，区级人大代表、政协委员2名，市级人大代表、政协委员14名，县级人大代表、政协委员59名。近几年，累计提出提案、议案130余条，撰写有价值的调研报告15篇。为县域经济社会的全面发展发挥了不可替代的作用。截至目前会员企业已引进项目82个，引进县外生产类资金62.2亿元，招商项目已经覆盖到玉米、酒精、制药、制造业等行业，成为了县域经济发展的一个重要支柱。

开鲁县工商联曾连续三年被县委、县政府评为“工作实绩突出”单位。先后被通辽市工商联和县委、县政府评为会务工作先进集体等。在非驻会的副会长中，先后有13人被评为区级、市级劳模，有3人获五一劳动奖章，有3人被评为通辽市十大功勋人物，28人受到县委、县政府表彰。

全国工商联副主席、香江集团董事局主席刘志强

广东省工商联副主席、香江集团总裁翟美卿

香江集團

香江集团创建于1990年，现已成为拥有20000多名员工，产业涉及家居流通、商贸平台建设、资源能源和金融投资等多个领域的大型民营企业集团，总资产500多亿元。

秉承“办好实业，回报社会”的企业宗旨,香江集团主动肩负社会责任，积极参与社会公益慈善事业，2005年，成立了中国第一家国家级非公募基金会——“香江社会救助基金会”，先后为扶贫、助教、赈灾等社会各项公益事业捐资8亿多元，实现了一个优秀民营企业“办好实业，回报社会”的庄严承诺。

1990年，香江集团在深圳创业，涉足家居流通领域，经过20多年的发展，旗下香江商业集团200多家的商业网点遍布全国30多个省市区域，成为全国家居流通领域的龙头企业，香江家居、金海马两大著名品牌影响深远。与此同时，香江集团围绕国家“十二五”发展规划的要求，着手构建9大国家级家居商贸物流战略基地，将打造“买

2005年香江集团成立中国首个国家级非公募基金会——“香江社会救助基金会”

香江家居

广州锦绣香江

香江万基铝业

锦绣香江温泉城

全球、卖全球”的世界级家居大商贸、大流通的家居交易集散平台。

2000年，香江集团进军房地产行业，旗下上市公司香江控股以“居住与世界同步”的产品定位和追求天人合一的自然生态环境，成功地打造出锦绣香江、翡翠绿洲等品牌的系列精品楼盘，引领中国高端地产潮流。

在资源能源领域，香江集团于2005 年投巨资兴建了香江万基铝业，成为国家发改委核准的唯一一家以民营企业为主导的大型氧化铝生产项目。

同时，香江集团还是最早投资金融业的中国民营企业之一，战略性控股和参股了多家金融机构，是广发银行、广发证券、广发基金、广东南粤银行、天津银行的主要股东，并在深圳设立前海香江金融控股集团。

2011年，香江集团又以超前理念进军健康产业。产业涉及休闲保健、健康管理、健康咨询等多个领域，并将进一步把锦绣香江温泉城打造成一流的养生庄园。

贵州金大地肥业有限公司

贵州金大地肥业有限公司成立于2008年6月，位于风光秀丽、人杰地灵的中国杜鹃花都——黔西县的岔白工业园。注册资金1000万元，第一期投资4100万元，厂区占地面积30亩，其中厂房占地面积11900平方米，年产肥料5万吨，销售额1.2亿元。第二期计划于2013年投资6000万元，扩建成年产量30万吨的生产线，预计销售额将达6.3亿元。

公司拥有现代化的厂房、设备及专业的管理技术队伍，是一家从事研发、生产、销售新型有机肥、有机/无机复混肥、测土配方肥的效益型、科技型、环保型企业，公司秉承优良的企业文化，把“质量第一、服务三农”作为科学发展的理念。

贵州金大地肥业有限公司自成立以来，致力于农业产业化的发展，对不同区域的土壤、作物等进行了大量的考察和调研，制定出系列产品、相关标准和长远规划，着力打造中国农业专业肥料优质品牌。公司坚持诚信为本，以生产高科技产品为核心，以生态环保为己任，以良好的售后服务为保障，以实现多赢促发展，为实施我国生态农业大发展作出应有的贡献。

结合公司产业发展计划，成立了金山脚农业发展有限公司，以“公司＋农户＋基地”的产业链发展模式，计划实施2万亩绿色生态农业建设项目，将其发展为农业观光景区。经过公司董事会充分讨论和酝酿，提出在黔西县发展生态农业的构想，建立标准化绿色生态生产基地，运用先进的技术育苗、良种改良及有机、生态工程等技术，采用现代化市场营销，拓展市场销售渠道。公司将着力打造有机特色农产品，构建有机、绿色、生态农业的产业发展，实现经济效益和社会效益的共赢。

公司在黔西县投资2.1亿元建设的2万亩绿色生态农业项目，主要种植项目有：有机野生菜系5000亩，金银花5000亩，石斛工厂化大棚500亩，红豆杉1000亩，有机蔬菜8000亩，生态养殖500亩，并建设1000平方米无公害有机蔬菜检测中心和容量为1000吨的气体调试水果、蔬菜保鲜库房。在贵州百里杜鹃管理委员会投资0.65亿元，建设生态农业观光园，项目总投资预计达到2.75亿元，首轮投资已初见成效，项目符合贵州省农业发展“十二五”计划和2020年远景规划，是贵州省绿色生态建设重点支持项目工程，符合国家有机农业发展规划。为有效促进农业增效、农民增收作出了应有贡献。

在各级领导和部门的关心支持下，金大地肥业有限公司发展迅速，逐步成为毕节试验区升起的一颗耀眼新星。

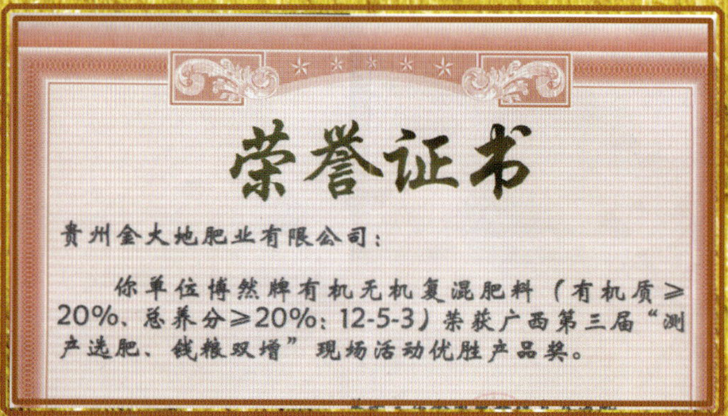

2011 年 6 月 16 日，金大地肥业公司向望谟灾区赠肥救灾。

2011 年 3 月 16 日，金大地肥业公司向盈江灾区赠肥救灾。

公司总经理陈丽率领员工在水培基地采摘枝叶茂盛的有机香椿。

毕节地区瑞丰房地产有限责任公司

简　介

毕节地区瑞丰房地产有限责任公司成立于1998年11月24日，注册资金8000万元人民币，具有二级开发资质，卿宪华任公司法人代表。公司以房地产开发经营为支柱产业，向多元化发展。

公司现有职工33人，其中专业技术人员20人。专业技术人员中具有高级职称者2人，中级职称者11人。公司拥有一支集管理、运营、销售、技术、服务为一体的专业化队伍，团结奋进，为企业做强做大奠定了坚实基础。瑞丰公司自成立以来，坚持自主开发原则，秉承“诚实守信、合法经营、求同存异、共创和谐”的经营理念，开发建设“节能环保，生态宜居”的大型时尚社区，为打造“毕节市第一地产品牌”这一企业目标而努力拼搏。

公司先后开发了位于洪南路贵毕大道旁及洪山路19号的商住楼；目前正在开发的项目“瑞丰新城”总用地面积为8万平方米，总建筑面积约43万平方米，总居住户数约3千户，停车位约1300个，总居住人数为10771人；项目“瑞丰铭城”总用地面积约27万平方米，总建筑面积165万平方米，总居住户数约1.1万户，停车位约6200个，总居住人数逾3.5万人。

公司在快速发展的同时，自觉履行社会责任。不断为当地居民提供就业岗位，解决就业人数近千余人；公司还热心于公益事业，先后为各项公益事业捐款共计300余万元。

公司自成立以来，不断吸收省内外建筑业的先进技术，结合毕节地区的实际情况，本着以人为本的企业文化，不断洞悉市场，发展壮大。以客户需求为导向，推出多样实用的户型，诚心诚意为业主服务，为广大业主提供优质的建筑产品与服务。

公司坚持贯彻科学发展观，优化产业结构，制定了长远的战略规划：未来将以房地产开发为主，开拓出一条涉及金融投资、能源开发、酒店服务等多行业的产业链，向集约型、多元化、集团化发展。

瑞丰公司正在并将继续以优质的建筑产品与服务，让广大消费者朋友倍感温馨，享受尊贵与荣耀！

瑞丰铭城效果图

贵州毕节瑞丰房地产开发有限公司董事长卿宪华

瑞丰铭城鸟瞰图

瑞丰地产
RUIFENG REAL ESTATE

2010 年，毕节地区全区经济工作会上，地委书记秦如培一行到公司“瑞丰新城”工地视察指导工作。

2011 年 4 月，“瑞丰铭城”开工庆典，地委书记秦如培一行参加庆典活动。

创新经营双线领跑
分享发展履行责任

——记苏宁电器集团做大做强做优之路

苏宁电器创立于 1990 年，20 多年来，苏宁成长为中国最大的商业企业，中国民营企业前三、中国企业 500 强第 51 位，品牌价值达 728.16 亿元。

截至 2011 年底，苏宁连锁网络覆盖中国大陆 256 个地级以上城市，中国香港和日本东京、大阪地区，拥有 1724 家连锁店，员工 18 万人，年销售规模突破 1900 亿元。目前，苏宁形成了实体零售、电子商务、定制销售等多渠道与超级旗舰店、旗舰店、精品店、社区店等多业态相结合的发展格局。

2011 年，苏宁继续深化营销变革，建立了以消费者为导向的运营体系，形成了从销售过程到服务客户的闭环。2011 年 6 月，苏宁控股日本 Laox，并成立 Laox 中国，在中国市场推行乐购仕与苏宁双品牌运营。苏宁藉此深化国际先进模式在国内市场的实践，提升苏宁差异化经营能力，并依托该平台搭建苏宁的国际化管理团队，使其成为苏宁在中国“内海”打造的一支面向未来国际化发展的“远洋海军”。12 月，首家乐购仕生活广场成功开业，先进的经营模式得到消费者积极认可。

北京苏宁联想桥 EXPO 超级店

苏宁在企业高速发展的同时，较早开展党建工作，并走在非公有制企业前列。目前，在全国 340 个子公司中组建党总支 8 个、党支部 104 个，党小组 329 个。苏宁全国党员数量达到 9000 多名，是全国党员人数最多的非公企业党组织。2011 年 9 月，苏宁成立了全国最大规模民企纪委。2011 年荣获全国非公有制企业“双强百佳”党组织、江苏省先进基层党组织称号。年轻、高学历是苏宁党员的共同特点，20—30 岁的苏宁党员占比达到 90%，大学学历以上党员占比达 95%。

1200 梯队工程第十九期训练营

西安大区党支部“迎七一”红色之旅

苏宁电器董事长张近东多次表示：“企业小的时候是个人的，大了就是员工的、社会的”。苏宁是国内吸纳就业和纳税金额最多的民营企业之一，除此之外，苏宁还积极投身社会公益活动，累计公益捐赠超 7 亿元，三度获得“中华慈善奖”。2011 年捐款超过 6000 万，其中向“筑巢行动”、“溪桥工程”、多媒体教室“梦想中心”三个公益项目捐赠 3000 万元，用于帮助贫困地区的教育事业发展，解决行路难等问题。苏宁注重企业社会责任的履行，是国内最早并持续发布企业社会责任报告的零售企业，已形成了涵盖员工使命、服务使命、共赢使命、环境使命等六大使命在内的社会责任管理模型。2006 年，苏宁就成立了倡导全员参与社会公益活动的“1+1 阳光行”社工制度，将企业的社会责任与个人的社会责任相结合，依托“1+1 阳光行”社工服务制度，各地苏宁形成了 3、4 月植树环保活动，6、7 月服务中高考生活动，12 月冬季送温暖活动等年度长期开展的公益项目。

苏宁 4000 万元扶贫助教

苏宁阳光情暖中国

2011 年苏宁发布了以“科技转型 智慧服务”为核心的新十年战略规划，未来十年，苏宁将立足国内，开拓国际，实体网络与虚拟网络同步推进，实现科技转型，打造智慧苏宁，力争 2020 年实现万亿级规模。未来，苏宁将在全国布局建设云数据中心，增强云计算能力，整合云资源、搭建云平台，针对个体消费者、家庭用户、中小企业用户提供个性化、智能化云服务产品。苏宁将依托南京总部基地与南京麒麟苏宁科技新城的云计算中心和研发中心，以及位于美国硅谷的实验室，构建云运营服务、云资源存储、云技术研发的三大云平台，加速智能化转型，最终引领行业转型发展，满足未来云时代的消费需求。

作为苏宁的电子商务平台苏宁易购自 2010 年上线以来就保持高速发展，2011 年苏宁易购跻身中国 B2C 行业前三，经营品类从家电扩展至百货、图书、虚拟产品等，全品类购物初具规模。凭借线上线下资源共享、协同发展的优势，苏宁易购给中国电子商务行业带来了健康的盈利模式，并由此成为商务部首批“电子商务示范企业”。2011 年苏宁电器还与 IBM 签约建立了“电子商务创新共同体全球战略联盟”，双方还将在电子商务战略与商业模式制定、基于开放平台的先进系统架构设计、云计算和客户增值服务运营、超大规模互联网企业研发能力建设等领域深度合作，率先打造全球第一个支撑万亿级规模的电子商务平台。

苏宁认为，只有企业社会价值最大化，企业利益才能长久化。可以预见，一个更加壮大、精细化、科技化、全球化和更具有社会责任感的苏宁，势必为社会、行业、投资者、消费者和员工创造更大的价值。

苏宁易购总部基地设计图

市战略新布局

中国商贸物流领先地位

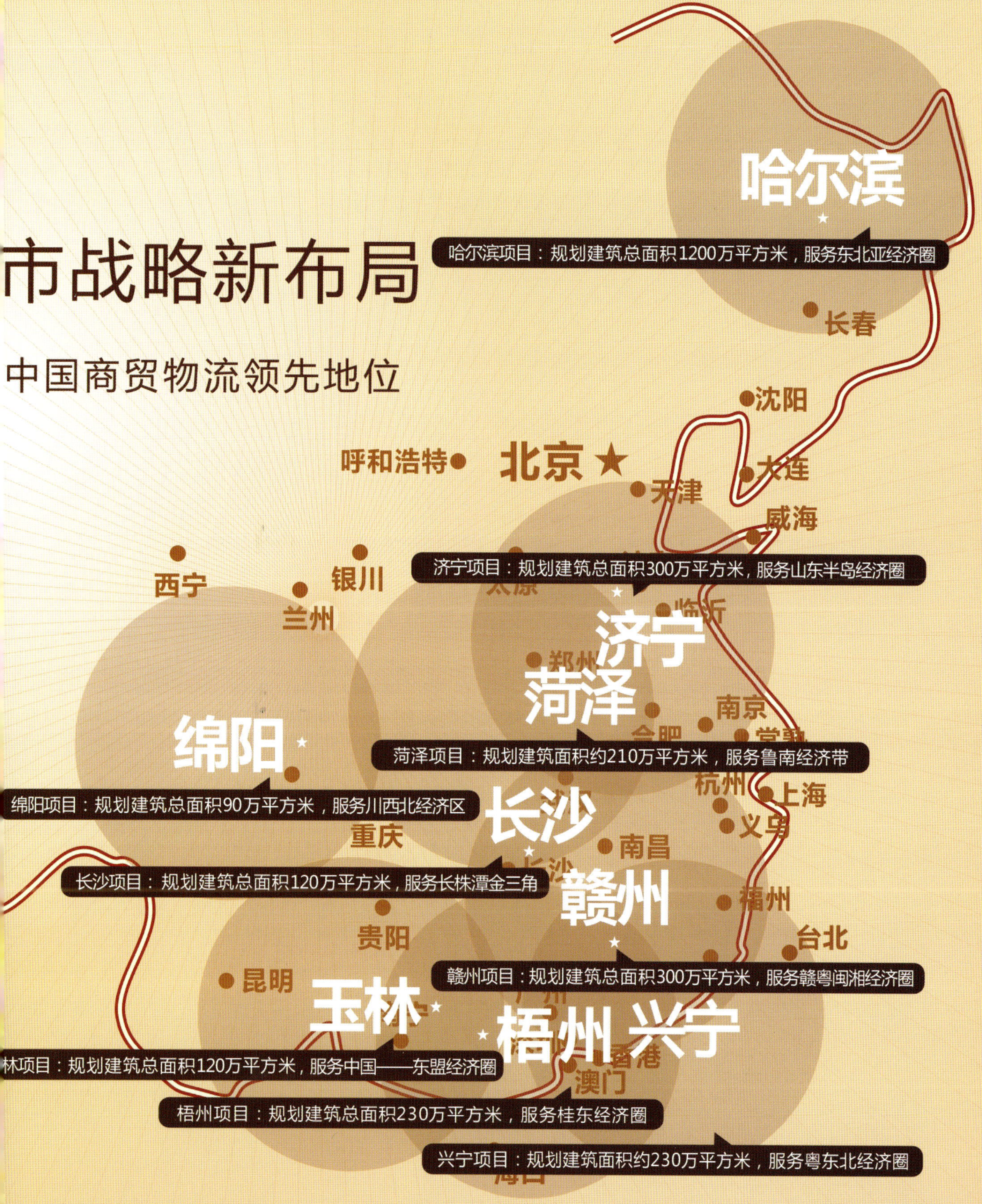

万隆

战略合作伙伴

万隆集团（以下简称集团）是以万隆建材集团有限公司为母公司组建的大型综合性企业集团，目前集团拥有5家子公司和3家参股公司，总占地面积近30万平方米，总投资人民币20亿元，年产值人民币50多亿元。万隆建材集团旗下产业以生产加工、经营高档花岗岩、大理石板材、荒料石，矿山投资、开采，融资担保，商业贸易及房地产开发为主，是一家集建材、房地产、股权投资、小额贷款、光电技术、进出口贸易等多种行业为一体的企业集团。其中福建省万隆石业股份有限公司是全国工商联石材业商会会长单位，石材产业的领军企业之一。

多年的诚信经营使万隆建材集团在国内外享有极高的美誉度，特别是建材和石材产品在多项重点工程中均被作为指定产品，并屡获殊荣。集团下属企业先后获得建设部颁发的“中国建材推荐建筑企业与建材产品”、建材协会颁发的“中国建材百强企业”和“质量信得过产品”、“中国驰名商标”“福建省名牌产品”等荣誉。各种建材、石材产品畅销全国各地，并远销中东和欧美等国家和地区，深受广大客户的好评。

集团在致力于发展支柱产业的同时，不断拓展、探索新领域，走集团化发展道路，相继在全国各大中城市设立子公司及营销网络。在经济日益全球化的今天，集团下属公司积极与海内外客商进行多领域、多层次的交流与合作，并成为欧美及中东地区多家矿业公司的中国总代理。并在土耳其、意大利、希腊、巴西、伊朗、沙特、印度、美国、加拿大等国家设有办事机构。目前万隆石业股份在国内收购了多座石材矿山，拥有丰富的矿山资源和充足的荒料库存，并将继续在海内外收购、合作开采优质的石材矿山资源。

立足现在，开拓进取，展望未来，宏图大展。我们相信，在集团公司董事长吕安民先生的领导下，公司必将继续取得持续、快速的发展。

Wanlong Enterprise Group (hereinafter referred to as Wanlong) is a comprehensive enterprise group based on Wanlong Building Material Co.Ltd., integrated with building material, real estate, investment, petty loan, solar energy, import and export trading business. Now Wanlong owns 5 subcompanies and 3 holding companies, covers an area of 300, 000 square meters, with a total investment of rmb TWO billion, its annual output value is more than rmb FIVE billion. Wanlong covers the business of processing of marble and granite blocks, slabs, quarry investment and management, financing guarantee, trading business and real estate. The Fujiang Wanglong Stone Co. Ltd is under the leadership of Lv Anmin, the chairman of China Chamber of Commerce for Stone Industry, has developed into one of the leader companies in stone industry.

After years of developing with honest and credit, Wanlong is rewarded by highly reputation at home and abroad, many building and stone products are designated to key projects and award-winning highly. Wanlong has been awarded as “Recommended Building Materials Manufacturer in China's Construction'"” by ministry of construction, “China's Top 100 Enterprises in Building Materials” and “China Quality Trustworthy Product” by construction material association、“Chinese Well-known Trademark'”, Fujian Famous-Brand Product”. Its variety of building and stone products are sold throughout the country and exported to the Middle East, Europe, America worldwide with good reputation highly.

By developing its pillar industry, Wanlong keeps on its group-oriented developing, expanding, exploring in the new field, builds the subsidiaries and sales locations in the major cities throughout the country. In today's globalized economy, Wanlong cooperates with domestic and overseas companies in the multi-level multi-faceted field, acts as China general agent of many Europe and Middle East quarrying companies, sets up offices in Turkey, Italy, Greece, Brazil, Iran, Saudi Arabia,India, America, Canada, etc. Wanlong has acquired many stone quarries in China, owns rich quarry resources and block stocks. And Wanlong keeps seeking and exploiting on the high quality stone material resources worldwide.

Base on now, look to the future, continuously forge ahead, under the leadship of Lv Anmin, Wanlong keeps on developing continuously and fast, being creating a more brilliant tomorrow.

文化民生 **发展报告**

赛城湖畔添锦绣
大千世界展新颜

贯彻落实中共十七届六中全会精神又一新亮点

看江西民生集团进军文化旅游产业

一台大型山水历史情景剧《千古浔阳》带你走进人间天堂

九江大千世界项目是策应环鄱阳湖生态经济区建设和环八里湖开发战略的推进而实施的大型旅游文化休闲项目。项目选址在九江县赛城湖南岸青峰村、杨花村地段，占地约4000亩，整个项目共投资50亿元。

大千世界项目的主要特点：以九江2200多年悠久历史文化为主线，以大型山水历史情景剧《千古浔阳》为内容，以岳母、陶母、观音圣母忠孝文化园为载体，投资2.4亿元。

由四个部分组成：

一是文化+科技。未来世界：设有高科技3D、4D娱乐设施、动感4D电影，投资3.45亿元。

二是文化+游乐。今日世界：设有超级过山车、观光摩天轮等；儿童世界：设有童话王国、儿童梦幻城堡等儿童游乐设施，投资3.9亿元。

三是文化+体育。水上世界：利用赛城湖45平方公里的水面，开展游艇环湖游、各种水上休闲娱乐、水上体育活动，并连接带动湖边狮子洞等相关陆地景点；探险世界：亚马逊森林河流之旅、急流探险等，投资3.25亿元。以及投资4亿元的体育训练场项目。

四是文化+休闲。建设欧陆风景小镇、五星级酒店，老年康体中心等配套休闲服务项目，投资18亿元。

项目的实施，将丰富完善大庐山旅游圈，实现我市城区水上旅游与庐山风景旅游错位发展，迅速聚集人气，拉动城市消费，带动旅游产业转型升级，使九江成为环鄱阳湖生态经济区独具特色的中国优秀旅游城市。同时，也有利于大九江格局的加快形成，有利于构筑城市发展产业支撑。

走进大千世界

走进大千世界，
一片欢乐海洋。
清澈赛湖水，
悠悠桃花源。
一曲千古浔阳，
带你走进人间天堂。

走进大千世界，
一片欢乐海洋。
欧陆风情小镇，
倒映赛湖水旁。
男女老少度假来，
大千世界人间天堂。

“2012年度中国慈善排行榜”在京颁奖

王翔再次荣获中国十大慈善家

政协第十一届全国委员会副主席张榕明为年度十大慈善家王翔颁奖

4月27日，从北京传来喜讯，江西民生集团董事长王翔，再次荣获“中国十大慈善家”。

由民政部、中央综治办、全国总工会、全国妇联指导评选的“2012中国慈善排行榜”颁奖盛典于4月27日在北京水立方隆重举行，十届全国人大常委会副委员长司马义·艾买提、十一届全国政协副主席张榕明等领导出席盛典并为获奖者颁奖。江西民生集团有限公司董事长王翔荣获2012年“十大慈善家”光荣称号，成为江西省唯一获此殊荣的企业家。2007年，王翔曾荣获当年的“中国十大慈善家”，今年为再次荣获。

江西省委统战部、江西省工商联、九江市人民政府市长殷美根、江西省慈善总会分别发来贺信。

中共江西省委统战部

贺　信

江西民生集团：

欣闻贵集团董事长王翔先生荣获“2012年度十大慈善家”，特向贵集团及王翔董事长致以热烈的祝贺和崇高的敬意！

江西民生集团是我省成立最早的本土非公有制企业，集团从零起步，艰苦创业，勇立潮头，在改革开放中不断发展，企业规模不断扩大。作为省光彩会顾问，省总商会副会长，九江市工商联主席，王翔先生践行致富思源、富而思进的光彩精神，在发展企业的同时，积极投身支教扶贫、抗震救灾、新农村建设等光彩慈善事业，扶危济困，回馈社会，建立全国首例挽救失足青少年教育基金，设立2100万元光彩奖学助教基金，在全省首创助学长效机制，实施“爱心双30行动”，获得广泛好评，多次荣登福布斯慈善排行榜、胡润慈善排行榜和民政部“中国慈善排行榜”，充分展现了改革开放以来我省第一代民营企业家积极履行社会责任、投身回报社会感恩行动的精神面貌。

继2007年被评为“中国十大慈善家”后，王翔先生今年又再获此殊荣，这是对其持之以恒地推进光彩公益事业的褒奖，也是对我省非公有制经济人士投身光彩公益事业杰出代表的充分肯定，希望贵集团及王翔先生继续发扬艰苦奋斗的优良传统，践行义利兼顾、以义为先的光彩宗旨，倾心回报社会，积极投身光彩事业当中来，为促进我省经济发展和社会进步做出新的更大贡献！

中共江西省委统战部　江西省光彩事业促进会

2012年5月14日

贺信

江西民生集团王翔董事长：

欣悉您荣膺“2012年度十大慈善家”，我谨代表九江市人民政府并以我个人名义，表示衷心的祝贺并致敬意！

王翔先生立足本地，志存高远，搏击商海，有为有位，率领民生集团跻身全国民营企业500强，成为九江本土民营企业家的成功典范。尤其令人敬佩的是，您秉承“创造财富、贡献社会”的理念，热心公益，善举不断，模范发挥了企业家担当社会责任的表率作用，得到了广泛好评，先后获得全国“首届百名中华慈善人物”，江西省“十大爱心人物”，福布斯、胡润慈善排行榜的上榜慈善家等多项荣誉。特别是继2007年被评为“中国十大慈善家”后，今年又再获此殊荣，这既是我市民营企业界的荣耀，更是我市慈善界的骄傲。

当前，我市正处在赶超发展的关键阶段，希望您能继续发扬艰苦奋斗的优良传统和勇于创新的时代精神，充分发挥您在民营企业界的影响力和感召力，引领和带动全市广大民营企业家进一步做强企业，做大事业，为九江争得应有地位助力加油；希望在您的引领和带动下，有更多的企业家在做强企业的同时，倾心回报社会，积极参与到伟大的慈善事业中来，为人民过上小康生活作出更大贡献。

真诚祝愿民生集团不断发展壮大，真诚祝愿您身体健康，诸事吉祥！

九江市人民政府市长 [signature]

二〇一二年五月三日

江西省工商業聯合會

Jiangxi Federation of Industry and Commerce

贺　信

江西民生集团:

欣悉贵公司董事长王翔先生荣膺“2012年度十大慈善家”，特向贵公司及王翔先生致以衷心的祝贺和崇高的敬意!

王翔先生是我国最早创业的民营企业家之一。三十多年来，王翔先生搏击商海，奋发有为，是我省民营企业家的成功典范。尤其令人敬佩的是，王翔先生秉承“创造财富，贡献社会”的理念，热心公益，善举不断，模范发挥了企业家担当社会责任的表率作用，得到了广泛的好评，先后获得了全国“首届百名中华慈善人物”，江西省“十大爱心人物”，福布斯、胡润慈善排行榜的上榜慈善家等多项荣誉。特别是继2007年被评为“中国十大慈善家”后，今年又再获此殊荣，这是我省民营企业界、慈善界的骄傲。

希望贵公司和王翔先生继续发扬艰苦奋斗的优良传统和勇于创新的时代精神，在做强企业的同时，倾心回报社会，为促进我省经济社会事业发展，为共同富裕做出更大的贡献!

江西省工商业联合会

2012年5月8日

江西省慈善总会

贺信

尊敬的江西民生集团有限公司董事长王翔先生：

喜闻您在2012善行天下第九届中国慈善排行榜颁奖盛典荣获“2012年度十大慈善家”称号，成为江西省唯一获此殊荣的企业家，这不仅是您个人的荣誉，也是江西慈善人的骄傲，特向您致以最热烈的祝贺和崇高的敬意！

一年一度的中国慈善排行榜是由民政部、中央综治办、全国总工会、全国妇联指导，中国社会工作协会和《公益时报》社主办的中国公益慈善盛事，立足于宣传榜样的力量，见证了中国公益慈善事业的发展和中国财富阶层慈善观念的演进以及中国经济的蓬勃发展。

长期以来，您带领您的团队奋战在经济建设主战场，为社会做出了积极贡献，并建立了“创造财富贡献社会”的企业文化，为江西的公益慈善事业发展开创了新局面，您首创的“爱心双30活动”和建立助学助教长效机制设立慈善助学光彩基金等善举，均取得积极成效并起到优良的示范效应。

您2007年、2012年两度荣获中国慈善排行榜“年度十大慈善家”，这是对您持之以恒地热心公益慈善事业的充分肯定和褒奖，您的榜样的力量，将推进江西公益慈善事业的不断发展。

慈善是一面爱的旗帜，慈善是一种奉献精神，贺信祝愿您在今后的工作中不断创造优良成绩，为建设富裕和谐秀美江西作出新的更大的贡献。

江西省慈善总会

二〇一二年五月

江西民生集团参与慈善事业创造『五个第一』

江西民生集团成立20多年来，支持公益慈善事业，积极履行社会公民责任，成为推动全市乃至全省社会公益慈善事业的参与者、推动者和实践者，得到了全社会的广泛认可。

回顾参与慈善事业发展历程，江西民生集团创造了许多第一：

1、上世纪80年代末，江西民生集团在全省乃至全国第一个设立挽救失足青少年教育基金。

2、上世纪90年代初期，全市第一个在彭泽县捐资兴建“希望小学”。

3、进入新世纪，坚持“立足江西，辐射全国”，把慈善事业推向全国。2005年提出用3至5年时间，在全国捐款30所希望小学，资助30名考取大学的贫困学子“爱心双30计划”，已先后在西藏、贵州、湖北、四川和江西等地完成捐建30所希望小学，每年资助学生超100名。

4、2007年7月，出资1100万元，在九江第一个带头设立“民生慈善助学光彩基金”，影响并带动九江一批民营企业家参与慈善事业。

5、2007年12月，又出资2100万元，在全省第一个带头设立江西省慈善总会光彩助学基金。

颁奖盛典

王翔发表获奖感言

Vinda
维达
韧在维达
乐在全家 :)
超韧系列 纸面巾
Ultra Strong
超韧厚实、吸水力强

深圳市爱迪尔珠宝股份有限公司

苏日明

现任爱迪尔珠宝股份有限公司董事长，中国珠宝首饰行业协会副会长，中华爱国英才报效祖国活动组织委员会常务委员，天津商业大学、无锡商业职业技术学院客座教授，中国地质大学（武汉）珠宝学院高级顾问，中国国际经济发展研究中心研究员，中国珠宝玉石首饰行业协会常务理事，中华全国工商业联合会金银珠宝业商业会副会长，广东省金银珠宝玉器业厂商会副会长，深圳市罗湖区政协委员会常务委员。

2006年被评为“深圳市优秀中小企业家”，后获“2006年度中国改革创新风云人物”、“中国优秀民营企业家”等荣誉称号。2008年1月被授予“支持‘两新’组织党建工作先进企业家”光荣称号；6月又荣获中共深圳市民营经济工作委员会“积极支持党建工作企业家”荣誉称号。

深圳市爱迪尔珠宝股份有限公司自2002年4月正式运营以来，坚持以“关爱”为注脚点、以“非凡”为制高点的文化方向，坚持“以品牌建设为中心，构建科学的管理体系、优秀的共赢团队和优质的市场网络，成为以关爱指导服务的非凡公司”的战略方针。2003年通过ISO9001国际质量体系认证，同年成为上海钻石交易所会员，2004-2006年聘请著名影星蒋雯丽为代言人，2009年聘请著名表演艺术家濮存昕为代言人，先后成为国家、省、市行业协会常务理事单位，至今，公司总部拥有员工近520人，在全国200余座城市拥有近300多个爱迪尔珠宝品牌加盟网点，与印度H·K、奥地利SWAROVSKI以及国际铂金协会、国际钯金协会等国际公司和组织结成市场战略合作伙伴；与无锡商业职业技术学院、天津商业大学、长春工程学院、深圳高等职业技术学院、中国地质大学（武汉）、云南国土资源学院、陕西国际商贸学院、揭阳职业技术学院、江苏商贸职业技术学院9所高校联合开办“爱迪尔珠宝班”，结成人才战略合作伙伴；与中国关心下一代工作委员会公益文化中心、《深圳青年》杂志社等结成“关爱”文化战略合作伙伴。

2004年5月，公司被中国人口宣教中心授予“关爱女孩”荣誉单位；2005年荣获“最能代表25年改革开放深圳形象企业名片”；2006年9月，IDEAL荣膺“亚洲500最具价值品牌”；2007年3月，公司成立党支部并成为业界唯一的中共中央组织部挂牌联系单位，随后完善了工会、团支部及关工委等党群组织，促进了企业和谐，党支部先后多次被市委和区委授予先进基层党组织光荣称号，同年7月，IDEAL被认定为“中国驰名商标”，11月，IDEAL品牌珠宝玉石产品获“广东省名牌产品”称号，并成为“深圳时尚品牌最受欢迎品牌”；2008年6月，跻身深圳加盟连锁企业30强，7月，公司成为深圳航空乘务员指定珠宝首饰顾问，8月，被中国关工委授予“支持全国关怀艾滋病致孤儿童夏令营爱心企业”，11月，IDEAL成为广东省著名商标；2009年5月，荣获深圳市自主创新百强中小企业、广东省最具文化价值品牌20强；2010年4月，荣膺中华金银珠宝名牌；2011年4月，获颁年度最具潜力的深圳品牌、2011最受女性喜爱的珠宝品牌，7月，被授予中华大家园关爱成长行动特别贡献单位，9月，入选亚洲品牌500强；2012年2月，爱迪尔党支部荣获广东省“两新”百强党组织，4月获颁深圳知名品牌。与此同时，公司自行研发设计制作的产品也屡获殊荣：蝉联第12、13届艺术博览会首饰类金奖，第13届中国艺术博览会·盛世光华·金银珠宝艺术展优秀作品最具时尚奖，第5届国际大溪地珍珠首饰设计比赛亚洲区手镯组冠军，时尚中国2005·CCTV首饰设计电视大赛珍珠系列组铜奖等。

经过各界友好的关心支持及爱迪尔人的群策群力，爱迪尔珠宝已发展成为以优秀文化著称的、当今中国最具发展潜力的珠宝企业之一。

中国总部：广东省深圳市罗湖区东晓路1005号北楼2－3楼
电　　话：0755-25635988　　传　　真：0755-25631878
客服热线：400 830 1977　　加盟热线：0755-25798999
http://www.idr.com.cn

企业简介

Introduction to enterprise

天士力现代中药产业园

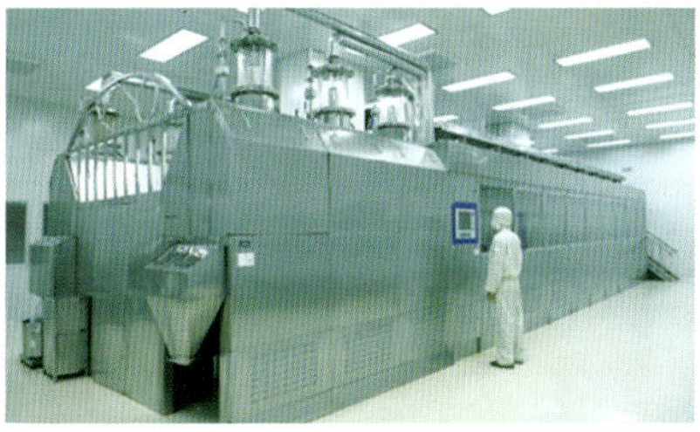

具有自主知识产权的全自动数字化滴丸生产线

中华医药图

天士力景观之一医药之光

天士力国际交流展示中心

天士力自1994年成立以来，坚持打造现代中药第一品牌，不断推进大健康产业的发展。在做专做精现代中药的基础上，向生物药、化学药、特色专科医疗行业扩展，形成以医药为主要领域的生命安全产业板块；并逐步进入保健品、健康食品、化妆品、安全饮用水、生物普洱茶等生命健康产业领域。天士力集团以全面国际化为目标，全力推进“一个核心带两翼”大健康产业高端化，已经形成了以生物医药产业为核心、以健康产品产业和健康管理与服务产业为两翼的大健康产业全新格局。

天士力以现代中药奠基立业，从现代中药的研发和生产开始，带动形成了一条集药物研发、药材种植、有效中药组分分离、制剂生产和市场营销各环节的现代中药产业链，建设了国内领先的现代中药数字化制造平台、数字化提取中心以及中国最大的中药冻干粉针剂生产基地。

按照“大病种、大品种、系列化”的研发思路，天士力逐步形成了由心脑血管系统用药、抗肿瘤与免疫系统用药、胃肠肝胆系统用药、抗病毒与感冒用药构成的产品体系。天士力复方丹参滴丸是中国首例通过美国FDA IND临床用药申请的复方中药制剂，并于2010年初，成功完成FDA II期临床试验，成为我国第一例圆满完成美国FDA II期临床试验确证其安全、有效的中成药。力争在不久的将来复方丹参滴丸有望成为第一个在欧美主流医药市场以药品身份上市的中成药。

随着企业的高速发展，天士力在中国医药行业中创造了突出的业绩。2008年，天士力被中国科学技术部、国务院国资委、中华全国总工会认定为“首批创新型企业”。天士力现代中药产业园被列入中国高新技术产业化示范工程项目，2008年获得国家高技术产业化十年成就奖。“天士力”被认定为中国驰名商标。

面向未来，天士力将继续坚持“追求天人合一，提高生命质量”的企业理念，致力于大健康社会工程建设，倡导大健康理念，普及大健康教育，创新大健康技术，发展大健康产业，完善大健康服务，为实现“创造健康，人人共享”的目标而努力奋斗。

创造健康 人人共享

To share the joy of health with all

南磷集團 YunPhos

云南南磷集团股份有限公司
YUNNAN PHOSPHORUS GROUP CO.,LTD.

公司简介

云南南磷集团股份有限公司是以能源、磷化工、氯碱化工、精细化工及磷产品深加工为核心产业，集研发、生产、经营、进出口贸易为一体的综合性化工产业集团公司。拥有下属全资子公司及中外合资企业23家，职工3000余人。自1997年以来始终保持黄磷和赤磷出口中国第一，并从2004年开始成为中国第二大磷酸出口商，连续十年在云南省民营企业中上缴税金和出口创汇名列前茅。

循环经济产业链

南磷集团不断优化产业结构，自2005年以来着力打造以氯碱化工和磷化工为龙头，以环境治理、清洁生产为基点，各产业相互支撑、循环利用的产业循环经济发展模式，形成了“劣质煤热电---烧碱---PVC树脂---磷碱产品及深加工---工业废渣水泥”的一体化循环经济产业链。在全国率先实现氯碱化工与磷化工的有机结合。

社会责任

多年来，南磷通过各种形式为新农村建设、希望工程、扶贫救灾、城市基础设施建设添砖加瓦，共计投入7000余万元。在云南省多个贫困县积极招收当地农村剩余劳动力和城镇再就业人员，还建立了省级高校毕业生就业见习示范基地，通过自身的发展，惠泽一方，带动贫困地区发展。

公司理念 绿色 环保 关爱

TEL:86-871-3138337

YunPhos 云南南磷集团股份有限公司

地址：中国云南昆明东风西路11号顺城东塔15A层　传真：86-871-3179663　邮编：650032　网址:www.yunphos.com

N8系列，创享智能电气魅力
CHNT

桑德集团总裁　文一波

桑德集团
sound group

业务领域:

城市自来水、城市污水、城市生活垃圾处理厂、工业废弃物处理厂投资、建设、运营；各类工业废水、工业给水处理工程承包、设施运营；清洁能源及资源回收综合利用。

集团简介:

桑德集团为大型综合性环保集团。长期致力于市政给水、市政污水处理、工业给水与废水处理、城市垃圾处理、工业固体废弃物处理、清洁能资源开发利用等环境领域业务，始终站在中国环保产业

江西省南昌象湖污水处理项目实景图

内蒙古包头鹿城污水处理项目实景图

中华全国工商业联合会

年　鉴

(2011)

中华全国工商业联合会　编著

中华工商联合出版社

图书在版编目（CIP）数据

中华全国工商业联合会年鉴.2011／中华全国工商业联合会主编. --北京：中华工商联合出版社，2012.10

ISBN978-7-5158-0339-5

Ⅰ.①中… Ⅱ.①中… Ⅲ.①中华全国工商业联合会—2011年鉴 Ⅳ.①D665.4-54

中国版本图书馆CIP数据核字（2012）第221423号

中华全国工商业联合会年鉴（2011）

主　　编：中华全国工商业联合会
责任编辑：李红霞　邵桄炜
封面设计：久品轩
责任审读：李　征
责任印制：迈致红
出版发行：中华工商联合出版社有限责任公司
印　　刷：北京天宇万达印刷有限公司
版　　次：2012年10月第1版
印　　次：2012年10月第1次印刷
开　　本：880mm×1230mm　1/16
字　　数：702千字
印　　张：22.75
插　　页：43面
书　　号：ISBN 978-7-5158-0339-5
定　　价：380.00元

服务热线：010-58301130
销售热线：010-58302813
地址邮编：北京市西城区西环广场A座
19-20层，100044
http：//www.chgslcbs.cn
E—mail：cicap1202@sina.com（营销中心）
E—mail：gslzbs@sina.com（总编室）

《中华全国工商业联合会年鉴（2011）》
编审委员会

出版前言

2011年是我国“十二五”规划实施的开局之年，也是深入贯彻落实《中共中央国务院关于加强和改进新形势下工商联工作的意见》（以下简称中央16号文件）的关键之年。自中央16号文件下发以来，全国工商联坚持围绕中心、服务大局，把贯彻落实中央16号文件精神作为首要任务，解放思想创新工作思路，用好政策创新工作举措，突出重点狠抓工作落实。这一年，全国工商联紧扣“两个健康”工作主题，坚持重心下移、面向基层，调动全系统及社会力量，创造性地推动各地贯彻落实中央16号文件精神、主动服务中小企业特别是小型微型企业“保生存谋发展”、积极服务区域经济发展和支持民营企业积极稳妥“走出去”、探索改进非公有制经济人士思想政治工作、坚持抓基层打基础加强组织建设、参与协调劳动关系三方会议加强与创新社会管理、继续指导民营企业开展创先争优活动、全面加强干部队伍建设、努力提高机关工作科学化水平，工商联服务科学发展和自身科学发展的水平有了进一步提高。

为了更加全面、直观地反映工商联2011年的工作历程，在全国工商联领导的重视和机关各部门、各地工商联支持下，《中华全国工商业联合会年鉴（2011）》在内容编撰和体例结构上做了较大调整。本年鉴资料收录时间为2011年1月至12月，采用分类编排法，共分7个部分：

1. 概况：收录了全国工商联2011年工作综述、大事记、全国工商联领导简介和第十届执行委员会委员名单。

2. 工作成果：收录了全国工商联2011年的主要工作和活动，包括推动贯彻落实中央16号文件、非公有制经济人士思想政治工作、参与国家政治生活和社会事务、服务非公有制经济和区域经济发展、构建和谐劳动关系、扶贫与社会服务、对外交往与合作、基层组织建设、机关建设九个方面内容。

3. 综合性会议：收录了全国工商联十届七次常委会议、十届五次执委会议、党组中心组理论学习暨年度工作务虚会等重要会议情况和领导讲话。

4. 调研报告：全国工商联的重要调研报告。

5. 省级工商联工作：包括全国32个省、自治区、直辖市和新疆生产建设兵团工商联2011年工作综述。

6. 附录：收录了全国工商联2011年工作要点和直属企事业单位介绍。

7. 信息服务：包括工商联会员选萃、商会推介和市县工商联集锦。

年鉴的出版得到了国家财政部的大力支持和各省级工商联的全力配合，在此一并表示诚挚的感谢！

由于编辑经验不足，年鉴仍然有许多待完善的地方。恳求广大读者和同行提出宝贵的意见和建议，希望您的参与将使年鉴的编撰更严谨、功能更突出。

编　者

二〇一二年九月

目 录

第一部分 概况

第二部分 工作成果

第三部分　综合性会议

第四部分　调研报告

第五部分　省级工商联工作

第六部分　附录

直属企事业单位简介

第一部分　概况

全国工商联2011年工作综述

2010年9月，中共中央、国务院联合下发《关于加强和改进新形势下工商联工作的意见》(以下简称中央16号文件)，标志着工商联事业进入了一个新的发展阶段。自中央16号文件下发以来，全国工商联坚持围绕中心、服务大局，把贯彻落实中央16号文件精神作为首要任务，解放思想创新工作思路，用好政策创新工作举措，突出重点狠抓工作落实。特别是2011年以来，全国工商联紧扣“两个健康”工作主题，坚持重心下移、面向基层，调动全系统及社会力量，重点开展了中小企业综合性调研、树立宣传非公有制经济先进典型、探索创新中国特色商会组织建设、加强干部能力建设等工作，带动工商联服务科学发展和努力实现自身科学发展，圆满完成了党中央、国务院交给的各项任务。

一、创造性地推动各地贯彻落实中央16号文件精神

近两年来，全国工商联把推动各地学习宣传和贯彻落实中央16号文件精神作为工作的重中之重来抓。一方面，认真组织学习宣传文件精神。全国工商联领导班子狠抓自身学习，深刻领会中央16号文件和全国加强和改进工商联工作会议精神，统一领导班子思想；编写出版了《〈中共中央国务院关于加强和改进新形势下工商联工作的意见〉学习问答》，为工商联系统和社会各方面学习文件精神提供了重要参考；班子成员抓住调研、参会、出席活动等各种机会，带头宣讲文件精神，指导工商联系统深入学习、提高认识；组织开展学习中央16号文件精神的专题培训，累计培训工商联系统干部和非公有制经济人士超过5万人次。另一方面，大力推动各省级党委、政府出台实施意见和召开工作会议。一年之内，全国31个省级党委、政府和新疆生产建设兵团全部出台了贯彻落实中央16号文件精神的实施意见并以各地党委、政府名义召开了加强和改进工商联工作会议，其中22个省区市和新疆生产建设兵团的会议由包括刘淇、汪洋、张高丽、俞正声等中央政治局委员在内的省级党委主要领导讲话，会议规格高、规模大。全国工商联主要负责人亲自出席了北京、天津、内蒙古、辽宁、江苏、浙江、广西、甘肃、宁夏等省区市党委、政府加强和改进新形势下工商联工作会议并讲话。目前，在全国范围内初步形成了党委加强领导、政府重视支持、统战部门指导有力、工商联系统发挥合力，共同促进非公有制经济健康发展、促进非公有制经济人士健康成长的良好局面。

二、主动服务中小企业特别是小微企业发展

作为贯彻落实中央16号文件的一个重大举措，全国工商联明确提出要把帮扶中小企业特别是小微企业发展作为围绕中心服务大局、推动科学发展的重中之重，在工商联系统内全面确立抓大扶小的经济服务工作新思路。一是着眼于发挥工商联建言献策作用，全面开展中小企业综合性调研活动。2011年上半年，举全系统之力，深入全国17个省市区开展历时3个月的调研活动，形成了一份高质量的调查报告，温家宝、贾庆林、李克强、张德江、王岐山、何勇、杜青林7位党和国家领导人作出重要批示，国家发改委、工信部、财政部、中国人民银行、银监会等9个部门对此进行了认真研究。这次调研，摸清了我国中小企业的基本情况，发现了突出问题，提出了政策建议，对党中央和国务院2011年下半年以来陆续制定扶持中小企业特别是小微企业发展的政策措施，提供了重要决策依据，起到了直接推动作用。贾庆林同志对此给予了高度评价，认为中小企业综合性调研活动引起了全社会对中小企业特别是小微企业问题的广泛关注。为了进一步推动营造有利于非公有制经济发展的政策环境，2011年5月，全国工商联主席黄孟复带队对民间资本进入垄断领域进行了专题调研，对加快民营企业进入石油、金融领域提出了政策建议；2011年11月中下旬，按照张德江副总理的指示要求，组织开展了中小企业税费问题专项调研，帮助国务院及有关部门及时了解中小企业税费方面的真实情况。这些调研，都得到了党和国家领导同志的高度重视，推动了国务院相关部门的工作。二是着眼于发挥政府管理和服务非公有制经济的助手作用，广泛开展与国务院有关部门的合作。积极履行国务院中小企业发展领导小组成员单位的职责，认真参与制定《国务院关于进一步支持小型微型企业健康发展的意见》等支持小微企业发展相关政策措施；继续配合国务院有关部门开展工作，与国家发改委共同召开了“鼓励和引导民营企业发展战略性新兴产业政策落实情况座谈会”，与国土资源部共同召开“找矿突破战略行动民营企业座谈会”，与科技部联合下发关于加强职工技术创新工作的政策性文件。

三、积极服务区域经济发展和支持民营企业积极稳妥“走出去”

2011年全国工商联把贯彻落实中央16号文件与坚持科学发展主题加快转变经济发展方式主线有机结合起来，更加注重引导非公有制企业在参与实施国家区域经济发展战略和“走出去”战略中加快结构调整，在鼓励扩大民间投资和服务地方经济社会发展中发挥了越来越重要的作用。一是把召开全国工商联执委会议、常委会议与配合地方政府推动区域经济发展紧密结合起来。2010年12月，与安徽省政府共同举办的“安徽省与全国知名民营企业合作发展会议”活动，签约项目3615个，总投资额18210亿元，目前已开工项目投资额近7000亿元；2011年6月，与广东省政府联合举办的“广东与全国知名民营企业合作发展共促转型升级大会”，引进800多家民营企业到珠三角投资发展，总投资额超过1万亿元；2011年12月，与贵州省政府共同举办“全国民营企业助推贵州发展大会”活动，签约项目1094个，总投资额14282亿元。二是广泛组织非公有制企业参与西部大开发、援藏援疆等国家区域经济发展战略。在青海，2011年6月参与主办“青洽会”，签约项目总额超过1000亿元，捐赠604万元；在新疆，2011年8月参与主办“首届中国—亚欧博览会暨光彩事业新疆行”，9月与新疆维吾尔自治区共同举办“知名民营企业恳谈会暨签约仪式”，在疆投资项目总额达1226.89亿元，捐赠1700万元；在甘肃，2011年7月主办“光彩陇原行”活动，促进甘肃定西市招商引资59项，协议金额达443亿元，捐赠850万元；在福建，2011年9月与福建省共同举办“民营企业产业项目对接会”，共对接项目1334项，投资总额达到1.28万亿元。全国工商联还通过多种形式与地方党委、政府开展合作，2011年8月，与吉林省政府共同举办“中国民营经济发展（长白山）研讨会”。三是服务支持有条件的非公有制企业积极稳妥“走出去”。开展了民营企业“走出去”调研活动，调研报告得到了贾庆林、李克强、张德江、王岐山、马凯等领导同志的重要批示。履行大湄公河次区域工商论坛轮值主席国职责，推动开展大湄公河次区域经济合作活动，密切了与有关国家商会和企业的交流合作。成立中国民营经济国际合作商会，举办“中美商会合作论坛”，与商务部、外交部、国资委、全国总工会等部门联合下发关于加强职工技术创新工作以及境外中资企业（机构）员工管理和文化建设等方面的政策性文件，为推动民营企业开拓国际市场牵线搭桥、创造条件。继续发挥工商联民间外交作用，通过举办论坛、联合开展培训、组织出访考察等多种形式，进一步巩固和加强与相关国家和地区工商界的沟通与合作。

四、探索改进思想政治工作

非公有制经济人士思想政治工作是贯穿工商联工作始终的生命线。中央16号文件下发以来，全国工商联着力探索引导教育和自我教育相结合、思想教育与实践教育相结合的实现途径，在改进思想政治工作方面取得了显著成效。一方面，强调把引导教育与自我教育结合起来，重点开展了树立宣传先进典型工作。从2011年4月开始，按照“可信、可比、可学”标准，组织机关有关部门分赴17个省区市调研，在非公有制经济领域自下而上地树立和宣传了一批推进自主创新、加快转变发展方式，关爱员工、构建和谐企业，保障改善民生、自觉履行社会责任，“走出去”、争创民族品牌，开展非公有制企业党建工作和加强企业文化建设等方面表现突出的先进典型，初步建立起一个近1000个先进典型的人物库。2011年12月2日，中央统战部、全国工商联在人民大会堂举行了改革开放以来的第一次全国非公有制经济先进典型事迹报告会，贾庆林、刘云山、杜青林、黄孟复等党和国家领导同志出席，贾庆林同志发表了重要讲话，10名企业家作了事迹报告，全国各地超过12万人以电视电话会议的形式参加了报告会，人民日报、新华社、经济日报、中央人民广播电台、中央电视台等新闻媒体进行了集中报道，对推动非公有制经济发展、增强非公有制经济人士发展信心发挥了重要作用。实践证明，宣传非公有制经济先进典型，就是宣传改革开放的伟大实践，宣传中国特色社会主义，宣传社会主义核心价值体系，必须作为工商联开展非公有制经济人士思想政治工作的一个主要形式长期坚持。另一方面，强调把思想教育与实践教育结合起来。继续开展国情党情教育，和全国非公有制经济组织创先争优活动指导小组共同召开了“非公有制经济人士纪念建党90周年座谈会”，11名企业家结合非公有制经济发展历程和企业家自身成长经历，畅谈改革开放取得的伟大成就，表达了永远跟党走中国特色社会主义道路的坚定决心；继续开展革命传统教育，组织了“感恩革命老区井冈行”活动，引导非公有制经济人士共同感受老区人民的奉献精神；继续开展中国特色社会主义理论体系学习教育，于2011年10月配合中央统战部在中央社会主义学院共同举办了非公有制经济代表人士培训班；继续探索“同心工程”、感恩行动、光彩事业等载体在实践教育中的作用，仅在感恩行动中就引导13.2万家非公有制企业积极参与，受助对象30.6万人，资助金额72.5亿元，惠民项目到位资金90亿元。

五、坚持重心下移抓基层打基础

在贯彻落实中央16号文件的实践过程中，全国工商联确定了工作重心下移、抓基层打基础的总体思路，连续两年把商会建设和县级工商联建设作为年度工作重点。在商会建设上，着力研究探索中央提出的培育发展中国特色商会组织这个重要任务。2011年7月至9月，深入11个省区市开展商会建设调研，于11月上旬召开了工商联历史上第一次商会建设工作会议，对改革开放以来工商联商会建设的实践经验进行了全面总结，对如何认识、怎样建设中国特色商会组织，进一步明确了“三性”有机统一的发展方向，理清了总体思路，探索了建设途径。全国工商联还制定印发了商会章程范本和商会管理办法等制度，明确了工商联系统积极培育和规范发展中国特色商会组织的具体措施；努力推动工商联系统商会法人登记工作有序开展，推动商会管理工作走向法制轨道。目前，在国务院办公厅、民政部和其他有关部委的大力支持下，有8家全国工商联直属行业商会法人登记获得了国务院正式批复（还有2家的法人登记批复即将下发）；29个省级工商联得到本级政府授权或部分授权，工商联系统近50%的商会协会完成法人登记手续。在县级工商联建设上，把能否解决基层的实际困难和突出问题作为检验贯彻落实中央16号文件成效的一个重要标志。积极推动全国工商联和部分省级工商联建立县级工商联联系点，着力指导推动市县级党委政府解决工商联基层组织建设薄弱问题。目前，许多县级工商联在人员编制、行政经费、办公条件等方面得到明显改善。有的地市给工商联一次性增加10多个编制，有的大幅增加财政经费，不少市县还为工商联解决办公用房和车辆，配备必要的现代化办公设备。

六、协同参与加强与创新社会管理

面对加强创新社会管理这一新课题新任务，立足工商联特点，积极参加中央社会管理综合治理委员会成立的由中央统战部牵头、9个成员单位组成的非公有制经济组织服务管理工作小组，按照《中央有关部门贯彻落实〈中共中央国务院关于加强和创新社会管理的意见〉重要政策措施分工方案》，承担起参与强化企事业单位社会管理服务等7项重要工作职责。一是直接参与中央构建和谐劳动关系调研。2011年4月，为贯彻落实习近平同志关于浙江传化集团经验的重要批示精神，全国工商联抽调专门人员参与王兆国副委员长带队，由中央政策研究室、中央宣传部、全国总工会、国家人力资源和社会保障部等六部门组成的联合调研组，用3个月时间集中开展了民营企业构建和谐劳动关系调研。全国主要负责人亲自参加浙江调研，对构建非公有制企业和谐劳动关系提出了许多建设性意见。二是直接参与筹备召开全国构建和谐劳动关系先进表彰暨经验交流会。2011年8月，第一次正式作为国家协调劳动关系三方会议成员单位，与人力资源与劳动保障部、全国总工会等一道，组织召开了全国构建和谐劳动关系先进表彰暨经验交流会。这是改革开放30多年来第一次全国性研究部署构建和谐劳动关系的重要会议，习近平同志代表党中央在会上发表了重要讲话，张德江同志在会上做总结讲话，浙江传化集团、三一重工等15家典型企业作了大会发言，娃哈哈集团董事长宗庆后代表受表彰单位宣读了构建和谐劳动关系倡议书，人民日报等媒体作了广泛报道，对引导非公有制企业构建和谐劳动关系、履行管理服务员工的社会责任，起到了重要推动作用。三是进一步调动工商联系统力量参与社会管理创新。专门制定全国工商联贯彻落实社会管理创新意见的措施，就机关各部门履行在社会管理创新中的职责提出了明确要求；注重发挥工商联系统4万多家商会在联系企业、参与社会管理中的协同作用，与最高人民法院联合开展关于建立完善商会调解与法院诉讼相衔接机制的调研，编写印发了商会调解仲裁指导性用书《工商联商会仲裁与调解工作前沿》，努力探索新形势下商会参与解决非公有制企业纠纷的新途径。

七、继续指导非公有制企业开展创先争优活动

从2010年5月开始，全国工商联党组开始参与全国非公有制经济组织创先争优活动指导小组工作。近年来，全国工商联党组认真履行职责，紧紧抓住党组织组建和作用发挥这两个重点，抓住党建指导员、企业党组织负责人和企业出资人这三个关键，不断扩大党的组织和党的工作覆盖面，引导党组织围绕企业生产经营、党员立足本职岗位开展活动，指导工作取得了明显成效。“两个覆盖”不断扩大，开展深入学习实践科学发展观活动和创先争优活动以来，全国非公有制企业新建党组织13.2万个；各地共向非公有制企业选派党建工作指导员43.9万多名；截至2011年年底，建立领导干部非公有制企业联系点22.2万多家。党组织在推动企业科学发展方面的作用更加凸显，截至2011年年底，非公有制经济组织党组织共提出合理化建议203万多条，开展技术革新353万多项，完成急难险重任务82万多件，为群众做好事实事436万多件。

八、发展形成了关于工商联工作的系列理论成果

在商会建设方面，形成了建设中国特色商会组织必须坚持“三性”有机统一发展方向的重要观点；在非公有制经济人士思想政治工作方面，形成了弘扬义利兼顾、以义为先精神，促进非公有制企业党建与企业文化建设深度融合，加强引导教育与自我教育、思想教育与实践教育相结合等创新理念；在工商联机关建设方面，形成了工商联凝聚力、影响力、执行力的系统论述；在队伍建设方面，形成了政治把握能力、调查研究能力、群众工作能力、落实推进能力四位一体的能力结构体系，局级干部“专家权威”、处级干部“行家里手”、一般干部“应知应会”的分级培养目标，实践锻炼、岗位锻炼、基层锻炼的能力建设途径，注重在关键时刻、关系个人利益问题上、参与重点工作中考察干部的具体用人标准等一系列重要经验。同时，在工商联简史、民营经济史、民营经济人物研究方面，也取得了一批理论成果。

九、全面加强干部队伍建设

建设一支政治强、业务精、作风正的干部队伍，是工商联贯彻落实中央16号文件最有活力的因素，是提高工商联机关执行力的重要保证。全国工商联把干部队伍建设作为工商联自身建设的重中之重，大力推进干部队伍的能力建设和作风建设。一是进一步提高干部能力素质。重视干部专业知识培训，先后组织20多人次参加自主选学和中央党校、国家行政学院等院校的培训，组织机关89名处以下干部参加了脱产培训，组织工商联系统机关干部、直属行业商会秘书长200人参加境外培训；突出在重点工作中锻炼干部，先后组织70多名干部参与中小企业综合性调研活动、商会工作调研等重点工作，领导干部带头指导年轻干部加强调查研究基本功。选派6名同志到西藏、新疆、贵州等地区任职、到企业挂职，对机关8名处级干部进行了轮岗交流。二是不断完善选人用人机制。把加大竞争性选拔力度作为干部人事制度改革的重要突破口，通过民主推荐选拔任用了3名局级领导干部和10名处级非领导职务干部。针对机关局处级领导职务干部配备不足、能力素质不够全面的现状，制定了《2011～2015年全国工商联机关局处级领导职务后备干部队伍建设规划》，对机关干部梯队建设作出了科学规划。三是加强机关党建工作。在创先争优活动中，贯彻落实中央组织部关于开展基层组织建设年活动的要求，大力加强机关党建工作。目前全国工商联共有党（总）支部18个，机关党员已占全体干部职工人数的82%。

十、努力提高机关工作科学化水平

经过多年的不懈努力，凝结着全国工商联几任领导班子夙愿和机关广大干部心血的新办公大楼于2011年竣工并投入使用，这是继中央16号文件颁发后的又一件大事和喜事。新办公楼近5万平方米，地上10层，地下4层，采用了水源热泵系统、排风热回收装置、防冻太阳能热水系统等一系列环保节能设备，并应用了内网办公系统、一卡通系统、信息发布系统等现代化信息手段，为机关提高工作效率、改进工作质量提供了硬件和技术保障，也对机关管理理念、管理方法提出了更高要求。全体工作人员十分珍惜来之不易的工作条件，坚持效率与节约并重，实行机关事务性、后勤性工作全委托模式，进一步提高了工作效能；在召开会议、信息发布、设备维护、职工用餐等方面制定了严格的工作流程，增强了工作的规范性；先后制定了商会管理、公文处理、干部轮岗、事业单位管理等10多项制度规定，使机关工作的各个环节有章可循；把制度落实作为关键环节，围绕年度工作要点、会议议定事项及会领导重要批示开展督查督办，确保2010年的几项重点工作都得到了较好落实。为进一步提高机关干部遵守制度的自觉性，补充完善各类制度并汇总印发制度汇编，做到人手一册。制度的落实促进了工作质量的提升，机关公文办理质量和效率有所提高，财务工作在严格预算管理、加强支出审批等方面成效明显，档案工作受到国家档案局通报奖励。

会员发展概况

截至2011年年底，全国工商联共有会员2838005个，比2010年年底增加127290个，增长4.7%。其中，企业会员1311315个，比上年底增加142334个，增长12.2%；团体会员28143个，比2010年年底减少1983个，降低6.6%；个人会员1498547个，比上年底减少13061个，降低0.9%（其中原工商业者和“三小”79173个，比上年底减少7595个，降低8.8%）。企业会员、团体会员和个人会员在会员总数中所占比例分别为46.2%、1.0%和52.8%，企业会员所占比例与上年底相比较上升了3.1%，团体会员比例和个人会员比例与上年底相比较分别下降了0.1%和3.0%。

与2010年年底的数据比较，企业会员增长较多的五个行业是：制造业（增加40062个）、批发和零售业（增加29996个）、住宿和餐饮业（增加11553个）、农林牧渔业（增加10522个）、居民服务和其他服务业（增加7756个）；企业会员增长较多的五个地区是：广东（增加22222个）、江苏（增加15178个）、浙江（增加14110个）、新疆（增加8432个）、山东（增加8253个）。

根据国家工商行政管理总局2011年3季度的统计数据，截至2011年3季度末，全国有私营企业9412978个，比上年底增加957820个，增长率为11.3%。截至2011年年底全国工商联有私营企业会员1049203个，比上年底增加122102个，增长率为13.2%；占全国私营企业总数11.1%，比上年底增加0.4个百分点。工商联私营企业会员占所在地区私营企业登记数比例排前五位的地区是：内蒙古（占27.5%）、青海（占24.7%）、湖南（占22.4%）、河南（占19.4%）、吉林（占18.6%）。

由以上数据可以看出，全国工商联私营企业会员增长速度与全国私营企业增长速度基本一致。

但是，工商联会员数量、会员覆盖面和会员结构与全国非公有制经济发展情况相比较还有相当大的差距。会员队伍是构成工商联组织的主体，各级工商联要坚持代表性和广泛性相结合的原则，加大发展会员力度，优化会员结构，进一步扩大工商联会员的覆盖面。

组织发展概况

截至 2011 年年底，全国工商联共有县级以上工商联组织 3348 个（含新疆生产建设兵团工商联组织 197 个），比上年底增加 3 个。其中，地级工商联组织 347 个（含新疆生产建设兵团师级工商联组织 14 个），占地级行政区划总数的 100%；县级工商联组织 2968 个（含新疆生产建设兵团团级工商联组织 182 个），占县级行政区划总数的 97.4%。27 个省级行政区实现了县以上工商联组织全覆盖。2011 年，江西、西藏、青海 3 个省区新成立县级工商联组织 5 个。目前，西藏、青海、宁夏、新疆 4 个省区还有 77 个县级行政区未成立工商联。

全国工商联共有基层商会组织 43855 个，比上年底增加 3245 个。其中，乡镇商（分）会 17701 个，比上年底增加 143 个，增长 0.8%；街道商（分）会、小组 4447 个，比上年底增加 334 个，增长 8.1%；行业组织 15965 个，比上年底增加 1714 个，增长 12%；异地商会 3345 个，比上年底增加 810 个，增长 32%；市场商会 707 个，比上年底增加 54 个，增长 8.3%；开发区商会 269 个，联谊会 264 个，其他 1157 个。

异地商会中，省级异地商会 409 个，占 12.2%；地市级异地商会 1549 个，占 46.3%；县级异地商会 1387 个，占 41.5%。

截至 2011 年年底，全国工商联共有行业组织 15965 个，比上年底增加 1714 个，增长 12.0%。其中，全国工商联直属行业商会 29 个，新成立 1 个；省级工商联所属 582 个，比上年底增加 68 个，增长 13.2%；地市级工商联所属 3124 个，比上年底增加 324 个，增长 11.6%；县级工商联所属 8224 个，比上年底增加 898 个，增长 12.3%；乡镇街道所属 4006 个，比上年底增加 423 个，增长 11.8%。

全国各级工商联所属已具社团法人资格的行业组织合计 7325 个，比上年底增加 1450 个，增长 24.7%。全国工商联直属行业组织登记率为 24.1%，省级工商联所属行业组织登记率为 53.6%，地市级工商联所属行业组织登记率为 57.6%，县级工商联所属行业组织登记率为 46.6%，乡镇街道行业组织登记率为 34.4%。

上述数据反映出，各地工商联认真贯彻落实中央 16 号文件精神，牢牢把握县级工商联和基层商会组织是工商联工作的组织基础和重要依托，推动已具备条件的地区成立工商联组织，推进建立乡镇、街道、异地、市场等基层商会，尤其是异地商会数量显著增长，扩大了工商联基层组织覆盖面。

统计数据显示，省级以下工商联新成立的行业组织同比增长均在两位数以上，说明各地工商联贯彻落实中央 16 号文件精神，切实把商会建设作为加强工商联基层组织建设的重要内容，既加快了商会组织发展，也促进了工商联自身建设。尤其是河南、江苏等省级工商联的行业组织成立数量多，作用发挥较好。

统计显示，行业组织登记数呈现较大幅度增长，省、地级市两级工商联的行业组织已登记数均已超过 50%。说明各级工商联以贯彻落实中央 16 号文件为契机，加强商会的依法管理，努力推进登记工作，取得了实效。福建、河南、湖北、广东、海南、青海 6 个省级工商联所属行业组织实现了 100% 登记。

会领导简介

中华全国工商业联合会主席：黄孟复
中华全国工商业联合会党组书记、第一副主席：
全哲洙
中华全国工商业联合会常务副主席：孙安民
中华全国工商业联合会副主席：
黄小祥　褚　平　谢经荣　庄聪生　李　路
王文京　王文彪　王健林　王新奎　卢志强
刘志强　刘沧龙　许连捷　许荣茂　吴一坚
张元龙　张近东　林毅夫　崔世昌　傅　军
霍震寰　刘迎霞
中华全国工商业联合会副秘书长：
王忠明　欧阳晓明

中华全国工商业联合会
第十届执行委员会委员名单

（482名）

北京市（12名）
王子华　王廷月　叶　青　严望佳（女）
吴　杰　张大中　张志铭　陈东升
周一晨　赵瑞海　程　红（女）　聂启明
天津市（11名）
丁　冰　马文举　王永正　王国瑛（女）
许长安　柴宝成　耿　伟（满族）　郭宝印
崔洪金　阎　明　董霄龙
河北省（13名）
王中联（女）　刘延云　曲继广　朱守琛
张志祥　杨拥民　芦新菊（女）　武志雄
范少明　耿建明　黄　荣　翟久玉　裴晓鹏
山西省（8名）
李　猛　李兆会　远勤山　姚俊良
韩长安　韩儒英　贺美璧　郭海刚
内蒙古自治区（7名）
田　震　李岳清　杜江涛
杨继业（蒙古族）　郭占春　潘　刚
程方庆
辽宁省（13名）
马世侠　王立斌　王植时　刘希贵
刘忠田（满族）　李卓然　李学仁　杨冠兴
金占忠（满族）　凌　云　程小平（满族）
韩　伟　臧　克
吉林省（9名）
王远征　丛连彪（回族）　刘　野　别胜学
宋　勇　李彦群　修涞贵　韩真发　冀　生
黑龙江省（9名）
叶晓钟　白沐阳（满族）　江廷科
张郑婴　洪袁舒（女）　高　翔　高金鹏
隋熙明　戴　皓
上海市（16名）
王晓鹏　苏　霖　沃伟东　辛春华（女）
邵东明　陈　丽（女）　陈平田　周成建
季晓东　郑永刚　金　亮　施有毅
段祺华　郭广昌　谢　毅　潘跃进
江苏省（15名）

王友诚　王振华　刘卫高　张友峰
李　仁　杨　休　辛颖梅（女，回族）
邵　军　陈光标　周海江　姚东明
祝义才　徐守铭　徐晔宇　康宜华

浙江省（13 名）

王云友　王水福　王玉书　邓国安
汤为平（女）　张必来　邱继宝　郑胜涛
南存辉　徐冠巨　崔秀玲（女）　盛静生
楼忠福

安徽省（10 名）

王康健　刘庆峰　后　力　江继忠
何帮喜　余渐富　李卫华　陈　翔
耿学梅（女）　崔兴柏

福建省（10 名）

王　玲　王　沁　王炎平　李祖可
李新炎　陈力辉　陈发树　陈成秀
林欧文　柯遵昶

江西省（8 名）

于　果　王　翔　张果喜　陈年代
徐桂芬（女）　黄代放　温显来　舒国华

山东省（14 名）

王乃静　孙龙平　孙孺声　李建华
杨　涛　杨宝友　苏寿堂　陆　锦
陈守国　宗立成　夏春亭　夏晓峰
徐　航　梁向前

河南省（10 名）

王银良（回族）　乔秋生　宋丰强　张　林
李新华　杨京伟　郑有全　秦太宏
梁　静（女）　彭家华

湖北省（13 名）

巴能军　王道友　刘新才　余元九　余汉江
吴少勋　杨万贵　陈　军　陈燕鸣　茅永红
胡爱娣（女）　赵晓勇　梁亮胜

湖南省（11 名）

田儒斌（土家族）　崔永平　何报翔
余克建　张国华　易志奇　陶一山　彭继球
雷学军　谭宪才　颜集成

广东省（18 名）

孔芙蓉（女）　卢小周　严璋玉（女）
张汉泉　张传卫　张思民（回族）　李东生
李阳春　李朝旺　杨浩明　苏志刚　陈　丹
郑定平　郑桂泉　郑焯辉　贺丹青　倪　乐
萧七妹（女）

广西壮族自治区（7 名）

冯小华　冯成善（瑶族）　史英文
宁　俊（壮族）　陈大光　潘远和
磨长英（女）

海南省（6 名）

王　胜　王汉昌　田德毅　任晋生　陈　峰
景　柱

重庆市（9 名）

丁祥龙　付中秋　左宗申　刘杰锋
孙甚林（土家族）　严　琦（女）
涂建华　袁志伦　薛方全

四川省（15 名）

刘　汉　安治富　朱开友　朱华忠　朱俊伟
江　云　严俊波　何俊明　张晓梅（女）
杨　铿　杨大陆　花　欣　陈次昌　钟家霖
樊建川

贵州省（8 名）

王　伟　叶湘武　刘建军　刘朝容　吴维方
郑楚平　柳云松　戴　勇

云南省（7 名）

朱德芳　张功祥（白族）
杨焱平（女，白族）　郑宣明
焦家良　蒋政江　熊贤林

西藏自治区（5 名）

阿沛·晋源（藏族）　徐　飞
群　培（藏族）　雷菊芳（女）
旺　久（藏族）

陕西省（9 名）

王欢畅　王西林　冯钧平（回族）　史贵禄
白延彪　刘玉明　吕建中　荣　海
赵喜林（女）

甘肃省（7 名）

马生华（回族）　王金生　刘建民
吴继德　张建友　赵满堂　郝　远

青海省（6 名）

马　青（回族）　马吉孝（回族）
匡　湧　李家翔　韩兴旺（撒拉族）
金生光（回族）

宁夏回族自治区（5 名）

刘金虎　孙珩超　朱奕龙
罗玉林（回族）　郑国祥

新疆维吾尔自治区（8 名）

万　水　冯东明　孙广信

米恩华（回族）　张　新　陈建华
热孜万·艾拜（维吾尔族）
热迪力·阿布拉（维吾尔族）
新疆生产建设兵团（4名）
单　玫（女）　屈开平　罗开明　黄光权
台湾省（6名）
林育青　林炳生　林清辉　骆宏宾　黄进能
谢文雄
香港特别行政区（23名）
马忠礼　孔黛碧（女）　方文雄
王沛诗（女）　王国强　王敏刚　叶志光
伍威全　孙大伦　张明敏　张跃莉（女）
李国基　李嘉音（女）　邱达强　陆　地
罗富昌　胡文新　胡晓明　倪锦辉　唐伟年
黄汝璞（女）　曾智明　蒋丽莉（女）
澳门特别行政区（10名）
马志成　许健康　阮建昆　何富强
何超琼（女）　苏香玫（女）　陆永根
林金城　徐伟坤　谭伯业
华侨（4名）
子　繁　许智明　李学春　胡介国
国家有关单位团体（10名）
于法鸣　王胜文（满族）　王黎明
卢云华　刘俊臣　孙　波　吴　忠　李　普
郭稳才　隋建民
直属会员（37名）
丁立国　王天怡　王均金　王学利　车建兴
甘连舫（回族）　关彦斌（满族）
孙力斌　朱新礼　汪力成　吴　敏
宋在国（朝鲜族）　张小亮　张征宇
张政建　张章笋　张鸿善　李　辙　邱淦清
连广明　陈志列　陈进军　陈忠孝　陈经纬
郑元豹　恽才华　胡成中　贲圣林　赵光学
钟　玉　秦升益　郭丽双（女）　郭康玺
高德康　梁文旭　黄誌贤　韩召善
直属行业商会（8名）
丁佐宏　王　平（女）　王　巍
刘迎霞（女）　李　响　李河君
李洪信　罗锐韧
有关方面（68名）
马正述　马有礼　尹明善　王　丽（女）
王　兵　王文京　王文彪　王玉锁　王再兴
王健林　王新奎　邓　伟　卢志强　甘国屏
全哲洙（朝鲜族）　刘　亭（女）
刘志强　刘沧龙　刘保国　孙安民　庄聪生
许连捷　许荣茂　齐　清（女，蒙古族）
余立新（女）　吴一坚　宋金典
张　梅（女）　张元龙　张文荣　张华荣
张红力　张芝庭　张宏伟　张近东　李　勇
李　路　李　飚　李书福　李立新　李金元
汪远思　陈奇伟　周晋峰　林毅夫　郑跃文
金会庆　姜　维　施子清　柳传志　段永基
胡克勤　桂国杰　袁玉岷　钱兆华　崔世昌
崔西成　黄小祥　黄孟复　黄锦辉　傅　军
董文标　谢伯阳　谢经荣　韩志军　褚　平
穆麒茹（女，回族）　霍震寰

大事记

一月

★4日，全哲洙书记在机关主持召开2011年第一次主席专题办公会议，研究机关如何贯彻落实全国工商联十届四次执委会议精神，确定各部门2011年重点工作。宋北杉、褚平、孙安民、谢经荣、庄聪生副主席和机关各部门主要负责同志出席会议。

同日，庄聪生副主席在北京出席全国宣传部长会议。全国工商联宣教部负责同志参加会议。

★6日，黄孟复主席、谢经荣副主席参加元旦、春节两节“送温暖”活动，走访慰问北京农民工子弟小学。黄孟复主席一行到北京市朝阳区星河双语学校金盏分校，向该校师生捐赠了580套学习用具和30余套教师生活用品，转交了企业捐赠的2000余册图书和10套外语教学设备，并举行了“光彩文库”图书室揭牌仪式。北京市委常委、统战部长牛有成，以及全国工商联和北京市、朝阳区有关负责同志参加了走访慰问活动。

同日，宋北杉副主席在北京出席全国政协秘书长会议。

同日，宋北杉副主席在机关主持召开机关党委三届十八次会议。

同日，庄聪生副主席在北京出席全国政协党派提案工作座谈会。全国工商联研究室有关负责同志参加座谈会。

★8日，黄孟复主席在北京人民大会堂出席北京潮商发展论坛。会上举行了“中华红丝带基金”捐赠仪式，中国民生银行与北京潮人商会签订了《中小企业融资合作》框架协议。

★10日，黄孟复主席、庄聪生副主席在全国政协出席国家有关部委工作情况通报会。全国工商联研究室和有关直属商会负责同志参加通报会。

★11日，全国工商联召开机关局级干部2010年度考核述职测评会议。会议由宋北杉副主席主持。黄孟复主席，全哲洙书记，宋北杉、褚平、谢经荣、庄聪生副主席出席会议。机关全体干部参加会议。

★12日，全国工商联与中国工商银行在北京人民大会堂举行战略合作协议签字仪式。根据协议，全国工商联和中国工商银行将在全国范围内建立全面稳定的合作关系，发挥各自优势，共同支持中小企业和民营经济的发展。全国工商联黄孟复主席出席签字仪式并讲话，孙安民副主席与中国工商银行执行董事、副行长李晓鹏分别代表双方签署协议。全国工商联全哲洙书记，中国工商银行姜建清董事长，中国银监会周慕冰副主席，全国工商联卢志强副主席，中国民间商会郑跃文副会长，中国工商银行张红力副行长等出席了签字仪式。中央统战部五局杨启儒局长，全国工商联欧阳晓明副秘书长及来自国家有关部门领导、民营企业家代表等100余人参加签字仪式。

同日，黄孟复主席在北京会见香港中华总商会蔡冠深会长一行。全国工商联褚平副主席，王忠明、欧阳晓明副秘书长及有关部门负责同志参加会见活动。

★13日，全哲洙书记在中央统战部机关会见贵州省毕节地委副书记、行署专员张吉勇一行。全国工商联谢经荣副主席、扶贫部负责同志参加会见活动并分别介绍了全国工商联帮扶织金的项目进展情况和今后帮扶织金的思路。

同日，谢经荣副主席在北京出席最高人民法院与各民主党派中央、全国工商联领导同志以及无党派人士座谈会。

★14日，国家科学技术奖励大会在北京人民大会堂隆重举行。全国工商联黄孟复主席出席大会并为获奖代表颁奖。由全国工商联推荐的两项成果荣获国家科技进步二等奖，分别是法尔胜集团有限公司、江苏法尔胜新日制铁缆索有限公司完成的“耐久型超高强度平行钢丝拉索关键技术及产业化”和重庆金山科技（集团）有限公司、上海长海医院、重庆大学完成的“消化道智能胶囊内镜系统的研制与临床应用”。这是全国工商联推荐的国家科学技术奖项目首次获国家科技进步奖。

同日，全哲洙书记、庄聪生副主席在北京出席由中央统战部、民进中央和民进北京市委联合主办的雷洁琼同志追思会。

同日，谢经荣副主席在机关会见贵州省织金县县委书记马培泽一行，听取关于织金县情况汇报。会上，全国工商联赴织金挂职干部汇报了“整乡推进”生产性扶贫开发项目进展情况。扶贫部负责同志参加会见活动。

★17日，全国工商联领导班子和班子成员2010年度考核测评会议在机关召开。全哲洙书记，宋北杉、褚平、孙安民、谢经荣、庄聪生副主席出席会议。中央组织部干部三局、干部监督局，中央统战部四局、五局、机关党委的有关领导出席会议。机关处级以上干部参加会议。

同日，褚平副主席在机关会见澳门贸易投资促进局张祖荣主席一行。会上介绍了内地企业在环保产业中的发展状况和在“十二五”规划中环保产业的发展方向。全国工商联联络部负责同志参加会见活动。

★18日，全国工商联“2010～2011年中国民营经济发展形势分析会”在北京举行。黄孟复主席作题为《中国民营经济是转方式、保民生的重要力量》的主旨演讲。全国工商联副主席、新华联集团董事局主席傅军、工业和信息化部中小企业司副司长郑昕、中国人民大学经济学院教授李义平和中国民生银行副行长梁玉堂分别作了主题演讲。黄孟复主席、全哲洙书记、李义平教授还分别回答了嘉宾和记者的提问。分析会由庄聪生副主席主持。全国政协机关党组书记、副秘书长孙怀山，全国政协经济委员会主任张左已，全国工商联宋北杉、褚平、孙安民副主席，中国民间商会孙晓华、沈建国、段永基副会长等出席会议。国家有关部门负责同志，专家学者，企业家，部分驻华使领馆、工商社团的国际友人，及主流媒体的新闻记者参加了会议。

同日，全哲洙书记、宋北杉副主席在北京出席全国工商联离退休人员新春茶话会。全国工商联有关部门负责同志参加茶话会。

同日，谢经荣副主席在北京出席国务院就业工作部际联席会议。

同日，庄聪生副主席在北京出席中华工商时报社2010年度领导班子述职报告会，对中华工商时报社下一步工作提出具体要求，并就创先争优活动情况进行点评。

★20日，全国非公有制经济组织创先争优活动指导工作座谈会在北京召开。全国非公有制经济组织创先争优活动指导小组组长、全国工商联党组书记全哲洙出席会议并讲话。会上，北京等10个省市创先争优活动指导小组和2家非公有制企业介绍了开展创先争优活动的经验做法。创先争优活动指导小组副组长、国家工商行政管理总局副局长钟攸平，创先争优活动指导小组副组长、全国工商联副主席庄聪生出席会议。

同日至24日，宋北杉副主席到县级工商联组织建设联系点甘肃省酒泉市肃州区工商联就贯彻落实中央16号文件精神，加强县级工商联和基层商会组织建设情况进行专题调研。期间，宋北杉副主席先后走访了有关行业商会和基层商会组织，并在兰州市、武威市、酒泉市召开了三场基层组织建设座谈会。甘肃省副省长、省工商联主席郝远，省委统战部副部长、省工商联党组书记吴继德，全国工商联会员部负责同志等参加调研活动。

★21日，黄孟复主席、全哲洙书记、谢经荣副主席在北京出席温家宝总理主持召开的座谈会。会议的主题是听取各民主党派、全国工商联负责人和无党派人士对《政府工作报告（征求意见稿）》和《十二五规划纲要（草案）》的意见。

同日，黄孟复主席，全哲洙书记，褚平、孙安民、谢经荣、庄聪生副主席在中央统战部出席党外人士迎新春联谊会。

同日，全国工商联机关迎新春团拜会在北京万达广场举行。褚平副主席在会上致辞。之后为机关全体干部职工播放了两部电影。全哲洙书记，孙安民、谢经荣、庄聪生副主席出席团拜会。

★23日，黄孟复主席，全哲洙书记，褚平、孙安民、谢经荣、庄聪生副主席在北京会见全国工商联副主席、世界银行首席经济学家兼高级副行长林毅夫。

★24日，黄孟复主席，谢经荣、庄聪生副主席慰问全国工商联老领导王光英、孙孚凌同志和黄孟复夫人、经叔平夫人。办公厅负责同志等参加慰问活动。

★26日，全哲洙书记，谢经荣、庄聪生副主席在中央统战部出席2011年非公有制经济代表人士新春餐叙会。

★28日，人力资源和社会保障部、全国总工会和全国工商联三方合作推动就业再就业工作第七次联席会议在全国总工会召开。会议审议通过了2010年三方推动就业再就业工作总结和2011年工作安排。全国工商联谢经荣副主席，人力资源和社会保障部信长星副部长和全国总工会王炯副主席出席会议并讲话。会后，全国总工会党组书记、副主席、书记处第一书记王玉普同志接见了全体与会者。

同日，全哲洙书记在机关主持召开2011年第二次主席专题办公会议，研究中小企业综合性调研活动方案并部署相关工作。褚平、孙安民、庄聪生副主席，中央统战部五局有关负责同志，全国工商联王忠明、欧阳晓明副秘书长，机关有关部门负责同志等出席会议。

★30日，中共中央在北京中南海召开党外人士迎春座谈会，邀请各民主党派中央、全国工商联领导同志和无党派人士代表欢聚一堂，共商国是，畅叙友情，喜迎新春。中共中央总书记、国家主席、中央军委主席胡锦涛代表中共中央、国务院，向各民主党派中央、全国工商联领导同志和无党派人士，向统一战线广大成员，致以诚挚的问候和新春的祝福。全国工商联黄孟复主席、全哲洙书记、宋北杉副主席出席座谈会。

同日，黄孟复主席在机关主持召开 2011 年第一次主席办公会议。会议议题：①研究《全国工商联 2011 年度主要调研课题计划（讨论稿）》；②研究《全国工商联 2011 年培训工作计划》；③研究《合资设立〈中国工商〉经营公司的框架协议》和《〈中国工商〉经营管理有限责任公司章程》。全哲洙书记，宋北杉、褚平、孙安民、谢经荣、庄聪生副主席出席会议。王忠明、欧阳晓明副秘书长，机关有关部门和中华工商时报社、中国工商杂志社主要负责同志列席会议。

二月

★1 日，中共中央、国务院在北京人民大会堂举行 2011 年春节团拜会。党和国家领导人胡锦涛、吴邦国、温家宝、贾庆林、李长春、习近平、李克强、贺国强、周永康等同首都各界人士 4000 多人欢聚一堂，共庆新春佳节。全国工商联黄孟复主席，全哲洙书记，褚平、孙安民、谢经荣副主席出席团拜会。

★11 日，全哲洙书记在机关主持召开 2011 年第三次主席专题办公会议，研究落实《全国工商联中小企业综合性调研活动方案》并部署相关调研工作。褚平、孙安民、庄聪生副主席，王忠明、欧阳晓明副秘书长，机关有关部门负责同志及国家工商总局、北京大学民营经济研究院、中国民（私）营经济研究会的有关同志出席会议。

同日，谢经荣副主席出席中央统战部召开的统一战线参与毕节试验区建设“同心·人才培训项目组”建议方案讨论会。全国工商联参与基层干部培训、职业教育和劳动力转移培训两个项目，其中基层干部培训项目由全国工商联牵头。全国工商联扶贫部负责同志参加会议。

★14 日，黄孟复主席在机关主持召开 2011 年第二次主席办公会议。会议议题：审议有关人事事项。全哲洙书记，宋北杉、褚平、孙安民、谢经荣、庄聪生副主席出席会议。人事部负责同志列席会议。

同日，谢经荣副主席在机关会见国务院扶贫办郑文凯副主任一行。国务院扶贫办国际合作与社会扶贫司、全国工商联扶贫部负责同志等参加会议。

★15 日，黄孟复主席、全哲洙书记在机关会见上海市委常委、统战部部长杨晓渡一行。全国工商联宋北杉、谢经荣副主席出席会见活动。欧阳晓明副秘书长、办公厅负责同志，上海市委统战部副部长季晓东、吴捷等参加会见活动。

同日，全国工商联在机关举办中小企业综合性调研活动专项培训，邀请工业和信息化部、财政部、国家税务总局、国家工商总局 4 名同志就中小企业的发展情况、国家政策及未来发展趋势等进行授课。全哲洙书记，宋北杉、褚平、孙安民、谢经荣、庄聪生副主席，王忠明、欧阳晓明副秘书长，中小企业综合性调研组的同志及机关全体干部参加了培训。

★16 日，黄孟复主席、全哲洙书记、孙安民副主席在机关会见广东省政府副省长佟星一行，商讨全国工商联与广东省政府联合主办面向全国民营企业大型招商活动有关事宜。广东省政府副秘书长林英，全国工商联欧阳晓明副秘书长，全国工商联会员部及广东省经济和信息化委、中小企业局、工商联有关负责同志参加会见活动。

★17 日，全哲洙书记，褚平、孙安民副主席在机关会见贵州省政府副省长谢庆生一行，商洽由贵州省政府承办全国工商联十届五次执委会议有关事宜。贵州省工商联郑楚平主席，全国工商联机关有关部门负责同志参加会见活动。

同日，中共中央在北京人民大会堂举办元宵节联欢晚会。党和国家领导人同首都知识界代表欢聚一堂，共度佳节。全国工商联孙安民副主席出席晚会。

★18 日，全哲洙书记、褚平副主席在机关会见安徽省工商联党组书记陈翔一行，听取有关工作汇报。

同日，庄聪生副主席在机关主持召开会议，就《全国工商联 2011 年度树立宣传非公有制经济领域先进典型工作方案》征求机关各部门意见。机关有关部门及中华工商时报社、中华工商联合出版社有限责任公司主要负责同志参加会议。

★20～22日，孙安民副主席率队赴安徽省开展全国工商联中小企业综合性调研活动。

同日至25日，宋北杉副主席率调研组赴山西省就贯彻落实中央16号文件精神，加强县级工商联和基层商会组织建设情况进行专题调研。山西省工商联主席韩儒英，省委统战部副部长、省工商联党组书记郭海刚，省工商联副主席樊秀清、王建华等参加调研活动。

★21～24日，褚平副主席率队赴福建省开展全国工商联中小企业综合性调研活动。

同日至26日，庄聪生副主席率队赴河南省、山东省开展全国工商联中小企业综合性调研活动。

同日至24日，全国工商联副主席、全国工商联组织委员会主任、四川宏达集团董事局主席刘沧龙带队赴县级工商联组织建设联系点——四川省什邡市工商联进行组织建设专题调研。四川省政协副主席、省工商联主席陈次昌，四川省委统战部副部长、省工商联党组书记、常务副主席钟家霖，四川省工商联副主席叶厚荣及全国工商联会员部负责同志等参加调研活动。

★24～28日，全哲洙书记率队赴江苏省开展全国工商联中小企业综合性调研活动。

同日，全国工商联2011年涉外新春招待会在北京举行。全国工商联谢经荣副主席、部分驻华使馆官员、在华商会和驻京机构负责同志、全国工商联直属行业商会负责同志出席招待会。

同日至25日，全国工商联在重庆市举办2011年全国工商联上规模民营企业调研和科学技术奖推荐工作培训班。欧阳晓明副秘书长主持开班式，重庆市委统战部常务副部长、重庆市工商联党组书记丁祥龙出席开班式并致辞。来自各省级、副省级市工商联和有关直属行业商会负责上规模民营企业调研和科学技术奖推荐工作的同志共70余人参加培训。

★25日，由全国工商联和国务院艾滋病防治工作委员会办公室共同主办的“红丝带健康包‘百校进千企’启动暨北京潮人商会捐赠仪式”在北京举行。全国政协副主席、全国工商联主席黄孟复接受北京潮人商会1000万元捐款并向北京潮人商会会长张章笋颁发荣誉奖牌。北京潮人商会捐赠的1000万元是中国艾滋病公益领域最大的单笔民营捐赠。黄孟复主席与中共中央对外联络部原部长朱良为红丝带健康包“百校进千企”仪式揭幕，有关部委领导为高校志愿者代表授旗。全国工商联谢经荣副主席在捐赠仪式上致辞并介绍项目计划。全国工商联直属会员商会会长瞿怀明，全国工商联扶贫部负责同志及首都各界近600人出席了捐赠仪式。

★27日至3月2日，孙安民副主席率队赴云南省开展全国工商联中小企业综合性调研活动并出席大湄公河次区域理事会。

★28日，2011年度“大湄公河次区域工商论坛理事会会议”在昆明召开，来自中国、越南、老挝、缅甸、柬埔寨、泰国的国家工商会领导，亚洲开发银行及联合国亚太经社会等国际组织官员，上述六国的企业界理事及云南、广西等地工商联代表约40人出席会议。全国工商联孙安民副主席作为轮值主席主持会议并致辞。全国工商联副秘书长、工商论坛理事欧阳晓明介绍了全国工商联在促进大湄公河次区域国家相互投资方面的研究情况和今年全国工商联在大湄公河次区域合作方面将要开展的工作。

同日，全国工商联2011年提案新闻通气会在北京召开，20多家中央新闻媒体单位的记者出席会议。全国工商联庄聪生副主席出席会议，介绍了全国工商联2011年提案工作有关情况，并回答了记者提问。全国工商联宣教部王尚康副部长主持会议。全国工商联机关各部门和直属行业商会负责同志等40余人参加会议。

三月

★1日，黄孟复主席在机关主持召开2011年第三次主席办公会议。会议议题：审议《全国工商联机关2010年经费预算执行情况及2011年经费执行预算报告（送审稿）》。全哲洙书记，宋北杉、褚平、谢经荣副主席出席会议。办公厅负责同志列席会议。

★2日，黄孟复主席在机关召开民营炼油企业座谈会，听取我国民营油企当前的经营状况和所面临的困难问题以及对石油垄断行业改革的意见建议。中国民间商会副会长谢伯阳、机关有关部门负责同志等参加座谈会。全国工商联石油业商会、泰地控股集团有限公司、张家口联合石油化工有限公司、山东炼油与化工协会等规模较大的民营炼油企业和行业协会负责同志参加座谈会。

同日，全国工商联创先争优活动领导小组在机关召开会议，总结2010年创先争优工作情况，布署2011年创先争优工作。宋北杉副主席出席会议并讲话。

同日，褚平副主席率队在北京开展全国工商联中小企业综合性调研活动。

★3日，褚平副主席在机关主持召开2011年第四次主席专题办公会议，布置全国工商联2011年经费预算执行工作。机关各部门及服务中心主要负责同志、预算财务联络员出席会议。

★4日，中共中央政治局常委、国务院副总理李克强参加全国政协十一届四次会议民建、工商联界委员联组会，在认真听取委员的发言后作重要讲话。李克强指出，非公有制经济为保持经济平稳较快发展发挥了重要作用。企业是转方式、调结构的主体，要进一步深化改革，创新体制机制，坚持和完善基本经济制度，支持和引导非公有制企业发展，形成各种所有制经济平等竞争、相互促进新格局，推动经济尽快走上内生增长、创新驱动的轨道。要加快转变政府职能，扶持中小企业发展，拓宽民间投资领域，鼓励非公有制企业促进产业结构优化升级，鼓励非公有制经济参与公租房等保障性安居工程建设，鼓励社会资本以多种形式举办医疗机构，为全面建设小康社会作出新贡献。全国工商联黄孟复主席，全哲洙书记，宋北杉、褚平、孙安民、谢经荣、庄聪生副主席出席联组会。

★5日，全国工商联中小企业综合调研课题组在“两会”驻地，就中小企业发展的有关情况和问题召开座谈会。座谈会由全哲洙书记主持。企业家政协委员徐冠巨、黄代放、刘金虎、张征宇、赵满堂、柴宝成等出席座谈会，并结合本地和自身企业发展情况，对目前中小企业所面临的突出困难和问题发表了各自的观点和认识，提出了具体的意见和建议。孙安民、庄聪生副主席出席座谈会。王忠明、欧阳晓明副秘书长及调研组的相关人员参加座谈会。

★7日，全国工商联与安徽省人民政府在北京共同签署战略合作框架协议。签字仪式由全国工商联宋北杉副主席主持。全国工商联主席黄孟复，安徽省委书记、省人大常委会主任张宝顺出席签字仪式并讲话。安徽省委副书记、省长王三运介绍了安徽省经济社会发展情况及加强战略合作的建议。全国工商联党组书记全哲洙、副主席孙安民，安徽省委副书记、省政协主席王明方等领导出席签字仪式。

同日，各民主党派中央、全国工商联、无党派人士与全国省级统战部长联谊会在北京举行。联谊会由全哲洙书记主持。黄孟复主席代表各民主党派、全国工商联、无党派人士致辞。中央统战部部长、副部长，各省级统战部部长，中央统战系统单位负责同志，各民主党派中央主席、副主席、秘书长和组织部长，无党派人士代表，中央统战部相关部门主要负责同志，全国工商联副主席宋北杉、褚平、谢经荣、庄聪生，副秘书长王忠明、欧阳晓明和机关各部门主要负责同志等约260人参加联谊会。

★8日，广东省政府与全国工商联在北京举办广东大型系列招商活动（国内知名民企）推介会。全国工商联党组书记全哲洙，广东省委副书记、省长黄华华出席推介会并讲话。会议由广东省副省长佟星主持。全国工商联副主席褚平、孙安民、王文彪、王健林、卢志强、刘志强、刘沧龙、许连捷、吴一坚、张近东、傅军、刘迎霞等以及80多位参加全国“两会”的国内知名民营企业家出席推介会。

同日，在全国政协十一届四次会议第二次全体会议上，全国工商联副主席宋北杉代表全国工商联，作题为《把政策的着力点放在小型微型企业上》的大会发言。

★11日，黄孟复主席在北京万达铂尔曼酒店主持召开全国工商联十届十三次主席会议。会议审议了《〈中华全国工商业联合会章程〉修改草案》。副主席宋北杉、褚平、孙安民、谢经荣、庄聪生、王文京、王文彪、王健林、王新奎、卢志强、刘志强、刘沧龙、许荣茂、吴一坚、张元龙、张近东、崔世昌、傅军出席会议。中央统战部五局局长杨启儒，全国工商联副秘书长王忠明、欧阳晓明，机关有关部门主要负责同志列席会议。

★13 日，黄孟复主席率担任全国政协委员的 3 位民营企业家王健林、李书福、陈志列到清华大学，给即将毕业的大学生们讲述创业故事，分享创业心得。这是由全国工商联、教育部、共青团中央发起，中央统战部、民政部、人力资源和社会保障部联合主办的“中国大学生创业大讲堂公益行动”在清华大学开启的第一讲。黄孟复主席在讲话中鼓励大学毕业生加入到民营企业中去，成为民营经济发展的生力军。庄聪生副主席主持了首讲活动。清华大学校党委副书记史宗恺致欢迎辞。人力资源和社会保障部、共青团中央、教育部等有关部门负责同志和 200 多位大学生参加了活动。

★14 日，全国工商联在机关举办第二次中小企业综合调研活动专项培训，邀请商务部、科技部、人力资源和社会保障部、银监会的 4 位同志，分别围绕中小企业市场环境、用工环境和金融环境现状、当今世界和中国自主创新的情况趋势，政府所采取的措施及成效，当前中小企业发展中遇到的困难和问题，今后促进中小企业发展的政策思路等作专题讲座。褚平、庄聪生副主席分别主持培训。机关全体干部及全国中小企业综合性调研组成员参加培训。

★15 ~ 17 日，庄聪生副主席率队赴重庆市开展全国工商联中小企业综合性调研活动。

★16 日，全哲洙书记在机关主持召开 2011 年第五次主席专题办公会议，就当前中小企业发展中的困难和问题邀请企业家进行专题交流。褚平、孙安民副主席，王忠明、欧阳晓明副秘书长，中小企业综合性调研活动调研组成员出席会议。

同日，褚平副主席在机关会见挪威工商会国际事务和贸易政策部副部长索列先生和挪威工商会项目主任魏籁森先生一行。

★18 ~ 30 日，全哲洙书记率队赴广东省、浙江省开展全国工商联中小企业综合性调研活动。

同日至 23 日，褚平副主席率队赴辽宁省、黑龙江省开展全国工商联中小企业综合性调研活动。

同日至 19 日，全国工商联宣教工作协调会在南昌市召开。庄聪生副主席出席会议并讲话，对新形势下工商联的宣教工作提出了新的要求，对全国工商联 2011 年宣教工作要点进行了部署。协调会上还公布了“2010 年度工商联（商会）工作十大亮点”和 20 个优秀案例的评选结果，同时，对“中华工商时报 2011 年度发行工作先进集体”进行了表彰。各省级和副省级市工商联主管宣教工作的副主席和宣教部门负责同志参加会议。

★21 ~ 24 日，孙安民副主席率队赴湖北省开展全国工商联中小企业综合性调研活动。

同日至 25 日，庄聪生副主席率队赴内蒙古自治区开展全国工商联中小企业综合性调研活动。

★28 ~ 29 日，全哲洙书记、谢经荣副主席赴重庆市出席“重温历史同心同行”主题教育活动。

同日至 31 日，孙安民副主席率队赴山西省开展全国工商联中小企业综合性调研活动。

★29 日，褚平副主席在机关会见新加坡中华总商会张松声会长一行。联络部负责同志参加会见活动。

★30 日，褚平副主席率队在北京市海淀区开展全国工商联中小企业综合性调研活动。北京市委统战部副部长、市工商联党组书记吴杰，全国工商联法律部负责同志等参加调研活动。

同日，国家档案局中央档案馆在北京召开中央和国家机关档案工作会议。全国工商联获得 2001 ~ 2010 年中央和国家机关档案移交工作优秀单位称号。

★31 日，全国工商联“巾帼建功”活动颁奖暨座谈会在北京举行。会议表彰了 2010 年全国工商联系统获得全国“巾帼建功”活动领导小组授予全国巾帼文明岗、全国“巾帼建功”标兵、全国“巾帼建功”活动先进工作者荣誉称号的先进典型。全国工商联宋北杉副主席，全国妇联妇女发展部崔郁部长出席会议并为获奖者颁发奖牌。全国工商联会员部王瑗部长主持会议。

同日，庄聪生副主席在机关会见香港美国商会领袖北京高层访问团一行。联络部负责同志等参加会见活动。

四月

★2～13日，全哲洙书记随全国政协代表团赴缅甸、澳大利亚、萨摩亚等国访问。

★10～13日，谢经荣副主席率领全国工商联考察团在四川省凉山州就艾滋病防控及投资开发进行考察。考察团深入大凉山腹地昭觉县进行考察调研并出席“中华红丝带基金昭觉县抗病毒治疗关爱中心”奠基仪式。全国工商联许荣茂副主席，扶贫部负责同志等70余人参加考察。

★12日，孙安民副主席在机关会见马来西亚中国经济贸易总商会副会长陈友信一行。欧阳晓明副秘书长、联络部负责同志等参加会见活动。

★13日，全国工商联召开《保供应、稳物价、促和谐》倡议书新闻发布会。全国工商联农业产业商会、烘焙业公会、水产业商会等24家商会在发布会上发出《保供应、稳物价、促和谐》倡议书。全国工商联庄聪生副主席出席发布会并讲话。

★18日，全哲洙书记在北京中央社会主义学院出席2011年度工商联干部专题培训班（第一期）开班仪式并讲话，庄聪生副主席主持开班仪式。

同日，褚平副主席在北京会见以李玉文主席为团长的台湾中华工商业联合会访问团一行。全国工商联联络部和全国工商联房地产商会负责同志等参加会见活动。

同日至27日，孙安民副主席赴泰国、缅甸参加大湄公河次区域工商论坛和考察活动。

★19日，全国工商联中小企业综合性调研研讨会在北京召开。全哲洙书记出席研讨会并讲话，褚平、庄聪生副主席分别主持研讨会。刘沧龙副主席出席研讨会。王忠明、欧阳晓明副秘书长，中央统战部五局杨启儒局长，部分省级工商联领导、企业家代表，有关单位专家学者，全国工商联有关部门负责同志及全国工商联中小企业综合性调研组成员参加研讨会。

★21日，全国工商联印发经全国工商联十大代表审议表决通过、中央统战部批准的修改后的《中华全国工商业联合会章程》。

同日，黄孟复主席在机关主持召开2011年第四次主席办公会议。会议议题：①研究确定召开全国工商联十届七次常委会议有关事宜；②研究“中国民营企业500家”更名为“中国民营企业500强”，以及对社会机构发布“中国民营500强企业”的调查工作情况；③研究非公有制企业开展厂务公开民主管理事宜；④审议有关人事事项。全哲洙书记，褚平、谢经荣、庄聪生副主席出席会议。王忠明、欧阳晓明副秘书长，机关有关部门主要负责同志列席会议。

同日至22日，全国工商联组织委员会第十次全体会议暨县级工商联联系点工作交流座谈会在江苏省常州市召开。全国工商联宋北杉副主席出席会议并讲话。会议由全国工商联刘沧龙副主席和会员部王瑗部长主持。全国工商联组织委员会委员、部分省级工商联会员组织工作负责同志、全国县级工商联组织建设联系点负责同志等近70人参加了会议。

同日，褚平副主席在机关会见甘肃省定西市委书记杨子兴、市长常正国，甘肃省工商联副主席张勇一行。全国工商联欧阳晓明副秘书长等参加会见活动。

★22日，全哲洙书记在北京大学出席主题为“转变·民营企业家的责任”的第七届中国民营企业投资与发展论坛并发表主题演讲。

★24～27日，全哲洙书记赴河南省就非公有制经济组织创先争优活动开展情况进行专题调研。调研期间，全哲洙分别与河南省委副书记、省政协主席叶冬松，省委常委、组织部长邓凯等省市领导同志就如何推动非公有制经济组织创先争优活动深入开展、推动中小企业加快转变发展方式等交换了意见；先后到河南杭萧钢构有限公司等企业及宝龙集团等企业帮扶建设的孟津县梁凹新村、裴寨新村、南李庄新村等地，详细了解企业创先争优活动开展情况、生产经营状况以及帮扶新农村建设的情况；召开了由非公有制企业出资人和党组织负责同志参加的座谈会。河南省委常委、省委统战部长刘怀廉，省政协副主席、省工商联主席梁静，省委统战部副部长、省工商联党组书记孟令峰等参加调研活动。调研期间，全哲洙书记还在洛阳市出席中央统战部许健康新农村建设项目总结会并讲话。

同日，宋北杉副主席在北京中央社会主义学

院出席 2011 年度工商联干部专题培训班（第二期）开班仪式并授课。

★25 日，王忠明副秘书长在北京会见以台湾工业总会秘书长蔡练生为团长的台方两岸投资交流考察团一行。全国工商联联络部负责同志等参加会见活动。

★26 日，黄孟复主席赴南京市出席由全国工商联和南京市人民政府联合主办的“2011 年中国·南京重大项目投资洽谈会”开幕式并讲话。全国工商联谢经荣、王文彪、张近东副主席，江苏省工商联李仁主席等出席开幕式。

★27 日，全国工商联扶贫工作委员在南京市召开第三次全体会议。黄孟复主席出席会议并讲话，谢经荣副主席出席会议。全国工商联副主席、扶贫工作委员会主任张近东作 2010 年扶贫工作总结，扶贫工作委员会副主任梁信军报告了委员会 2011 年工作计划。

★29 日，全哲洙书记在机关会见海信集团周厚健董事长、郭庆存副总裁。谢经荣副主席、法律部负责同志等参加会见活动。

同日，庄聪生副主席在机关会见以澳门中小企业协进会理事长区宗杰为团长的访京团。联络部负责同志等参加会见活动。

五月

★3 日，全哲洙书记在机关主持召开 2011 年第六次主席专题办公会议，研究全国工商联商会建设调研方案和行业商会履行法人登记手续工作。宋北杉、褚平、庄聪生副主席，机关有关部门负责同志出席会议。

★5 日，谢经荣副主席在机关会见陕西省汉中市委统战部副部长、市工商联党组书记梁龙君一行。扶贫部负责同志参加会见活动。

★6 日，庄聪生副主席在机关主持召开民营文化企业座谈会，邀请部分从事文化产业的民营企业家参加座谈。机关有关部门负责同志参加座谈会。

★9 日，全哲洙书记在机关会见福建省工商联主席李祖可、党组书记张剑珍等，听取有关工作汇报。孙安民副主席、欧阳晓明副秘书长参加会见活动。

同日至 11 日，全国工商联法律工作座谈会在杭州市召开。谢经荣副主席出席座谈会并讲话。全国工商联法律部负责同志，各省级工商联法律工作负责同志参加座谈会。期间，谢经荣副主席带队在浙江省开展民营企业构建和谐劳动关系调研。

同日，庄聪生副主席在北京会见香港中华出入口商会会长庄成鑫先生一行，就加强两会间的合作交流及为内地和香港企业发展构建平台等问题进行了友好交谈。全国工商联有关部门负责同志参加会见活动。

★10 日，黄孟复主席，全哲洙书记，孙安民、庄聪生副主席在中央统战部出席党外人士座谈会，黄孟复主席在会上作题为“着力推进民营企业参与文化体制改革”的发言。

同日至 11 日，全国省级工商联会员处长会议暨统计工作培训班在西安市召开。宋北杉副主席出席会议并讲话。陕西省工商联主席冯钧平出席会议并致辞。全国工商联会员部王瑗部长主持会议，马君副部长总结 2010 年执委常委、会员数据库建设和会员组织统计通报工作并布置了 2011 年统计工作。各省级工商联会员处处长、负责统计工作的同志，全国工商联直属会员商会和各直属行业商会有关负责同志百余人参加会议。

★11 日，黄孟复主席在北京会见澳门中华总商会会长马有礼一行。全国工商联欧阳晓明副秘书长、机关有关部门负责同志参加会见活动。

★12 ~ 13 日，全国工商联经济服务工作研讨会在长沙市召开。孙安民副主席出席研讨会并讲话，欧阳晓明副秘书长在研讨会上发言。湖南省委常委陈肇雄到会致辞，湖南省政协副主席、湖南省工商联主席何报翔，省委统战部副部长、省工商联党组书记崔永平出席研讨会。来自全国各省级和副省级市工商联分管经济工作的负责同志约 110 人参加了研讨会。

★16 日，谢经荣副主席赴南昌市出席由人力资源和社会保障部、教育部、全国总工会、全国工商联联合举办的 2011 年民营企业招聘周启动仪式。

同日，庄聪生副主席在北京中央社会主义学院出席 2011 年度工商联干部专题培训班（第三期）开班仪式并就中央 16 号文件精神授课。

★18 日，谢经荣副主席在机关会见日本大阪商工会议所会头佐藤茂雄一行。机关有关部门负责同志等参加会见活动。

同日，谢经荣副主席在机关会见青海省委统战部副部长、省工商联党组书记马吉孝一行。扶贫部负责同志等参加会见活动。

★20 日，黄孟复主席在中央社会主义学院出席 2011 年度工商联干部专题培训班（第三期）结业仪式，为学员颁发结业证书并讲话。结业仪式由庄聪生副主席主持。

★21 日，全哲洙书记在机关主持召开 2011 年第七次主席专题办公会议，研究如何贯彻落实中央领导同志就《我国中小企业发展调查报告》所作重要批示精神。褚平、庄聪生副主席，王忠明、欧阳晓明副秘书长，机关有关部门负责同志出席会议。

★23 ~ 28 日，黄孟复主席、庄聪生副主席赴浙江省就“加快民营企业进入垄断领域”进行考察调研。

★25 日，全国工商联经济部在北京召开“2010 年度中华工商上市公司财务指标指数”新闻发布会。发布会由宣教部副部长王尚康主持，经济部副部长罗力发布了指数相关内容。全国工商联各直属行业商会代表及来自人民日报、经济日报、中新社等媒体的记者参加了发布会。

★26 日，谢经荣副主席在机关会见福建省龙岩市政协副主席、工商联主席张琼珊一行。办公厅负责同志等参加会见活动。

★31 日，全国工商联在机关举办部门领导论坛。宋北杉副主席主持论坛。欧阳晓明副秘书长就中国民营企业“走出去”情况特点、全国工商联科学技术奖励情况作演讲，宣教部高庆林部长作题为《关于非公有制经济人士思想政治工作的若干思考》的演讲。

六月

★2 日，黄孟复主席在机关会见新西兰恒天然合作集团首席执行官安德鲁·费里先生一行。欧阳晓明副秘书长、联络部负责同志等参加会见活动。

★8 ~ 9 日，由中央统战部、中国光彩事业促进会主办的“非公有制经济人士感恩革命老区井冈行”活动暨纪念建党 90 周年座谈会在江西省井冈山市举行。全哲洙书记出席上述活动并在座谈会上讲话，全国工商联谢经荣、卢志强副主席，江西省委副书记张裔炯，省委常委、组织部长、统战部长莫建成，副省长洪礼和等出席上述活动。

同日，孙安民副主席在机关主持召开 2011 年第八次主席专题办公会议，研究《2011 中国民营企业 500 强发布会方案》及《2011 中国民营企业 500 强发布会宣传方案》。王忠明、欧阳晓明副秘书长，机关有关部门同志出席会议。

★10 日，由天津市人民政府、全国工商联、科技部、美国企业成长协会共同主办的“第五届中国企业国际融资洽谈会”在天津市开幕。由全国工商联、天津市人民政府共同举办的，作为融洽会最重要论坛之一的第五届“民营经济发展·天津论坛”在融洽会开幕式后举行，该论坛的主题是：“机遇、挑战、使命——‘十二五’期间民营企业转变发展方式的目标和路径”。全国工商联黄孟复主席、孙安民副主席，天津市副市长崔津渡等领导出席论坛。论坛由全国工商联副主席、天津市工商联主席张元龙主持。黄孟复主席作主旨演讲，崔津渡副市长就天津市金融改革试点的思路和做法作了系统介绍。论坛还邀请了国务院发展研究中心企业研究所副所长张文魁、新奥集团董事局主席王玉锁等知名专家和企业家作为讲演嘉宾，围绕“十二五”期间民营经济发展环境与应对策略、推动民营企业加快转型升级实现可持续发展、中国经济增长模式的转换与民营企业的发展等主题进行了演讲。来自全国各地的民营企业家、工商联负责同志及经济金融界学者等 400 多人参加了论坛。

同日至 13 日，全哲洙书记、谢经荣副主席率民营企业代表团赴青海省出席“2011 中国·青海绿色经济投资贸易洽谈会”。代表团包括刘沧龙、吴一坚、傅军、刘迎霞副主席在内的 60 家知名民营企业 100 余人。民营企业家们还参加了“青海·国内知名民营企业恳谈会暨签约仪式”、“全国知名民营企业项目对接会”、“全国知名民营企业家专题讲座”等活动。洽谈会期间，全哲洙书记还就青海省贯彻落实中央 16 号文件、中小企业发展和非公有制经济组织开展创先争优活动等情况进行调研。

同日，褚平副主席在机关主持召开2011年第九次主席专题办公会议，布置2012年部门预算的编制工作，通报2011年1～5月份机关预算执行情况。机关各部门负责同志出席会议。

★11～12日，褚平副主席赴厦门市出席第三届海峡论坛。12日，褚平副主席出席作为第三届海峡论坛的重要活动之一的、由全国工商联、闽台经济合作促进委员会和台湾八大主流工商社团共同主办的第三届海峡两岸商会经济论坛并致辞。

★14日，全哲洙书记赴天津市出席天津市加强和改进工商联工作会议并讲话。会后，在天津市就非公有制经济组织创先争优活动和中小企业发展问题进行调研。

★15日，黄孟复主席在清华大学出席华商与中国经济发展论坛开幕式暨清华大学华商研究中心成立仪式并致辞。

同日，黄孟复主席在北京出席《人民政协报》报道民营经济十周年“民营经济变革与可持续发展”座谈会。

★16日，庄聪生副主席在北京会见以香港中华总商会副会长方文雄为团长，香港中联办港岛工作部副部长陈帜彬为顾问的香江聚贤访京团一行。

★17日，黄孟复主席在机关主持召开2011年第五次主席办公会议。会议议题：①审议全国工商联十届七次常委会议议程、日程（草案）；②讨论黄孟复主席在全国工商联十届七次常委会议上的讲话稿；③审议全国工商联十届七次常委会议选举办法（草案）；④审议全国工商联十届七次常委会议人事事项；⑤审议全国工商联组织委员会委员调整事项；⑥审议《全国工商联自然灾害救助应急预案》；⑦审议《全国工商联直属单位人事管理暂行办法（送审稿）》。全哲洙书记，宋北杉、褚平、孙安民、谢经荣、庄聪生副主席出席会议。王忠明副秘书长及机关有关部门主要负责同志列席会议。

同日，为进一步贯彻落实有关中央领导对全国工商联《我国中小企业发展调查报告》的重要批示精神，庄聪生副主席在机关主持召开座谈会，就如何改善小企业金融服务问题与专程来访的中国银监会副主席王兆星等进行深入交流。银监会主席助理阎庆民等随同来访，全国工商联王忠明、欧阳晓明副秘书长，机关有关部门负责同志参加座谈会。

★20日，谢经荣副主席在机关会见中国建设银行零售业务总监、北京市分行行长田惠宇一行。双方就全国工商联、中国建设银行2010年1月17日共同签署的为中小企业、县域经济提供金融服务协议的落实情况进行交流。机关有关部门负责同志参加会见活动。

★23日，全国工商联在机关召开纪念建党九十周年党员大会。全哲洙书记出席大会并讲话。大会由宋北杉副主席主持。庄聪生副主席宣读《关于表彰先进党（总）支部、优秀共产党员和优秀党务工作者的决定》。机关全体党员、直属事业单位党（总）支部负责同志参加了大会。

★24日，全哲洙书记在北京出席由全国非公有制经济组织创先争优活动指导小组召开的“非公经济人士纪念建党90周年座谈会”并讲话。座谈会上，王健林、郑跃文、尹明善等12位企业家结合非公有制经济发展历程和企业自身成长经历，畅谈了改革开放取得的伟大成就，表达了永远跟党走中国特色社会主义道路的坚定决心。全国非公有制经济组织创先争优活动指导小组副组长、国家工商总局副局长钟攸平主持会议。工业和信息化部党组成员、总工程师朱宏任，全国工商联副主席庄聪生、王文彪、卢志强、刘沧龙、许连捷、吴一坚、傅军、刘迎霞，中国民间商会副会长王玉锁、董文标，中国光彩事业促进会副会长王均金、陈志列、茅永红等参加座谈会。

同日，孙安民副主席在机关会见大湄公河次区域工商论坛秘书长、老挝工商会副主席欧迪特先生。

★25日，黄孟复主席在北京出席由中华工商时报社主办的“纪念中国共产党建党90周年非公经济健康发展主题报告会”并讲话。全国工商联庄聪生副主席出席报告会并作总结讲话。与会企业家代表分别介绍了在中国共产党强国富民政策指引下，创业、成长、发展壮大的经历与感悟，共同表达了感恩党和国家、积极回报社会的决心。会议由全国工商联宣教部部长高庆林主持，来自全国各地的中小民营企业家600余人参加报告会。

★27～28日，全国工商联十届七次常委会议在广州市召开。中共中央政治局委员、广东省委书记汪洋会前会见部分与会代表。黄孟复主席在开幕会上讲话，广东省委副书记、省长黄华华致辞，全哲洙书记主持开幕会并在闭幕会上作总结讲话。闭幕会由宋北杉副主席主持。会议围绕深入贯彻落实中央16号文件精神，按照科学发展主题和加快转变经济发展方式主线要求，重点研究部署了服务和促进中小企业转型升级工作。与会常委围绕中央16号文件精神和黄孟复主席开幕会讲话进行了分组讨论，交流了学习心得与实践经验，提出了不少意见建议；审议通过了有关人事事项，增补李路同志为全国工商联十届执委会委员，选举李路同志为全国工商联十届执委会副主席、中国民间商会副会长。全国工商联副主席，中国民间商会副会长，中央统战部、广东省有关部门负责同志及全国工商联常委共200余人出席会议。常委会议前及会中分别召开了全国工商联十届十四次和十五次主席会议。

★28日，由广东省人民政府与全国工商联联合主办的“广东与全国知名民营企业合作发展共促转型升级大会暨合作项目签约仪式”在广州市举行。全国工商联黄孟复主席出席大会并讲话。全国工商联全哲洙书记，广东省委副书记、省长黄华华，广东省人大常委会主任欧广源，广东省政协主席黄龙云，以及参加全国工商联十届七次常委会议的会领导、中国民间商会副会长和常委出席了大会。签约仪式前，广东省委与全国工商联共同举办了“合作发展转型升级企业家座谈会”。座谈会前中共中央政治局委员、广东省委书记汪洋会见参加全国工商联十届七次常委会议的民营企业家。全哲洙书记在座谈会上讲话。

★29日，黄孟复主席、全哲洙书记、庄聪生副主席在北京人民大会堂出席庆祝中国共产党成立90周年“我们的旗帜”文艺晚会。

★30日，各民主党派、全国工商联致信中共中央，热烈祝贺中国共产党成立90周年。

七月

★1日，庆祝中国共产党成立90周年大会在人民大会堂召开。中共中央总书记胡锦涛在会上发表重要讲话。中共中央政治局常委吴邦国、温家宝、贾庆林、李长春、习近平、李克强、贺国强、周永康出席大会。大会由吴邦国主持，习近平宣读《中共中央关于表彰全国先进基层党组织和优秀共产党员、优秀党务工作者的决定》。中央领导同志向全国先进基层党组织和优秀共产党员、优秀党务工作者代表颁奖。全国工商联黄孟复主席、全哲洙书记、宋北杉副主席出席大会。

★2日，统一战线学习胡锦涛同志“七一”重要讲话精神座谈会在北京召开。全国政协副主席、中央统战部部长杜青林出席座谈会并讲话。全国政协副主席、全国工商联主席黄孟复出席座谈会并发言。全国工商联全哲洙书记，宋北杉、孙安民、谢经荣、庄聪生、李路副主席出席座谈会。

★4日，国家协调劳动关系三方会议（以下简称三方会议）第十六次会议在北京召开。会议对国家协调劳动关系三方会议制度予以修订，增加全国工商联为三方会议成员单位，增加全国工商联副主席谢经荣为三方会议执行主席，增加全国工商联法律部部长赵宏、研究室副主任林泽炎、经济部副部长罗力为三方会议成员，增加全国工商联法律部副部长白莲湘为三方会议办公室副主任。会议还专题研究了进一步推进小企业劳动合同制度实施专项行动计划和集体合同制度实施“彩虹计划”。全国工商联作为企业组织代表，与人力资源和社会保障部、全国总工会、中国企业联合会/中国企业家协会，共同组成三方会议。全国工商联正式加入三方会议，增强了企业组织的代表性，是健全我国劳动关系三方协商机制的必然要求，也是贯彻落实中央16号文件精神的一项重要举措。人力资源和社会保障部副部长杨志明，全国总工会副主席、书记处书记张鸣起，全国工商联副主席谢经荣，中国企业联合会执行副会长陈兰通出席会议并讲话。

★5日，黄孟复主席赴重庆市出席“2011中国（重庆）民营经济发展论坛暨全国知名民营企业重庆行”有关活动。黄孟复主席围绕“民生与民富·和谐与活力”的主题在论坛上发表主旨演讲。重庆市长黄奇帆在论坛上发表主旨演讲，介绍了重庆优化发展环境的一系列举措。国务院发展研究中心金融研究所副所长巴曙松、商务部国际贸易经济合作研究院欧洲研究部主任李钢、巨人网络集团有限公司董事长史玉柱和万通集团董事局主席冯仑等在论坛上分别发表演讲。在全国知名民营企业重庆行恳谈会上，黄孟复主席、黄奇帆市长分别讲话。恳谈会上举行了全国知名民营企业重庆行项目签约仪式。全国工商联副主席孙安民、许连捷、吴一坚出席上述活动。

同日，全哲洙书记在机关主持召开全国工商联党组中心组理论学习（扩大）会议，深入学习贯彻胡锦涛同志在庆祝中国共产党成立90周年大会上的重要讲话精神。宋北杉、庄聪生、李路副主席，王忠明副秘书长等与会人员畅谈学习贯彻胡锦涛总书记重要讲话的体会和感受，全哲洙书记作总结讲话。机关副局级以上干部及直属事业单位负责同志参加会议。

同日，谢经荣副主席赴甘肃省定西市出席2011年“同心·光彩陇原行”活动暨“同心·智惠陇原行”启动仪式并致辞。全国工商联扶贫部王钢治部长代表全国工商联为甘肃省定西市援建“同心·水窖”捐赠人民币300万元。

同日，庄聪生副主席在机关会见以广东省东莞市外商投资企业协会会长朱国基先生为团长的访京团一行。全国工商联联络部、全国工商联五金机电商会负责同志等参加会见活动。

★9～10日，由科技部、全国政协人口资源环境委员会、农业部、国家林业局、国家旅游局、中国科学院、全国工商联、内蒙古自治区人民政府共同主办的“2011库布其国际沙漠论坛”在内蒙古自治区鄂尔多斯市举行。中共中央政治局常委、全国政协主席贾庆林致信祝贺。中共中央政治局委员、国务委员刘延东出席论坛开幕式并致辞。全国政协副主席、科技部部长万钢主持论坛开幕式。全国政协副主席、全国工商联主席黄孟复在开幕式上宣读了贾庆林的贺信，在闭幕式上宣布《2011库布其国际沙漠论坛五点共识》。全国政协副主席董建华出席论坛并在闭幕式上致闭幕辞。中央统战部副部长、全国工商联党组书记全哲洙出席论坛并在开幕式上发表讲话。内蒙古自治区政府主席巴特尔、国家旅游局局长邵琪伟、中国社会科学院副院长江绵恒和来自爱尔兰、韩国等近30个国家和联合国代表、十多个国际组织的官员、专家以及企业的代表共300余人参加论坛。

★11～15日，黄孟复主席赴宁夏回族自治区就民营企业进入石油行业进行调研。调研期间，黄孟复主席在银川市会见了自治区党委书记张毅、自治区主席王正伟。

同日至15日，全哲洙书记率调研组赴辽宁省就工商联系统商会建设开展调研活动。

同日至15日，宋北杉副主席率调研组赴四川省、重庆市就工商联系统商会建设开展调研活动。

★12日，全国工商联扶贫与社会服务工作研讨会在青岛市召开。谢经荣副主席出席研讨会并讲话。青岛市委常委、统战部长臧爱民出席研讨会并致辞，市人大常委会副主任、市工商联主席徐航出席研讨会。

★13日，全国工商联提案工作会议暨研究室主任培训会议在兰州市召开。全国工商联庄聪生副主席出席会议并讲话。会议由全国工商联研究室林泽炎副主任主持。各省级工商联主管研究室工作的副主席、研究室主任，全国工商联直属行业商会负责同志，全国工商联机关各部门负责提案工作的同志近100人参加会议。

★17～28日，李路副主席率调研组赴天津、云南、安徽、江苏等地就工商联系统商会建设开展调研活动。

★21日，中共中央在中南海怀仁堂召开座谈会，征求各民主党派、全国工商联和无党派人士对经济工作的意见。全国工商联黄孟复主席、全哲洙书记、孙安民副主席出席座谈会。

同日，全国工商联党组在机关召开会议听取机关各部门、各直属单位学习胡锦涛同志讲话精神，加强和改进部门、单位工作的情况汇报。全哲洙书记在会上总结讲话。宋北杉、褚平、谢经荣、庄聪生、李路副主席出席会议。机关局级干部、直属单位主要负责同志参加会议。

★22日，全哲洙书记率调研组到全国工商联新能源商会就商会建设工作进行调研。全哲洙书记询问了商会秘书处机构设置、人员状况、考核机制、举办活动等情况，并就商会领导班子建设、专业委员会建设、党组织建设及活动品牌建设等问题与商会有关同志作了交流探讨。全国工商联副秘书长王忠明、机关有关部门负责同志参加调研活动。

同日至27日，宋北杉副主席率调研组赴重庆市、四川省就工商联系统商会建设开展调研活动。

★26日，全哲洙书记，褚平、孙安民副主席分别在中央统战部和全国工商联机关会见新任福建省委统战部副部长、省工商联党组书记王玲。全国工商联机关有关部门负责同志、福建省工商联副主席陈阿涟参加了会见活动。

同日至29日，庄聪生副主席赴江苏省、湖北省开展非公有制经济领域先进典型宣传工作调研。

★27日，大湄公河次区域工商论坛理事会2011年度第二次会议在泰国举行，会议采取电视电话会议的形式。大湄公河次区域工商论坛主席、全国工商联副主席孙安民在北京分会场主持会议并讲话。来自中国、越南、老挝、缅甸、柬埔寨、泰国的国家工商会领导（工商论坛理事会核心成员）、上述六国的企业界理事约30人出席了会议。全国工商联欧阳晓明副秘书长出席电视电话会议。

八月

★1日，全国工商联在北京召开机关复转军人庆“八一”座谈会。全哲洙书记主持座谈会并讲话，宋北杉、褚平、庄聪生副主席出席座谈会。机关在职复转军人及各直属单位复转军人代表参加座谈会。

同日，庄聪生副主席在机关会见吉林省陈伟根副省长一行，双方就“中国民营经济发展（长白山）研讨会”工作方案及相关事宜进行了协商。全国工商联副秘书长王忠明、机关有关部门负责同志，吉林省政府、省经济技术合作局有关负责同志等参加会见活动。

同日，李路副主席在机关会见香港童军总会演艺委员会主席简浩秋、高级顾问薛滨等一行。联络部负责同志参加会见活动。

★2～5日，宋北杉副主席率调研组赴浙江省就工商联系统商会建设开展调研活动。

同日至4日，庄聪生副主席赴辽宁省开展非公有制经济领域先进典型宣传工作调研。

★7日，黄孟复主席赴新疆维吾尔自治区出席“2011年全国苏商领袖峰会暨苏商投资新疆经贸合作洽谈会”并讲话。新疆维吾尔自治区政协主席艾斯海提·克里木拜，江苏省副省长徐鸣，自治区副主席史大刚，江苏省政协副主席、统战部部长罗一民，自治区政协副主席、工商联主席热孜万·艾拜等出席会议。来自江苏省200多位企业家和国内31家省市、地区江苏商会以及阿联酋江苏商会的会长、秘书长，自治区16个地州市经贸委、招商局领导等约500多人参加了会议。

★9日，庄聪生副主席在机关会见以缅甸玉石珠宝协会副会长虞有海为团长的访华代表团一行。全国工商联联络部、国家税务总局政策法规司、全国工商联金银珠宝业商会负责同志等参加会见活动。缅甸玉石珠宝协会与全国工商联金银珠宝业商会就中缅珠宝玉石产业发展进行座谈。

★10～12日，全哲洙书记赴浙江省就非公有制经济组织创先争优活动开展情况进行调研。

同日，庄聪生副主席在机关主持召开2011年第十次主席专题办公会议，研究全国工商联文史资料和历史文物征集工作。机关各部门有关同志出席会议。

★12日，全哲洙书记率调研组到全国工商联城市基础设施商会就工商联系统商会建设开展调研。

★15日，黄孟复主席，宋北杉、褚平副主席等一行专程到北京医院，为全国工商联老领导王光英同志庆祝92周岁生日。

同日至16日，全国构建和谐劳动关系先进表彰暨经验交流会在北京举行。这是由全国总工会、人力资源和社会保障部、全国工商联、中国企业联合会、中央宣传部联合召开的一次专门研究构建和谐劳动关系的会议。中共中央政治局常委、中央书记处书记、国家副主席习近平出席会议并讲话，中共中央政治局委员、国务院副总理张德江作总结讲话。中共中央政治局委员、全国人大常委会副委员长、全国总工会主席王兆国主持会议。中共中央政治局委员、中央书记处书记、中宣部部长刘云山，全国政协副主席、全国工商联主席黄孟复，中央统战部副部长、全国工商联党组书记全哲洙，全国工商联副主席谢经荣、庄聪生出席会议。

同日，李路副主席率调研组分别到全国工商联房地产商会、金银珠宝业商会就工商联系统商会建设开展调研。

★17 日，黄孟复主席在机关主持召开 2011 年第六次主席办公会议。会议议题：①研究确定召开全国工商联十届五次执委会议相关事项；②听取关于组织开展军民融合工作情况汇报；③审议全国工商联联络委员会委员调整事项；④审议统战系统为全面建设小康社会作贡献表彰推荐名单。全哲洙书记，宋北杉、褚平、孙安民、谢经荣、庄聪生、李路副主席出席会议。王忠明、欧阳晓明副秘书长及机关有关部门主要负责同志列席会议。

★18 日，全哲洙书记到北京医院为王光英同志庆祝 92 周岁生日。

同日，褚平副主席在机关主持召开 2011 年第十一次主席专题办公会议，研究布置全国工商联十届五次执委会议筹备工作。机关有关部门主要负责同志出席会议。

★20 日，李路副主席在机关会见香港房地产协会代表团。全国工商联联络部负责同志及全国工商联房地产商会有关同志等参加会见活动。

★23 日，由全国工商联与吉林省政府共同举办的“中国民营经济发展研讨会”在吉林省白山市举行，会议主题为“加快转变发展方式—中国民营经济发展必由之路”。全国工商联党组书记全哲洙、吉林省委书记孙政才出席研讨会开幕式并致辞。全国工商联副主席庄聪生、王文彪、卢志强、刘志强、许连捷、傅军等出席研讨会，庄聪生副主席在研讨会上作总结讲话。吉林省省长王儒林，吉林省人大常委会副主任刘润璞，吉林省副省长陈伟根，吉林省政协副主席、吉林省工商联主席别胜学等出席会议。

★24 日，全国深化创新厂务公开民主管理工作会议在青岛市召开。中共中央书记处书记、中央纪委副书记何勇出席会议并讲话。全国工商联副主席谢经荣出席会议并讲话，法律部负责同志参加会议。

★25 日，全国工商联在北京召开 2011 中国民营企业 500 强发布会。黄孟复主席出席发布会并讲话。全国工商联党组书记全哲洙，副主席褚平、孙安民、王健林、刘沧龙、傅军，中国民间商会副会长柳传志、董文标等出席发布会。发布会上，全国工商联副主席孙安民、副秘书长欧阳晓明分别发布 2011 中国民营企业 500 强、2011 中国民营企业制造业 500 强名单以及 2011 中国民营企业 500 强分析报告。联想控股有限公司董事长柳传志、大连万达集团董事长王健林、中国民生银行行长洪琦发言。北京大学教授张维迎，新华联集团总裁傅军，新希望集团有限公司董事长刘永好，浙江吉利控股集团有限公司副总裁李东辉，三一集团有限公司总裁向文波和中国民生银行副行长梁玉堂，围绕“中国民营企业持续发展之秘籍”的主题进行了对话。来自政府有关部门、全国工商联机关、各地工商联、民营企业、相关机构、新闻媒体共计 450 余人参加发布会。中央电视台财经频道主持人陈伟鸿主持发布会。

同日，李路副主席在机关主持召开 2011 年第十二次主席专题办公会议，研究布置黄孟复主席率团出席第十一届世界华商大会并顺访文莱的筹备工作。机关有关部门负责同志出席会议。

★26 日，黄孟复主席赴郑州市出席 2011 年河南省承接产业和技术转移合作交流洽谈会开幕式并宣布大会开幕。洽谈会由商务部、科技部、住房和城乡建设部、国务院侨办、海关总署、全国工商联、中国科学院、中国贸促会等国家部委与河南省人民政府共同主办。河南省委书记、省人大常委会主任卢展工，河南省委副书记、省人民政府省长郭庚茂，商务部副部长蒋耀平，科技部副部长王伟中，住房和城乡建设部副部长齐骥，国务院侨办副主任任启亮等领导出席开幕式。河南省人民政府副省长李克主持开幕式。来自各界的嘉宾 1.5 万余人出席了开幕式。

★28 日至 9 月 2 日，庄聪生副主席赴广东省、福建省开展非公有制经济领域先进典型宣传工作调研。

★29～30 日，中共中央政治局常委、全国政协主席贾庆林和随行的全国政协副主席、全国工商联主席黄孟复等，来到内蒙古自治区鄂尔多斯市，深入库布其沙漠防沙治沙一线，走进工厂企业、生态基地、牧民新村，与广大干部群众共商改革发展大计。全国工商联全哲洙书记参加调研活动。

★30 日，“全国工商联光彩事业兵团行”活动在新疆维吾尔自治区石河子市举行。谢经荣副主席率全国工商联代表团参加了新疆生产建设兵团与知名民营企业家恳谈会，共商兵团发展大计。兵团党委常委、副司令员哈尼巴提·沙布出席恳谈会。恳谈会上，全国工商联代表团向新疆生产建设兵团工商联捐赠 500 万元。出席上述活动的还有全国工商联副主席刘沧龙，中国光彩会副会长王再兴、陈世强、茅永红等民营企业家，以及自治区、兵团、石河子市工商联有关同志近 100 人。

同日，李路副主席在机关会见瑞典华人工商联合总会王建荣会长和欧洲统一促进会张曼新会长，就建立和发展合作关系等问题进行友好会谈。联络部负责同志参加会见活动。

★31 日，新疆维吾尔自治区与知名民营企业恳谈会暨签约仪式在乌鲁木齐市举行。自治区党委书记张春贤、全国工商联全哲洙书记出席会议并讲话。自治区党委常委、自治区常务副主席黄卫，全国工商联谢经荣、王文彪、刘沧龙、吴一坚、傅军、刘迎霞副主席和来自全国的民营企业家出席会议。全国工商联代表团向新疆捐赠 1200 万元，用于新疆的社会公益事业。

同日，全哲洙书记在乌鲁木齐市会见前来出席首届“中国—亚欧博览会”的巴基斯坦总统扎尔达里一行，表示将为加强双方友好合作关系和中巴两国工商界经贸关系的发展发挥作用。会见后全哲洙书记代表全国工商联与巴基斯坦工商业联合会签订了《合作备忘录》。全国工商联谢经荣副主席出席上述活动。

九月

★1 日，首届中国—亚欧博览会在新疆维吾尔自治区开幕。博览会由新疆维吾尔自治区人民政府、新疆生产建设兵团和商务部、外交部、国家发展改革委及全国工商联等 27 个中央部委共同主办。中共中央政治局常委、国务院副总理李克强出席开幕式，宣布博览会开幕，并参观展览。同日上午还召开了博览会的主论坛，中国—亚欧经济发展合作论坛，主题是“合作共赢与可持续发展”。李克强出席论坛并发表题为“深化内陆开放开发，促进亚欧合作发展”的致辞。巴基斯坦总统扎尔达里、吉尔吉斯斯坦总统奥通巴耶娃、阿塞拜疆副总理沙里福夫、哈萨克斯坦副总理伊谢克舍夫和匈牙利前总理迈杰希等出席了上述活动并在论坛上致辞。全国工商联全哲洙书记、谢经荣副主席出席上述活动。

同日，李路副主席赴呼和浩特市出席全国工商联联络工作会议暨联络干部培训班并讲话。

★5 日，黄孟复主席在机关主持召开 2011 年第七次主席办公会议。会议议题：审议第六届全国民营企业“关爱员工、实现双赢”评选表彰推荐名单及有关事项。全哲洙书记，宋北杉、褚平、孙安民、谢经荣、庄聪生、李路副主席出席会议。机关有关部门负责同志列席会议。

★6～15 日，孙安民副主席率全国工商联代表团出访泰国、马来西亚。出访期间，代表团出席在吉隆坡举行的“2011 马中经贸投资国际大会”；出席在曼谷举行的“大湄公河次区域贸易和投资工作组会”，为在大湄公河次区域领导人会议期间举行的大湄公河次区域工商论坛峰会和对话会做准备。

★8 日，李路副主席在机关会见以理事长穆赫辛·海伊达尔·达尔维什为团长的阿曼中国友好协会代表团一行。会见后，阿曼代表团成员与北京市工商联建筑行业商会执行会长王克剑、全国工商联石材业商会秘书长赫延明及企业代表进行了石材、涂料等领域的对口洽谈。联络部负责同志参加上述活动。

★14 日，黄孟复主席赴南京市出席“2011 海峡两岸企业家紫金山峰会”并宣布峰会开幕。此次峰会由全国工商联、国务院台湾事务办公室、江苏省人民政府共同主办，主题是“携手创新经济，合力转型升级”。中国国民党荣誉主席连战，中共中央台办、国务院台办主任王毅，海峡两岸关系协会会长陈云林，江苏省委书记、省人大常委会主任罗志军，江苏省委副书记、省长李学勇等出席开幕式。开幕式后举行了峰会主题论坛。全国工商联副主席张近东、新能源商会会长李河君等大陆知名民营企业家，国家部委办局领导、知名学者以及台湾百大企业、上市公司负责同志，工商团体负责同志等共计400余人出席了峰会。

同日，全国工商联典型宣传工作汇报会在北京召开，庄聪生副主席出席汇报会并围绕上一阶段典型宣传工作取得的成绩，以及下一步如何更好地推动典型宣传工作深入开展，积极营造“两个健康”的良好氛围等主题发表讲话。全国工商联宣教部高庆林部长主持汇报会。各省级工商联有关负责同志参加汇报会并发言。

同日，李路副主席赴大连市出席世界经济论坛2011年新领军者年会开幕式及世界经济论坛主席施瓦布主持的温家宝总理与企业家代表的对话见面会。

★15日，全国省级工商联办公室工作座谈会在北京召开。全哲洙书记会见会议代表并合影，褚平副主席出席会议并讲话。办公厅王建设主任作总结讲话。办公厅负责同志及各处处长，各省级和副省级市工商联分管办公室工作的副主席及办公室主任出席会议。

同日，庄聪生副主席赴宁夏回族自治区为自治区工商联系统培训班作中央16号文件的解读报告，并开展非公有制经济领域先进典型宣传工作调研。

★16日，黄孟复主席赴山东省东营市出席由全国工商联和山东省政府联合主办的“2011海内外知名企业家齐鲁行暨第十三届环渤海民营经济经贸洽谈会”开幕式并讲话。本次活动的主题为“把握实施国家战略机遇，参与黄蓝经济区建设，助推发展方式转变”。开幕式上，山东省委副书记、省长姜大明代表山东省委、省政府致辞，全国工商联刘沧龙副主席代表全国工商联致辞。山东省政协副主席、省工商联主席王乃静以及来自全国各地的工商联和民营企业负责同志400余人参加了开幕式。

同日，全哲洙书记，宋北杉、褚平、孙安民副主席等一行专程到全国工商联老领导孙孚凌同志家里，为他庆祝90周岁生日。

★21日，全国工商联在机关举办商会知识辅导讲座。全哲洙书记，孙安民常务副主席，宋北杉、庄聪生、李路副主席和机关有关部门负责同志、全国工商联商会建设调研组的同志一起参加学习。华中师范大学党委书记、博士生导师马敏教授和民政部民间组织管理局贾晓九副局长分别作了题为《中国商会研究的现状与思考：历史与现实的双重视角》和《我国行业协会商会的改革与发展》的讲座。

★23日，由全国工商联、全国总工会联合举办的第六届全国民营企业“关爱员工、实现双赢”经验交流暨表彰会议在北京人民大会堂举行。中共中央政治局委员、全国人大常委会副委员长、全国总工会主席王兆国和全国政协副主席、全国工商联主席黄孟复会见与会代表并合影留念。黄孟复主席，全国总工会副主席、书记处第一书记王玉普分别在表彰会议上讲话。全国总工会副主席、书记处书记陈豪宣读《关于表彰“全国关爱员工优秀民营企业家”、“全国热爱企业优秀员工”、“全国双爱双评活动先进企业”的决定》。重庆市隆鑫控股有限公司投资人涂建华等5位受表彰的企业代表在会上介绍了开展“关爱员工、实现双赢”活动的经验和体会。会议由全国工商联全哲洙书记主持。全国工商联副主席谢经荣、庄聪生，全国总工会副主席、书记处书记张鸣起、段敦厚和全体受表彰人员及受表彰企业代表，各省级工商联、总工会负责同志等约700人出席表彰会议。

同日，黄孟复主席在北京新落成的全国工商联新办公楼主持召开全国工商联十届十六次主席会议。会议审议通过了有关人事事项，听取了与会人员对当前全国工商联工作和2012年重点工作任务的建议。孙安民常务副主席，宋北杉、褚平、谢经荣、庄聪生、李路、王文京、卢志强、刘志强、张元龙、刘迎霞副主席出席会议。中央统战部四局、五局负责同志，全国工商联王忠明副秘书长、机关有关部门主要负责同志列席会议。

★26日，由商务部、税务总局、工商总局、广电总局、旅游局、中国贸促会、全国工商联、中国工业经济联合会以及山西等中部六省人民政府联合主办的“第六届中国中部投资贸易博览会”在太原市举行。中共中央政治局委员、国务院副总理王岐山宣布博览会开幕，山西省委书记、省人大常委会主任袁纯清和商务部副部长高虎城分别致辞。山西省委副书记、山西省省长王君主持开幕式。全国政协副主席、全国工商联主席黄孟复出席博览会开幕式及博览会高峰论坛。

★27 日，孙安民常务副主席在北京出席国务院副总理王岐山主持召开的质量工作座谈会。

同日至 29 日，全国工商联机关各部门顺利完成了由位于东城区北河沿大街 93 号的老办公楼向位于西城区德胜门西大街 70 号的新办公楼的搬迁工作。

★29 日，黄孟复主席、全哲洙书记、宋北杉副主席出席全国政协办公厅、中央统战部、国务院侨办、国务院港澳办和国务院台办在北京人民大会堂联合举行的国庆招待会。

★30 日，黄孟复主席、全哲洙书记出席国务院在北京人民大会堂举行的国庆招待会。

同日，李路副主席在机关会见荷兰侨领代表团一行。联络部负责同志参加会见活动。

十月

★1 日，孙安民常务副主席、谢经荣副主席代表全国工商联向人民英雄纪念碑敬献花篮。

★4～12 日，黄孟复主席率全国工商联代表团赴新加坡出席世界华商大会并顺访文莱。全国工商联副主席谢经荣、机关有关部门负责同志参加访问活动。

★9 日，全哲洙书记，孙安民常务副主席，宋北杉、褚平副主席在北京人民大会堂出席纪念辛亥革命 100 周年大会。

同日，全哲洙书记在机关会见湖南省委书记、省人大常委会主任周强一行。孙安民常务副主席，褚平副主席，湖南省委常委、统战部部长李微微，湖南省政府副省长、省工商联主席何报翔等参加会见活动。

★10 日，全国工商联在机关召开学习“七一”讲话，提高“四种能力”，加强和改进机关工作研讨会。全哲洙书记在研讨会上作总结讲话，孙安民常务副主席，褚平、庄聪生、李路副主席出席研讨会。研讨会由褚平副主席主持。中央统战部机关党委及四局、五局有关负责同志出席研讨会。机关全体干部职工参加研讨会。

★13 日，统一战线学习胡锦涛同志“辛亥革命 100 周年纪念大会”重要讲话座谈会在中央统战部举行。全国政协副主席、中央统战部部长杜青林出席座谈会并讲话。全国政协副主席、全国工商联主席黄孟复出席座谈会并发言。全国工商联常务副主席孙安民，副主席宋北杉、谢经荣、庄聪生、李路出席座谈会。

同日，黄孟复主席在机关看望了来访的云南省委副书记、代省长李纪恒一行。全哲洙书记在机关会见了李纪恒一行，双方进行了座谈交流，云南省委、省政府向全国工商联新办公楼赠送树化玉化石。全国工商联褚平副主席，云南省委常委、常务副省长罗正富，云南省省委常委、统战部部长黄毅，云南省副省长和段琪，云南省省政府秘书长丁绍祥，云南省省工商联主席杨焱平，以及全国工商联机关有关部门负责同志参加会见活动。

★17 日，宋北杉副主席在机关出席全国工商联行业商会秘书长会议并讲话。29 家直属行业商会的秘书长参会，会员部王瑗部长主持会议。

同日，褚平副主席在北京出席由贵州省人民政府主办的“全国民营企业助推贵州发展座谈会暨项目推介会”并致辞。推介会以“民企携手贵州、合作共赢未来”为主题。北京市政府副秘书长戴卫，全国工商联副秘书长欧阳晓明，北京市工商联副主席郑勇男等出席推介会。

★18 日，庄聪生副主席赴成都市出席全国工商联宣传教育委员会全体会议。

★19 日，庄聪生副主席赴成都市出席由全国工商联与美国全国商会联合主办的“第三届中美商会合作发展论坛”并发表主旨演讲。论坛主题为“企业社会责任与消除贫困”。全国工商联副主席刘沧龙，四川省委常委、秘书长、统战部部长陈光志，四川省委统战部副部长、省工商联党组书记、第一副主席钟家霖，美国全国商会高级副会长薄迈伦，美国驻成都领事馆总领事何孟德出席论坛。论坛后与会嘉宾还赴德阳参观考察灾后重建项目。

★20 日，第十二届中国西部国际博览会在成都市举行。中共中央政治局委员、全国人大常委会副委员长王兆国出席博览会并宣布开幕。全国政协副主席、全国工商联主席黄孟复出席开幕式。开幕式结束后，王兆国、黄孟复等与会领导和嘉宾参观了第十二届西博会展馆。在开幕式后举行的以“泛亚合作与绿色发展”为主题的西部论坛上，黄孟复主席作了题为《构建开放型经济体系坚持可持续发展道路》的主题演讲。全国工商联副主席庄聪生等出席上述活动。

同日，谢经荣副主席赴西安市出席全国工商联法律委员会全体会议。全国工商联法律部负责同志参加会议。

★21日，黄孟复主席赴四川省出席四川省与全国知名民营企业合作发展论坛暨第六届泛成渝经济区商会合作峰会并讲话。四川省委副书记、省长蒋巨峰出席论坛并讲话。全国工商联副主席庄聪生、刘志强、刘沧龙，四川省副省长黄小祥，四川省政协副主席、省工商联主席陈次昌等出席论坛。

★24日，李路副主席在机关会见纽约州议会参议员马尔科姆·史密斯率领的美国纽约州议会代表团一行。联络部负责同志参加会见活动。

★25日，首届世界浙商大会在杭州市开幕。中共中央政治局常委、国家副主席习近平，中共中央政治局委员、国务院副总理张德江分别向大会致信表示祝贺。全国政协副主席、全国工商联主席黄孟复，全国政协副主席董建华出席大会并致辞。浙江省委书记、省人大常委会主任、首届世界浙商大会主席赵洪祝，浙江省委副书记、代省长、首届世界浙商大会主席夏宝龙等出席大会开幕式并讲话。黄孟复主席在会上发表了主题演讲。浙江省政协副主席、省工商联主席徐冠巨宣读了《首届世界浙商大会宣言》。

同日，全哲洙书记在北京中央社会主义学院出席非公有制经济代表人士培训班开班仪式并讲话。

同日，宋北杉副主席在机关主持召开“2011年全国工商联机关部门领导讲坛”第二讲，办公厅王建设主任、人事部郭孟谦部长、机关服务中心马小蔚主任主讲。机关部分干部职工参加会议。

★26~30日，黄孟复主席、李路副主席赴澳门出席第十届海峡两岸和香港澳门经贸合作研讨会并考察访问。

★27~28日，全国非公有制经济人士回报社会感恩行动经验交流暨理论研讨会在北京召开。全国政协副主席、中央统战部部长杜青林出席研讨会并讲话。全国工商联党组书记全哲洙、谢经荣副主席出席研讨会。全哲洙书记作总结讲话。来自全国各省、自治区、直辖市和新疆生产建设兵团党委统战部有关负责同志、非公有制经济人士代表、有关方面专家学者等140余人参加会议。

★31日，黄孟复主席在机关主持召开2011年第八次主席办公会议。会议议题：①传达杜青林部长在“全国非公有制经济人士回报社会感恩行动经验交流暨理论研讨会”上的讲话精神；②研究黄孟复主席《在全国工商联商会建设工作会议上的讲话（提纲）》；③审议《全国工商联十届五次执委会议方案》；④听取关于2011年全国工商联科学技术奖评审情况及建议授奖名单方案的汇报；⑤审议《2012年全国工商联外事计划》；⑥听取关于中国民营经济国际合作商会筹备成立情况汇报；⑦审议《全国工商联会议活动制度》；⑧听取全国工商联参政议政委员会、经济委员会、法律委员会成员调整事项的汇报。全哲洙书记，孙安民常务副主席，宋北杉、褚平、谢经荣、庄聪生、李路副主席出席会议。王忠明、欧阳晓明副秘书长，机关有关部门主要负责同志列席会议。

同日，2011年全国工商联参政议政委员会全体会议在机关召开。全哲洙书记出席会议并讲话，庄聪生副主席主持会议。全国工商联参政议政委员会委员及机关各部门负责同志共40人参加会议。

十一月

★1日，孙安民常务副主席赴南宁市出席中国—东盟旅游促进减贫研讨会并致辞。全国工商联副秘书长欧阳晓明参加研讨会。10月31日晚，广西壮族自治区政协主席马铁山会见了孙安民常务副主席一行。

★3日，黄孟复主席赴南昌市出席“2011南昌大型民营企业首脑沙龙”并讲话。全国工商联副主席孙安民常务出席该活动。

★4日，全国工商联机关举办党的十七届六中全会精神辅导报告会。文化部政策法规司副司长孙若风应邀作以《学习贯彻十七届六中全会精神 建设社会主义文化强国》为题的辅导报告。报告会由宋北杉副主席主持，机关全体干部职工及直属单位负责同志参加报告会。

★7日，全国工商联商会建设工作会议在北京召开。这次会议旨在认真总结交流工商联商会发展的基本经验，分析商会发展趋势，以改革创新精神积极培育和发展中国特色商会组织，努力适应新形势、新任务，不断开创工商联商会建设新局面。黄孟复主席出席开幕会并讲话。会议由全哲洙书记主持。天津市、江苏省、甘肃省和鞍山市、福州市、眉山市、余姚市、固始县8个省、市、县级工商联，以及中山市小榄镇商会、天津山西商会、重庆市沙坪坝区磁器口街道商会、北京市西城区工商联什刹海商会，分别在会议上介绍了加强工商联商会建设的典型经验和做法。全国工商联常务副主席孙安民，副主席宋北杉、褚平、谢经荣、庄聪生、李路、刘迎霞，中国民间商会副会长郑跃文出席会议。中央统战部、中央编办、民政部的有关部门负责同志，全国工商联机关各部门和直属单位有关负责同志、行业商会会长和秘书长，各省级工商联有关负责同志约200人参加会议。

同日，黄孟复主席在北京会见中共毕节地委书记秦如培、织金县委书记崔英魁一行。晚上，全哲洙书记会见并宴请秦如培、崔英魁一行。全国工商联副主席谢经荣、机关有关部门负责同志参加上述活动。

★9日，全国工商联经济委员会会议在北京召开。孙安民常务副主席出席会议并讲话，会议由王文彪副主席主持。欧阳晓明副秘书长介绍了一年来全国工商联重点工作、经济服务工作和经济委员会工作开展情况。机关有关部门负责同志参加会议。

同日，全国工商联组织委员会座谈会在北京召开。宋北杉副主席主持会议并讲话，刘沧龙副主席出席会议。会议总结了自2010年6月以来的工作，交流各地工商联会员组织发展情况，特别是在“抓基层、打基础”工作中的情况和问题，同时对明年组织委员会工作思路、全国工商联会员组织工作及工商联换届工作提出意见建议。全国工商联组织委员会委员、部分省级工商联领导等近40人参加了会议。

同日至10日，2011年全国省级工商联研究室主任会议在北京召开。庄聪生副主席出席会议并讲话。各省级工商联分管研究室工作的副主席、研究室主任等80人参加会议。

★13~22日，宋北杉副主席率全国工商联代表团赴伊朗、土耳其访问。全国工商联副主席刘沧龙、机关有关部门负责同志随同访问。

★15日，黄孟复主席赴香港出席2011年首届中国海外投资年会并致辞。

★16~18日，孙安民常务副主席赴山东省就微小企业税负问题进行调研。

★19日，谢经荣副主席在北京出席“大爱暖中华——2011世界艾滋病日主题活动”启动仪式并讲话。

★20~22日，孙安民常务副主席赴安徽省就小微企业税负问题进行调研。

★23日，黄孟复主席在机关主持召开2011年第九次主席办公会议。会议议题：①审议《关于2011年全国工商联系统优秀调研成果表彰的决定》；②听取第四届全国就业与社会保障先进民营企业表彰会筹备情况的汇报；③审议替补全国工商联宣传教育培训委员会主任事宜；④审议中国民营经济国际合作商会（筹）领导班子拟任人选调整事宜。全哲洙书记，孙安民常务副主席，宋北杉、褚平、谢经荣、庄聪生、李路副主席出席会议。王忠明、欧阳晓明副秘书长，机关有关部门主要负责同志列席会议。

★24~25日，全国工商联党组中心组学习暨年度工作务虚会在北京举行。会议围绕贯彻落实党的十七届六中全会精神和中央16号文件，对明年工作思路进行了谋划和研讨。黄孟复主席、全哲洙书记出席会议并讲话，会议由全哲洙书记主持，孙安民常务副主席，宋北杉、褚平、谢经荣、庄聪生、李路副主席出席会议。中央统战部有关部门负责同志以及机关各部门副处长以上同志参加会议。

同日，黄孟复主席在北京出席中国民营经济国际合作商会成立大会并讲话。宋北杉、李路、吴一坚副主席，商务部、国家发改委、民政部等有关部门负责同志出席会议。中国民间商会副会长、科瑞集团董事局主席郑跃文当选为中国民营经济国际合作商会首届会长。

★27 日，第四届全国就业与社会保障先进民营企业表彰大会在北京人民大会堂召开。中共中央政治局委员、国务院副总理张德江出席大会并讲话。全国政协副主席、全国工商联主席黄孟复出席大会，全国工商联党组书记全哲洙代表人力资源和社会保障部、全国总工会、全国工商联三方讲话，全国总工会副主席、书记处第一书记王玉普宣读先进民营企业表彰决定。大会授予 100 家民营企业“全国就业与社会保障先进民营企业”荣誉称号，通报表扬了在“2011 全国民营企业招聘周”活动期间组织工作突出的 53 个城市（区）和吸纳就业突出的 76 家民营企业。大会由人力资源和社会保障部部长尹蔚民主持。国务院副秘书长肖亚庆，财政部副部长朱光耀，人力资源和社会保障部副部长信长星，国家税务总局副局长解学智，全国工商联副主席谢经荣，全国总工会纪检组组长、书记处书记王瑞生，商务部部长助理李荣灿，中国人民银行行长助理郭庆平等出席会议。

★29 日，由全国工商联、湖南省人民政府和香港中华总商会共同举办的“2011 中国（湖南）民营经济投资洽谈会暨海内外华商湖南行”活动在长沙市举行。全国政协副主席、全国工商联主席黄孟复出席开幕式并讲话。湖南省委书记周强、香港中华总商会会长蔡冠深分别致辞。湖南省副省长、省工商联主席何报翔在开幕式上作了省情介绍。全国工商联副主席傅军，中国民间商会副会长王玉锁代表民营企业家发言。开幕式上全国工商联与湖南省人民政府共同签署了《关于促进非公有制经济发展加速湖南“四化两型”建设战略合作框架协议》。全国工商联副主席宋北杉，湖南省常务副省长于来山，湖南省委常委、统战部长李微微等出席了开幕式。

同日，李路副主席在机关会见以香港雇主联合会主席彭耀佳为团长的香港雇主联合会访京团一行。机关有关部门负责同志参加会见活动。

★30 日，各民主党派、工商联、无党派人士为全面建设小康社会作贡献表彰大会在北京人民大会堂召开。中共中央政治局常委、全国政协主席贾庆林在人民大会堂会见了出席表彰大会的全体代表，与全体代表合影留念并发表重要讲话。全国政协副主席、中央统战部部长杜青林出席大会并讲话。人力资源和社会保障部部长尹蔚民在会上宣读了中央统战部、人力资源和社会保障部、各民主党派中央、全国工商联《关于表彰各民主党派、工商联和无党派人士为全面建设小康社会作贡献先进集体、先进个人、建言献策优秀成果和社会服务优秀成果的决定》。全国工商联扶贫与社会服务部光彩事业处获先进集体称号；《我国中小企业发展调查报告》和《中国民营企业“走出去”状况调查及政策建议》获建言献策优秀成果奖；《组织、引导、支持民营企业参与社会主义新农村建设》和《光彩教育工程》获社会服务优秀成果奖。全国工商联常务副主席孙安民和谷超豪、简少玉、崔永元、陈维亚等代表分别在大会上发言。出席大会的全体代表发出了《各民主党派、工商联和无党派人士为全面建设小康社会作贡献倡议书》。全国人大常委会副委员长、民革中央主席周铁农主持会议。全国工商联全哲洙书记，宋北杉、褚平、庄聪生、李路、王文彪、刘迎霞副主席和部分在京执委、机关各部门负责同志出席大会。

同日，由全国工商联和国务院防治艾滋病委员会办公室主办的“大爱暖中华”世界艾滋病日主题公益晚会在北京举行。全国政协副主席、全国工商联主席黄孟复出席并颁发感动红丝带“贡献奖”，全国工商联副主席谢经荣致辞并颁发感动红丝带“自强奖”。中央和国家机关部门负责同志、爱心企业家、农民工、志愿者等近 2000 人参加晚会。

同日，全哲洙书记在机关会见贵州省委书记、省人大常委会主任栗战书和贵州省委副书记、省长赵克志一行。全国工商联常务副主席孙安民、副主席褚平，贵州省委常委、常务副省长王晓东，贵州省委常委、省统战部部长龙超云等参加会见活动。

十二月

★1 日，黄孟复主席在北京出席中国证券市场研究设计中心召开的经济形势分析会并讲话。全国工商联孙安民常务副主席、欧阳晓明副秘书长、研究室负责同志等出席座谈会。

同日，谢经荣副主席在北京出席由人力资源和社会保障部主办的、以“构建和谐劳动关系”为主题的第四届中国劳动论坛，并作题为《构建和谐劳动关系，推动民营企业健康发展》的主题演讲。全国工商联副主席王文京作题为《建设幸福用友，和谐持续发展》的主题演讲。全国工商联法律部负责同志等参加论坛。

★2 日，由中央统战部、全国工商联主办的全国非公有制经济先进典型事迹报告会在北京召开。中共中央政治局常委、全国政协主席贾庆林出席会议并讲话。中共中央政治局委员、中央书记处书记、中宣部部长刘云山出席会议，全国政协副主席、中央统战部部长杜青林主持会议，全国政协副主席、全国工商联主席黄孟复出席会议。会上，研祥高科技控股集团董事局主席陈志列、百步亭集团董事局主席茅永红、亿利资源集团董事长王文彪、苏宁电器集团董事长张近东、宁波天生密封件有限公司董事长励行根、力帆实业（集团）股份有限公司董事长尹明善、上海复星高科技（集团）有限公司董事长郭广昌、汉能控股集团董事局主席李河君、传化集团有限公司董事长徐冠巨、吉利控股集团董事长李书福 10 位先进典型，分别从不同侧面介绍了自己的事迹，集中展示了改革开放以来我国非公有制经济健康发展和非公有制经济人士健康成长的显著成果。全国工商联党组书记全哲洙，常务副主席孙安民，副主席宋北杉、褚平、谢经荣、庄聪生、李路、傅军出席会议。会议以电视电话会议形式召开，主会场设在北京人民大会堂小礼堂，中央国家机关有关部门、北京市委、市政府和各区县有关负责同志、非公有制经济代表人士等在主会场参加会议。各省、自治区、直辖市、新疆生产建设兵团党委政府有关负责同志以及各市（地、州、盟）、县（市、区、旗）党委政府有关负责同志，各级统战部、工商联负责同志和非公有制经济代表人士在分会场参加会议，全国参会人员超过 12 万人。

★4 日，庄聪生副主席赴湖北省襄阳市出席中国民（私）营经济研究会 2011 年会。湖北省委常委、襄阳市委书记范锐平出席年会并致辞。全国工商联王忠明副秘书长参加年会。

★6 日，黄孟复主席赴重庆市出席由中国人权发展基金会和重庆市政府主办的第二届世界大型基金会（重庆）高峰论坛开幕式并致辞。重庆市委书记薄熙来会见了黄孟复主席一行。

同日，宋北杉、李路副主席在机关召开会议，就贯彻落实中央 16 号文件精神，对全国工商联直属会员工作进行了专题研究。会员部王瑗部长主持会议，会员部有关负责同志等参加会议。

★7 日，孙安民常务副主席在机关会见国务院医改办张汉东副主任一行，探讨民营企业参与医改工作事宜。欧阳晓明副秘书长参加会见活动。

★8 日，全国工商联系统信息员培训班在北京召开。褚平副主席会前同与会代表合影并讲话。办公厅主任王建设在培训班上讲话，张尚东副巡视员主持会议并作总结讲话。会议表彰了 2011 年度全国工商联信息工作先进单位。河北省、上海市、江苏省、浙江省、安徽省、福建省、重庆市、四川省、甘肃省、新疆维吾尔自治区工商联获得信息工作先进单位称号，上海市、江苏省、河南省、重庆市、大连市、南京市工商联获得社情民意信息工作先进单位称号。来自全国各省级和副省级市工商联的信息员近 50 人参加会议。

同日，庄聪生副主席在机关出席吉林出版集团和中华工商联合出版社有限责任公司推出的重点图书《中国大趋势・成都调查》首发式。

★12 日，由中国民（私）营经济研究会家族企业研究课题组推出的首份《中国家族企业发展报告》在北京发布。这份由全国工商联研究室、中山大学中国家族企业研究中心、浙江大学城市学院家族企业研究所和李锦记家族联合发布的报告，对中国家族企业的生存现状和成长发展作出全面客观的分析与探索。全国工商联庄聪生副主席出席发布会并致辞。

★13 日，褚平副主席在机关主持召开 2011 年第十三次主席专题办公会议，协调机关各部门春节前会议活动安排，研究部署部门 2012 年重点工作计划的制定和项目预算编制工作。机关各部门和服务中心负责同志参加会议。

同日，全国工商联宣教部与中央统战部五局联合召开非公有制经济人士座谈会。庄聪生副主席出席座谈会并讲话，中央统战部五局副局长方乃纯主持座谈会。包括全国工商联副主席傅军在内的共15位企业家，围绕学习全国非公有制经济先进典型事迹报告会上贾庆林主席的重要讲话精神和10位非公有制经济先进典型的事迹报告，座谈了学习体会，并对如何进一步开展树典型、学榜样、赶先进活动，加强引导教育和自我教育，切实推进新形势下非公有制经济人士思想政治工作提出了意见建议。

★14日，全国工商联主席黄孟复在机关主持召开2011年第十次主席办公会议。会议议题：①审议《关于授权全国工商联十届常务委员会决定十一届执行委员会委员名额分配、产生办法的决定（草稿）》；②审议有关常、执委人事调整事项；③审议《全国工商联十届五次执委会议选举办法（草案）》；④审议《关于召开中华全国工商业联合会第十一次会员代表大会的决议（草案）》；⑤讨论《全国工商联十届五次执委会议工作报告（讨论稿）》。全国工商联党组书记全哲洙，副主席宋北杉、褚平、谢经荣、庄聪生、李路出席会议。全国工商联副秘书长王忠明、机关各部门主要负责同志列席会议。

同日至23日，孙安民常务副主席率全国工商联代表团赴菲律宾、缅甸访问。

同日，庄聪生副主席在机关主持召开2011年第十四次主席专题办公会议，协调布置2011～2012年中国民营经济发展形势分析会筹备工作。机关有关部门负责同志参加会议。

★16日，全国政协副主席、中央统战部部长杜青林，中央统战部常务副部长朱维群，副部长黄跃金、尤兰田、陈喜庆、斯塔等领导莅临全国工商联视察指导。全国工商联黄孟复主席，全哲洙书记，宋北杉、褚平、谢经荣、庄聪生、李路副主席出席了会见活动并宴请中央统战部领导。中央统战部秘书长安七一，五局局长杨启儒、副局长方乃纯，办公厅副主任沈全荣，五局副局长嘎玛旦巴，全国工商联办公厅负责同志等参加上述活动。

★20日，全国工商联、贵州省人民政府在贵阳签署了《民企携手贵州合作共赢未来战略合作框架协议》。全国工商联主席黄孟复、贵州省委书记栗战书出席签约仪式并致辞。全哲洙书记与贵州省委副书记、省长赵克志共同签署了协议文本。根据《框架协议》，全国工商联和贵州省人民政府将共同推进中央16号文件的贯彻落实、贵州省重大发展战略平台建设、贵州新一轮西部大开发、贵州新阶段扶贫开发、贵州省与全国民营企业合作发展工作深入开展和非公有制经济快速健康发展，引导非公有制经济人士健康成长，推进行业商会（协会）建设等八项内容。全国工商联副主席宋北杉、褚平、谢经荣、庄聪生、李路、王文京、王文彪、王新奎、刘志强、刘沧龙、许荣茂、吴一坚、张元龙、张近东、傅军、刘迎霞，中国民间商会副会长沈建国、王玉锁、尹明善、张芝庭、张宏伟、金会庆、董文标、谢伯阳以及中央统战部、贵州省委、省政府有关负责同志出席签约仪式。

同日，孙安民常务副主席率中国工商界代表团出席在缅甸首都内比都举行的大湄公河次区域经济合作第四次领导人会议，并作为次区域工商论坛轮值主席向领导人汇报工作。国务委员戴秉国、柬埔寨首相洪森、老挝总理通辛、缅甸总统吴登盛、泰国总理英拉、越南总理阮晋勇及来自次区域六国的各界代表500余人出席会议。19日，孙安民常务副主席率代表团出席了由大湄公河次区域工商论坛举办的“大湄公河次区域商业和投资会议”并致辞和作总结讲话。全国工商联副秘书长欧阳晓明在会上作“进一步促进大湄公河次区域相互投资”的发言。此外，应亚洲开发银行的邀请，14日至17日孙安民常务副主席还率团对菲律宾进行了访问。

★21～22日，全国工商联十届五次执委会议在贵阳市召开，会议系统地总结了2011年的主要工作，全面分析了当前经济形势和工商联事业面临的新形势、新问题，具体部署了2012年的重点工作。开幕会上，黄孟复主席代表常委会作工作报告，贵州省委书记栗战书致辞，全哲洙书记主持。闭幕会上，全哲洙书记作总结讲话，褚平副主席主持。会议增选黄小祥同志为全国工商联十届执委会副主席、中国民间商会副会长。会议决定全国工商联第十一次会员代表大会于2012年第四季度在北京召开。会上颁发了2011年全国工商联科学技术奖，“桂枝茯苓胶囊生产过程质量控制关键技术研究与应用”等129项成果获科学技术奖，“力帆实业（集团）股份有限公司”等39家企业获科技创新企业奖；颁发了2011年全国工商联系统优秀调研成果奖，《上海市民营企业转型提升的实践：途径、典型及扶助政策》等60篇参选成果获奖。贵州省委副书记、省长赵克志，全国工商联副主席宋北杉、褚平、谢经荣、庄聪生、李路、王文京、王文彪、王新奎、刘志强、刘沧龙、许连捷、许荣茂、吴一坚、张元龙、张近东、傅军、刘迎霞，中国民间商会副会长孙晓华、沈建国、王玉锁、尹明善、甘国屏、张芝庭、张宏伟、金会庆、董文标、谢伯阳，中央统战部、贵州省委统战部、贵州省工商联等有关负责同志及全国工商联执委400余人出席会议。

★22日，全国民营企业助推贵州发展大会在贵阳召开。黄孟复主席出席大会并讲话，全哲洙书记、贵州省委书记栗战书出席大会，贵州省省长赵克志致辞。会议由贵州省委副书记王富玉主持。力帆实业集团董事长尹明善代表与会企业家在大会上发言。贵州省政协主席王正福，全国工商联副主席褚平、黄小祥、谢经荣、庄聪生、李路、王文彪、王新奎、刘志强、刘沧龙、许连捷、吴一坚、张元龙、张近东、傅军，中国民间商会副会长沈建国、尹明善、张芝庭、金会庆、董文标、谢伯阳，中央统战部、贵州省有关部门、中央驻黔单位的负责同志，以及各地民营企业家1600余人参加会议。

★23～25日，全哲洙书记赴贵州省织金、大方、毕节等地，就当地经济社会发展情况和工商联扶贫工作进行调研考察，对民间工艺、特色集镇、特色农业、工业园区以及个体私营企业进行了走访、座谈。调研期间，全国工商联副主席谢经荣签署了关于支持织金县政府建立同心光彩助农生产性基金的协议。调研结束后，贵州省委书记栗战书，省长赵克志，省委常委、省委统战部部长龙超云，副省长谢庆生等会见了全哲洙一行并交流意见。龙超云和贵州省工商联主席郑楚平、党组书记刘朝容，全国工商联扶贫部负责同志，毕节地委书记秦如培及贵州省有关部门负责同志参加调研考察活动。

★26日，全国工商联在机关召开局级干部2011年度考核述职测评会议。会议由全国工商联副主席褚平主持，全哲洙书记，谢经荣、庄聪生、李路副主席出席会议。全国工商联副秘书长王忠明、欧阳晓明及各部门主要负责同志在会上口头述职，其他局级干部书面述职。述职后机关处长以上干部对局级干部进行测评。中央统战部五局副局长方乃纯，机关全体干部参加会议。

★27日，全哲洙书记在机关出席全国工商联直属行业商会2011年度工作会议并讲话。全国工商联李路副主席出席会议。机关有关部门负责同志及全国工商联29家直属行业商会会长、秘书长出席会议。

★29日，全国工商联机关保密知识讲座在机关举办，邀请国家保密局副局长杜永胜主讲。杜永胜副局长介绍了当前保密工作形势，保密工作的重要性、复杂性，通过典型案例讲解了保密法的有关知识，提出了机关保密工作的要求和注意事项。褚平副主席主持讲座并提出要求。庄聪生副主席出席讲座，机关全体干部以及机关服务中心、信息中心和物业公司的同志参加了讲座。

★30日，全哲洙书记在机关会见青海省委常委、副省长骆玉林同志一行，双方就工商联工作、青海省民营经济发展等内容进行深入交流。青海省委统战部副部长、省工商联党组书记马吉孝，全国工商联办公厅、青海省工商联办公室负责同志等参加会见活动。（关　洁）

第二部分　工作成果

推动贯彻落实中央16号文件

【综　述】2011年，全国工商联把学习贯彻中央16号文件精神贯穿到工商联工作各个方面和各个环节，坚持面向基层、重心下移，以指导各地贯彻落实文件精神、服务中小企业科学发展、树立非公有制经济人士和非公有制企业先进典型、加强基层组织建设、提高机关干部能力为重点，以实际工作切实推动中央16号文件的贯彻落实，有力促进了非公有制经济健康发展和非公有制经济人士健康成长，全面提升了工商联的凝聚力、影响力、执行力。

一、指导各地贯彻落实中央16号文件精神

一年来，全国工商联把指导各级工商联组织贯彻落实中央16号文件精神作为重中之重。一是与中央统战部共同编写了《〈中共中央、国务院关于加强和改进新形势下工商联工作的意见〉学习问答》，书中内容通俗易懂，吸收和充实了统一战线理论、非公有制经济理论、工商联工作理论等一系列重要研究成果，详细阐述学什么、怎么学、怎么用等重要内容，方便更好地学习领会中央16号文件的丰富内涵和精神实质，具体指导各级工商联干部和有关部门学习贯彻文件精神。二是编发贯彻落实中央16号文件精神情况简报63期（截至2011年年底），注重快速准确掌握各地贯彻落实情况，通报各地贯彻落实中的创新举措和实际效果。三是主要领导出席各地加强和改进工商联工作会议。全国工商联党组书记全哲洙同志出席了10个省（区、市）加强和改进工商联工作会议并讲话，指导各地贯彻落实文件精神的具体实践，充分体现了对各地贯彻落实工作的重视。截至2011年12月16日，32个省级工商联出台了贯彻落实中央16号文件实施意见，召开了加强和改进工商联工作会议。各地在中央16号文件精神框架下，结合各地实际发挥地方特色，在解决制约工商联发展重点难点问题上有所突破，在具体措施上有不少创新。

二、创新非公有制经济人士思想政治工作

2011年，全国工商联以树立宣传非公有制经济人士典型为重点，创新思想政治工作载体，将引导教育和自我教育相结合，促进非公有制经济人士健康成长。一是自下而上集中开展了“树典型、学榜样、赶先进”活动，通过正面宣传为非公有制经济人士提振精神、树立信心。2011年12月2日，中央统战部、全国工商联在人民大会堂举行了非公有制经济先进典型事迹报告会，贾庆林、刘云山、杜青林等党和国家领导人出席报告会，贾庆林主席发表了重要讲话，10名企业家作了先进事迹报告，全国各地12万多人以电视电话会议的形式参加了报告会。二是配合各级党委统战部门部署开展感恩行动，引导非公有制经济人士践行社会主义核心价值体系，弘扬了扶危济困、以义为先的责任意识。截至2011年12月，共有13.2万家非公有制企业积极参与感恩行动，受助对象30.6万人，资助金额72.5亿元，惠民项目到位资金90亿元。三是组织开展“中国大学生创业大讲堂”公益活动，分别在清华大学、北京大学举办第一、第二场活动，王健林、李书福、陈志列等非公有制经济代表人士为即将毕业的大学生讲述创业故事、分享创业心得。

三、助力非公有制经济健康发展

一年来，全国工商联以组织中小企业综合性调研活动、民间资本进入垄断领域等调研为重点，注重发挥建言献策、参政议政和政府管理和服务非公有制经济的助手作用，为非公有制经济健康发展特别是中小企业科学发展营造良好环境。一是全国工商联2011年上半年开展了历时三个月的中小企业综合性调研活动，最终形成了《我国中小企业发展调查报告》。报告得到温家宝、贾庆林、李克强、张德江、王岐山、何勇、杜青林等中央领导同志的重要批示，并要求国家发改委等有关部门针对报告提到的相关专题，进行认真研究。二是全国工商联2011年下半年又对小型微型企业税费情况开展了调研，国务院领导同志对调研报告给予了高度评价，并要求国务院十多个部门研究参考。三是开展民间资本进入垄断领域调研。调研由黄孟复主席带队，形成了《加快民营企业进入垄断领域的政策建议》，得到了贾庆林、李克强、王岐山三位中央领导同志的重要批示，以及有关部门的高度重视。四是把召开全国工商联执委会议、常委会议与有关部门和地方政府联合举办大型经贸活动结合起来，积极服务国家区域经济发展战略。与广东省政府、贵州省政府共同主办了“广东与全国知名民营企业合作发展共促转型升级大会”、“全国民营企业助推贵州发展大会”，主办和参与了南京重洽会、中博会、西博会、齐鲁行、重庆行、湖南民营经济投资贸易洽谈会、中国亚欧博览会等一系列重大经贸活动，促进地方加快转变发展方式，服务当地经济社会发展。五是探索银企对接融资平台建设，切实解决企业融资难题。通过加强与中国工商银行、民生银行、建设银行等金融机构战略合作，发挥工商联和银行各自的优势和特点，积极探讨银企商的合作模式，共同支持非公有制经济特别是中小企业的发展。

四、构建和谐劳动关系加强与创新社会管理

2011年7月，国家协调劳动关系三方会议第十六次会议在京召开，会议对国家协调劳动关系三方会议制度予以修订，增加全国工商联为国家三方会议成员单位。至此，全国工商联正式加入全国构建和谐劳动关系三方会议机制。通过深入调研和努力探索，全国工商联力求推动三方会议工作。一是与全国总工会联合开展了第六届全国民营企业“关爱员工、实现双赢”评选表彰活动，引导非公有制企业构建和谐劳动关系、推动企业职工展现聪明才智，发挥积极性、创造性，提高企业核心竞争力，促进企业尊重和关爱职工，切实保障职工权益，积极履行社会责任。二是专门制定全国工商联贯彻落实社会管理创新意见的措施；开展调研形成《推动协调劳动关系三方会议工作调研报告》；积极开展关于建立完善商会调解与法院诉讼相衔接机制调研，编写印发了商会调节仲裁指导性用书《工商联商会仲裁与调解工作前沿》；积极参加全国厂务公开协调小组相关工作，扎实推进非公有制企业厂务公开民主管理工作创新发展。三是全国构建和谐劳动关系先进表彰暨经验交流会8月在京召开，中共中央政治局常委、中央书记处书记、国家副主席习近平出席会议并讲话。全国工商联主席黄孟复、党组书记全哲洙出席会议。徐冠巨等非公有制经济和谐劳动关系先进代表人士在会上发言。

五、抓基层打基础加快基层组织建设

县级工商联和基层商会组织是工商联工作的组织基础和重要依托。一年来，全国工商联开展商会建设调研、县级工商联联系点蹲点调研，加大对异地商会等的指导力度，探索基层商会组织和县级工商联建设的有效方式，加快工商联组织建设。一是开展全国性的商会建设调研活动，摸清了工商联商会组织底数和发展状况。在此基础上，全国工商联于2011年11月初召开了历史上第一次商会建设工作会议，对改革开放以来工商联商会建设的实践经验进行了全面总结，对中国特色商会组织进行了理论阐述，提出了当前和今后一个时期商会建设的指导思想和主要任务，进一步统一了工商联商会要坚持“三性”有机统一、促进“两个健康”的重要认识。二是下发《工商联商会章程范本》和《工商联商会管理办法》，对商会组建、运行等各个环节加以规范，直接指导各地工商联加强商会制度化规范化建设。许多省级工商联结合实际情况制定了一系列商会管理制度，指导商会建立完善以章程为核心的商会内部管理制度，促进了对商会的业务指导和商会自身的规范运作，有效发挥了商会的积极作用。三是参照民政部门的相关指标，探索制定体现工商联特色的商会评价体系，以评促建。四是全国工商联和部分省级工商联近两年建立了一批县级工商联联系点，及时了解基层组织建设状况，为有针对性地指导帮助地方工商联加强基层组织建设积累经验。

六、加强干部能力建设

一年来，全国工商联通过开展中小企业调研、商会调研、典型宣传等重点工作，培养锻炼了干部务实的意识、吃苦的精神、科学的方法，改进了工作作风，提高了政治把握能力、调查研究能力、群众工作能力和落实推进能力。特别是在调研过程中，全国工商联坚持调研前抓好学习培训、调研中加强分析研讨、调研后做好总结交流，不仅为工商联系统高质量完成调查研究工作做出了示范，而且为在实践中培养锻炼干部找到了一条新的思路。一是全国工商联为建设一支“政治强、业务精、作风正”的后备干部队伍，制定下发了《2011～2015 年全国工商联机关局处级领导职务后备干部建设规划》。二是在顺利搬迁至新办公楼后，机关于 10 月 10 日召开“学习‘七一’讲话，提高‘四种’能力，加强和改进机关工作”研讨会。20 名来自各部门的代表就学习胡锦涛总书记“七一”讲话、贯彻落实中央 16 号文件，加强能力建设作了发言。全哲洙同志在讲话中要求，机关全体干部要正视并解决目前还存在的工作态度不认真、工作不成事、制度不落实三个方面的问题，继续推进今年重点工作的落实，以实际工作推动干部能力建设。三是全国工商联一年来通过各种培训班，累计培训近 1000 人次，全国各级工商联组织举办了 500 多次各种类型的培训班，接受培训人数超过 5 万人次，提高了干部理论水平，加深了对中央 16 号文件精神的理解和把握。（刘海卓）

【编发《〈中共中央国务院关于加强和改进新形势下工商联工作的意见〉学习问答》】2010 年 9 月 16 日，中共中央颁发了中央 16 号文件。这是以胡锦涛同志为总书记的党中央着眼我国经济社会发展和统一战线工作全局，为加强和改进新形势下工商联工作、促进非公有制经济健康发展和非公有制经济人士健康成长而作出的一项重大举措，在我国统一战线和工商联事业发展中具有里程碑意义。

为了更加全面、准确、系统地学习领会中央 16 号文件的丰富内涵和精神实质，中央统战部和全国工商联共同编写了《〈中共中央、国务院关于加强和改进新形势下工商联工作的意见〉学习问答》（以下简称《问答》）。《问答》由中华工商联合出版社 2011 年 2 月出版，全文近 10 万字，共由 36 个问题和相关答案组成，由中央统战部副部长、全国工商联党组书记、第一副主席全哲洙同志作序。《问答》吸收和充实了统一战线理论、非公有制经济理论、工商联工作理论等一系列重要研究成果，反映和总结了长期以来工商联事业发展的实践经验，对中央 16 号文件条文进行了详细、全面的解读。《问答》对工商联工作是党的统一战线工作和经济工作的重要内容，统战性、经济性、民间性有机统一是工商联的基本特征，培育和发展中国特色商会组织，非公有制经济人士要树立“义利兼顾、以义为先”理念等理论方面的创新进行了深刻地解读。《问答》对“团结、服务、引导、教育”的非公有制经济人士工作方针，工商联六项基本任务和五项职能作用，“把工商联建设成为政治坚定、特色鲜明、机制健全、服务高效、作风优良的人民团体和商会组织”的目标，工商联党组协助开展非公有制经济组织党建工作等政策方面的创新进行了深入地阐释。《问答》还对各级政府建立重要经济决策委托工商联征询非公有制经济人士意见的制度，吸收工商联参加促进非公有制经济和中小企业发展工作的领导机构和协调机制，工商联参与协调劳动关系三方会议，加强和完善非公有制经济代表人士综合评价工作，党委、政府以及统战部、工商联党组在工商联工作中的职责和任务，工商联参加党委、政府有关重要会议等工作机制方面的创新进行详细地阐述。《问答》内容丰富、涉及面广，具有很强的针对性、实用性和可读性，是一本通俗易懂的学习读本，适合于各级党政领导干部、统战部和工商联机关干部、广大非公有制经济人士、工商联会员以及关心工商联工作的社会各界人士学习参考。（任传东）

【机关各部门负责人笔谈贯彻落实中央 16 号文件精神】为进一步深化对中央 16 号文件精神的学习贯彻，探索进一步做好新形势下工商联工作的方式方法，2011 年 2 月 28 日至 3 月 2 日，全国工商联机关各部门主要负责同志在《中华工商时报》发表了“以新文件精神为指导，做好新形势下工商联工作”系列署名文章。

各部门主要负责同志围绕工商联工作全局，立足本部门工作实际，对学习贯彻中央 16 号文件精神做好工商联工作做了认真的思考。笔谈文章认为：中央 16 号文件是做好新形势下工商联工作的纲领性文件，对做好当前和今后一段时期工商联工作具有重要的指导意义。文件对工商联的性质、指导思想、地位、职能作用等重大问题作了明确的概括和阐述，对帮助各级工商联组织加强自身建设、争取党委政府的领导与支持、发挥作用等提供了有力的政策支撑。

各部门主要负责同志在文章中表示，做好新形势下工商联工作，一要围绕中心、服务大局。要围绕党和国家中心工作任务，坚持“两个健康”工作主题，突出重点，突破难点，以点带面，推动新形势下工商联工作全面开展。二要深入基层、重心下移。要转变工作作风，大兴求真务实、调查研究之风，深入基层，了解掌握非公有制企业和非公有制经济人士的实际，团结、服务、引导、教育他们实现自身科学发展。三要切实加强自身建设。要加强基层组织建设，推动工商联组织和工商联工作在非公有制经济领域的覆盖面；要加强机关建设，提高机关工作科学化水平，适应新形势下工商联工作需要；要加强机关干部能力建设，使一般干部做到应知应会、处级干部成为行家里手、局级干部成为专家权威，切实提高工商联的执行力、凝聚力、影响力，更好服务于“两个健康”。（刘海卓）

【各地贯彻落实情况】2011 年是深入贯彻落实中央 16 号文件精神的关键之年。各地党委、政府高度重视、大力支持工商联工作，以创新精神贯彻文件出台政策，以务实作风全面提升能力水平，通过以省委、省政府名义出台贯彻落实中央 16 号文件精神的实施意见和召开加强和改进工商联工作会议，着力解决影响工商联组织发展的重点难点问题，切实推动了当地工商联工作的开展和促进“两个健康”。

截至 2011 年 12 月 16 日，全国 32 个省级党委、政府和新疆生产建设兵团全部出台了贯彻落实中央 16 号文件精神的实施意见，并召开了加强和改进工商联工作会议。23 个省（区、市）委书记出席加强和改进工商联工作会议并作重要讲话，充分体现了各地党委、政府对工商联工作的重视和大力支持，极大地提升了工商联在中心工作中的地位和影响，切实推动工商联工作向前迈进取得突破，形成了党委加强领导、政府重视支持、统战部门直接指导、工商联发挥作用，共同促进非公有制经济健康发展、非公有制经济人士健康成长的良好局面。

各地在出台实施意见的过程中，注重在中央 16 号文件的原则框架下，结合地方实际、突出地方特色，对制约工商联工作发展的主要问题做出新的制度安排，为工商联发挥优势作用创造更好条件。

在发挥工商联职能方面，一是各地注重发挥工商联在非公有制经济人士的思想政治工作中的引导作用。不少地方决定定期以省委省政府名义进行中国特色社会主义事业优秀建设者的评选表彰，规定非公有制经济人士选拔安排和参加各类评选表彰时要经过非公有制经济人士综合评价体系评价，征求统战部门和工商联意见；强化非公有制经济人士教育培训，对已作政治安排、社会安排、荣誉安排的非公有制经济代表人士每三年分级轮训一次。二是注重发挥非公有制经济人士参政议政职能。山东、重庆、福建等省规定适当扩大当地人大、政协工商联界别规模；不少地方的实施意见注重推荐优秀非公有制经济代表人士担任各级人大代表、政协委员及人民陪审员、特约监察员、特约检查员、行风评议员，参与各级政府职能部门、司法部门的特约监督工作，履行参政议政职能。三是注重发挥工商联在政府管理和服务非公有制经济中的助手作用。湖南等地成立了非公有制经济领导小组，办公室设在省工商联；有的省继续完善服务非公有制经济的平台建设，支持工商联做好为非公有制企业提供政策、信息、融资、技术、人才等方面的服务工作；重庆、山东等地创新工商联参与的非公有制经济融资、法律维权平台建设；广东省全省 21 个地级市、52 个县（区、市）设立了民营企业投诉工作机构，由工商联负责具体运作；安徽省各地建立了“工商联直通车”机制，完善政府部门和工商联对口联系制度。四是注重发挥工商联在促进行业协会、商会改革中的重要作用。广东、福建等地将非公有制经济组织为主体的经济类社团纳入工商联工作领域，大力培育和发展中国特色的商会组织；大多数省（区、市）规定大力加强乡镇、街道、社区、专业市场、开发区等的基层商会建设；四川等省规定工商联党组要协助党委组织部门加强工商联主管商会的党建工作；部分地区实行社团登记管理部门、业务主管单位和行业主管部门各负其责的“三位一体”商会管理模式；全国已有29个省级工商联获得社会团体业务主管单位授权或部分授权，推动了工商联组织在行业协会商会改革发展中的促进作用。五是注重发挥工商联在加强社会管理，促进劳动关系和谐方面的重要作用。经过不懈努力，22个省（区、市）工商联成为同级三方会议成员单位，在构建和谐劳动关系方面发挥了积极作用。

在加强工商联建设方面：一是注重工商联领导班子建设，以工商联换届工作为突破口，全面提升工商联自身工作能力和水平，把选好配强主席和党组书记作为换届工作的重中之重，有的省规定在人选上充分征求听取工商联意见，经济条件较好的地方可以选拔非公有制经济代表人士做工商联主席；广东、重庆等地明确规定工商联主席担任同级人大常委会副主任或政协副主席、工商联党组书记原则上担任同级党委委员；不少省份注重加强县级工商联党组建设。二是注重工商联基层组织建设，各级工商联积极推动市县党委、政府解决工商联基层组织薄弱问题，不少县级工商联在人员编制、行政经费、办公条件等方面得到明显改善。有的省要求没有成立工商联的县区要在规定的期限内组建起来，有的地市给工商联一次性增加10多个编制，有的大幅增加财政经费支持，广西等地有的市县还为工商联解决办公用房和车辆，配备必要的办公设备。三是注重提高工商联干部能力水平，安徽等省规定加大工商联与党政机关干部双向交流力度，党委组织部门在安排干部培训、挂职锻炼、轮岗交流、选拔使用时，要将工商联干部纳入规划，统筹安排。

在加强党委领导和政府支持方面：不少地方建立了党委领导专人负责联系工商联工作的机制和政府对口联系工商联工作的机制，形成了各类联席会议制度。湖北等省规定党委在每届任期内至少召开一次工商联工作会议，党委常委会每年听取工商联工作汇报。上海市规定政府出台非公有制经济相关的政策法规“凡策必询”。许多省份将工商联办公经费、参政议政、考察调研、教育培训等专项经费纳入同级财政预算，甘肃、天津、青海、四川、福建、湖北等省还扩大了预算纳入范围，将党建工作、招商、会员活动等经费纳入；天津、山西、吉林、重庆、甘肃等省市建立了工商联预算经费随经济增长逐年动态增长的机制。甘肃、四川等省鼓励运用政府和市场两种手段，由工商联带头，以股份合作的运行机制，公司化管理、市场化运作的模式，建设商会大厦。有的省还规定要把有关非公有制经济和工商联工作的理论政策纳入各级党校、行政学院和社会主义学院的教学内容，加强各级党政领导干部对工商联工作的培训。（沈丽霞）

非公有制经济人士思想政治工作

【综　述】2011年，全国工商联认真贯彻落实中央16号文件精神，坚持围绕中心、服务大局，以改革创新的精神，探索对非公有制经济人士思想政治工作的新思路、新举措、新载体。树立非公有制经济人士和非公有制企业先进典型，引导非公有制经济人士在加快转变发展方式、保障和改善民生、提高自身素质方面有更大作为；推进社会主义核心价值体系建设，引导非公有制经济人士积极履行社会责任，大力推动企业文化建设；加强舆论引导能力，营造非公有制经济发展的良好舆论环境和社会环境，为促进非公有制经济健康发展和非公有制经济人士健康成长作出贡献。主要在以下几个方面开展工作。

树立和宣传非公有制经济领域先进典型。树立和宣传非公有制经济领域先进典型，是新形势下加强和改进非公有制经济人士思想政治工作的重要举措，也是促进非公有制经济人士引导教育和自我教育相结合的重要实践探索。全国工商联十届四次执委会议把开展抓典型、树典型、学典型的工作确定为2011年的重点工作之一。2011年4月，全国工商联下发《关于开展树立宣传非公有制经济领域先进典型工作的通知》（全联通〔2011〕35号）。通知要求各地工商联通过树立并大力宣传一批体现时代精神风貌、事迹生动感人的先进典型，引导非公有制经济人士在加快转变发展方式、保障和改善民生、提高自身素质方面有更大作为，促进引导教育和自我教育相结合，营造良好舆论环境和社会环境，促进非公有制经济健康发展和非公有制经济人士健康成长。

各地工商联按照全国工商联的统一部署，精心组织，统筹协调，树立和宣传了一批推进自主创新、加快转变发展方式，关爱员工、构建和谐企业，保障改善民生、自觉履行社会责任，“走出去”、争创民族品牌，开展非公有制企业党建工作和加强企业文化建设等六个方面表现突出的先进典型。层层开展典型事迹宣讲和集中宣传，召开各种报告会、座谈会，组织先进典型进行宣讲和交流；充分利用报纸、电视、网络等多种媒体，广泛采取影视等多种形式，加大对典型企业、典型人物的宣传。在层层挖掘典型和开展先进事迹宣传、报告的基础上，以省级工商联为单位向全国工商联上报推荐典型。

全国工商联在《中华工商时报》和《中国工商》杂志对先进典型进行了集中报道，并在全国工商联网站开辟专栏进行了宣传。全国工商联还邀请中央主要新闻媒体，对先进典型事迹进行宣传报道。中央统战部、全国工商联于2011年12月2日在人民大会堂共同举办了全国非公有制经济先进典型事迹报告会。

推动企业文化建设。把企业文化作为实现非公有制经济人士引导教育和自我教育的有效途径，引导广大非公有制经济人士树立创新、和谐、开放、责任等理念，推动构建职工认同、富有个性、促进发展的先进企业文化。促进非公有制企业党的建设和企业文化建设有机结合，用企业先进文化建设扩大党建工作成果。2011年10月18日，全国工商联在成都召开了宣传培训委员会会议暨民营企业文化建设座谈会。此次座谈会总结了各地开展企业文化建设所取得的成功经验，研讨了工商联进一步推动企业文化建设的工作思路。

加强教育培训工作。深入开展中国特色社会主义理论体系学习教育，引导非公有制经济人士树立中国特色社会主义共同理想，在党的领导下坚定走中国特色社会主义道路。不断丰富培训内容，把邓小平理论和“三个代表”重要思想、科学发展观、党的路线方针政策，以及经济、政治、法律、科技等各方面知识列入培训计划。充分利用高等院校、社会主义学院等社会培训教育机构，采取学习班、论坛、座谈、组织调研、互动交流等多种形式加强培训，努力提高非公有制经济人士的综合素质。

2011年3月13日，由全国工商联、教育部、共青团中央发起，中央统战部、民政部、人力资源和社会保障部联合主办的“中国大学生创业大讲堂”公益行动在清华大学开讲。2011年4月22日，由全国工商联宣教部和北京大学民营经济研究院联合主办的以“转变·民营企业家的责任”为主题的第七届中国民营企业投资与发展论坛在北京大学举行。2011年10月下旬，全国工商联宣教部配合中央统战部五局，在中央社会主义学院共同举办的非公有制经济代表人士培训班。各省、自治区、直辖市、新疆生产建设兵团和副省级城市党委统战部推荐的160名非公有制经济代表人士参加了培训。

举办第六届全国民营企业“关爱员工、实现双赢”等评选表彰活动。为了更好地引导民营企业构建和谐劳动关系、推动民营企业职工展现聪明才智，发挥积极性、创造性，提高民营企业核心竞争力，促进民营企业尊重和关爱职工，切实保障职工权益，积极履行社会责任，全国工商联、全国总工会联合开展了第六届全国民营企业“关爱员工、实现双赢”评选表彰活动，并于2011年9月23日在北京召开了表彰暨经验交流会议。

为表彰“十一五”期间各民主党派、工商联和无党派人士在参政议政、民主监督和社会服务等方面涌现出的先进典型，进一步激励广大统一战线成员在实施“十二五”规划和全面建设小康社会的新征程上再立新功，中央统战部、人力资源和社会保障部、各民主党派中央、全国工商联于2011年11月30日在北京共同举办了各民主党派、工商联和无党派人士为全面建设小康社会作贡献表彰大会。（肖　扬）

【参与发起“中国大学生创业大讲堂”】2011年3月13日，由全国工商联、教育部、共青团中央发起，中央统战部、民政部、人力资源和社会保障部联合主办的“中国大学生创业大讲堂公益行动”在清华大学开启第一讲。全国政协副主席、全国工商联主席黄孟复率王健林、李书福、陈志列等3位民营企业家来到清华大学，给即将毕业的大学生们讲授创业故事，分享创业心得。人力资源和社会保障部副部长信长星、共青团中央书记处书记卢雍政及教育部等有关部门负责同志和200多位大学生参加了活动。首讲活动由全国工商联副主席庄聪生主持。

2011年11月30日，“中国大学生创业大讲堂公益行动”在北京大学举办了第二场活动。研祥高科技控股集团董事局主席陈志列、百步亭集团董事局主席茅永红、亿利资源集团董事长王文彪、苏宁电器集团董事长张近东、宁波天生密封件有限公司董事长励行根、力帆实业（集团）股份有限公司董事长尹明善、上海复星高科技（集团）有限公司董事长郭广昌、汉能控股集团董事局主席李河君、传化集团有限公司董事长徐冠巨、吉利控股集团董事长李书福等10位优秀民营企业家走进北京大学，向来自首都各大高校的300多名大学生们作了精彩报告。全国工商联副主席庄聪生，中央统战部、教育部、民政部、共青团中央等有关部门负责同志出席活动。（肖　扬）

【召开2011年度全国工商联宣教工作协调会】2011年3月18日，全国工商联宣教工作协调会在江西省南昌市召开。全国工商联副主席庄聪生出席会议并讲话。全国工商联宣教部有关负责同志，各省、自治区、直辖市和新疆生产建设兵团以及副省级城市工商联主管宣教工作的副主席和宣教部门负责同志，全国工商联直属新闻出版单位负责同志等约120人出席了会议。

会议的主要任务是学习贯彻全国“两会”精神，全国宣传部长会议精神和全国工商联十届四次执委会议精神，贯彻落实中央16号文件精神，提出新形势下加强和改进工商联宣教工作的新要求，部署树立宣传非公有制经济领域先进典型等全国工商联2011年宣传教育重点工作。

庄聪生要求各级工商联宣教部门，要把贯彻落实中央16号文件和全国加强和改进工商联工作会议精神作为贯穿始终的重要任务，紧紧围绕服务非公有制企业转变发展方式谋划和开展工作，创新工作载体、完善工作机制、提高工作能力，努力为工商联服务科学发展和实现自身科学发展，提供思想保证、精神动力和舆论支持。要扎实开展社会主义核心价值体系宣传教育，引导非公有制经济人士坚定不移地走中国特色社会主义道路；切实加强和改进非公有制经济人士思想政治工作，引导非公有制经济人士做合格的中国特色社会主义事业建设者；努力做好舆论宣传工作，积极营造有利于促进“两个健康”的良好社会氛围；认真做好非公有制经济人士和工商联干部培训工作，提高他们的综合素质。

与会代表围绕会议主题进行了认真讨论，更加深刻认识到加强和改进非公有制经济人士思想政治工作的重要性，表示会后要认真贯彻落实会议精神，积极行动起来，圆满完成2011年度全国工商联安排部署的各项宣传教育工作。

会上，还颁布了由全国工商联宣教部指导，《中华工商时报》主办的“2010年度工商联（商会）工作十大亮点”和20个优秀案例的评选结果，同时，对《中华工商时报》2011年度发行工作先进集体”进行了表彰。（肖　扬）

【召开非公有制经济人士纪念建党90周年座谈会】2011年6月24日，非公有制经济组织创先争优活动指导小组在北京召开座谈会，纪念中国共产党建党90周年。

全国非公有制经济组织创先争优活动指导小组组长，中央统战部副部长，全国工商联党组书记、第一副主席全哲洙在座谈会上指出，中国共产党90年的历史表明，党的领导是历史和人民的选择。非公有制经济能够实现从少到多、从小到大、从弱到强的不断发展，得益于我们党坚持解放思想，保持指导思想的与时俱进和改革开放方针政策的不断创新。

全哲洙指出，党的领导是实现非公有制经济科学发展和非公有制经济人士健康成长的根本保证。要引导非公有制经济人士自觉学习中国特色社会主义理论体系，深刻理解基本经济制度，积极践行社会主义核心价值体系，不断扩大我们党执政的群众基础和社会基础。要引导非公有制经济围绕科学发展主题和加快转变经济发展方式主线，加快经济结构调整，加大自主创新，探索走出一条科学发展道路。要认真贯彻落实《中共中央、国务院关于加强和改进新形势下工商联工作的意见》精神，以促进“两个健康”为出发点和落脚点，全面加强和改进工商联工作。

全哲洙强调，加强非公有制企业党建工作，是巩固和扩大党的执政基础的必然要求。要下工夫破解规模以下企业党建工作难题，不断扩大党的基层组织和党的工作覆盖面。要不断激发党组织和党员的内在动力，带动企业全员创先争优。要引导非公有制企业主动承担管理和服务职工的社会责任，积极构建和谐劳动关系。要以党的先进文化引领企业文化建设，凝聚企业共同价值理念。要把党的组织优势转化为发展优势，把党的组织活力转化为发展活力。

座谈会上，王健林、郑跃文、尹明善等12位企业家结合非公有制经济发展历程和企业自身成长经历，畅谈了改革开放取得的伟大成就，表达了永远跟党走中国特色社会主义道路的坚定决心。全国非公有制经济组织创先争优活动指导小组副组长，国家工商总局党组成员、副局长钟攸平主持会议。工业和信息化部党组成员、总工程师朱宏任，全国工商联副主席庄聪生、王文彪、卢志强、刘沧龙、许连捷、吴一坚、傅军、刘迎霞，中国民间商会副会长王玉锁、董文标，中国光彩事业促进会副会长王均金、陈志列、茅永红等参加会议。（肖　扬）

【召开全国工商联宣传培训委员会全体会议暨民营企业文化建设座谈会】2011年10月18日，全国工商联宣传培训委员会会议暨民营企业文化建设座谈会在成都召开。全国工商联副主席庄聪生出席会议并讲话。全国工商联宣传培训委员会部分委员、四川省工商联有关负责同志、四川省民营企业家代表等30余人出席了会议。

会议对全国工商联宣传培训委员会2011年工作进行了总结，对2012年工作进行了研究。会议认为，2012年宣传培训委员应主要从以下四个方面开展工作。一要认真贯彻落实党的十七届六中全会精神，进一步推动企业文化建设工作。大力推广企业文化建设，将其作为加强和改进非公有制经济人士思想政治工作的一个重要方式。积极促进文化产业发展。二要加强非公有制经济人士的培训工作。在实践中不断创新培训载体，充分利用民办教育资源，采用学习班、论坛、座谈、组织调研、互动交流等多种形式加强培训。三要继续开展影视工程。由宣传培训委员会牵头，策划组织民营经济领域题材剧本的写作和收集，推动客观、公正反映非公有制经济健康发展和积极、正面反映非公有制经济人士健康成长的影视作品的制作，营造有利于“两个健康”的良好社会氛围。四要开展课题研究。由宣传培训委员会企业家委员牵头开展或直接参与非公有制经济发展舆论环境的课题调研。

会议总结了开展企业文化建设的经验，对进一步推动及如何开展民营企业文化建设问题进行了讨论。会议强调一要充分认识民营企业文化建设的重要意义。民营企业文化是社会主义文化的组成部分，是民营企业健康发展的内生动力。企业文化建设是非公有制经济人士思想政治工作的有效载体。二要以先进理念引领民营企业文化建设。在民营企业文化建设中要坚持创新理念、和谐理念、开放理念、责任理念。三要以创新思维推动民营企业文化建设。民营企业文化建设要从注重形式向注重内容转变，从缺乏个性向突出特色转变，从“老板文化”向全员认同转变。（肖　扬）

【举办非公有制经济代表人士培训班】2011年10月25日至27日，中央统战部非公有制经济代表人士培训班在中央社会主义学院举行。培训班以促进非公有制经济健康发展和非公有制经济人士健康成长为主题，深入学习胡锦涛总书记“七一”重要讲话、中央16号文件和十七届六中全会精神。中央统战部副部长，全国工商联党组书记、第一副主席全哲洙作了如何认识和践行“两个健康”的专题辅导报告。

全哲洙指出，非公有制经济人士健康成长的“健康”核心是爱国、敬业、诚信、守法、贡献，而树立正确的义利观，践行“义利兼顾、以义为先”理念，把企业发展与国家发展、个人富裕与全体人民共同富裕、市场经济法则和传统道德有机结合起来，是非公有制经济人士健康成长的“健康”方向。非公有制经济健康发展的“健康”本质是企业自身的科学发展。非公有制经济人士健康成长是非公有制经济健康发展的根本因素和内生动力，非公有制经济健康发展是非公有制经济人士健康成长的必然结果和价值体现。

全哲洙强调，践行“两个健康”是非公有制企业实现科学发展和非公有制经济人士实现人生追求和社会价值的必然要求和必由之路。非公有制经济人士一是要坚持正确的政治方向，始终不渝地走中国特色社会主义道路。二是要走科学发展之路，推动我国经济又好又快发展。三是要积极参与社会管理，为构建社会主义和谐社会作贡献。四是要主动履行社会责任，推动共同富裕目标的实现。五是要注重个人道德修养，努力塑造非公有制经济人士良好形象。

全哲洙强调，非公有制经济代表人士是非公有制经济人士中的优秀分子，必须以现代企业家的高标准，不断提高综合素质，模范践行“两个健康”，发挥带头作用，引领、影响广大非公有制经济人士做合格的中国特色社会主义事业建设者。要带头坚持学习，牢固树立终身学习观念，注重提高学习能力，带领建设学习型企业，尤其注重加强理论学习，认真学习中国特色社会主义理论体系，重温党的光荣历史，了解世情、国情、党情，始终保持正确政治方向，自觉接受党的领导走中国特色社会主义道路。要带头自主创新，发扬创新精神，提高创造能力。要带头承担社会责任，大力弘扬中华民族扶危济困的传统美德，以良好的品德和人格魅力赢得社会的信任，为非公有制经济人士树立良好形象做出表率。要带头支持党建，深刻理解党建工作目的与企业发展目标的一致性，把主动支持党建工作作为自觉接受中国共产党领导的基本要求，支持所在企业建立党组织，并为党组织开展经常性活动提供经费和场地支持，为党组织党员发挥作用搭建载体和平台，让创先争优成为社会共同的价值理念和人生追求。

中央社会主义学院党组副书记、副院长周宁参加开班仪式。160位非公有制经济代表人士参加培训。（邵　逸）

【参与主办全面建设小康社会突出贡献表彰大会】2011年11月30日，由中央统战部、人力资源和社会保障部、各民主党派中央、全国工商联联合举办的各民主党派、工商联和无党派人士为全面建设小康社会作贡献表彰大会在北京召开。中共中央政治局常委、全国政协主席贾庆林在人民大会堂会见了出席表彰大会的全体代表。

贾庆林首先代表中共中央、国务院，向受到表彰的先进集体和个人、获得优秀成果奖的单位和代表表示热烈的祝贺，向长期以来积极支持和参与全面建设小康社会的统一战线各界人士表示衷心的感谢。

贾庆林说，开展为全面建设小康社会作贡献评选表彰活动，是推动统一战线更好服务科学发展的重要举措。长期以来特别是2006年表彰大会以来，在党和政府重视支持下，各民主党派、工商联和无党派人士围绕全面建设小康社会，充分发挥优势，切实履行职能，作出了重要贡献。实践证明，各民主党派、工商联和无党派人士在全面建设小康社会中具有不可替代的作用，是推进中国特色社会主义事业的重要力量；各民主党派、工商联和无党派人士始终与中国共产党同心同德、同心同向、同心同行，是中国共产党领导的多党合作和政治协商制度特点优势的根本体现。

贾庆林指出，当前中国特色社会主义事业蓬勃发展。实现“十二五”规划目标任务，到2020年全面建成小康社会，需要不断巩固和壮大爱国统一战线，广泛凝聚起各方面的智慧和力量，齐心协力、共同奋斗。希望各民主党派、工商联和无党派人士认真学习贯彻中共十七大和十七届五中、六中全会精神，深入贯彻落实科学发展观，全方位、立体化发挥作用，挖掘用好优势资源，提高议政建言质量，突出社会服务成效，着力促进经济平稳较快发展和社会和谐稳定，为实现全面建设小康社会宏伟目标再立新功、再创佳绩。他提出四点希望：一是弘扬优良传统，进一步增强服务大局的自觉性和主动性；二是围绕主题主线，进一步拓展发挥作用的广度和深度；三是着力打造品牌，进一步突出统一战线特色和优势；四是着眼政治交接，进一步提高履职尽责的能力和素质。

贾庆林强调，各级党委和政府要积极为统一战线服务全面建设小康社会创造有利条件，支持民主党派、工商联和无党派人士开展有组织的考察调研活动和各种形式的社会服务活动。各级统战部门要做好协调和服务工作，帮助反映和解决问题，为各民主党派、工商联和无党派人士服务全面建设小康社会营造良好环境。

全国政协副主席、中共中央统战部部长杜青林在会上讲话。他希望各民主党派、工商联和无党派人士，认真学习贯彻中共十七届六中全会精神，自觉按照“同心”思想要求，以更加饱满的热情为国出力，以更加出色的业绩服务人民。他指出，要巩固同心奋斗思想基础，自觉践行社会主义核心价值体系；要把握同心奋斗着力重点，全方位立体化服务科学发展；要突出同心奋斗品牌效应，大力开展“同心”实践活动；要强化同心奋斗素质保障，切实提高服务大局的能力水平。在推进中国特色社会主义伟大事业的征程中，以国家发展和民族进步为理念，有更加自觉更加有力的担当，勇立时代潮头，体现时代精神。

人力资源和社会保障部部长尹蔚民宣读中共中央统战部、人力资源和社会保障部、各民主党派中央、全国工商联联合表彰的决定。有50个单位荣获先进集体称号，150人荣获先进个人称号，同时还表彰了50项建言献策优秀成果、50项社会服务优秀成果。受表彰的先进个人、先进集体、建言献策优秀成果、社会服务优秀成果代表先后在会上发言。出席大会的全体代表提出了《各民主党派、工商联和无党派人士为全国建设小康社会作贡献倡议书》。

全国人大常委会副委员长、民革中央主席周铁农主持会议。

韩启德、蒋树声、陈昌智、桑国卫、张梅颖、张榕明、林文漪、厉无畏、罗富和、陈宗兴、王志珍及各民主党派中央、全国工商联负责人和无党派人士，中共中央统战部、人力资源和社会保障部等有关部门负责人出席大会。（肖　扬）

【举办全国非公有制经济先进典型事迹报告会】2011年12月2日，全国非公有制经济先进典型事迹报告会在京召开。中共中央政治局常委、全国政协主席贾庆林出席会议并讲话。

贾庆林首先代表中共中央向会议的召开表示热烈的祝贺，向广大非公有制经济人士表示诚挚的问候。他说，非公有制经济是我国社会主义市场经济的重要组成部分，非公有制经济人士是我国社会主义现代化建设一支不可或缺的重要力量。促进非公有制经济健康发展、促进非公有制经济人士健康成长，作为一条长期方针，必须始终坚持；作为一项重要任务，必须坚决贯彻。

贾庆林指出，当前，我国非公有制经济发展面临着许多有利条件和难得机遇。党中央、国务院高度重视促进非公有制经济发展，坚定不移地坚持“两个毫不动摇”的方针，积极营造各种所有制经济依法平等使用生产要素、公平参与市场竞争、同等受到法律保护的体制环境。“十二五”规划对促进非公有制经济转型升级、加快发展作出全面部署，国务院相继出台了关于鼓励、支持和引导个体、私营等非公有制经济发展以及鼓励和引导民间投资健康发展的政策措施，特别是近期制定了一系列支持小型、微型企业发展的优惠政策，为非公有制经济发展提供了可靠的政策保障，增添了强劲动力。

贾庆林希望广大非公有制经济人士认真学习中共十七大和十七届五中、六中全会精神，深入贯彻落实科学发展观，进一步统一思想和行动，突出科学发展的主题，落实加快转变经济发展方式的主线，坚定信心、抓住机遇、应对挑战，为促进经济平稳较快发展和社会和谐稳定作出新的贡献。

贾庆林同时提出四项要求：第一，要树立共同理想信念，坚定不移走中国特色社会主义道路。第二，要切实做强做优企业，努力成为经济增长的重要推动力量。第三，要自觉履行社会责任，着力维护社会和谐稳定。第四，要提升自身综合素质，展示中国特色社会主义事业建设者良好形象。

报告会上，研祥高科技控股集团董事局主席陈志列、百步亭集团董事局主席茅永红、亿利资源集团董事长王文彪、苏宁电器集团董事长张近东、宁波天生密封件有限公司董事长励行根、力帆实业（集团）股份有限公司董事长尹明善、上海复星高科技（集团）有限公司董事长郭广昌、汉能控股集团董事局主席李河君、传化集团有限公司董事长徐冠巨、吉利控股集团董事长李书福等10位先进典型，分别从不同侧面介绍了自己的事迹，集中展示了改革开放以来我国非公有制经济健康发展和非公有制经济人士健康成长的显著成果。

中共中央政治局委员、中央书记处书记、中宣部部长刘云山，全国政协副主席、全国工商联主席黄孟复出席会议。全国政协副主席、中央统战部部长杜青林主持会议。

这次报告会由中央统战部、全国工商联共同主办。报告会以电视电话会议形式召开，主会场设在人民大会堂小礼堂，中央国家机关有关部门、北京市委、市政府和各区县有关负责人、非公有制经济代表人士等在主会场参加会议。各省、自治区、直辖市、新疆生产建设兵团党委、政府有关负责人以及各市（地、州、盟）和各县（市、区、旗）党委、政府有关负责人，各级统战部、工商联负责同志和非公有制经济代表人士在分会场参加会议，全部参会人员超过12万人。（李　扬）

【共同举办非公有制经济人士座谈会】为把树立和宣传非公有制经济先进典型工作引向深入，2011年12月13日，中央统战部五局、全国工商联宣教部共同组织召开了非公有制经济人士座谈会。会议围绕学习全国非公有制经济先进典型事迹报告会贾庆林同志的重要讲话精神和十位非公有制经济先进典型的事迹报告，座谈学习体会，并对如何进一步开展树典型、学榜样、赶先进活动，加强引导教育和自我教育，切实改进新形势下非公有制经济人士思想政治工作提出意见建议。全国工商联副主席庄聪生出席会议并讲话，全国工商联副主席傅军、宣教部部长高庆林及在京的部分全国工商联执委、中国光彩事业促进会理事、全国工商联直属会员等共15位企业家参加了会议，会议由中央统战部五局副局长方乃纯主持。

与会企业家一致反映，此次全国非公有制经济先进典型事迹报告会非常及时、也非常必要。改革开放30多年来，非公有制经济快速发展，为国民经济发展和社会进步作出了贡献，这次报告会就是党和国家对非公有制经济为社会发展作出贡献的肯定。报告会规格高，贾庆林同志出席会议，并对非公有制经济人士提出了四点要求，让大家感到学有榜样、干有劲头，对未来充满信心。

与会企业家畅谈了自己对学习贾庆林同志重要讲话的体会。他们表示贾庆林同志在现场自始至终都在认真听取10位报告人的报告，频频点头表示肯定，让他们十分感动。贾庆林同志在讲话中对民营企业提出的四点要求非常好，为未来民营企业发展指明了方向。他们一致认为，只有坚定不移的走中国特色社会主义道路，才能与当前中国发展进步的方向相吻合，才能体现最广大人民的根本利益和共同愿望。只有以爱国报国为己任，才能在社会主义市场经济中体现出自身的价值，得到长足的发展。

与会企业家对如何进一步做好非公有制经济人士思想政治工作提出了意见和建议。他们认为，一要进一步培育和发现一些先进典型，通过树典型、树榜样，来分享成功经验、引领发展方向。要把握社会主义初级阶段的特点，切实树立可信、可比、可学的典型。二要争取媒体，尤其是电视、网络等主流媒体对广大非公有制企业的大力支持，多做正面引导。

庄聪生副主席在会上作了讲话。他指出，要借这次报告会的东风，将非公有制经济人士思想政治工作更好地开展起来。要把做好非公有制经济人士思想政治工作作为工商联工作的生命线，充分认识到这一工作的重要性和特殊性，重点从五个方面做好这一工作。一是要坚定不移地用马克思主义中国化的最新成果教育广大非公有制经济人士，引导他们自觉实践社会主义核心价值体系，坚定不移地走中国特色社会主义道路。二是要树立各类先进典型，通过典型引路。要认真挖掘推选典型，选择的典型要能以一当十，起到激励和引领作用。三是要充分利用新闻媒体加强宣传教育，要大量地、经常性地利用电视、网站等宣传先进典型。四是要进一步采用多种形式加强培训工作，全面提升非公有制经济人士的整体素质。五是要采取实践教育的方式，利用“同心工程”、光彩事业、“感恩行动”等形式，引导广大非公有制经济人士为社会献爱心、做贡献，在实践中接受教育，不断提高思想境界。同时，积极维护非公有制企业的合法权益，为他们办实事、做好事，培养出一支靠得住的非公有制经济人士队伍。（王洪武）

参与国家政治生活和社会事务

【综　述】2011 年，全国工商联深入开展调研，广泛听取、收集非公有制企业和非公有制经济人士的意见建议，通过向中央、国务院报送调研报告，政协提案、大会发言、情况通报等规范形式，引导非公有制经济人士有序进行多种渠道的建言献策，切实发挥了工商联在非公有制经济人士参与国家政治生活和社会事务中的重要作用。

一、深入开展调查研究，积极为促进非公有制经济发展营造良好的政策环境建言献策

积极为中小企业发展建言献策。一是组织开展了全国性中小企业调研。2011 年上半年，全联动员系统力量，历时 3 个月，由 4 位专职副主席带队深入 51 个市区县、考察 122 家企业、召开 72 场座谈会、发放 1000 多份问卷，开展了中小企业综合性调研活动，形成了《我国中小企业发展调查报告》。温家宝、贾庆林、李克强、张德江、王岐山、何勇、杜青林 7 位党和国家领导人先后对报告作出重要批示，并要求国家发改委、工信部、财政部、中国人民银行、银监会等 9 个部门针对报告提到的相关专题，进行认真研究。人民日报、新华网等媒体进行了重点跟踪报道。相关调研成果汇集成《中国中小企业调研报告》一书公开出版，在学术界和理论界产生了较大反响。调研为国务院有关部门做好中小企业工作进一步摸清了基本情况，发现了突出问题，提出了政策建议，为推动政府营造非公有制经济发展的良好政策环境发挥了重要作用，彰显了工商联在政府管理和服务非公有制经济中的助手作用。二是就中小企业税费情况开展调研。按国务院张德江副总理要求，2011 年 11 月中下旬，我会开展了中小企业税费问题专项调研。通过向企业发放问卷，召开有关部门和中小企业参加的座谈会，分赴北京、安徽、山东等地进行实地调研，深入传统制造业、高科技、服务业、文化产业等不同类型的部分中小企业包括微型企业进行一对一调研，委托广东、重庆等地工商联对所在地企业税费问题开展调研，完成了《关于调研了解的中小企业税费情况的报告》。报告得到中央领导的高度肯定，并批示分送国务院促进中小企业发展工作领导小组各成员单位阅研。

为加快民营企业进入垄断领域建言献策。在《国务院关于鼓励和引导民间投资健康发展的若干意见》（国发〔2010〕13号，以下简称“民间投资36条”）颁布实施一周年之际，为深入了解各部门和地方政府配套措施出台情况，加快推进民间资本进入垄断领域，把“关于加快民营企业进入垄断领域课题研究”列为2011年度的重点调研课题，由全国政协副主席、全国工商联主席黄孟复亲自率队于5月23～28日赴浙江杭州，专门针对民营企业进入石油和金融领域进行了专题调研。调研期间，分别围绕石油、金融专题召开了石油行业民营企业座谈会、金融机构及政府部门座谈会和地方小金融机构座谈会，实地考察了石油炼化企业和小型金融机构，形成了《加快民营企业进入垄断领域的政策建议——以石油和金融领域为例》主报告以及《加快民营企业进入金融领域的政策建议》和《“加快民营企业进入垄断领域”调研之石油专题调研报告》两份分报告。调研报告上报中央后，得到了中央有关领导的重视和肯定。全联还开展了对“民间投资36条”贯彻落实情况问卷调查，调查涉及三大产业的多个行业和大中小不同规模的民营企业，在对2000多份问卷分析的基础上，形成《全国工商联对〈国务院关于鼓励和引导民间投资健康发展的若干意见〉的贯彻落实情况调查的分析报告》，分送国务院有关部门、相关单位参阅，得到了国务院督查室的重视。

二、密切联系非公有制经济人士，引导他们有序参政议政

充分利用工商联作为政府管理和服务非公有制经济助手的工作优势，引导非公有制经济代表人士参政议政。参加各种座谈会、研讨会，就有关重要经济决策、重要法律法规制定提出意见建议，引导非公有制经济人士建言献策成效更加明显。推荐非公有制经济代表人士在2011年8月26日的全国政协专题协商会上作“大力发展民营文化企业推动社会主义文化大发展大繁荣”发言，在2011年10月21日全国政协第十一届常委会第十五次会议上作“加快推动民间资本进入文化产业的”发言。组织民营企业家走访国家能源局了解国家能源工作重点并提出相关建议。组织民营企业家参加了国资委组织召开的国有企业改制重组中积极吸收民间投资研讨会。吸收民营企业方面意见，向工信部提出“十二五”中小企业成长和服务体系建设两个规划意见的建议，向国家统计局提出民间固定资产投资统计范围的规定的意见。

充分发挥工商联作为人民政协重要界别的优势，做好团体提案和书面发言的组织报送工作。2011年，研究室紧紧围绕党和国家中心工作，在广泛征求和吸收非公有制企业、非公有制经济代表人士意见并组织各直属商会、机关各部门报送初稿的基础上，围绕“两个健康”工作主题，从促进行业转型升级、实现科学发展等方面，提出了针对性和实效性很强的对策建议，形成了24篇团体提案和5篇书面发言提交全国政协十一届四次会议。其中5篇团体提案被全国政协选定为重点提案。为了加大提案工作的宣传力度，研究室于2011年2月在京召开了全国工商联提案新闻通气会，20多家中央新闻媒体单位出席会议并对全国工商联提案工作与提案专题进行了报道。为了总结交流提案工作经验，进一步做好提案工作，研究室于7月13～14日在甘肃兰州召开了2011年全国工商联提案工作会议，会议对加强和改进工商联提案工作提出明确要求并听取了各方面对做好工商联提案工作的意见建议，全国工商联机关各部门及各直属行业商会负责人，各省级工商联副主席及研究室主任共100余人参加了会议。

三、切实发挥全国工商联参政议政委员会的作用

2011年，全国工商联参政议政委员会密切结合工商联中心任务开展各项工作，建睿智之言，献务实之策，在促进全国工商联认真履行参政议政职能、提高参政议政水平等方面做了许多富有成效的工作。

按期召开全体会议，切实履行工作职能。2011年10月31日召开参政议政委员会全体会议，中央统战部副部长，全国工商联党组书记、第一副主席全哲洙出席会议并作重要讲话，会议紧紧围绕国家经济社会发展的重大问题和全国工商联工作重点，就“当前经济形势与中小企业发展”主题进行了讨论，并听取了委员会对全国工商联2012年重点工作的意见建议。

注重发挥委员作用，推动工商联中心工作。组织部分委员参加了2011年1月18日由全国工商联举办的中国民营经济发展形势分析会并作演讲；参加了2011年8月由全国工商联和吉林省政府联合主办的中国民营经济（长白山）发展研讨会并作发言；参加了2011年4月19日由全国工商联主办的中小企业调研研讨会，对中小企业调研报告提出意见建议；还组织部分委员参与《中华全国工商业联合会简史》撰写工作和担任优秀调研成果评选工作的评委。（梁岩涓）

【召开2011年提案新闻通气会】 2月28日下午，2011年全国工商联提案新闻通气会在京召开，20多家中央新闻媒体单位的记者出席会议。全国工商联党组成员、副主席庄聪生出席会议并作情况介绍，全国工商联宣传教育部副部长王尚康主持会议，研究室副主任李飞、机关各部门负责人、各直属行业商会负责人共40余人参加了会议。

庄聪生副主席首先通报了工商联2010年的三件大事，强调了做好全国工商联提案工作的重要意义。他指出，2011年年初全国“两会”期间，胡锦涛总书记第一次专门就非公有制经济发展和工商联工作发表重要讲话；9月16日，中共中央、国务院第一次联合下发《关于加强和改进新形势下工商联工作的意见》（中发〔2010〕16号文件），就工商联工作提出了一系列重要理论观点、政策举措和制度安排；11月15日，经中央同意第一次召开全国加强和改进工商联工作会议，对当前和今后一个时期的工商联工作作出了系统谋划和全面部署。这三件大事既标志着工商联事业站上了新的发展起点，也对工商联做好提案工作提出了新的更高要求。他强调，工商联作为党领导的统一战线组织和人民政协的重要界别，肩负着中共中央、国务院交给的履行参政议政、民主监督职能的重要任务。中发〔2010〕16号文件，对新形势下工商联的参政议政、提案工作从基本定位到具体内容、方向任务、工作方式等提出了新的更高要求。党的十七届五中全会明确提出“十二五”时期要以科学发展为主题，以加快转变经济发展方式为主线，加快经济结构战略性调整。非公有制经济，能否在加快经济发展方式转变中抓住新机遇，实现科学发展，作出新的贡献，既是全国工商联团体提案工作中需要认真研究的新情况、新问题，也是提案工作的重点。充分利用好工商联和行业商会的优势做好新形势下的参政议政工作，对促进经济持续健康发展，保持和巩固经济向好势头，具有十分重要的意义。

庄聪生副主席重点介绍了2011年全国工商联提案工作的情况及特点，他说，2011年全国工商联提案工作，立足于经济社会发展大局，围绕党和国家的中心工作，以党委政府关注的大事要事和群众关心的热点难点问题为选题着力点，在深入调查研究的基础上，提出了19件提案和5件大会发言，向全国政协十一届四次会议提交。提案共分8个方面的内容，主要包括针对民营企业融资难、税费负担重的建议，促进企业转变发展方式的建议，完善行业发展政策的建议，推动战略性新兴产业发展的建议，推动民营企业“走出去”的建议，促进区域经济协调发展的建议，保障和改善民生的建议以及进一步促进工商联发挥作用的建议。他指出，2011年全国工商联提案工作启动较早、要求明确、参与面广，提案内容充分体现了工商联的特色优势，主要集中在非公有制经济科学发展、非公有制经济人士健康成长和工商联工作等三个领域，特别从促进行业转型升级与实现科学发展方面，提出了针对性和实效性很强的对策建议。

会上，各新闻媒体就所关心的提案主题、提出背景、调研情况、建议措施等进行了提问。（鲁咪咪）

【就贯彻落实“民间投资36条”建言献策】 为贯彻落实《国务院关于鼓励和引导民间投资健康发展的若干意见》（以下简称“民间投资36条”），2011年3月，经济部组织开展了对“民间投资36条”贯彻落实情况的问卷调查，全面了解民营企业对政策执行的满意度、目前存在的突出问题和建议，以及民营企业对当前经济形势的判断、企业经营状况和战略规划情况。本次调研在全国范围内共发放问卷2000份，回收30个省、12个副省级市工商联和13个直属行业商会的有效问卷1600份，涉及三大产业的多个行业和大、中、小不同规模的民营企业。经统计、汇总、分析，撰写完成了《全国工商联对<国务院关于鼓励和引导民间投资健康发展的若干意见>的贯彻落实情况调查的分析报告》。《分析报告》分送国务院有关部门、相关单位参阅，得到了国务院督查室的重视。（于明晟）

【联合印发《境外中资企业（机构）员工管理指引》】近年来，中国境外中资企业（机构）及其员工数量逐步增多，为了指导中国企业进一步规范境外中资企业（机构）员工的管理工作，2011年3月，全国工商联与商务部、外交部、国资委联合发布通知（商合发〔2011〕64号），印发《境外中资企业（机构）员工管理指引》。通知要求有关部门充分认识指导企业做好境外中资企业（机构）员工管理工作的意义；加强对企业的服务和指导，通过多种渠道和途径，宣传《指引》内容和精神，督促企业认真遵守中国对外投资合作和东道国劳动用工相关的政策法规；按照《商务部 外交部 国资委关于进一步规范中国企业对外投资合作的通知》（商合发〔2008〕222号），对违法违规并造成严重后果的企业给予相应的处理和处罚。通知还指出商务部将会同有关部门定期对境外中资企业（机构）员工管理工作情况进行巡查，并通报有关巡查情况。（葛 敏）

【就加快民营企业进入垄断领域建言献策】随着民营经济实力的不断增强和社会主义市场经济体制的不断完善，我国民间投资规模不断扩大，质量和效益不断提高，特别是《国务院关于鼓励和引导民间投资健康发展的若干意见》（国发〔2010〕13号，以下简称"民间投资36条"）的颁布实施，使民间投资的政策环境得到进一步改善。在"民间投资36条"颁布实施一周年之际，深入了解各部门和地方政府配套措施出台情况，加快推进民间资本进入垄断领域具有重要的现实意义。为此，全国工商联将"关于加快民营企业进入垄断领域课题研究"列为2011年度的重点调研课题，并专门针对民营企业进入石油和金融领域进行专题调研。

2011年5月23～28日，全国政协副主席、全国工商联主席黄孟复亲自率领中央统战部、国家发改委、中国人民银行、石油领域专家、石油商会、中国证券市场研究设计中心及全国工商联有关人员总计18人，赴浙江杭州开展实地调研。调研期间，围绕石油专题，调研组召开了一次石油行业民营企业座谈会，邀请从事石油行业上中下游各环节的民营企业负责人参加，重点就"民间投资36条"在石油行业的贯彻落实情况，民间资本投资石油行业的市场准入、公平竞争情况及其面临的主要困难，推进民间资本进入石油行业的意见建议等进行座谈，并选择了乍浦的2家石油炼化企业进行实地考察。围绕金融专题，召开了一次金融机构及政府部门座谈会，邀请浙江省金融办、人民银行、银监会、财政局、国有商业银行等相关单位、部门负责人参加；召开了一次地方小金融机构座谈会，邀请小额贷款公司、村镇银行、担保公司等机构主要负责人参加；并实地考察2家小金融机构。

在调研的基础上，调研组最终形成了《加快民营企业进入垄断领域的政策建议——以石油和金融领域为例》主报告以及《加快民营企业进入金融领域的政策建议》和《"加快民营企业进入垄断领域"调研之石油专题调研报告》两份分报告。调研报告上报中央后，得到了中央有关领导的重视和肯定。（郭 蕾）

【召开提案工作暨研究室主任培训会议】2011年全国工商联提案工作暨研究室主任培训会议于7月13～14日在甘肃省兰州市举行，全国工商联副主席庄聪生出席了会议并做了辅导讲话。全国工商联研究室部分同志、全国工商联各工作部门相关负责同志，全国工商联直属行业商会相关负责同志，部分省级工商联副主席、各省级工商联研究室主任共100余人参加了会议。

甘肃省工商联党组书记吴继德代表甘肃省工商联致辞并介绍了甘肃省经济社会发展情况。会上，庄聪生副主席总结了2011年团体提案工作的经验，明确了2012年团体提案工作的重点任务，阐述了继续做好团体提案工作的重要性，并对如何做好团体提案工作提出了新要求。庄聪生副主席还就如何做好调查研究工作对各省研究室主任进行了培训。

庄聪生副主席提出要充分认识调查研究工作的重要性。他强调，调查研究是工商联履行职责的重要途径，是培养干部带队伍的重要手段，是开创工商联工作新局面的重要保证。

庄聪生副主席指出，调查研究工作要善于发现和抓住问题。一定要把工商联工作放在国家全局工作中思考、谋划和推动，才能发挥好政府管理和服务非公有制经济的助手作用。要找准问题、搞好调研，必须具备四只眼睛：即一只眼睛看中央，一只眼睛看社会，一只眼睛看书本，一只眼睛看“非公经济”。只有吃透上情、关注社会、掌握理论、熟悉非公有制经济发展的实情，才能找准问题，研究成果才有价值。当前，我们要着重从四个方面抓问题。一是抓全局性问题。二是抓热点难点问题。三是抓深层次的理论问题。四是抓具有前瞻性的问题。

庄聪生副主席强调，要掌握科学的调查研究方法。调查研究是一门学问，也是一种功夫，不仅需要长时间的修炼，还需要掌握科学有效的方式方法，这样才能起到事半功倍的效果。一是要坚持正确的指导思想。二是要学会跳出问题研究问题。三是要善于找切入点和突破口。

会上，各地同志就做好调研和参政议政工作交流了经验，对2012年提案意向和提案工作提出建议。对工商联课题研究计划进行了讨论，并对加强和改进工商联系统调研和参政议政工作提出了意见和建议。会议最后由全国工商联研究室副主任林泽炎作总结讲话。这次会议还对各省研究室主任进行了非公有制经济调查系统使用操作培训。（鲁咪咪）

【召开参政议政委员会全体会议】2011年10月31日下午，全国工商联参政议政委员会全体会议在全国工商联机关八层第一会议室召开。中央统战部副部长，全国工商联党组书记、第一副主席全哲洙出席会议并作重要讲话，全国工商联副主席庄聪生主持会议。

会上，各位委员就当前经济形势与中小企业发展问题发表了看法，并就全国工商联2012年重点工作和全国工商联参政议政委员会2012年工作设想提出了意见建议。

全哲洙书记对大家的发言予以充分肯定。他指出，大家结合各自工作和研究领域对中小企业发展作的分析比较客观，对工商联和参政议政委员会工作提的意见建议比较务实，工商联有关部门要做认真梳理。全哲洙书记强调，广大中小企业推动了经济发展，解决了大量就业，促进了社会和谐稳定。但目前中小企业特别是小型微型企业发展依然面临着融资难和税费负担重等问题。2011年上半年，全国工商联历时3个月分赴17个省区市的51个市区县，就中小企业发展情况进行了综合性的调研，并于5月向国务院上报了有情况、有分析、有案例、有对策的调查报告，受到中央领导同志的高度重视，报告中不少意见建议被政府相关部门吸收到扶持中小企业发展的政策举措中。当前，我们要以全球的、战略的、辩证的思维来认识中小企业发展中出现的困难，要看到目前存在的问题都是前进中、发展中的问题，必须着眼党和国家工作的大背景，在对国情准确认识和科学判断的基础上，提出破解中小企业难题的务实办法，特别是要多从操作层面拿出举措。全哲洙书记表示，全国工商联将指导各级工商联面向基层，重心下移，着力提高执行能力，扎实做好服务中小企业发展工作；注重发挥好参政议政委员会的外脑和思想库作用，认真学习和借鉴委员们的智慧和研究成果，积极为全面建设小康社会建言献策。同时，希望中国特色社会主义市场经济的发展实践能够培养出一批真正熟悉中国国情的经济学家，对我国经济发展多作理性思考，对民营企业健康发展多提针对性建议，为实践提供科学的理论支撑。

全国工商联参政议政委员会委员、特邀嘉宾与全国工商联机关各工作部门负责同志共40余人参加了会议。（鲁咪咪）

【就中小企业发展金融和财税政策举行座谈】2011年11月17日下午，全国工商联在机关八层第一会议室召开小型微型企业税费状况座谈会，全国工商联党组副书记、副主席褚平主持会议，工信部、财政部、国家税务总局等相关部门负责人及部分专家学者和机关研究室、经济部的相关同志参会。部委相关部门负责同志和专家学者简要说明了小微企业的税费现状，对小微企业涉税税种作了解释，介绍了国家为扶持小微企业出台的税费优惠政策。大家同时就营业税改增值税和小微企业结构性减免税费政策等相关问题作了交流。

18 日上午，褚平副主席在机关九层第一会议室主持召开小型微型企业税费状况企业座谈会，来自北京市的 8 位小型微型企业负责人和机关研究室、经济部的相关同志参加会议。各位小微企业负责人介绍了本企业税费状况并提出相关意见建议。参会的企业负责人一致认为生产经营成本激增和税费负担过高让小微企业发展面临诸多困境。建议对小微企业采取差别化税费征管制度，简化征收程序，对初创期小微企业实行普惠的税收政策。特别是希望能够明晰工会费、残保金等费用用途，切实减轻小微企业负担。

褚平副主席指出，小微企业在我国经济社会发展中具有重要的战略地位，特别是解决了大多数的社会新增就业岗位，惠民生作用尤其突出。他说，党中央国务院非常重视小微企业发展，陆续出台了一系列扶持小微企业发展的政策措施，希望大家能够坚定信心发展壮大企业。他谈到，通过此次座谈会，全国工商联了解到部分小微企业税负状况，随后将开展调研活动，获取翔实资料，为进一步推动国务院相关部门制定扶持小微企业发展的财税金融措施提供参考。（冯东海）

【提交《关于“十一五”以来全国工商联扶持中小企业发展的工作情况以及进一步促进中小企业发展的建议》】按照国务院促进中小企业发展工作领导小组办公室第五次会议的要求，为全面反映全国工商联近年来扶持中小企业发展的工作情况，协助筹备好国务院促进中小企业发展工作领导小组会议，全国工商联向国务院促进中小企业健康发展工作领导小组办公室提交了《关于“十一五”以来全国工商联扶持中小企业发展的工作情况以及进一步促进中小企业发展的建议》，对“十一五”以来扶持中小企业发展的经验、成效以及贯彻落实国发〔2009〕36 号文件的情况进行了总结，并提出了进一步促进中小企业发展的意见和建议。主要工作包括：开展重大调研活动；对“非公经济 36 条”、“中小企业 29 条”和“民间投资 36 条”连续开展问卷调查；开展中小企业专项调研；促进中小企业发展的参政议政工作；及时了解和反映中小企业在国际金融危机中的情况和困难；与银行等金融机构开展战略合作，助力中小企业融资；为科技型中小企业融资搭建平台；设立全国工商联科学技术奖，推动中小企业科技创新；开办创业论坛和培训项目；汇总中小企业相关政策信息。对进一步促进我国中小企业发展提出了以下建议：把促进中小企业发展上升为国家战略、多渠道缓解融资难问题、加大财税扶持力度、鼓励依靠技术创新、引导企业集群发展以及充分发挥商会作用。（于明晟）

【参与国家有关部委政策出台前意见征询和回复】全国工商联经济部完成国家有关部委政策出台前的意见征询和回复工作共计 31 件，大多数意见都得到了采纳。

1. 外交部：《关于就大湄公河次区域经济合作（GMS）第四次领导人会议联合宣言（草案）征求意见的函》、《关于就中国—东盟面向和平与繁荣的战略伙伴关系联合宣言的行动计划（2011～2015）东盟方案征求意见的函》、《关于请提供 GMS 第四次领导人会议共同成果背景情况事》、《大湄公河次区域经济合作第四次领导人会议中方成果倡议设想》、《关于请提供大湄公河次区域第三次领导人会议中方倡议落实情况的函》、《关于请就 2011～2012 年度亚专资使用研提意见事》、《关于有温家宝总理出席大湄公河次区域经济合作第四次领导人会议和访问尼泊尔有关问题的请示》，计 7 件；

2. 国家发改委：《关于鼓励和引导民营企业发展战略性新兴产业的实施意见》（征求意见稿）、《关于征求〈关于加快推进民营企业研发机构建设的实施意见〉意见的函》、《关于组织编写中国参与大湄公河次区域经济合作国家报告的函》、《关于征求对中国参与大湄公河次区域经济合作国家报告征求意见稿》，计 4 件；

3. 科技部：《关于商请研究提出深化科技体制改革建设国家创新体系的意见的函》，计 1 件；

4. 工业和信息化部：《关于征求对“十二五”中小企业成长和服务体系建设两个规划意见的函》、《“十二五”中小企业成长规划》（征求意见稿）、《“十二五”中小企业服务体系建设规划》（征求意见稿）、《关于进一步扶持中小企业健康发展的若干意见》（征求意见稿、送审稿）修改建议，计 4 件；

5. 财政部：《GMS 新十年（2012～2022 年）战略框架初稿征求意见及举行国别磋商的函》（征求意见稿）、《关于就 GMS2012～2022 年战略框架概念文件征求意见稿》、《关于就 GMS 交通和贸易便利化行动计划区域性技术援助》（第一个子项目征求意见稿）、《关于请提供 GMS 合作进展情况的函》，计 4 件；

6. 国土资源部：《找矿突破战略行动总体方案》（征求意见稿），计 1 件；

7. 商务部：《关于征求世界贸易组织第四次对华贸易政策审议有关问题单答复口径的函》（征求意见稿）、《关于就中美商贸联委会中方关注议题征集意见的函》（征求意见稿）、《关于提供对外投资重点工作落实有关情况的函》的意见和建议、《关于征求中国境外企业核心价值建设纲要意见的函》、《关于请协助开展“中美经贸合作前景研究”的函》，计 5 件；

8. 国家质量监督检查检疫总局：《2011 年全国“质量月”活动方案》（征求意见函），计 1 件；

9. 国家统计局：《关于对民间固定资产统计范围的规定》（征求意见稿），计 1 件；

10. 国务院促进中小企业健康发展工作领导小组：对《2011 年国务院有关部门贯彻落实国发〔2009〕36 号文件工作要点（征求意见稿）》中全国工商联工作提出修改意见，计 1 件；

11. 全国人大财经委和全军装备采购管理专家组：《军民融合促进法》（征求意见），计 1 件；

12. 总装备部：《武器装备采购供应法》第二次修改意见，计 1 件。

其中，多次就国家发改委《关于鼓励和引导民营企业发展战略性新兴产业的实施意见》（征求意见稿）（以下简称《实施意见》）提出意见建议，并于 2011 年 7 月 11 日组织部分民营企业负责人参加了发改委高技术司召开的听取意见座谈会，对《实施意见》送审稿相关内容逐条讨论和当场进行修改，加入了发挥工商联组织作用的内容。《实施意见》出台后，全国工商联向各地工商联印发了《关于转发国家发改委〈关于鼓励和引导民营企业发展战略性新兴产业的实施意见〉的通知》。（沙　霖　马璐瑶）

【参与法律法规修订】全国工商联法律部参与法律法规修订，和国家有关部委部门规章出台前的意见征询和回复工作共计 22 件，大多数意见都得到了采纳。

1. 全国人大法工委：关于《中华人民共和国清洁生产促进法修正案（草案）》修改意见的函、关于《民事诉讼法修正案（草案）》修改意见的函、关于对《中华人民共和国个人所得税法（修正案草案）》修改意见的函、关于对《对外劳务合作管理条例（征求意见稿）》的修改意见的函、关于《中华人民共和国兵役法修正案（草案）》修改意见的函、关于《中华人民共和国职业病防治法修正案（草案）》修改意见的函、关于《中华人民共和国刑事诉讼法修正案（草案）》修改意见的函、关于《中华人民共和国军人保险法（草案）》修改意见的函，计 8 件；

2. 国务院法制办：关于对《在中国境内就业的外国人参加社会保险暂行办法（草案）》修改意见的函、关于对《中华人民共和国职业病防治法修正案（草案）》修改意见的函、关于对《中华人民共和国兵役法修正案（草案）》修改意见的函、关于对《社会团体管理条例（修订草案送审稿）》修改意见的函、关于对《女职工特殊劳动保护条例（草案）》修改意见的函、关于《中华人民共和国价格监测条例（送审稿）》修改意见的函、关于对《对外劳务合作管理条例（征求意见稿）》的修改意见的函，计 7 件；

3. 人力资源和社会保障部：关于对《部分行业企业工伤保险费交纳办法（征求意见稿）》修改建议的函、关于对《工伤认定办法（修订）（征求意见稿）》修改建议的函、关于对《非法用工单位伤亡人员一次性赔偿办法（修订）（征求意见稿）》修改建议的函、关于对《关于加强劳动定额定员工作的指导意见（征求意见稿）》修改建议的函、关于对《关于加强劳动定额定员工作的指导意见（征求意见稿）》修改建议的函、关于对《企业劳动争议协商调解办法》（征求意见稿）修改意见的函、关于《社会保险费申报缴纳管理规定（草案）》修改意见的函，计 7 件。（马璐瑶）

服务非公有制经济和区域经济发展

【综　述】2011 年全国工商联经济服务工作总体思路是：坚持围绕中心，服务大局，紧密结合国内外经济形势、国家政策导向、经济工作的目标任务和民营企业发展的实际需求，紧扣国家“十二五”发展规划，以促进“两个健康”为出发点和落脚点，以引导民营企业转变发展方式为着力点，构建有效服务载体，着重研究民营企业发展中的前瞻性问题和中小企业发展中迫切需要解决的困难和问题，努力深化和创新工作内容。一年来，全国工商联的经济服务工作在调查研究和政策服务、科技服务、促进民营企业“走出去”和开展国际经济合作、企业管理服务和融资服务、国内经贸活动、基础性服务 6 个板块开展了大量工作。

一、调查研究和政策服务

调研研究是做好经济服务工作的基础。在调研中我们注重选题的前瞻性和调研结果的时效性，做到调研与开展经济服务紧密相结合。一是连续 13 年开展全国工商联上规模民营企业调研，了解和掌握大中型民营企业的经营情况，召开“2011 中国民营企业 500 强”发布会并发布调研分析报告。发布会的成功举办，极大地扩大了这一品牌工作的影响力。二是开展对“民间投资 36 条”贯彻落实情况问卷调查，在对 2000 多份问卷分析的基础上，形成《分析报告》并分送国务院有关部门、相关单位参阅。三是提出“关于用好外汇储备推动中国企业走出去”、“关于在高新技术开发区设立科技银行试点”等四项全国政协提案。完成了 31 次由国家发改委、工信部、商务部、外交部、财政部、科技部、国土资源部、总装备部等有关部委起草的政策文件征求意见稿提出书面修改建议，大多数意见都得到了采纳。

二、科技服务

一是继续做好“全国工商联科学技术奖评奖”工作。科技奖评奖已连续开展四年，开展了科技进步奖、科技创新企业奖、科技创新企业家奖的评选，奖励体系也正在逐渐完善，这项专业化服务不仅带动了民营企业科技创新的热情，也发现和凝聚了一批自主创新能力强的高科技企业团结在工商联周围。二是继续开展推动民营企业进入国防科技工业建设领域工作，加强对民营企业进入军品市场的引导作用。参与《军民融合促进法》立法问题研讨，先后编印了二册《军民两用民营高科技技术企业及产品推荐目录》供军方采购部门参考，探讨帮助高科技民营企业向总装备部申请“装备承制单位资格”。三是积极推动民营企业进入战略性新兴产业，参与国家发改委《关于鼓励和引导民营企业发展战略性新兴产业的实施意见》的起草讨论。四是与国家质检总局、工信部等单位联合开展 2011 年全国“质量月”活动，以“为坚持科技创新发展自主品牌、坚持以质取胜推动科学发展、恪守质量诚信践行社会责任”为主题，集中对一批重质量、创品牌、讲责任、守诚信的优秀企业进行典型案例的宣传。

三、促进民营企业“走出去”和国际经济合作

我们与商务部建立合作机制以来，“走出去”工作不断得到实质性的加强。一是会同商务部研究院组成专题调研组，对民营企业“走出去”情况和国际化经营中存在的问题进行调研，为制定相关政策提出意见建议。二是继续举办民营企业“走出去”培训班，开展民营经济领域境外投资调研，举办“民营经济资源境外投资座谈会”。三是积极参与大湄公河次区域经济合作、中亚国家区域经济合作机制。2010～2011 年，全国工商联常务副主席孙安民作为大湄公河次区域工商论坛轮值主席，以此为平台，举办了关于 GMS 交

通便利化、旅游减贫、新能源开发合作、矿业投资会等作为主题的国际合作活动，加强了与有关国家商会组织、企业的交流合作。年底还在缅甸召开的大湄公河领导人会议期间，举办 GMS 工商峰会和工商界与领导人对话会。四是积极筹备组建了中国民营经济国际合作商会，为有条件、有实力的民营企业对外投资提供全方位服务，为促进民营企业“走出去”打下基础。

四、企业管理服务和融资服务

在企业融资服务上，一是年初全国工商联与中国工商银行正式签署了战略合作协议，与中国民生银行进行战略合作，发挥工商联和银行各自优势和特点，积极探讨银企商的合作模式，共同支持中小企业和民营经济发展。二是全国工商联与天津市政府、国家科技部、美国企业成长协会共同举办了第五届“中国企业国际融资洽谈会”。在企业管理服务上，积极推动民营企业风险管理工作，举办“全国工商联资源型企业海外投资风险管理培训班”；发布自 2008 年以来的第七次“上市公司财务指标指数”，为企业判断自身财务风险提供了参考；举办以“国外内经济发展的机遇与风险：民营企业的应对之策”为主题的第八次“大型民营企业首脑沙龙”活动，分析当前经济形势，研讨企业战略和策略问题。

五、国内大型经贸活动和招商引资工作

与有关部门和地方政府联合举办大型经贸活动，积极支持地方工商联参与地方政府为调结构、转方式而举办的区域经济发展和招商引资工作。与广东省政府、贵州省政府共同主办了“广东与全国知名民营企业合作发展共促转型升级大会”、“全国民营企业助推贵州发展大会”。主办和参与了南京重洽会、中博会、西博会、齐鲁行、重庆行、湖南民营经济投资贸易洽谈会等一系列重大经贸活动，期间还举办了多场高水平论坛与地方政府主要领导对话活动。

六、基础性工作

我们高度重视和持续开展基础性服务工作，在创新工作内容的同时注意工作的可持续性，在注重打造工作品牌的同时扎实做好基础性工作。如连续 13 年的上规模民营企业调研，使我们掌握了几千家企业的经营管理数据，通过连续四年开展科技奖评选，建立了拥有 500 多位各行业专家评审专家库，搜集了数百项科技创新项目，团结了一部分自主创新的科技型民营企业；通过推动“走出去”工作，也搜集到一批海外投资民营企业的数据和情况。目前，我们已陆续建立和完善了企业库、专家库和项目库，这些都构成了我们持续深入开展工作的基础。

一年来，全国工商联的经济服务围绕中央 16 号文件精神，以调研、政策服务为基础，努力探索能够切实解决企业实际问题的服务方式和手段，积极构建有效的服务载体。在融资服务中侧重于着力解决中小企业融资难题；在行业服务中侧重于引导民营企业调整产业结构，转变发展方式；在经贸活动中侧重于促进民营企业调整区域结构和产业转移；在科技服务中侧重于提高企业自主创新水平，提升核心竞争能力；在管理服务中侧重于提高企业自身素质，加强企业的风险管理意识，提高应对危机的能力。（沙　霖）

【与中国工商银行签署战略合作协议】为积极探索建立适合我国民营经济发展特征的金融服务机制，加强和提升为中小型企业和民营经济人士提供金融服务的水平，2011 年 1 月 12 日，中华全国工商业联合会与中国工商银行在北京人民大会堂正式签署了战略合作协议。根据协议，全国工商联和工商银行将在全国范围内建立全面稳定的合作关系，发挥各自优势，共同支持中小企业和民营经济的发展。

全国政协副主席、全国工商联主席黄孟复，中国银行业监督管理委员会副主席周慕冰，中国工商银行董事长姜建清在签字仪式上讲话。中央统战部副部长、全国工商联党组书记、第一副主席全哲洙，全国工商联副主席卢志强，中国民间商会副会长郑跃文，中国工商银行副行长张红力出席了签字仪式。全国工商联副主席孙安民与中国工商银行执行董事、副行长李晓鹏分别代表双方签署协议。来自国家有关部委领导、部分民营企业家、行业商会代表、全国工商联和工商银行有关业务部门领导，以及新闻媒体记者 100 多人参加了签字仪式。

黄孟复主席在讲话中强调，中小企业发展是世界性问题，也是关系到中国经济发展的重大问题。没有中小企业的健康发展，就不能顺利实现我国经济发展方式的根本转变，也不能实现人民共同富裕的发展目标。全国工商联与中国工商银行签订战略合作协议，不仅是中国工商银行业务拓展、优化结构的重要举措，也是全国工商联不断丰富服务会员企业手段的具体体现。双方战略合作协议的签订，将构建起一个银企商合作的新型平台，在这个平台上，充分发挥各自优势、沟通信息、整合资源，努力创新服务品种和服务方式，探索新的模式，必将对我国促进民营经济发展和中小企业成长起到积极和深远的影响，为引导和支持民营企业、中小企业转变经济发展方式作出新的贡献。全国工商联也将积极推动各地工商联与工商银行分支机构开展合作。

周慕冰副主席在讲话中指出，民营经济是我国国民经济和社会发展的重要力量，促进民营经济，尤其是中小民营企业的发展，是保持国民经济平稳较快发展的重要基础，是关系民生和社会稳定的重大战略任务。全国工商联和工商银行，一方联系着最广泛的民营企业和民营经济人士，一方是国内最大、最优秀的商业银行。双方在全国范围内搭建银企商联动的金融服务平台，对于提升民营经济尤其是中小型民营经济的金融服务水平，支持民营经济发展是一件大好事。

姜建清董事长在讲话中说，数量众多、活力无限的中小企业一向是民营经济的生力军。多年来，中国工商银行始终坚持把支持民营经济发展，特别是将改善和加强中小企业金融服务作为一项长期发展战略。随着我国经济发展方式转变和经济结构战略性调整步伐的加快，广大中小企业和民营经济人士的金融服务需求也日益迫切，并呈现多元化、个性化特征。更加及时有效地满足他们的金融服务需求，既是工商银行应尽的社会责任，也是我们加快转变发展方式、推进经营结构调整、实现可持续发展的内在要求。全国工商联与工商银行战略合作协议的签订，是双方面向未来、开拓进取的良好开端，对携手开创优势互补、互利共赢的和谐发展新局面具有里程碑意义。姜建清董事长还介绍了工商银行以此次战略合作协议签署为契机，整合全行优势资源，全面加强对民营经济特别是中小企业提供金融支持与服务的做法。

业内人士指出，通过签订战略合作协议，全国工商联和工商银行将积极推动建立起一个银行、企业和商会组织三方联动的金融服务平台。通过这个平台，工商联可以发挥组织优势和渠道优势，向工商银行及其全国的分支机构推介优质民营企业或个人客户。工商银行则将积极满足工商联推荐客户的金融服务需求，并依托资金、网络和科技优势，为民营企业客户提供包括融资、现金管理、电子银行、年金、投资银行、私人银行以及信用卡等在内的全方位金融服务。双方还将重点加强在融资领域的合作，共同推进民营企业的融资制度和机制创新。工商银行将按照国家产业政策和商业银行信贷原则，加大对民营企业的融资支持力度，增加融资额度，创新融资品种，丰富服务内涵，提高服务品质。在继续加强对大型民营企业融资支持的同时，重点为中小企业提供创新融资服务。

据介绍，中国工商银行经过股改上市的洗礼和应对全球金融危机的锤炼，国际地位和市场竞争力、影响力显著提升，目前已成为全球市值、盈利、存款和品牌价值第一的上市银行。近年来，中国工商银行更加重视对中小企业和民营经济人士提供金融服务，形成了中小企业与商业银行共赢，社会效益和经济效益并举的良好局面。截至2010年年底，工商银行中小企业贷款客户已达46万户，中小企业贷款余额超过3万亿元，当年增加的中小企业贷款占到全部新增贷款的60%以上。2006～2010年五年间，工商银行小企业贷款年均增长约700亿元，年均增速约40%，高出同期公司客户贷款平均增速约25个百分点。未来，工商银行将进一步推动小企业业务朝着规模化、商业可持续的方向发展。“十二五”期间，工商银行计划保持小企业贷款年均增长1400亿元左右，至2015年末小企业贷款余额预计达到11000亿元左右。（王　怡）

【召开2010～2011年中国民营经济发展形势分析会】2011年1月18日，由全国工商联主办、中国民生银行协办的2010～2011年中国民营经济发展形势分析会在京召开。全国政协副主席、全国工商联主席黄孟复，全国工商联党组书记、第一副主席全哲洙出席会议，全国工商联副主席、中国民（私）营经济研究会会长庄聪生主持会议。黄孟复作了题为《民营经济是转方式、保民生的重要力量》的主旨演讲。

黄孟复首先指出，“十一五”期间，中国民营经济规模实力成倍增长、自身素质不断提高、社会贡献日益显著，为我国成功应对国际金融危机冲击、实现经济社会平稳较快发展作出了积极贡献。“十一五”末，民营经济发展已经站在新的起点上。

黄孟复分析了“十二五”期间我国经济社会发展将呈现的特点，包括市场经济体制改革将进一步深化，保障和改善民生将备受关注，发展绿色经济势在必行以及外部发展环境仍将复杂多变。他认为，民营经济在新的起点上，必须深刻认识和准确把握未来5年我国经济社会发展的阶段性特征和所面临的国际国内形势。他指出，未来5年，我国民营经济发展将进入关键时期，尽管存在诸多挑战，但面临着更大机遇。从企业自身看，转变发展方式中的巨大压力将转化为推动企业加速转型升级的巨大动力。这种外在的“倒逼”机制，将促使民营企业不断加大研发投入力度，提高自主创新能力；加速淘汰落后产能，着力提升企业核心竞争力；创新企业文化建设，注重人才培养和储备，提高经营管理水平，努力提升自身素质，从而根本扭转民营经济长期以来形成的外延型、粗放型的经济增长方式。而从外部环境看，也已经形成了有利于民营经济加速实现转型升级的宏观政策引导。

黄孟复最后强调，展望“十二五”，中国民营经济一定会成为转方式、保民生的重要力量。“十二五”时期，鼓励支持民营经济发展政策要向推动转方式、保民生方面倾斜。一要以转变发展方式和带动社会投资为重点，加快民营企业进入垄断领域步伐；二要以加大对国务院“民间投资36条”的贯彻落实力度为重点，着力构建符合科学发展的民间投资政策支持体系；三要以推进建立小型金融机构和鼓励金融创新为重点，构建适应小型微型企业特点的金融服务体系；四要以扩大就业和保障民生为重点，营造服务中小企业发展的良好环境；五要以建设高素质的非公有制经济组织人才队伍为重点，加快推进我国人才发展战略。

工业和信息化部中小企业司副司长郑昕，中国人民大学经济学院教授、著名经济学家李义平，全国工商联副主席、新华联集团董事局主席兼总裁傅军和中国民生银行副行长梁玉堂4位嘉宾分别围绕“十二五”时期民营经济发展趋势，中小企业发展面临的政策环境和机遇，民营企业如何加快实现发展方式转变、为保障和改善民生作出贡献，中小企业融资等问题作了演讲。

全国政协机关党组书记、副秘书长孙怀山，全国政协经济委员会主任张左已，全国工商联党组副书记、副主席宋北杉、褚平，全国工商联副主席孙安民，中国民间商会副会长孙晓华、沈建国，中国民间商会副会长、四通集团公司董事长段永基等出席会议。中央国家机关各部委有关同志、相关专家学者、全国工商联行业商会负责人、民营企业家、驻华使领馆的大使参赞、外国工商社团的国际友人、全国工商联机关局级干部、各媒体新闻记者共400余人参加了会议。（鲁咪咪）

【组织开展中小企业综合性调研】 为深入贯彻落实《中共中央国务院关于加强和改进新形势下工商联工作的意见》、党的十七届五中全会、中央经济工作会议精神，切实发挥工商联优势作用，帮助中小企业解决在转变发展方式过程中普遍存在的突出困难和问题，全国工商联十届四次执委会和2011年工作要点明确提出，要面向基层、重心下移，树立“抓大扶小”的理念，把服务中小企业作为服务非公有制经济科学发展工作的重中之重，并明确要求举工商联系统之力，开展全国中小企业综合性调研活动。

2011年2月，全国工商联办公厅印发了《全国工商联中小企业综合性调研活动方案》（全联厅（研）通〔2011〕19号），由党组书记全哲洙，副主席孙安民、褚平、庄聪生分别带队，联合国家工商总局、中国民（私）营经济研究会、中国民生银行、《中华工商时报》、北京大学民营经济研究院等单位的同志组成4个调研组，先后赴17个省区市的51个市区县进行实地调研。调研期间，发放了1000多份调查问卷，召开了72场涉及政府部门、行业商会、企业、理论界的座谈会，实地考察了122家企业，形成了5份区域报告、14份专题报告、28份地方报告、71个典型案例等调研成果，掌握了大量第一手资料。

在深入调研的基础上，形成了《我国中小企业发展调查报告》。报告首先引用相关数据资料、调研事例描述了中小企业在我国经济社会发展中的战略地位，特别是在推动改革开放、保障和改善民生、促进科技进步和在壮大县域经济等方面作出的突出贡献，认为一个国家的经济有没有活力，很大程度上要看中小企业特别是小型微型企业的经营状况。当前，中小企业发展已经站上新的历史起点，正处于“着力培育发展与加快转型升级”的关键时期。在肯定发展成就后，报告分析了当前中小企业存在的生产经营成本剧增、融资难问题更加凸显、扶持政策落实不到位、企业素质普遍偏低等困难和问题，认为结构调整、节能减排以及宏观调控中的货币政策趋紧等刚性约束使许多中小企业面临严峻挑战，其中小型微型企业特别是传统制造业中的小型微型企业遇到了前所未有的突出问题。针对这些困难和问题，报告肯定了各级政府正在积极寻求促转型与保就业、保增长的一致性和均衡性，将服务和引导中小企业特别是小型微型企业科学发展作为“十二五”时期加快转变经济发展方式、保障和改善民生的重要任务，并就如何营造有利于中小企业特别是小型微型企业可持续发展的市场环境、政策环境、法治环境和社会环境，提出了具体的意见建议。

调查报告引起了党和国家领导同志高度重视，温家宝、贾庆林、李克强、王岐山、张德江、何勇、杜青林先后作出重要批示。针对文中提到的中小企业融资难问题，工信部、中国人民银行、银监会先后专门召开座谈会进行研究。调研还得到了社会媒体的广泛关注，人民日报、新华社、中央人民广播电台等主流新闻媒体给予了集中报道。

调研结束后，全国工商联把《我国中小企业发展调查报告》及31个省级工商联上报的调研报告汇编成册，出版了《2011年中国中小企业调研报告》一书，为社会各界了解中小企业发展现状、掌握中小企业有关情况提供了重要参考，在社会上引起良好反响。（刘佩华）

【与安徽省政府签署战略合作框架协议】为大力促进非公有制经济发展和推动安徽加速崛起，2011年3月7日全国工商联与安徽省人民政府在北京签署战略合作框架协议。

全国政协副主席、全国工商联主席黄孟复，全国工商联党组书记、第一副主席全哲洙，安徽省委书记张宝顺，安徽省省长王三运等领导出席了签字仪式。全国工商联副主席孙安民、安徽省副省长黄海嵩分别代表双方在合作协议上签字。此次双方签订的战略合作框架协议旨在促进非公有制经济健康发展和非公有制经济人士健康成长，充分发挥非公有制经济和工商联在加快安徽崛起进程中的重要作用。（葛　敏）

【共同举办中国民营企业投资与发展论坛】2011年4月22日，由全国工商联、北京大学民营经济研究院共同主办的“第七届中国民营企业投资与发展论坛”在北京大学召开。此次论坛的主题为“转变·民营企业家的责任”。来自政府、学术界、企业界的嘉宾围绕当前经济发展的热点问题及民营企业应承担的社会责任展开了热烈讨论，2000多位来自全国各地民营经济领域的相关人士参加了本次论坛。

全国工商联党组书记、第一副主席全哲洙在会上作了《促进中小企业发展是一项战略任务》的演讲。全哲洙指出，中小企业是改革开放的推动力量，是发展民生的重要力量，是科技进步的促进力量，也是县域经济的支撑力量。全哲洙强调，促进中小企业发展要采取有力措施。必须坚持科学发展为主题，转变经济发展方式为主线，进一步明确中小企业发展的工作思路，特别是要在扶持小型微型企业发展方面采取切实有力的促进措施。一是各级政府应把扶持中小企业作为一项战略任务，要切实转变观念，树立符合科学发展观要求的“抓大扶小”理念，高度重视并充分尊重中小企业在加快转变经济发展方式中的主体地位。二是多渠道解决融资难问题，深化金融体制改革，商业银行应将更多服务向中小企业特别是小型微型企业倾斜，继续增设并规范发展新型农村金融机构，引导非银行金融机构开展面向小型微型企业的投融资业务。三是加大财税扶持力度，深化公共财政改革，提高财政资金促进小型微型企业发展的使用绩效；深化税收体制改革，着力落实并长期实行小型微利企业所得税优惠政策。四是鼓励企业技术创新，把扶持企业技术创新标准从重规模转为重科技进步，鼓励企业依靠技术创新推动节能减排，提高核心竞争力，加快转型升级。五是引导企业集群发展，以产业集聚为导向，支持培养一批小型微型企业创业示范基地和以小型微型企业为主体的示范产业集群。六是注重发挥商会作用，各类商会协会组织要在政府引导下建立企业服务平台，为小型微型企业提供信息、技术、人才、金融、法律、财务、培训、检测、评估、认证、管理咨询、职称评审等服务。（肖　扬）

【共同主办2011中国南京重大项目投资洽谈会】2011年4月25～27日，全国工商联与南京市人民政府共同举办了“2011中国·南京重大项目投资洽谈会”。全国政协副主席、全国工商联主席黄孟复出席开幕式并讲话。江苏省常务副省长李云峰，中共南京市委书记杨卫泽在开幕式上分别致辞。洽谈会期间，有56个项目签署了投资合作协议，总投资1176亿元。其中内资项目42个，总投资959亿元；外资项目14个，总投资36亿美元。（陆　军）

【召开民营文化企业座谈会】文化产业被称为21世纪的朝阳产业，是最有发展潜力的优势产业、绿色产业。从国际上看，文化产业已成为当今世界经济的支柱产业、新的经济增长点。当前，深化文化体制改革，充分发挥文化产业链条长、吸纳就业能力强、低消耗、低污染、需求潜力巨大及市场前景广阔的特点，大力发展文化产业，在我国显得尤为紧迫和必要。为了解当前我国民营文化企业的发展现状，更好地鼓励和支持民营企业进军文化产业，2011年5月6日，全国工商联庄聪生副主席在京主持召开民营文化企业座谈会，邀请8家从事文化产业的民营企业家座谈。全国工商联研究室、宣教部相关人员出席了座谈会。

座谈会上，企业家们就当前民营文化企业发展现状和存在的突出问题作了介绍，并围绕如何进一步深化文化体制改革，推动“十二五”时期民营文化企业的繁荣提出了意见建议。庄聪生副主席对各位企业家的发言给予了充分肯定，认为其中有很多观点和建议值得进一步研究和探讨，同时也对今后工商联如何支持从事文化产业的民营企业健康发展提出了一些看法和要求。他认为，近年来随着我国文化体制改革的逐步深化，越来越多的民营企业进入了文化产业，在繁荣文化市场、丰富人民群众文化生活、参与国有经营性文化单位转企改制等方面作出了巨大贡献。“十二五”时期，要切实推动民营文化企业继续快速健康发展，就要进一步解放思想，着力破除制约文化产业发展的体制机制障碍，坚持一视同仁，鼓励形成多种所有制共同参与发展的文化产业格局。要充分调动民间投资积极性，支持有条件的民营企业从事出版发行、影视制作等领域，积极鼓励民营文化企业“走出去”，并给予适当政策优惠和倾斜，进一步形成投资主体多元化、社会化、公共化的新格局。工商联应充分履行职能、发挥作用，为促进民营文化企业的健康发展积极建言献策。（郭　蕾）

【召开经济服务工作研讨会】2011年5月12～13日，全国工商联经济服务工作研讨会在湖南长沙召开。这次会议是在我国实施“十二五”规划开局和工商联全面贯彻落实中央16号文件的背景下召开的，会议的目的是通过研讨，进一步解放思想、集思广益，开拓工商联经济服务工作新局面。来自全国各省、自治区、直辖市、新疆生产建设兵团和副省级城市工商联分管经济工作的负责同志约110人参加了会议。全国工商联副主席孙安民，湖南省政协副主席、省工商联主席何报翔，全国工商联副秘书长、经济部部长欧阳晓明，湖南省委统战部副部长、省工商联党组书记崔永平出席会议，湖南省委常委陈肇雄到会致辞。

研讨会上，孙安民副主席在听取了大家的发言后做了重要讲话。他指出，中共中央国务院《关于加强和改进新形势下工商联工作的意见》（中发〔2010〕16号文件，以下简称中央16号文件）对工商联的工作是一个跨时代的文件，其中一个重要的创新就是把经济工作提到了一个新的高度上，文件开宗明义地提出工商联工作是党的统战工作和经济工作的重要内容，提出了“团结、服务、引导、教育”的八字方针，进一步明确了要立足于团结凝聚民营企业及民营经济人士，既要引导教育，又要服务支持。因此，经济服务工作是工商联工作的重要内容。

孙安民说，面对当前的新形势、新任务、新要求，工商联的同志要更加注重学习，注重调研，注重实效，注重把握好改革的方向。首先要更加注重学习。提高工商联的凝聚力、影响力、执行力主要体现在工商联的内在表现。“居高声自远，非是籍秋风”，中央16号文件为我们的工作营造了好的外部环境，但是最终还要靠工商联的自身素质和内在本领，而提高素质和本领最重要的手段是加强学习，特别是从事经济服务工作的同志，必须把学习放在重要的位置上；第二要更加注重调查研究。调研是工商联工作也是经济服务工作的基本功之一，如果没有认真的调查研究，脱离实际，很可能就会言之无物，提出的政策建议就不能得到有关部门的重视，工商联参政议政的基本职能就得不到体现；第三要更加注重工作实效。工商联的影响力体现在工作实效上，是否能得到党政领导和民营企业家的重视与认可，取决于工商联开展工作的实效性；第四要更加注重把握改革开放的方向，没有改革开放，就没有蓬勃发展的非公有制经济，这是工商联存在的基本理论基础。只有坚持改革开放，才能促进非公有制经济的健康发展。孙安民强调说，开展经济服务工作，切忌喧宾夺主、越俎代庖、顾此失彼，服务的辅助性决定了工商联在经济工作中的定位，要让企业自主决策，由市场配置资源；开展经济服务工作，不能见物不见人，要在工作中找到民营企业需求和政府要求的结合点，做好政府的助手，促进民营企业健康持续发展，实现共赢局面。

孙安民要求，要把思想统一到中央16号文件上来，认真系统的学习、研究和思考，大胆地进行探索，乘中央文件的东风，努力工作，不辱使命，推动工商联的经济服务工作再上一个新的台阶。

研讨会上，欧阳晓明副秘书长做了引导发言，分析了新形势下做好工商联经济服务工作的重大意义，指出经济服务工作是工商联工作的重要内容，体现了“三性”的有机统一，是统战工作、思想政治工作的有效载体，是提高工商联凝聚力、影响力的有效手段，是增强执行力的具体实践。阐述了新形势下经济服务工作的内容和途径，提出要深入开展调查研究，做好党和政府联系民营经济的桥梁纽带；要以促进民营企业转变发展方式为主线，从管理和服务的角度作好政府的助手，在破解中小企业融资、鼓励民营企业自主创新、促进“走出去”等方面开展服务；要围绕政府中心工作，发挥网络优势，搭建服务平台，推动区域经济发展；要不断提高和创新工作品牌，继续开展各类专业化服务。在探讨经济服务工作的方式方法时欧阳晓明指出，树立典型、交流培训、提炼规律是经济服务中引导民营企业科学发展的重要方式；要对不同规模、不同发展阶段、不同行业的企业分类服务，提高经济服务工作针对性和有效性；要把基础工作作为经济服务工作的支撑。

会上，与会同志围绕深入学习贯彻中央16号文件精神，着重研讨了工商联的经济服务工作如何体现“团结、服务、引导、教育”特色和精髓的方向和思路，如何寓统战工作、思想政治工作于经济服务工作之中的方式和方法，如何建立适应社会主义市场经济要求的服务载体和机制，如何通过经济服务工作提高工商联的凝聚力、影响力和执行力；探讨了一些民营企业发展的前瞻性问题，研究了中小企业发展中迫切需要解决的实际困难和问题，充分交流了近年来工商联系统开展经济服务工作的经验和体会。

会议期间，与会同志还参观考察了长沙远大空调有限公司和三一集团有限公司。（沙　霖）

【共同发布“中华工商上市公司财务指标指数（2010年度指标和2011上半年指标）”】2011年5月25日和9月27日，我会与中华财务咨询有限公司共同完成并发布了“中华工商上市公司财务指标指数”2010年度指标和2011年上半年指标。该指数自2008年以来每半年发布一期，至今这项全国工商联独有的、旨在通过重要的财务指标反映宏观经济走势和各行业特征以及上市公司平均水平的指标指数已累计发布了八期。（于明晟）

【举办中缅矿业投资合作洽谈会】由大湄公河次区域工商论坛、中国—东盟矿业合作论坛主办，中国民营经济国际合作商会（筹）承办的“中缅矿业投资合作洽谈会”于2011年5月31日在广西南宁举行。由缅甸工商会秘书长Aye Lwin和缅甸矿产部地质勘探与矿业开发局局长率领的缅甸矿业企业20人和中方矿业企业约40人参加了洽谈会。缅甸代表介绍了缅甸国家地质地理环境、矿产分布和开发、矿业投资环境与政策等情况，并回答了参会代表的有关问题。会上，王燕国代表中国民营经济国际合作商会（筹），Aye Lwin 先生代表缅甸工商会共同签署了《关于推动双方资源能源领域合作的备忘录》。会后，商会筹备办公室安排缅方代表参观考察了广西有色金属下属的铜坑矿山、车河选矿厂和冶炼厂，并与广西、云南的有色金属地质局及下属企业进行了座谈和交流。（葛　敏）

【共同主办第五届中国企业国际融资洽谈会】2011 年 6 月 10 ~ 12 日，全国工商联与天津市人民政府、科技部、美国企业成长协会共同主办了第五届“中国企业国际融资洽谈会—科技国际融资洽谈会”。中央政治局委员、天津市委书记张高丽，全国政协副主席、全国工商联主席黄孟复，天津市市长黄兴国，科技部副部长王伟中，美国企业成长协会主席迈克尔·卡尔出席了开幕式。全国工商联副主席孙安民在开幕式上致辞。参会机构超过 3500 家，来自亚洲、欧洲、北美洲、大洋洲的 20 多个国家和地区及国内 30 个省市共计 8000 人参加了融洽会。本届融洽会以“促进科技金融发展，引领经济持续增长”为主题，旨在继续推动金融体制改革和建立多层次的资本市场，多方探索解决中小企业特别是科技型中小企业的融资难问题，为中小企业发展提供有力支持。（陆　军）

【共同主办 2011 中国·青海绿色经济投资贸易洽谈会】由全国工商联和青海省人民政府等单位共同主办的“2011 中国·青海绿色经济投资贸易洽谈会”于 2011 年 6 月 10 ~ 13 日在青海省西宁市成功举办。全国工商联、中国光彩会组成了以全国工商联党组书记、第一副主席全哲洙为团长，全国工商联副主席谢经荣为副团长的代表团参加了“青洽会”。全国工商联副主席刘沧龙、吴一坚、傅军、刘迎霞，中国光彩会副会长李河君、南存辉、雷菊芳、茅永红、何俊明、赵永亮等国内知名民营企业家代表共 100 余人参加了代表团。

全哲洙书记指出，在国家实施新一轮西部大开发战略和“十二五”规划开局之年的背景下，青海正处在新的历史起点，下一步跨越式发展要着力于三个方面。一是抢抓机遇，主动谋划项目。青海面对千载难逢的发展机遇，要有预测、预见。二是转变观念，营造良好投资环境。青海要在科学把握省情的基础上，在思想作风、工作思路以及软环境建设等方面为跨越式发展做好准备。三是充分发挥工商联和民营企业在援青工作中的积极作用。“十二五”时期工商联要积极发挥桥梁纽带作用，为青海经济社会又好又快发展做更多的实事。广大民营企业在援藏援青工作中也应承担一份责任。（张　勇）

【共同举办第三届海峡两岸商会经济论坛】2011 年 6 月 12 日，全国工商联副主席褚平出席在福建漳州召开的第三届海峡两岸商会经济论坛。论坛由全国工商联与台湾八个主要工商社团共同主办，旨在为两岸商会交流合作搭建新平台，加强两岸商会的联系和沟通，促进两岸经济的发展和繁荣。论坛主题为“ECFA 的实施对两岸商会和经济影响”（ECFA 为“海峡两岸经济合作框架协议”英文 Economic Cooperation Framework Agreement 的简称，下同）。中国国民党副主席曾永权、福建省副省长叶双瑜、漳州市委书记陈冬、台湾工商建设研究会理事长吴嘉璘出席论坛并致辞，福建省政协副主席、省工商联主席李祖可主持开幕式。

论坛是全国工商联首次在海峡论坛中主办分论坛，来自台湾岛内工商界人士、泛珠三角区域各地商会、海峡西岸经济区 20 个城市工商联（商会）代表、两岸有关专家学者 500 人参会。

全国工商联邀请五位来自海峡两岸的演讲嘉宾，围绕论坛主题，突出“ECFA、商会、经济”特色，彰显“商会助推海峡两岸经济发展”优势，共同探讨新形势下两岸商会交流和经贸往来的对策和措施。来自泛珠三角区域的 14 家商会和台湾 8 大工商社团在论坛上签订了“两岸商会交流合作框架协议书”，为两岸商会交流机制化奠定了基础，推动两岸商会合作不断走向深入。（张　巍）

【共同主办广东与全国知名民营企业合作发展共促转型升级大会】2011 年 6 月 28 日，在全国工商联十届七次常委会议期间，全国工商联与广东省人民政府共同主办了广东大型系列招商推进活动“广东与全国知名民营企业合作发展共促转型升级大会”。此次大会以“民企相聚广东，共促转型升级”为主题，旨在发挥广东省的比较优势，搭建平台，在推动民营企业转型升级的同时，加快广东经济发展方式转变。

中央政治局委员、广东省委书记汪洋出席大会招待会并讲话，全国政协副主席、全国工商联主席黄孟复出席大会并讲话，全国工商联党组书记、第一副主席全哲洙，广东省省长黄华华，省人大常委会主任欧广源，省政协主席黄龙云以及参加全国工商联十届七次常委会议的领导和常委共1200多人出席了大会。此次大会共引进企业800多家，投资总额超过1万亿元。大会现场签约的项目164个，投资总额达4579.82亿元。（赵征然）

【共同主办2011中国（重庆）民营经济发展论坛暨全国知名民营企业重庆行活动】2011年7月4～6日，全国工商联与重庆市委、市政府共同举办了“2011中国（重庆）民营经济发展论坛暨全国知名民营企业重庆行活动”。活动以“民生与民富·和谐与活力”为主题，围绕民营企业如何在“十二五”时期抓住机遇、转变方式、改善民生，实现新的跨越进行深入研讨。全国政协副主席、全国工商联主席黄孟复出席论坛并讲话，重庆市市长黄奇帆作演讲。全国各地的知名企业家，海内外渝商代表共计1000人出席了论坛和重庆行活动。活动期间，共签约项目59个，投资金额1078亿元；此外，还有“走出去”签约项目10个，投资金额10亿美元。（王　怡）

【组团参加第十七届中国兰州投资贸易洽谈会和光彩陇原行活动】2011年7月5～6日，全国工商联副主席、中国光彩会副会长谢经荣率团参加了在甘肃省定西市举办的“2011年光彩陇原行”活动，并出席了在兰州举办的第十七届中国兰州投资贸易洽谈会（简称“兰洽会”）开幕式。此次全国工商联以集聚各地民营企业力量共同帮助甘肃经济社会发展，促进贫困地区改善民生为目的，组织全国工商联农业产业商会和新能源商会及山东、陕西、四川、江西和宁夏等五省区的民营企业共50多人参加了有关活动。

5日上午，谢经荣副主席及代表团全体成员参加了“2011年光彩陇原行”活动的启动仪式，谢经荣副主席作了重要讲话。谢经荣副主席在讲话中表示，全国工商联一直以来非常关心西部地区的发展，特别是贫困革命老区。甘肃作为西部欠发达地区，有其后发优势。民营企业和地方政府应充分认识各自的特点和优势，以此次“光彩陇原行”活动为平台，开展项目合作，实现互利共赢。民营企业家要继续秉承光彩精神，支持定西经济社会发展，地方政府也要为民营企业的投资营造更加公平和宽松的环境。

此次“光彩陇原行”活动取得成果丰硕，全国工商联为定西市援建光彩·同心水窖捐赠300万元，甘肃省非公有制企业和商会捐赠450.1万元，定西市共招商引资59项，协议金额达443亿元。启动仪式后，谢经荣副主席还参观考察了定西市马铃薯综合交易中心和马铃薯爱兰种业公司。

6日上午，谢经荣副主席及代表团全体成员出席了“兰洽会”开幕式。（张　勇）

【积极推动军民融合发展经济】2011年7月5日，应解放军总装备部论证中心邀请，全工国商联参加了《军民融合促进法》立法问题研讨会。欧阳晓明副秘书长代表全工国商联作了发言，从立法的必要性与可行性、立法宗旨和基本定位、立法应解决的主要问题等三个方面进行了阐述，提出了意见、建议。

为进一步加强各地工商联对民企参军工作的重视，切实推进符合条件的民营企业和产品进入军方采购渠道，全工国商联印发了《关于进一步做好民营企业参与国防科技工业领域工作有关事项的通知》，并以装备承制单位资格审查推荐单位为突破口，创新引导民营企业进入军品市场服务方式。解放军总装备部将全国工商联列为民营企业申领《装备承制单位资格证书》的推荐单位，这是除国防科工局和军方之外其他非军方单位首次具备这种资格。根据企业要求，向编入

《军民两用高新技术民营企业及产品推荐目录》第一册和第二册的企业寄发证明，用于企业参加竞争投标或拟申请办理有关装备承制单位资格审查等。

为继续努力推动军民融合工作，2011 年 10 月 24～28 日，全工国商联经济部及全国工商联军民融合发展研究专家组成员对深圳市民营企业进入武器装备科研生产领域情况进行实地考察调研，共考察了 5 家电子信息设备制造企业。专家们在考察中表示，国防和军队现代化建设正在向信息化转型，信息技术军民兼容程度高，应广泛运用民用技术快速发展的优势来提高国防和军队信息化建设水平，将军用信息技术与民用信息技术进行整合是军民融合式发展的现实要求。（刘　铁）

【共同举办中国民营经济发展（长白山）研讨会】2011 年 8 月 22～24 日，全国工商联和吉林省政府联合主办的中国民营经济发展（长白山）研讨会在吉林省白山市举行，全国工商联党组书记、第一副主席全哲洙，吉林省委书记孙政才出席研讨会并致辞；全国工商联副主席、中国民（私）营经济研究会会长庄聪生在研讨会上作总结讲话；国家有关部委领导、专家学者和 100 多位知名企业家围绕“加快转变发展方式——中国民营经济发展必由之路”的主题进行深入研讨。研讨会达到了预期效果，得到了与会各方的高度评价，获得圆满成功。

研讨会开幕式上，全哲洙、孙政才、朱宏任（工业和信息化部党组成员、总工程师）、柳传志（中国民间商会副会长、联想集团董事局主席）分别在开幕式上致辞。全国工商联副主席、用友软件股份有限公司董事长王文京等 24 位嘉宾分别围绕“加快转变发展方式——中国民营经济发展必由之路”的专题作了发言，引起现场企业家的强烈共鸣，激发了与会人员对民营经济转型升级的深入思考。

吉林省政府组织与会人员考察了吉林省长白山国际旅游度假区和长白山北坡建设情况。

《中华工商时报》在 8 月 24 日头版头条以“民营经济迎来转变发展方式的历史新阶段”为题刊发了会议消息。人民日报、新华社、中央电视台等媒体分别对研讨会情况作了报道。（鲁咪咪）

【召开 2011 中国民营企业 500 强发布会】2011 年 8 月 25 日，全国工商联在京召开 2011 中国民营企业 500 强发布会，发布 2011 中国民营企业 500 强、2011 中国民营企业制造业 500 强名单以及 2011 中国民营企业 500 强分析报告。全国政协副主席、全国工商联主席黄孟复出席发布会并讲话。中央统战部副部长、全国工商联党组书记、第一副主席全哲洙，全国工商联副主席褚平、孙安民、王健林、刘沧龙、傅军，中国民间商会副会长柳传志、董文标等出席了发布会。

孙安民副主席揭晓了 2011 中国民营企业 500 强和中国民营企业制造业 500 强名单，全国工商联领导向华为技术有限公司、江苏沙钢集团有限公司等部分入围企业代表颁发了证书。

2010 年是“十一五”和“十二五”之间承前启后的一年，也是民营企业进行结构调整的重要一年，今天发布的调研分析报告显示，中国民营企业 500 强在 2010 年规模快速扩张，盈利能力全面提升，管理更加规范有效，社会贡献更为突出。主动积极调整结构成为 2011 中国民营企业 500 强的最大亮点，主要有以下几个突出特点：一是积极调整产品结构，通过提升自主创新能力，打造自主品牌，提高产品附加值；二是积极调整产业结构，主动进入战略性新兴产业、资源领域、现代服务业等领域发展；三是不断提高管理水平，挖掘内部潜力，完善现代企业制度，提升经营效率和效益；四是积极调整区域布局，投资向中西部或有比较优势的地区转移；五是积极“走出去”对外投资，充分利用“两个市场，两种资源”促进经济发展方式转变。调研结果还表明，原材料价格上涨、人才匮乏等内外部因素是民营企业 500 强转变发展方式面临最主要的困难。调研还显示，国务院“民间投资 36 条”的颁布，使大型民营企业投资意愿增强，但是土地使用限制、行业准入壁垒、人才缺乏、项目审批难等与投资相关的因素对不少企业影响较大，民营企业希望真正享有平等的投资机会，期待政策的具体落实。此外，税费负担重、能源供应紧张、节能减排压力大等也是民营企业遇到的问题。

黄孟复主席在讲话中表示，民营经济代表着最具活力的生产力，经过市场经济洗礼脱颖而出的一批大型民营企业，在国际金融危机中表现出较强的抵御危机的能力，积极调整结构，转变发展方式，抓住国际产业调整重组的契机，实现了高成长的大好局面。他指出，当前国际国内的经济环境复杂性和不确定因素增多，大型民营企业面临巨大的机遇与挑战。他希望大型民营企业要成为我国转型升级的中坚力量，做中小企业转变发展方式的领头羊，大型民营企业不仅要做强做大，还要做受人尊敬的企业，做有国际竞争力的跨国公司，为中国成为世界经济强国做出贡献。

发布会上，联想控股有限公司董事长柳传志、大连万达集团董事长王健林、中国民生银行行长洪琦发言。北京大学教授张维迎、新华联集团总裁傅军、新希望集团有限公司董事长刘永好、浙江吉利控股集团有限公司董事长李书福、三一集团有限公司总裁向文波和中国民生银行副行长梁玉堂，围绕“中国民营企业持续发展之秘笈”主题进行了对话。

来自政府有关部门、各地工商联、民营企业、相关机构、新闻媒体共计450余人参加了发布会。（沙　霖）

【推荐2011年度国家星火计划项目、国家火炬计划项目】2011年8月，由全国工商联推荐的“藏青25号青稞产业化种植及功能食品开发项目”等4个项目被科技部批准立项为2011年度国家星火计划项目；“一体式电脑——奔驰”等10个项目被批准立项为2011年度国家火炬计划项目。2011年全国工商联共报送5项星火计划申报项目，10项火炬计划申报项目，项目主要由地方工商联、全国工商联直属行业商会推荐，全国工商联邀请专家对项目进行了评审，从中优选向科技部进行推荐。（吴盈禧）

【组团参加首届中国·亚欧博览会】2011年9月1日，全国工商联、中国光彩会共同组织民营企业家代表团一行100余人由全国工商联党组书记全哲洙带队赴新疆乌鲁木齐市出席“首届中国·亚欧博览会”开幕式、“中国—亚欧经济发展合作论坛”和参加亚欧博览会展览活动。

在此期间，代表团还开展了“中国光彩事业新疆行”系列恳谈、考察、签约活动，为民营企业参与项目援疆进行了充分准备，并取得了丰硕的成果。

8月31日，“新疆维吾尔自治区与知名企业家恳谈会暨签约仪式”在乌鲁木齐举行，签约仪式上，以苏宁环球集团为核心，江苏东方国际集团、江苏天地龙集团、月星集团有限公司与昌吉州政府签订了投资600亿元的“石油化工、煤化工和发电厂项目”；东方希望集团与昌吉州政府签订了投资360亿元的“80万吨电解铝项目及配套措施、60万吨煤制烯烃及配套项目”；万达集团和泛海集团与乌鲁木齐市政府签订了投资200亿元的“乌鲁木齐万达广场项目”；青岛通用铝业集团与五家渠工业区管委会签订了投资20亿元的“24万吨铝加工项目”；金花集团与新疆广汇集团签订了投资17.89亿元的“金华广汇广场项目”；四川宏达集团与新疆三宝集团签订了投资15亿元的“煤矿资源项目”；日照钢铁集团与乌鲁木齐高新技术产业开发区国有资产投资管理中心签订了投资14亿元的“乌鲁木齐市商业银行股权投资项目”。上述项目累计投资1226.89亿元，是亚欧博览会期间第一笔签约大单。部分民营企业向新疆维吾尔自治区工商联捐赠1200万元（此前已向新疆生产建设兵团捐赠500万元），用于资助新疆的社会事业和公益事业。

亚欧博览会期间，新疆维吾尔自治区党委书记张春贤会见了全哲洙书记及民营企业一行。会见时，张春贤向民营企业家们介绍了新疆的资源优势和区位优势，欢迎内地民营企业家到新疆投资，促进新疆经济的发展和民营企业的壮大。

全哲洙书记在会谈时指出，民营企业家要有一种历史使命感和政治责任感，要带着深厚的感情投入到新疆的经济和社会建设中来。民营企业在新疆投资时要抱着为家乡投资的态度，要发展高水平、高起点、高效益的企业，不要转移落后的产能和工艺。民营企业在投资时，要以项目为抓手，以民生为重点，民营企业的投资不仅是商业行为，更要带动新疆经济的发展，实现共赢。要尊重少数民族地区的宗教信仰、风俗习惯和生活方式。自治区各级统战部、工商联党组要对外地到新疆投资的民营企业进行民族政策、宗教信仰、风俗习惯等内容的教育培训。引导企业从政治的高度充分认识民族团结的重要性，自觉地维护民族团结、促进民族团结。

8 月 31 日下午，全哲洙书记会见了前来出席亚欧博览会的巴基斯坦总统扎尔达里一行，并代表全国工商联与巴基斯坦工商业联合会签订了《合作备忘录》，扎尔达里总统见证了签约仪式。

亚欧博览会期间，全哲洙书记还就新疆非公有制经济组织创先争优活动开展情况进行了调研，召开座谈会听取工作汇报，并深入企业进行实地考察。（聂志军）

【共同主办 2011 海峡两岸企业家紫金山峰会】以“携手创新经济，合力转型升级”为主题的 2011 海峡两岸企业家紫金山峰会于 9 月 14 日在南京开幕。此次峰会由全国工商联、国务院台湾事务办公室、江苏省人民政府主办，南京市人民政府、江苏省人民政府台湾事务办公室承办，并得到了中国国际经济交流中心、海峡两岸关系协会等单位的支持。全国政协副主席、全国工商联主席黄孟复出席峰会并宣布峰会开幕。

中国国民党荣誉主席连战，中共中央台办、国务院台办主任王毅，海峡两岸关系协会会长陈云林，中共江苏省委书记、省人大常委会主任罗志军，江苏省省长李学勇，中共江苏省委副书记石泰峰，中共南京市委书记杨卫泽，江苏省副省长张卫国，南京市市长季建业等出席开幕式。

黄孟复在开幕式致辞中说，加强两岸新兴产业的合作是大势所趋，符合两岸经济发展方式转变、经济结构调整和产业升级的共同目标。今年是“十二五”规划的开局之年，“十二五”时期是全面建设小康社会的关键时期，也是深化改革开放、加快转变经济发展方式的攻坚时期。中国经济经历了国际金融危机时的大幅下滑和恢复性大幅回升之后，国民经济继续保持了平稳较快的发展势头；同时大陆正在加快转变经济发展方式和产业结构调整，大力培育和发展战略性新兴产业。此次峰会以“携手创新经济，合力转型升级”为主题，共同交流创新经济的经验，探讨两岸企业在转型升级上的合作途径，进一步拓展两岸经贸关系，具有十分重要的意义。

黄孟复强调，当前，世界经济依然呈现不平衡的发展态势，西方发达国家复苏缓慢，金融危机的影响仍在持续，欧洲发生的主权债务危机和美国主权信用评级下调，都对世界经济复苏和重建市场信心带来了负面影响。国际经济环境的复杂性和不确定因素增多。与此同时，在金融危机之后，全球产业分工格局、贸易格局、经济力量对比都发生了重大变化，新兴市场国家活力增强，带动了国际贸易和跨国产业转移。金融危机也促进了全球性的科技革命，各国加快产业结构调整，大力发展战略性新兴产业成为大势所趋。新一轮巨大变革正在到来，机遇与风险并存，我们应当抓住机遇顺势而上。

黄孟复指出，在转变经济发展方式和发展战略性新兴产业方面，海峡两岸有着积极的合作空间。大陆现阶段将重点发展七个战略性新兴产业和现代服务业；台湾地区在年初也提出中长期发展的“黄金十年”愿景，其中规划了六大产业振兴方案、四项智能型产业计划和十大战略性服务业。两岸将未来经济社会发展的重点聚集在新兴产业上，这为深化两岸经济合作带来了新的机遇。

黄孟复强调，未来 5 年，两岸都面临着经济转型升级和增强国际竞争力的挑战，加强两岸在新兴产业方面的合作，共同促进科技进步和创新，符合两岸经济发展方式转变、经济结构调整和产业升级的共同目标。一方面，两岸应加强合作，把大陆日益强大的整体经济实力、广阔的发展腹地、不断扩大的消费潜力和台湾企业先进的经营管理经验、国际营销渠道、商务服务、创新能力等优势更加紧密地结合起来，通过技术研发与创新、产业对接、品牌推广等方面的合作，突破两岸发展新兴产业共同面临的瓶颈性问题，如共性关键技术的突破、应用技术的拓展和新产品市场的培育等，推动两岸新兴产业链的合理分工与布局，形成跨两岸的新兴产业集群，促进两岸持续快速发展；另一方面，两岸应着力改变目前在国际产业链中处于较低地位的局面，通过在新兴产业上的合作寻求新的分工合作模式，共同推动新兴产业标准的制定，争取产品定价话语权，强化两岸新兴产业整体产业链的竞争力，提升两岸在国际产业分工中的地位。

黄孟复最后指出，大陆经济社会的发展，不仅将造福大陆同胞，也会给台湾同胞带来更大的福祉。两岸经济合作框架协议的实施必将促进两岸工商界人士在更大范围、更广领域和更高层次上加强合作，为经济增长创造出更多的效益，为企业创造更多的利润，为百姓创造更多的实惠，为致力于华人经济在全球化进程中重新定位作出新的贡献。

国务院台办主任王毅、中国国民党荣誉主席连战、江苏省委书记罗志军、台北世贸中心董事长王志刚、中国国际经济交流中心秘书长魏建国、台湾鸿海集团董事长郭台铭、苏宁集团董事长张近东和南京市委书记杨卫泽等分别在开幕式上致辞。开幕式后举行了峰会主题论坛，国务院发展研究中心原副主任陈清泰、中国工商银行副行长罗熹、台湾资讯工业策进会董事长史钦泰、台湾工业技术研究院董事长蔡清彦、中国船舶工业集团公司董事长陈小津、新奥集团董事局主席王玉锁、台湾永丰银行董事长邱正雄、南京市市长季建业等在主题论坛上发表演讲。

全国工商联新能源商会会长、汉能控股集团董事局主席李河君，全国工商联农业产业商会会长、三全集团董事长陈泽民，全国工商联石材商会会长、福建万隆石业股份有限公司董事长吕安民，红豆集团有限公司总裁周海江等大陆知名民营企业家，国家部委办局领导、知名学者以及台湾百大企业、上市公司负责人，工商团体负责人等共计400余人出席了峰会。（陆　军）

【共同主办第九届海内外知名企业家齐鲁行】 2011年9月15～18日，全国工商联与山东省政府在东营市共同主办了“2011海内外知名企业家齐鲁行暨第十三届环渤海民营经济经贸洽谈会”，此次活动以“把握实施国家战略机遇，参与黄蓝经济区建设，助推发展方式转变”为主题。这也是全国工商联与山东省政府连续第九年举办齐鲁行活动。

全国政协副主席、全国工商联主席黄孟复，山东省省长姜大明出席开幕式并作重要讲话。全国工商联副主席刘沧龙代表全国工商联致辞，来自全国各地的工商联和民营企业负责人400余人参加了开幕式。齐鲁行活动期间，共达成合作项目88个，其中合同项目25个，合同投资额282.2亿元。现场签约项目20个，其中合同项目8个，合同投资额111.7亿元；协议项目12个，协议投资额287.25亿元。（王　彬）

【共同主办第六届中国中部投资贸易博览会】 2011年9月26～28日，全国工商联与商务部等单位在山西太原共同举办了“第六届中国中部投资贸易博览会”。中央政治局委员、国务院副总理王岐山出席并宣布开幕，山西省委书记、省人大常委会主任袁纯清和商务部副部长高虎城分别致辞。全国政协副主席、全国工商联主席黄孟复出席了开幕式及“第六届中部投资贸易博览会高峰论坛”。本次“中博会”参会人数约1.6万人，工商联系统组织了民营企业500强中的近200名企业家参会。（王　彬）

【共同主办第十二届中国西部国际博览会】 2011年10月19～22日，全国工商联与商务部等单位在四川成都共同举办了“第十二届中国西部国际博览会”。10月21日，全国工商联与四川省人民政府还共同举办了“四川省与全国知名民营企业合作发展论坛暨第六届泛成渝经济区商会合作峰会”，会议的主题为“新西部、新成渝、新四川、新机遇”。

全国政协副主席、全国工商联主席黄孟复，四川省省长蒋巨峰出席论坛并讲话。全国工商联副主席庄聪生、刘志强、刘沧龙，以及来自全国各地的民营企业家出席了论坛。人民电器集团董事长郑元豹、四川新希望集团董事长刘永好、海航集团董事长陈峰等企业家代表在论坛上发言。论坛还举行了项目集中签约仪式，签约项目28个，累计金额达307亿元。（王 彬）

【开发“非公有制经济调查研究系统”】 工商联是党和政府联系非公有制经济人士的桥梁纽带，是政府管理和服务非公有制经济的助手。为打造一个“基于调查、合作共享”的平台，全国工商联研究室与有关机构合作开发了“非公有制经济调查研究系统”。该系统的开发体现了“共建共享”的原则，是非公有制经济调查研究工作的重大创新，为提高调查研究工作效率、降低调查研究成本、扩大调查研究信息量、实现人才和资源共享提供了先进的技术手段和智慧平台，对于新形势下工商联更好地发挥自身优势，促进非公有制经济健康发展和非公有制经济人士健康成长具有重要意义，有助于真正做到“心中有数”，做好领导决策的参谋助手。

该系统共有五大平台（即经验成果的共享平台、专家智库的聚集平台、调查研究的网络平台、思想交流的互动平台、典型企业的长期跟踪平台）和九大功能板块（即新闻动态、专项调查、数据监测、研究报告、专家资源、企业信息库、思想交流区和用户及后台管理），具有较强的实用性、操作性和及时性，实现了资源共享功能、专家智库聚集功能、网络调查功能、思想交流互动功能和典型企业长期跟踪功能。

为保证该系统的设计理念先进、功能完善、运行稳定和操作便捷，2011年10月26日，研究室组织召开了项目鉴定及研讨会，邀请了部分专家及部分省市工商联研究人员出席会议。会上技术人员介绍和演示了系统的开发背景、主要目的、基本功能和具体操作，与会专家和工商联研究人员一致认为该系统已经具备了运行条件，并就设计、运行、管理以及在工商联系统内推广等问题提出了一些具体的建议。

为做好该系统的推广使用工作，2011年11月10日，在北京召开了非公有制经济调查研究系统研讨会，详细介绍了该系统的设立、功能等情况，并对系统的推广使用工作进行了部署。（尚小琴）

【举办资源型企业海外投资风险管理培训班】 为了帮助民营企业开展风险管理及危机处置工作，提高企业海外投资风险控制的能力，推进实施“走出去”战略，2011年10月26～27日，全国工商联经济部、法律部，中国地质大学（武汉）在湖北省武汉市共同举办了资源型企业海外投资风险管理培训班。全国工商联副秘书长、经济部长欧阳晓明，湖北省工商联主席赵晓勇，中国地质大学（武汉）副校长成金华出席培训班并致辞。

培训班邀请了来自中国地质大学、中央党校以及上规模资源型企业的5位知名专家学者，从政策介绍、法律解读、资源开发、风险分析、实战案例等方面进行了授课辅导，法律部赵宏部长进行了培训总结，经济部罗力副部长，法律部白莲湘副部长分别主持，全国31个省级工商联经济、法律部门负责人，资源型行业商会以及企业负责人共102人参加了此次培训。通过此次培训，进一步丰富了资源型企业的风险管理知识，强化了风险意识，开拓了视野，提高了分析和解决问题的能力，对海外投资风险管理有了更为深刻的认识和全面的把握，提高了对外投资的信心和水平，培训取得了预期效果。（陆 军 李 强）

【举办第八次大型民营企业首脑沙龙】2011年11月2～3日，第八次“大型民营企业首脑沙龙”在江西省南昌市举办。此次沙龙的主题是：“国内外经济形势发展的机遇与风险：民营企业的应对之策”。全国政协副主席、全国工商联主席黄孟复，全国工商联常务副主席孙安民，全国工商联副主席、用友软件股份有限公司董事长王文京，中国民间商会副会长、重庆力帆集团董事长尹明善，中国民间商会副会长、科瑞集团董事长郑跃文，海南省工商联主席、海航集团董事长陈峰，江西省工商联主席、泰豪集团有限公司董事长黄代放，全国工商联副秘书长王忠明、欧阳晓明等出席了沙龙。黄孟复主席作了重要讲话，国家发改委宏观经济研究院副院长马晓河在沙龙上作了引导性发言。沙龙期间还召开了“战略性新兴产业座谈会”，并向参会企业家进行了问卷调查。来自吉利控股、东方希望、三一集团、复星集团、建龙重工、物美集团、新湖集团、汉能控股、华立集团等40家大型民营企业的董事长或主要战略决策者与会。（于明晟）

【召开经济委员会会议】2011年11月9日下午，全国工商联经济委员会会议在北京亿阳集团总部召开。会议由全国工商联副主席、经济委员会主任王文彪主持，常务副主席孙安民作了讲话。

会上，向今年增补的委员颁发了证书。全国工商联副秘书长、经济委员会副主任欧阳晓明向委员会介绍了一年来全国工商联重点工作、经济服务工作和经济委员会工作开展情况。委员们从各自工作角度对国际国内经济形势、民营企业特别是小微企业的现状和应对措施进行了分析讨论，对经济委员会下一步如何开展工作提出了建议。其中，国家统计局张卫华副司长、国家发改委顾大伟副司长、国务院发展研究中心张文魁副所长、瀚华担保股份有限公司张国祥董事长、中国民生银行林云山总经理等委员的精彩发言，为与会者提供了一次很好的学习、交流机会。孙安民常务副主席在总结讲话中充分肯定了会议的内容和收获，希望委员们充分利用这一交流信息、沟通情况、分析形势、提出建议的平台，通过各自所在工作部门进一步支持全国工商联工作，更大地发挥委员会参政议政、专家咨询作用。

会议期间，委员们参观了亿阳集团研发中心等部门，听取了亿阳集团董事长邓伟委员对其企业发展的介绍。全国工商联机关党委专职副书记李恒波、经济部副部长罗力、经济部副巡视员赵征然以及机关有关部门的同志出席了会议。（王　怡）

【共同主办中国（湖南）民营经济投资贸易洽谈会暨海内外华商湖南行活动】2011年11月28～30日，全国工商联与湖南省人民政府、香港中华总商会在湖南长沙共同举办了“2011中国（湖南）民营经济投资洽谈会暨海内外华商湖南行”活动。全国政协副主席、全国工商联主席黄孟复，湖南省委书记周强出席开幕式并致辞。开幕式上，全国工商联与湖南省人民政府共同签署了《关于促进非公有制经济发展加速湖南“四化两型”建设战略合作框架协议》。

来自全国的民营企业500强代表、各省区市知名企业代表和工商联负责人、海外华商代表、港澳台及国外工商社团代表、湖南省民营企业代表及相关市州党政领导等500多人出席了开幕式。活动期间，共签订投资项目106个，总投资额1478.23亿元。（吴盈禧）

【评选2011年全国工商联科学技术奖】2011年“全国工商联科学技术奖”的评奖工作在继续开展科技进步奖评奖（评奖周期一年）的基础上，首次进行了科技创新企业奖（评奖周期二年）的评奖工作，并完成了2011年度国家科技进步奖推荐工作。2011年科技进步奖共有152个项目进入评审，科技创新企业奖共有56家企业进入评审，经过严格的形式审查、行业专家网络评审、综合专家会议评审、全工国商联主席办公会议审定、公示等评审程序，共评出科技进步奖一等奖13项、二等奖36项、优秀奖80项；评出科技创新企业奖39个。2011年12月21日，在全国工商联十届五次执委会议上为获奖项目和单位以及企业进行了表彰和颁奖。全国工商联科学技术奖励体系初步形成。（袁　媛）

【共同主办全国民营企业助推贵州发展大会】2011年12月22日，在全国工商联十届五次执委会议期间，全国工商联与贵州省人民政府共同举办了“全国民营企业助推贵州发展大会”，签署了《民企携手贵州 合作共赢未来战略合作框架协议》。助推大会上，与各地民营企业集中签约投资项目 500 个，总投资额 5835.6 亿元，其中 489 个项目计划明年开工建设。（王　彬）

【共同主办 2011 年全国“质量月”活动】 全国工商联作为全国“质量月”活动主办单位之一，与国家质量监督检验检疫总局等多家单位共同发起了 2011 年全国“质量月”活动。本次活动，全国工商联以宣传民营企业“抓质量、创品牌、讲责任”为主要活动内容，以“坚持科技创新发展自主品牌、坚持以质取胜推动科学发展、恪守质量诚信践行社会责任”为宣传主题，向各地工商联下发了《关于开展“质量月”活动暨推荐“质量·品牌·责任”先进典型事例的通知》，邀请了 3 位质量管理专家从各地报送的典型事例材料中进行评审，共评出 65 个典型事例入选《民营企业“质量·品牌·责任”典型事例汇编》，其中 20 个事例在《中华工商时报》上进行了宣传报道。（袁　媛）

【搭建银行和商会为企业融资的服务平台】 全国工商联一直致力于探讨解决民营企业融资难的问题。实践证明，单纯的银企合作并不能有效地解决中小微型企业融资的问题。自 2008 年以来，全国工商联扶贫与社会服务部按照会领导要求，积极与中国建设银行联系协商，于 2009 年签署了共同为中小企业、县域经济发展提供金融服务的框架协议。同年，又慎重稳妥地推动了瀚华担保公司股份制改造，使其注册资本金由 2008 年的 3 亿元，发展到 2011 年的 19.4 亿。2011 年 3 月，扶贫与社会服务部根据全国工商联与中国建设银行共同制定的年度工作计划，着手以建行北京市分行为出资方、瀚华担保北京公司为担保方、全国工商联直属行业商会会员企业为需求方，组织搭建起“银行—商会（企业）——担保”融资服务平台。

经过细致筛选，选择了全国工商联水产商会、医药商会、汽摩配商会为先期试点。试点以商会组织会员企业自愿申报，有抵押物的可直接向建行北京市分行提出申请融资，无抵押物的先由瀚华担保北京公司介入，通过瀚华担保审核后再报建行北京分行进行融资的三方合作机制，为试点商会的会员企业开展融资服务。试点的行业商会会员需满足以下条件：一是全国工商联直属行业商会注册的会员；二是企业资产或销售额在 1.2 亿元以下的中小微型企业；三是必须经商会初审后方可推荐。

截至 2011 年 12 月，上述三个商会共推荐了 22 家会员融资。其中，水产商会 4 家企业已获得融资共 1400 万元，医药商会 1 家企业获得融资 2000 万元，汽摩配商会 1 家企业获得融资 150 万元，总额度为 3550 万元，另外还有 9 家企业共 2900 万元待到 2012 年放款。

“银行—商会（企业）—担保”融资服务平台具有较明显的优势：一是利息优势。2011 年建行北京分行放贷利息按基准利息上浮 15% 收取，瀚华担保以基准担保费下浮 10% 收取。二是信誉担保优势。中小微型企业融资的难度在于抵押能力不足，企业管理不规范。瀚华担保以诚信担保为主体，是中小微型企业迫切希望的担保方式。三是银行、担保公司对企业进行直接指导。进入融资平台的企业，均得到银行和担保公司对企业财务管理的指导，对建立长期的银企合作关系打下了基础。

与此同时，积极提倡试点商会建立诚信体系。①制定诚信标准。拟用银行的诚信标准，结合商会的实际，制定行业商会的诚信标准。②适时建立诚信评估机制，不同等级的诚信标准享受不同的优惠待遇。③建立监督机制。希望在行业中以商会的服务促进诚信体系的建设，最终促进全行业、乃至全社会诚信水平的整体提高。（于明晟）

【编辑出版《中国民营经济发展报告 NO.8（2010～2011）》】 2011 年，全国工商联编辑出版了《中国民营经济发展报告 NO.8（2010～2011）》。全书包括主报告、专题报告、区域报告和地方报告。主报告系统分析了 2010 年全年及 2011 年一季度我国民营经济发展的宏观环境、基本状况，总结了“十一五”期间我国民营经济发展的整体特点，并对“十二五”时期的经济社会发展做出预测。专题解读了 2008 年全国第二次经济普查中所反映的民营经济发展状况。重点对中小企业发展的现状作出分析，提出促进民营经济特别是中小企业发展的意见建议。专题报告对个体私营经济、对外贸易、融资、税收、民营上市公司等领域进行了深层次研究。区域发展报告重点反映了各区域民营经济发展的特点、存在的问题和趋势展望。该书以翔实的数据、丰富的资料，全方位、多角度地反映了当前民营经济发展的现状、特征、发展趋势。

该书已连续出版了8本，逐渐成为集学术性和实用性、文献性和可读性为一身的读物，为各界专家学者以及企业界人士研究民营经济、了解民营经济提供帮助。（尚小琴）

构建和谐劳动关系

【综　述】推动构建和谐劳动关系是新时期工商联的重要职能，参与协调劳动关系三方会议是做好构建和谐劳动关系工作的重要载体和抓手。目前，协调劳动关系三方机制已经成为市场经济条件下国家协调劳动关系的制度安排，也是我国适应国际规则协调劳动关系的重要举措，对我国企业构建和谐劳动关系发挥着重要作用。

2001年8月，我国正式建立了由原劳动和社会保障部、中华全国总工会和中国企业联合会/中国企业家协会组成的国家协调劳动关系三方会议制度。由于国企改制、非公有制经济发展尚处于发展中等特定的历史原因，工商联此时并没有在制度上被纳入三方会议。但改革开放三十多年来，全国工商联作为非公有制企业的代表组织，充分发挥了组织健全、会员众多、运转有力的优势，积极参与三方会议工作，与人力资源社会保障部门、工会组织密切配合，在参与劳动立法、发展和谐劳动关系、维护非公有制企业劳动权益等方面发挥了重要作用，为协调非公有制企业劳动关系，促进三方机制的发展作出了积极贡献。

为充分反映不同形态企业的利益和诉求，建立符合中国国情、适应非公有制经济发展需要的三方会议制度，全国工商联自2007年以来积极争取以雇主组织的代表加入。在有关方面共同努力下，2011年7月，国家协调劳动关系三方会议召开第十六次会议，对国家协调劳动关系三方会议制度予以修订，增加全国工商联作为国家三方会议的成员单位。据此，全国工商联作为企业组织代表，与人力资源和社会保障部、中华全国总工会、中国企业联合会/中国企业家协会，共同组成国家三方会议。全国工商联正式加入国家三方会议，不仅进一步完善了我国三方会议的代表性和执行力，也是健全我国协调劳动关系三方会议的必然要求。

为进一步贯彻落实中央16号文件精神，充分发挥工商联在构建和谐劳动关系中的积极作用，推动完善协调劳动关系三方会议工作，全国工商联法律部会同各省级工商联于2011年4～8月对参与协调劳动关系三方会议和劳动关系热点问题进行了深入调研，进一步了解了工商联参与协调劳动关系三方会议的现状、面临的主要问题和省级工商联对参与协调劳动关系三方会议的意见和建议，最终形成了《推动协调劳动关系三方会议工作调研报告》。同时，法律部还积极开展商会调解仲裁调研，与最高人民法院联合开展了关于建立完善商会调解与法院诉讼相衔接机制调研。此外，法律部与各成员单位一道，积极参加全国厂务公开协调小组相关工作，交流经验、互通有无、群策群力，扎实推进非公有制企业厂务公开民主管理工作创新发展，为非公有制企业构建和谐劳动关系作出了重要贡献。（刘登森）

【参与全国厂务公开工作】2011年3月1日，全国厂务公开协调小组第16次会议在北京召开。全国厂务公开协调小组成员、全国工商联副主席谢经荣出席会议。会议听取了全国厂务公开协调小组办公室关于2010年全国厂务公开民主管理工作情况汇报，审议通过了《关于2011年厂务公开民主管理工作的意见》等文件。会议对2010年全国厂务公开民主管理工作取得的成绩给予了充分肯定，认为全国厂务公开协调小组各成员单位及办公室的工作重点突出、成效显著。

会议指出，2008年的全国推进厂务公开民主管理工作电视电话会议提出力争五年时间，逐步实现全国范围内已建工会的公有制企业厂务公开、职工代表大会全覆盖，非公有制企业厂务公开、职工代表大会建制率达到80%的工作目标，现已过去两年，距离目标差距还很大。一定要大力加强对厂务公开工作的调查研究，不断总结经验，发现存在的问题，努力推动工作的深入开展。

会议要求，厂务公开民主管理工作开展至今，一定要深入思考一些重大问题，如：厂务公开工作怎么围绕中心、服务大局的问题，怎么抓住构建企业和谐劳动关系的问题，怎么维护好企业的合法权益和职工的切身利益问题，职工最关心哪些问题，劳资协商、职代会到底有什么内容，不同企业究竟要公开哪些内容。不能只抓住几个数据，要真正解决问题，在推进工作中抓住重点，稳步前进。

会议强调，2011年是中国共产党成立90周年，也是“十二五”的开局之年，做好今年工作的意义十分重大。深入开展厂务公开民主管理工作，必须紧紧围绕国家中心工作，服务大局，抓住科学发展的主题和加快转变经济发展方式的主线，加强社会管理，促进劳动关系和谐，提高劳动者收入；必须进一步深化厂务公开民主管理工作的内容和形式，创新工作制度，不能千篇一律；必须做好调查研究，深化关键指标落实，做好2011～2013年规划，明确努力方向，突出重点，扎实工作。必须大力宣传和推广浙江传化经验，抓工作创新，抓典型带动，努力推动厂务公开民主管理工作全面深入发展。（丁学祥）

【联合开展学习宣传传化集团及浙江构建和谐劳动关系调研】为贯彻落实中央领导同志关于学习宣传传化集团及浙江省构建和谐劳动关系经验的重要指示精神，由中央政策研究室、中央宣传部、人力资源和社会保障部、全国总工会、全国工商联、中国企业联合会六部门组成的联合调研组，共分6个小组分别围绕“贯彻执行劳动法、劳动合同法对构建企业和谐劳动关系的影响”、“贯彻执行工会法、加强企业民主管理对构建企业和谐劳动关系的影响”、“企业职工队伍建设对构建企业和谐劳动关系的影响”、“企业经营者队伍建设对构建企业和谐劳动关系的影响”、“企业文化建设对构建企业和谐劳动关系的影响”、“企业党的建设对构建企业和谐劳动关系的影响”等6个专题，开展深入调研。

由全国工商联法律部副部长白莲湘带队，抽调法律部和办公厅及中国劳动关系学院多名干部组成第四调研组，于2011年4月12～5月25日先后赴浙江杭州、诸暨、温岭、丽水，四川成都、德阳等地开展调研。

按照分工要求，第四调研组就“企业职工队伍建设对构建企业和谐劳动关系的影响”这一子课题开展调研。通过召开有关部门座谈会、企业经营者座谈会、企业职工座谈会，实地走访有关企业，发放企业经营者和企业职工调查问卷，查阅相关资料等形式广泛收集第一手材料，较为全面地掌握了构建和谐劳动关系面上的情况，民营企业职工队伍建设的现状和特点，加强职工队伍建设的主要做法、典型经验和存在的主要问题，以及相关部门和企业对加强职工队伍建设的意见和建议。期间，全国工商联副主席谢经荣于5月9日带队在杭州市开展调研，主持召开15家企业经营者参加的专题座谈会。

该阶段调研中形成的调研成果包括4个调研报告和7份典型经验材料，分别是：浙江省民营企业职工队伍建设调查报告、浙江省民营企业员工生存状况及其需求和期盼调查报告、四川省劳动关系总体状况分析报告、四川省企业职工队伍建设总体情况分析报告以及杭州市萧山区工商联、温岭市人劳社保局、海亮集团有限公司、纳爱斯集团有限公司、万向集团公司、四川宏达集团、成都彩虹集团提交的7份典型经验材料。

调研既关注整体的、面上的情况，又根据工商联的职能定位，努力收集、掌握有关民营企业构建和谐劳动关系的第一手材料，注重挖掘民营企业在构建和谐劳动关系方面的经验做法，发现问题与不足，倾听“原声带”，反映民营企业需求。

1. 深入挖掘民营企业在构建和谐劳动关系方面的典型经验和做法。调研组总结和提炼了海亮集团有限公司、纳爱斯集团有限公司、万向集团公司、四川宏达集团、成都彩虹集团等民营企业的成功经验与做法，并推荐到《中华工商时报》及时予以宣传报道。

2. 客观分析民营企业在构建和谐劳动关系方面存在的问题和不足。通过调研发现，部分民营企业确实还存在用工不规范、劳动合同签订率低、劳动条件差、工资分配不合理、缺少人文关怀以及规模以下民营企业党群组织及工作覆盖面偏低等突出问题。这些都是全国工商联贯彻落实中央会议精神必须要直接面对并研究解决的主要问题，也是今后全国工商联开展相关工作的着力点。

3. 提出了企业发展是构建和谐劳动关系前提的观点。只有企业发展好了才能创造更多就业机会、改善员工劳动条件、增加员工收入，为和谐劳动关系提供物质基础。为此提出了优化民营企业经营环境、促进企业持续健康发展的对策建议。同时，调研组充分吸收和借鉴全国工商联中小企业综合性调研的成果，强调当前中小企业生产经营遇到较大困难，国家要加大对中小企业扶持力度，减轻中小企业负担，加强和改善对中小企业的金融服务和支持，充分发挥中小企业吸纳劳动力就业的主渠道作用。（刘登森）

【共同开展建立商会调解与诉讼调解衔接机制调研】为进一步发挥工商联组织和人民法院在非公有制经济领域的职能作用，构建多元纠纷化解机制，2011年年初，全国工商联与最高人民法院共同决定在全国开展建立完善商会调解与诉讼调解衔接机制的联合调研工作。在先期收集各地推动建立完善商会调解与诉讼调解衔接机制工作材料基础上，从4月28～11月18日，联合调研组在全国工商联法律部赵宏部长、白莲湘副部长，最高人民法院监督办刘京香副主任带领下，分赴北京、福建、辽宁、安徽、重庆等5个省市，深入各地工商联、法院、基层商会以及企业，组织座谈12场次，围绕建立完善商会调解与诉讼调解衔接机制的实践探索、工作成效、制约因素、意见建议等进行了广泛的调查了解，初步摸清了我国非公有制企业民商事纠纷化解的基本状况，收集掌握了各地在商事调解与诉讼调解衔接机制方面的有益做法，结合各自职能任务进行了深入的研究，形成了加强商会调解工作、推动完善商会调解与诉讼调解机制的调研报告，报告受到全国工商联和最高人民法院主要领导的高度重视，作出了重要批示。（李　强）

【开展推动协调劳动关系三方会议工作调研】协调劳动关系三方会议是市场经济条件下国家协调劳动关系的制度安排，也是我国适应国际规则协调劳动关系的重要举措，对我国企业构建和谐劳动关系发挥着重要作用。为深入贯彻落实中央16号文件精神，充分发挥工商联在构建和谐劳动关系中的积极作用，推动完善协调劳动关系三方会议工作，全国工商联法律部会同各省级工商联于2011年4～8月对参与协调劳动关系三方会议和劳动关系热点问题进行了深入调研，进一步了解工商联参与协调劳动关系三方会议的现状、面临的主要问题和省级工商联对参与协调劳动关系三方会议的意见和建议。

全国工商联法律部先后赴浙江杭州、诸暨、温岭、丽水以及四川成都、德阳开展调研，通过召开有关部门座谈会、企业经营者座谈会、企业职工座谈会，实地走访有关企业，发放企业经营者和企业职工调查问卷等形式广泛收集第一手材料，为形成调研报告奠定了坚实基础。

为更好地指导省级工商联结合自身情况开展调研，全国工商联法律部专门拟定了调研提纲，并印发了《关于开展协调劳动关系三方机制相关调研的通知》（全联厅（法）通〔2011〕46号），各省级工商联按照通知要求并参照调研提纲开展了广泛深入的调研。截至年底，共有21家省级工商联向全国工商联上报了本省（区、市）开展协调劳动关系三方会议工作的调研报告或工作报告，在此基础上全国工商联法律部结合自身调研成果撰写了总调研报告，即《推动协调劳动关系

三方会议工作调研报告》，已报送全国工商联领导、中央统战部和政府有关部门，并发送各省级工商联作为工作参考。（刘登森）

【召开法律工作座谈会】2011 年 5 月 9～11 日，全国工商联法律工作座谈会在浙江杭州召开。全国工商联副主席谢经荣同志出席会议并讲话。全国工商联法律部赵宏部长、白莲湘副部长，各省、自治区、直辖市和新疆生产建设兵团工商联法律工作负责同志出席会议。

谢经荣副主席在讲话中结合工商联法律工作，对中央 16 号文件精神作了深入解读。他指出，当前工商联法律工作仍然存在国家立法的广泛性、科学性与工商联法律意见的局限性，企业维权诉求的多样性、专业性与工商联法律服务的单一性等深层次矛盾。他表示，今后工商联法律工作要紧紧围绕促进非公有制经济健康发展和非公有制经济人士健康成长，在构建企业和谐劳动关系、维护会员企业合法权益、完善商会职能、提升素质上着力，为非公有制企业加快经济发展方式转变、保障和改善民生、提升自身素质方面营造良好的法治环境服务。他强调，2011 年要开展好几项工作：一是要积极为中小企业开展法律服务，二是继续做好非公有制经济法治环境调研，三是积极参与协调劳动关系三方机制，四是完善商会调解与仲裁职能，五是做好民营企业风险防范与危机处置工作。

赵宏部长作了题为《抢抓机遇科学谋划创先争优扎实做好新形势下工商联法律工作》的讲话，强调法律工作要在贴近民营企业发展实际、满足民营经济发展需求上下工夫，在拓展法律工作新领域、强化法律服务针对性上下工夫，在提高法律服务质量、突出工商联特色上下工夫。

会议期间，与会代表还考察了杭州市萧山区工商联法律服务产业发展中心和浙江传化集团。（邹　顺）

【加入国家协调劳动关系三方会议】国家协调劳动关系三方会议第十六次会议于 2011 年 7 月 4 日在北京召开。人力资源社会保障部副部长杨志明，全国总工会副主席、书记处书记张鸣起，全国工商联副主席谢经荣，中国企业联合会执行副会长陈兰通出席会议并讲话。

会议对国家协调劳动关系三方会议制度予以修订，增加全国工商联为国家三方会议成员单位。据此，全国工商联作为企业组织代表，与人力资源和社会保障部、中华全国总工会、中国企业联合会/中国企业家协会，共同组成国家三方会议。全国工商联正式加入国家三方会议，增强了企业组织的代表性，是健全我国劳动关系三方协商机制的必然要求，也是贯彻落实中央 16 号文件精神的一项重要举措。

会议对国家协调劳动关系三方会议成员和办公室组成人员作了相应调整。增加全国工商联副主席谢经荣为国家三方会议执行主席，增加全国工商联法律部部长赵宏、研究室副主任林泽炎、经济部副部长罗力为国家三方会议成员，增加全国工商联法律部副部长白莲湘为国家三方会议办公室副主任，增加全国工商联法律部法规处处长丁学祥、经济部副处长陆军、法律部主任科员毛红杏、研究室副主任科员刘佩华为国家三方会议办公室成员。（刘登森）

【参与主办全国构建和谐劳动关系先进表彰暨经验交流会议】2011 年 8 月 15～16 日，全国构建和谐劳动关系先进表彰暨经验交流会在北京成功召开。这次会议是改革开放 30 多年来第一次全国性研究部署构建和谐劳动关系的重要会议，由中央政策研究室、中央宣传部、全国总工会、人力资源与社会保障部、全国工商联、中国企业联合会联合召开。会议受到党中央、国务院高度重视，习近平同志代表党中央在会上发表了重要讲话，张德江同志作总结讲话。全国工商联黄孟复主席、全哲洙书记和谢经荣、庄聪生副主席参加了会议。

会议共表彰了357家企业和43个工业园区，其中非公有制企业81家，占23%，加上外资企业和工业园区内的企业，受表彰非公有制企业占比超过国有企业；从近三次表彰的趋势看，非公有制企业数量、比例均呈上升态势。会上，15家典型作了大会发言，浙江传化、三一重工、齐正药业、成都彩虹等交流了非公有制企业构建和谐劳动关系的经验做法；娃哈哈集团董事长宗庆后代表受表彰单位宣读了构建和谐劳动关系倡议书。

会上，对于如何充分发挥工商联组织在构建和谐劳动关系中的职能作用，习近平同志提出了以下几点要求。①各级工商联组织要明确自身职责，及时反映企业诉求，引导企业严格执行劳动法律法规、主动履行社会责任，在劳动关系协调中积极发挥作用。②各级党委、政府要积极依托有关部门和工商联等企业组织代表，支持企业经营者创业发展，关心他们的学习培训和健康成长。③国家协调劳动关系三方四家要总结开展和谐劳动关系创建活动经验，建立健全创建工作目标责任制，不断扩大创建活动在广大企业特别是非公有制企业和中小企业的覆盖面，积极推动区域性的创建活动由工业园区向企业比较集中的乡镇（街道）、村（社区）拓展，努力形成全方位、多层次的创建局面。

为筹备好会议，中央政策研究室、中央宣传部、全国总工会、人力资源与社会保障部、全国工商联、中国企业联合会组成联合调研组，深入到浙江、四川、福建、湖南、广东、北京、辽宁等省市进行调研。作为会议主办方之一，全国工商联副主席谢经荣参加了联合调研组和会议领导小组工作，法律部、办公厅、经济部等部门8名干部参与了调研和会务工作。

按照分工要求，全国工商联就“企业职工队伍建设对构建企业和谐劳动关系的影响”这一子课题组织开展调查研究。4月12~5月25日，先后赴浙江、四川等省实地考察，召开座谈会，发放调查问卷，查阅相关资料，较为全面地掌握了构建和谐劳动关系基本情况，民营企业职工队伍建设的现状和特点，加强职工队伍建设的主要做法、典型经验和存在的主要问题，以及相关部门和企业对加强职工队伍建设的意见和建议。期间，谢经荣副主席于5月9日带队在杭州市开展调研，主持召开15家企业经营者参加的专题座谈会。调研形成了4份调研报告和7份典型经验材料。（毛红杏）

【共同主办全国深化创新厂务公开民主管理工作会议】2011年8月24~25日，全国深化创新厂务公开民主管理工作会议在山东青岛召开。会议的主要任务是：以邓小平理论和“三个代表”重要思想为指导，深入贯彻落实科学发展观，认真学习贯彻胡锦涛总书记在庆祝中国共产党成立90周年大会上的重要讲话精神，回顾总结近年来厂务公开民主管理工作取得的成绩，分析当前面临的新形势新任务，研究部署当前和今后一个时期工作，为推动科学发展、促进社会和谐、实现“十二五”时期经济社会发展目标任务贡献力量。

中央书记处书记、中央纪委副书记何勇出席会议并发表重要讲话。全国厂务公开协调小组组长、全国总工会副主席、书记处第一书记王玉普主持会议并作总结讲话。全国厂务公开协调小组副组长、监察部副部长郝明金，全国厂务公开协调小组成员、中央组织部部务委员兼组织二局局长、基层办主任陈向群，国务院国资委党委委员、纪委书记强卫东，全国厂务公开协调小组成员、全国工商联副主席谢经荣出席会议并讲话。

何勇指出，各地区各部门各单位认真贯彻中央的决策部署，坚持全心全意依靠工人阶级的方针，以职工代表大会为基础，健全民主制度，丰富民主形式，拓宽民主渠道，扎实推进厂务公开民主管理工作。经过十几年的发展，厂务公开民主管理从无到有、由点到面，从最初单一关注职工切身利益问题向企业经营决策的重大问题、专业管理的深层次问题拓展，覆盖面不断扩大，厂务公开和职代会建制率稳步提高。实践证明，厂务公开民主管理对于提高企业民主决策、科学决策水平，提高企业自主创新能力和市场竞争力，促进企业科学发展，对于实现职工群众自我管理、自我服务、自我教育、自我监督，加强基层民主政治建设、密切党与职工群众的血肉联系、巩固党的阶级基础和执政地位，对于维护职工合法权益，构建规范有序、公正合理、互利共赢、和谐稳定的新型劳动关系，对于建立现代企业制度、完善法人治理结构，健全企业内部权力运行监督机制、加强企业党风建设和反腐倡廉工作，都发挥了重要作用。

谢经荣指出，我国正处于社会转型、经济结构调整时期，也是矛盾多发的时期。面对新的形势，必须以胡锦涛同志在庆祝中国共产党成立90周年大会上的重要讲话和习近平同志在全国构建和谐劳动关系先进表彰暨经验交流会上的重要讲话精神为指导，按照何勇讲话的要求，强化政治意识、大局意识、责任意识，深刻认识当前形势下深化创新厂务公开民主管理，是加强和创新社会管理、建设和谐社会的有效途径，是加强企业管理、建立现代企业制度的内在要求，是规范和构建社会主义和谐劳动关系的重要内容，对于协调企业劳动关系、调动广大职工积极性、促进非公有制企业健康发展和非公有制经济人士健康成长具有重要的意义和作用。

谢经荣要求，民营企业家应树立新理念积极开展民主管理工作，要牢固树立依靠职工发展企业的理念、共建共享的理念、构建和谐企业文化的理念，注意把握非公有制企业的实际情况，使厂务公开民主管理更加符合非公有制企业的发展需要，为企业科学发展、和谐发展、持续发展提供不竭动力和有效保证。各级工商联要积极引导非公有制企业推行厂务公开民主管理工作，一要在地方党委、政府的领导和厂开办的指导下，搞好调查研究，认真总结近年来非公有制企业开展厂务公开民主管理工作的成功经验和有效做法，不断加强非公有制企业厂务公开民主管理工作的规范化、制度化建设。要积极探索形式多样、内涵丰富、氛围浓郁，符合各地非公有制企业特点的民主管理新模式。二要认真研究在非公有制企业中推行厂务公开的内容和形式，紧扣企业工资协商机制、正常增长机制等劳资关系中的重点、难点问题，结合思想政治工作、构建和谐劳动关系工作、企业文化建设等，分类型、分区域进一步推动厂务公开民主管理工作，维护好劳资双方的合法权益。三要充分利用各种媒介、会议和领导讲话，大力宣传厂务公开民主管理工作的重要意义和非公有制企业推行该项工作的典型经验。要选树一批可信可比可学的厂务公开先进典型，在评选各类先进企业、和谐企业、优秀企业家时，将企业推行厂务公开工作情况列为评选条件，营造良好社会氛围。

谢经荣要求，做好非公有制企业厂务公开民主管理工作，要深入理论研究，夯实民主管理的法律基础，提高实效性。工作中，要注意处理好三个关系：共性与差异性的关系，职代会作用同股东代表大会作用的关系，所有者决策权与职工参与权的关系。（丁学祥）

【共同主办第六届全国民营企业“关爱员工、实现双赢”评选表彰暨经验交流会议】 2011年9月23日，由全国工商联、全国总工会联合举办的第六届全国民营企业“关爱员工、实现双赢”经验交流暨表彰会议在北京人民大会堂举行。中共中央政治局委员、全国人大常委会副委员长、全国总工会主席王兆国，全国政协副主席、全国工商联主席黄孟复会见与会代表，并合影留念。

会议由全国工商联党组书记、第一副主席全哲洙主持。全国工商联副主席谢经荣、庄聪生，全国总工会副主席、书记处书记张鸣起、段敦厚及全体受表彰人员代表，各省、自治区、直辖市工商联、总工会和新疆生产建设兵团工商联、工会负责同志等约700人出席了表彰会议。

王兆国在会见代表时讲话强调，构建和谐劳

动关系是当前必须抓好的一项紧迫而重要的政治任务。要切实推进中央提出的构建和谐劳动关系六方面重点工作，结合当前形势和企业实际，积极探索创新思路和做法，不断增强构建和谐劳动关系各项活动的针对性和实效性；深刻认识中小企业在吸纳劳动力就业方面不可替代的地位，推动落实关于中小企业发展的政策措施，创造有利的制度环境，引导中小企业推进技术创新和提高市场竞争力，积极开拓市场、扩大发展、提高效益、增加就业；企业经营者要主动履行社会责任，重视改善职工生产生活条件，切实保障职工的工资工时、社会保险、劳动安全卫生等法定权益，同时引导职工关心企业、热爱企业，为促进企业发展贡献智慧和力量。

黄孟复在表彰会议上的讲话中指出，全国民营企业“关爱员工、实现双赢”活动自2004年开展以来，在引导民营企业尊重和关爱员工、调动员工积极性、构建和谐劳动关系、共同推动企业发展等方面发挥了积极作用，取得了显著成效，得到了各级党委政府的充分肯定和社会各界的广泛认同。“关爱员工、实现双赢”活动是构建和谐劳动关系的重要举措和有效载体，各级工商联组织要高度重视，与各级工会组织密切配合，进一步细化标准、规范程序，切实做到优中选优，真正树立一批可信、可比、可学的典型。要充分发挥工商联、工会在构建和谐劳动关系中的积极作用，通过树立和宣传典型，激励、带动更多的民营企业参与到关爱员工、构建和谐劳动关系中来，为加快建立规范有序、公正合理、互利共赢、和谐稳定的劳动关系，为促进经济发展、构建和谐社会作出更大的贡献。

全国总工会副主席、书记处第一书记王玉普在讲话中指出：工会组织必须把“关爱员工、实现双赢”、“双爱双评”活动摆上工会工作重要议事日程，作为构建和谐劳动关系、参与加强和创新社会管理的重要举措抓紧抓好。要主动加强与各级工商联组织的联系合作，充分发挥各自优势，形成强大的工作合力，使这项活动深入、持久、有效地开展下去。

全国总工会副主席、书记处书记陈豪宣读《关于表彰“全国关爱员工优秀民营企业家”、“全国热爱企业优秀员工”、“全国双爱双评活动先进企业”的决定》。重庆市隆鑫控股有限公司投资人涂建华等5位企业代表在会上介绍了开展“关爱员工、实现双赢”活动的经验和体会。（肖　扬）

【召开法律委员会第七次全体会议】2011年10月20～21日，全国工商联法律委员会第七次全体会议在陕西西安召开。

全国工商联副主席、法律委员会主任谢经荣出席会议并讲话，全国工商联副主席、法律委员会主任、用友软件股份有限公司董事长兼总裁王文京，全国工商联副主席、法律委员会主任、金花企业集团总裁吴一坚分别主持会议，陕西省工商联主席冯钧平到会致辞，全国工商联法律委员会委员及陕西省工商联有关负责同志30余人参加了会议。

委员们以“促进民营企业税法法治环境建设”为主题进行了典型发言，对国家税收政策与民营企业发展间的关系进行了研究分析，对推动政府加大对中小企业财税优惠支持力度进行了交流探讨，对进一步清理不合理收费政策、为非公有制经济发展营造良好法治环境提出了意见建议。还就进一步减轻中小企业税收负担、民营企业税收法治环境对非公有制经济的健康发展以及工商联如何发挥更大作用进行了研讨，对法律委员会的工作给予了充分肯定。

针对民营企业整体税费较高、税制政策不合理、税务征管随意性强等问题，会议通过交流和讨论，形成以下四点共识。

1. 制定具有中国特色的税收法律体系势在必行。一是目前我国开征税种绝大多数都是依据行政法规、多数停留在国务院发布的暂行条例和规定，财政部发布的实施细则和解释通知上，几乎都是“小条例”、“大细则”。二是有关税收优惠政策的规定，也大多采用实施细则、补充规定等形式，立法层次低，变动快，没有形成稳定完整的法律体系。三是税收征收透明度不高，人为因素多，随意性大，法律效力低，执行力度不强，税收优惠措施缺乏规范性，导致税收优惠政策被滥用，达不到应有的政策效果，无法满足市场经济法治化的迫切需要。四是征税环节多，重复征税，企业不堪重负，降低了企业市场竞争力，也增加了消费者负担。五是国税地税分设不适应形势发展的要求，两套人员、两个机构，税收成本大，企业应付两个税局经历两次纳税程序，纳税成本高。六是目前的税收政策不适应市场经济的需要，不能体现“赚钱多者多交，赚钱少者少交”的理想效果。

*2. 政府税务部门要转变观念，变“打鱼”机制为“养鱼”机制。*一是要发挥税收杠杆的引导和激励作用，灵活性和调控性相统一。二是税务机关既要把自己当做一个打鱼人，也要参与养鱼，促进企业发展，“打鱼”和“养鱼”相得益彰。三是利用税收杠杆规划引导企业，使其成为执行产业政策的工具。四是出台税收优惠措施，引导市场行为，支持行业或者帮助弱势困难企业的发展。

*3. 积极营造非公有制经济健康发展的平等税收法治环境。*一是要加强税制改革力度，消除不合理征税和重复征税，建立符合中国市场经济特别是有利于非公有制经济发展的税制政策。二是要深化我国增值税制度改革，将现代服务业等多种行业的纳税方式从营业税改为增值税。三是出台有利于中小企业，特别是小微企业发展的税收优惠政策，进一步减轻中小企业纳税负担，促进就业、改善民生。四是协调企业所得税与个人所得税关系，允许中小企业投资者在企业所得税和个人所得税之间选择纳税，保护中小企业纳税积极性。

*4. 把中小企业发展提升为国家战略，加快实施更加有利于民营企业发展的优惠政策。*一是国家加快实行中小企业减税返利的税收政策，取消部分行政性收费和附加税，提高中小企业收益比重和工资支付空间。二是增加社保补贴，推动中小企业建立健全工资正常增长机制，使作为就业主体的中小企业承担起与企业发展和效益相适应、与国家经济发展水平相适应、与职工增加工资收入要求相适应的社会责任。三是切实减轻长期处于劳动密集型、产业链低端、资源要素配置低端、容纳就业人口最多、工资标准最低的广大中小企业特别是小微企业生存和发展的压力。（丁学祥）

【共同主办全国非公有制企业班组建设工作推进会】2011 年 11 月 29 日，全国非公有制企业班组建设工作推进会在福建泉州召开。

此次会议由全国总工会、工业和信息化部、全国工商联主办，议题是贯彻落实全国班组建设工作会议精神，进一步推进新形势下非公有制企业班组建设工作。全国工商联法律部部长赵宏出席会议并讲话。泉州市总工会、恒安集团有限公司工会、重庆市总工会等单位作了发言，从不同层次、不同侧面介绍了加强非公企业班组建设的经验和做法。

非公有制经济在国内生产总值中的比重超过了 50%，非公有制企业数在全国企业总数中的比重超过了 70%，非公有制企业从业人员已占全国企业职工数的 88.4%。加强非公有制企业班组建设已成为适应非公有制经济发展新形势的迫切需要。

会议指出，各有关部门和组织要从经济社会发展全局的高度，深刻认识加强非公有制企业班组建设工作的重要性和必要性，进一步增强责任感和紧迫感，不断加大工作力度，创新工作举措，推动班组建设在非公有制企业实现新突破，促进非公有制经济健康快速发展。要在各级党委的领导和政府的支持下，采取有力措施，不断提高非公有制企业班组建设工作水平，增强班组建设工作实效。要紧密结合本地区、本企业实际，和各有关部门密切配合，以打造高效、安全、规范、和谐班组为目标，以提升班组管理水平为核心，以提高班组成员整体素质为重点，多措并举、大力推进。要进一步拓宽工作思路，创新工作方式，积极探索适应企业实际和职工特点的班组建设的有效载体和方法，推动非公有制企业班组建设工作更加广泛深入开展。

工商联作为我国非公有制经济领域各类企

业、工商社团和工商界人士的联合组织，在协助政府管理经济社会事务和服务非公有制企业经营管理方面的作用日益突出。截至2010年年底，我国民营企业已超过840万家，占全国法人企业总数的74%以上，成为我国最大的企业群体；民营企业解决了80%的城镇就业和95%的新增就业，成为吸纳扩大社会就业的主渠道。改革开放30多年来，我国非公有制经济快速发展，取得了举世公认的成就，为工商联履行职责、发挥作用提供了广阔舞台。

2010年9月，中共中央、国务院颁发中央16号文件，要求“必须加强和改进工商联工作，推动非公有制企业全面提升自身素质，建立健全符合科学发展要求的治理结构、管理模式和企业文化”，而企业班组建设直接反映企业的管理模式、直接体现企业的文化、直接影响企业的社会形象和经济效益。因此，做好非公有制企业班组建设工作也是贯彻落实中央16号文件精神的重要举措。一年来，工商联认真贯彻全国班组建设工作会议精神，配合有关部门积极推进非公有制企业科学合理设置班组、建立健全班组管理制度、改进班组管理流程、加强班组信息化建设、完善班组学习培训机制等，为确保企业又好又快发展奠定了坚实基础。（丁学祥）

扶贫与社会服务

【综　述】 2011年是“十二五”规划和《中国农村扶贫开发纲要（2011～2020年）》的开局之年，也是全国工商联认真贯彻落实中央16号文件精神，开创工商联工作新局面的关键一年。在会领导的正确领导下，全国工商联扶贫与社会服务工作按照“常规工作求质量，重点工作抓突破”的要求，扎实开展各项工作并取得了显著成效。全国工商联扶贫工作委员会被国务院扶贫开发领导小组授予“全国扶贫开发先进集体”；在各民主党派、工商联、无党派人士为全面建设小康社会做贡献评选表彰活动中，全国工商联扶贫与社会服务部光彩事业处被评为先进集体；全国工商联“组织、引导民营企业参与社会主义新农村建设”、“光彩教育工程”两个项目被评为社会服务优秀成果。

一、围绕国家扶贫开发新战略，谋划和开展扶贫工作

围绕党和国家的中心任务，组织引导非公有制经济参与农村扶贫开发是工商联工作的优良传统，也是发挥政府管理和服务非公有制经济助手作用的重要载体。

1. *认真听取各方意见、统一思想、谋划未来五年扶贫工作思路。* 在与国务院扶贫办举行高层会晤，把握中央政府扶贫工作精神实质的基础上，组织召开了南、北两个片区的工商联扶贫与社会服务工作研讨会，汲取地方工商联扶贫工作的先进经验和做法。

2. *为配合国家实施连片特困地区扶贫开发战略，认真开展调查研究。* 与中国民（私）营经济研究会、中国光彩事业指导中心联合组成调研组，开展了对“连片特困地区（秦巴山区）扶贫开发路径及政策研究”的实地调研活动，组织撰写了《关于秦巴山区连片特困地区扶贫开发的政策建议》调研报告并报回良玉副总理和国务院扶贫办，回良玉副总理做出了重要批示，并要求国务院扶贫办牵头，商请有关部门对建议予以认真研究。

3. *认真总结定点扶贫和扶贫工作委员会的工作，探索新的工作机制，提升工作质量。* 在全国工商联扶贫工作委员会第三次全体会议上创设了“西部光彩帮扶基金”，以加大对西部和定点扶贫地区的帮扶力度。为总结经验、把握规律、指导实践，全国工商联主要领导同志多次到仪陇和毕节地区考察调研、指导工作，扶贫部对仪陇县帮扶工作实践经验、工作模式和工作成果进行了全面总结，编制完成《全国工商联参与四川省仪陇县扶贫开发的探索与实践》。

4. 开展基层干部培训，为贫困地区发展提供智力支持。为加强基层领导干部队伍建设，提高带领人民群众增收致富水平，全国工商联分别与国务院扶贫办、民生银行合作，联合举办了“村企共建扶贫工程干部培训班”和“全国工商联第九期乡镇干部培训班”，76 名来自 8 个试点省区和新疆、西藏的基层扶贫办和工商联干部以及毕节试验区 8 个县市区和巴中市、仪陇县的 80 名乡镇干部分别参加培训。

二、深化合作，服务中小企业科学发展

围绕中心，服务大局，引导非公有制经济人士健康成长，促进非公有制经济健康发展是工商联工作的主题。近年来，面对国际国内复杂经济形势，中小企业面临“两高”、“两难”等问题，生存发展面临严峻挑战。全国工商联积极采取相应措施，帮助企业应对危机。

1. 强化三方合作，推动就业再就业工作，为民企发展提供人才支撑。根据国务院就业再就业工作部际联席会议部署，先后与人社部、教育部、全国总工会共同主办“2011 全国民营企业招聘周”启动仪式，与教育部共同主办“全国高校毕业生就业网络联盟首次校企合作班研讨会”，探讨工学结合、校企合作的方法和途径，探索新的人才培养方向和模式。

2. 表彰先进、树立典型，积极营造民营企业的良好发展环境。为表彰勇于面对各种挑战，努力稳定就业岗位，积极参与社会保障，切实维护员工权益的优秀民营企业，全国工商联与人力资源社会保障部、全国总工会联合召开“全国就业与社会保障先进民营企业表彰大会”，授予 100 家民营企业“全国就业与社会保障先进民营企业”荣誉称号，并通报表扬在“2011 全国民营企业招聘周”活动期间组织工作突出的 53 个城市（区）和吸纳就业突出的 76 家民营企业。中共中央政治局委员、国务院副总理张德江出席会议并作重要讲话，全国工商联黄孟复主席出席会议并颁奖，全哲洙书记代表三方在大会上讲话。

3. 建立机制、搭建平台，着力帮扶中小企业保生存、谋发展。根据全国工商联与中国建设银行 2011 年为中小企业融资工作计划，全国工商联扶贫部着手以建行北京市分行为放贷方、瀚华担保北京公司为担保方、全国工商联直属行业商会会员企业为需方，组织搭建了银行—商会（企业）—担保融资服务平台。全年发放贷款总额度为 3550 万元，其中全国工商联水产商会 4 家企业共发放 1400 万元，医药商会 1 家企业发放 2000 万元，汽摩配商会 1 家企业发放 150 万元。

三、弘扬光彩精神，扎实开展光彩事业工作

引导非公有制经济人士积极承担社会责任，热心公益事业，投身光彩事业，参与农村扶贫开发，自觉把自身发展和国家发展结合起来，把个人富裕和全体人民共同富裕结合起来是工商联工作的重要职责。

1. 以活动为载体，做好西部地区帮扶工作。为支持西部地区发展，全国工商联与中国光彩会主要领导多次率民营企业家代表团参加“2011 中国・青海绿色经济投资贸易洽谈会”、“2011 年光彩陇原行”、“首届中国亚欧博览会暨光彩事业新疆行”等活动。每次会议活动均取得丰硕成果，为西部地区经济社会发展作出了重要贡献，受到当地领导和社会各界的广泛关注和一致好评。

2. 加大宣传力度，为光彩事业发展营造良好的舆论氛围。一是组织专家编写了《2010 年民营企业参与光彩事业数据统计年度分析报告》，突出展示了民营企业在履行社会责任方面所取得的丰硕成果，彰显了民营企业家“义利兼顾、以义为先”的光彩精神风貌。二是以“中国光彩事业”为主题，展示了新世纪以来广大非公有制企业和非公有制经济人士致富思源，回报社会，积极投身扶贫开发事业，为缓解和消除农村贫困、促进欠发达地区经济社会发展所作出的积极贡献。

3. 加强合作，引导民营企业积极参与生态文明建设。一是与国家林业局、中国光彩会联合印发《关于开展第四届光彩事业国土绿化贡献奖评选工作的通知》，组织开展了民营企业参与国土绿化的评选表彰工作，并联合举办“第七期全国民营企业及管理干部林业培训班”，培训 80 多名来自全国从事林业的民营企业家和近 20 名工商联、林业局和光彩会干部。二是参与主办“2011库布其国际沙漠论坛”，全国工商联黄孟复主席和全哲洙书记出席，号召有条件、有实力的民营企业积极参与防沙治沙事业。

四、加强人文关怀，努力推进社会慈善公益事业

大力发展我国公益慈善事业，是近年来党和国家站在构建社会主义和谐社会的高度，提出的重大历史任务。全国工商联围绕中心，服务大局，引导民营企业家多种形式参与社会公益慈善事业，积极为构建和谐社会贡献力量。每年的新年“送温暖”活动已成为展示工商联关注民生的重要品牌。关爱“艾滋病”患者，为弱势群体谋福址，通过引导捐善款、做项目、呼吁关注等多种方式激励社会各界、艾滋病患者与家人共同为防艾贡献自己的力量。（聂志军）

【参与主办三方合作推动就业再就业第七次联席会议】2011年1月28日，人力资源社会保障部、全国总工会和全国工商联在京召开三方合作推动就业再就业工作第七次联席会议。全国工商联副主席谢经荣，人力资源和社会保障部副部长信长星和全国总工会副主席王炯出席会议并讲话。

会议审议并通过了2010年三方推动就业再就业工作总结和2011年工作安排。会议认为，2010年，三方合作推动就业再就业工作在各方面的共同努力下，圆满完成了预定的工作目标任务。三方合作推动就业再就业工作主题鲜明，内容丰富，措施得力，配合默契。三方充分发挥各自职能作用和工作优势，在推动民营企业发展、促进高校毕业生就业、维护劳动者合法权益等方面取得了明显效果。“全国民营企业招聘周”已在社会成为品牌活动，得到国务院领导同志的肯定，赢得了广泛的赞誉。

会议要求，2011年三方合作推动就业再就业工作要全面贯彻党的十七届五中全会和中央经济工作会议精神，深入贯彻落实科学发展观，准确把握新时期就业形势变化特点，巩固并完善三方合作推动就业再就业工作经验和成果，注重活动形式创新，注重活动的针对性、适用性、有效性，为民营企业用人和劳动者求职服务，为促进社会和谐稳定作出新的贡献。

会议还通过了以举办“2011年全国民营企业招聘周”、召开“就业与社会保障先进民营企业表彰会”为重点的2011年三方合作推动就业再就业工作计划。（徐　洁）

【与国务院扶贫办高层会晤】2011年2月14日，全国工商联副主席谢经荣与国务院扶贫办副主任郑文凯就2011年双方合作工作进行了会商。国务院扶贫办国际合作和社会扶贫司、全国工商联扶贫与社会服务部的有关同志出席了会议。

双方就2011年的联合推动“村企共建”扶贫工程、联合开展培训和宣传表彰活动等进行了会商，表示要继续联合举办“村企共建”扶贫干部培训班，并由国务院扶贫办给予经费支持。双方决定，共同探索和完善引导支持民营企业参与扶贫事业的工作机制和扶持政策，对“村企共建扶贫工程”试点工作的成效、问题和经验开展调研和总结，对参与扶贫开发的优秀民营企业进行宣传。全国工商联将积极参与国务院扶贫办举办的全国扶贫表彰活动的推荐、评审等工作，通过政治协商渠道反映在扶贫开发领域需要反映的问题和意见。全国工商联还将积极参与和支持国务院扶贫办拟于2011年下半年在河南省举办的“全国优势产业支持贫困地区发展招商暨研讨会”。双方确定经请示主要领导后安排高层会晤。（赵冬民）

【共同主办红丝带健康包“百校进千企”活动】2011年2月25日，全国工商联和国务院艾滋病防治工作委员会办公室共同主办的“红丝带健康包‘百校进千企’启动暨北京潮人商会捐赠仪式”在京举行。全国政协副主席、全国工商联主席、中华红丝带基金名誉理事长黄孟复，中共中央对外联络部原部长朱良，人力资源和社会保障部副部长杨志明，团中央书记处书记汪鸿雁，全国工商联副主席、中华红丝带基金理事长谢经荣等近600人出席了此次活动。

黄孟复主席与朱良为红丝带健康包“百校进千企”仪式揭幕，有关部委领导为高校志愿者代表授旗。北京潮人商会会长张章笋向中华红丝带基金捐赠1000万元，用于中华红丝带基金包括“红丝带健康包”项目在内的各项公益事业。

该项目由共青团中央等6部委作支持单位，动员16个省级工商联、防艾办、团委作为参与单位，动员106所高校的1927名高校志愿者，动员大学生志愿者带着红丝带健康包走进了415家企业、工地，组织了上百场防艾宣讲活动，共发放了10万个健康包，直接受助群体超过10万人。（王丽荣）

【出席中华红丝带基金二届二次理事会】 2011年3月12日，中华红丝带基金二届二次理事会在京召开。全国政协副主席、全国工商联主席、中华红丝带基金名誉理事长黄孟复，全国工商联副主席谢经荣、刘沧龙等出席会议。会议由中华红丝带基金副理事长、中国民生银行行长洪崎主持。

黄孟复主席在讲话中充分肯定了中华红丝带基金2010年所做的工作，指明了面临的新任务。就中华红丝带基金如何发挥自身优势，动员更多的社会爱心人士参与我国的防艾工作提出了新的要求，希望中华红丝带基金进一步加强社会动员力度，进一步筹集公益基金，进一步落实好公益项目，成为配合政府开展实施艾滋病防治工作的得力助手。

全国工商联副主席、中华红丝带基金执行理事长许荣茂代表理事会向大会作工作报告。报告总结了基金2010年所开展的主要工作，并对基金2011年的具体工作做出了部署。

会议期间，塞呋盾科技控股、龙度传媒分别向中华红丝带基金捐赠了公益广告媒体资源，会议还通过了有关人事增补事项。（王丽荣）

【中华红丝带昭觉县抗病毒治疗关爱中心奠基及凉山考察】 2011年4月11日，由全国工商联中华红丝带基金捐建的四川省凉山州昭觉县抗病毒治疗中心工程奠基仪式在昭觉县人民医院举行，该中心位于昭觉县人民医院，总建筑面积2710平方米，总投资约400万元。全国工商联黄孟复主席为该中心奠基致贺信。中华红丝带基金理事长、全国工商联副主席谢经荣，中华红丝带基金执行理事长、全国工商联副主席、世茂集团董事局主席许荣茂，四川省工商联党组书记钟家霖以及中华红丝带基金部分理事单位的民营企业家共200余人出席了奠基仪式。

为使凉山州艾滋病防治项目得到持续性的关注和支持，考察活动期间，北京潮人商会捐赠200万元，四川宏达集团捐赠100万元，江苏亿城投资有限公司捐赠91.84万元继续支持凉山州艾滋病防治项目，世茂集团捐赠100万元捐建10所红丝带村级卫生室，方大控股有限公司捐赠50万元支持红丝带母婴阻断项目，科大讯飞捐赠10套语音教学系统支持当地艾滋病防控工作。

活动期间来自全国的40家民营企业与凉山州政府举行了招商投资洽谈会，并考察了当地母婴阻断工作，看望了昭觉县四开乡红丝带栋梁班的孩子们，并向他们赠送了生活和学习用品，带去了社会各界的关爱。（王丽荣）

【召开扶贫工作委员会第三次全体会议】 2011年4月27日，全国工商联扶贫工作委员会（以下简称“扶贫委员会”）在南京召开第三次全体会议。全国政协副主席、全国工商联主席黄孟复出席会议并作重要讲话，全国工商联副主席谢经荣出席会议。国务院扶贫办有关部门、部分省市工商联的负责人和民营企业家代表参加了会议。

全国工商联副主席、扶贫委员会主任、苏宁电器集团董事长张近东作了委员会2010年扶贫工作总结，扶贫委员会副主任、上海复星集团副董事长兼CEO梁信军报告了委员会2011年工作计划。

黄孟复主席在讲话中指出，当前我国扶贫开发进入一个新的阶段，扶贫工作的主要任务从解决温饱转入了巩固温饱成果、提高发展能力、加快脱贫扶贫、缩小发展差距。广大非公有制经济人士和企业通过参与光彩事业、新农村建设和各种慈善公益事业探索出一条具有中国特色的开发式扶贫的模式，为我国扶贫开发取得新成就做出了重要贡献。国家提高扶贫标准后，扶贫对象有一定的扩大，特别是再集中连片特殊困难地区的扶贫攻坚任务依然十分艰巨。全国工商联要深入调查研究，探索解决制约贫困地区发展的深层次矛盾的途径，以更大的决心、更强的力度、更有效的措施，引导更多的非公有制经济人士和企业共同打好新一轮扶贫开发攻坚战，改善民生，缩小差距，让贫困地区的人民共享改革开放的伟大成果。

黄孟复主席强调，扶贫委员会的重点是开发式扶贫，要把钱用在刀刃上，将工作重点侧重到乡镇乃至县域经济发展上来。通过健全农村经济组织，充分调动民营企业的力量、市场的力量，形成农民 + 农民合作组织 + 龙头企业 + 基地的组织模式，激发贫困地区人民的积极性，统筹利用各方有利资源，真正让群众富裕起来。要加大工作力度，将民营企业家开发式慈善事业广泛纳入到扶贫委员会的工作范畴中。

他要求，扶贫委员会要尽快建立专家组，重点研究连片特殊困难地区、特别是边疆地区贫困的根由，并提出政策建议。他最后强调，我们有责任和义务，为政府制定和贯彻扶贫方针政策建言献策，这是扶贫委员会长期的任务。

会议决定在“十二五”规划时期，全国工商联将加大善款筹集和投入的力度，积极参与西部大开发，把引导非公有制企业参与农村扶贫工作重点放在不断提高贫困地区和扶贫对象自我发展能力上来。会议宣布创立“西部光彩帮扶基金”，支持西部光彩事业发展。（白　龚）

【共同主办 2011 年全国民营企业招聘周活动】2011 年 5 月 16 ~ 22 日，人力资源社会保障部、教育部、全国总工会、全国工商联联合组织全国 31 个省、自治区、直辖市县级以上城市开展了“2011 全国民营企业招聘周”活动。全国民营企业招聘周是三方合作推动就业再就业的常规工作，已举办了七届。

招聘周启动仪式于 5 月 16 日上午在江西省南昌市展览中心举行。人力资源和社会保障部副部长信长星，教育部部长助理、党组成员林蕙青，全国总工会副主席王炯，全国工商联副主席谢经荣，江西省副省长熊盛文等出席启动仪式并讲话。民营企业家和高校学生代表作了发言。部分民营企业家、高校学生、就业困难群体和进城务工农民代表近 6000 人参加了主会场启动仪式活动。

各省、自治区、直辖市县级以上城市与主会场同步启动了招聘周活动。据统计，全国有 19.6 万户民营企业参加了招聘周活动，提供各类岗位信息近 297 万条；有近 87 万人次求职者与用人单位达成了就业意向，其中，大中专毕业生 56 万人次；农民工 19 万人次，其他各类求职者 12 万人次。招聘现场累计发放政策宣传品 350 万份，提供维权及法律援助 13 万人次。

与前几届招聘周相比，2011 年招聘周活动主题更为突出，覆盖面更为广泛，逐步形成了全国性的民营企业招聘活动。招聘周期间，各地贯彻落实党中央国务院把高校毕业生就业放在首位的指示精神，紧紧围绕“为高校毕业生求职建立通道，为民营企业吸纳人才搭建平台”的主题，以高校毕业生为主，兼顾进城农民工和就业困难群体，开展招聘活动。在与用人单位达成就业意向的求职者中，有 64% 为大中专毕业生，为历届之最。抽查结果表明，在招聘周期间民营企业与大学生签订就业意向后三个月内签订劳动合同率达 80% 以上。近两三年的实践表明，以高校毕业生为主开展的全国民营企业招聘周活动，对于政府与人民团体联合建立推动就业平台，疏通民营企业用人与高校毕业生求职的绿色通道，发挥政府促进就业与民营企业吸纳就业重要作用，具有十分重要意义。（徐　洁）

【召开扶贫与社会服务工作研讨会】2011 年 5 月 26 日和 7 月 12 日，全国工商联扶贫与社会服务工作研讨会分别在江苏徐州市和山东青岛市召开。全国工商联副主席谢经荣出席了青岛片会并讲话。来自全国 31 个省、自治区、直辖市和新疆生产建设兵团工商联的分管会领导、扶贫工作部门的负责同志分南北两个片区参加了会议。

研讨会是在“十二五”规划以科学发展为主题、以保障和改善民生、促进区域、城乡、阶层平衡为核心任务制定实施的大背景下，在我国扶贫开发从解决温饱转入巩固温饱成果、加快脱贫致富、改善生态环境、提高发展能力、缩小发展差距为主要任务的新阶段下，在非公有制经济健康发展和非公有制经济人士健康成长的大环境下，在全国各地深入学习、认真贯彻落实中央 16 号文件的新形势下召开的一次重要研讨会。会议以“组织引导服务民营企业参与扶贫与社会服务”为主题，深入论证了扶贫与社会服务工作在工商联工作大局中的重要地位和作用，全面总结了新世纪以来各级工商联在扶贫与社会服务工作方面所取得的主要成绩和经验，系统分析了当前工商联扶贫与社会服务工作面临的主要障碍和问题，前瞻性地提出了“十二五”期间做好工商联扶贫与社会服务工作应围绕什么主线、如何打造品牌、怎样提供服务、形成那些机制等问题，在系统内达成了许多重要共识，取得圆满成功。（聂志军）

【共同主办“村企共建扶贫工程”干部培训班】 2011年5月31日至6月3日，全国工商联与国务院扶贫办在湖北武汉联合举办“村企共建扶贫工程”干部培训班。来自湖北、湖南、云南、河南、贵州、四川、甘肃、宁夏8个开展“村企共建扶贫工程”试点省区的基层工商联、扶贫办干部和新疆、西藏有关干部共74名学员参加了此次培训班。

此次培训班将专题讲座、实地考察、讨论交流三者结合，共设置6个与农村发展和扶贫工作相关的专题讲座，开展了分组讨论和优秀省份与全国工商联定点扶贫工作经验交流，组织学员实地考察了湖北省罗田县骆驼坳镇城门山村的村企共建示范点和该县的整村推进示范点，突出了培训的质量和实效。

此次培训班总结了全国工商联与国务院扶贫办合作推动“村企共建扶贫工程”三年来的成果，突出互动交流，使学员互相借鉴村企共建的好经验好做法，明确了今后开展扶贫工作的方向。为更加突出培训针对性，编写了《村企共建——一种扶贫模式的探索与实践》一书作为培训班辅助材料，以使学员更加直接地学习借鉴“村企共建”的有效经验，推动当地村企共建工作开展。（赵冬民）

【参加“新世纪中国农村扶贫开发成就展”】 2011年6月10日，“新世纪中国农村扶贫开发成就展”开幕式在北京农业展览馆举行，全国工商联作为协办单位，参加了展览活动。中共中央政治局委员、国务院副总理、国务院扶贫开发领导小组组长回良玉出席了开幕式并致辞。中共中央书记处书记、中央纪委副书记何勇，全国人大常委会副委员长乌云其木格、李建国、司马义·铁力瓦尔地，全国政协副主席张榕明、钱运录，全国工商联副主席庄聪生出席开幕式并参观了展览。

展会上，全国工商联以“中国光彩事业”为题目制作了四屏联动影像，分别从现代农业、产业带动、招工扶贫、科技帮扶、市场开发、生态移民、捐资助学、国土绿化、慈善公益9个方面展示了新世纪以来，光彩事业坚持以共同富裕为宗旨、以扶贫开发为主题，配合西部大开发和社会主义新农村建设等国家重大发展战略，引导、组织非公有制经济人士实施扶贫开发，参加扶危济困、抗灾救灾等社会公益事业，为推动贫困地区经济发展，促进共同富裕作出的积极贡献。（聂志军）

【参与主办“2011库布其国际沙漠论坛”】 2011年7月9~10日，“2011库布其国际沙漠论坛”在内蒙古自治区鄂尔多斯市库布其沙漠举行。中共中央政治局常委、全国政协主席贾庆林发来贺信，祝贺论坛隆重举办，并向多年来奋战在防沙治沙绿化第一线，为全球防沙绿化和环境保护事业作出贡献的有识之士表示衷心感谢。中共中央政治局委员、国务委员刘延东出席论坛并致辞。全国政协副主席、科技部部长万钢，全国政协副主席董建华出席论坛。全国政协副主席、全国工商联主席黄孟复宣读了贾庆林的贺信。中央统战部副部长，全国工商联党组书记、第一副主席全哲洙出席论坛并发表讲话。

黄孟复主席在论坛闭幕式上宣读了《2011库布其国际沙漠论坛五点共识》。他代表论坛呼吁世界各国政府和国际社会要高度重视荒漠化问题，秉承“国家、地方、企业相结合，政、产、学、研、用相结合，生态效益、经济效益、社会效益相结合”的理念，在更大范围、更广领域和更高层次上，开展广泛的国际交流与合作，充分发挥科技创新在荒漠化防治中的支撑作用，为建设人类美好家园作出更大的贡献。

全哲洙书记在讲话中指出，近年来，中国有一批民营企业将企业自身发展与社会发展问题紧密结合，坚持将荒漠化防治作为企业的责任和使命，在贫瘠、贫困的荒漠化地区艰苦实践，不断探索中国特色的治沙模式，已经成为中国荒漠化防治的生力军。我们必须清醒地看到荒漠化防治仍然是全世界、全人类面临的共同难题，是一项“周期长、投资大、见效慢、治理难”的浩大工程，是可持续发展必须解决的问题，希望更多有条件、有实力的民营企业积极参与到防沙治沙的事业中来。

“库布其国际沙漠论坛”是世界荒漠化防治和沙产业发展的国际性常设论坛。本届论坛由科技部、全国政协人口资源环境委员会、农业部、国家林业局、国家旅游局、全国工商联、内蒙古自治区人民政府共同主办，以“沙漠·科技·新经济”为主题，采取观摩体验和会议交流研讨相

结合的方式举行。来自近30个国家、10多个国际组织的官员和专家以及企业的代表共300余人参加本届论坛。（张　勇）

【开展秦巴连片特困地区扶贫开发路径及政策调研】围绕我国“十二五”时期科学发展的主题和加快转变经济发展方式的主线，为贯彻落实中央16号文件和《中国农村扶贫开发纲要(2011～2020年)》的指示精神，引导更多非公有制经济人士和企业共同打好新一轮扶贫开发攻坚战，为实现全面小康社会战略目标作贡献提出政策建议，2011年全国工商联扶贫与社会服务部策划并组织开展了“秦巴连片特困地区扶贫开发路径及政策研究”调研活动。

由全国工商联扶贫部、中国民（私）营经济研究会和中国光彩事业指导中心联合组成调研组于2011年8月份深入重庆市、四川省、陕西省的部分地区开展“秦巴连片特困地区扶贫开发路径及政策”研究课题实地调研活动。调研组历时一个月走访了3个省、4个市、9个县（区）、14个村和十几户贫困农户，掌握了大量的第一手资料。在实地调研的基础上，调研组组织撰写了《关于秦巴连片特困地区扶贫开发的政策建议》，提出了“制定国家级产业综合发展规划，取消各类建设项目地方财政配套要求，酌情减免贷款还本付息规定，合理提高小额扶贫信贷额度，落实生态补偿政策，适当减免大中专学生学费，适时调整和加大社会帮扶力度，妥善解决有关遗留问题，创新跨区域扶贫体制机制，探索建立中央政府与地方政府间适宜的委托代理关系”十项政策建议。

该建议得到了全国工商联领导的高度评价和充分肯定。按照会领导的指示，该建议经过修改后以全国工商联的名义分别上报给国务院扶贫办和中共中央政治局委员、国务院副总理回良玉同志，受到了国务院扶贫办和回良玉副总理的高度重视。在回良玉副总理于12月30日对该建议作出的重要批示中，高度评价了此次调研所取得的成果，充分肯定了全国工商联积极组织和引导广大非公有制企业及人士参与扶贫开发和光彩事业，为我国的减贫事业所作出的积极贡献。（马占利）

【共同组织光彩事业新疆行】2011年8月30～31日，由全国工商联和中国光彩会共同组织的“光彩事业新疆行”活动在新疆维吾尔自治区举办，全国工商联党组书记、第一副主席，中国光彩会副会长全哲洙率领100多位企业家参加了此次活动，并参加了9月1日开幕的“首届中国亚欧博览会”。经过全体人员的共同努力，“光彩事业新疆行”系列活动取得了丰硕的成果，获得圆满成功。

8月30日，全国工商联副主席谢经荣带领30多名企业家代表赴新疆石河子市参加“新疆生产建设兵团与知名民营企业家恳谈会”，兵团党委常委、副司令员哈尼巴提沙布等领导出席会议，全国工商联副主席刘沧龙，中国光彩会副会长王再兴、陈世强、茅永红等企业家代表，以及自治区、兵团、石河子市工商联近100人参加会议。会上，全国工商联代表团向新疆生产建设兵团工商联捐赠500万元，用于资助开展社会和公益事业。

8月31日，“新疆维吾尔自治区与知名民营企业恳谈会暨签约仪式”在乌鲁木齐举办。会议由新疆维吾尔自治区党委常委、自治区人民政府常务副主席黄卫主持，全哲洙书记和新疆维吾尔自治区党委书记张春贤出席会议并讲话。新疆维吾尔自治区党政领导、政府有关部门和签约地州的代表等200余人参加了会议。恳谈会上，新疆维吾尔自治区政协主席艾斯海提·克里木拜向企业家介绍了自治区区情和“十二五”期间的产业规划、重点项目及相关政策。全国工商联副主席、四川宏达集团董事长刘沧龙代表企业家发言，表达了对在新疆投资兴业的信心和决心。

全哲洙书记在恳谈会上作重要讲话。他指出，在中央新疆工作座谈会精神指导和推动下，新疆出现了跨越式发展和长治久安的强劲势头。全国工商联十分重视援疆工作，2010年专门召开了全国工商联援藏援疆工作会议。在全国工商联的引导、支持和带动下，来自内地和沿海发达地区诸多优秀民营企业纷纷来到新疆，投身于新疆的大建设、大开放、大发展行列，许多企业都在新疆寻找到了合作伙伴和投资项目。他强调，援疆援藏是民营企业义不容辞的责任，新疆实现跨越式发展，也是民营经济自身发展的需要。广大民营企业要紧紧围绕农牧业产业化经营、资源开发利用、特色旅游、民族文化挖掘和生态文明建设等重点领域，以开发自然资源为抓手，以培育龙头产业为关键，将内地的资金、管理、技术等优势与新疆地区的矿产资源、能源、区位优势对接，积极帮助新疆地区通过产业集群化延长产业链，注重产品精深加工，提高产品的高附加值和资源的综合利用率，推动新疆经济结构的调整和特色产业的发展，不断提升新疆地区民营经济的可持续发展能力，使民营经济在新疆不断发展壮大，走出一条带动产业发展的援疆之路。

恳谈会上，苏宁环球集团、东方希望集团、万达集团、泛海集团、金花集团、四川宏达集团等企业分别与新疆相关企业和州县签订了 7 个投资项目，总投资额达 1226.89 亿元。四川宏达集团、波司登国际控股有限公司、复星集团、宁夏宝塔石化集团、正泰集团、豪德集团、汉能集团、亿阳集团 8 家企业向新疆维吾尔自治区工商联捐赠 1200 万元，用于资助新疆的社会事业和公益事业。（聂志军）

【四川省仪陇县考察调研】2011 年 10 月 17 ~ 18 日，全国政协副主席、全国工商联主席黄孟复率领由全国各地民营企业家组成的“全国工商联定点帮扶仪陇”考察团一行 40 余人，检查全国工商联在仪陇帮扶项目的落实情况。全国工商联副主席谢经荣，全国工商联副主席、四川宏达集团董事长刘沧龙，四川省政协副主席、省工商联主席陈次昌等陪同考察。参加此次考察的还有四川宏达集团、江苏黄埔集团、人民电器集团、苏宁电器集团、汉能控股集团、内蒙古东达蒙古王集团等 15 家知名民营企业的企业家及其代表。

在仪陇县期间，黄孟复主席带领考察团成员实地视察了仪陇县双胜镇金狮村世茂爱心光彩小学，武棚乡的新寺桥村、金堂湾村和红庙子村，走进校园、农业科技示范园，深入生猪养殖场、葡萄种植基地，与农户亲切交谈，了解村民的生产生活情况以及对扶贫工作的想法和建议。

在 18 日晚举行的全国工商联定点帮扶仪陇工作座谈会上，黄孟复主席在听取仪陇县委县政府的工作汇报后表示，仪陇的变化不仅仅代表的是仪陇，也代表着南充市、成都市甚至是四川省的变化，它说明了我国推行的西部大开发政策取得了实效。黄孟复主席指出，在党富民政策的影响下，当地老百姓想富裕、求致富的愿望强烈。工商联所做的扶贫工作只是外力，真正带动当地脱贫致富的内在动力，还在于百姓的这种致富愿望。“十二五”规划的一项重要指标，就是要让中国人民逐步富裕起来，把经济增长的主动权转移到扩大内需上来，这就需要解决中国的贫困问题。

黄孟复主席认为，今后的扶贫工作要转换思路，主要是解决扶贫资金怎么来，如何用。目前的资金主要是解决老百姓临时急需的问题，比如房屋改造、吃水问题以及交通基础设施等，今后除了继续加大这些方面的扶贫投入力度外，应该把扶贫资金和民间资金有机结合起来，利用国家投入撬动更多民间资金。光彩事业要从输血式扶贫转为造血式扶贫，要通过民营企业的参与，把贫困地区人民的积极性激发出来，通过发展农村经济组织把农民组织起来，把资源利用起来，最终让群众富裕起来。

黄孟复主席强调，全国工商联需要和仪陇县共同探索出一种扶贫模式，形成仪陇式的扶贫经验，然后把这种模式进行复制、克隆。企业捐款要变成生产性项目滚动帮扶资金，以小额贷款、扶持项目、无偿使用、滚动发展的形式帮助农民发展生产、脱贫致富，这种扶贫模式如得到拓展，其意义不只在于帮扶一个乡、一个县脱贫，重要的是创造了一种能够形成良性循环的扶贫模式，让农民自己逐渐学会赚钱，实现真正富裕。（聂志军）

【召开第九期乡镇干部培训班】2011 年 10 月 23 ~ 29 日，全国工商联、中国民生银行在深圳合作举办了全国工商联第九期乡镇干部培训班。来自贵州毕节地区、四川巴中、仪陇等地共 80 名学员参加了培训。

培训班是落实中央统战部“同心 · 智力支持工程”工作要求的重要举措，全国工商联作为“同心 · 智力支持工程”中基层干部培训项目组的牵头单位，首次将毕节地区 9 县市全部纳入培训范围，毕节学员占本期培训班全部学员的近 70%，突出了统一战线“同心”品牌的人才战略要求。

培训班邀请国务院扶贫办、中国社会科学院、国家林业局、华南农业大学、深圳市委党校等专家授课，共设置七个专题讲座，一场分组讨论，组织学员参观考察了高科技创新型企业——研祥集团和全国十佳小康村——深圳南岭村。培训促进了全国工商联扶贫工作经验的成果转化，增强了学员抢抓发展机遇的紧迫感和责任感，丰富了学员的理论知识，增强了工作本领。培训期间，全国工商联扶贫与社会服务部分别与织金、仪陇、巴中 3 个扶贫点基层干部召开座谈交流会，扩大了培训班的成果。（赵冬民）

【共同主办全国就业与社会保障先进民营企业表彰会】2011 年 11 月 27 日，人力资源社会保障部、全国总工会和全国工商联在北京人民大会堂召开第四届全国就业与社会保障先进民营企业表彰大会。中共中央政治局委员、国务院副总理张德江出席会议并作重要讲话，全国政协副主席、全国工商联主席黄孟复出席会议。会议由人力资源和社会保障部部长尹蔚民主持，全国工商联党组书记、第一副主席全哲洙代表三方讲话，全国总工会副主席、书记处第一书记王玉普宣读《关于表彰全国就业与社会保障先进民营企业的决定》，人力资源和社会保障部副部长信长星宣读《关于表扬 2011 年全国民营企业招聘周组织工作突出城市和吸纳就业突出企业的通报》。上海复星集团董事长郭广昌、宁夏宝塔石化集团董事长孙珩超代表受表彰的 100 家民营企业作了大会发言，江西省人力资源社会保障厅厅长揭赣元、北京苏宁电器有限公司总经理侯恩龙分别代表受表扬的 53 个城市（区）和 76 家民营企业作了发言。

国务院副秘书长肖亚庆、财政部副部长朱光耀、国家税务总局副局长解学智，全国总工会纪检组组长、书记处书记王瑞生，全国工商联副主席谢经荣、商务部部长助理李荣灿、中国人民银行行长助理郭庆平等出席了表彰会并为受表彰的先进民营企业代表颁奖。国务院就业工作部际联席会议相关部门负责同志，各省、自治区、直辖市人力资源社会保障厅（局）、总工会和工商联负责同志，受表彰的 100 家民营企业代表等近 700 人参加会议。（聂志军）

【参与主办第七期民营企业家及林业管理干部培训班】2011 年 11 月 29～30 日，由国家林业局、全国工商联和中国光彩会联合主办的第七期“全国民营企业家及林业管理干部培训班”在云南昆明举行。来自全国 22 个省、区、市的民营企业家，林业部门和工商联干部 100 余人参加了培训。

全国工商联扶贫与社会服务部部长王钢治在培训班上介绍了光彩事业与国土绿化和林业建设相结合所取得的丰硕成果，阐述了民营企业参与林业建设与国土绿化事业和光彩事业的关系，以及对建设生态文明和构建和谐社会的重要意义，呼吁广大民营企业家要充分把握当前林权制度改革发展的机遇，积极投身于林业建设。国家林业局总工程师陈凤学对当前林业改革发展面临新形势新情况，向参加培训的民营企业家介绍了国家在“十二五”期间引导和支持林业产业发展的方向和重点。

培训班注重完善和创新课程编排，贴近企业家需求。特别是国家林业局有关司局和部门负责人就集体林权制度改革配套政策，林业企业如何充分利用贴息贷款政策，林业企业如何在当前国际贸易环境中保护自己利益，中国森林资源的经营管理，以及林业“十二五”十大主导产业等进行了全面和深入的介绍和讲解，受到培训学员广泛好评。（张　勇）

【共同主办“大爱暖中华”世界艾滋病日主题公益晚会】2011 年 11 月 30 日，由全国工商联和国务院防治艾滋病工作委员会办公室共同主办的“大爱暖中华——2011 世界艾滋病日主题公益晚会”在北大百年讲堂举办。全国政协副主席、全国工商联主席、中华红丝带基金名誉理事长黄孟复，中共中央对外联络部原部长朱良，国务院防治艾滋病工作委员会各成员单位负责同志、爱心企业家、农民工代表、大学生志愿者代表近 2000 人出席晚会。

晚会颁发了“第二届感动红丝带”系列奖项。山西临汾红丝带小学老师、艾滋病感染者刘丽萍获得感动红丝带“自强奖”；2011 年参与中华红丝带基金健康包“百校进千企”活动的青春红丝带社团全体志愿者获得感动红丝带“温暖奖”；著名导演顾长卫拍摄的艾滋病题材影片

《最爱》、艾滋病纪录片《在一起》获得感动红丝带“爱心奖”；世茂集团董事局主席许荣茂获得感动红丝带“贡献奖”。同时，晚会还分别为搜狐公益频道颁发“百校进千企”特殊贡献传媒奖，为北京潮人商会会长张章笋颁发“百校进千企”特殊贡献组织奖。

整场晚会分为“滴水融亲情”、“涓流载友情”、“江水化爱情”三个篇章，孙楠等两岸三地知名人士参加晚会演出，来自四川凉山州的受助孤儿、艾滋病阳性夫妇和受助村医代表现场讲述他们的故事。（王丽荣）

【参与主办全国高校毕业生就业网络联盟首次校企合作班研讨会】2011年12月2～3日，教育部、全国工商联在山东共同组织召开“全国高校毕业生就业网络联盟首次校企合作班研讨会”。教育部、全国工商联、山东省政府等有关部门负责同志出席了会议，来自全国11个省（区、市）的40多所高校及全国知名民营企业的代表参加了会议。

这次研讨会的主旨是认真贯彻《国家中长期教育改革和发展规划纲要（2010～2020年）》精神，大力推行工学结合、校企合作、顶岗实习的人才培养模式，进一步发挥全国高校毕业生就业网络联盟的纽带作用，探索工学结合、校企合作的有效路径，调动企业参与培养人才的积极性，实现企业资源与学校资源有机结合，缩短毕业生岗前培训期，促进高校毕业生顺利就业。

会议期间，与会代表认真听取了山东杏林科技职业学院、阳光海天停车产业集团等相关高校、企业代表的经验介绍，并围绕高校与企业开设校企合作班、校企合作的最佳模式和人才培养方案设计、调动企业参与人才培养的积极性、鼓励民营企业设立大学生实习基地等问题进行了深入交流。代表们还参观了山东杏林科技职业学院的9个实习实训中心，并考察了10多个“订单班”和皇明集团、海信集团等企业在学院设立的实习实验室。（左田文）

【贵州省毕节地区考察】2011年12月23～25日，全国工商联全哲洙书记率队赴毕节地区织金县、大方县和毕节地区经济开发区的农村、企业以及重点工程施工现场等调研考察并发表讲话。贵州省委常委、省委统战部部长龙超云陪同考察并代表省委、省政府讲话，全国工商联副主席谢经荣陪同调研考察。

全哲洙书记对毕节地区经济社会快速发展给予充分肯定。他指出，扶贫开发工作是经济工作，是民生工程，更是政治优势。全国工商联将按照全国扶贫工作会议部署，积极发挥优势作用，进一步支持贵州和毕节发展。希望贵州新一轮扶贫开发工作紧紧围绕主基调主战略，乘势而上，加快推进。要多研究新情况新问题，谋划新思路，促进新发展，不能就扶贫而抓扶贫，要跳出扶贫看扶贫。要对干部群众进行再发动，进一步解放思想，转变观念，经受工业化洗礼，充分挖掘潜在力量，推进跨越发展。

全哲洙书记强调，要抢抓机遇，全力全速推进工业化、城镇化和农业现代化，加快贵州经济社会大发展。特别是要在加快发展进程中善于发现问题、分析问题，认真解决工业化、城镇化和农业产化发展中存在的突出问题，注重生态保护，有选择性地推进发展。要在新一轮扶贫开发工作中着力扶基、扶业、扶智。毕节落后在于基础设施的落后，交通通，则百事通，加大基础设施建设至关重要，各级党政“一把手”要加大基础设施建设力度，着力改善投资环境，加快县域经济发展，懂项目更要会抓项目，为实施“三化同步”重大战略部署和城乡统筹、协调发展积极创造有利条件。要高度重视帮助农民增收，特别是要集中力量推进农业产业化发展，大力实施产业扶贫，在加工业、劳动密集型企业和民营企业等方面实现新突破的同时，帮助农民、引导农民增收致富。扶贫工作事在人为，人在素质，要强化素质扶贫，着力提升领导干部素质和老百姓的综合素质，加大引进人才和培养人才工作力度，为工业强省提供人才支撑和智力保障。（聂志军）

对外交往与合作

【综　述】2011年，全国工商联联络部紧紧围绕全国工商联的整体工作部署和工作要求，按照会领导“工作更加规范，服务更加主动”的指示精神，共组织及参与出访团组13个，帮助并推动直属行业商会组织出访团组4个；同时接待了来自38个国家和地区的政府机构、驻华使领馆及驻华机构代表、商会组织和企业界代表共计617人，覆盖中国港澳台和日本、韩国、新加坡、美国、德国、法国、巴西、新西兰、肯尼亚等国家和地区。联络部2011年的工作有六大主要特点。

一、整合外事资源，在“联”字上下工夫

加强与党政有关部门的沟通和联系，充分借助外力，积极发挥专业人士的咨询参谋作用，为创建特色民间外交服务。2011年年初，联络部先后拜访了中央统战部五局、外交部、国务院港澳办、国研中心、商务部等联络委员会在京委员，通报了联络部工作情况，交流了在今后工作中的配合与协作事宜。

加强与各省市工商联及全国工商联直属行业商会的日常联系和信息沟通，发挥网络优势，开展务实合作。2011年，联络部分别汇总编写了《全国工商联与国外商会、机构联系表》、《外事工作大事记》、《各省工商联联络部通讯录》、《全国工商联直属行业商会通讯录》并寄发各省市工商联和行业商会。

为了进一步加强和改进工商联系统联络工作，更好地发挥联络工作在推动民营经济走出去和民间外交中的作用，经会领导批准，联络部先后于2011年9月1日在内蒙古呼和浩特举办了全国工商联联络工作会暨联络干部培训班，于11月2日在沈阳召开了联络委员会会议，总结交流了各地工商联在实施“走出去”战略和开展对外联络工作中的情况和经验，发挥联络委员会集政府、商会、企业成员于一体的咨询参谋机构作用，整合社会资源，拓宽工商联组织与会员企业对外交往的渠道。

二、举办境外培训，在“实”字上下工夫

只有造就出一批政治强、业务精、作风正的工商联外事联络干部，提高工商联系统干部的履职能力和执行能力，才能将工商联的对外联络工作进一步纳入科学化、制度化、规范化的管理轨道，从而提高工商联的影响力、凝聚力和执行力。根据会领导指示，2011年联络部注重境外培训实效，加大了对少数民族地区、偏远地区基层工商联干部和商会工作人员的培训力度，利用外事资源，积极开辟境外培训的渠道，取得了较好成效。

三、围绕“陆资入岛”，在“深”字上下工夫

为配合中央的对台经济工作，2011年联络部加大了对台工作的力度，将“陆资入岛”列为一项重要工作，坚持“主动务实、搭建平台、建立渠道”的工作原则，推进与台湾主流工商社团的交往与合作。2011年6月，全国工商联与台湾工业总会、商业总会、工商协进会、工商建设研究会、中小企业协会、工业协进会、台湾工商企业联合会以及台湾区电机电子工业同业公会等8家台湾工商社团在福建漳州共同主办“第三届海峡两岸商会经济论坛”。此次论坛是全国工商联历史上首次与台湾多家主流工商社团共同主办活动，凸显了全国工商联在新形势下的影响力，同时也表明推动两岸经贸交流是大势所趋。

以行业间交流为切入点，积极推动行业商会入岛考察。2011年，在联络部的积极推动下，全国工商联女企业家商会、新能源商会、房地产商会、农业产业商会先后组团赴台考察，都取得了良好的效果。交流访问扩大了工商联的影响，有利于两岸企业家间的交流与合作，并为以后行业间的常态化交流奠定了基础。

四、拓展传统合作项目，在“新”字上下工夫

联络部的长期合作项目如世界华商大会、中土论坛、两岸四地合作研讨会以及中挪和中德商会合作项目，在工作中已延续多年，很多已经成为全国工商联重要的传统品牌项目。2011 年以来，联络部进一步保持并升级双方的合作关系，创新合作模式，丰富合作内容，拓宽合作领域，推动传统合作项目向更高更深层次发展。

2011 年 10 月，全国工商联黄孟复主席率全国工商联代表团一行 32 人赴新加坡出席了“第十一届世界华商大会”，不仅为民营企业家与全球华商的交流合作提供了重要平台，扩大了全国工商联以及中国民营企业的国际影响，更重要的是通过出访发现，东南亚国家可以作为广大民营企业“走出去”寻求国际合作的“桥头堡”。

2011 年 6 月，全国工商联和德国中小企业联合总会（中国）在成都召开了“2011 年 ZDH 中德商会合作项目工作研讨会”，全面总结了前三年项目的完成情况和取得的成功经验，同时研究探讨了未来一年项目合作的具体内容。同时联络部帮助德国中小企业联合总会与全国工商联环境服务业商会建立了联系，共同探讨双方在中德循环经济产业园项目方面的合作，为中德工商合作项目在新形势下拓展新内容。全国工商联与德国工商总会在过去长期合作的基础上，加强了日常联络与交往。邀请其参加了全国工商联主办的“2011 中国民营经济形势分析会”和新春招待会等活动，同时也组织企业参加了德国大使馆和德国工商总会举办的多场招待会活动，为加强中德贸易关系、促进两国民间投资往来提供机会。

五、立足本职，突出重点，在“研”字上下工夫

随着民营企业“走出去”步伐的不断加快，所需要的支持和服务也不断增多，联络部结合工作特点，与外交部、中央统战部有关部门组成调研小组，赴陕西、广东、福建和安徽等地调研，与当地外办、工商联、行业商会和外向型企业举办座谈会，重点开展各地外办落实外交部《关于外事为民营企业“走出去”服务的几点意见》情况、民营企业办理因公因私护照和签证情况、申办 APEC 商务旅行卡情况以及企业“走出去”情况等专题调研工作，根据行业商会和民营企业的对外联络特点和需求，启动有针对性的联络服务。联络部根据调研所取得的阶段性成果起草了《关于给我会企业家副主席办理因公护照的意见》。

2011 年 3 月联络部召开了直属行业商会外事工作座谈会，将行业商会的需求与海外工商社团和工商界人士的特点相结合，为拓展行业商会对外交往领域提供帮助。2011 年以来，联络部邀请了环境、石油、石材、新能源、冶金、五金、并购、房地产、女企业家商会等直属商会的负责人参与全国工商联的外事接待和出访活动，为伊朗、土耳其、老挝、日本等驻华使馆和驻京机构提供其所需的涉及 20 家行业的商会名录和资料，为他们搭建渠道和平台。

六、加强部门内部和部门间的横向配合与综合协调，在“合”字上下工夫

2011 年年初举办的全国工商联“2010～2011 中国民营经济发展形势分析会”，三个处室分工合作，共同联络邀请外国驻华使馆、商务机构、外国在华商会、跨国公司代表和有关涉外部门司局领导共 69 人出席分析会。出席分析会的外宾的数量和规格均超过往年，较好地完成了邀请外宾出席的工作任务，服务了全局工作。在此基础上，联络部又召开了全国工商联 2011 年涉外新春招待会，邀请了外国驻华使馆、商务机构、外国在华商会、跨国公司代表和直属行业商会负责人等 90 多位嘉宾，不仅营造出“开展外联交流谋求共同发展”的友好氛围，扩大了工商联的知名度和影响力，更搭建了民营企业、行业商会与外国驻华使馆和商会组织广泛交流的平台。招待会结束后，陆续有国外驻华领馆和商会主动与全国工商联联系要求开展合作。（王华鲜）

【全国工商联代表团访问东南亚】2010～2011 年，全国工商联常务副主席孙安民担任大湄公河次区域工商论坛轮值主席，为了更好地完成大湄公河次区域工商论坛工作，受泰国工商会、缅甸工商会、马来西亚中华工商总会和亚洲开发银行邀请，孙安民常务副主席率领泰缅团、马泰团、菲缅团三次对东南亚进行访问。访问促进了全国工商联与当地商会的交流，了解了我国在当地投资的民营企业“走出去”中取得的成果和遇到的问题。代表团在 2011 年访问缅甸期间，出席了“GMS 第四次领导人会议”，全国工商联常务副主席孙安民作为 GMS 工商论坛轮值主席向领导人汇报工作。（葛 敏）

【黄孟复会见并宴请香港中华总商会访京团】 2011 年 1 月 12 日，全国工商联黄孟复主席在北京王府井大饭店会见并宴请来访的香港中华总商会会长蔡冠深先生一行 25 人。在过去的一年中，两会高层多次见面，保持着良好的合作关系和亲密友谊。黄孟复主席介绍了“十一五”规划的经验和取得的优异成绩。其中，香港作为内地企业“引进来”和“走出去”的窗口，发挥着不可替代的作用。2011 年是“十二五”规划的开局之年，在国际化过程中，香港要继续保持积极、稳定的状态，把文化的力量、乡土的力量和商业的力量有机结合起来，配合内地企业、资本、人才和市场走向世界。黄孟复主席表示，2010 年在香港成立的香港中国商会，其宗旨就是为内地企业“走出去”提供服务，希望香港中华总商会与其加强联系，并提供支持，为民营企业走向国际市场提供更好更有针对性的服务。黄孟复主席说，香港中华总商会老一辈商界领袖是两会交往的中流砥柱，希望香港中华总商会的新一代也能够和我们建立联系，使彼此的友谊“代代相传”。黄孟复主席提出了全国工商联与香港中华总商会的“五年合作规划”，将继续加大培训与合作力度，在香港和内地多举办商贸活动。

蔡冠深会长代表香港中华总商会对黄孟复主席的热情接待表示感谢。他说，香港是国际金融中心、贸易中心、航运中心和人民币离岸中心，可以为内地民营企业“走出去”提供更多的服务。他提出两点希望：一是希望给予港商更多的国民待遇，放宽行业准入领域，降低行业准入门槛；二是希望与全国工商联及相关地方政府一起，把世界华商领袖高峰会办成中国的华商大会，办成长期性的大会。

会见结束后宾主双方合影留念，黄孟复主席设宴款待香港中华总商会蔡冠深会长一行。全国工商联副主席褚平，副秘书长王忠明、欧阳晓明等陪同会见。（张 巍）

【主办大湄公河次区域工商论坛理事会会议】 2011 年度“大湄公河次区域工商论坛理事会会议”（以下称 GMS 工商论坛理事会）于 2011 年 2 月 28 日在昆明召开，来自中国、越南、老挝、缅甸、柬埔寨、泰国的国家工商会领导（工商论坛理事会核心成员）、亚洲开发银行及联合国亚太经社会等国际组织官员、上述六国的企业界理事及云南、广西、广东、四川、海南、江苏、深圳等地工商联的代表约 40 人出席了会议。全国工商联孙安民副主席作为工商论坛的轮值主席主持了会议并致辞。

孙安民在致辞中肯定了工商论坛 2010 年取得的成绩。他指出，在过去的一年里，工商论坛完成了不少工作，为推动次区域各国发展做出了贡献。他还介绍了全国工商联在 GMS 合作方面开展的工作。全国工商联副秘书长、工商论坛理事欧阳晓明介绍了全国工商联在促进大湄公河次区域国家相互投资方面的研究情况和 2011 年全国工商联在 GMS 合作方面将要开展的工作。工商论坛秘书长、老挝国家工商会副主席欧迪特 · 苏旺那旺先生通报了 2010 年下半年以来工商论坛的工作情况，并就 2011 年工作计划进行了讨论。最后，孙安民要求各位理事抓紧对 2008 年第三次领导人会议提出的倡议研究落实，并为将在 2011 年举行的“大湄公河次区域第四次领导人会议”做好充分准备。

大湄公河次区域工商论坛成立于 2000 年，是在大湄公河次区域各国政府经济合作机制下，由六国国家商会共同组成的多国、独立的非政府组织。其作用是为次区域政府和工商界以及各国企业之间提供一个交流合作的平台。多年来，在政府合作机制框架下，工商论坛为促进企业参与次区域经济合作发挥了独特的作用，并且越来越受到各国政府的重视。在三年一次的“大湄公河次区域领导人会议”上，工商论坛代表工商界向各国领导人提出促进次区域经贸合作发展的建议。（葛 敏）

【黄孟复会见澳门中华总商会代表团】 2011 年 5 月 11 日，全国工商联主席黄孟复在京会见澳门中华总商会会长马有礼一行36人。黄孟复主席说，2011年是“十二五”开局之年，面对复杂多变的国际形势和国内经济运行出现的新情况、新问题，“十二五”规划提出以科学发展为主题、加快转变经济发展方式为主线，促进产业转型升级，使经济结构更趋科学合理，经济发展再上新台阶。希望澳门工商界多了解“十二五”规划，在这个经济转型的过程中发挥积极作用，把澳门经济发展同内地的经济发展结合起来。黄孟复主席表示，希望澳门中华总商会与全国工商联加强全方位的联系与合作，为两会的会员企业提供更好更有针对性的服务。

马有礼会长说，2010年澳门中华总商会换届，在传承创新方面迈出新步伐，一是扩充领导班子，新任领导由原来的21人增加至32人；二是更新领导结构，会长、理监事成员由原来的110人增加至153人，吸收50多位工商界青年才俊及新兴产业代表；三是实行领导班子任期制，商会领导任期不超过两届。他希望两会继续加强联系，加强互访交流和信息互换，共同举办研讨班，为内地和澳门工商界人士提供必要的服务。

双方就内地和澳门的劳资关系及如何处理劳资纠纷进行了交流。双方一致认为，和谐劳动关系对保持经济可持续发展、构建和谐社会具有重要意义，应建立政府、工会、企业三方的协调机制。双方还就即将在澳门举办的“第十届海峡两岸和香港、澳门经贸合作研讨会”及6月在澳门共同举办的“商会运作与交流研讨班”等合作项目进行了沟通。（张　巍）

【黄孟复会见新西兰恒天然合作集团代表团】 2011年6月2日，全国政协副主席、全国工商联主席黄孟复在北京会见了新西兰恒天然合作集团首席执行官安德鲁·费里一行5人。

黄孟复主席对客人的来访表示欢迎，他向客人介绍了全国工商联的基本情况，并就中国乳业发展和食品安全问题与安德鲁·费里进行了交流。黄孟复主席说，恒天然合作集团作为全球最大的乳制品加工和出口企业之一，在产品制造加工和产品质量安全方面有很多成功的经验。随着中国经济和社会的发展，中国消费者对于乳制品的需求也越来越大，对食品健康安全问题也越来越重视。希望恒天然合作集团能够与中国乳制品行业分享产品制造和产品安全方面的经验，提高中国乳制品市场的规范程度和信誉度。

安德鲁·费里十分赞同黄孟复主席对食品安全问题的重视与关切。他说恒天然合作集团一直秉承生产健康安全乳制品的理念。恒天然合作集团将全球最佳实践的牧场模式带到了中国，并在整个供应链过程中坚持食品安全的理念。从2007年起，恒天然合作集团在河北唐山建造了牧场，计划到2015年将在中国投资建造21个牧场，以满足中国市场在未来20～30年对乳制品消费的强劲需求。恒天然合作集团一直努力将自己看做是中国的本土公司，立志与中国乳制品市场一起成长，希望能够得到中国政府、消费者和商业界的接纳与支持。

黄孟复主席表示，中国要提倡适度的集中养殖，待养殖经验和技术成熟后，再发展有能力的个体牧场化养殖。随着中国经济的快速发展和人民消费能力的提高，高品质乳制品产品的市场前景是十分广阔的。

全国工商联副秘书长欧阳晓明、联络部部长刘红路等陪同会见。（王　彤）

【联合主办第一期澳门商会运作与交流研讨班】 2011年6月21～24日，由全国工商联与澳门中华总商会联合主办的“第一期商会运作与交流研讨班”在澳门开班。来自全国工商联机关、15个直属行业商会和26个省级工商联的49位同志参加了培训。全国工商联副主席、澳门中华总商会副会长崔世昌在开班式上发表讲话，对学员们提出了要求和期望。澳门中华总商会总理事长高开贤介绍了澳门特别行政区政府的行政架构、澳门社团发展情况、澳门中华总商会会务情况。针对学员主要是全国工商联直属行业商会秘书长和工商联联络部干部的情况，澳门中华总商会安排学员拜访澳门贸易投资促进局。澳门贸易投资促进局主席刘关华介绍了澳门经济发展现状、未来经济发展规划、澳门会展业发展优势、贸促局服务职能及优势、中国与葡语国家开展经贸合作论坛等情况，并与研讨班学员进行了交流探讨。（王治国）

【全哲洙会见巴基斯坦总统并与巴基斯坦工

商联签署合作备忘录】2011 年 8 月 31 日，中央统战部副部长，全国工商联党组书记、第一副主席全哲洙在乌鲁木齐会见前来出席首届“中国—亚欧博览会”的巴基斯坦总统扎尔达里一行。全哲洙说，中国政府加大对新疆发展的支持力度，“十二五”期间新疆将迎来跨越式发展的机遇。全国工商联此次组织百家知名企业参加“光彩事业新疆行”和亚欧博览会的系列活动。全哲洙还向扎尔达里总统介绍了中国民营经济和民营企业的发展情况，希望巴方能够给予中国民营企业更好的投资环境，创造更多的合作机会，同时加强双方民间商会的交流与合作。会谈后，全哲洙代表全国工商联与巴基斯坦工商业联合会签订《合作备忘录》。（柯佳希）

【召开联络工作招待会】2011 年 9 月 1 日，全国工商联联络工作会议暨联络干部培训班在内蒙古自治区呼和浩特市召开。来自全国 29 个省、自治区、直辖市工商联和 14 个副省级城市工商联的 60 人出席会议并参加培训。外交部、国务院台办、国务院港澳办等相关司局领导应邀出席会议。全国工商联副主席李路在会议上讲话，着重从深刻认识新形势下我国实施“走出去”战略的重要意义；充分认识工商联在实施“走出去”战略中的作用；积极探索服务民营企业“走出去”的载体和途径；知行并进，加强自身建设，提高外事干部执行力和科学服务水平等四个方面，要求进一步提高工商联联络工作水平，更好地为开展民间经济外交，特别是为民营企业“走出去”服务。李路副主席强调，工商联是党联系非公有制经济人士的桥梁和纽带，是政府管理和服务非公有制经济的助手，是我国扩大对外经贸交往、开展民间外交的重要渠道。中央 16 号文件的下发、全国加强和改进工商联工作会议的召开，为工商联开创工作新局面指明了方向，提供了良好条件，带来了难得的机遇。工商联的中心工作就是为促进“两个健康”服务。各地区非公有制经济无论规模大小、实力强弱，都有一个从局部地区到全国，进而走向国际市场的发展过程，在经济全球化的格局下，“走出去”是民营经济的必然趋势。认真做好民营企业“走出去”的服务工作，是当前乃至今后相当长时期工商联对外联络的重要任务。工商联联络部门要围绕中心，服务大局，脚踏实地地为民营企业“走出去”做好服务工作，尽最大努力、下最大功夫为促进“两个健康”服务。

内蒙古自治区党委统战部副部长、工商联党组书记杨继业，自治区工商联副主席郝智浓分别介绍了内蒙古的自然地理环境、资源状况、经济结构、历史、对外开放和与蒙古国、俄罗斯合作交流的情况。外交部、国务院台办、国务院港澳办有关司局领导介绍了当前领事工作、APEC 商务旅行卡申报，台湾局势与两岸关系，港澳地区形势和中央对港澳地区政策。天津、河北、江苏、广西、陕西和厦门、成都等七个省级工商联和副省级城市工商联就做好海外出口基地工作，引导民营企业寻找商机“走出去”；承办 2011 企业“走出去”海外合作推介交流会；参与举办第 6 届“泛北部湾经济合作论坛”；加强与德国中小企业联合总会（ZDH）合作；拓展对台交流合作的内容和形式，推动两岸行业交流等作了大会发言。全国工商联联络部部长刘红路主持会议并作总结发言。（苏　谦）

【出席世界经济论坛 2011 年新领军者年会（第五届夏季达沃斯论坛）开幕式】2011 年 9 月 14 日，世界经济论坛 2011 年新领军者年会（第五届夏季达沃斯论坛）在大连开幕。国务院总理温家宝出席论坛开幕式，并发表了题为《实现更长时期、更高水平、更好质量的发展》的主旨演讲。世界经济论坛主席施瓦布、贝宁总统亚伊、几内亚总统孔戴、吉尔吉斯斯坦总理阿坦巴耶夫、挪威王储哈康、津巴布韦副总理穆坦巴拉以及来自世界 90 个国家和地区的政界、商界、学术界和新闻界代表 1700 余人出席了开幕式。全国工商联副主席李路应邀出席论坛开幕式，并参加温家宝总理与企业家的座谈会。

世界经济论坛全球行业峰会暨全球成长型企业年会，简称为夏季达沃斯论坛，目前已在中国成功举办了五届。本届论坛以“关注增长质量，掌控经济格局”为主题，强调从根本上反思现有增长模式，分享个人及企业保证高质量增长的领先经验。

全国工商联副秘书长、中国民（私）营经济

研究会常务副会长王忠明陪同李路副主席出席论坛开幕式等活动。（王　彤）

【召开直属行业商会对外联络工作座谈会】 2011 年 3 月 30 日，全国工商联联络部在北京召开全国工商联直属行业商会对外联络工作座谈会，全国工商联女企业家商会、古玩业商会、金银珠宝业商会、环境服务业商会等 18 个直属行业商会的负责人出席了会议。

座谈会上，全国工商联联络部部长刘红路传达全国政协主席贾庆林关于坚定不移推动民营企业“走出去”战略的指示精神和全国工商联全哲洙书记关于开好座谈会的要求。部分行业商会负责人就各自商会外事工作的情况和在开展外事工作中所遇到的困难和问题作了发言，联络部负责同志和与会同志对一些共性的问题进行了探讨，听取了各直属行业商会对全国工商联联络部支持直属行业商会开展外事工作的意见建议。

参会的直属行业商会普遍反映这次会议开得好，对全国工商联开展民间外交的情况和联络部的工作有了进一步的了解，提高了对外事工作重要性和规范化要求的认识，非常愿意今后和全国工商联加强配合共同为会员开展对外交往提供服务。（苏　谦）

【黄孟复率团出席第十一届世界华商大会并访问新加坡、文莱】 应“第十一届世界华商大会组委会”和文莱外交与贸易部邀请，以全国政协副主席、全国工商联主席黄孟复为团长，全国工商联副主席谢经荣，全国工商联副主席、亿利资源集团董事局主席王文彪，全国工商联副主席、新华联集团主席兼总裁傅军，中国民间商会副会长、科瑞集团有限公司董事局主席郑跃文为副团长的全国工商联代表团一行 32 人，于 2011 年 10 月 4 ~ 12 日赴新加坡出席“第十一届世界华商大会”，并对新加坡和文莱进行考察访问。

访问期间，代表团拜访了新加坡贸工部、企业发展局、经济发展局，文莱经济发展理事会、工业与初级资源部、外交与贸易部等两国政府重要经济管理服务部门，新加坡工商联合总会、文莱全国工商会等当地最有影响的商会组织，参观考察了中国银行、中石油、中石化、华为、三一重工、天狮集团、恒逸集团等在当地投资的中方企业，以及文莱—中国友好协会等中介组织。

代表团与新加坡和文莱两国政治、经济界人士以及海外华商进行了广泛密集的接触，增进了全国工商联与新加坡、文莱以及世界各国华商之间的联系与交流，扩大了全国工商联在海外的影响，对于进一步深入了解周边国家经济发展情况，鼓励并推动民营企业走出去寻求国际合作，开拓国际市场具有重要的战略意义。（刘　璐）

【共同主办第三届中美商会合作发展论坛】 2011 年 10 月 19 日，由全国工商联与美国全国商会联合主办，四川省工商联和四川宏达集团承办的第三届中美商会合作发展论坛在成都举行。全国工商联副主席庄聪生出席论坛并发表讲话，四川省委常委、秘书长、统战部部长陈光志出席论坛并致欢迎辞。全国工商联副主席、四川宏达集团董事局主席刘沧龙，四川省委统战部副部长、省工商联党组书记、第一副主席钟家霖，美国全国商会高级副会长薄迈伦，美国驻成都领事馆总领事何孟德，微软、雅培、联邦快递、英特尔、陶氏化学、思科等世界 500 强企业在内的近百名中美两国企业代表出席论坛。

论坛以“企业社会责任与消除贫困”为主题，以中国民营企业参与扶贫开发和四川灾后重建为实例，深入交流了企业履行社会责任的经验和收获，展现了中国民营企业履行社会责任的成果，加深了中美双方对企业社会责任的了解。论坛紧密围绕当前国内外经济形势，积极探讨中美企业界深入合作的新形式、新领域，为进一步促进中美双方经贸往来打下了基础。

全国政协副主席、全国工商联主席黄孟复在论坛期间会见了薄迈伦一行并介绍了中国民营企业履行社会责任，参与四川灾后重建和开展光彩事业的情况，希望中美商会推动两国企业开展包括社会责任、经贸、投资、合作等广泛领域的交流。

庄聪生副主席在论坛上发表主旨演讲。他指出，多年来，全国工商联积极引导广大会员参加国家经济建设，促进经济社会全面进步。团结带领广大会员与社会力量积极参与扶贫工作，帮助困难群体和贫困地区共同发展、脱贫致富。积极引导广大民营企业履行社会责任，参与扶贫事业和新农村建设，在开展光彩事业、促进就业再就业、推动公益慈善事业、灾后重建、提供优质产品服务、促进社区发展、保护资源环境、改善维护职工权益等方面，做了大量卓有成效的工作。中国的光彩事业是一项以消除贫困为宗旨，以民营企业为主体，以贫困地区为领域，以项目投资为主要形式，主张“义利兼顾，以义为先”核心理念，推动贫困地区和企业共同发展的开发式社会扶贫事业，是民营企业家响应国家号召、自觉参与扶贫开发事业的一项创举。

宏达集团董事局主席刘沧龙、湖南大汉集团董事长傅胜龙在论坛上作了主题发言。四川科创集团总裁何俊明、陶然居集团董事长严琦、匹克集团董事长许景南等多名企业家作为对话嘉宾，与美方企业代表就民营企业履行社会责任与发展机会、民营企业在灾后重建中所作的贡献与经验等话题进行了对话交流。

10 月 20 日，全国工商联和四川省工商联安排部分美方代表参观考察了汉旺镇灾后重建项目和宏达集团兴建的新农村建设项目宏达新村。（肖　扬）

【黄孟复率团出席“第十届海峡两岸和香港澳门地区经贸合作研讨会”并考察访问】2011 年 10 月 26～30 日，全国政协副主席、全国工商联主席黄孟复赴澳门出席由全国工商联与台湾工商企业联合会、香港中华厂商联合会、澳门中华总商会共同举办的第十届海峡两岸和香港澳门经贸合作研讨会。黄孟复主席在研讨会开幕式上致辞，全国工商联副主席李路就中小企业转型升级以配合“十二五”规划的贯彻落实发表演讲。四地商会领导人举行早餐会，共同发布本届研讨会共识与建议，并宣布“第十一届海峡两岸和香港、澳门经贸合作研讨会”于 2013 年 9 月在厦门举办。

在澳门期间，黄孟复主席会见了全国政协副主席何厚铧、澳门特别行政区行政长官崔世安、澳门中联办主任白志健；出席了澳门特别行政区政府与全国工商联旅游业商会共同举办的“世界旅游经济研究中心成立典礼”；与全国工商联在澳门的副主席、常委、执委见面座谈；走访并会见了澳门贸易促进局主席张祖荣，葡语国家秘书处秘书长常和喜等。中国民间商会副会长、科瑞集团有限公司董事局主席郑跃文，福建省政协副主席、福建省工商联主席李祖可，广东省工商联主席、广东恒兴集团有限公司董事长陈丹以及全国工商联女企业家商会会长刘亭、旅游业商会会长王平等随团访问。（刘　璐）

【召开联络委员会全体会议】2011 年 11 月 2 日，全国工商联联络委员会第二次全体会议在辽宁省沈阳市召开。全国工商联副主席李路，全国工商联副主席兼联络委员会主任霍震寰、崔世昌、刘志强，国家有关部委办、地方工商联、直属行业商会的委员出席会议。

李路副主席就进一步发挥联络委员会的作用，为民营企业“走出去”服务发表讲话。他指出，中央 16 号文件的颁布在工商联事业发展史上具有里程碑意义；2011 年是“十二五”规划的开局之年，为民营企业发展外向型经济带来更多的机遇与挑战，也为工商联为民营企业做好各项服务工作带来了新的研究课题。一要巩固扩大境外联系网络，夯实工作基础；二要建设活动品牌、打造工作亮点；三要加强对工商联干部和企业家的培训，使他们具备国际素养和国际眼光，成为国际性的人才；四要利用社会力量做好政策服务，形成科学的工作机制，使联络委员会更加有效地发挥作用。新形势下工商联事业事关国家经济建设和改革开放的大局，工商联工作品质的提高和服务水平的提升不仅需要每一位工商联干部的努力和奋斗，也源自于各位联络委员会委员的大力支持和积极推进。

刘志强副主席作联络委员会年度工作报告。一年来，联络委员会通过组织各种活动加强与联络委员会委员的联系，充分发挥各位委员所在单位外脑外力的作用，为企业提供更多的信息和商机；利用联络委员会的资源优势，拓展境外培训，为工商联、直属行业商会工作人员提供了更多学习机会，香港培华基金会、澳门中华总商会每年资助中西部欠发达地区工商联干部赴港澳考察学习；开展专项调研工作，力求解决民营企业在“走出去”过程中遇到的困难和障碍，积极推动 APEC 商务旅行卡的申办工作。新一年的工作将借助学习贯彻中央 16 号文件的机遇，认真谋划联络委员会在新形势下的工作，发挥咨询参谋、管道平台的作用，充分利用丰富的外事资源，为工商联中心工作服务，为“两个健康”服务，为民营企业“走出去”服务。

霍震寰、崔世昌副主席发表讲话，强调将充分发挥港澳委员的作用，为港澳与内地开展商会间的交流与合作以及组织境外培训等继续提供支持。

各位委员对工作报告进行认真讨论并对联络委员会的工作提出意见和建议。会议增补中联部、中国贸促会、中国人民对外友好协会等单位相关司局领导同志为联络委员会委员。（苏　谦）

【参与举办中国—东盟旅游促进减贫研讨会】2011 年 11 月 1 ~3 日，由全国工商联、大湄公河次区域（GMS）工商论坛联合主办，广西壮族自治区工商联承办的“中国—东盟旅游促进减贫研讨会”在南宁举行。本次研讨会是第八届中国—东盟博览会举办的 14 个重要论坛之一。来自大湄公河次区域的中国、越南、老挝、缅甸、柬埔寨、泰国、新加坡、文莱、马来西亚、印度尼西亚等国家的政府主管旅游和扶贫部门、商会、旅游业企业代表和专家学者等近 110 人参加了研讨会。GMS 工商论坛轮值主席、全国工商联常务副主席孙安民，广西壮族自治区政府副主席杨道喜，GMS 工商论坛秘书长、亚太经合组织工商理事会副主席、东盟旅游协会副主席、老挝国家商会副主席欧迪特·苏旺那旺等出席开幕式并致辞。全国工商联副秘书长、经济部部长欧阳晓明，广西壮族自治区工商联主席磨长英分别主持了研讨会开幕式、专题研讨会和旅游促进减贫圆桌研讨会。来自各国的 19 位代表在会上作了发言。

本次研讨会以“旅游让生活更美好”为主题，就区域内民间资本如何进入旅游业、旅游业如何促进减贫、如何发挥商会组织在推进旅游减贫中的作用等相关问题进行深入探讨，以切实利用好东盟各国得天独厚的良好自然生态环境及丰富的旅游资源为出发点，着眼于美好的自然环境与贫困人口众多的形势，以旅游投资开发带动旅游产业发展，利用旅游业就业入门条件低、容量大、适合当地就业的特点，以达到旅游企业在发展的同时带动当地经济发展，实现减贫减困，并对贸易区内的政府部门、民间机构、企业相互衔接的问题提出了具体意见和建议。（葛　敏）

【全国工商联代表团出席“第二届中土合作论坛”并访问土耳其、伊朗】2011 年 11 月 13 ~22 日，应土耳其工商企业家协会和伊朗伊中商会的邀请，以全国政协副秘书长、全国工商联副主席宋北杉为团长的全国工商联代表团一行 20 人，对土耳其和伊朗两国进行了访问考察。

2011 年正值中土、中伊建交 40 周年，全国工商联代表团此次出访更具特别意义。代表团在土耳其期间，出席了全国工商联与土耳其工商企业家协会共同举办的“第二届中土论坛”和全国工商联与土耳其商人及企业家联合会共同举办的“中土贸易与投资论坛”，并与土耳其商人及企业家联合会签署了合作备忘录。代表团访问土耳其、伊朗期间，拜访了土耳其总理府投资促进局、土耳其商人及企业家联合会，土耳其发展部、能源和自然资源部、经济部，土耳其工商企业家协会，伊中商会，伊朗工矿与贸易部、财经部和伊斯法罕商会等相关政府部门和商会组织负责人；考察了海航与土耳其 ACT 货运航空公司在伊斯坦布尔合资的 MYCARGO 航空货运和大型飞机维修中心。

代表团此行了解了土耳其、伊朗两国经济发展、资源分布、投资政策等方面的具体情况和商会组织情况，就拓展合作渠道、改进合作方式进行了探讨，进一步加强了全国工商联与土耳其、伊朗两国政府部门和主要商会组织的交流，推动中土合作向更加务实方向发展。（柯佳希）

【举办第 177 期香港工商业研讨班】2011 年 11 月 14 ~23 日，全国工商联与香港中华总商会在香港合作举办第177期香港工商业研讨班。研讨班旨在加强两会之间的交流与合作，了解香港经济形势及发展状况，学习借鉴香港市场经济运作及商会运作管理经验。研讨班的主要课程有：香港经济发展与竞争优势、香港商会及社团组织介绍、市场营销概念、香港法律制度、内地企业如何充分利用香港融资平台等。研讨班安排了金融专题讨论会。研讨班还参观考察了香港立法会、工贸署、投资推广署、贸发局、信保局、生产力促进局、联交所和香港中国企业协会等单位。

来自内地14个省级工商联的17名干部参加了研讨班。学员们通过学习认识到，香港作为国际金融中心对祖国内地经济发展发挥着重要作用，而香港的繁荣稳定离不开内地的大力支持，内地与香港要加强交流，实现共赢。（王治国）

【黄孟复率团出席香港中国商会“海外投资年会”并考察访问】2011年11月14～17日，全国政协副主席、全国工商联主席黄孟复赴香港出席首届中国海外投资年会（简称“年会”）。年会是在国家实施鼓励和支持中国企业“走出去”战略的背景下，为落实2011年8月国务院副总理李克强在访问香港期间提出的要加快实施推动内地与香港企业联合“走出去”指示的一项重要举措。黄孟复主席作为主礼嘉宾在年会上发表讲话，并参加了CCTV中国经济年度人物《对话》栏目。来自国内外的企业家、专家学者、政府官员共1000多人参加了年会。年会以“全球资源重组与中国海外投资战略”为主题，以“服务国家、繁荣香港、惠及全球”为宗旨，对于鼓励和推动更多的中国企业更好地走出去，进一步融入经济全球化，壮大我国企业实力，增强中国企业在国际市场上的竞争力具有重要意义。

在港期间，黄孟复主席一行走访了香港中华总商会、香港中华厂商联合会、香港中国商会，会见了全国工商联在港的常委、执委，并视察了华南城控股有限公司。（张　巍）

【成立中国民营经济国际合作商会】为加快实施“走出去”战略，由全国工商联大力推动和倡导，国家发改委和商务部全力支持，从2009年5月启动“中国民营经济国际合作商会”（以下简称“商会”）的筹备工作，2011年11月24日商会正式成立。这是经国务院同意、民政部批准、全国工商联主管的中国第一家专门服务大型民营企业境外投资的全国性商会组织，具有历史意义。

商会从发起筹备到成立历经两年半时间，由科瑞集团、联想控股、上海复星、力帆集团、红豆集团、德力西集团等50余家企业作为发起单位，向民政部申请筹备成立商会。这50家单位均是上规模、有实力并具有跨国经营经验或正在实施“走出去”的行业排头兵。其中多为中国民营500强企业，产业涉及矿业、农业、轻纺、航空、机械、IT等20多个领域，对外投资额约达20亿美元。

2011年11月24日，“中国民营经济国际合作商会第一次会员大会暨成立大会”成功召开，全国政协副主席、全国工商联主席黄孟复出席成立大会并作重要讲话。会议期间成功举办了“合则共赢，民企走出去四方会”论坛。来自国家有关部门、金融机构、部分驻华使馆、国内外工商界人士、民营企业家、有关律所、商协会、新闻媒体和企业会员300多人参加了会议。

商会的主要职责是服务中国企业尤其是民营企业“走出去”开展国际化经营，增强我国企业利用海外资源、市场和先进技术的能力，帮助提高企业的国际竞争力。按照商会《章程》规定，商会主要业务：一是宣传政策。积极在会员中宣传、贯彻党和国家的方针、政策，促进企业科学发展；支持和引导会员自觉履行社会责任，积极参与社会公益事业，树立良好社会形象。二是提供服务。举办经贸活动，促进交流与合作；提供信息、法律、融资、技术、人才、培训等方面服务；增进与境外工商社团的交往，促进会员的国际交流与合作。三是反映诉求。畅通渠道，积极反映会员合理诉求；开展调查研究，就非公有制经济发展的法制和政策环境等提出政策建议；积极参与工商联建言献策工作。四是维护权益。帮助会员排忧解难，维护会员合法权益。五是加强自律。引导会员遵守国家法律法规，制订自律公约，规范会员行为，维护市场秩序；增强会员诚信意识，倡导诚信经营，推动诚信建设；引导会员企业构建和谐劳动关系，促进和谐社会建设。六是完成全国工商联和有关部门交办事项。

商会按照《章程》规定的业务范围，积极开展服务企业“走出去”的各项活动，搭建政府联系、项目投资、金融支持、人力资源、法律事务、国际合作服务平台，同时加强商会中英文网站建设，为企业做好信息服务。开展调查研究，根据会员企业的需求，有针对性地提供服务。加强商会基础工作，提高商会的服务能力和水平。（*卢炳男*）

【出席大湄公河次区域第四次领导人会议】应大湄公河次区域（GMS）第四次领导人会议的邀请，2011 年 12 月 20 日上午，全国工商联常务副主席、GMS 工商论坛轮值主席孙安民率中国工商界代表团出席在缅甸首都内比都国际会议中心举行的大湄公河次区域经济合作第四次领导人会议，并作为 GMS 工商论坛轮值主席向领导人汇报工作。大湄公河次区域第四次领导人会议的主题是“超越 2012：建立新十年大湄公河次区域经济合作战略发展伙伴关系”，国务委员戴秉国、柬埔寨首相洪森、老挝总理通辛、缅甸总统吴登盛、泰国总理英拉、越南总理阮晋勇及来自次区域六国的各界代表 500 多人出席了会议。会议通过了《内比都宣言》和《大湄公河次区域经济合作新十年战略框架》。与会各国领导人接受了 GMS 部长递交的成果文件，听取了 GMS 工商论坛的汇报，并出席了三个合作备忘录的签字仪式。

在 12 月 20 日上午的开幕式上，孙安民常务副主席向六国领导人汇报了工商论坛两年来的工作情况，并在领导人见证下与缅甸工商业联合会主席温昂进行了工商论坛轮值主席交接仪式。孙安民副主席汇报了近两年来 GMS 工商论坛在工作机制、工作内容上开展的一系列富有成效的工作，特别是全国工商联在中国政府的支持下履行轮值主席职责所开展的工作。孙安民指出，GMS 工商论坛作为深化区域合作的重要平台，在促进资源优化配置，提高区域经济整体实力和人民福祉方面发挥了不可替代的作用。他表示，GMS 六国同属新兴经济体，在全球抵御金融危机的今天，次区域国家间的相互依存度日益提升，加强次区域经济一体化，已成为区域内各国政府和广大私营部门的共同需求。GMS 工商论坛将继续发挥各国商会的民间优势，建立务实、灵活、高效、共赢的工作机制，为拓展私营部门投资领域、提升合作层次、防范投资风险提供服务，为实现均衡、稳定、繁荣的大湄公河次区域愿景而努力。会议结束后，国务委员戴秉国对全国工商联表示感谢，并高度肯定了工商论坛的工作成绩。20 日下午，孙安民常务副主席出席签字仪式，并代表全国工商联在“成立大湄公河次区域运输商协会谅解备忘录”上签字。

12 月 19 日下午，孙安民副主席率代表团出席了由 GMS 工商论坛举办的此次领导人会议的配套活动“大湄公河次区域商业和投资会议”，并以 GMS 工商论坛轮值主席身份致辞和总结讲话，来自中国、缅甸、柬埔寨、老挝、泰国、越南和亚洲开发银行的代表近 200 人参加了会议。全国工商联副秘书长、GMS 工商论坛理事欧阳晓明在会上作了题为“进一步促进大湄公河次区域相互投资”的发言。会议围绕跨境运输便利化、中小企业融资、促进次区域国家相互投资等问题展开了讨论。此次孙安民常务副主席率领的代表团由全国工商联、商务部以及国有企业负责人、民营企业家、商会代表等共 28 人组成，代表团成员所涉及的行业涵盖矿业、新能源、房地产、工程承包、农产品加工、物流、投资等领域。在缅甸期间，代表团还与缅甸工商总会联合召开了“中缅矿业企业座谈及项目对接会”，共同探讨了矿业领域合作的可能性。

此外，应亚洲开发银行的邀请，12 月 14 ~ 17 日孙安民常务副主席还率代表团对菲律宾进行了访问。在菲律宾期间，代表团访问了亚洲开发银行，与亚行副行长赵晓宇、亚行投资局、东亚局、私营部门局分别进行了座谈，就如何扩大私营部门在 GMS 工商论坛中的参与度、建立亚行与全国工商联的工作合作机制、当前民营企业在走出去过程中遇到的困难和问题等相互交换了意见。代表团还与菲律宾菲华商联总会举行了座谈，就菲律宾投资环境和产业优势、商会运作及如何加强两国商会间的合作问题进行了探讨。代表团还专门访问了菲律宾大使馆，就菲律宾经济社会发展状况、中国企业在菲投资情况等与刘建超大使等进行了交流。（葛　敏）

【全国工商联领导会见来访海外团组记事】 2011 年 1 月 12 日，黄孟复主席会见并宴请香港中华总商会北京访问团一行 25 人。

1 月 17 日，褚平副主席会见澳门贸促局主席张祖荣一行 8 人。

1 月 18 日，全国工商联举办“2010 年民营经济形势分析发布会”，邀请 37 个国家驻华使节和港澳驻京机构代表共 52 人出席发布会。

2 月 24 日，全国工商联 2011 年涉外新春招待会在北京举行，谢经荣副主席在招待会上致辞。部分国家驻华使馆官员、在华商会和驻京机构负责人、全国工商联直属行业商会负责人 110 多人出席招待会。

3 月 16 日，褚平副主席会见挪威工商会国际事务和贸易政策部副部长索列先生和挪威工商会项目主任魏籁森先生一行。

3 月 29 日，褚平副主席会见新加坡中华总商会会长张松声一行。

4 月 12 日，孙安民副主席会见马来西亚中国经济贸易总商会副会长陈友信一行。

4 月 18 日，褚平副主席会见并宴请李玉文主席率领的台湾中华工商业联合会访京团一行 13 人。

4 月 19 日，黄孟复主席为香港总商会成立 150 周年题写贺词。

4 月 29 日，庄聪生副主席会见区宗杰理事长率领的澳门中小企业协会北京考察交流团一行 25 人。

5 月 9 日，庄聪生副主席会见并宴请庄成鑫会长率领的香港出入口商会访京团一行 36 人。

5 月 11 日，黄孟复主席会见澳门中华总商会代表团马有礼会长一行 36 人。

5 月 18 日，谢经荣副主席会见佐藤茂雄率领的日本大阪商工会议所考察团一行 10 人。

6 月 2 日，黄孟复主席会见新西兰恒天然合作集团首席执行官安德鲁·费里先生一行 5 人。

6 月 11 ~12 日，褚平副主席出席在福建举行的“第三届海峡论坛”及由全国工商联与台湾八家工商社团共同主办的“第三届海峡两岸商会经济论坛”。来自海峡两岸的工商界人士和有关省市负责人共计 500 人出席论坛。

6 月 16 日，庄聪生副主席宴请以方文雄为团长的香港香江聚贤访京团一行 80 余人。

7 月 5 日，庄聪生副主席会见以朱国基会长为团长的东莞外商投资企业协会访京团一行 21 人。

8 月 1 日，李路副主席会见以香港童军总会演艺委员会主席简浩秋为团长的香港童军总会代表团一行 19 人。

8 月 2 日，李路副主席会见中国（中华）和平统一工商会李民会长一行。

8 月 9 日，庄聪生副主席会见以虞有海会长为团长的缅甸珠宝玉石协会访华代表团一行 11 人。会见后，全国工商联金银珠宝业商会与缅甸玉石珠宝协会进行了座谈。

8 月 20 日，李路副主席会见并宴请以会长陈伟能为团长的香港房地产协会访京团一行 27 人。

8 月 30 日，李路副主席会见欧洲华侨华人社团联合会秘书长、欧洲中国和平统一促进会主席张曼新先生和瑞典华人工商联合总会会长王建荣先生一行。

8 月 31 日，全哲洙第一副主席在新疆会见来华访问的巴基斯坦总统，并在巴总统的见证下，与随行的巴基斯坦工商联主席古拉姆·阿里签署了两会友好合作备忘录。

9 月 8 日，应美国驻华大使馆邀请，宋北杉副主席出席美国驻华大使馆为美国新任驻华大使骆家辉先生举办的欢迎酒会。

9 月 8 日，李路副主席会见阿曼友好协会代表团。

9 月 14 日，李路副主席应邀出席在大连举行的世界经济论坛 2011 年新领军者年会（第五届夏季达沃斯论坛）开幕式。

10月24日，李路副主席会见纽约州议会参议员马尔科姆·史密斯率领的美国纽约州议会代表团一行10人。

11月29日，李路副主席会见并宴请香港雇主协会访京团一行。（刘璐、马晓芳、苏谦、王华鲜）

基层组织建设

【综　述】2011年是"十二五"规划的开局之年，也是工商联工作在新起点上开创新局面的关键之年。按照全国工商联2011年坚持围绕中心、服务大局，面向基层、重心下移的工作的总体思路，我们把学习贯彻中央16号文件精神贯穿到工商联会员组织工作各个方面，坚持面向基层、重心下移，把加强县级工商联建设作为自身建设的重中之重；大力加强商会建设，积极探索总结中国特色商会组织的建设规律，着力在加强基层建设、夯实工商联工作组织基础方面有所作为。

一、以县级工商联组织建设联系点蹲点调研为抓手，加强分类指导，推进县级工商联组织建设工作

县级工商联和基层商会是工商联工作的组织基础和重要依托。切实加强县级工商联和基层商会建设的前提是加强调查研究。2011年1月20日至3月19日，宋北杉副主席、刘沧龙副主席分别带队由会员部组成的9个调研组，与有关省（区、市）工商联领导和部分组织委员会委员一道，先后到甘肃酒泉市肃州区、河南固始县、江西弋阳县、山东东营市河口区、山西孝义市、辽宁长海县、四川什邡市、重庆丰都县、江苏常州市武进区等9个全国县级工商联组织建设联系点进行蹲点调研。调研采取座谈走访、问卷调查和理论研讨相结合的方式进行。在历时2个月的调研中，调研组与当地党委政府领导、有关职能部门、工商联及商会组织和会员企业负责人举行系列座谈，实地走访考察当地工商联、各类商会组织和会员企业，深入了解当地贯彻落实新文件进展情况、非公有制经济发展状况、县级工商联发挥作用情况、加强县级工商联组织建设的做法和体会、目前存在的困难和问题、进一步改进工作的意见和建议。

通过调研，总结了县级工商联加强自身建设和基层商会建设、切实发挥作用的经验，掌握县级工商联组织工作面临的新情况、新问题，找准重点，突破难点，树立典型。将调研了解到的各地贯彻落实中央16号文件精神的有效做法和存在的问题进行汇总分析，形成对县级工商联组织建设具有指导和示范性的文件以指导和推动县级工商联组织建设工作。

2011年4月，在全国县级工商联组织建设联系点江苏省常州市武进区召开全国工商联组织委员会第十次全体会议暨县级工商联联系点工作交流座谈会。会议着重研究了县级工商联组织建设面临的情况和问题，探讨了解决问题的思路和办法。会议交流了各地贯彻中央16号文件精神情况和在制定本省（区、市）实施意见中加强县级工商联组织建设的具体措施、办法，以及全国县级工商联联系点在加强自身建设，指导基层商会、行业商会建设，服务当地经济社会发展等方面发挥示范、引领作用情况；总结了各地抓基层打基础，通过建立县级工商联联系点，切实指导联系点建设，以点带面，推动本地区县级工商联组织建设的办法和经验。

二、以召开"全国工商联商会建设工作会议"为抓手，深入调查研究，推进中国特色商会组织建设工作

中央16号文件对建设中国特色商会组织提

出了要求，指明了工商联商会组织建设和发展的方向。召开全国工商联商会建设工作会议，是贯彻落实中央16号文件，全面加强商会建设的一个重要举措。按照会领导的要求，会员部会同研究室起草了《工商联系统商会建设调研方案》，2011年7月7日全哲洙书记召集有关会领导和研究室、会员部负责同志进行了专题研究。2011年7~8月，全国工商联成立了3个调研组，分别由会领导带队赴部分省市，对工商联系统商会建设情况进行了深入调研。通过调研，形成了3个分调研报告和一个总调研报告。在调研的基础上，起草了全国工商联商会建设工作会议的有关文件，为召开商会建设工作会议做好了准备。

全国工商联商会建设工作会议于2011年11月7~8日在北京召开。此次会议对工商联商会建设情况进行了研究，充分听取了地方工商联、行业商会、异地商会、基层商会等对商会建设的意见建议，摸清了工商联系统商会发展状况，总结了商会发展成功的经验，查找了制约发展的突出问题。会议还着重研究了商会组织如何进一步完善法人治理结构、建立内部管理机制、依据法律和章程开展活动等重大问题，以及商会组织如何充分发挥宣传政策、提供服务、反映诉求、维护权益、加强自律作用等问题。黄孟复主席、全哲洙书记出席会议并作重要讲话，对工商联商会建设工作作出了重要指示，对加强中国特色商会组织建设提出了具体要求。

三、以建立健全工商联商会组织管理规章制度为抓手，加强规范管理，推动商会管理工作上台阶

依据《社团登记管理条例》规定的社会团体业务主管单位职责，修改全国工商联行业商会管理办法，建立行业商会归口管理服务和分工负责指导工作机制。制定《全国工商联行业商会会长、副会长、秘书长综合考察办法》、《全国工商联行业商会秘书长管理办法》，选拔政治上有觉悟、经济上有实力、有较高的思想道德水平、社会上有影响、热心商会工作的非公有制经济人士出任会长、副会长，聘任熟悉行业情况、善做商会工作的专业人员担任秘书长；明确行业商会会长、副会长，秘书长的任职资格和条件，结合制定《工商联商会发展规划》，确立新发起筹备商会的标准和条件。在会领导直接推动下，全国工商联直属行业商会法人登记工作已取得实质性进展；中国文化产业商会等的发起、筹备成立工作，也在抓紧进行之中。（张世芳、江　建）

【出台商会建设指导性文件】为深入贯彻落实中央16号文件精神，积极探索建设中国特色商会组织的方法和途径，进一步加强对全国工商联直属行业商会的规范管理，从2010年年底开始，在会领导的直接带领下，全国工商联会员部着手研究起草了《全国工商联直属行业商会章程示范文本》、《全国工商联直属行业商会管理办法（试行）》、《全国工商联直属行业商会会长、副会长、监事长人选综合考察办法（试行）》、《全国工商联直属行业商会会长、副会长年度考评办法（试行）》、《全国工商联直属行业商会秘书长管理办法（试行）》五个制度性文件。

按照会领导的要求，在2011年3~5月期间，就“五个制度性文件”，分别征求了中央统战部五局、民政部民间组织管理局、全国工商联机关有关部门、全国工商联组织委员会成员、全国工商联28家行业商会以及中央社会主义学院两期培训班部分学员的意见，共回收了上百条意见。8月份，又征求了工商联系统商会建设调研组同志的意见。

此外，为使各级工商联所属的商会组织有序发展，按照会主要领导的要求，在“五个制度性文件”的基础上，会员部研究制定了适合各类商会的“两个制度性文件”即（《工商联商会章程示范文本》和《工商联商会管理办法（试行）》）。11月份，在全国工商联商会建设工作会议上，又征求了与会人员的意见。

2011年12月底，经会主要领导审定，将“五个制度性文件”印发全国工商联直属行业商会执行，将“两个制度性文件”印发地方工商联执行。

全联直属行业商会“五个制度性文件”和地方工商联“两个制度性文件”的制定实施，着眼于当前工商联商会组织的迅速发展，充分体现了中央16号文件的要求，系统总结了商会工作经验做法，成为比较系统全面的规范性文件，为促进商会发展、规范商会管理提供了制度上的保障，是工商联商会发展工作实践的总结和升华，是建设中国特色商会组织的有效探索，在工商联商会发展进程中具有标志性的意义。（江　建）

【开展商会建设调研】为了贯彻落实中央16号文件精神，抓基层，打基础，及时发现和解答实践中提出的各种新问题，推动商会建设健康发展，全国工商联自2011年7月起开展了为期4个月的商会建设调研活动。调研分别由全国工商联全哲洙书记、宋北杉副主席和李路副主席带队，组成3个调研组深入到东部、中部、西部和东北地区的11个省（区、市），召开了43场座谈会，实地走访了55个商会和31家企业，形成了6份区域报告、32份地方报告和70个典型案例。调研重点以行业商会、直属商会、乡镇商会、异地商会和街道商会为对象，基本摸清工商联系统商会组织发展现状，认真总结社会主义市场经济体制确立以来商会发展的基本经验，深入了解商会在促进“两个健康”中的作用发挥情况，系统研究当前商会建设中的新情况、新问题和新对策，积极探索“什么是中国特色商会组织”、“怎么建设中国特色商会组织”、“中国特色商会组织应该发挥什么作用”等新的理论和实践课题，为召开全国工商联商会建设工作会议做好了充分准备。（江　建）

【召开组织委员会第十次全体会议暨县级工商联联系点工作交流座谈会】全国工商联组织委员会第十次全体会议暨县级工商联联系点工作交流座谈会于2011年4月21～22日在全国县级工商联联系点江苏常州市武进区召开。会议交流了各地贯彻中央16号文件精神情况和在制定本省（区、市）实施意见中加强县级工商联组织建设的具体措施、办法；总结了各地抓基层打基础，通过建立县级工商联联系点，切实指导联系点建设，以点带面，推动本地区县级工商联组织建设的办法和经验；全国县级工商联联系点在加强自身建设，指导基层商会、行业商会建设，服务当地经济社会发展等方面发挥示范、引领作用情况，研究了县级工商联组织建设面临的新情况、新问题，探讨了解决问题的思路和办法。

全国工商联党组副书记、副主席宋北杉出席会议并讲话。组织委员会副主任、委员，部分省级工商联会员组织工作负责人，全国县级工商联组织建设联系点负责人和部分参加全国工商联蹲点调研的地方工商联干部，全国工商联会员部负责同志共60余人参加了会议。江苏省工商联党组书记邵军，常州市武进区委书记沈瑞卿同志出席会议并致辞。会议由全国工商联副主席、组织委员会主任刘沧龙和全国工商联组织委员会副主任、全国工商联会员部部长王瑗主持。

委员们结合学习贯彻中央16号文件精神，就如何加强工商联领导班子和代表人士队伍、干部队伍建设，加强基层组织和商会组织建设以及组织委员会工作提出了许多积极的建议。

宋北杉副主席在讲话中对2011年组织委员会的工作做出部署。他要求组织委员会的同志在认真学习和全面领会新文件精神的基础上，理论联系实际，深入调查研究，为全国工商联组织建设工作提出具有前瞻性和指导性的真知灼见。宋北杉副主席从深入学习贯彻新文件精神，加强对工商联基层组织建设的调研工作；准确把握新文件要求，加强工商联商会建设理论研究两个方面谈了意见。他指出，加强基层特别是县级工商联组织建设是工商联抓基层、打基础的工作，必须坚持不懈地抓好。必须借学习贯彻新文件的东风，加紧工作，使各级工商联主要是省级工商联进一步加强对县级工商联组织建设的指导。（张世芳）

【召开商会建设工作会议】全国工商联商会建设工作会议 2011 年 11 月 7～8 日在京召开。这次会议旨在认真总结交流工商联商会发展的基本经验，分析商会发展趋势，以改革创新精神积极培育和发展中国特色商会组织，努力适应新形势、新任务，不断开创工商联商会建设新局面。

开幕会由全国工商联党组书记、第一副主席全哲洙主持。全国政协副主席、全国工商联主席黄孟复出席开幕会并讲话。他指出，工商联商会作为工商联工作的组织基础和重要依托，呈现出组织数量不断增长、会员覆盖面不断扩大、组织形态不断探索、民主办会不断加强的特点，为促进我国经济社会发展作出了积极贡献，在培育和发展中国特色商会组织的道路上进行了不懈探索。黄孟复强调，工商联商会要深入贯彻落实党的十七届六中全会精神和中央 16 号文件精神，进一步明确新形势下工商联商会建设的主要任务。黄孟复要求，各级工商联要准确把握当前商会建设工作面临的新形势新任务，把商会建设工作作为抓基层、打基础的重要突破口，充分发挥工商联在行业协会商会改革发展中的促进作用，坚持培育发展与规范管理并重，坚持分类指导，创新指导方式和方法，切实履行社会团体业务主管单位职责，推动商会建设工作迈上新台阶。

会议期间，天津市、江苏省、甘肃省和鞍山市、福州市、眉山市、余姚市、固始县 8 个省、市、县级工商联，以及中山市小榄镇商会、天津山西商会、重庆市沙坪坝区磁器口街道商会、北京市西城区工商联什刹海商会，分别在会议上介绍了加强工商联商会建设的典型经验和做法；民政部民间组织管理局有关负责同志作了专题讲座；与会代表围绕黄孟复讲话、各地典型发言、《工商联商会章程范本》和《工商联商会管理办法》两个征求意见稿进行了分组讨论。

全国工商联党组书记全哲洙在闭幕会上作重要讲话。他指出，中央 16 号文件首次提出培育和发展中国特色商会组织，深入贯彻落实中央文件精神，必须深刻理解工商联商会在改革开放以来的生动实践中逐步形成并日益鲜明的中国特色，准确把握中国特色商会组织的时代内涵。工商联商会建设集中体现了统战性、经济性、民间性有机统一。“三性”彼此依存、相互促进、不可分割，是工商联商会的独特优势和中国特色所在，也是中国特色商会组织的具体化的鲜明特征和本质属性。全哲洙指出，加强和改进工商联对商会建设工作的指导，要正确处理好工商联与商会的关系、指导与服务的关系和借鉴与创新的关系。工商联主管的商会即使登记后成为独立法人，也依然是工商联的基层组织。各级工商联要切实履行社会团体业务主管单位职责，不断改进和创新对商会的监督和管理，促进工商联商会的有序规范发展。全哲洙要求，要始终立足于基本国情，始终着眼于时代特征、中国特色、商会特点，坚持将借鉴与创新有机结合起来，充分体现工商联商会建设的探索性、开放性和包容性。要走出一条符合我国国情、顺应时代潮流的中国特色商会组织发展道路。

全国工商联常务副主席孙安民，副主席宋北杉、褚平、谢经荣、庄聪生、李路、刘迎霞，中国民间商会副会长郑跃文出席会议。中央统战部、中央编办、民政部的有关部门负责同志，全国工商联机关各部门和直属单位有关负责同志、直属行业商会会长和秘书长、各省级工商联有关负责同志约 200 人参加会议。（江　建）

【召开组织委员会座谈会】2011 年 11 月 9 日，全国工商联组织委员会在京召开座谈会，围绕深入贯彻落实中央 16 号文件，交流了对黄孟复主席、全哲洙书记在全国工商联商会建设工作会议上讲话的认识与体会，探讨了各地工商联按照重心下移、面向基层的要求，在加强商会建设、县级工商联组织建设、会员队伍建设等方面的经验做法及突出问题，总结组织委员会 2010 年 6 月以来的工作，对 2012 年组织委员会工作思路、全国工商联会员组织工作及工商联换届工作提出意见建议。座谈会由全国工商联党组副书记、副主席，组织委员会主任宋北杉主持。全国工商联副主席、组织委员会主任刘沧龙，组织委员会副主任、委员及部分省级工商联负责人等 20 余人出席会议，会员部全体同志参加了会议。

与会同志认为，刚刚结束的全国工商联商会建设工作会议是深入贯彻落实中央16号文件的重要举措，回去后要认真传达学习黄孟复主席、全哲洙书记的讲话精神，把这次会议的精神贯彻落实到商会工作中。县级工商联组织建设是落实中央16号文件，抓基层、打基础的重要工作，经过努力，已取得初步成效，明年要继续抓好此项工作，推动县级工商联组织建设迈上新台阶。会员队伍建设是工商联自身建设的基础性工作，要按照中央16号文件的要求，大力发展会员，进一步加强执委、常委数据库工作和会员组织统计工作，加强对数据的整理、分析和研究，为做好会员组织工作打好基础。

与会同志结合学习贯彻中央16号文件和全国工商联商会建设工作会议精神，就如何加强商会建设、县级工商联组织建设、会员队伍建设和组织委员会工作提出了许多有价值的意见。

1. *加强商会建设方面*。要加强商会规范化建设，尽快出台全国性的工商联商会建设指导意见，《工商联商会章程范本》和《工商联商会管理办法》在进一步完善后下发，对商会组建、运行等各个环节加以规范，可以采取以评促建的方式，参照民政部门的相关指标，制定体现工商联特色的商会评价体系，评定工作可分级进行，逐步实施。推动出台《商会法》，为商会建设创造良好的法制环境。要加大对异地商会的指导力度，建议全国工商联就异地商会问题加强与民政部门的协调，牵头建立各省级工商联之间的工作联系机制，各地工商联也要在政治安排、经济服务等方面把异地商会考虑在内，充分发挥异地商会在招商引资、扶贫济困、促进区域发展等方面的作用。由全国工商联牵头，各省级工商联配合，围绕培育和发展中国特色商会组织这个主题，进一步加强商会建设的理论研究，在思想认识、工作方式方法以及无主管模式对工商联商会建设的影响等方面加强研究，更好地指导实践。

2. *加强县级工商联组织建设方面*。近年来县级工商联干部队伍中补充了不少新生力量，换届后还有不少新同志进入领导班子甚至担任主要领导职务，建议全国工商联加强对他们的培训力度，把对县级工商联的主要领导培训纳入全国工商联培训规划中。组织编写《工商联组织建设读本》和《工商联组织建设案例集》等指导性读本，建立县级工商联组织建设评价标准，加强对县级工商联组织建设规范运作的指导。开展全国工商联系统的评比表彰活动，树立县级工商联组织建设典型，通过观摩会等形式发挥典型的引导作用。建立引导性、扶持性资金制度，激活工商联组织建设活力，增强县级工商联干部干劲。

3. *加强会员队伍建设方面*。全国工商联要制定会员发展规划，通过几年的努力，使会员数占非公有制企业数的比例得到较大幅度增加，会员结构进一步得到优化。要树立“抓大扶小”的工作思路，按照广泛性和代表性相结合的原则，加大会员发展力度，在发展具有代表性企业同时，将发展的重心转向中小企业。要进一步完善会员组织统计软件和执委、常委数据库系统，覆盖到县级工商联组织和基层商会，数据可以动态管理和分类、分级管理，与其他数据库系统可以互相兼容。可以就统计口径、统计指标等方面与统计局合作。（张世芳）

【召开直属行业商会2011年度工作会议】为贯彻落实全国工商联商会建设工作会议精神，总结交流直属行业商会工作经验，2011年12月27日在北京召开了全国工商联直属行业商会年度工作会议。全国工商联29家直属行业商会会长（商会负责人）、秘书长（秘书处负责人）参加了会议。中央统战部副部长，全国工商联党组书记、第一副主席全哲洙，全国工商联副主席李路出席会议。

会上，全国工商联会员部通报了全国工商联行业商会法人登记工作进展情况，部署完成登记商会的后续工作，讲评2011年度商会工作，布置年检和财务审计工作；各商会会长进行了2011年工作述职；学习并研究落实全国工商联直属行业商会管理办法等5个制度性文件。会议印发了全国工商联各直属行业商会2011年工作总结和2012年工作计划，作为书面交流资料，提供与会同志相互学习和借鉴；发放了一批社团建设方面的书籍，供各商会参考学习。

全哲洙书记在讲话中指出，全国工商联直属行业商会会长必须有高度的使命感和责任感，应该是本行业优秀企业家的代表，应该是本行业的领军人物，力争成为经济学家、社会活动家，能够带领商会引领行业健康发展。全哲洙书记要求各商会负责人要明确商会性质，始终坚持“三性”有机统一，发挥好特色和优势；要突出创新，注重实践探索，建设学习型商会，积极探索中国特色商会组织建设之路，努力促进“两个健康”，保证商会建设沿着正确方向发展。全哲洙书记对商会工作的悉心指导和殷切希望，充分体现了全国工商联领导对基层组织建设的高度重视，是对商会同志的巨大鼓舞。(陈聚春)

机关建设

【综　述】2011年，全国工商联认真学习贯彻党的十七届四中、五中、六中全会和中央16号文件精神，紧紧围绕全国工商联工作，结合机关实际，以提高干部能力为重点，深入开展创先争优活动，努力加强机关党的建设和干部人事工作，切实服务机关中心工作和干部健康成长，为机关各项工作任务圆满完成做出了积极贡献。

一、深化理论学习，提高干部思想政治水平

组织党员干部认真学习党的十七届四中、五中和六中全会精神，深入贯彻落实中央16号文件精神，加强理论武装，举办国际国内经济形势、中小企业发展现状和有关政策措施落实情况、商会建设与管理等专题讲座，不断提高干部的政治意识和大局观念。组织部门、直属单位主要负责人撰写“以中央16号文件精神为指导，做好新形势下工商联工作”的文章，在《中华工商时报》专版发表，提高对地方工商联工作的指导水平。在纪念建党90周年之际，除组织机关部分干部参加中央召开的纪念大会、全体干部收看大会实况外，把学习“七一”讲话作为理论学习的重点，结合工商联实际提出9道思考题，以支部为单位引导党员干部认真学习思考、专题讨论。在此基础上，开展了“学习‘七一’讲话，提高‘四种能力’，加强和改进机关工作”的主题研讨活动，包括各部门主要负责人在内的20名党员干部在全体干部职工参加的研讨会上发言。切实加强对干部职工的党史教育，组织观看金一南同志党史专题报告录像，观看《建党伟业》、《杨善州》、《飞天》、《辛亥革命》等优秀影片和《复兴之路》展览，为党员干部和各支部发放《苦难辉煌》、《中国共产党党史（一、二卷）》等理论书籍17种，增强党员干部的党性修养和理论素养。

二、积极开展创先争优活动，切实推进机关党的建设

继续以“坚持科学发展，促进‘两个健康’”为主题，以“强化素质，争创佳绩”为载体，按照“五个好”、“五带头”的总要求，紧紧围绕促进机关工作，突出解决党支部、党务工作者、党员作用发挥问题。

1. 立足岗位，争创佳绩，着力服务机关重点工作。组织动员党员干部立足本职岗位，以优异成绩体现先锋模范作用。结合民主生活会、部门务虚会、年终述职考核，落实公开承诺；每季度针对机关印发的各类公文进行点评，以简报形式对优秀公文和公文中的错误进行评述，提高办文质量；开展“我身边的榜样”活动，组织评选机关先进党支部和优秀共产党员、优秀党务工作者，有5个优秀党（总）支部、22名优秀党员、7名优秀党务工作者受到表彰；有4个优秀党（总）支部、13名优秀党员和4名优秀党务工作者受到了中央统战部机关党委的表彰；有1名优秀党务工作者受到了中直工委的表彰。将领导点评活动经常化，在2月份集中点评的基础上，结合部门单位工作，及时对每个党员、干部的工作作风、协作精神、工作质量、实际效果、差错失误等方面进行点评，促进工作质量提高和干部能力提升。

2. *提高党务干部能力，夯实组织基础。*不断加大培训力度，努力做好党员发展、教育、管理等工作，党务干部的工作能力不断提高，机关党员队伍不断壮大。举办党务干部培训班，学习国家人口计生委宣教司支部党建工作法，增强了党支部负责人的党建意识，为党（总）支部开展工作提供了有益的借鉴。许多党（总）支部建立学习制度、会议制度，组织党员围绕本部门、单位中心工作开展丰富多彩的党建活动，不断加强支部班子建设，保证了中央大政方针以及会党组、主席办公会各项决策的贯彻落实，活跃了机关党的工作。按中央有关部门要求完成了清理规范庆典、研讨会、论坛活动工作，以“坚持以人为本执政为民理念发扬密切联系群众优良作风”为主题，召开了局处级党员领导干部民主生活会，使广大党员干部进一步增强了党员意识，促进了党组织建设。积极做好党员发展工作，目前机关设有党（总）支部17个，机关党员已占全体干部职工人数的81.7%。

三、开展提高能力活动，加强干部队伍建设

以提高机关干部的政治把握能力、调查研究能力、群众工作能力和落实推进能力为重点，不断完善人事制度，加大干部培养力度，打造政治强、业务精、作风正的干部队伍。

1. *注重在工作中锻炼培养干部。*会领导十分重视在工作中培养干部、锻炼干部，帮助干部提高能力。在实施机关重点工作中，打破部门界限抽调使用干部，使大家在工作中得到锻炼提高。在中小企业综合性调研和商会建设调研活动中，会领导手把手地指导年轻干部开展调研、梳理成果。机关党委（人事部）创办了“部门领导讲坛”，共有5名部门主要负责同志为机关干部宣讲本部门业务及自己的工作体会，加强了部门间的业务交流。

2. *加大干部教育培训和挂职锻炼力度。*共组织10名局级干部参加自主选学，9名同志参加中央党校、国家行政学院、浦东干部学院、延安干部学院调训。选派1名处级干部参加美国杜克大学培训，5名同志参加公务员初任培训。安排1名西藏工商联干部到全国工商联经济部挂职，选派2名同志援疆，1名同志到贵州省织金县挂职，2名同志到企业挂职。选拔任用了处级以上干部18名，优化了干部队伍结构，加强了干部能力建设。

3. *完善人事制度，打牢工作基础。*制定了《全国工商联直属单位人事管理暂行办法》、《全国工商联机关干部轮岗暂行办法》、《全国工商联机关返聘、借调人员管理办法》。重新整理机关干部花名册、干部任免表及干部履历表，规范整理机关干部人事档案。制定《全国工商联机关局处级领导职务后备干部队伍建设规划》。认真做好干部录用调配和考核工作。努力做好干部职工的人事服务工作，认真做好工资福利和相关统计工作。为加强事业单位的人事管理工作，要求各单位制定了各自的“三定方案”，研究起草了《全国工商联事业单位公开招聘办法》。

四、加强机关文化建设

充分发挥工会、团总支作用，开展健康向上的文化体育活动，举办了迎新春电影会，组织机关干部登山、做广播体操，组织春节联欢会等文体活动。举办了“庆祝建党90周年书画摄影展”，参展作品达385幅（组），展现了机关干部良好的精神风貌。为在机关干部特别是青年干部中倡导理论研究的风气，开展了征文活动，共收到论文31篇，有1篇论文在中央直属机关党建研究会2011年度课题研究优秀成果评选中荣获三等奖，有6篇论文在中央统战部第十六次理论学习征文活动中分别荣获一、二、三等奖；组织青年干部参加中央统战部的“学党史、知党情、跟党走”主题演讲比赛，并获得了优秀组织奖。关心困难干部职工生活，做好干部职工福利工作和伙委会工作。这些活动和工作丰富了机关生活，促进了健康向上的机关文化的形成。

五、认真做好离退休人员服务工作

努力发挥老干部党支部的积极作用，每月组织一次学习交流活动。在春节、“七一”和重阳节等节日期间慰问老同志老党员，及时看望生病老同志，组织老同志开展“庆祝中国共产党建党九十周年红歌会”，安排离退休老同志赴浙江学习参观、到新办公楼参观，丰富老同志生活。为老同志订阅《医药养生健康报》，做好离退休干部职工数据库建设，为老党员、老干部提供服务。（张一卫）

【举办机关离退休人员新春茶话会】2011年1月20日，全国工商联机关召开离退休人员新春茶话会。全国工商联党组书记、第一副主席全哲洙代表会党组向全体参加新春茶话会的离退休人员致以新春慰问和节日的祝福，并通报了全国工商联过去一年的工作，以及取得的重大成绩。

全哲洙指出，过去的一年是全国工商联历史上不平凡的一年。胡锦涛总书记第一次专门就非公有制经济发展和工商联工作发表重要讲话，中共中央、国务院第一次专门就加强和改进新形势下工商联工作联合下发重要文件，经中央同意第一次召开全国加强和改进工商联工作会议，筹建多年的机关新办公大楼即将交付使用。这几件大事将载入工商联事业发展史册，标志着工商联迎来了可以大有作为的重要机遇期，站在了新的发展起点上。

全哲洙指出，全国工商联坚持围绕中心、服务大局，重点抓好对中小企业转变经济发展方式的引导。通过推动政府部门与企业进行直接对话交流，推进中小企业社会服务体系建设，推进村镇银行和开展银企对接活动等，切实引导民营企业增强风险管理意识，大力宣传国家经济结构调整、产业转型升级和鼓励引导民间投资等相关政策，为民营经济加快发展方式转变营造良好环境。开展了“质量月”系列活动、科学技术进步奖和科技创新企业家奖的评选，搭建各种服务平台不断探索引导非公有制企业参与县域经济发展，召开援藏援疆工作座谈会、推动非公有制企业实施“走出去”战略，加强调查研究等，促进非公有制经济科学发展。

全哲洙指出，过去的一年，通过与中央统战部联合举办优秀中国特色社会主义事业建设者培训班，加强教育培训，加大舆论宣传力度，以“光彩行”等为实践载体，大力加强思想政治工作，积极引导非公有制经济人士健康成长。通过参与指导非公有制经济组织学习实践活动和创先争优活动，加强非公有制经济组织党建工作，引导非公有制企业党组织和党员积极发挥作用，促进企业的科学发展。

全哲洙指出，2012年全国工商联将继续认真学习贯彻党的十七届五中全会精神和中央经济工作会议精神，以邓小平理论和“三个代表”重要思想为指导，深入贯彻落实科学发展观，以科学发展观为主题，以加快转变经济发展方式为主线，把学习贯彻新文件精神贯穿到工商联工作各个方面，坚持面向基层、重心下移，推动民营经济加快发展方式转变，注重服务中小企业科学发展，探索改进思想政治工作，努力构建和谐劳动关系，扎实推进基层组织建设，切实加强能力建设，为促进“两个健康”和经济社会平稳较快发展做出积极贡献，以优异的成绩迎接建党90周年。（王熙玲、薛　峰）

【共同举办第22期开放建设研讨班】为落实全国工商联援藏、援疆工作会议精神，支持西部地区经济发展，加强对西部和少数民族地区干部培训工作，全国工商联与香港培华教育基金会于2011年2月15～25日在香港合作举办第22期“开放建设研讨班”。全国工商联、内蒙古自治区、西藏自治区、青海省、新疆维吾尔自治区和新疆生产建设兵团省、地、县级工商联干部40人参加了研讨班。其中西部地区34人，蒙、藏、回、哈萨克族等少数民族干部占参加人员总数的32%。

本次研讨班安排全国人大代表、经济学家刘佩琼教授，极地科考探险家李乐诗博士，香港理工大学张启枝博士，凤凰卫视时事评论员石齐平教授，香港特别行政区基本法委员会副主任梁爱诗律师，国际宝峰金融集团有限公司董事长吴连烽博士、李钜林律师，就香港的历史及目前香港社会、经济、文化、法律、环保、商会和社团组织等方面情况，香港经济发展与竞争优势、如何充分利用香港国际金融中心融资平台、中国的崛起与制度革新等作专题演讲。香港培华教育基金会安排研讨班考察了香港投资推广署、廉政公署、贸易发展局、香港交易所、香港科技大学、旭日集团有限公司、中华煤气有限公司等单位。研讨班为西部和少数民族地区工商联干部，特别是基层工商联干部学习了解成熟的市场经济运行机制和现代企业的先进经营理念及科学管理机制提供了机会。（王治国）

【组织开展专题讲座】为加强干部理论学习，提高干部能力素质，2011 年全国工商联机关共邀请了 19 位专家学者、国家部委负责人为机关干部作专题辅导讲座。

为促进全国中小企业综合性调研工作的开展，2011 年 2 月 15 日、3 月 14 日，机关分别邀请了财政部企业司陆庆平副司长、工业与信息化部中小企业司郑昕司长、国家税务总局企业司丛明巡视员、国家工商总局个体私营经济监管司潘海民巡视员、商务部市场秩序司司长向欣、科技部调研室主任胥和平、人力资源和社会保障部劳动关系司副司长茹英杰、银监会完善小企业金融服务办公室副主任张小松，就相关政策措施及专业知识进行辅导，机关全体干部以及全国中小企业综合性调研课题组成员参加培训。讲座内容丰富，信息量大、专业性强、理论联系实际，使机关干部开阔了思路、丰富了知识，进一步加深了对国家相关政策的理解，为机关重点调研工作的圆满完成起到了积极的促进作用。

结合工作和形势，请专家学者开展了理论专题讲座成了机关加强理论学习的重要方式。2011 年机关还邀请了国家发改委秘书长杨伟民同志作了题为《加快转变经济发展方式，为全面建成小康社会打下具有决定性意义的基础》的报告；邀请华中师范大学校长马敏、民政部民间组织管理局副局长贾晓九分别作了商会知识辅导报告；邀请军事专家、国防大学金一南教授作了“苦难与辉煌——纪念中国共产党成立 90 周年”的主题报告；邀请文化部政策法规司副司长孙若风同志作了党的十七届六中全会精神辅导报告；邀请世界经济与政治研究所学术委员会副主任委员孙杰作了美国经济及对我国经济的影响专题辅导报告。

同时，为切实提高机关干部的业务素质和工作能力，促进学习和研讨，加强部门间的交流，机关还开办了二期“部门领导讲坛”，分别有 5 位部门负责人为机关全体干部职工进行了业务辅导。（张一卫）

【举办工商联干部专题培训班】为贯彻落实中央 16 号文件精神，建设一支“政治强、业务精、作风正”的干部队伍，根据《全国工商联 2008—2012 年教育培训工作规划》和《全国工商联 2011 年培训工作安排》，经全国工商联党组、主席办公会议研究同意，全国工商联宣教部分别于 2011 年 4 月 18 ~ 22 日，4 月 24 ~ 28 日，5 月 16 ~ 20 日在北京中央社会主义学院连续举办了 3 期工商联干部专题培训班。

全国政协副主席、全国工商联主席黄孟复，全国工商联党组书记、第一副主席全哲洙亲临培训班并发表重要讲话。全国工商联党组副书记、副主席宋北杉，党组成员、副主席庄聪生出席培训班并就中央 16 号文件精神进行宣讲。中央社会主义学院高度重视工商联此次培训班。中央社会主义学院党组书记、第一副院长叶小文，常务副院长周宁，副院长张峰、袁廷华分别出席培训班开班和结业仪式并授课。

2011 年全国工商联干部专题培训班以学习中央 16 号文件精神为主线，并围绕文件的贯彻落实确定了“工商联组织建设”、“‘十二五’规划学习”、“非公有制经济组织党建和思想政治工作”3 个主题。根据不同专题分别邀请中央组织部、中央党校、国家行政学院、中央社会主义学院、中国社科院、国防大学、中央财经大学、商务部、科技部、国家工商行政管理总局等单位十几位领导、专家和知名学者授课。3 期培训班共开设公共基础课程 6 门，专题课程 8 门，组织报告会 2 场，双向交流 3 场，小组讨论 3 场，现场教学（国情与党史教育）3 次，学员联谊和参观若干次。每期培训班课时达 40 小时。全国工商联机关干部、各省、自治区、直辖市和新疆生产建设兵团以及副省级市工商联的部门负责人或业务骨干共计 338 人参加了培训班。

全国工商联大规模地集中对各级工商联干部进行有计划、有重点、有针对性的培训尚属首次，对不断提升干部队伍的政治把握能力、调查研究能力、群众工作能力和落实推进能力具有重要作用。由于培训班指导思想明确，主题突出，培训内容丰富，理论联系实际，教学管理严格，学员学风端正，学习认真刻苦，培训班达到预期目标、收到良好效果。通过学习，学员普遍感到收获很大，特别是加强了对中央 16 号文件精神的理解，明确了下一步工作的方向，提高了做好工商联事业的责任心和工作干劲。（邵　逸）

【召开机关创先争优领导小组会议】2011 年 4 月 27 日，全国工商联机关创先争优工作领导小组召开第六次会议。全国工商联党组副书记、副主席、机关创先争优活动领导小组副组长宋北杉同志主持会议并讲话。全国工商联机关创先争优活动领导小组其他成员以及各党（总）支部负责同志参加了会议。

会议听取了各党（总）支部前一阶段创先争优活动情况汇报，研究讨论了下一阶段机关创先争优活动计划。会议认为，近两个月来，机关创先争优活动按照领导小组的要求，结合机关实际，围绕重点工作，组织全体党员认真学习中国共产党党史、“十二五”规划纲要，组织机关各部门、直属单位主要负责人集中撰写刊发了《以中央 16 号文件精神为指导，做好新形势下工商联工作》的文章，开展了“中小企业综合调研活动专项培训”和形式多样的干部培训，筹备开展了多项纪念建党 90 周年活动。各党（总）支部切实将创先争优活动与推动重点工作紧密结合，开展了“支部好活动”、“我身边的榜样”、业务交流点评等形式多样的活动，有效地推动了机关创先争优活动的深入开展。

会议要求，2011 年“七一”前夕，机关创先争优活动要紧紧围绕机关重点工作，采取专题报告、参观展览、影视节目、支部学习座谈会等形式，组织党员深入学习党史，切实贯彻“十二五”规划和中央 16 号文件精神，认真做好先进党支部、优秀党务工作者、优秀党员的评选表彰和宣传工作，以实际行动纪念建党 90 周年。要认真组织好重点工作点评、讲党课、支部好活动等工作；针对 2011 年上半年重点工作完成情况，由党（总）支部负责同志对本支部党员干部工作情况进行点评，总结成绩，查找不足；要结合 2011 年工作重新修改本支部和党员个人的公开承诺；要积极组织党员参加机关理论征文比赛、书画摄影展和演讲比赛等活动，引导党员干部以优异的工作业绩向建党 90 周年献礼。

宋北杉同志作总结讲话。他强调，更好地落实创先争优活动各项措施，全面完成各项工作任务，一定要做好“三个结合”，即创先争优活动与推进重点工作更加紧密地结合；创先争优活动与纪念建党 90 周年、学习党史紧密结合；创先争优活动与总结上半年工作、谋划 2011 年下半年工作紧密结合。要积极配合部门、单位总结谋划工作，充分发挥党员的先锋模范带头作用，再接再厉完成好全年工作。（付宏静）

【举办机关庆祝建党 90 周年书画摄影展】为庆祝建党 90 周年，进一步推进机关文化建设，全国工商联机关于 2011 年 4 ~ 10 月举办了“全国工商联机关书画摄影展”。在两个多月的展览作品网上收集过程中，共收到参展作品 385 幅（组），其中书法作品 14 幅，美术作品 8 幅，摄影作品 362 幅（组），手工作品 1 幅。

经各部门代表投票评选，遴选出了部分优秀作品，并于10月18日起在机关新办公大楼一层大厅进行实地展示。这些作品表达了对党的浓浓情意和对工商联事业的热爱，展示了机关干部职工良好的精神风貌。（张一卫）

【机关离退休人员开展爱国主义教育】为迎接中国共产党建党90周年，全国工商联机关组织离退休人员开展爱国主义教育系列参观活动。

2011年5月10日，机关组织离退休人员32人参观了嘉兴南湖“红船”和南湖革命纪念馆。在“红船”旁，党员们面对庄严的党旗，重温入党誓词，并慷慨激昂地唱起《没有共产党就没有新中国》。大家纷纷表示，能在党的诞生地开展宣誓活动，感觉神圣而自豪。

随后，离退休人员参观了南湖革命纪念馆，重温了影响和改变中华民族历史命运的重大事件，回顾了中国共产党从诞生、发展壮大，最终领导中国人民取得革命成功的光辉而曲折的历程。老党员们接受了一次非常生动的党史和党的先进性教育。

12月8日，机关党委组织28名退休老同志到顺义焦庄户地道战遗址参观。参观过程中，机关退休人员交口称赞人民群众的智慧结晶，每一个翻板、单人掩体，地道的入口、出口设计都很巧妙。大家纷纷表示，要坚定信仰，以自己的实际行动教育和影响自己的子女，努力为党的事业再作贡献。（王熙玲、薛　峰）

【召开理论体系框架研讨会】中央16号文件明确指出，要大兴求真务实、调查研究之风，加强对关系非公有制经济健康发展、非公有制经济人士健康成长和现代商会建设等方面的全局性、基础性、前瞻性问题的研究。全国工商联十届四次执委会议、2011年全国工商联工作要点明确要求，要加强理论研究，力争用3年左右的时间，初步构建起工商联的理论框架体系。为此，全国工商联研究室正式启动了构建工商联理论框架体系的工作。

2011年5月20～21日，全国工商联研究室在陕西西安召开了研讨会，就构建工商联理论体系的基本框架、题目设置、研究方法、研究机制等相关问题进行了深入研讨。北京、山西、陕西、云南等地工商联副主席，浙江、江苏、黑龙江、山东、上海、四川等地工商联研究室主任出席了会议。

研讨会上，全国工商联副主席庄聪生作了重要讲话。庄主席指出，目前建立工商联的理论体系已经具备了条件。工商联理论体系的建立，既是时代的要求、社会的呼唤，也是我们工商联事业发展到一定程度的一种内在要求。构建工商联理论体系框架，要在总结实践经验的基础上找出指导工商联工作的理论依据，通过深入的理论研究更好地指导工商联的工作实践，切实做到理论与实践相结合。我们要在深入总结工商联近60年发展历史和工作实践经验的基础上，对关系非公有制经济健康发展、非公有制经济人士健康成长和工商联自身建设发展等方面的基础性、全局性、前瞻性的问题加以研究。庄主席还强调，开展好工商联理论研究工作，必须要建立一种多层次、开放性、社会化的研究机制，特别是要注重充分发挥各地工商联的作用，让各地承担一部分研究课题；切实加强与科研院所、高等院校、民营经济研究会的联系与合作，借助社会研究力量提高理论研究能力和水平。

工商联理论研究体系框架初步构想共分三个部分，一是非公有制经济健康发展，包括15个方面的内容；二是非公有制经济人士健康成长，包括11个方面的内容；三是现代商会建设，包括14个方面的内容。

为发挥各地工商联的研究优势，形成一批支撑工商联理论体系框架的专题研究成果，研究室设计了14个具有一定基础性和前瞻性的研究课题，请各省市工商联进行认真研究。截至2011年年底，共收到各省市工商联提交的36篇涉及10大专题的研究成果，为今后的研究工作打下了良好的基础。（尚小琴）

【表彰机关优秀共产党员、优秀党务工作者和先进党支部】为表彰先进，树立典型，全国工商联机关党委于2011年6月23日召开了“纪念建党九十周年表彰大会”。办公厅党支部、经济部党支部、扶贫部党支部、机关党委党支部、《中华工商时报》社党总支荣获“先进党（总）支部”称号，赵德江、姜建静、王晓阳、李维民、郭蕾、李飞、江建、李扬、马占利、王彤、毛红杏、李晓兵、陈家喜、高波、方英、彭凯、杨联民、齐珂、谭俞雄、付丽梅、张哲、夏汛鸽同志荣获“优秀共产党员”称号，鲁咪咪、王瑗、高庆林、丁学祥、苗士浇、徐文孝、孙长生同志荣获“优秀党务工作者”称号。

大会号召，各党（总）支部和全体党员向受表彰的集体和个人学习，增强历史使命感和责任感，按照“政治强、作风正、业务精”的总要求，切实加强机关党的建设和干部队伍建设，不断提高新形势下政治把握能力、调查研究能力、群众工作能力和落实推进能力，以更加扎实的工作作风和积极奋发的精神状态，充分发挥党支部的战斗堡垒作用、党员的先锋模范作用，为促进“两个健康”、推动工商联事业发展作出更大贡献。

会上，全体与会党员与7名新党员和3名转正党员一起重温了入党誓词。会前，全哲洙、宋北杉、庄聪生同志接见了获奖单位代表和获奖同志，并同他们合影。（付宏静）

【离退休人员党支部举办歌唱会纪念建党90周年】2011年7月6日，全国工商联离退休人员党支部在机关举办“庆祝中国共产党建党90周年歌唱会”专题活动，纪念建党90周年。参加活动的老党员、老干部共27人，80岁以上的有6人。

伴随着阵阵歌声，离退休老党员、老干部，以男生独唱、女生独唱、小合唱形式分别演唱了《没有共产党就没有新中国》、《绣红旗》、《打靶归来》等20余首红遍大江南北，影响一代又一代年轻人的经典革命歌曲。在深情优美的歌声中，老党员、老干部们抒发了对祖国和党的热爱之情，表达了对党的感激，特别是《绣红旗》歌伴舞节目，合唱队的老党员们用真挚的感情唱出了对党团结带领各族人民在社会主义建设伟大进程中取得新胜利的憧憬和良好祝愿，舞蹈表演者手捧党旗，穿针引线，面露欣喜但又有一丝忧伤，仿佛身临渣滓洞中，坚持崇高理想与敌人做最后的殊死较量，用胜利迎接黎明曙光的到来。89岁高龄的老党员、离休干部薛若梅，作为特邀嘉宾，坐在轮椅上被安排在演出队伍的前面演唱，歌声触动了这位老战士，她含着热泪说：我是一名老党员了，感谢党和国家对我的关心和关怀，我与其他牺牲的战友比起来很幸福，应该更加珍惜现在的生活，要活到老学到老，奉献到老，在有限的时间里为党的事业作出更大的贡献。（王熙玲、薛　峰）

【召开全国省级工商联办公室工作座谈会】全国省级工商联办公室工作座谈会于2011年9

月 15～16 日在京召开，全国工商联党组书记、第一副主席全哲洙会见会议代表并合影，全国工商联党组副书记、副主席褚平出席会议并讲话。

围绕“深入贯彻落实中央 16 号文件精神，加强和改进工商联系统办公室工作，提高办公室政务工作能力和服务水平”的会议主题，褚平副主席在讲话中结合办公室工作，对中央 16 号文件下发后工商联工作面临的新形势、新任务进行了阐述。他指出，当前工商联工作进入了最好的发展时期，同时也意味着我们的工作任务越来越重，工作领域越来越宽，工作标准越来越高。为了适应新形势、新任务的要求，工商联办公室在发挥参谋助手、综合协调和服务保障职能的过程中，要注重把握工作规律，明确定位和思路，不断提高工作水平。

褚平副主席要求工商联办公室在发挥参谋助手职能中要把握政治性；在发挥综合协调职能中要把握全局性；在发挥服务保障职能中注重规范性。他强调，作为指导今年和今后一个时期工作思路，办公室要从满足于完成事务性工作向善于懂全局、议大事、管本行转变；从满足于凭经验办事，向制度化、规范化，建立工作长效机制转变；从满足于应付日常工作向善于调查研究、超前谋划转变；从满足于沿袭传统工作方式向利用多方面知识和信息化手段提高工作效能转变。

全国工商联办公厅主任王建设在总结讲话中指出，各地工商联办公室要认真传达落实本次会议精神，加强对办公室工作的领导，为改善工作氛围充分发挥办公室工作职能创造良好条件。要进一步转变工作思路，积极参与全局工作，强化长效工作机制建设，加强调研学习、拓展工作内容及渠道，加强信息化建设，重视统筹、协调、服务、创新能力建设，提高政务工作水平。

北京市工商联秘书长王爱民、江苏省工商联副主席何昌林、福建省工商联副主席陈阿涟、湖南省工商联秘书长罗碧野、重庆市工商联秘书长杨守林、新疆生产建设兵团工商联办公室主任韩国梁、长春市工商联副主席张光锐、深圳市工商联办公室主任肖卫国等 8 位同志在会上发言。

全国工商联办公厅副主任秦臻、赵德江，副巡视员张尚东及各处处长，各省、自治区、直辖市和新疆生产建设兵团工商联，副省级市工商联分管办公室工作的副主席及办公室主任出席会议。（蒋昊东）

【全国工商联机关迁入新址】 为了改善机关办公环境，适应工商联事业发展需要，全国工商联自 20 世纪 90 年代就开始酝酿建造新的办公楼，历经 20 载，终于在 2011 年国庆节前顺利完成机关搬迁，拥有了工商联的新家园。宽敞明亮的办公环境为机关增添了新气象，为工商联事业实现新跨越打下了坚实的基础。

新办公楼从立项到建设经历五年的风雨历程，凝聚着党和国家领导人的关心、关怀，会领导和基建工作人员的心血和汗水，广大工商联干部的长久期盼。胡锦涛总书记、贾庆林主席指示要改善各民主党派中央和全国工商联机关办公条件，北京市委、市政府于 2006 年 1 月向全国工商联提供了新办公楼建设用地；2007 年全国工商联与苏宁电器集团合建办公楼的建设方案得到了国家发改委的批准立项。2008 年 11 月 12 日，新办公楼奠基仪式隆重举行。2008 年 11 月 22 日新办公楼建设工程破土动工，经过土方施工、主体结构、二次结构、精装修等一系列工程的施工，2011 年 5 月，总建筑面积 48633 平方米的全国工商联新办公楼竣工落成。

会领导高度重视新办公楼建设，黄孟复主席、全哲洙书记、褚平副主席等亲临施工现场进行指导部署，并亲自协调困扰工程建设的重点和难点问题，在寒冬酷暑期间多次到施工现场慰问工程施工人员。新办公楼的设计、建设充分体现了环保节能的鲜明特色。新办公楼冷热源系统采用了水源热泵系统，新风系统设有排风回收装置，太阳能热水采用防冻热水系统，冲厕及车库采用中水；新办公楼外墙玻璃采用三层玻璃，降低噪音，节约能源。新办公楼外观设计为“斗”的造型，象征收获与财富，顶部设计借用了传统的“天圆地方”观念，同时立面设计结合斗形、门头等设计，整体造型庄重、威严，兼具现代感和中国文化元素。

新办公楼于2011年4月完成装修工程，并于5月完成了建设工程备案手续。从6月开始，办公家具设备、网络布线、卫生保洁、餐饮服务等各项搬迁工作开始展开。

9月上旬，全国工商联办公厅主持召开机关局级干部动员会，部署机关搬迁工作，并根据会领导要求，向各工作部门下发了《全国工商联机关搬迁工作方案》，进一步明确机关搬迁的详细步骤。9月27～29日，全机关完成搬迁工作，新办公楼于2011年10月8日正式启用。

新办公楼的落成是全国工商联成立近60年来第一次乔迁之喜，是继中央16号文件颁发后的又一件大事和喜事，新的办公设施为机关提高工作效率、改进工作质量提供了硬件保障，创造了良好条件。（倪　红）

【召开加强干部能力建设主题研讨会】2011年10月10日，全国工商联机关召开“学习‘七一’讲话，提高‘四种’能力，加强和改进机关工作”研讨会。20名来自机关各部门的代表就学习胡锦涛总书记“七一”讲话、贯彻落实中央16号文件，畅谈心得体会，并紧密结合工作实际和岗位职责，对提高政治把握能力、调查研究能力、群众工作能力、落实推进能力，加强和改进部门工作提出了一些思路和措施。

中央统战部副部长，全国工商联党组书记、第一副主席全哲洙同志出席研讨会并作重要讲话。他要求，机关全体干部要正视并解决目前还存在的工作态度不认真、工作不成事、制度不落实三个方面的问题，继续推进今年重点工作的落实，特别要关注宏观经济形势变化给中小企业带来的影响，准确掌握信息，及时反映情况，在建立和完善中小企业服务体系方面多做促进工作。要认真谋划好明年工作，明确思路，突出重点。树立大局意识，找准服务党和国家中心工作、促进“两个健康”的结合点；善于抓住主要矛盾，围绕最紧迫、最需要、最突出的普遍性问题，探索解决办法；转变工作作风，切实精简文件，减少会议，控制活动，用更多的时间深入基层和企业中调查研究。希望机关全体干部进一步增强危机意识，找准差距、寻找动力、明确方向、弥补不足，从小事做起，从细节抓起，自强不自息，不懈努力，在新的起点上把工商联事业推向新的发展阶段。

研讨会由全国工商联党组副书记、副主席褚平同志主持，全国工商联常务副主席孙安民同志，党组成员、副主席庄聪生同志，李路同志及机关全体干部职工出席会议。中央统战部机关党委、四局、五局有关负责同志应邀参加会议。（张一卫）

【召开2011年度局处级党员领导干部民主生活会】为进一步加强党员队伍建设，提高“四种能力”，根据全国工商联机关党委、纪委《关于开好2011年度局处级党员领导干部民主生活会的通知》（以下简称通知）（全联党委〔2011〕19号）要求，机关各部门、直属单位共12个党（总）支部于2011年10月、11月召开了局处级党员领导干部民主生活会。会党组成员分别出席所联系的党（总）支部民主生活会并讲话，各党（总）支部科级以下党员、干部及机关党委、纪委有关同志列席会议。此次民主生活会准备充分，发言认真，剖析问题深刻，达到了《通知》要求的促进团结、共同提高的目的。

此次民主生活会以“坚持以人为本、执政为民理念，发扬密切联系群众优良作风”为主题。各党（总）支部紧紧围绕这一主题，认真部署，精心准备，组织局处级党员领导干部理论学习、相互征求意见和交流谈心，大家认真准备发言提纲，为开好这次民主生活会奠定了良好基础。

会党组成员高度重视，专程抽出时间出席。全哲洙、宋北杉、褚平、庄聪生、李路分别参加了经济部、会员部、机关党委（人事部）、办公厅、扶贫与社会服务部、研究室、宣传教育部、中华工商联合出版社、联络部、法律部党支部的民主生活会。参会的党组成员在听取发言后，针对各部门（单位）实际，提出了具体要求和希望。

民主生活会上，局处级党员领导干部围绕会议主题，联系思想和工作实际，认真开展了党性分析和对照检查，针对个人存在的不足和差距，真诚地开展批评与自我批评，提出整改措施和努力方向。尤其是各党（总）支部书记带头剖析，深入查找自身存在的不足，提出努力方向，保证了民主生活会的质量和效果。

为进一步提高民主生活会质量，此次民主生活会首次请参会人员对本次民主生活会满意度进行测评，全体参会人员本着客观公正、实事求是的原则从四个方面对民主生活会进行了满意度测评。

会后，各党（总）支部向机关党委呈交了民主生活会情况汇报和登记表。由于这次民主生活会准备充分，态度端正，严肃认真，做到了谈思想深入细致，谈工作不怕揭短，民主气氛热烈浓厚，进一步提升了党（总）支部整体的凝聚力和战斗力，促进了机关党的建设。（付宏静）

【组织学习党的十七届六中全会精神】为深入学习贯彻党的十七届六中全会精神，全国工商联机关党委下发通知，要求各党（总）支部要引导党员干部通过认真学习，准确把握《中共中央关于深化文化体制改革推进社会主义文化大发展大繁荣若干重大问题的决定》提出的推进社会主义文化大发展大繁荣的措施途径，把文化建设与推进部门（单位）和机关的文化建设有机结合，与创先争优活动和学习型党组织建设有机结合，与推动“两个健康”有机结合，与圆满完成2011年工作、全面谋划2012年工作有机结合，切实落实十七届六中全会作出的各项决策部署。

2011年11月3日，机关党委还邀请文化部政策法规司副司长孙若风为全体干部职工作党的十七届六中全会精神辅导报告，帮助机关干部更好地学习会议精神。（张一卫）

【举办机关党务干部培训班】2011年11月3日，全国工商联机关举办党务干部培训班。来自机关各部门及直属单位共50多名党务干部参加了培训活动。开班仪式由全国工商联党组副书记、副主席、机关党委书记宋北杉主持，中央统战部机关党委专职副书记赵书钢出席并讲话。

宋北杉代表党组要求培训人员高度重视此次培训活动。他表示，虽然现阶段机关工作最为繁忙，但举办培训班既是进一步发挥党支部战斗堡垒作用、全力保障完成重点任务的需要，也是全面提高机关党务干部业务素质和工作能力的需要。因此，参加培训的同志一定要静下心，认真听经验介绍和专家的报告，对照经验查找差距，按照形势发展找方向，真正学有所获。

培训邀请国家人口计生委宣教司党支部介绍党建经验，双方参会人员还就有关话题进行了热烈的交流互动。同时，为扩大党务工作者视野、使党建工作更好为中心工作服务，培训还邀请中国社科院孙杰同志就国际国内经济形势作专题讲座。

全国工商联党组副书记、副主席褚平作培训班总结讲话。他肯定了与会干部的学习热情、认真态度和机关党委的安排与努力。希望大家将培训所学认真消化，运用到工作中去，进一步做好机关党的工作。（付宏静）

【召开研究室主任会议】2011年11月9～10日，2011年全国省级工商联研究室主任会议在北京召开。会议总结交流2011年工商联系统调查研究工作，安排部署2012年调查研究重点任务，并就全国工商联2012年重点工作征求意见。全国工商联副主席庄聪生出席会议并作重要讲话，各省、自治区、直辖市和新疆生产建设兵团工商联分管研究室工作的副主席、研究室主任及全国工商联研究室全体人员共70余人参加会议。

庄聪生副主席在讲话中充分肯定了各省级工商联研究部门一年来的工作成绩。他指出，2011年，各级工商联研究部门积极推动全国各地学习贯彻中央16号文件精神、紧紧围绕全国和各地非公有制经济发展中的热点难点问题，深入开展了中小企业综合性调研、加快民营企业进入垄断领域调研、商会建设调研、全国工商联理论框架体系研究等重大调查研究活动，形成了一批高品质、有影响的调研报告、政策建议，在理论研究方面取得了一些新突破。这些卓有成效的工作，为促进党委政府科学决策、重视和加强工商联工作，提升工商联社会影响力发挥了积极作用，为工商联更好地促进“两个健康”提供了理论基础和智力支持。

庄聪生副主席在部署2012年调研工作时强调，2012年是推进落实“十二五”规划、全面贯彻党的十七届六中全会精神、继续深入贯彻落实中央16号文件精神的关键之年，面对工商联事业蓬勃发展和非公有制经济发展机遇与挑战并存的新形势，各级工商联研究部门必须始终坚持围绕中心、服务大局，树立“面向基层、重心下移”的理念，切实找准服务党和国家中心工作与促进“两个健康”的结合点，紧紧围绕全国工商联重点工作，扎实开展调查研究。重点要深入研究贯彻落实中央16号文件精神的重点问题，深入研究民营企业进入文化产业和加强文化建设、减轻小型微型企业税费、非公有制企业参与社会管理创新、“三性”统一和“八字方针”理论、中国特色商会组织建设理论、新形势下非公有制经济人士思想政治工作的基本规律等问题，着力构建工商联理论框架体系，力争多出成果、多出精品。

庄聪生副主席还结合自己的工作经验，运用大量丰富的工作案例，就如何加强研究室自身建设提出要求。他强调，各级工商联研究部门必须坚持“既抓笔头又抓人头、既出成果又出人才”的思路，扎实推进思想建设、业务建设、干部队伍建设和文化建设，努力把研究室建设成“能打硬仗的集体，培养人才的摇篮，展示才华的舞台，温馨和谐的家园”。

会上，各省区市工商联副主席、研究室主任认真讨论了庄聪生副主席的讲话。大家一致认为，庄主席的讲话不仅全面总结了今年工作、对明年工作重点进行了部署，而且给大家作了一场非常生动实用的培训。大家表示将积极贯彻庄主席的讲话精神，努力加强自身建设，认真谋划明年的工作，为推动工商联系统调研工作再上新台阶贡献力量。

各省级工商联研究室还就今年各地贯彻中央16号文件精神情况、研究室工作开展情况进行了深入交流，对2012年全国工商联重点工作提出了建设性的意见建议。大家希望全国工商联抓紧开展全国贯彻落实中央16号文件情况的督查工作，加强对换届后各地工商联领导班子的培训力度，创新非公有制经济人士思想政治工作的方法，尝试对省级工商联工作的分类指导和差别化管理，支持和推动各地自觉合作开展区域性调研等。

会议还邀请专家演示了非公有制经济调查研究系统，并征求了大家对进一步完善系统的意见。（鲁咪咪）

【举办2011年全国工商联系统信息员培训班】 2011年12月8～9日，全国工商联系统信息员培训班在北京举办，全国工商联党组副书记、副主席褚平接见参加培训的全体人员。

全国工商联办公厅主任王建设总结分析了2011年信息工作情况，并对下一步工作提出了具体要求。办公厅副巡视员张尚东就如何做好信息采编工作作了详细讲解。办公厅综合处、信息处的同志参加了培训班，对具体工作进行了分析说

明和讲解。（蒋昊东）

【召开机关局级干部2011年度考核述职大会】2011年12月26日，全国工商联机关局级干部2011年度考核述职测评会议在机关报告厅召开。机关副秘书长、部门主要负责同志在会上发言述职，其他局级干部书面述职。机关全体干部参加大会，处长以上干部对全体局级干部进行测评。

与往年相比，2011年度考核在注重德、能、勤、绩、廉综合考核述职的同时，突出对干部“德”的考核。根据中组部《印发〈关于加强对德的考核意见〉的通知》精神，会党组要求各位局级干部述职要注重述“德”，重点报告贯彻执行党的路线方针政策、落实党组和主席办公会的决策部署、履行岗位职责、联系群众、坚持原则、精神状态和责任心、执行民主集中制、廉洁自律等方面的表现情况，以及存在的突出问题和不足。

全哲洙、褚平、谢经荣、庄聪生、李路出席述职大会，中央统战五局副局长方乃纯也出席了会议。（夏　洁）

【颁发优秀调研成果奖】两年来，全国各级工商联组织和行业商会，紧紧围绕党和国家中心工作，就经济社会发展中的重大问题，特别是贯彻落实中央16号文件精神、服务和促进中小企业转型升级、推动地方经济发展等方面的问题，进行了深入的调查研究，积极建言献策，形成了一批具有较高理论价值和实践意义的调研报告、理论文章和团体提案。

为进一步激励工商联系统提高调查研究能力、理论创新能力和建言献策水平，促进调研成果的转化，推动相关政策的落实，根据《全国工商联优秀调研成果评选办法（暂行）》，经过广泛推荐、严格评选程序、认真评审，全国工商联决定对《上海市民营企业转型提升的实践：途径、典型及扶助政策》等60篇参选成果授予“2011年全国工商联系统优秀调研成果奖”。其中，优秀调研报告一等奖10篇，二等奖15篇，三等奖20篇，优秀提案奖15篇。

此次评选活动的开展，对各级工商联组织和各类商会紧紧围绕中心、服务大局，深入贯彻落实中央16号文件精神，以改革创新的精神，加强工商联工作的调查研究工作，不断提高工商联科学发展、建言献策的能力和水平，工作重心下移，深入基层、服务基层、指导基层，以严谨细致的科学态度、求真务实的工作作风，为进一步促进“两个健康”创造良好环境，开创工商联事业新局面提供坚实理论支撑起到了积极作用。（尚小琴）

【制定2011～2015年机关局处级领导职务后备干部建设规划】2011年年底，在充分调研基础上，经过认真地梳理和分析全国工商联机关干部队伍现状、学习和借鉴其他部委后备干部队伍管理的经验，全国工商联人事部起草了《2011～2015年全国工商联机关局处级领导职务后备干部队伍建设规划》，经党组会研究、主席办公会审议通过后印发实施。针对机关局处级领导职务干部配备不足、断层明显、能力素质不够全面、培养任务紧迫的现状，《规划》明确规定了机关局处级领导职务后备干部队伍建设的目标、原则、选拔条件、选拔程序、培养及管理措施，制定了后备干部培养、选拔、管理和使用的长期规划，确立了构建人员充足、素质优良、结构优化、群众公认、业绩突出的全国工商联后备干部队伍总体目标，为加强工商联机关干部队伍建设、更好地促进工商联事业发展打下了坚实的基础。（夏　洁）

【组织机关优秀工作项目展】为深化全国工商联机关创先争优活动，总结和回顾全国工商联机关各部门及直属事业单位2011年的工作，交流经验，展示部门、单位形象和工作成果，促进各项重点工作开展，2011年年底，机关举办了2011年度优秀工作项目展。机关各部门以及《中华工商时报》社、中华工商联合出版社精心设计展版，通过翔实的资料和图片，全面展示了全国工商联机关2011年各个部门和直属单位的工作。（张一卫）

第三部分　综合性会议

全国工商联十届七次常委会议

会议综述

全国工商联十届七次常委会议于 2011 年 6 月 27～28 日在广州召开。中共中央政治局委员、广东省委书记汪洋会前会见部分与会代表。全国政协副主席、全国工商联主席黄孟复，中央统战部副部长，全国工商联党组书记、第一副主席全哲洙在会上发表讲话，广东省委副书记、省长黄华华在会议开幕式上致辞。

会议围绕深入贯彻落实中央 16 号文件精神，按照科学发展主题和加快转变经济发展方式主线要求，重点研究部署了服务和促进中小企业转型升级工作，审议通过了有关人事事项并进行了选举。

重庆市工商行政管理局副局长陈文渝、山东省工商联党组书记孙蕃声、中国民生银行董事长董文标等 7 位同志作大会发言，他们从不同角度介绍了扶持、发展中小企业特别是小微企业的做法和经验。

会议期间，与会常委围绕中央 16 号文件精神和黄孟复主席开幕会讲话进行了分组讨论，交流了学习心得与实践经验，提出了不少意见建议；会议审议通过了有关人事事项，增补李路同志为全国工商联十届执委会委员，选举李路同志为全国工商联十届执委会副主席、中国民间商会副会长。

全国工商联副主席宋北杉、褚平、孙安民、谢经荣、庄聪生、王文京、王文彪、王健林、卢志强、刘志强、刘沧龙、许连捷、许荣茂、吴一坚、张元龙、张近东、崔世昌、傅军、霍震寰、刘迎霞，广东省委常委、省委统战部部长周镇宏，中国民间商会副会长孙晓华、沈建国、马有礼、王玉锁、尹明善、张宏伟、金会庆、郑跃文、施子清、董文标、谢伯阳，以及中央统战部、广东省有关部门负责同志及全国工商联常委共 200 余人出席会议。（魏　丹）

黄孟复同志在全国工商联十届七次常委会议上的讲话

在举国同庆伟大的中国共产党建党 90 周年之际，我们在广州召开全国工商联十届七次常委会议，具有特殊的重要意义。中国共产党成立 90 年来，始终坚持崇高的理想信念，坚持把马克思主义基本原理同中国具体实际相结合，坚持全心全意为人民服务的根本宗旨，率领全国各族人民推翻了“三座大山”，完成了新民主主义革命和社会主义革命的任务，奠定了当代中国一切发展进步的根本政治前提和制度基础，使亿万人民从此站了起来，成为掌握自己命运的国家主人；作出了改革开放这一决定当代中国命运的关键抉择，引领中国人民开辟了中国特色社会主义的广阔道路，使亿万人民从此富了起来，成为社会主义制度优越性的最大受益者。90 年来，国家从贫困落后到繁荣昌盛，民族从任人欺凌到振兴自强，人民从受苦受难到富裕安康。这一波澜壮阔的实践，谱写了历史进程中的辉煌篇章，为世界的文明进步作出了巨大贡献。广大非公有制经济人士参与到改革开放的伟大事业中去，作出了巨大贡献，经受了实践的考验，我们为能参与这一历史进程而感到自豪。工商联作为中国共产党领导的人民团体和商会组织，长期以来始终坚持党的正确领导，努力团结、服务、引导、教育广大非公有制经济人士牢固树立中国特色社会主义共同理想，坚定不移走中国特色社会主义道路，为改革开放、社会主义现代化建设和中华民族的伟大复兴作出积极贡献。

这次会议的主题是，深入贯彻党的十七大和十七届五中全会精神、“十二五”规划纲要和《中共中央国务院关于加强和改进新形势下工商联工作的意见》(中发〔2010〕16 号，以下简称中央 16 号文件）精神，进一步深化认识中小企业在“十二五”时期经济社会发展中的重要战略地位，紧紧围绕科学发展主题和加快转变经济发展方式主线，着力服务和促进中小企业科学发展，把贯彻落实中央 16 号文件精神不断引向深入。下面，我谈三点意见。

一、深刻认识服务和促进中小企业科学发展的重要意义

改革开放以来，我国中小企业发展迅猛，目前已有 1100 多万户，占全国实有企业总数的 99% 以上，提供了近 80% 的城镇就业岗位，完成了 75% 以上的企业技术创新，创造的最终产品和服务价值相当于国内生产总值的 60% 左右，纳税额约占国家税收总额的 50% 左右，已成为推动改革开放的重要力量、保障和改善民生的重要方面、促进科技进步的重要主体、壮大县域经济的重要依托。“十二五”时期，各级工商联组织深入贯彻中央 16 号文件精神，充分发挥政府管理和服务非公有制经济的助手作用，更好服务党和国家经济工作全局，就必须下大力服务和促进中小企业科学发展。

1. 服务和促进中小企业科学发展是工商联顺应经济形势变化的必然选择。从世界范围看，国际金融危机的影响远未消除。国际能源资源价格居高不下，大宗商品价格高位震荡，西方主要发达国家经济增长乏力、通胀预期增加，欧元区国家主权债务危机加剧。为应对挑战，各国围绕市场、资源、人才、技术、标准等方面的竞争日趋激烈，主要发达国家都在加快产业结构调整和重新布局，大力发展战略性新兴产业，大力加强对新材料、新能源和低碳技术的开发和应用，旨在探寻“绿色经济发展道路”，力求在新一轮经济技术革命、全球产业分工中获得竞争新优势，在经济全球化大潮中争取主动权。从国内看，我国投资消费关系失衡、城乡区域发展不协调、产业结构不尽合理、科技创新能力不强等因素造成的弊端仍然存在。当前普遍出现的“用工荒”、“用电荒”就充分表明，在劳动力供给增量结构性减少、能源资源和环境压力加大的新形势下，低资源成本、低人工成本、低环境成本的“三低”时代已经结束，我国已经到了必须加快转变发展方式、调整经济结构的发展新阶段。科学发展是时代要求，加快转变经济发展方式，变粗放型、外延型发展为集约型、内涵型发展，推动发展向主要依靠科技进步、劳动者素质提高、管理创新转变，向城乡之间、区域之间协调发展转变，向更加注重保障和改善民生转变，已经成为实现科学发展的必由之路。而转变经济发展方式的主体归根结底是企业，特别是占我国企业总数 99% 以上的中小企业，如果不能在总体上实现科学发展、转型升级，整个国家经济发展方式的转变就会成为空谈。“十一五”时期，中小企业主要在解决就业上作出了重要贡献，“十二五”乃至今后更长一个时期，中小企业不仅要提供更多的就业岗位，还要在缩小贫富差距、促进共同富裕上发挥更加重要的作用。中小企业绝大多数都是非公有制企业，是工商联工作的重要对象。工商联真正当好政府助手，就必须对中小企业给予更多关注，必须以前瞻意识和战略眼光，围绕中心、服务大局，面向基层、重心下移，顺应国际国内经济形势变化，服务和促进中小企业科学发展。

2. *服务和促进中小企业科学发展是深入贯彻落实中央16号文件精神的具体体现。*工商联工作是党的统一战线工作和经济工作的重要内容。开展经济工作，必须紧紧围绕经济建设这个中心。在加快转变经济发展方式这场深刻变革中，服务和促进中小企业科学发展，正是抓住了当前党和国家经济工作的主要方面，为工商联工作在经济领域争取新的更大作为提供了重要机遇。2011年年初，全国工商联在充分酝酿和准备的基础上，举全系统之力，开展了为期3个多月的全国范围的中小企业综合性调研活动，迈出了服务和促进中小企业科学发展的重要一步，是发挥政府助手作用的一次重要实践。温家宝、贾庆林、李克强、张德江、王岐山、何勇、杜青林等党和国家领导人对全国工商联报送的《我国中小企业发展调查报告》给予了充分肯定，并先后批示到发改委、财政部、工信部、商务部、税务总局、中国人民银行、银监会、证监会等10多个中央和国家机关，要求他们进行认真研究。目前，已收到中国人民银行、工信部、银监会、证监会等部委反馈，并与我们参加调研的有关同志进行座谈听取意见。这是中央16号文件颁发以来政府部门主动联系工商联最集中的一次，也是工商联从操作层面直接建言献策、搭建桥梁纽带最有效的平台。实践证明，工商联有能力、有办法当好政府管理和服务非公有制经济的助手，也有信心、有条件把服务和促进中小企业科学发展引向深入。这不仅是全国工商联的重要工作，也是各级工商联组织，包括在座常委企业家的职责所在。

3. *服务和促进中小企业科学发展是工商联必须长期坚持和推进的工作重点。*过去，工商联为非公有制经济代表人士服务较多，为量大面广的中小企业服务相对较少。中小企业是企业的主体，没有对中小企业的服务，我们的工作就不全面。如今，必须坚持面向基层，重心下移，把服务和促进中小企业科学发展作为长期的工作导向。目前，我国中小企业发展已经站上新的历史起点，正处于“着力培育发展与加快转型升级”的关键时期。具体表现为：企业数量增长较快，但每千人拥有企业数量仍然较少；经济总量不断扩大，但科学发展的内生机制尚未形成；结构调整和转型升级的意愿增强，但科技、管理、人才等支撑基础还不太厚实；科技型企业技术创新活跃，但自主创新能力总体偏弱；提升整体竞争力的集群化发展态势明显，但企业间的竞争合作关系构建迟缓。服务和促进中小企业科学发展是一项复杂而艰巨的工作，必将经历一个长期艰难过程。努力抓好这项工作，是工商联发挥政府助手作用的最好体现，放手不抓或不能抓好这项工作，中小企业就会成为转变发展方式的一块短板，进而影响整个经济社会发展全局。可以说，中小企业的科学发展，关系到“十二五”时期我国经济社会发展目标的最终实现。各级工商联组织必须充分认识到这项工作的极端重要性，做好打硬仗、打持久战的准备，将服务和促进中小企业科学发展作为长期坚持和不断推进的工作重点，切实抓紧、抓实、抓好。

二、转型升级是服务和促进中小企业科学发展的重要突破口

中小企业科学发展的前提是生存，没有生存就谈不上发展，更谈不上科学发展。当前，中小企业在生产经营中面临着一系列突出困难和问题。能源原材料价格大幅上涨，劳动力成本持续上升，税费负担依然较重，人民币不断升值，导致企业生产经营成本急剧增加，利润空间被严重挤压；融资难题始终得不到有效缓解，尤其是在当前应对通胀压力实施稳健货币政策的情况下，中小企业特别是小型微型企业的融资状况更趋窘迫；自身素质普遍不高，大多处于产业链低端、创新能力不强、经营管理有失规范、质量诚信意识淡薄，缺乏可持续发展能力。这些困难和问题既有长期瓶颈，也有短期制约；既有客观因素，又有主观原因；既有老问题，还有新情况。它们错综复杂、交织叠加，造成目前不少中小企业生存十分困难，有些方面的困难程度甚至要超过2008年国际金融危机爆发初期。因此，服务和促进中小企业科学发展首先要帮助企业解决现实困难，摆脱生存困境，求得发展生机。像成都市、深圳市、包头市工商联在融资、担保、培训、维权等服务上为企业做了很多实事。

企业生存下来不易，实现科学发展更难。科学发展是企业从根本上增强抵御风险能力、摆脱生存困境的途径。而中小企业实现科学发展就必须走转型升级之路。对此，各级工商联组织要有深刻的认识。当前，服务和促进中小企业转型升级，要准确把握以下方面。

一是要正确认识中小企业转型升级的内涵和方向。企业要在激烈的市场竞争中得以长期生存和发展，必然会经历发展战略、管理方式、商业模式、治理结构、产品布局、资源配置等变化过程。这个过程是企业不断取得竞争新优势、增强可持续发展能力的过程，就是企业转型升级的过程。转型升级，不仅是拥有资金、技术、人才等优势的大型企业、科技型企业的需要，也是大量技术水平相对较低、缺乏关键核心技术和自主品牌、普遍处于产业链低端的中小企业实现科学发展的必然途径；不仅可以通过生产工艺、技术、产品的创新来实现，也可以通过管理方式、商业模式、服务和经营理念的创新来实现；不仅体现在自主创新、市场开拓能力的提高上，还体现在资源整合、资本运作能力的提高上。目前，国际上的制造业正加快从生产型制造向服务型制造转变，信息技术与制造环节日益融合，精益生产、敏捷制造、虚拟制造、网络化制造等新的生产方式加速普及；服务业正在从传统的服务经济向现代服务经济转变，现代金融、现代物流、信息服务、技术服务等服务创新层出不穷；传统产业正在从简单的技术改造向抢占战略性新兴产业转变，低碳经济、绿色经济正在成为发展潮流。只有准确把握企业转型升级的内涵和方向，服务和促进中小企业科学发展、转型升级才会思路清晰、重点明确。众所周知的天津“狗不理”，就通过产权多元、连锁经营、工业化生产、市场转移等经营管理模式的创新实现了转型发展。青岛软控公司，从依赖技术引进到最终掌握自主技术，从传统分工模式到最终形成全产业链，已成为国内最大的橡胶机械企业，在转型升级方面探索出了新路。

二是要以“抓大带小”促进中小企业转型升级。联想、吉利、三全、正泰、恒安等一批大企业集团，无一例外都是由小企业成长发展起来的。可以说，小企业是孕育大企业的摇篮，没有中小企业的培育和发展，大企业也就成了无源之水、无本之木。中小企业发展有活力，势必会繁荣市场、丰富供给、带动消费，提升大企业的生产经营效益，为大企业发展造就生存土壤，培育市场需求，成为大企业重要的产品消费者。在生产分工日益精细化的今天，一个大企业的生存发展必须有众多中小企业与之配套。这些中小企业的经营管理、生产效率、产品质量、员工素质等，将会直接影响到大企业提供的产品和服务，进而影响到大企业的效益。而大企业在产品质量和工艺技术方面的推陈出新，也必将带动提供配套服务的中小企业的技术革新改造和产品升级换代。这种大企业与中小企业形成的利益相关的产业联盟，为服务和促进中小企业转型升级提供了新的思路。实践表明，很多小企业就是靠大企业带动发展起来的，如阿里巴巴集团仅靠网上交易平台，就带动了上百万家小型微型企业发展。正泰集团带动上百家下游产业的小企业，形成良性互动发展。

三是要坚持“两个健康”促进中小企业转型升级。中小企业的发展方向、经营理念、企业文化等与企业主要出资人的素质密切相关。如果一个企业的主要出资人综合素质好，注重管理、技术创新，注重人才培养、员工培训，注重劳动关系和企业文化建设，具有敏锐的市场洞察力和较强的企业责任感，那么这个企业的产品就有市场、信誉就比较高、发展就有前景。反之，企业即便求得一时之利，也难以求得长远发展。如北京的启明星辰，依靠企业主要出资人留美学到的科技知识和管理理念，逐渐发展成为国内信息安全方面的领军企业。同时，企业的健康发展，会对企业主要出资人的自身素质和能力提出新挑战，对企业人才队伍的培养和引进提出更高要求。应当肯定的是，在党的路线方针政策指引下，绝大多数中小企业出资人坚持走中国特色社会主义道路，积极履行社会责任，在经济实力和社会地位不断提高的同时，逐步树立起了被社会认可的良好形象。但也有不少人思维不敏锐、眼界不开阔，对企业发展缺乏长远思考和战略谋划，面对加快发展方式转变的要求感到困惑和迷茫；有少数人还存在重利轻义，遵纪守法意识、质量诚信意识、安全生产意识淡薄等问题，这都会影响和制约中小企业的健康发展。工商联在促进“两个健康”中具有不可替代的作用。在服务和促进中小企业转型升级的实践中，要深刻认识到，中小企业和中小企业主要出资人都是工商联的工作对象，工作的着力点既要放到服务企业健康发展上，又要看到人是发展的决定性因素，深入研究中小企业主要出资人的健康成长规律，加强对他们的引导、教育和培养，切实把思想政治工作作为服务和促进中小企业发展的重要手段。

同志们，中小企业的科学发展、转型升级，直接关系着国家经济发展方式的转变，关系着诸多社会目标的实现，关系着企业自身的可持续发展，是企业发展规律和市场运行规律的必然要求。对此，各级工商联组织必须统一认识，千方百计地加以推动。

三、以改革创新的精神服务和促进中小企业转型升级

当前中小企业特别是小型微型企业普遍存在危机感，正是这种危机感才使工商联服务和促进中小企业转型升级更具紧迫感。各级工商联组织要坚持以改革创新的精神，面向基层、重心下移，着力在创新工作方法、搭建服务平台、加强重点引导、提高人才素质、发挥商会作用、加强自身建设等方面下工夫，力争在服务和促进中小企业转型升级方面取得实效。

一是要创新工作方法。抓住中央高度关注中小企业发展的有利契机，就中小企业当前存在的突出困难和问题，加强与政府有关部门、金融机构的沟通协调，积极建言献策；充分利用国务院各部门在全国加强和改进工商联工作会议上的表态，推动相关政策的出台与落实。加大对国家转方式、调结构相关政策的宣传力度，引导中小企业尤其是小型微型企业在学习中丰富实践本领。进一步深入调查研究，细化并拓展中小企业调研成果，为政府部门扶持中小企业转型升级提供决策参考和政策依据，促进中小企业发展环境的不断改善。各地要结合实际，建立一批以中小企业为载体的理论与实践研究基地，用解剖麻雀的方法研究分析中小企业发展规律，抓住主要矛盾，发掘共性特征，为服务和促进中小企业转型升级提供指导和帮助。进一步摸索企业党组织在服务和促进中小企业转型升级中发挥作用的机制和途径，通过加强党的建设服务和推动企业发展，在企业实现科学发展的同时加强党的建设，不断巩固和扩大党执政的群众基础和社会基础。要抓紧建立上级工商联对下级工商联工作指导和评价考核机制，全国工商联对省级工商联的评价考核情况，将适时通报地方党委政府作为评价考核领导班子的重要依据。

二是要搭建服务平台。充分利用经贸合作、招商引资平台，鼓励和支持更多中小企业参与产业转移、西部开发、新技术应用、节能环保、先进制造等项目，为中小企业发展打开视野、创造条件。从解决中小企业共性需求出发，推动和配合政府部门在不同区域和不同行业建立各种中小企业社会化服务平台。通过工商联渠道服务中小企业发展是中国特色。要发挥工商联社会团体业务主管单位职责，对行业商会服务平台建设提供指导和帮助，及时了解其运营状况，发现和协调解决出现的问题，推广有效做法，培育示范和服务品牌。推动政府部门在中小企业聚集地建立中小企业工业园和创业孵化器，在园内争取更多优惠政策，积极开展引进技术产权交易、风险投资、公共实验设施、管理和人才咨询等服务，为中小企业集聚发展创造条件。

三是要加强重点引导。对传统制造业中小企业必须从提高技术创新能力入手，在推动政府部门落实涉及创新的财税、融资、产权保护政策的同时，引导企业把通过技术创新掌握核心技术和产品、提升核心竞争能力，作为应对产品换代和市场变化加快趋势的行动，自觉加大对新技术、新工艺、新设备、新材料的开发和引进力度，切实树立科技兴企的战略思维。对服务业中小企业必须从提高管理水平和创新商业模式入手，引导企业从粗放式管理向精细化管理转变，从产品竞争向商业模式竞争转变，不断提高经营管理水平，优化人力资源结构，切实在物联网、节能环保服务、新能源应用等领域形成一批提供专业服务、增值服务的新型业态。对有条件的中小企业必须从抢占经济科技发展制高点、增添竞争新优势入手，引导企业加快进入战略性新兴产业领域。同时，在发展产业集群方面，应根据不同区域小型微型企业发展的不同特点，充分利用龙头企业在品牌、技术、信息、销售渠道等方面的优势，引导一大批小型微型企业以产业链为基础加快培育和集聚发展。在加强典型带动作用方面，应广泛宣传在新一代信息技术、高端装备制造、新能源产业等战略性新兴产业实现腾飞的大企业典型代表的发展历程、奋斗事迹、经营战略、重要贡献，为中小企业提供借鉴；重点宣传那些通过技术改造提升竞争力，通过产业链延伸进而做强做大，在现代农业、现代服务业、战略性新兴产业有所作为，掌握核心技术和自主知识产权等有突出特点的中小企业，帮助中小企业树立转型升级的信心，提高中小企业转型升级的主动性。

四是要提高人才素质。加强对中小企业主要出资人的培养，引导和教育他们拥护党的领导，支持企业组建党组织、工会组织，开展党的工作、工会工作，积极践行社会主义核心价值体系，适当安排他们中的优秀人才担任各级工商联的执委、常委。发挥中小企业中典型人物的示范带动作用，尤其是要树立以创业带动就业、以党建带动职工立足岗位，争做贡献，把他们在转型升级中的新鲜做法和生动事例，通过开设大讲堂、宣讲会、报告团等多种形式，让广大中小企业增强信心、迎难而上；加强主流媒体和自办媒体的宣传报道力度，使全社会提高中小企业转型升级对加快转变经济发展方式重要性的认识。企业只有将社会责任特别是保障和改善民生理念融入企业发展战略，根植于企业文化建设，实践在经济社会生活中，才会真正为社会大众所接受、实现可持续发展。要培养主要出资人的责任文化意识，引导他们正确处理好企业发展与经济大局的关系、经营状况与社会就业的关系、企业利益与职工利益的关系、诚实守信与市场秩序的关系、创造财富与回报社会的关系，通过同心工程、“感恩行动”、光彩事业等活动，增强他们对责任文化的认同感和使命感，切实为吸纳更多社会就业、构建和谐劳动关系、维护市场经济秩序、促进共同富裕、履行社会责任多作贡献。前不久组织的非公有制经济人士“感恩行动井冈行”效果很好，大家反映受到了一次深刻的革命传统教育和国情教育。今后要继续组织好类似的活动，把“感恩行动”引向深入。

五是要发挥商会作用。在行业越来越细分的趋势下，坚持重心下移，探索组建有利于中小企业特别是小型微型企业发展的行业商会，使其成为服务和促进中小企业科学发展、实现转型升级的有效载体。如北京市工商联成立的牧业商会，通过与 8 家银行合作为 600 多个会员企业解决了 20 多亿元的贷款。要鼓励和引导具备条件的行业商会在中小企业聚集区，建立提供信息查询、技术创新、质量检测、法规标准、管理咨询、创业辅导、市场开拓、人员培训、设备共享、融资担保等服务的法人实体，坚持服务中小企业发展与促进产业升级相结合，为行业中小企业提供强有力的支撑服务。探索建立基层组织服务和促进中小企业转型升级试点，重点在方法和思路上总结实践经验。要充分发挥县级工商联和行业商会组织作用，着力引导中小企业积极参与建设社会主义新农村、发展壮大县域经济、促进城乡统筹，积极发展符合产业发展方向和节能环保要求的县域劳动密集型产业，带动更多农村转移劳动力就业。

六是要加强自身建设。实践表明，服务和促进中小企业科学发展，我们自身的能力和水平还存在很大差距。工商联充分发挥政府助手作用，就必须把强化自身素质、加强自身建设，作为当前一项刻不容缓的重大任务抓紧抓好。要加强能力建设，着力提高各级工商联干部的政治把握能力、调查研究能力、群众工作能力和落实推进能力。要在服务中小企业中培养面向基层、面向企业、注重实践的工作作风，在指导工作中学会善于抓主要矛盾和矛盾主要方面的工作方法，在落实工作中要形成程序规范、科学民主、公开透明的工作制度，以服务和促进中小企业科学发展为契机，造就一支政治强、业务精、作风正的干部队伍。要努力优化组织结构，注重发展那些政治立场坚定、带动就业明显、重视质量安全、坚持诚信守法、劳动关系和谐、参与协作分工和利益共赢的中小企业会员，尤其是要把劳动密集型先进制造业中小企业吸收进工商联组织，不断优化会员结构。要以加强县级工商联建设作为重要突破口，着力加强基层组织建设，牢固树立抓基层、打基础的工作意识，建立县级工商联组织服务中小企业转型升级示范点，把指导地方工商联推动中央 16 号文件各项政策的贯彻落实和服务中小企业科学发展结合起来。加强领导班子建设，要切实按照中央 16 号文件和《中共中央办公厅转发〈中央统战部关于工商联（民间商会）2012 年换届工作的意见〉的通知》（中办发〔2011〕17

号）精神，认真做好工商联换届工作。

各位常委，同志们，中国共产党成立90年来带领全国各族人民在革命、建设和改革等各项事业中取得的伟大成就，以及形成的一系列彰显政党性质、反映民族精神、体现时代要求、凝聚各方力量的伟大精神，是鼓舞我们在新的历史条件下迎难而上、奋勇前进、夺取胜利的强大动力。当前，“十二五”规划的实施已经开启，举国上下在中国特色社会主义理论体系的指导下，正紧紧围绕科学发展和加快转变经济发展方式的主题主线谋篇布局，工商联事业正迎来可以大有作为的黄金时期。让我们在以胡锦涛同志为总书记的党中央坚强领导下，抓住机遇，开拓进取，奋发有为，扎实工作，把服务和促进中小企业科学发展、转型升级作为深入贯彻落实中央16号文件精神的重要举措，努力为实现“十二五”时期良好开局，不断开创工商联事业新局面而不懈奋斗，为党的90华诞献上一份厚礼！

全哲洙同志在全国工商联十届七次常委会议上的讲话

全国工商联十届七次常委会议即将结束了。围绕着深入贯彻落实《中共中央国务院关于加强和改进新形势下工商联工作的意见》（中发〔2010〕16号，以下简称“中央16号文件”）精神，按照“十二五”规划的科学发展主题和加快转变经济发展方式主线要求，重点抓好服务和促进中小企业发展工作，黄孟复主席作了重要讲话，7位同志作了大会发言。常委们也在小组会上进行了认真讨论，交流了对促进中小企业发展的实践认识和工作经验，提出了许多很好的工作建议。会议期间，我们还参加了广东省与知名民营企业合作发展共促转型升级大会，在实践方面体现并丰富了会议内容。下面，我再谈三点意见。

一、深入贯彻落实中央16号文件精神

中央16号文件的下发与全国加强和改进工商联工作会议的召开，为我们开创工商联工作新局面提供了良好条件，带来了难得机遇。各级工商联要把贯彻落实中央16号文件精神作为当前首要任务，聚精会神、脚踏实地、埋头苦干，把文件要求和会议精神落实在实际工作中，变成谋划工作的总体思路和解决问题的实际对策。

1. 深入学习，准确把握文件精神实质

中央16号文件是我们党总结工商联工作实践的最新理论成果，是当前和今后一个时期指导工商联工作的纲领性文件。纲领性体现长期性，要求我们必须把学习文件精神作为一个长期、反复、深化的过程，真正做到学懂、学深、学透；纲领性体现指导性，要求我们必须把学习文件精神作为一个理论与实践相结合的过程，通过实践、认识、再实践、再认识的循环往复，真正做到对文件精神的坚持、丰富和发展；纲领性体现目的性，要求我们必须把学习文件精神作为服务科学发展和自身科学发展的过程，准确把握文件提出的理论观点和方针政策，真正将其落实到围绕中心、服务大局上来。当前，对于中央16号文件的学习，有些地方特别是领导干部还存在看过就算学过，对文件精神把握不准、理解不深、浅尝辄止的现象。在这里，我仅就目前具有全局性的几个问题强调一下。一要准确把握“统战性、经济性、民间性有机统一”的基本特征。工商联系统的机关和基层虽然组织层级不同，各级工商联机关的工作部门虽然职责分工不同，但都必须把“三性”作为一个不可分割、互为促进的整体。只有在工作实践中坚持“三性”统一，才能确保工商联在促进“两个健康”中具有不可替代的作用。二要准确把握“团结、服务、引导、教育”的工作方针。要深刻领会“服务”的真正含义，切实树立服务非公有制经济发展就是服务科学发展的意识，不断拓宽服务领域、提高服务能力；要深刻领会“教育”的真正含义，切实树立教育者首先接受教育的意识，不断创新思想政治工作载体、改进方式方法。只有着眼于团结，一手抓服务支持、一手抓教育引导，才能真正实现促进“两个健康”的工作目标。三要准确把握“党组的领导核心作用”。作为党领导的人民团体和商会组织，工商联不是政党，也不是“准政党”，必须把坚持党的领导作为根本组织原则。工商联党组要切实履行职责，保证党的理论和路线方针政策、党委决策部署的贯彻落实，把握工商联工作正确方向；健全党组议事规则和决策程序，提高科学决策、民主决策、依法决策水平；按照干部管理权限，做好工商联干部人事工作；加强对工商联会员代表大会、执委会、常委会工作的指导，参与指导非公有制企业党建工作。只有充分发挥党组的领导核心作用，才能把握好工商联促进“两个健康”的正确方向。四要准确把握“上级工商联要加强对下级工商联工作的指导”的明确要求。指导，就有明确的工作要求，就有责任监督检查。指导，就意味着各级工商联是整体，总体上工作任务要相同、工作重点要统一、工作标准要规范，真正形成工作合力。只有密切联系各地实际，强化工作指导，才能切实发挥工商联促进“两个健康”的组织网络优势。五要准确把握“基层组织”的包含范围。县级工商联和基层商会组织共同构成了工商联的基层组织；“基层商会组织”指明商会在工商联组织体系中处于基础地位，除了乡镇、街道、社区、市场商会，还有行业商会、异地商会等其他类型商会，都是不同层级工商联的基层组织。只有切实加强基层组织建设，工商联才有促进“两个健康”的组织基础和重要依托。

2. 抓住机遇，抓紧推动出台实施意见

落实中央16号文件，首先要按照中央的要求及时传达贯彻文件精神。全国加强和改进工商联工作会议后，各地结合实际，积极制定出台党委和政府贯彻落实中央16号文件精神的实施意见，筹备召开本地的加强和改进工商联工作会议。截至目前，全国已有22个省（区、市）制定下发了贯彻落实中央16号文件精神的实施意见，15个省（区、市）组织召开了加强和改进工商联工作会议，其中北京、天津、山西、上海、重庆、湖北、湖南、贵州、安徽、青海、吉林等11个省（区、市）的工作会议由省（区、市）委书记讲话。可以看到，推动出台实施意见和召开工作会议，既是工商联提升地位和作用、扩大宣传和影响的一次最佳机遇，也是对统战部、工商联领导班子领导能力的一次最好的实践检验。抓住和用好不可多得的大好机遇，我们就能争取党委领导和政府支持，乘势而上，赢得未来发展的主动权；错过或放过机遇，我们就不可能开创工商联事业的新局面，已经取得的成果也不可能巩固。如果精神不振、思路不清、行动懈怠，不尽快推动这项工作，就是最大的工作失职，就是事业心、责任感和执行力不强的表现，就将无法面对各级党委政府的厚望和广大非公有制经济人士的期待。还没有出台实施意见的地方统战部和工商联一定要树立机遇意识，增强紧迫感，将推动出台实施意见作为贯彻落实中央16号文件的一项刻不容缓的任务。通过推动出台实施意见，进一步扩大对非公有制经济和工商联的社会宣传；通过推动召开工作会议，进一步把广大非公有制经济人士组织动员起来，进一步增强工商联的凝聚力和影响力。同时，我们一定要坚持改革创新，把领会文件精神与掌握地方实情结合起来，在起草实施意见、筹备工作会议中，既要准确体现中央16号文件的基本精神和理论观点，也要在具体政策措施上大胆创新、努力突破，切实防止片面理解中央精神和简单照抄照搬两种倾向。

3. 求真务实，在工作实践中解决实际问题

抓落实，是把决策变为行动的复杂、曲折、长期的实践过程，需要克服主观和客观上的诸多障碍，需要解决历史遗留和现实存在的各种难题，需要付出倍加艰辛的不懈努力。在某种意义上，抢抓机遇、贯彻落实中央16号文件精神的过程，就是不断解决工商联工作中各种矛盾和问题的过程。中央16号文件下发9个多月来，我们在已建商会履行登记手续、参加协调劳动关系三方会议、推动各地出台实施意见、协调有关部门为中小企业发展争取政策支持等方面的工作实践表明，贯彻落实中央16号文件精神不可能一帆风顺，必然会遇到各种可以预见和难以预见的矛盾。事实上，对于这些矛盾和问题，我们不能躲避，也无法躲避。各级工商联领导干部必须抓具体，不能习惯于所谓“原则指导”、“口号指

导”或“嘴上指导”，而要紧紧抓住落实中央16号文件精神的关键环节和主要矛盾，努力使简单问题不演化成复杂问题、小问题不延误成大问题，从细节入手抓好各项工作，细致地抓、深入地落；必须抓难点，不能一碰到问题就绕道走，一遇到困难就退缩，而要迎难而上、攻坚破难，直接面对并有效解决长期困扰工商联工作实践的突出矛盾和问题，在克服困难、化解矛盾、解决问题中抓落实、促发展、出实绩；必须抓始终，不能时紧时松、虎头蛇尾，而要一抓到底、常抓不懈，对于文件规定的方针政策措施要一环扣一环地去落实，对于贯彻落实中遇到的各种复杂问题要一件接一件地去解决。

二、继续抓好2011年几项重点工作的落实

2011年年初，全国工商联结合实际，进一步明确和强调了面向基层、重心下移，抓基层、打基础，抓落实、促活力的工作思路，把深入贯彻落实中央16号文件精神具体化为注重服务中小企业发展、树立宣传“两个健康”先进典型、加强基层组织建设、抓紧提高机关执行力等几项重点工作。这几项重点工作都是贯彻落实中央16号文件精神的具体举措，我们要坚持统筹兼顾，继续抓紧推进，不断深化落实。

1. 深入推进服务中小企业工作

上半年，全国工商联组织开展了为期3个月的中小企业综合性调研，7位党和国家领导同志对调查报告分别作出重要批示，给予充分肯定。但调研结束并不意味着这项工作的终结。实践证明，服务和促进中小企业发展是长期、复杂、艰巨的系统工程，需要社会各方面都关心和扶持。大家分组讨论时普遍认为，在产业发展过程中，大型企业和中小企业好比“鱼水关系”；如果广大中小企业搞不好，实际上会严重削弱大企业的可持续发展；关心、服务和促进中小企业发展，就是帮助大企业更好更快发展。黄孟复主席在昨天的讲话中，对工商联服务和促进中小企业发展工作已作了专门部署。我们要按照这次会议部署，做到“三个突破”，真正把服务中小企业工作引向深入。一要在落实中央领导批示精神上有突破。当前，要把贯彻落实中央领导同志对全国工商联中小企业调查报告的重要批示精神放在突出位置，顺势而为，与发改委、工信、财政、税务、金融等有关部门加强联系合作，在改善融资服务、加大财税支持、鼓励依靠技术创新、引导集群发展等方面，推动出台服务和促进中小企业特别是小型微型企业发展的具体政策配套措施。

二要在抓中小企业转型升级典型上有突破。这次会上，我们选择了从前一段调研中挖出的53个典型作书面交流，7个典型作了大会发言。各级工商联要充分利用中小企业调研成果，结合树立典型工作，深入挖掘一批发挥示范作用、带动中小企业转型升级的大企业典型，成功探索转型升级的中小企业典型，服务和促进中小企业转型升级的商会典型，并及时组织现场观摩、交流推广，特别是要重点扶持创新能力强的科技型中小企业。

三要在发挥商会作用上有突破。从工商联来讲，商会最了解、最熟悉企业和行业状况，最深刻感受企业困难，最有条件帮助企业发展。工商联服务和促进中小企业发展，商会是重要途径，也是独特优势。通过发挥商会作用，可以将服务中小企业工作从点扩大到面，服务成效也将成倍放大。要通过各类商会建立服务和促进中小企业转型升级的共性平台，在监测分析企业运行状况、畅通企业间信息交流、推动融资扶持和产品开发等方面集中服务广大中小企业。要及时从非公有制企业和工商联基层组织中，选建调研信息采集点或调研基地，做好跟踪调研，逐步总结中小企业转型升级规律。这次调研发现，根据产业发展导向，许多商会通过组织“母机”企业及其关联企业集群发展，引导大企业采取控股、参股、合作、提供技术标准等方式带动产业链上下游的中小企业快速发展，在促进中小企业转型升级上发挥了很大作用。全国工商联企业家常委所在企业大多具有较大规模与核心竞争力，要在企业生产经营中带头参与到服务中小企业的工作中来，帮助上下游的小型微型企业存活一批、成长一批。

2. 探索改进非公有制经济人士思想政治工作

在非公有制企业加快转变经济发展方式过程中，非公有制经济人士队伍的综合素质状况始终起着关键作用。引导非公有制经济人士提高自身素质，既要加强外部的引导教育，更多地要帮助他们开展自我教育。加强和改进非公有制经济人士思想政治工作，必须在探索引导教育与自我教育的结合上下工夫。一要树立和宣传典型。各级工商联要按照全国工商联《关于开展树立宣传非公有制经济领域先进典型工作的通知》要求，把树立和宣传典型列入重点工作来抓。一方面，通过树立和宣传典型，可以让社会增进了解，展示非公有制经济人士精神风貌和非公有制企业发展业绩；另一方面，通过树立和宣传典型，还可以激励、带动其他企业特别是中小企业发展，发现、培养、储备一批优秀人物。要深入基层、深入企业抓好典型的树立，通过组织推荐、社会举荐、企业自荐等多种途径，自下而上推选在转变经济发展方式、保障和改善民生、提高自身素质等方面的先进榜样，真正树立一批可信、可比、可学的典型；要抓好典型的宣传，通过会议交流、媒体报道、巡回演讲等多种生动活泼的形式，发挥典型的示范带动效应，扩大典型的社会影响。目前，中央政策研究室、人力资源和社会保障部、全国总工会、全国工商联等六家单位正联合进行构建和谐劳动关系调研，各级工商联也要配合党委、政府做好这方面的工作，树立和宣传一批在构建和谐劳动关系方面的非公有制企业先进典型。

二要开展革命传统教育。2011 年以来，四川、湖北、河北、山西、重庆、贵州等地工商联积极配合统战部门，组织广大非公有制经济人士参加“回报社会感恩行动”，引起了很大的社会反响。前不久，中央统战部和中国光彩事业促进会组织开展了“感恩革命老区井冈行”活动，参加活动的非公有制经济人士重温我们党的奋斗历程，感受老区人民的奉献精神，把握企业科学发展的努力方向，受到了一次深刻的党情国情教育、革命传统教育和时代精神教育。实践证明，革命传统是我们党的宝贵精神财富，是鼓舞人民群众包括非公有制经济人士积极投身中国特色社会主义事业的巨大动力。今后，我们要从非公有制经济人士的思想实际出发，通过作报告、组织参观或座谈，访问革命老区等多种形式，利用“同心工程”、“感恩行动”等活动载体，用革命精神激励人，用革命事迹感染人，在改进非公有制经济人士思想政治工作上做出成效。

三要利用重大节日开展教育活动。2011 年是中国共产党成立 90 周年。前几天，全国非公有制经济组织创先争优活动指导小组召开了非公有制经济人士纪念建党 90 周年座谈会，大家结合企业实际，回顾了非公有制经济在党的改革开放政策指引下不断壮大的发展历程，更加深刻认识到非公有制经济发展得益于党的改革开放政策，坚持党的领导是确保“两个健康”的根本所在，必须切实加强非公有制经济领域的党建工作，从而更加坚定了与我们党思想上同心同德、目标上同心同向、行动上同心同行的决心和信心。我们要把重大节日、纪念日、抗灾救灾等活动作为引导教育与自我教育相结合的重要契机，善于利用非公有制企业发展历程中的厂庆日等具有纪念意义的重要节点，善于利用非公有制经济人士创业过程中的典型事例等生动鲜活的教育素材，丰富思想政治工作形式，增强思想政治工作的感染力和实效性。今年，一些地方也充分利用纪念建党 90 周年这一重要活动，通过表彰会、座谈会、研讨会等形式，树立和宣传了一批非公有制企业先进党组织、优秀共产党员、优秀党务工作者和出资人中的“党建之友”。各级工商联要继续做好参与指导非公有制经济组织创先争优活动工作，积极配合解决“党组织组建难，党组织和党员发挥作用难”的问题，紧紧抓住选派党建指导员、选好配强支部书记、争取企业出资人支持三个关键环节，不断探索非公有制经济组织党建工作体制机制，增强非公有制经济组织党组织的凝聚力和战斗力，进一步把广大职工群众和非公有制经济人士团结在党的周围。

3. 扎实抓好基层组织建设工作

工商联为企业服务，最具体最繁重的任务在基层，最直接最充沛的活力也在基层。长期以来，基层组织恰恰是工商联自身建设中的薄弱环节，甚至还有不少县级工商联没有独立建制，基本不具备开展工作、发挥作用的必要条件。中央 16 号文件单设一个条目讲这个问题，有着深远考虑。我们要紧紧依靠党委领导和政府支持，用好用足中央政策，着重从领导班子、干部队伍、会员发展、工作条件等方面入手，使县级工商联组织建设得到明显改善、作用发挥得到明显加强。全国工商联已在全国范围内确定了若干县级工商联作为联系点，各省级工商联也要确定一批县级联系点，对其组织建设和工作开展给予具体指导和实际支持，做到经常领着抓、帮着具体抓，力求把联系点建成示范点。下半年还要抓好两件事。一是抓好工商联换届工作。今年开始的工商联换届工作，是贯彻落实中央16号文件精神的具体实践，也是推动中央16号文件精神贯彻落实的又一重大机遇。中央高度重视工商联换届工作，中央政治局常委会议专门听取了工作汇报，并进行了具体部署。中共中央办公厅转发的《中央统战部关于工商联（民间商会）2012年换届工作的意见》，首次明确了工商联换届工作要以选好配强主席和党组书记为重点，分别明确提出了主席、党组书记以及其他领导班子成员的具体人选条件；同时，对领导班子和领导机构中非公有制经济代表人士的人选条件也作出了具体规定，强调把政治表现放在首位，全面考察企业发展状况和群众社会反映，归结起来就是“两个健康”。贯彻落实中央16号文件精神，第一个效应就是在这次换届工作中选好配强各级工商联领导班子。各级统战部和上级工商联要配合地方党委做好工商联换届工作，按照中央政策要求，首先突破县市级工商联领导班子的选配问题。现在一些县级工商联已经完成了换届。对已经完成换届的，要加强工作指导；对未完成换届的，要积极配合把关。随着换届工作的有序展开，各级工商联的一些领导班子成员将因年龄等原因陆续离开现任的工作岗位。这些同志为工商联事业付出了许多心血，取得了较好成绩。我相信，这些同志一定会以对党的事业高度负责的态度，站好最后一班岗，一如既往抓好各项工作，为本地工商联事业发展留下一个好的基础。

二是开好全国商会建设工作会议。中央16号文件第一次明确提出“中国特色商会组织”概念以来，工商联系统内部的争论较多，也一定会引发来自各方面的议论。积极培育和发展中国特色商会组织，是党中央国务院明确交给工商联的一项重要任务。我们必须通过深入调研，先摸清底数，总结实践，研究规律，积极探索“什么是中国特色商会组织”、“怎么建设中国特色商会组织”、“中国特色商会组织应该发挥什么作用”等新的实践问题和理论课题。对此，全国工商联将于近期组织开展全国性的商会建设调研活动，面向全国发放调查问卷，摸清工商联商会组织底数和发展现状；分赴一些省份实地考察，了解商会在促进“两个健康”中的作用发挥情况，听取各地在加强和改进商会建设方面的意见和建议。在深入调研的基础上，拟在9月份召开全国工商联商会建设工作会议，交流各地商会建设的经验做法，注重调查研究当前商会建设中的新情况、新问题、新对策。各省级工商联要在全国工商联的统一部署下，抓好组织实施，配合做好问卷调查，深入开展本地商会建设调研，为参加全国商会建设工作会议做好准备。

三、切实提高工商联机关干部执行力

工商联机关的执行力从根本上决定着工商联组织的凝聚力和影响力。落实中央16号文件精神的过程，就是锻炼和提高干部执行力的过程，就是使局级干部成为专家权威、处级干部成为行家里手、一般干部做到应知应会的过程，就是打造一支政治强、业务精、作风正的干部队伍的过程。近年来，全国工商联通过起草新文件、开展学习实践科学发展观活动和创先争优活动、组织中小企业综合性调研等一系列硬仗的锤炼，机关干部队伍整体素质有了明显提高。但也要清醒地看到，这与新形势的要求还有相当差距。面对贯彻落实中央16号文件精神的繁重任务，加强机关自身建设特别是提高机关干部执行力已经刻不容缓。

1. 提高政治把握能力，始终坚持正确的政治方向

提高政治把握能力，就是提高在工商联事关政治方向、事关根本原则、事关大局问题上做出正确判断和选择的能力。一要始终坚持党的领导。作为工商联机关干部，必须清醒认识到工商联是党领导的人民团体和商会组织；自觉维护工商联党组的领导核心地位，在工作中坚决执行党组的决策部署；在调查研究、参政议政、理论探讨、对外宣传等工作上严守党的纪律。二要懂全局议大事管本行。要把党的十七届五中全会和“十二五”规划确定的主题主线作为中国特色社会主义理论体系的新发展，把中央16号文件提出的新思想、新政策、新要求作为党和国家关于工商联工作规律层面的新认识，准确把握“工商联工作是党的统一战线工作和经济工作的重要内容”的丰富内涵，找准工商联的工作重点，确保不与中央精神有偏差、有误差。三要加强机关党建工作。机关党组织要主动作为，不仅积极发展各方面优秀、具备党员条件的工作骨干入党，而且通过有效措施提高党务工作者素质，围绕服务各项重点工作动脑筋、想办法、搞活动，不断提高机关党建工作水平。

2. 提高调查研究能力，在实践中提高自身素质

提高调查研究能力，就是提高深入基层和企业发现问题，寻求解决问题的办法，积极探索工作新思路、新载体、新途径，在考察调研中指导、推动和创新工作的能力。一要选准主题。发现问题是贡献，解决问题是能力。选调研主题的过程，就是发现问题的过程。确定调研主题，一定要抓全局性、创新性的工作，选择那些对发展有影响、有阻碍、迫切需要解决的难点、热点和重点问题，这是做好调查研究的前提条件。二要有强烈的求实意识。一切从实际出发、实事求是，是做好调查研究工作的基本原则。这次中小企业调研之所以最终会形成较高质量的调查报告，关键就在于我们从基层和群众中掌握了翔实的第一手材料，找准了当前制约中小企业发展的关键问题，提出了解决问题的有效办法。三要掌握科学的思维方法。要学会用辩证思维的方法去研究问题、分析问题和解决问题，学会用普遍联系、发展变化和对立统一的视角去观察事物、认识事物，能够从劣势中看到优势、从挑战中看到机遇、从落后中看到希望、从差距中看到潜力，善于区别不同区域、不同情况，具体问题具体分析。四要与理论研究相结合。调查研究是理论研究的根据和过程，没有调查研究就没有理论研究，更没有理论创新；好的调查研究又离不开相关理论研究的指导和借鉴。因此，我们既要养成深入基层、深入实践的作风，也要努力提高理论思维的能力，力争通过调查研究总结、提炼、抽象出科学的理论。五要有肯于吃苦的精神。把吃苦作为宝贵的经验和意志的磨炼加以珍惜，肯花时间、下工夫、费力气，踏踏实实做好召开各种座谈会、个别谈话、查询资料、搜集数据等大量的工作。

3. 提高群众工作能力，最大限度团结凝聚非公有制经济人士

提高群众工作能力，就是提高准确把握非公有制经济人士群体特点和成长规律，团结、服务、引导、教育广大非公有制经济人士的能力。一要设身处地理解人。我国非公有制企业总体上是在逆境和风险中发展起来的，广大非公有制经济人士既富有顽强拼搏的创业创新精神，也常常承担比普通人更多、更重的责任和压力。尤其是当前，中小企业转型升级刻不容缓，许多小型微型企业比 2008 年国际金融危机来临时更为艰难，加之一些食品安全等恶劣事件又往往发生在非公有制企业或中小企业，许多非公有制经济人士感到焦虑、无奈甚至丧失信心。对此，我们要充分理解他们，努力为他们营造宽松的社会氛围。

二要真心实意关心人。关心人本身就是做思想政治工作。我们要端正对非公有制经济人士这个拥有资本的先富群体的感情和态度，心里装着他们，经常深入基层关心企业的生产经营，经常通过谈心谈话关心他们的思想和生活，带着深厚的感情做好非公有制经济人士工作。

三要想方设法帮助人。只有帮助解决企业发展中的实际问题，为企业发展搞好服务，工商联才能贴近非公有制经济人士的现实需求。领导就是服务，领导机关就是服务机关，促进“两个健康”工作就是为非公有制企业和非公有制经济人士服务的工作。当前，要把解决实际问题与解决思想问题结合起来，既要对广大非公有制企业和非公有制经济人士“等距离”接触，也要为他们“零距离”服务，在帮助企业解决融资难、成本升高等方面出实招、出实效。

四要双向互动提升人。做非公有制经济人士工作，既是工商联机关干部组织实施引导教育与自我教育活动，帮助非公有制经济人士提升素质的过程，也是非公有制经济人士参与工商联组织的各种活动，促进工商联机关干部提升素质的过程。要把引导教育与虚心学习有机统一起来，既要深入基层、深入企业，在服务中促进引导教育见实效；也要善于向非公有制经济人士学习，在双向沟通、平等交流、相互学习中提高自身综合素质。当前，尤其要注重发挥工商联在加强和创新社会管理中的协同作用，引导非公有制企业履行管理和服务员工的社会责任，建立健全党组织和工会等群众组织，形成兼顾国家、社会、股东、管理者、员工利益的协调机制，维护好内部

和谐稳定；促进所属商会组织健康有序发展，强化行业自律，完善内部治理结构，加强党建工作，发挥自我管理和参与社会管理的功能。

4. 提高落实推进能力，确保各项工作取得实效

提高落实推进能力，就是提高按照严、细、深、实的要求开展工作，说实话、办实事、求实效，做到重点切实、措施扎实、作风务实的能力。一要增强工作主动性。主动性强不强，直接关系着工商联干部落实推进能力的高低。我们要有强烈的责任意识，对自己高标准、严要求，对决定了的事情抓紧实施，对部署了的工作加强督查，对落实中的问题及时研究，对完成了的事项巩固成果，做到既想事、干事，又能成事，使各项任务落到实处。

二要扎实做好本职工作。工商联机关干部的能力水平，最终是通过立足本职岗位练出来的。在工商联工作中，每个岗位的工作都很具体，都很重要。我们要有爱岗敬业意识，不论身在什么岗位，都尽职尽责，脚踏实地做好本职工作，并在工作实践中不断提高素质和能力。

三要善于团结协作。新形势下的工商联工作覆盖面很广、综合性很强，经常是许多工作叠加在一起，任务重、时间紧、要求高，某一个单位、某一个部门、某一个干部很难单独完成。我们要有强烈的大局意识，发扬团队精神，在坚持原则的前提下，不争孰是孰非，不论你高我低，既各司其职、有事不推诿，又团结协作、齐心协力，紧紧依靠集体力量共同把各项工作做好。这次中小企业调研之所以能顺利完成，一个重要原因就是全国工商联机关部门间团结协作、真抓实干，各级工商联顾全大局、主动配合。四要切实解决具体问题。提高落实推进能力的目的，是为了解决具体问题；衡量落实推进能力的标准，是具体问题能否得到真正解决。做事不算落实，成事才算落实。中央16号文件下发后，工商联需要处理一些老问题，也需要破解一些新矛盾，要求我们必须具备应对复杂局面、处理突发事件、解决具体问题的实际本领。领导干部要带头亲自解决、具体解决分管领域久拖未决的复杂问题、棘手问题，部门领导要善于解决本部门工作中的重点问题、难点问题，一般干部要能够解决本职岗位工作中的具体问题、现实问题。

2011年，全党全国上下都在隆重庆祝中国共产党成立90周年。回顾过去，非公有制经济的蓬勃发展，工商联事业的兴旺发达，正是得益于中国共产党的坚强领导和科学决策。新形势下，中共中央、国务院联合下发中央16号文件，对工商联促进“两个健康”工作作出了新的决策和部署。我们必须在狠抓落实上下工夫，集中精力落实好中央16号文件精神，形成全力以赴抓落实、凝心聚力促发展的生动局面，力争取得更大成绩，为纪念建党90周年献礼，为“十二五”规划开局作贡献！

全国工商联十届五次执委会议

会议综述

全国工商联十届五次执委会议于2011年12月21~22日在贵阳召开。会议的主要任务是深入学习贯彻党的十七届六中全会、中央经济工作会议和《中共中央国务院关于加强和改进新形势下工商联工作的意见》精神，系统地总结2011年的主要工作，全面分析当前经济形势和工商联事业面临的新形势、新问题，具体部署2012年的重点工作。全国政协副主席、全国工商联主席黄孟复代表常委会作工作报告，中央统战部副部长，全国工商联党组书记、第一副主席全哲洙在会上发表讲话，总结了做好工商联工作必须坚持的根本经验、基本经验、重要经验。

会议审议并通过了常委会工作报告，通过了关于召开全国工商联第十一次会员代表大会的有关决定和人事事项，增选黄小祥为全国工商联十届执行委员会副主席、中国民间商会副会长。会议决定全国工商联第十一次会员代表大会于2012年第四季度在北京召开。

会上，全国工商联对2011年全国工商联系统的60项优秀调研成果进行了表彰，并为129项成果颁发了2011年全国工商联科技进步奖，授予39家企业科技创新企业奖。

贵州省委副书记、省长赵克志，全国工商联专职副主席宋北杉、褚平、谢经荣、庄聪生、李路，贵州省委常委、省委统战部部长龙超云，副省长谢庆生，全国工商联副主席王文京、王文彪、王新奎、刘志强、刘沧龙、许荣茂、吴一坚、张元龙、张近东、傅军、刘迎霞，中国民间商会副会长孙晓华、沈建国、王玉锁、尹明善、甘国屏、张芝庭、张宏伟、金会庆、董文标、谢伯阳，中央统战部、贵州省委统战部、贵州省工商联等有关负责同志及全国工商联执委400余人出席会议。（魏　丹）

黄孟复同志在全国工商联十届五次执委会议上的工作报告

受常委会的委托，我向中华全国工商业联合会第十届执行委员会第五次会议作工作报告，请予审议。

一、2011年工作回顾

2011年是围绕科学发展主题和加快转变经济发展方式主线，实现“十二五”良好开局之年，也是学习贯彻《中共中央国务院关于加强和改进新形势下工商联工作的意见》（中发〔2010〕16号）精神，工商联工作取得丰硕成果的一年。一年来，各级工商联组织在党和政府领导下坚持以贯彻落实中央16号文件精神为统领，以改革创新精神深入开展中小企业综合性调研、树立宣传非公有制经济先进典型、切实加强基层组织建设、不断提高干部能力等重点工作，引导非公有制企业主动参与区域经济协调发展、努力构建和谐劳动关系、积极履行社会责任，有力促进了非公有制经济健康发展和非公有制经济人士健康成长，全面提升了工商联的凝聚力、影响力、执行力。可以说，当前是工商联历史上最好的时期之一。

1. 认真谋划、积极作为，推动中央16号文件精神贯彻落实

2011年，全国工商联把推动各地学习宣传和贯彻落实中央16号文件精神作为工作的重中之重，全国31个省级党委政府和新疆生产建设兵团全部出台了贯彻落实中央16号文件精神的实施意见，并召开了加强和改进工商联工作会议，23个省（区、市）委书记出席会议并讲话。不少省（区、市）委结合当地实际，出台实施细则，细化工作任务，明确责任分工。一些地方在方针政策上有较大突破，如有的省将非公有制经济组织为主体的经济类社团纳入工商联工作领域；有的省明确规定工商联主席担任同级人大常委会副主任或政协副主席、工商联党组书记原则上担任同级党委委员。全国工商联编写出版了中央16号文件《学习问答》，并在一些省（区、市）对文件精神进行宣讲。各省级工商联通过举办座谈会、专题辅导班对文件精神进行培训学习。这些政策的出台和活动的开展，极大地提升了工商联在中心工作中的地位和影响，形成了党委加强领导、政府重视支持、统战部门直接指导、工商联发挥作用，共同促进非公有制经济健康发展、非公有制经济人士健康成长的良好局面。

一年来，贯彻落实中央16号文件精神取得了很好的成效，特别是在解决长期制约工商联发展的突出问题方面进展较快。各级工商联积极推动市县党委、政府解决工商联基层组织薄弱问题，不少县级工商联在人员编制、行政经费、办公条件等方面得到明显改善。有的省要求没有成立工商联的县区要在规定的期限内组建起来，有的地市给工商联一次性增加10多个编制，有的大幅增加财政经费支持，有的市县还为工商联解决办公用房和车辆，配备必要的办公设备。经过不懈的努力，全国工商联成为国家协调劳动关系三方会议成员单位，22个省（区、市）工商联成为同级三方会议成员单位，在构建和谐劳动关系方面发挥了积极作用；部分地区实行社团登记管理部门、业务主管单位和行业主管部门各负其责的“三位一体”商会管理模式，全国已有29个省级工商联获得社会团体业务主管单位授权或部分授权，推动了工商联在行业协会商会改革发展中的促进作用。

2. 围绕中心、服务大局，开展中小企业综合性调研

中小企业是转变经济发展方式的重点和难点所在，服务和促进中小企业健康发展，是当前党和国家经济工作的重要方面，也是工商联工作的重要任务。2011年上半年，我们动员全系统力量，在全国工商联机关统一抽调人员，由四位专职副主席带队开展了历时3个月的中小企业综合性调研活动。这次调研深入51个市区县、考察122家企业、召开72场座谈会、发放1000多份问卷。各省（区、市）工商联也根据工作部署积极配合，开展相关调研，最终形成了《我国中小企业发展调查报告》。调研报告报送国务院后，温家宝、贾庆林、李克强、张德江、王岐山、何勇、杜青林7位党和国家领导人先后作出了重要批示，并要求国家发改委、工信部、财政部、中国人民银行、银监会等9个部门针对报告提到的相关专题，进行认真研究。人民日报、新华网、《中华工商时报》等媒体进行了重点跟踪报道。调研为国务院有关部门做好中小企业工作进一步摸清了基本情况，发现了突出问题，提出了决策建议，彰显了工商联在政府管理和服务非公有制经济中的助手作用。相关调研成果提供给学术界和理论界引用，产生了较大反响。近期，我们又对小型微型企业税费情况开展了调研，国务院领导同志对调研报告给予了高度评价，并要求国务院十多个部门研究参考。

2011年，全国工商联还对“民间投资36条”贯彻落实情况，特别是民间资本进入垄断领域进行了调研，形成的《加快民营企业进入垄断领域的政策建议》，得到了贾庆林、李克强、王岐山等3位中央领导同志的重要批示，以及有关部门的高度重视。各级工商联通过积极搭建经贸合作、招商引资、政企对接等服务平台，举办了一系列大型经贸活动，取得了丰硕成果，有力推动了民营企业参与区域经济发展。全国工商联与广东省政府联合举办的“广东与全国知名民营企业合作发展共促转型升级大会”，引进800多家民营企业到珠三角投资发展，总额超过1万亿元；与福建省政府共同举办的“民营企业产业项目洽谈会”，共对接项目1334项，投资总额1.2万多亿元，有力促进了海西经济区发展；2010年执委会议上与安徽省政府共同举办的“安徽省与全国知名民营企业合作发展会议”，目前已开工项目投资额近7000亿元，占签约项目总额66%。为贯彻落实国家西部大开发战略和援藏援疆工作会议精神，全国工商联参与主办了“首届中国—亚欧博览会暨光彩事业新疆行”和“青洽会”，取得了巨大成功，民营企业的项目签约总额均超过千亿元。本次执委会议结束后，我们还将与贵州省政府共同举办“全国民营企业助推贵州发展大会”，这是落实中央扶贫开发工作会议精神，动员引导广大民营企业积极参与国家扶贫开发事业，促进贵州经济又好又快发展的有力行动。

为帮助民营企业用好国际国内两个市场、两种资源，全国工商联在“大湄公河次区域经济合作”活动中，充分发挥轮值主席国作用，以大湄公河次区域工商论坛为平台，举办交通运输便利化、旅游促进减贫、新能源开发合作、矿业投资合作等特色主题活动，密切了与有关国家商会组织、企业的交流合作。通过参加“首届中国海外投资年会”、举办“中美商会合作论坛”、成立中国民营经济国际合作商会，为推动民营企业开拓国际市场牵线搭桥，创造有利条件。以联想、吉利为代表的一批民营企业，成功实现海外并购、稳健发展，扩大了中国民营企业在国际上的影响，极大地提振了民营企业“走出去”的信心。

3. 树立典型、加强宣传，创新非公有制经济人士思想政治工作

非公有制经济人士思想政治工作是贯穿工商联工作始终的生命线。从4月份开始，我们在非

公有制经济领域自下而上集中开展了“树典型、学榜样、赶先进”活动，通过正面宣传为非公有制经济人士提振精神、树立信心。12月2日，中央统战部、全国工商联在人民大会堂举行了非公有制经济先进典型事迹报告会，贾庆林、刘云山、杜青林等党和国家领导人出席报告会，贾庆林主席发表了重要讲话，10名企业家作了先进事迹报告，全国各地12万多人以电视电话会议的形式参加了报告会。先进典型的事迹感人至深，催人奋进，生动诠释了优秀中国特色社会主义事业建设者的时代精神，充分反映了非公有制经济人士艰苦创业、为国争光、回馈社会的奋斗历程。这次报告会是改革开放30多年来的第一次，规格高、规模大、影响深，是工商联引导教育与非公有制经济人士自我教育相结合，探索改进非公有制经济人士思想政治工作的一个有效尝试和创新举措。

榜样的力量是无穷的。先进典型事迹报告会后，人民日报全文刊登贾庆林主席讲话，人民日报、新华社、经济日报、中央人民广播电台、中央电视台等新闻媒体对10名先进典型集中报道，中央电视台还邀请他们录制《对话》节目，在社会上引起强烈反响。中央统战部、全国工商联及时下发《关于深入开展向非公有制经济先进典型学习活动的通知》，明确要求将树立、宣传、学习先进典型作为一项长期任务来抓。实践证明，宣传非公有制经济先进典型，就是宣传改革开放的伟大实践，宣传中国特色社会主义，宣传社会主义核心价值体系。

为引导非公有制经济人士践行社会主义核心价值体系，各级工商联配合党委统战部门统一部署开展感恩行动，目前共有13.2万家非公有制企业积极参与，受助对象30.6万人，资助金额72.5亿元，惠民项目到位资金90亿元；开展“感恩革命老区井岗行”、“非公有制经济人士纪念建党90周年座谈会”以及创先争优活动和光彩事业活动，弘扬了非公有制经济人士诚信重德、以义为先的发展理念，增强了非公有制经济人士扶危济困、回馈社会的责任意识。

4. 摸清底数、夯实基础，加强工商联基层组织建设

为贯彻落实中央16号文件提出的积极培育和发展中国特色商会组织的要求，进一步夯实工商联组织基础。2011年全国工商联开展了全国性的商会建设调研活动，组织3个调研组分赴11个省（区、市），以行业商会、乡镇商会、街道商会和异地商会为重点，召开了43场座谈会，实地走访了55个商会和31家企业，形成了6份区域报告和70个典型案例，摸清了工商联商会组织底数和发展状况。各地工商联也按照全国工商联的统一部署，深入调研，形成了32份调研报告。在此基础上，全国工商联于11月初召开了历史上第一次商会建设工作会议，对改革开放以来工商联商会建设的实践经验进行了全面总结，对中国特色商会组织进行了理论阐述，提出了当前和今后一个时期商会建设的指导思想和主要任务，进一步统一了工商联商会要坚持“三性”有机统一、促进“两个健康”的重要认识。会议结束后，各省（区、市）工商联迅速对会议精神进行了传达部署。

近两年，全国工商联和部分省级工商联建立了一批县级工商联联系点，及时了解基层组织建设状况，为有针对性的指导帮助地方工商联加强基层组织建设积累经验。许多省级工商联结合实际情况制定了一系列商会管理制度，指导商会建立完善以章程为核心的商会内部管理制度，促进了对商会的业务指导和商会自身的规范运作，有效发挥了商会在宣传政策、提供服务、反映诉求、维护权益、加强自律中的积极作用。不久前全国工商联下发的《工商联商会章程范本》和《工商联商会管理办法》，将对各地工商联加强商会制度建设起到直接的指导作用。

5. 深入实践、提高能力，加强工商联干部队伍建设

加强干部队伍建设是工商联实现自身科学发展的重要保证，也是工商联服务科学发展的重要基础。2011年以来，在各级工商联的积极配合下，全国工商联通过开展中小企业调研、商会调研、典型宣传等重点工作，培养锻炼了干部务实的意识、吃苦的精神、科学的方法，改进了工作作风，提高了政治把握能力、调查研究能力、群众工作能力和落实推进能力。特别是在调研过程中，全国工商联坚持调研前抓好学习培训、调研中加强分析研讨、调研后做好总结交流，不仅为

工商联系统高质量完成调查研究工作做出了示范，而且为在实践中培养锻炼干部找到了一条新的思路。全国工商联为建设一支“政治强、业务精、作风正”的后备干部队伍，制定下发了《2011～2015年全国工商联机关局处级领导职务后备干部建设规划》。各级工商联在地方党委政府的大力支持下，让干部走出去锻炼、把专家请进来辅导，加强轮岗交流，拓宽干部视野，提高机关干部队伍整体素质。为了提高工商联系统干部和非公有制经济人士的政策理论水平，加深对中央16号文件精神的理解和把握，一年来，全国工商联通过各种培训班，累计培训近1000人次。全国各级工商联组织举办了500多次各种类型的培训班，接受培训人数超过5万人次。不少省级工商联在加强干部队伍建设上进行了积极探索，安徽省工商联就以“与民营企业共成长”为抓手，以能力建设为重点，制定有针对性的教育培训计划和挂职锻炼方案，在不同实践活动中全面提高干部队伍素质。

同志们，过去的一年，我们的成绩是显著的。实践表明，必须以贯彻落实中央16号文件精神为统领，牢牢把握坚持党的领导这一根本原则，积极争取各级党委、政府的重视和支持；必须遵循统筹兼顾、突出重点的科学方法，以重点工作的突破和难点问题的解决带动全面工作；必须保持重心下移、深入基层的工作作风，以作风建设促进能力提高，紧紧围绕中心、服务大局，不断促进非公有制经济健康发展和非公有制经济人士健康成长。同时，也要清醒地看到，我们的工作与党和政府的要求、与促进“两个健康”的目标任务以及工商联实现自身科学发展的需要还存在较大差距。一些工商联干部，特别是领导干部学习领会中央16号文件精神还不够深入，贯彻落实的力度还有待加大；面对新情况新问题，还缺少改革创新精神和解决实际问题的科学对策；基层组织建设仍然薄弱，成为制约工商联作用发挥的重要问题。我们必须抓紧解决这些突出问题，将中央16号文件精神落到实处、落到基层，更好地履行党和国家赋予工商联的职能和使命。

二、深刻认识和把握民营经济发展面临的机遇和挑战

面对复杂多变的国内外经济形势，广大民营企业必须认清形势，提振精神，把握机遇，坚定发展信心。

1. 国际经济形势

目前，国际金融危机的影响仍未结束，世界经济格局正在发生深刻复杂变化，经济下行压力明显增大。欧美等主要发达国家失业率居高不下，居民消费能力下降，企业投资趋于谨慎，物价涨幅持续攀升，受财政状况普遍恶化影响，难以采取扩张性政策推动经济恢复增长；美国虚拟经济过热，消费者债务高和政府债务高，金融衍生产品泛滥，金融泡沫风险加剧；欧洲主权债务危机短期内难以有效解决，并有可能向更多成员国扩散蔓延，欧元区经济衰退风险加大；新兴市场国家和发展中国家面临抑制通货膨胀与保持经济增长的两难抉择。为保护本国经济、应对下行风险，一些发达国家转向支持制造业发展，与新兴市场国家贸易摩擦明显增多，通过技术、环境、劳工、安全等新的手段强化贸易保护主义的趋势明显增强。与此同时，世界各国纷纷制定出台产业发展规划，加快推进新能源领域科技研发和新兴产业发展，力图在未来新的主导产业和分工格局中赢得主动权。而目前旧的产业分工格局被逐渐打破，新的格局又尚未形成。这一系列因素都增添了世界经济复苏的不确定性、不稳定性。面对复杂多变的国际经济形势，我们必须增强机遇意识、忧患意识，善于加强战略谋划，增强应对能力，不断提高国际竞争力。

2. 国内经济形势

2011年以来，受世界经济影响，国内经济运行出现了不少新情况新变化。但党中央、国务院牢牢把握科学发展主题和加快转变经济发展方式主线，始终站在国际国内两个大局的高度审时度势、果断应对，使国民经济在总体上依然呈现了增长较快、物价趋稳、效益较好、民生改善的态势，为“十二五”经济社会发展奠定了良好开局。2011年1～10月，固定资产投资同比增长24.9%，中西部增速高于东部；社会消费品零售总额平稳增长，限额以上企业高于限额以下企业，消费和投资对经济增长的贡献明显增强。11月份居民消费价格指数环比下降1.3个百分点，物价涨幅出现明显回落。2011年前三季度，全国GDP增速达9.4%，预计全年仍将超过9%。

但也要看到，在经济全球化日益深化的背景下，世界经济低迷对我国经济增长带来较大压力。国内城乡之间、区域之间发展差距依然较大，产业布局不够合理，资源环境约束强化，结构调整任务艰巨，经济发展中不平衡、不协调、不可持续的矛盾和问题依然突出；作为市场主体的部分企业特别是小型微型企业生产经营困难加剧，加之股市低迷、为改善民生主动调控楼市、实体经济有待提振等多种因素，经济增长存在下行压力，这在第四季度显得尤为明显。当前和今后一个时期，我国经济运行受国内问题与国际问题相互影响、长期问题与短期问题相互交织、体制性矛盾与结构性问题相互叠加的影响较大，稳增长、控物价、调结构、惠民生的任务将十分艰巨。最近召开的中央经济工作会议明确提出，明年经济社会发展要突出把握好以稳增长、控物价和调结构、转方式为主要内容的“稳中求进”的工作总基调，以扩大内需作为战略基点，继续实施积极的财政政策和稳健的货币政策，保持宏观经济政策的连续性和稳定性，加快推进经济发展方式转变和经济结构调整，着力扩大国内需求，着力加强自主创新和节能减排，着力深化改革开放，着力保障和改善民生。这些政策举措必将使我国继续抓住和用好重要战略机遇期，进一步巩固平稳较快发展的良好势头。

3. 民营经济发展机遇大于挑战

面对国际国内不断变化的经济形势，中小企业特别是小型微型企业遇到了严峻挑战。在发展环境方面，“一高两难”，即成本高、融资难、招工难成为制约中小企业发展的主要问题，导致中小企业竞争能力减弱。首先，最主要的问题是成本高。受国际市场能源资源和大宗商品价格持续上涨、高位震荡影响，生产要素成本呈较快上涨趋势，加之近年来中小企业税费负担较重的状况没有明显改善，承担的职工社会保险支出较大，有的企业在高成本的压力下处于停产半停产状态。第二是融资需求一直难以满足，具体表现为融资难和融资贵并存，民营企业特别是中小企业很难从国有大银行获得信贷支持，而村镇银行、社区银行发展缓慢，小额贷款公司无论在发展数量还是资金实力方面，都远远无法承担中小企业融资重任；包括诸多审查费用在内的经济成本、反复审核的时间成本和其他隐性成本在内的融资成本不断攀升。第三是招工难题又有新变化，用工结构性矛盾十分突出。随着我国劳动力供给增量的减速，以及新生代务工人员在就业取向、劳动态度等方面日趋多元，企业招不进、留不住职工，而且在引进高端人才方面，小企业比大企业难；聘用技能人才方面，小城镇比城市难；招收普通工人方面，东南沿海比西部难。加之多数中小企业自主创新能力较弱，管理不够规范，发展受到很大制约。客观形势与主观因素并存，造成了目前中小企业生产经营的困难。

挑战往往蕴涵着重大发展机遇。针对中小企业遇到的突出困难，党中央、国务院在资金扶持、税收减免、融资服务等方面出台多个促进中小企业发展的政策举措，相关部门出台了一系列配套政策，特别是对发展实体经济的进一步重视，为中小企业发展创造了良好的政策环境，提供了新的机遇。世界范围新技术革命的兴起，各种新兴主导产业的孕育出现，将创造大量发展机会，有条件的民营企业通过技术创新、商业模式创新有可能发展成为行业领先的“小巨人”或跨国企业集团公司。我国正在积极推进自由贸易区谈判进程，抓紧研究制定促进境外投资的法律法规，进一步支持能源资源和先进制造业等领域的海外并购；欧洲、东盟、东北亚、西亚等国家和地区更加关注中国优质企业，拟提供更多优惠政策吸引中国企业投资，这都为民营企业“走出去”，利用两个市场、两种资源来发展自己提供了重要机遇。党的十七届六中全会明确提出，要推动文化产业成为国民经济支柱性产业，积极引导文化领域的非公有制经济发展，从而使民营企业在积极参与国有经营性文化单位转企改制、参与重大文化产业项目实施和文化产业园区建设、发展中小文化企业，以及积极参与文化事业发展等方面，渠道更加畅通。中央经济工作会议明确提出，要坚持扩大内需、发展实体经济、加快改革创新、保障和改善民生，实施更加积极的就业政策，进一步落实和完善发展服务业、中小企业、劳动密集型企业等方面的政策措施，引导人才和资金进入实体经济，积极培育面向小型微型企业和支持“三农”的金融机构；认真落实“民间投资36条”，加快出台实施细则，并在民间资本进入铁路、市政、金融、能源等领域加大鼓励支持力度等，从而为民营企业谋事创业、转型发展、拓展领域、不断提高生产经营效率等方面创造了更多机会。“十二五”规划提出，要加快推进产业结构的优化调整，大力发展先进制造业，加快发展现代农业和现代服务业，进一步加大知识产权保护力度，推进自主创新机制的形成，稳步推进城镇化建设，大力实施区域经济发展战略等，这都为民营经济高效配置各种生产要素资源、有效增强核心竞争力提供了战略机遇，创造了有利条件，为广泛创业营造了良好社会环境。

形势决定任务，问题决定对策，挑战激发动力。各级工商联组织一定要按照中央经济工作会议精神和中央16号文件要求，充分利用组织网络优势，努力发挥政府助手作用，创新方式、搭建平台，积极引导广大民营企业认清形势、坚定信心、抓住机遇、迎难而上，自觉调结构、转方式、上水平、拓领域、走出去，以实际行动促进非公有制经济科学发展。

三、2012年的主要工作任务

2012年是实施“十二五”规划承上启下的重要一年。根据中央总体部署和中央16号文件精神，2012年工商联工作的总体要求是：高举中国特色社会主义伟大旗帜，认真学习贯彻党的十七大和十七届四中、五中、六中全会和中央经济工作会议精神，全面深入贯彻中央16号文件精神，牢牢把握科学发展主题和加快转变经济发展方式主线，重心下移、深入基层，帮助中小企业特别是小型微型企业“保生存、谋发展”，加强企业文化建设，精心筹备换届工作，着力改进工作作风，切实服务和促进“两个健康”，以优异成绩迎接党的十八大和全国工商联第十一次会员代表大会的胜利召开。

1. 以基层为重点深入学习贯彻中央16号文件精神

要坚持把深入学习贯彻中央16号文件精神作为工商联当前和今后一个时期工作的首要任务。加强学习培训工作，使工商联系统上上下下形成以中央16号文件精神统领各项工作的共识，把贯彻落实文件精神的成效，作为检验和衡量工商联工作的主要标准。2012年上半年，各省级工商联换届工作结束之后，我们将配合中央统战部，及时组织各省级工商联主席和党组书记的集中培训；还要结合市县工商联换届，以省为主开展培训，逐级负责，进一步提高基层工商联主席、党组书记和非公有制经济代表人士对中央16号文件精神的准确把握。要规范培训内容，增强培训工作的系统性、针对性和实效性。

深入学习贯彻中央16号文件精神要在结合实际上下工夫，在实践中狠抓落实。各省级工商联要抓好本级《实施意见》和省委主要领导讲话精神的落实，争取政府相关部门的积极支持，注重将有关精神落实到基层，为推动市县区党委政府出台贯彻落实的具体措施和召开工作会议创造必要条件。要加强上级工商联对下级工商联工作的指导，继续帮助市县区工商联解决工作中的实际困难，为他们改善工作条件、有效发挥作用出主意、想办法、做实事。要建立健全工商联系统信息报送机制，采取有力措施畅通信息渠道，使基层工商联的信息能够及时准确向上传递。

理论源于实践又高于实践。要认真总结各地贯彻落实文件中的创新举措和经验做法，及时发现贯彻落实中的新情况、新问题，重点就“三性”有机统一、促进“两个健康”主题、非公有制经济人士思想政治工作规律、培育发展中国特色商会组织、发挥党组领导核心作用等重大问题开展理论研究，并适时召开专题理论研讨会，尽快建立以中央16号文件精神为指导的工商联理论体系。

2. 以转型升级为重点服务中小企业“保生存、谋发展”

中小企业特别是小型微型企业多数集中在制造业、高新技术产业和服务业等实体经济领域，是社会就业的主渠道，是经济发展活力的晴雨表，与人民生活息息相关，关系到国民经济的平稳较快发展，关系到社会的和谐稳定。各级工商联要引导中小企业自觉强化技术、管理和商业模式创新，苦练内功，淘汰落后产能，将调结构、转方式作为“保生存、谋发展”的重要突破口，在战略性新兴产业、现代服务业、文化创意产业、现代农业中找机会，在技术创新、产品升级、发明创造中挖潜力，努力实现转型升级。要积极宣传和推动落实国家扶持中小企业发展的相关政策、国家区域发展战略、扶贫开发战略和中央农村工作会议精神，引导企业积极投身区域经济、光彩事业、定点扶贫和援疆援藏，在政策倾斜的新领域实现新发展。

要注意发现和推广典型。充分利用2011年中小企业综合性调研取得的成果，继续深入企业、深入基层开展调查研究，在各行各业中发现一批成功实现转型升级的中小企业，尤其是像“宁波天生密封件”这样的小型微型企业典型，总结经验，找出规律，适时召开典型经验交流会。同时，要深刻分析中小企业自主创新、走出去、转型升级中遇到的困难和障碍，结合“民间投资36条”和发展文化创意产业等方面政策措施的落实情况，向党和政府建言献策，切实当好政府的助手。要引导非公有制企业更加重视人才队伍建设，努力培养引进经营管理人才、专业技术人才、高技能人才，为企业转型升级提供智力支持和人才保障。

要重视发挥商会作用。充分利用商会熟悉行业、贴近企业的优势，引导商会在帮扶企业加强自主创新、转型升级、走出去等方面下工夫。要发挥商会会员中龙头企业的带动作用，引导产业链上下游中小企业特别是小型微型企业走专、精、特、新发展道路；发挥商会制定行业标准的引领作用，推动小型微型企业加快创意创新和技术改造；发挥商会在融资担保方面的优势作用，缓解中小企业贷款难、融资贵的问题；发挥商会在加强行业自律中的重要作用，号召会员企业不欠薪、不减薪，按时足额发放工资。

要进一步摸清中小企业特别是小型微型企业的底数。积极争取工商、税务、工业和信息化、统计等部门的支持，加强合作，按照2011年出台的《中小企业划型标准规定》，推动全国工商联“非公有制经济调查研究系统”的建立完善，逐步建立中小企业运行状况监测分析点，扎实推进中小企业信息服务体系建设，及时准确掌握中小企业发展新情况新问题，为政策制定提供信息服务。

3. 以社会主义核心价值体系主导企业文化建设

社会主义核心价值体系是兴国之魂，是中国特色社会主义先进文化的精髓，决定着企业文化发展方向。我们要把树立、宣传非公有制经济先进典型的宝贵精神融入到企业文化的时代内涵中，引导非公有制企业自觉把社会主义核心价值体系融入企业文化建设全过程。

要充分发挥非公有制企业党组织和工会、商会等群团组织作用，紧密结合创先争优活动，引导企业出资人更加重视企业文化建设，形成企业出资人自觉关爱员工成长、注重质量安全，员工主动贡献智慧力量、促进生产经营的和谐发展局面。真正实现企业效益和职工利益的有机统一，把发挥非公有制企业在加强和创新社会管理中的协同作用落到实处，为非公有制经济人士学习和践行社会主义核心价值体系、落实“两个健康”要求，提供重要实践平台。

加强企业文化建设，要坚持引导教育和自我教育相结合，继续树立、宣传一批由出资人带头倡导、全体员工共同创造、促进企业生产经营的企业文化建设先进典型，以典型促进引导教育；充分发挥企业家践行社会主义核心价值体系的主观能动性，通过主动支持党建工作和创先争优活动推动企业健康发展，以实践促进自我教育。全国工商联将适时召开企业文化建设经验座谈会，认真总结经验，积极探索具有中国特色、时代特征、企业特点的非公有制企业文化建设新路子。

加强企业文化建设，要大力弘扬“同心”思想、“光彩精神”和“感恩文化”，进一步推动“同心工程”、光彩事业和“感恩行动”。引导非公有制经济人士接受世情国情党情教育、革命传统教育和中华民族传统美德教育，践行义利兼顾、以义为先理念，自觉增强社会责任意识，做合格的中国特色社会主义事业建设者。

4. 以解决实际问题为着力点切实加强基层组织建设

基层组织是工商联一切工作的基础，是工商联激发活力的源泉。加强基层组织建设必须经常抓、长期做、求实效。

加强县级工商联建设必须从解决实际问题入

手。县级工商联在引导会员参与地方招商引资、小城镇建设、社会主义新农村建设，不断壮大县域经济中发挥着重要作用。各省级工商联要以贯彻落实中央16号文件精神、各地召开的工作会议精神和出台的实施意见为契机，继续推动党委政府解决长期困扰市县工商联发展的人员编制、办公条件、经费保障等方面的实际问题和具体困难，尽快做到县市区工商联有编制、有场所、有经费，为其正常开展工作和发挥作用创造必要条件。

全面加强商会建设必须从统一思想、规范发展入手。商会是工商联拓展工作领域、发挥优势作用的重要依托。各级工商联组织加强商会建设，就要把思想认识统一到全国工商联商会建设工作会议精神上来、统一到探索实践中国特色商会组织的自觉行动上来。各级工商联组织要在深入调研的基础上，总结一批坚持“三性”有机统一、促进“两个健康”、符合中国特色商会组织发展方向的商会典型。全国工商联将适时召开商会建设经验交流会，同时以会代训，对商会会长和秘书长就商会制度建设、提高民主办会能力等进行培训。要切实履行社会团体业务主管单位职责，按照法律法规和有关政策要求，加强对各类商会的监督和管理，指导商会健全以章程为核心的内部管理制度，严格按照章程和制度办事，实行会务公开，切实发挥好商会的积极作用。

5. 以高度负责的精神切实做好换届工作

2012年全国工商联将召开第十一次会员代表大会，选举产生新一届领导集体，各省（区、市）工商联以及部分市县工商联也将在上半年完成换届工作，这是各级工商联政治生活中的一件大事。做好换届工作，对于贯彻落实中央16号文件精神，切实加强工商联自身建设，巩固壮大爱国统一战线，加强党在非公有制经济领域的领导，促进“两个健康”，具有十分重要的意义。

换届工作政治性、政策性强，涉及面广，工作量大。各省级工商联要认真贯彻落实《中共中央办公厅转发<中央统战部关于工商联（民间商会）2012年换届工作的意见>的通知》精神，按照同级党委和统战部的统一部署，以优化结构、提高素质和健全机制为目标，以选好配强主席和党组书记为重点，切实把握好换届工作原则，积极做好有关人选的推荐提名工作，组织好选举工作，切实把那些政治强、业务精、作风正、熟悉统战和经济工作、热爱工商联事业的人才选配到工商联来。要严格遵守党的干部工作原则和组织人事工作纪律，做到公道正派、清正廉洁，防止和纠正选人用人上的不正之风，圆满完成换届任务。

我们要以改革创新的精神、认真负责的态度，切实把换届的筹备工作做深、做细、做实。全国工商联要在各级工商联的积极配合下，精心组织、广泛开展换届的调研工作，准备详细的调研提纲，深入研究事关工商联事业发展的全局性、战略性、前瞻性问题，认真总结过去五年的成绩经验，科学谋划未来五年的目标任务。认真做好换届的各项筹备工作，起草好一份经得起历史检验、充分体现党的十八大精神和中央16号文件精神的工作报告，修改好《中华全国工商业联合会章程》，选好配强全国工商联领导机构。

6. 以作风建设为重点提高机关干部综合素质

作风建设关系工商联形象，关系工商联职能作用的充分发挥。各级工商联要把加强作风建设作为增强干部综合素质、提高机关工作科学化水平的重要任务，切实抓紧抓好、抓出成效。

大力提倡真抓实干、求真务实的作风，在深入基层、服务基层中加强作风建设。各级领导干部要带头深入基层、深入企业，深入到非公有制经济人士当中去，善于从基层发现问题，在基层寻找解决问题的办法和工作着力点，培养锻炼干部分析解决问题的能力和扎实严谨的工作态度。大兴调查研究之风，克服形式主义，避免蜻蜓点水，在实践中认真研究非公有制经济健康发展、非公有制经济人士健康成长、培育发展中国特色商会组织、非公有制经济组织参与社会管理创新等重大问题。

要在实际工作中改进工作作风，发扬艰苦奋斗精神。善于统筹兼顾，突出工作重点，抓住主要矛盾，以难点问题的解决和重点工作的突破带动全面工作；树立大局意识和全局观念，做到分工明确和责任到位，互相支持、密切配合、形成合力，确保工作目标的有效实现；坚持厉行节约，反对铺张浪费，减少文电会议，做到轻车简从，不给基层和企业增加负担；加强反腐倡廉教育，纠正不正之风。通过不断加强作风建设，使广大干部始终保持奋发有为、昂扬向上的精神状态，不断提高服务科学发展和实现自身科学发展的能力素质。

各位委员，同志们，即将过去的2011年，是工商联发展史上具有重要意义的一年。面对成绩，我们不能骄傲，更不能有丝毫懈怠，2012年我们面对的挑战可能比以往更多。让我们紧密团结在以胡锦涛为总书记的党中央周围，高举中国特色社会主义伟大旗帜，以邓小平理论和“三个代表”重要思想为指导，深入贯彻落实科学发展观，发扬求真务实、锐意进取的工作作风，坚持改革创新的工作态度，以饱满的精神状态和优异的工作成绩，迎接党的十八大和全国工商联第十一次会员代表大会的胜利召开！

全哲洙同志在全国工商联十届五次执委会议上的讲话

全国工商联十届五次执委会议就要结束了。会议认真贯彻党的十七届六中全会、中央经济工作会议和全国统战部长会议精神，继续落实《中共中央国务院关于加强和改进新形势下工商联工作的意见》即中央16号文件，回顾总结2011年工作，分析把握当前形势，研究部署2012年任务，审议通过有关事项，圆满完成了各项议程。大家在讨论中赞同黄孟复主席代表常委会作的工作报告，认为报告对2011年工作总结实事求是，对当前形势分析判断准确，对2012年工作部署重点突出，同时也提出了许多很好的意见建议，表示要结合实际抓好贯彻落实。

2011年是围绕科学发展主题和加快转变经济发展方式主线，“十二五”规划实现良好开局之年。一年来，面对风云变幻的国际形势和艰巨繁重的国内改革发展稳定任务，以胡锦涛同志为总书记的党中央，团结带领全党全国各族人民，隆重庆祝中国共产党成立90周年，着力稳物价、调结构、保民生、促和谐，推动国民经济继续朝着宏观调控的预期方向发展，全面推进社会主义经济建设、政治建设、文化建设、社会建设以及生态文明建设，全面推进党的建设新的伟大工程，中国特色社会主义事业展现出蓬勃生机和旺盛活力。

2011年也是学习贯彻中央16号文件，工商联工作取得重大成果之年。各级工商联在党委政府正确领导、统战部门具体指导、社会各界大力支持下，把学习贯彻中央16号文件作为首要任务，积极作为，奋发有为，凝聚力影响力执行力有了新的提升。形势喜人，形势逼人，形势不等人。总结学习贯彻中央16号文件一年多的实践经验，我们深深感到，真正把这个纲领性文件贯彻落实到工商联具体工作中，必须以改革创新的精神，清醒认识并牢牢抓住以下三个方面。

一、始终把握坚持党的领导这一根本原则

世界历史表明，共产党的诞生是人类社会形态发展的必然产物；中国历史表明，中国共产党的诞生是中国人民在近现代救亡图存斗争中顽强求索的必然产物。“十月革命一声炮响，给我们送来了马克思列宁主义”，中国共产党在马克思列宁主义同中国工人运动相结合的进程中应运而生。自从有了中国共产党，才结束了近代以后中国内忧外患、积贫积弱的悲惨命运，使中国人民和中华民族，从1840年鸦片战争以来长达百年的刻骨铭心的磨难中解脱出来，经过新民主主义革命、社会主义革命和改革开放新的伟大革命，奔向了全面建设小康社会的康庄大道。改革开放以来，中国共产党领导和依靠全国人民，开辟了中国特色社会主义道路，形成了中国特色社会主义理论体系，确立了中国特色社会主义制度，才有了非公有制经济快速增长、健康发展的大好局面，才有了非公有制经济人士施展才干、产业报国的宽阔舞台。始终坚持党的领导、自觉接受党的领导，是历史的选择，是人民的选择；没有中国共产党，就没有改革开放，就没有中国特色社会主义；推进社会主义现代化，实现中华民族伟大复兴，必须毫不动摇地坚持中国共产党的领导。

工商联半个多世纪发展历程告诉我们，作为建立中国特色社会主义制度的积极力量和建设中国特色社会主义事业的重要力量，工商联的成立和发展，一直是在党的统一领导、党组的直接领导下进行的。特别是近几年来，中央政治局常委会连续把工商联工作作为年度工作要点内容之一，中共中央国务院首次就加强改进工商联工作联合下发中央16号文件，中共中央专门就工商联换届工作批准下发中办发〔2011〕17号文件；全国加强和改进工商联工作会议、全国非公有制经济先进典型事迹报告会这样的历史性会议经中央批准得以隆重召开，全国优秀中国特色社会主义事业建设者评选、全国就业与社会保障先进民营企业评选、全国“关爱员工实现双赢”优秀民营企业家评选这样的表彰性活动经中央同意得以连续举办；胡锦涛总书记第一次集中就非公有制经济发展和工商联工作发表重要讲话，贾庆林主席连续三年分别就优秀建设者表彰、加强改进工商联工作、学习非公有制经济先进典型发表重要讲话，温家宝、李长春、习近平、李克强、贺国强、周永康等中央政治局常委多次就工商联工作作出重要指示，王兆国、王岐山、回良玉、刘云山、刘延东、李源潮、张德江等中央政治局委员，以及中央书记处书记何勇、令计划、王沪宁等同志，也都对工商联工作给予了关心指导。多年来，中央统战部高度重视工商联工作，把工商联工作纳入到重要议事日程。杜青林部长经常指导并充分肯定工商联工作，要求各级统战部贯彻落实中央16号文件，加强对工商联党组的领导和对工商联工作的指导。正是在中央领导的亲切关怀和重视下，在有关部委的支持下，全国工商联才更有效服务于促进非公有制经济科学发展、推进改革开放、巩固和壮大爱国统一战线、加强和创新社会管理等全局性工作，才更广泛参与进发展区域经济、推动扶贫开发、扩大社会就业、构建和谐劳动关系、促进中小企业发展、落实援藏援疆项目、帮助企业“走出去”、支持非公有制经济组织党建等专项性任务，非公有制经济先进事迹连续几年多次在中央媒体得到集中宣传，非公有制经济发展的市场环境、政策环境、法治环境、社会环境得到不断改善。2011年以来，所有省级党委政府结合当地实际，制定贯彻落实中央16号文件的实施意见，召开加强和改进工商联工作会议，包括刘淇、汪洋、张高丽、俞正声、薄熙来等中央政治局委员在内的23位省级党委主要领导出席会议并作重要讲话，全国已经形成了学习贯彻中央16号文件、加强改进工商联工作的良好局面。这一系列在工商联发展历史上影响重大、在工商联现实工作中鼓舞人心的事实充分说明，工商联工作取得的成绩，首先得益于党中央国务院以及各级党委政府高度重视、加强领导和大力支持。

回顾几年来的奋斗历程，特别是学习贯彻中央16号文件的积极实践，我们更加清楚地看到，把握坚持党的领导这一建设中国特色社会主义的根本原则，积极主动争取各级党委政府的领导和支持，是工商联工作取得显著成绩、工商联组织扩大社会影响、工商联事业开拓崭新局面的根本经验。

把握这一根本原则，必须在思想上牢固树立党的观念。先进性是马克思主义政党的本质属性、生命所系、力量所在。党的先进性是历史的具体的，既是一以贯之的，又是与时俱进的。我们党在世界形势深刻变化的历史进程中，始终走在时代前列；在应对国内外各种风险和考验的历史进程中，始终成为全国人民的主心骨；在建设中国特色社会主义的历史进程中，始终成为坚强的领导核心。工商联作为中国共产党领导的人民团体和商会组织，作为党和政府联系非公有制经济人士的桥梁纽带，作为政府管理和服务非公有制经济的助手，在我国经济、政治、文化、社会生活中有着重要影响。统战性经济性民间性有机统一，是工商联的基本特征，这是党中央在深刻总结工商联性质发展变化的基础上作出的科学判断。中央16号文件明确指出：“统战性主要体现在工商联是党领导的统一战线组织，决定了工商联的政治方向、政治地位和政治功能。”工商联的一切工作，都要牢牢把握统战性、充分发挥经济性、切实体现民间性，始终坚持“三性”的有机统一，按照“团结、服务、引导、教育”的工作方针，发挥促进非公有制经济健康发展和引导非公有制经济人士健康成长的不可替代作用。以上这些，都要求工商联必须将政治把握能力放在首位，增强政治鉴别力，服从党的领导，完成党的任务，在思想上政治上行动上与党中央保持高度一致。坚持党的领导，是马克思主义党性原则在工商联工作中的本质要求。我们要通过各种培训手段、教育途径和实践活动，加强马克思主义基本理论武装，努力使党的观念和党的领导意识，深深植根于各级工商联干部特别是领导干部和广大非公有制经济人士的头脑中。把握这一根本原则，必须在工作上始终坚持围绕中心服务大局。工商联工作是党的统一战线工作和经济工作的重要内容。统一战线是我们党所依靠的重要法宝，经济建设是我们党所确定的中心任务。工商联坚持党的领导，就要组织动员非公有制经济人士积极投身改革开放和社会主义现代化建设，树立“国民共进”理念，在执行党的基本路线、完善基本经济制度、坚持“两个毫不动摇”长期方针、落实发展非公有制经济政策、加快转变经济发展方式、保持国民经济平稳较快发展中发挥推动作用；就要明确工商联不是政党，也不是所谓的“准政党”，在巩固根本政治制度和基本政治制度、扩大党执政的群众基础和社会基础中发挥推动作用；就要引导广大非公有制经济人士积极践行社会主义核心价值体系，不断实践“同心”思想，推进光彩事业和感恩行动，培育责任文化，在建设社会主义先进文化中发挥推动作用；就要切实做好群众工作，支持企业党建工作，积极参与社会协同管理，发展社会主义新型劳动关系，在构建社会主义和谐社会中发挥推动作用。在这里，我重点强调一下学习贯彻“同心”思想问题。“同心”思想是胡锦涛总书记在2011年年初召开的党外人士迎春座谈会上提出的，党的十七届六中全会从坚持中国特色社会主义政治发展道路的高度作了进一步强调。“同心”思想具有深厚的历史底蕴、坚实的实践根基和丰富的思想内涵，核心是始终坚持党的领导，坚持中国特色社会主义道路、理论体系和制度。各级工商联都要把握“同心”思想的核心内涵，团结凝聚广大非公有制经济人士与我们党同心奋斗，筑牢思想基础，共创美好未来。把握这一根本原则，必须在体制上充分发挥党组领导核心作用。过去老一代民族工商业者，素有对党“听、跟、走”的优良传统；现在广大非公有制经济人士也对党怀有深厚的感情，衷心拥护党的改革开放政策，积极接受党在非公有制经济领域的领导。工商联主要联系非公有制经济人士，更要理直气壮地高扬党旗、唱响国歌，在坚持党的领导这一根本原则上，绝不能有丝毫动摇；更要旗帜鲜明地坚持“三性”统一、促进“两个健康”，在把非公有制经济人士思想政治工作作为贯穿工商联工作始终的生命线上，绝不能有丝毫含糊。在工商联设立党组，是党领导工商联工作的具体体现和组织保证。党组要认真履行职责，保证党的理论和路线方针政策、党委决策部署的贯彻落实，把握工商联工作正确方向；要加强自身建设，坚持民主集中制，提高科学决策、民主决策、依法决策水平，抓好机关党的建设，做好干部人事工作；要加强对工商联会员代表大会、执委会、常委会工作的指导，积极支持主席工作，充分发挥党外干部作用，把团结作为一个原则、一种境界、一项能力，切实搞好合作共事，真正成为工商联工作的坚强领导核心。

二、始终遵循统筹兼顾突出重点这一科学方法

自然界和人类社会发展规律告诉我们，物质世界普遍存在矛盾，矛盾是事物发展的动力；事物的性质是由矛盾的主要方面决定的，主要矛盾在事物发展中处于支配地位，对事物发展起决定作用；但主要矛盾和次要矛盾相互依赖、相互影响，在一定条件下相互转化。统筹兼顾突出重点，就是马克思主义唯物辩证法关于全面论与重点论对立统一观点的具体运用。科学发展观是马克思主义关于发展的世界观和方法论的集中体现，其根本方法是统筹兼顾，要求既要总揽全局、统筹协调，又要抓住牵动全局的主要工作和事关科学发展的突出问题，重点突破、整体推进。中国共产党历来把政策和策略作为党的生命，注重从全局的战略高度抓住革命建设改革各个时期经济社会发展的主要矛盾，相应确立党的基本路线和中心工作，不断推动中国特色社会主义事业向前发展。特别是历史步入新时期，我们党在千头万绪中，从端正思想路线入手拨乱反正，作出了改革开放这一决定当代中国命运的关键抉择，紧紧扭住经济建设这个中心不动摇，明确深化改革扩大开放的重点，增强改革措施的协调性，才使我国经济社会发展取得了举世瞩目的巨大成就。

当前，工商联工作面临着历史问题和现实矛盾并存、局部困难和整体改进交织的局面。改变这种局面，需要脚踏实地、一步一个脚印，付出扎实、长期而艰苦的努力。按照这样的认识，全国工商联在近几年工作中，逐渐形成了把全局性紧迫性关键性工作作为年度重点，集中力量办大事、整合资源攻难关的做法。特别是 2011 年，我们综合研判国际国内经济社会发展形势，紧紧围绕贯彻落实中央 16 号文件的关键环节，突出抓了服务中小企业、树立先进典型、加强商会建设、提高干部能力等四项工作。正因为我们聚焦工作重点，发挥优势作用，才能提出有分量的中小企业发展状况调研报告，才能形成有深度的建设中国特色商会组织理论成果，才能掀起有影响的非公有制经济先进典型学习热潮，从而使这些工作重点成为工作亮点，并带动了其它各项工作整体推进。

回顾几年来的奋斗历程，特别是学习贯彻中央 16 号文件的积极实践，我们更加清楚地看到，遵循统筹兼顾突出重点这一科学发展观的根本方法，以突破重点带动全面，是工商联工作取得显著成绩、工商联组织扩大社会影响、工商联事业开拓崭新局面的基本经验。

遵循这一科学方法，必须注重全局性抓准重点。确定工作重点，是一个运用战略思维和辩证思维进行顶层设计的过程。要努力开阔视野，正确把握形势，善于前瞻思考，增强战略意识，对全局具有很强的洞察力，抓住那些对发展影响大、涉及面广、迫切需要解决的重点领域，把党委政府重视、非公有制企业亟须、社会各界关注、工商联力所能及的工作，作为重点来集中突破。刚刚闭幕的中央经济工作会议明确了“稳中求进”的总基调，对 2012 年经济社会发展作出了全面部署。各级工商联要准确把握这个总基调，把“保稳”作为工作前提，增强忧患意识，在稳定宏观经济政策、稳定内需投资规模、稳定发展实体经济的信心上鼓劲，在稳定就业岗位、稳定物价水平、稳定社会大局的措施上努力；把“求进”作为工作目标，增强机遇意识，力求在引导非公有制经济转变发展方式上取得新进展，在推动深化民间投资体制改革上取得新突破，在促进非公有制企业增强自主创新能力、发展战略性新兴产业上取得新进步。2012 年，特别要把鼓励发展实体经济作为事关全局的工作来抓，引导非公有制经济人士坚定产业报国志向，把资金和人才等资源更多投向实体经济。我们要通过建言献策，推动政府出台更加有助于发展实体经济的政策措施，努力营造鼓励脚踏实地、勤劳创业、实业致富的社会氛围。遵循这一科学方法，必须注重统筹性抓实重点。突出重点，不是以偏赅全、单打一，更不意味着放弃其他常规工作，而是要在全力突破重点的同时兼顾整体和大局；统筹兼顾，不是平均着力、面面俱到，更不意味着排斥重点，而是要在总揽全局的基础上把重点作为着力点和突破口。全国工商联的工作重点，也是整个工商联系统的工作重点，必须从全系统出发思考问题，形成推动重点工作的最大合力。下级工商联要领会并贯彻上级工商联的重点工作部署，结合实际确定本级工商联的工作重点；上级工商联要指导下级工商联因地制宜地创造性开展工作，及时对重点工作完成情况进行督促检查。各级工商联都要充分动员社会力量，努力争取社会各界和广大非公有制经济人士支持并参与重点工作。2012 年换届工作任务很重，各项重点工作要通盘考虑，既保证重点工作的顺利推进，也注重各项工作的有机衔接，使换届工作成为承前启后、推动事业发展的新起点。遵循这一科学方法，必须注重连续性抓牢重点。重点往往也是难点，不可能一蹴而就、毕其功于一役。抓重点就必须做好打持久战、打攻坚战的准备，把工作的阶段目标与长期目标统一起来，坚持不懈抓牢一个时期的重点工作，不断巩固和扩大重点工作成果。2012年，开展中小企业特别是小型微型企业“保生存、谋发展”调研活动，要深入贯彻中央经济工作会议精神，充分利用2011年的调研成果，形成深度调研、联合调研相结合的新模式，深入挖掘小型微型企业转型升级的鲜活经验，联合开展小型微型企业经营管理人才培训，系统总结工商联多种方式服务、商会组织龙头企业带动中小企业特别是小型微型企业发展的成功实践；引导非公有制企业加强企业文化建设，要深入贯彻党的十七届六中全会精神，归纳吸收2011年我们树立宣传的非公有制经济先进典型的宝贵精神，把这些精神充实到企业文化的时代内涵中，以社会主义核心价值体系主导企业文化建设，继续探索改进非公有制经济人士思想政治工作，参与发展公益性文化事业，投身发展经营性文化产业，培育发展创意性文化企业；加强基层组织建设，要深入贯彻全国工商联商会建设工作会议精神，继续推进今年我们着手进行的关于培育发展中国特色商会组织的实践探索和理论研究，把好发展方向，明确工作思路，探索建设途径。

三、始终保持重心下移深入基层这一工作作风

辩证唯物主义认识论指出，实践是认识的起点或落点，是检验真理的唯一标准；基层一线是各种实践形式最深厚的基础，人民群众是一切实践活动最具有能动性的主体。胡锦涛总书记在“七一”讲话中明确强调，要拜人民为师，坚持工作重心下移，经常深入实际、深入基层、深入群众。这是对马克思主义实践观、群众观的继承和发展，是我们改进工作作风的基本要求。我们党历来把为人民服务作为根本宗旨，把密切联系群众作为最大政治优势，把脱离群众作为党执政后的最大危险，坚持问政于民、问需于民、问计于民，获得了最广泛最可靠最牢固的群众基础和力量源泉，永远立于不败之地。

中央16号文件首次明确规定，县级工商联与商会是工商联工作的组织基础和重要依托，这意味着与广大非公有制经济人士联系最密切、服务最直接的3000多个县级工商联和4万多个商会，构成了工商联系统的基层组织；工商联以非公有制企业和非公有制经济人士为主体，这意味着工商联的工作对象发展到包括900多万私营企业和3600多万个体工商户在内的整个非公有制经济领域，工商联不仅要服务大企业、做代表人士队伍建设工作，更要服务中小企业、做最广泛的群众工作。2011年，我们提出抓基层打基础这一新要求，把调查研究作为工作重心下移的重要实践，把深入基层作为加强能力建设的重要途径，在服务中小企业、加强商会建设、自下而上树立先进典型等方面，在全国范围内带动基层共同开展调研推动工作，强化了基层组织在工商联全局中的基础性地位。事实充分证明，基础不牢，地动山摇。坚持重心下移深入基层这一工作作风，与当前工商联组织的结构变化是完全符合的，与党的工作要求是完全符合的，与我们的工作实际也是完全符合的。在工商联工作中明确提出重心下移深入基层的作风要求，其重要意义和深远影响，已经并将继续在工商联事业蓬勃发展的进程中充分显现出来。

回顾几年来的奋斗历程，特别是学习贯彻中央16号文件的积极实践，我们更加清楚地看到，保持重心下移深入基层这一贯彻党的群众路线的工作作风，以作风建设促进能力提高，是工商联工作取得显著成绩、工商联组织扩大社会影响、工商联事业开拓崭新局面的重要经验。

保持这一工作作风，必须把加强基层调研作为了解新情况、发现新问题、提出新办法的重要途径。经济社会发展中的问题和困难主要表现在基层，解决问题和困难的办法也往往产生于基层。要大兴调查研究之风，把主要精力放在深入基层、深入企业上，选择问题多、困难大、矛盾集中的企业、县级工商联或商会开展深入调研。要在县级工商联和商会中设立联系点，在企业特别是中小企业中设立监测点，准确掌握真实情况，及时提供决策依据。保持这一工作作风，必须把加强基层指导作为工商联的重要职责。指导本身就是一种服务，服务就是指导的重要体现。各级工商联都要经常研究基层建设中的具体问题，谋划工作、部署任务、开展活动都要着眼于带动基层发展。要增强服务意识，动真心想办法，动真格抓落实，千方百计帮助基层解决实际困难和问题，推动基层改变长期薄弱状况。要加强分类指导，防止“一刀切”、形式主义、急功近利等现象，通过多种渠道、不同方式逐级开展教育培训，提高工商联干部和商会领导班子的综合素质，推动基层增强自我发展能力。当前，我国正处于社会矛盾凸显期，而矛盾往往直接表现在基层，尤其是非公有制经济领域的一些涉及人民群众切身利益的问题更加受到社会各界的关注。中治委已经成立了由中央统战部牵头，包括全国工商联在内的9个成员单位参加的非公有制经济组织服务管理工作小组。工商联要明确职责任务，加强对非公有制经济组织参与和服务社会管理的调研，协助推动非公有制经济组织党建工作，引导非公有制企业完善内部治理结构，健全规章制度，改善企业生产条件和职工生活环境，加强人文关怀，维护企业和谐稳定。保持这一工作作风，必须把加强基层锻炼作为培养干部的重要方式。实践出真知，实践长才干。要把作风建设作为提高机关干部能力的动力和途径，总结推广调查研究、挂职锻炼等加强实践能力建设的好做法好经验，组织机关干部到企业、县级工商联和商会等第一线去亲身体验，在具体工作中反复锤炼，在复杂环境中不断砥砺。要学习基层求真务实的作风，带动机关形成重基层实际、重理性思考、重改革创新的浓厚氛围，以中央16号文件为基本依据，抓紧建立工商联工作理论框架体系。要学习基层具体深入的作风，带动机关形成做事不算落实、成事才是落实的考核机制，把定下来的事情一抓到底，对没有完成的任务抓紧完成，不断提高工作质量和效率。当前和今后一段时期，要把贯彻落实中央16号文件作为工商联的重大机遇抓好抓实，不要光从文件、会议或者议论的层面来落实，而要从做实事、办难事的角度，出实招解决一些长期问题、实际问题，下工夫把中央文件落实到基层。要学习基层艰苦奋斗的作风，带动机关形成勤政廉政、勤俭节约的良好风尚，继续精简会议和活动，反对铺张浪费，把有限的资源和财力用在最需要的地方。

2012年是我国发展进程中具有特殊意义的重要一年，也是工商联事业继往开来的重要一年。我们要更加突出“两个健康”工作主题，更加发挥“三性统一”综合优势，更加强化“五项职能”独特作用，在贯彻落实中央16号文件的工作实践中，振奋精神、埋头苦干，以实实在在的成绩向党的十八大和全国工商联第十一次会员代表大会献礼。

全国工商联十届五次执委会议关于工作报告的决议

（2011年12月22日全国工商联十届五次执委会议通过）

全国工商联十届五次执委会议认真听取并审议了黄孟复同志代表常委会所作的工作报告。会议认为，报告对2011年工作的回顾和总结实事求是、重点突出，对当前国际国内经济形势以及民营经济发展面临的机遇和挑战判断准确、分析透彻，对2012年工作提出的总体要求和任务部署清晰明确、切实可行。会议决定通过这个报告。

会议认为，一年来，各级工商联认真贯彻落实《中共中央国务院关于加强和改进新形势下工商联工作的意见》精神，以改革创新的精神开展服务中小企业科学发展、树立宣传非公有制经济先进典型、加强商会建设、提高干部能力素质等重点工作，有力提升了工商联的凝聚力、影响力、执行力，工商联事业发展已经进入历史上最好的时期之一。

会议指出，当前国际金融危机的深层次影响日渐显现，世界经济下行压力明显增大，经济复苏不确定、不稳定因素增多。受世界经济影响，国内经济运行出现了不少新情况新变化。一年来，党中央、国务院审时度势、正确决策，以科学发展为主题，以加快转变经济发展方式为主线，着力稳物价、调结构、保民生、促和谐，推动国民经济朝着宏观调控的预期方向发展。

“十二五”经济社会发展实现良好开局，为民营经济健康发展进一步营造了良好的政策环境。广大民营企业要坚定信心、抓住机遇、迎难而上，自觉调结构、转方式、上水平，努力实现科学发展。

会议要求，各级工商联组织要始终坚持党的领导，认真学习贯彻党的十七届六中全会、中央经济工作会议和全国统战部长会议精神，全面深入贯彻《中共中央国务院关于加强和改进新形势下工商联工作的意见》精神，牢牢把握科学发展主题和加快转变经济发展方式主线，重心下移、深入基层，帮助中小企业特别是小型微型企业“保生存、谋发展”；加强企业文化建设；精心筹备换届工作；着力改进工作作风，不断提高干部队伍素质，在促进“两个健康”中切实发挥不可替代的作用。

会议号召，各级工商联和广大会员要紧密团结在以胡锦涛同志为总书记的党中央周围，高举中国特色社会主义伟大旗帜，以邓小平理论、“三个代表”重要思想为指导，深入贯彻落实科学发展观，以改革创新的精神状态，以求真务实的工作作风，以开拓进取的优异成绩，迎接党的十八大和全国工商联第十一次会员代表大会的胜利召开！

关于召开中华全国工商业联合会第十一次会员代表大会的决议

（2011 年 12 月 22 日全国工商联十届五次执委会议通过）

按照《中华全国工商业联合会章程》规定，经中共中央批准，全国工商联十届五次执委会议决定：中华全国工商业联合会第十一次会员代表大会于 2012 年第四季度在北京召开。

大会的主要任务是：高举中国特色社会主义伟大旗帜，认真学习贯彻党的十八大精神，按照《中共中央国务院关于加强和改进新形势下工商联工作的意见》（中发〔2010〕16 号）要求，全面总结过去五年的工作，科学谋划今后五年的工作。会议将审议中华全国工商业联合会第十届执行委员会工作报告，修改《中华全国工商业联合会章程》，选举产生中华全国工商业联合会第十一届执行委员会。

第十一次会员代表大会是工商联历史上具有重大意义的大会，也是工商联政治生活中的一件大事。全国工商联十大以来，各级党委政府进一步加强和改进工商联工作，一些长期制约工商联事业发展的深层次问题逐步得以解决，工商联在党和政府全局工作中的地位作用明显提升，工商联的凝聚力、影响力、执行力得到显著提高。各级工商联认真学习和贯彻落实中央 16 号文件精神，以改革创新的精神开展工作，充分发挥了党和政府联系非公有制经济人士的桥梁纽带作用、政府管理和服务非公有制经济的助手作用，形成了党委加强领导、政府重视支持、统战部门直接指导和有力促进非公有制经济健康发展、非公有制经济人士健康成长的良好局面。我们要围绕中心，服务大局、重心下移、深入基层、精心组织、统筹谋划，抓紧做好大会的各项筹备工作，积极营造良好的舆论环境和氛围，把第十一次会员代表大会开成团结民主、振奋精神、开拓进取、继往开来的大会。

2012 年将召开党的十八大，我国经济社会发展将迈上新台阶。各级工商联组织和全体会员要在以胡锦涛同志为总书记的党中央坚强领导下，高举中国特色社会主义伟大旗帜，以邓小平理论和“三个代表”重要思想为指导，深入贯彻落实科学发展观，以非公有制经济健康发展和非公有制经济人士健康成长为主题，坚持服务科学发展和自身科学发展相结合，为夺取全面建设小康社会新胜利、开创中国特色社会主义事业新局面而努力奋斗，以优异成绩迎接党的十八大和全国工商联第十一次会员代表大会的胜利召开。

全国工商联党组中心组理论学习暨年度工作务虚会

会议综述

2011年11月24～25日，全国工商联党组中心组理论学习暨年度务虚会在北京举行，会议围绕贯彻落实党的十七届六中全会精神和中央16号文件，对2012年工作思路进行了谋划和研讨。会议由中央统战部副部长，全国工商联党组书记、第一副主席全哲洙主持。全国政协副主席、全国工商联主席黄孟复和全哲洙书记发表了重要讲话。全国工商联常务副主席孙安民，副主席宋北杉、褚平、谢经荣、庄聪生、李路，中央统战部有关部门负责人以及全国工商联机关各部门副处长以上领导干部出席了此次会议。

与会的全国工商联党组成员、专职副主席和全国工商联机关部门负责人分别从各自分管工作的实际出发，畅谈了学习中央文件的感受，提出了进一步贯彻落实16号文件、推进各项工作、加强部门建设的总体思路和重点安排，并对机关工作提出了意见建议。（魏　丹）

黄孟复同志在全国工商联党组中心组理论学习暨年度工作务虚会上的讲话

这次，我们将党组中心组理论学习会和年度务虚会结合起来开，体现了理论联系实际，务实与务虚相结合的精神。大家围绕会议主题发表了很好的意见，会议既反映了各位副主席、各部门负责人在学习贯彻中央16号文件过程中理论方面的体会，也提出了贯彻落实文件的具体意见和措施。下面，我也虚实结合谈一些认识。

2011年我多次出国访问和到港澳出席活动。在欧洲陷入债务危机之时，我去了法国、葡萄牙和西班牙，看到了这些欧洲国家应对金融危机的态度，我觉得他们的制度有缺陷。很多西方人士和我交谈时，也感觉他们的这套制度不可能克服金融危机，一遇到问题就吵吵闹闹，难以形成合力。这和我2009年初去台湾看到的情形类似，当时台湾经济低迷。我们看到立法院开会，大家不停的抢话筒，一上午一句有建设性的话都没讲。2011年10月初，我去新加坡参加了世界华商大会。新加坡经济这些年发展不错，但是很多新加坡人士对经济发展前景非常忧虑，因为新加坡的国际化程度高，国际经济波动对新加坡影响比较大。10月底，我赴澳门出席了由全国工商联与台湾工商企业联合会、香港中华厂商联合会、澳门中华总商会共同举办的“第十届海峡两岸和香港澳门经贸合作研讨会”。澳门是个例外，呈现欣欣向荣的发展态势。澳门经济的发展主要依靠博彩业，而且主要得益于中国大陆经济的发展和人民生活水平的提高。澳门总共有四十多万人口，我们大陆多去一百万的游客，当地收入就提高上去了。但是，澳门也在考虑调整经济结构。2011 年 11 月中旬，我去香港参加了由香港中国商会主办的首届中国海外投资年会。我发现香港也反映了类似的问题。过去香港的“民主派”闹，香港市民反应不大。现在他们把菲佣问题提出来。民主派说，根据香港基本法，如果在香港工作 7 年，就可以得到香港居民身份。因此在港工作的约 40 万菲佣中，有相当数量的菲佣获得香港居民身份是合法的，当地最高法院还表示支持。这激起香港市民的反对。香港市民担心如果这些菲佣获得合法居留身份，在香港找工作，就会影响当地居民的就业。所以，在这次香港区议会选举中，民主派遭到惨败。因此，当面临严峻的外部形势时，政治稳定和保障制度对促进经济发展至关重要。有些人在国内可能对我国内地制度的优越性感觉不明显，但这种优越性从外部来看就比较显著。

再看美国的情形，美国是金融危机的制造者。美国华尔街的金融大鳄，每年拿着上亿美元的高薪。在华尔街工作，即使年薪差的也能达到 30 万～50 万美元。华尔街的钱从哪里来的呢？他们把所谓的金融创新变成了一场骗局。一般情况下，对信誉好的客户才能发债，他们通过搞金融创新，创造了对信誉不好的客户也可以发债的金融模式，叫做次贷。有些美国普通百姓买不起房子，金融机构就动员他们，说房子未来会升值，贷款买房只赚不赔。由于美国近十几年来，房子价格的确在不停上涨，况且美国人习惯于超前消费，在房价不断上涨的情况下，借钱买房很划算。于是几百万美国人买了不该买的房子，这些人的债务被银行打成一个包作为次贷上市，经过杠杆的作用层层加码转向了市场。当经济形势不好时，房价下跌，房子成了负资产，结果借贷人房子不要了，钱也不交了，于是问题就出来了，像推倒多米诺骨牌一样，造成了次贷危机。次贷危机只暴露了美国有毒金融资产的一部分，据专家们讲还有几十万亿美元的有毒金融资产没有暴露。次贷只是美国有毒资产的一个方面，就把美国搞成这样，把世界经济搞成这样。这说明美国的金融体系、所谓的金融创新是建立在虚假的繁荣基础上的。美国 3 亿人的消费将决定全世界的生产，美国人多买东西，世界经济就活了，美国人少买东西，世界经济发展就缓慢了。当美国人感觉到没有钱，不消费的时候，美国的问题就大了。目前，美国经济虽然保持了 2% 的增长，但是美国的房价没有上升，失业率没有下降，国内投资欲望不高。虽然美国印了大量的美元，但是由于国内投资不振，所以他们把美元拿到国际市场去炒大宗物品，希望将损失转嫁出去。美国政府军费开支庞大，同时还想给老百姓做事情。奥巴马政府着力推进的医疗改革方案，可能会进一步加大政府赤字规模。美国的生活水平与财政能力不相匹配，为了解决财力不足的问题，他们就印美元，把这个问题转嫁给全世界人民。美国经济如果不彻底解决这些问题，想真正恢复是十分困难的。

欧洲的问题是民主制度造成财政收入和财政支出严重不符。为了争取选票，每一届政府上台就承诺给老百姓做好事、发福利。财政没足够的钱就发国债。经济形势好的时候还有人买，经济形势不好的时候，国债的利息就会升高。国际评级机构看利息一高，就降低国家的主权信用评价等级，以至于这些国家借不到钱，但是给老百姓的好处又收不回来，所以面临国家破产。这个问题已经不是希腊一个国家的事情了，冰岛也出现了国家破产。很多年前我们到阿根廷去，阿根廷也曾经遭遇过国家破产。阿根廷最受人尊敬的贝隆夫人上台后给了老百姓很多福利，现在老百姓还对她非常推崇。但实际上在国家没有力量给老百姓那么多福利的情况下，她通过承诺福利以获得自己的声望，结果导致国家破产，使阿根廷经济很多年都难以恢复。欧洲目前遇到类似的情况。欧洲国家不能像美国那样通过印欧元来解决。加印欧元，会导致欧元贬值，影响德国等经济状况较好国家的生活水平。虽然欧洲货币统一，但是财政没统一、政治没统一，解决欧洲的问题要比解决美国的问题难得多。

西方国家遇到的问题可以总结为“贪婪的金融”和“昏迷的民主”相结合的产物。贪婪的金融是指金融家不顾一切、千方百计地获取高额收入。美国人为什么占领华尔街？当国家经济遇到困难时，这些金融家仍然拿着那么高的薪酬待遇。他们制造了危机，要求政府救助，因为不救金融整个经济就会垮掉。政府花费巨额资金救金融，但是金融家们还要拿高额的薪水，老百姓不干了。“昏迷的民主”是指政客上台就只顾眼前的票数，谁给选票就给谁好处，好处和票数结合在一起，时间长了，击鼓传花，希腊就摊在帕潘德里奥头上，导致他下台。

我认为，西方国家的问题是它的民主制度和经济发展之间的深刻冲突。现在西方国家政府减少开支，抗议游行不断出现。为什么呢，因为紧缩财政，必然要削减老百姓福利，也就意味着老百姓已经获得的福利被收回去了，他们肯定要上街游行。这种问题加上党派之间的斗争，导致西方国家的前景还非常不明确。但是他们还想从政治上转移经济方面出现矛盾。以前出兵阿富汗、伊拉克，现在又从突尼斯开始，涉及埃及、利比亚、也门等国家。最近法国提出只要国际社会同意，就在叙利亚开辟一个人道主义援救通道。什么叫人道主义援救通道啊？当初在利比亚设一个禁飞区是为了保护平民，但是哪是保护平民呢，都用来打卡扎菲的军队了。现在又在叙利亚搞出花样，实际上是又要准备转嫁危机。虽然西方发达国家国内经济低迷，但是他们在军事上有力量，到处干涉，甚至跑到南海干涉我们的事情，把南海周边国家煽动起来。所以我认为国际形势还是非常复杂的，但是只要我们应对得当，越复杂的国际形势对我们越有利。天下都太平，美国、欧洲就会起来遏制我们。在“9·11事件”之前，小布什刚上台时，他的讲话很多是针对中国的。“9·11事件”之后就全部对着恐怖分子了，结果我们获得了十年的大发展期。现在时机相似，只要我们应对得当，还是能够抓住国家发展的最佳战略机遇期。关键是我们要把自己的事情做好，利用这段时间，把我们的政治、经济、社会、军事等方方面面都发展一大步。我觉得这就是大势，这个时期就是中华民族难得的一个机遇期，我们要抓住这个机遇期来加速发展。工商联在这个机遇期中确实可以发挥相应的作用。现在国内经济总体上来讲还是健康的。党和国家领导人多次讲到，我国经济基本面没有变。现在有的西方国家已经在开始唱衰中国，例如抛售我们银行的股票等。但是大家知道，像中国这么一个庞大的经济体，一点不出问题肯定是不可能的，中国特色社会主义道路也不可能是一帆风顺的。经过相当一段时间的努力，目前通货膨胀的压力趋缓，已经有下行趋势，但我们的经济也面临一个下降的通道。我国经济原来是两位数的增长，现在是8%～9%的增长，8%～9%也是一个相当不容易的增长数字，虽然我国经济基本面没有变，但是也要清醒认识到我们所面临的艰巨任务，我们要利用通货膨胀和经济下行通道的时机，抓紧进行经济结构的调整，实现发展方式的转变。这是我们能不能抓住十年战略机遇期的关键。如果10年后，我们依然保持着30年前的经济发展模式，那将是不可持续的，必然会把国家的经济搞乱。因此我们必须要忍住阵痛，进行转型。而在这个转型期，工商联将承担非常重要的任务。

2010年“两会”期间，胡锦涛总书记在民建工商联联组会上专门对工商联工作和民营经济提出要求，即“三个有更大作为”。“三个有更大作为”，首先就是要求民营经济在转变经济增长方式、调整经济结构上有更大作为。这个工作做好了，以后就能实现可持续发展。如果迈不过这个坎儿，就可能陷入所谓的“中等收入陷阱”，即经过十几二十年的发展，因为多种多样的原因，经济陷入停滞状态。我们可以迈过这个坎儿，而且必须迈过这个坎儿。按照党中央国务院的要求，实现民营经济的不断发展、加快实现民营经济转型是我们当前经济工作一个重要任务，更是我们工商联面临的一项艰巨工作。第二个大有作为是民生问题。民生问题就是讲我们经济发展是为什么的问题。胡锦涛总书记“七一讲话”明确提出，我们当前的主要矛盾仍然是人民群众日益增长的物质文化需求与落后的社会生产力之间的矛盾，而不是贫富差距或者其他什么矛盾。这就再次点出了发展的重要性，科学发展的首要问题仍是发展，发展才是硬道理，离开了发展，其他问题都不好解决，所以一定要咬住基本矛盾，坚持发展是硬道理的理念。在这个精神的指引下，我们民营经济又面临一个更艰巨的任务，那就是要在富民方面发挥重要作用。当前我们民营经济发展中遇到的很多问题从负面角度来看是困难，从正面角度来看就是社会的进步。比如，工资的增长，这是全国人民都高兴的事情，对有识的企业家也是高兴的事。如果我们经济发展的最终目标不能落实到老百姓收入的增长上，那我们发展经济又是为了什么呢？工人收入的增长带来了经济结构的调整和企业经营模式的变化，这需要我们帮助企业适应这样的变化。从这个角度来说，我们工商联的工作和任务非常艰巨，需要大家在认真学习贯彻中央16号文件、十七届六中全会、胡锦涛总书记“七一讲话”精神基础上，进一步坚定我们发展民营经济的信念，沿着这条路坚定不移地走下去。这是我讲的第一点认识。

第二点认识，大家刚才都谈了学习中央16号文件的心得体会，讲得很好。中央16号文件是在1991年的15号文件出台将近20年后，中央又出台的一个关于工商联工作的文件。现在回头看中央15号文件，当时在大家对于社会主义市场经济体制认识还很朦胧的时候，中央就提出了那样一些高瞻远瞩的发展方略，对工商联的工作提出了明确要求，并指出了工商联“三性”的特点。当时的“三性”是指以统战性为主，同时具有经济性和民间性。这个文件使工商联的工作对象和工作方式、方法发生了巨大的变化。那时的民营经济还比较弱小，中央看到了它的发展前景，赋予了工商联促进民营经济发展的重要任务。

中央16号文件把“有机统一”作为工商联三性的基本特点。对工商联来讲，我们的统战性不同于统战部一些组织的统战性。工商联的统战性具有更高层次的统战理念，具有政治协商的深刻内涵。政治协商是中国式民主政治制度的核心内容，很多人民团体和有关方面都是政协的组成单位，但并不像工商联一样具有政治协商这一功能。中央每一个重大决策产生之前、实施之后，都要进行政治协商，听取意见。现在中央已经将政治协商制度化、规范化，能够参加这种最高层次的政治协商，说明了工商联在统战工作和经济工作中的重要地位，这个统战性不是一般的统战性。我们各个省市的工商联主要领导也都参与了政治协商的过程，这是将我们工商联所联系阶层的意见直接向最高领导机构反映的一个过程，这显示了我们工商联统战性的一个特殊性。中央能够直接听取工商联关于各方面工作的建议意见，这也是我们工商联的骄傲。我参加政治协商这么多年来，感觉更深的是身上的压力，参加政治协商是要就国家重要的方针政策提出建议和意见，这些建议和意见应该来自基层，反映广大群众对某些问题的看法，这些看法应该从我们工商联的角度来提出。所以，我们工商联要把调查研究作为我们的一项重要工作来抓。

对于省级工商联和全国工商联来讲，调研工作更具意义，因为调研工作就是参与政治协商的前提和依据。机关各部门这些年在调研工作中取得了很多成绩，各省的工商联组织也都把调查研究作为重要工作，由主要领导亲自来抓，很多调研报告具有全局性、前瞻性和可实施性。但是从现在的情况来看，我们的调研还不够深入，对调研所涉及问题认识还显浅薄，提出的建议还不够深刻。因此调研工作作为实践工商联统战性和发挥政治协商、参政议政职能的重要内容，要长期不懈坚持下去。这不仅是研究室一个部门的事情，而是各部门的事情。各部门针对具体问题做具体调研，同时与工作实际相结合升华成具体的政策建议和意见。研究室负责指导归纳，把我们点上的工作在面上取得效果。如果在点上做的工作通过调研体系影响到面上，影响到全国，那意义就很大。要以点带面，通过调研使一项具体工作在面上取得成效，扩大影响。从中央16号文件精神中的统战性和政治协商的角度看，我们的调研工作必须作为一项重要的工作长期坚持下去。调研工作是责任和水平的结合，做好调研工作就必须提高干部的责任心和认识问题、分析问题的能力。有了强烈的责任心，才能深入了解情况，不断提高认识问题的水平，才能为政府决策提供有价值建议，切实使调研取得成效。

学习贯彻中央16号文件精神是一个长期的过程，还要不断学习，这是毫无疑问的。今年要学，明年也要学。我刚来工商联学习1991年中央15号文件的时候觉得收获很大，工作几年以后再回头看文件，还有当时没意识到的新的收获，所以学习文件精神，要一直作为不断完善思想武器的法宝。但是学习和贯彻要相结合，中央16号文件已经发布一年多了，2012年我们应该把学习和贯彻结合起来，主要以贯彻为主，要学以致用。从文件中学到什么，工作中有何效果，遇到什么困难，然后再学习文件找依据，找解决思路。一定要在实践的基础上深刻理解文件精神，将学习与工作实践相结合。比如下围棋，有些同志只看棋谱不实践就没有实战能力，有些同志只下棋不看棋谱，到一定水平也很难再提高。所以，希望大家在实践基础上不断深化理解，学以致用，主要在用中学，要把这个概念要运用到中央16号文件精神的学习贯彻的过程中。

工商联的工作要有抓手，比如中小企业的问题。解决中小企业发展的关键在于掌握小型微型企业的信息。长期以来各地工商联和各级商会组织主要联系大中型企业，小型微型企业不在我们视野之内。只有掌握他们的信息，才能从根本上研究和解决问题。2012年我们可以考虑探索建立小型微型企业的信息系统。目前工商联的执常委数据库建设起来了，但是运用不足，各省情况也是这样，实际上应该每一年对执常委企业的报表等经营数据、信息进行搜集、统计和分析，这样可以看出他们在经济上的一些变化和动态。做得比较好的是民营企业500强调研，500强调研反映的是最高水平的民营企业在做什么，他们有什么变化，中国的行业领头羊企业往哪个方向走，提高到什么水平等问题。我们从3000多家中选取500家，就有了3000多家企业的资料库，这个数据现在有了，多年来已经积累了很多的有价值的数据，但是还要加强。小型微型企业就没有相关资料。小型微型企业存在困难，借贷利息高，税费负担重，到底到什么程度，要具体拿出数据来。以往我们只是临时让某个省市或地区提供数据，没有一个完整的数据体系，2012年我们要尝试做这个系统。我的初步设想是：参照社会调查系统设计，充分发挥全国工商联直属商会的优势作用，设计调查问卷，每个商会每月定期指定50～100家固定的小型微型企业回答问卷，把有关数据报上来，如卖了多少钱，交了多少税费，贷了多少款，利息是多少，现在感觉积极性是越来越高，还是越来越差等问题。然后还可以请每个省指定100～200家小型微型企业。这样我们就可以汇集到几千家小型微型企业每个月的情况，来进行对比分析，得出小型微型企业的利息水平、税费负担等数据。如果没有这个体系，只能靠不停的调查、开座谈会，只能反映一些局部的现象，而没有一个整体的了解。所以为了弄清这些情况，经济部和研究室可以考虑一下，设计一个方案，然后把任务分到各省和行业商会。这是我们工商联服务小型微型企业的基础性工作，把这个具体工作做好了，我们就可以获得实物的参照，以便为中央提供有关资料。

大家现在只看到小型微型企业作为解决就业的重要渠道这一个方面，其实小型微型企业还有一个更重要的任务，那就是富民的任务。60%以上就业群体的工资福利水平取决于小型微型企业的总体发展水平，如果小型微型企业状态不好，我们老百姓不可能富起来。所以政府不应在小型微型企业出现困难时才来帮助，只要小型微型企业存在，我们就应该帮助它。解决就业的渠道就是富民的渠道。这两个主渠道的工作，我们工商联都要喊响。所以政府的政策、服务都要沉到小型微型企业中去，不管小型微型企业是否遇到困难，政府的服务都应一如既往的予以支持，政府都应该实行最优惠的政策，这样才能真正让中国的老百姓富起来。我建议工商联的工作要做得扎实，每一个部门都应该尽量找到自己的工作抓手，仅靠部门几个人，天天加班，也不能很好的解决问题。因此，我们的工作要学会弹钢琴，将人和资源都调动起来，那样影响和作用就大很多。我们要学会利用社会的力量，来为我们工作服务。这是促进我们工作再上水平的关键所在。仅靠部门增加人员无法解决问题，工商联工作的方式方法要根据需要积极加以调整和变化，这样工作效率就会成倍增长。

另外，我再谈一下行业商会的问题。行业商会是工商联工作的一个非常重要的抓手。我们的工作有各种平台，行业商会是工商联所有部门最大的工作平台，我们要学会利用行业商会的力量和组织形态，来实施部门的方针战略。例如，十七届六中全会提到文化大繁荣大发展的问题，现在工商联还没有文化产业的行业商会。我赞同谢经荣副主席的发言，现在还有一些大型民营企业没有加入工商联，尤其是在文化创意产业方面，新兴的网络、传媒、文化企业较少。如果没有这样一个文化创意产业的商会，我们在文化繁荣方面的工作就没有立足之地。利用这样一个商会，我们可以拓展很多工作，这对我们会员结构也提出了新的要求。现在文化产业中有很大一批极具潜力的企业，我们的工作要有载体，引导文化产业企业按照国家的方针去发展，要将这项工作作为以后组织工作或者商会工作的重要任务来抓好。我估计2012年还会召开更多促进文化产业发展的会议。我们从哪里了解文化产业的动向？目前我们只有一个书业商会，但其也只是文化产业中的一小部分。工商联仅靠召开临时座谈会来了解文化产业发展的动向是不够的，工商联要靠加强组织工作来推进文化产业尤其是文化创意产业的发展，这样才能将工作做扎实。

最后，我还想强调一下企业“走出去”的问题。24日晚上我们参加了中国民营经济国际合作商会，也就是全国工商联“走出去”商会的成立大会。国际形势的变化给了我们发展机遇，现在中国企业到世界上是很受欢迎的。欧美没有发生危机的时候，中国企业到非洲去，欧美说我们去掠夺资源。现在美国一些州政府，甚至包括美国政府都希望中国的企业去投资。欧洲的一些企业也是如此，希望中国的企业去投资，这是一个难得的机会，也是“走出去”工作的一个战略机遇时期。我们的民营企业能不能走出去？我认为有一大批企业是有这个能力的。我到新加坡参加世界华商大会。新加坡是海港城市，主要以港口运输支持经济发展。但是新加坡国土太小，船多了，港口卸不下来，所以不断进行填海来扩大港口吞吐量。现在，日本、马来西亚和对面的印度尼西亚为了阻止它填海，禁止石料进新加坡，以免与本国国土越靠越近，影响洋流。看到这种情况，我们的一个民营企业就租了13条30万吨的油轮停在公海。有油船到新加坡卸不下油，就卸到30万吨的油轮上，加油也可以到油轮上加，而新加坡愿意更多船到它这来，因此就达成了战略合作伙伴关系。由于国际航运租船价格相对比较低，这一招赚了不少钱，这说明我们民营企业确实有办法。

我们到文莱时也发现了民营企业走出去的好例子。文莱的石油是最好的低硫轻质原油，以前就是出口原油。我们的民营企业在国内无法进口油，萧山的一家民营企业跟文莱方面谈，告诉对方可以把原油在文莱当地加工成化工产品，产品会增值，也会增加当地就业。就这样，对方就把原油卖给了我们的企业，这家企业给文莱石油公司30%股份，在文莱投资60多亿美元，建1500万吨的炼油厂，把原油加工成PTA，然后再出口中国。这次温总理去文莱，跟文莱签合同，帮他们搞石油加工，主要就是指这个项目。要是国有企业去，报纸就要炒作一通，民营企业无声无息就拿了这么大一个项目。民营企业走向国际，现在正是时候，西方有些人现在还没有精力顾及，我们有一大批民营企业可以走出去。

在中国民营经济国际合作商会成立会上，外交部一个司长对我说，外交部通知各国大使都要贯彻以经济建设为中心的方针。外交不仅是政治，外交与经济是分不开的，一定要做经济方面的工作，为我国经济发展提供更多的服务。他还建议我们全国工商联跟外交部联合，就民营企业走出去在外交方面需要克服的一些困难和问题进行调研。联络部和经济部可以与他们联系，我们民营企业走出去不仅需要商务部的保驾护航，也需要外交部门的保驾护航。民营企业走出去，是民营企业贯彻转变发展方式的一个重要内容，这个工作做好了，将产生巨大的影响。几个月前，我和安民副主席去找岐山副总理，谈我们的外汇储备问题。民生银行表示他们用于支持民营企业走出去的外汇储备只够用不到2个月。我们的外汇大量购买美国国债和欧洲国债，而美国国债和欧洲国债严重缩水，而且可能还要缩水。如何把外汇储备变成我们企业和银行使用的资源，以前我们没有这种国际经验，现在我们应该逐渐积累这种经验。利比亚在国外存有上千亿美金，但战争开始后所有的钱都被冻结了，万一我们台海出现问题，美国很有可能冻结我们购买的美国国债，这风险太大，所以外汇储备应该逐渐转向支持我们的企业走出去投资。这个问题现在有了一个好的开始，人民银行已经同意，将部分外汇储备借给包括民生银行在内的几家银行，用于支持企业走出去。将来要让民营企业走出去使用我们的外汇储备，还需要制定一个支持有条件的民营企业走出去的项目审批程序，中国人使用我们自己的钱，这是最保险的。大部分民营企业走出去拿回来的都是好东西、好资产，如品牌、技术、原材料、甚至是一些有价值的公司的股权。趁他们价格低的时候我们不显山露水地做这项工作，我们工商联要为民营企业提供强有力的支持，使它们走出去的时候，产生更大的成果。

我们的工作每一年都要上一个新的台阶，这关键在于我们工作的主动性。每个工作部门都有许多需要解决的问题，千万不要讲起来一套一套的，做起来不行。现在要把学到的东西用上去而且要干出成绩来。时间不等人，民营经济的发展，对工商联工作提出了新的要求，中央对工商联工作也提出了新的要求。胡锦涛总书记讲中国民营经济的发展已经到了一个新的起点，什么叫新的起点，怎么理解民营经济发展到达的这个新起点，在这个新起点上我们要做些什么新的事情，任务非常艰巨。我们要不断地学习、不断地实践，然后不断地总结，才能不断地提高。

关于工商联的工作，下面全书记还要做全面总结，我就讲到这里。谢谢大家。

全哲洙同志在全国工商联党组中心组理论学习暨年度工作务虚会上的讲话

刚才，黄孟复主席在深刻分析国际国内形势的基础上，就工商联工作如何围绕中心服务大局作了重要讲话，特别强调要继续抓基层、打基础，大兴调查研究之风，着力在服务中小企业特别是小型微型企业中充分发挥助手作用，努力在把握工商联商会建设的正确方向中促进我国行业协会商会改革发展，这为我们2012 年深入贯彻落实中央 16 号文件精神、充分运用今年中小企业综合性调研和商会建设调研成果，作出了重点部署，提出了明确要求。两天来，大家在发言中对2011 年工作进行了认真总结，对2012 年工作提出了思路打算和很好建议。这次年度工作务虚会，我们延续了近几年的做法，和党组中心组学习会一起开，强调从理论与实践相结合、理论学习与工作谋划相统一的角度，实现再学习、再认识、再实践、再提高。实践证明，一年一度的党组中心组学习暨年度工作务虚会已经成为定方向、谋工作、带队伍的重要载体，班子成员和部门负责人带头学理论、谈认识，带头谋划工作、指导实践，政治把握能力、思想政治素养和工作谋划水平得到了明显提升，也是其他参会干部学习提高的生动课堂。下面，我在大家发言基础上，谈一些看法和意见。

即将过去的2011 年，是工商联在中央16 号文件精神的指导下具有大作为的一年，工商联事业在理论上、工作上、机制上有了新的突破，凝聚力、影响力、执行力有了新的提升，服务科学发展和自身科学发展有了新的进步，迎来了历史上最好的发展时期之一。2011 年以来，我们把认真学习贯彻落实中央 16 号文件精神作为统领并贯穿工商联工作全局的首要任务来抓，下大力气推动省级党委政府出台贯彻落实中央 16 号文件精神的实施意见及其责任分工、召开加强和改进工商联工作会议，全国上下初步形成了学习贯彻中央 16 号文件精神，加强和改进工商联工作，推动非公有制经济发展的良好氛围。

围绕贯彻落实中央 16 号文件精神，2010 年年底我们着眼于党和国家工作大局，立足于工商联工作实际，确定了今年的四项重点工作。在服务中小企业方面，我们在全国范围组织开展了中小企业综合性调研活动，掌握了基本情况，找准了突出问题，提出了决策建议，推动了国家关于促进中小企业发展的政策出台。在加强工商联基层组织建设方面，我们组织开展了全国性的工商联商会建设调研活动，召开第一次全国工商联商会建设工作会议，对改革开放以来工商联商会建设的实践经验进行了认真总结，对中央 16 号文件首次提出的中国特色商会组织进行了理论阐述，明确了发展方向，理清了总体思路，探索了建设途径。在树立先进典型方面，我们从改进非公有制经济人士思想政治工作出发，把树立典型作为引导教育与自我教育的重要结合点，自下而上地树立、宣传了一大批非公有制经济人士先进典型，12 月 2 日还要召开改革开放 30 多年来的第一次全国非公有制经济人士先进典型事迹报告大会，中央领导同志将出席会议并作重要讲话，全国从中央到省、市、县将有十多万人以电视电话会议形式同时参加，必将进一步扩大工商联的社会影响力，增强工商联的组织凝聚力。在加强干部能力建设方面，我们抓住各地工商联换届契机，协调地方党委认真贯彻落实指导工商联换届工作的中办 17 号文件精神，把一批政治强、业务精、热爱工商联事业的干部选配到了地方工商联领导班子中来，工商联系统领导干部队伍整体状况有了一定起色；更重要的是，我们坚持把干部放到实践中去锤炼，通过组织参与重点工作，在活动策划、会议组织、内外协调、文字写作等方面，锻炼了大家的政治把握能力、调查研究能力、群众工作能力和落实推进能力，机关执行力提到了一个新的层次，一批想做事、能做事、做成事的年轻干部成长起来。以上四项重点工作的推进，也带动了其他工作的顺利进行。特别是全国工商联加入全国协调劳动关系三方会议的体制性障碍彻底得到了解决，开始直接参与中央构建和谐劳动关系调研并发挥了重要作用，配合人力资源和社会保障部、全国总工会等部门召开了全国构建和谐劳动关系先进表彰暨经验交流会、全国就业与社会保障先进民营企业表彰大会，积极参与全国区域经济发展、援藏援疆等工作，工商联在围绕中心、服务大局中进一步发挥了积极作用。

可以说，2010 年确定的年度工作重点都成为了全国工商联的今年工作亮点，这四项重点工作都是贯彻落实中央 16 号文件精神的重大举措，实践证明是完全正确的。回顾过去一年贯彻落实中央 16 号文件精神的具体实践，我们可以得到这样的启示：只有坚持正确发展方向，坚定不移围绕中心服务大局，始终把贯彻落实中央 16 号文件精神作为今后一个时期工商联工作的首要任务，才能找准工商联事业的科学发展道路；只有坚持工作重心下移，坚定不移面向基层，始终把县级工商联和商会作为了解新情况、发现新问题、提出新办法的重要着力点，才能夯实工商联事业发展的组织基础；只有坚持改革创新精神，坚定不移推陈出新，始终用改革的办法、发展的思路去改进旧的工作惯例，去拓展新的工作领域，才能推动工商联事业的新突破；只有坚持突出工作重点，坚定不移统筹兼顾，始终在推进重点工作、攻克难点工作中带动整体工作，才能实现工商联事业的全面提升；只有坚持实践能力建设，坚定不移带好队伍，始终把实践作为提高干部能力素质的基本途径，才能为工商联事业发展提供有力的人才保证。以上这些，既是深入贯彻落实中央 16 号文件精神的实践启示和基本经验，也是深入贯彻落实中央 16 号文件精神的具体体现和重要成果，更是当前和今后一段时期继续深入贯彻落实中央 16 号文件精神所应当遵循的基本原则和工作方法。我们必须倍加珍惜，长期坚持，并在实践中不断丰富发展。

2012 年，我们既要深入贯彻落实党的十七届六中全会精神、中央经济工作会议精神和国家“十二五”规划纲要，带领广大非公有制经济人士以促进“两个健康”的实际行动迎接党的十八大胜利召开；也要继续深入贯彻落实中央 16 号文件和中办 17 号文件精神，以重点工作中实实在在的成绩做好全国工商联换届筹备工作。可以说，2012 年仍将是工商联大事多、任务重的一年。对此，必须明确 2012 年工作的总体要求：始终坚持中国特色社会主义理论体系，认真学习贯彻党的十七届六中全会和中央经济工作会议精神，继续把贯彻落实中央 16 号文件精神作为首要任务，围绕国家“十二五”规划纲要提出的科学发展主题和加快转变经济发展方式主线，面向基层、重心下移，着力抓好服务中小企业特别是小型微型企业、引导非公有制企业加强企业文化建设、推动县级工商联和商会建设、加大队伍素质培训力度、精心组织全国工商联换届等工作，以更好的成绩迎接党的十八大和全国工商联第十一次会员代表大会的胜利召开。按照这个总体要求，具体抓好以下几方面工作。

一、深入推动中央 16 号文件精神贯彻落实到基层

中央 16 号文件是当前和今后一个时期指导工商联工作的纲领性文件。纲领性体现长期性，要求我们必须把学习文件精神作为一个长期、反复、深化的过程，在实践、认识、再实践、再认识的循环往复中，深入学习、深刻领会、准确把握和丰富发展文件的精神实质。2012 年，我们要继续把指导各地深入学习落实文件精神作为一项首要任务，抢抓机遇，乘势而上，大胆创新方式方法，真正把文件精神准确传达到工商联组织的各个层级，始终贯穿到工商联工作的各个方面。一是组织人员深入市县级工商联机关、商会宣讲中央 16 号文件精神，统一起草理论鲜明、阐述准确、重点突出、贴近实际、语言生动的宣讲稿，既要符合中央文件精神的本质内涵，也要反映当前实践中的新情况新问题，真正让广大工商联干部和非公有制经济人士听得懂、记得住、用得上。二是会领导和局级干部要利用调研、会议、总结等一切工作机会带头宣讲，通过多种途径扩大宣传，推动广大工商联干部以及商会工作人员认真学习、反复阅读文件原文，深刻领会、准确把握文件精神实质。我们决定从这次会议开始，每年务虚会都必须专门拿出半天时间来集中学习，就是从这个角度来考虑的。以后，各种工作会议、培训活动都应当把学习领会、贯彻落实中央 16 号文件精神当成必修课。三是适时组织专题理论研讨会，结合工作实际特别是正在做的事情，以中央 16 号文件提出的一系列理论观点和政策思想为内容，在工商联系统内部进行深入研讨，在互相启发中统一思想、创新理论，尽快确立以中央 16 号文件为根本依据的工商联理论体系框架。机关各部门要分片区加强情况联系，指导各省级工商联把学习传达贯彻文件精神作为提升工商联地位和作用、扩大工商联宣传和影响的一次不可错过的机遇，推动县市级党委政府在用足、用活、用好中央政策基础上出台实施意见和召开工作会议，真正把中央精神传达到工商联最广大的基层中去。

二、在服务中小企业特别是小型微型企业中充分发挥作用

国际金融危机以来，我国中小企业遭遇到了十分严峻的生存与发展困难。当前，很多中小企业特别是小微企业“一高两难”问题更加凸显，其中最核心的问题是成本高，企业应对办法少、消化能力弱；第二是融资难，民间金融活跃，企业融资缺口依然很大；第三是招工难，企业即使不断增加工资也很难招到人、留住人。特别是现在年关临近，许多企业还面临着银行还款、企业间结算以及员工工资、奖金发放的问题，同时还要采购明年生产所需原材料，资金链相当紧张，企业正常生产经营出现了不少困难，有的甚至难以为继。这种情况在沿海地区最为明显。尽管从统计数据看，2011 年以来我国经济依然保持了高速增长，但最近一两个月来，有些地区、有些行业的企业利润已经出现了负增长。企业破产是最大的不和谐。对这些问题，党中央国务院高度重视，明确要求着力解决小微企业生存发展难题，国务院有关部门也进一步出台了有关政策。2012 年，全国工商联要紧紧围绕转变经济发展方式，坚持面向非公有制经济中的大多数，着眼于解决中小企业特别是小微企业生产经营中的具体问题，继续开展大调研活动，探索和丰富工商联在服务中小企业发展中发挥作用的途径和手段。一要在调研中加强分类指导，帮助中小企业特别是小微企业解决实际困难。要深入企业摸清真实情况，推动解决事关小微企业生存与发展的成本高、税费负担重、融资难、招工难等突出难题，并向国务院提出切实可行的政策建议，积极服务中小企业可持续发展。二要在调研中加强统计监测分析，争取政府统计部门和工商行政管理部门的协作支持，按照 2011 年 7 月份工信部、统计局、发改委、财政部四部委联合下发的《中小企业划型标准规定》，推动确立并逐步完善中小企业特别是小微企业的统计口径，在工商联系统确立中小企业运行状况监测分析点，探索建立中小企业统计信息资源共享服务平台，以便全面准确掌握企业运行真实情况，为政府重要经济决策提供科学依据。三要在调研中注重发现并树立先进典型，组织汇编一批小微企业保生存、谋转型、促发展的典型案例，引导广大小微企业加快转型升级。企业的生存发展，提高自身素质和水平是决定性因素。当前，要注重引导小微企业坚持自主创新、重视技术改造，改善企业管理、加强员工培训，增强市场竞争力。四要在调研中注重发挥工商联商会作用，总结各地商会促进小微企业发展的先进经验，探索发挥龙头企业作用帮扶小微企业的方式和手段，引导工商联商会和龙头企业参与到服务中小企业的工作中来，带动相关产业链上的中小企业特别是小微企业走专、精、特、新发展之路。

三、引导非公有制企业加强企业文化建设

党的十七届六中全会把建设社会主义核心价值体系作为建设社会主义文化强国的根本任务，明确提出推动社会主义文化大发展大繁荣是全党全社会的共同责任。非公有制经济人士是中国特色社会主义事业的建设者，也是社会主义文化大发展大繁荣的推动者；先进的非公有制企业文化是推动非公有制企业健康发展的精神源泉，也是中国特色社会主义文化的重要组成部分。加强非公有制企业文化建设，就是要坚持社会主义先进文化前进方向，形成由出资人带头倡导、全体员工共同创造、促进企业生产经营、富有企业自身特点的丰富多彩的企业文化，既大力弘扬中华优秀传统商业文明，又充分体现社会主义市场经济先进理念，使之成为实践和发展社会主义核心价值体系、凝聚广大非公有制经济人士的有效载体。2012 年，全国工商联要继续把引导教育与自我教育相结合作为改进非公有制经济人士思想政治工作的基本思路，在深入调查研究的基础上，树立、宣传一批企业文化建设的先进典型，在第二季度召开企业文化建设座谈会，积极探索具有中国特色、时代特征、企业特点的非公有制企业文化建设新路子。需要强调的是，我们开展企业文化建设，要着眼于提高非公有制经济人士的思想政治素养，充分发挥先进企业文化对广大非公有制经济人士的激励和引导作用，真正使企业文化建设过程成为引导非公有制经济人士学习和践行社会主义核心价值体系的过程；要着眼于发挥广大非公有制企业在加强和创新社会管理中的协同作用，引导非公有制企业服务和管理员工、积极构建和谐劳动关系，真正使企业文化建设过程成为以非公有制企业内部和谐维护社会稳定的过程；要着眼于增强广大非公有制经济人士的社会责任意识，引导非公有制企业积极参与感恩行动，真正使企业文化建设过程成为培育和弘扬感恩文化、责任文化的过程。我们开展企业文化建设，还要与中国特色社会主义理论体系教育、革命传统教育以及光彩事业等实践教育有机结合起来，与企业生产经营有机结合起来，与非公有制经济党建工作有机结合起来，真正使企业文化建设过程成为促进“两个健康”的过程。

四、继续推动工商联基层组织建设

基层组织建设是一项事关工商联全局的基础性工作。实践证明，县级工商联和商会作为工商联的基层组织，处于工商联发展、服务和管理会员的第一线，与非公有制企业和非公有制经济人士联系最为紧密。基础不牢，地动山摇。基层组织是工商联促进“两个健康”的落点，是工商联一切工作的实践基础和活力源泉；抓基层，就是抓准落点、深入实践、增强活力。当前，随着中央 16 号文件精神的贯彻落实，一些县级工商联增加了人员编制、办公经费，长期困扰工商联的“高位截瘫”的老问题开始得到重视；一些商会在工商联的帮助指导下获得了法人资格，工作开展也有声有色。但总体来看，基层组织仍然是工商联组织建设中比较薄弱的环节。2012 年，全国工商联要按照胡锦涛总书记“七一”讲话提出的工作重心下移的要求，继续把基层建设作为一项重点工作来抓。一要以推动市县级党委政府传达贯彻中央 16 号文件精神为契机，推动当地党委政府解决长期困扰县级工商联发展的一些突出问题，包括县级工商联领导班子、干部配备、经费保障、办公条件等。现在，县级工商联已经基本完成换届，要抓紧了解、掌握、分析县级工商联领导班子结构状况，有针对性地提出进一步加强县级工商联领导班子建设的指导措施。加强全国县级工商联联系点的工作，全国工商联各工作部门都要建立与联系点的沟通机制和工作指导机制，通过联系点了解基层情况、指导基层工作、加强基层建设。二要以改革创新精神，贯彻落实全国工商联商会建设工作会议部署，全面加强工商联商会建设。组织各省工商联推荐一批坚持“三性”有机统一、符合中国特色商会组织发展方向，加强班子建设、注重制度建设和发挥作用等方面的先进商会作为典型案例，汇编成册并进行深入剖析，第三季度召开商会建设经验交流座谈会，用鲜活生动的实践经验指导商会有序规范发展。更加关注各级工商联的直属商会问题，开展调查研究，加强对直属商会的规范管理和工作指导。要积极创造条件，加快筹建全国工商联文化产业商会，服务非公有制文化企业发展，推动文化产业成为国民经济的支柱性产业和新的经济增长点。

五、组织开展教育培训工作

理论是行动的先导。理论不清醒，行动就动摇，动摇就意味着放弃。历史的经验告诉我们，理论创新每前进一步，理论武装就跟进一步；越是在情况复杂矛盾凸显之时，越是在各种思潮激荡交锋碰撞之际，就越要加强思想理论建设。当前，在经济体制深刻变革、社会结构深刻变动、利益格局深刻调整、思想观念深刻变化的新形势下，党中央对促进"两个健康"、加强和改进工商联工作提出了一系列重要理论观点、方针政策和重大举措，把思想和认识统一到党中央最新决策部署上来的任务比任何时候都要繁重和紧迫。教育培训作为思想灌输的重要手段，是工商联加强教育引导和理论武装的重要途径。2012 年，全国工商联要把加强思想理论建设作为深入贯彻落实中央 16 号文件精神的重要方面，把举办系列教育培训活动作为一项重点工作来抓。一要加强对省级工商联领导班子的培训，在上半年各省级工商联换届工作结束之后，立即组织各省级工商联主席和党组书记进行系统的政治理论和工商联工作业务培训，着力提升各省级工商联领导班子的政治把握能力和谋划工作能力。二要加强对商会会长和秘书长的培训，按照全国工商联商会建设工作会议的统一部署，与商会建设经验交流座谈会统筹考虑，分期组织全联直属商会和各省推荐的商会会长、秘书长进行系统培训，着重提升他们对工商联商会在工商联工作中的基础性地位以及中国特色商会组织时代内涵的认识，加强商会制度建设，提高民主办会能力和水平。三要建立健全工商联系统多层次的培训体系，在培训的教材内容上，要以中央 16 号文件为核心，以工商联理论框架为重点，做到政治理论和工商联工作业务并重；在培训的师资队伍上，要以全国工商联领导班子和局级干部为主体，以党政部门领导、社会研究机构专家和地方工商联领导干部为补充，做到务实型与专家型兼备；在培训的责任主体上，要以全国工商联为引领，以各级工商联为主体，做到层层分工与逐级负责结合。

六、做好全国工商联换届工作

2012 年的换届工作是全国工商联政治生活中的大事。中央高度重视工商联换届工作，中央政治局常委会议专门听取了工作汇报，并进行了具体部署；中共中央办公厅转发了《中央统战部关于工商联（民间商会）2012 年换届工作的意见》，对如何做好工商联换届作出了明确规定。现在，全国市县级工商联大部分已经完成换届，各省级工商联换届也将陆续在 2012 年上半年完成。从目前情况看，工商联换届工作既是贯彻落实中央 16 号文件精神的重要实践，也是全面加强自身建设特别是加强领导班子建设的一次重大机遇。做好全国工商联换届工作，对工商联事业发展将产生十分重要的影响。2012 年，我们要把换届工作作为一项重中之重的工作来抓，年初就要着手，下半年要集中全力做好换届筹备，力争为新形势下工商联事业开创新局面奠定坚实的组织基础。一要选配好领导班子，对领导班子和领导机构中非公有制经济代表人士的具体人选条件，要坚持贯彻落实中办 17 号文件精神，把政治表现放在首位，全面考察企业发展状况和群众社会反映，归结起来就是"两个健康"。二要起草好工作报告，认真贯彻落实党的十八大和中央 16 号文件精神，全面展示 5 年来全国工商联的创新性工作成绩，深刻总结 5 年来全国工商联组织凝聚力显著增强、机关执行力显著提高的规律性工作经验，科学规划未来 5 年全国工商联事业发展的阶段性目标。写好工作报告，一定要深入开展调查研究，听取基层对全国工商联工作的看法和建议，反映基层在实践中的创新做法和工作成效。三要修改好组织章程，充分体现中央 16 号文件精神，根据工商联工作近年来的新情况新问题，实事求是、与时俱进地修改全国工商联章程中不合时宜、制约工商联事业发展的一些提法和规定。

2012 年的工作任务很重，我们一定要科学谋划，突出重点。突出重点不是要以偏赅全、单打一，也不意味着要放弃其它常规工作，而是要坚持统筹兼顾，抓住工商联工作中的主要矛盾，以重点突破带动全面工作，提升全局工作水平。目前，要抓紧时间，由研究室牵头、办公厅配合，根据务虚会确定的工作重点，结合各部门的具体安排，尽快整理形成全国工商联2012年工作要点，并印发各地工商联参照执行。昨天发言中，各部门负责人已经对2012年的工作提出了许多很好的设想，要根据全联工作要点，进一步明确本部门明年的工作思路和工作重点。政治路线确定之后，干部就是决定性因素。我们已经提出了《2011年到2015年全国工商联机关局处级领导职务后备干部队伍建设规划》，经党组研究通过后很快就要下发执行，这必将对工商联干部梯队建设起到重要的推动作用。2012年，继续全面加强干部能力建设，关键是要把作风建设作为提高能力素质的动力和保证，坚持不懈改进工作作风。在改进作风上，各级领导干部要起带头作用。要带头端正学风，理论联系实际，学好学透中央16号文件精神，在实践中提高政策理论水平。要带头实事求是，把调查研究作为做好工商联工作的一项基本功，每年都要把主要精力放在深入基层、深入企业上，选择问题多、困难大、矛盾集中、与工作密切相关的企业或商会开展蹲点调研，做到不调研不发言、不调研不决策。要带头服务基层，严格控制京外会议的数量和规模，合理安排会议时间和内容，除了具有典型意义、需要现场观摩的之外，做到能在京开就不到外地开，能开短会就不开长会，尽量减轻地方工商联的负担。要带头狠抓落实，把工作指导与带队伍有机结合起来，对工作既要严格把关、细节指导，避免“简单画圈”，也要善于把握规律、抓住重点，避免“劳而无功”；对干部既要注重工作锻炼，在指导干部参与重点工作的实践中培养和提高干部的调查研究能力与落实推进能力，也要加强人文关怀，在指导部门党建工作的同时培养和提高干部的政治把握能力与群众工作能力。

还有一个月就是新年了。各个工作部门、各级领导干部一定要超前谋划、抢占先机，埋头苦干、开拓进取，争取以更大作为，为党的十八大和全国工商联第十一次会员代表大会献礼。

第四部分　调研报告

我国中小企业发展调查报告

为了贯彻落实《中共中央国务院关于加强和改进新形势下工商联工作的意见》(中发〔2010〕16号）精神，全国工商联于2011年2~5月组织开展了为期3个月的中小企业综合性调研活动。在搜集整理有关中小企业发展政策、邀请8个部委介绍中小企业工作情况的基础上，组成4个调研组，先后赴17个省区市的51个市区县进行实地调研，发放了1000份调查问卷，召开了72场涉及政府部门、行业商会、企业、理论界的座谈会，考察了122家企业，形成了5份区域报告、14份专题报告、28份地方报告、71个典型案例等调研成果。通过调研，我们的基本判断是：一个国家的经济有没有活力，在很大程度上要看中小企业特别是小型微型企业的状况如何。当前，中小企业发展已经站上新的历史起点，正处于“着力培育发展与加快转型升级”的关键时期；结构调整、节能减排以及宏观调控中的货币政策趋紧等刚性约束使许多中小企业面临严峻挑战，其中小型微型企业特别是传统制造业中的小型微型企业遇到了前所未有的生产经营成本剧增等突出问题；各级政府正在积极寻求促转型与保就业、保增长的一致性和均衡性，将服务和引导中小企业特别是小型微型企业科学发展作为“十二五”时期加快转变经济发展方式、保障和改善民生的重要任务。

一、中小企业在我国经济社会发展中具有重要战略地位

调研表明，我国中小企业发展迅猛，目前已有1100多万户，占全国实有企业总数的99%以上，提供了近80%的城镇就业岗位，完成了75%以上的企业技术创新，创造的最终产品和服务价值相当于国内生产总值的60%左右，纳税额约占国家税收总额的50%。中小企业在我国经济社会发展中的战略地位，主要表现在以下四个方面。

1. 推动改革开放

改革开放以来，特别是21世纪以来，我国中小企业的所有制结构发生了深刻变化，绝大多数已是民营企业。截至2010年年底，我国私营企业845.5万户，占全国实有企业总数的74.4%，较22年前增长了90多倍，注册资金增长2200多倍，从业人员增长54倍。个体工商户总数已达3453万户，较30年前增长了18倍，注册资金增长2900多倍，从业人员增长20倍。它们既是改革开放的受益者，也是改革开放的积极参与者和直接推动者。

中小企业的发展推动了市场竞争机制的形成，促进了社会主义市场经济体制的确立和完善。中小企业在参与国有企业改制改组、构建利益多元的市场竞争主体格局中发挥了积极作用，活跃了各类商品市场和要素市场，显现了市场经济的体制机制活力。据了解，在全国各类商品批发市场、人才中介服务机构、房地产中介机构、产权交易机构中，交易和服务对象均以中小企业为主，最典型的义乌小商品批发市场就有6.2万个摊位，至少汇聚了上万家小型微型企业和个体工商户。可以说，没有中小企业的广泛参与，就不可能充分发挥市场在资源配置中的基础性作用。

中小企业的发展推动了对外开放的扩大，促进了我国开放型经济水平的不断提升。调研显示，以中小企业为主体的服装鞋帽、机电制造等行业，出口总量长期处于世界领先地位；民营企业出口贸易总额占比从2000年的5.3%上升到2010年30.5%，10年年均增速达到43.15%（见图1）。

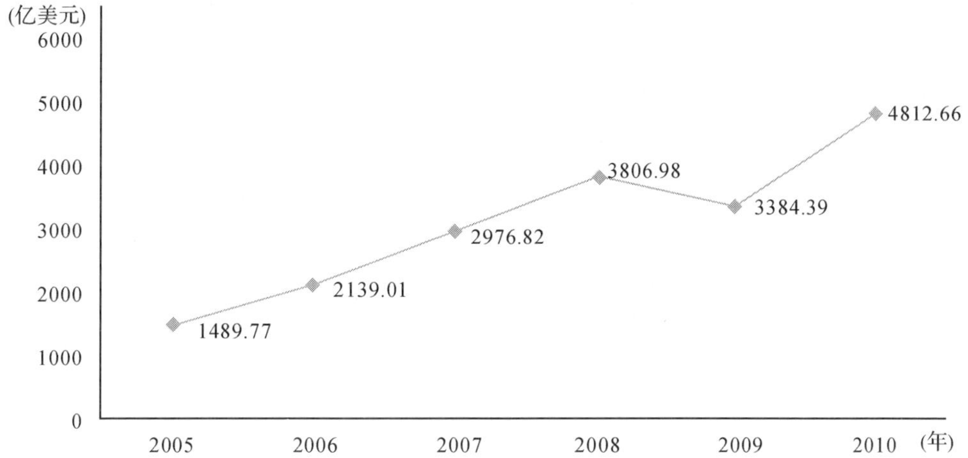

图1　2005～2010年民营企业外贸出口总额变化情况（数据来源：商务部）

许多中小企业在保持现有出口产品价格相对低廉优势的同时，更加注重培育以技术、品牌、质量、服务为核心竞争力的新优势，一批像华为、波司登、比亚迪等具有行业排头兵地位的大公司大企业集团脱颖而出，为提升我国的国际竞争力、树立良好的国家形象发挥了积极作用。

2. 保障和改善民生

调研表明，发展中小企业，对于保障和改善民生尤其具有不可替代的战略意义。广大中小企业已成为提供充分就业、促进社会稳定、创造巨大物质财富和精神财富、积极践行社会主义核心价值体系的重要力量。

中小企业是社会就业的重要渠道。国家工商总局提供的数据显示，截至2010年年底，全国个体私营经济从业人员总数超过1.8亿，“十一五”期间累计吸纳就业6000万人，年均增加1200万人。就业容量随着中小企业户数的不断增加而扩大，为大量城镇无业人员、农村富余劳动力、高校毕业生、国企分流人员等群体及时创造了众多就业岗位，已成为社会就业的主渠道。

中小企业是富民惠民的重要途径。由图2、图3可见，中小企业的密集程度往往与城乡居民的收入水平高度相关；中小企业越发达的地区，城乡居民的工资性收入和财产性收入就越高；2008年每千人拥有50人以下企业数和每千人拥有营业收入500万以下企业数都相对较多的浙江省和相对较少的贵州省比较，其城镇居民的工资性收入和财产性收入分别相差1倍和11倍，农村居民的工资性收入和财产性收入分别相差4倍和6倍。此外，中小企业按劳动、资本、技术、管理等要素参与分配，在普遍提高工资性收入的同时，增加了投资者和高层管理人员的财产性收入，培育和壮大了中等收入者群体。以全国1000多万中小企业主和3000多万个体工商户进行测算，中小企业辐射的中等收入家庭人口至少达到1.2亿人，如果算上高层管理人员则更多。

中小企业是践行社会主义核心价值体系的重要群体。中小企业不仅努力以优质、丰富的产品和服务满足人民群众日益增长的物质文化需求，所形成的创业精神、创新精神以及优秀的企业文化等也有利于整个社会的文明进步。中小企业中涌现出了一大批优秀的非公有制经济代表人士，他们积极参加扶贫开发、公益慈善、光彩事业，面对汶川特大地震、玉树大地震等自然灾害，踊跃捐款捐物；面对国际金融危机冲击，勇于担当，千方百计坚持不裁员、不减薪、不欠薪，主动为人民分忧、为党和国家分忧，充分体现了以爱国主义为核心的民族精神和以改革创新为核心的时代精神，备受公众肯定和赞扬。

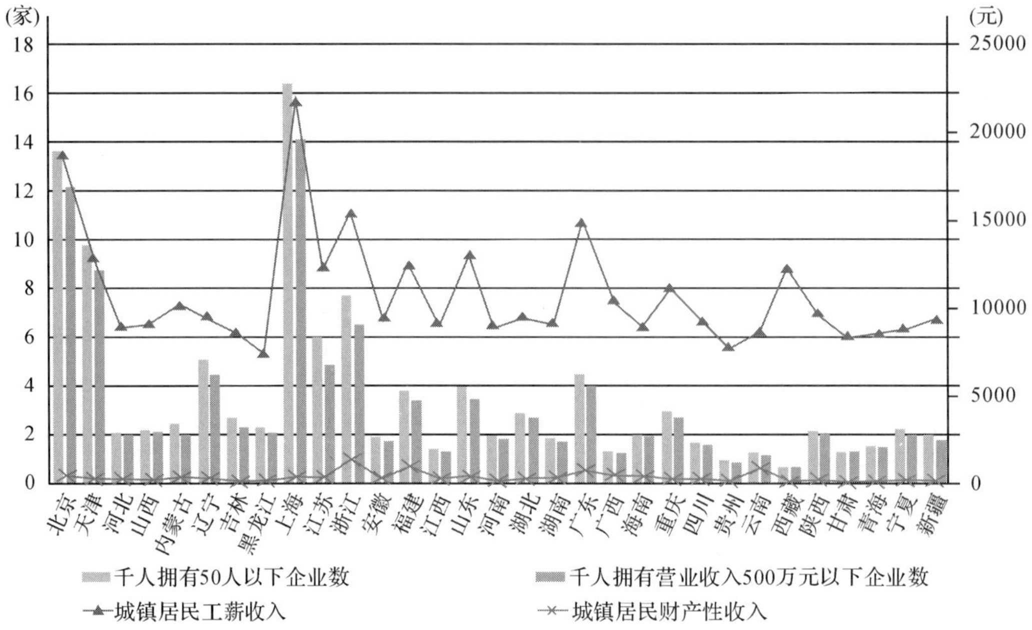

图 2　中小企业数量与城镇居民工薪收入和财产性收入比较（数据来源：国家统计局）

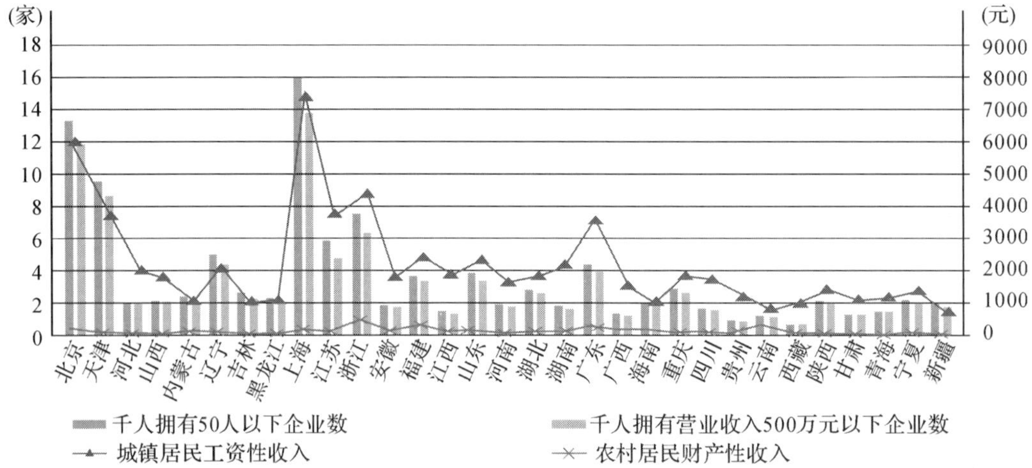

图 3　中小企业数量与农村居民工资性收入和财产性收入比较（数据来源：国家统计局）

3. 促进科技进步

为了在激烈的市场竞争中图存求变、做强做大，为数众多的中小企业对科技进步具有不竭动力和内在冲动。它们在促进科技进步方面的种种努力，对于加快转变经济发展方式、尽早建成创新型国家具有积少成多、由量变到质变的奠基性的重要意义。

中小企业已成为充满创新活力的大平台。据科技统计年鉴，从 2000 ~ 2009 年全国规模以上工业企业中，有 R&D 活动的小企业从 10156 个增加到 23953 个，年均增长 10.0%，所占比重从 58.8% 提高到 65.8%。调研中考察的研发了世界上首台烹饪机器人的深圳繁兴科技，就是依靠科技创新而拥有自主核心技术和知识产权的范例之一。不仅如此，中小企业的科技创新活力还集中体现在推动科技成果转化为现实生产力上。东莞新泽谷机械有限公司从 2001 年 8 月起从事电子产品的自动化加工与装配，前期主要从事电子产品来料加工，随着市场竞争加剧，企业利润越来越少，公司决策层果断决定转型研发电子装备产品，于 2004 年年初开始从事自动化 AI/SMT 设备研发工作，经过一年的努力，于 2005 年先后研发制造出国内第一套真正拥有自主知识产权的 AI 设备和 SMT 设备，产品畅销珠三角、长三角等地区，在业界赢得良好声誉。2010年产品销量1000多台，年产值达5500多万元；预计2011年年产值将达到1.5亿元。数据显示，仅占全国中小企业总量5.7%的科技型中小企业，实现了80%以上的新产品开发；在所有国家级高新技术开发区中，中小型民营科技企业占到80%以上。

中小企业已成为挺进战略性新兴产业的生力军。事实证明，像联想、阿里巴巴、中星微电子、正泰太阳能科技、启明星辰、金风科技等从事新一代信息技术、高端装备制造、新能源产业的大中型企业，无一不是从小企业脚踏实地地成长起来的，现已成为发展战略性新兴产业的典型代表。成都高福记食品有限公司以前主要生产传统酱菜。近8年来，公司非常注重技术研发和设备革新，其研发的高福记乳酸菌泡菜专用发酵技术获得了国家专利，弥补了国内乳酸菌研发、生产的空白，成为国内第一个拥有乳酸菌多菌种研发、生产能力的高科技企业，打破了国际上乳酸菌的垄断地位，改变了国内优质乳酸菌一直依靠进口的局面。

中小企业已成为培养管理、科技和高技能人才的孵化器。据全国经济普查统计，2008年我国私营企业从业人员中拥有高、中、初级技术职称的人员分别达到76.7万人、274.1万人和446.6万人，较2004年年均增长率分别为12.0%、10.8%和13.1%。一大批在企业经营管理方面的专门人才和大量拥有一技之长的劳动者在中小企业里迅速成长，有利于经济发展方式加快转变到依靠科技进步、劳动者素质提高和管理创新的轨道上来。

4. 壮大县域经济

解决城乡发展不平衡问题、实现城镇化战略和建设社会主义新农村战略，关键都在壮大县域经济。而以劳动密集型产业为主、以从事加工制造业为主、以民营经济为主是我国县域经济的显著特点，也是现阶段中小企业的主要特征。

中小企业为支撑县域经济增长作贡献。调研显示，中小企业大量活跃在县城和中心镇，是县域财税收入的主要来源。从浙江乐清、福建晋江、辽宁海城、河北遵化以及四川双流等百强县可以看到，小型微型企业的数量和质量，能够清晰地反映出一个地区的经济地位；哪个地区的小型微型企业发展得越快、越集中，哪个地区的县域经济就一定搞得越活、越发达（见图4）。

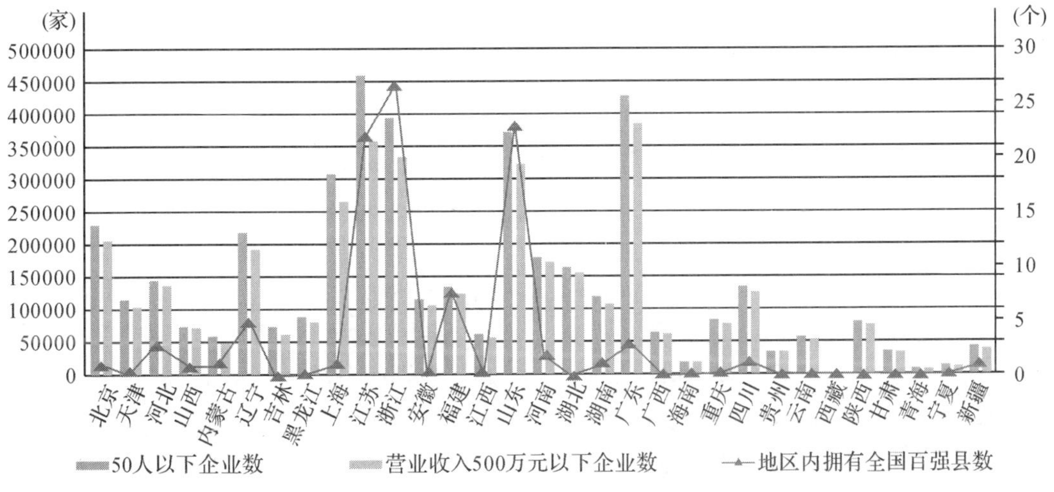

图4　百强县与中小企业在各省的分布情况（2008年）①（数据来源：国家统计局）

中小企业为解决“三农”问题作贡献。调研显示，中小企业发展为大量农村富余劳动力转移提供了就业供给，为越来越多的农民工返乡创业、投身当地县域经济建设提供了技能和管理培训，推动了农业的集约化生产和产业化进程，大大改变了农村的贫困、落后面貌。如福建“沙县小吃”

① 上海、北京、天津三市内辖县级行政区数量有限；广东省县级行政区发展较早，大多已成长为市辖区。因此这四个地区中小企业发展数量与百强县数量关联度不显著。

就是极具特色的县域经济现象。它在全国各地共开办1.3万家，吸纳了本县农村富余劳动力近5万人外出创业，约占沙县农村人口总数的29%和农村劳动力的55%，使农民每年人均增收近万元。

中小企业为城乡统筹发展作贡献。长期以来，我国城乡二元经济结构问题突出。正是广大中小企业的发展，才有效整合了城市的资金、人才、技术、管理和农村的土地、原材料、劳动者等要素，为壮大县域经济提供产业支撑，促进了城乡统筹发展和城镇化建设。从图5可见，中小企业发展居于全国领先地位的广东、江苏、浙江等省，其城镇人口比例均超过55%，而中小企业发展相对滞缓的中西部地区，其城镇人口比例平均低近20个百分点。这说明，遵循区域经济梯度发展规律，充分发挥中小企业在壮大县域经济中的作用，至关重要。我们预计，"十二五"时期我国县域经济将进入一个加快发展的历史新阶段，这意味着广大中小企业在努力缩小城乡差距、地区差距，实现均衡发展、科学发展和国家长治久安等方面将进一步显现其举足轻重的战略地位。

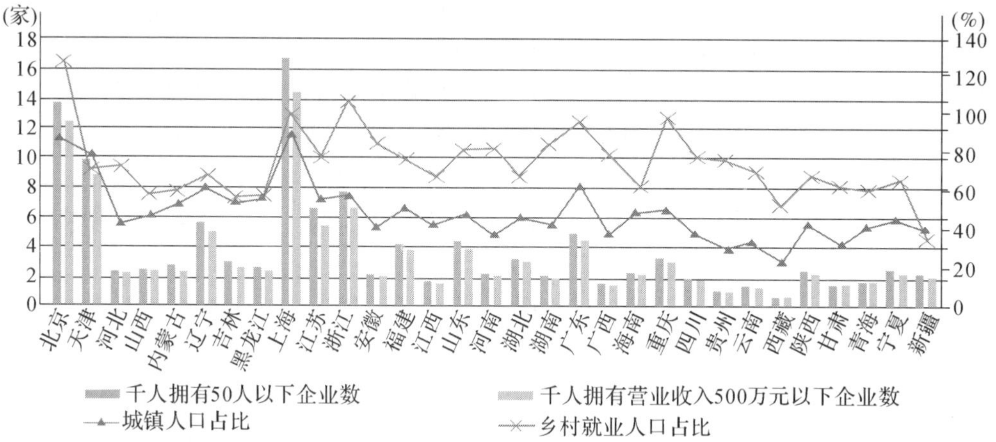

图5　中小企业与城镇人口占比和乡村就业人口占比比较①（数据来源：国家统计局）

二、中小企业发展面临的主要问题

经过30多年的快速发展，我国中小企业目前正呈现出一系列阶段性特征：企业数量增长较快，但每百人或千人拥有企业数量仍然较少；经济总量不断扩大，但科学发展的内生机制尚未形成；结构调整和转型升级的意愿增强，但科技、管理、人才等支撑基础不尽厚实；科技型企业技术创新活跃，但自主创新能力总体偏弱；提升整体竞争力的集群化发展态势明显，但企业间的竞争合作关系构建迟缓。"十二五"时期，推动中小企业科学发展，必须站在经济社会发展全局和战略高度，着力解决小型微型企业特别是传统制造业中的小型微型企业面临的突出困难和问题。

1. 生产经营成本剧增

企业生产经营成本持续升高，是近年来所有企业面临的现实环境。但是，中小企业特别是小型微型企业由于固定资产少、技术水平较低，原材料、劳动力等生产要素成本占企业支出比重较大，即使面对同样的经营环境，与大型企业相比，其消化生产经营成本升高的能力也显得非常脆弱。另外，中小企业特别是小型微型企业在市场交易中一般不具备同行业产品的定价谈判能力，如果产品的市场价格难以上调，那么生产经营成本的升高就会使本已微薄的利润空间进一步被压缩，甚至陷入生存困境。

能源原材料价格大幅上涨。2011年一季度，煤、油等动力燃料价格上涨9.2%，尤其是成品油价格受国外因素影响上涨17.8%，4月无烟煤价格同比上涨10.5%。随着节能减排压力增大，中小企业用电紧张成为突出问题。近几年，长三角地区用电调控一般集中在夏季，但2010年以来一直采取削减总量、"停二开五"等拉闸限电措施，根本无法满足中小企业的正常生产需要，用电量平均缺口在30%左右。宁波慈溪一家专业

① 乡村就业总数包括乡镇企业、私营企业和个体工商户就业。乡村就业人口数高于乡村总人口是因为就业考察的是企业的地域性，而总人口考察的是户籍的地域性，发达地区（北京最为显著）往往有大量的外来人口就业。

生产低噪声深沟球轴承的企业反映，为尽量避免往年因用电过度而引发的停电等情况，确保按计划生产，企业只动用了40%的生产设备，其余60%处于“休息”状态。而且，尽管柴油机发电成本为1.5 ~2元/度，远高于工业用电0.9元/度，但为了保证40%的设备正常运转，也不得不自购柴油发电机备用发电。与此同时，国内流通环节生产资料价格同比上涨11.2%，工业生产者购进价格同比上涨10.2%，但产品出厂价格同比仅上涨7.1%。有的企业反映，2010年棉纱价格为每吨2万元，现已涨到3万元，生产成衣不如直接卖原材料赚钱。

企业用工结构性矛盾导致劳动力成本急剧加大。当前，中小企业在用工流向上已出现结构性的“三难”现象，即引进高端人才，小企业比大企业难；聘用技能人才，小城镇比大城市难；招收普通工人，东南沿海比西部地区难。据浙江省反映，当地劳动密集型产业中的小型微型企业用工缺口普遍在20%以上。为避免停产半停产，企业大多采取加薪或大幅加薪、提高工资补贴待遇等措施招揽员工，导致劳动力成本急剧上升。2010年有30个省区市上调最低工资标准，2011年又有12个省区市继续上调，幅度为20% ~25%（见图6）。2010年以来，深圳市企业员工工资普遍增长约250元/月；湖北省纺织服装业的人均工资，2010年初为1400元/月，到2010年年底已涨至2100元/月，短短几个月增幅高达50%。据调研了解，许多中小企业已认识到职工工资随企业效益提高而增长是合理的，对企业自身发展来说也是有利的，因此也愿意尽可能地多增加工资，强化或改善对员工的人性化管理。但是，由于新生代农民工在就业取向、劳动态度等方面已发生较大变化，在当前多种成本叠加上升的巨大压力下，要求其继续靠大幅增加工资性支出来缓解“招工难”、“留人难”的问题，已显得勉为其难。

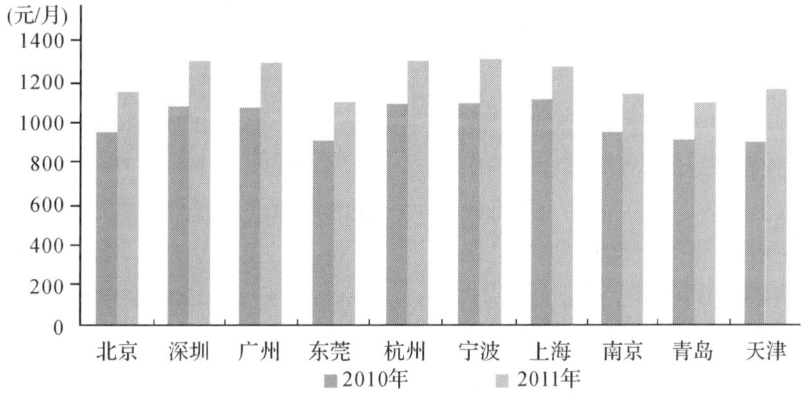

图6 2010~2011年中国部分东部城市最低工资标准变化（数据来源：商务部网站）

税费负担依然偏重。中小企业的税费负担一向偏重，但近年来依然有增无减。调研中发现，一件报价75元的衣服，其面料和辅料成本50元，加工费25元，缴纳国税3.63元、地方教育附加费0.44元、水利基金0.02元、社保费2.77元，总税费为6.86元，综合税费率达27.44%。有些地区的中小纺织企业除缴纳“五险一金”外，还需缴纳城市建设维护费附加、教育费附加、地方教育费附加、水利建设专项基金、文化事业建设费等11大项。据粗略统计，目前向中小企业征收行政性收费的部门有18个，收费项目达69个大类。

出口利润空间受到挤压。自汇率改革以来，我国人民币累计升值25%，外向型中小企业利润空间不断被挤压。广州创信鞋业反映，由于超过50%的原材料都在国内采购，自2010年人民币升值以来，公司利润减少了2%，汇率对企业来说如同“温水煮青蛙”，逼近企业生存极限。由于汇率波动，企业经营环境的不确定性明显增大，致使东部地区的许多企业不敢再接3个月以上的出口订单。

2. 融资难题更加凸显

中小企业融资难是长期存在的老问题，也是世界性的普遍问题，但在当前中国经济运行中尤为突出。2010年以来，央行连续上调存款准备金率和加息，存款准备金率已达到21%的历史高位，银行短期贷款利率高达6.31%。另外，由于控制通胀预期下的货币紧缩政策使得银行信贷规模大幅缩减，加上满足中小企业需求的金融体制远未完善，中小企业特别是小型微型企业的融资状况更趋窘迫。

小型微型企业很难获得国有大银行的信贷支持。据银监会测算，我国银行贷款主要投放给大中型企业，大企业贷款覆盖率为100%，中型企业为90%，小企业为20%。黑龙江省中小企业发展所需资金总量在600亿元以上，但小型微型企业自筹解决的资金不到30%，有50%以上的企业新上项目后，由于缺少流动资金而影响投资生产。内蒙古70%以上的中小企业主要依靠自身积累、民间借贷筹措资金，很少能从银行得到贷款。更为严重的是，一些创新能力较强的科技型企业，由于难以得到资金支持，面临技术外流风险。宁波天生密封件有限公司生产的核级密封垫片，荣获国家科技进步二等奖和中国机械工业科学技术一等奖，处于世界尖端水平。但是，由于企业研发投入较大，可用于银行贷款的固定资产担保不足，使融资困难一直得不到缓解。2010年以来，美国一家公司已先后三次出价（2亿元、4亿元、6亿元人民币）准备收购该公司专利技术，企图在世界范围内达到垄断目的。调研中发现，外资伺机收购我国中小企业发明的世界领先专利技术并非个别现象，上述深圳繁兴科技也相继有美国、日本、德国、比利时等多国政府机构与企业前来询价收购。对此，应引起相关部门的高度重视与警觉，并设计出差异化的融资解决方案，以避免弥足珍贵的科技创新成果落入他国之手。

小型微型企业融资成本高。由于国有商业银行对中小企业缺少有别于大型企业的差异化服务，难以满足中小企业以“短、小、频、急”为主要特点的融资需求，个别从银行获得贷款的小型微型企业，也因其利率远高于银行基准利率，以及担保费用过高等原因，而处于“舍不得、用不起”的两难之中。以中小企业为主要服务对象的村镇银行、小额贷款公司发展滞后，中小企业从其融资的成本也同样偏高。截至2010年年底，全国村镇银行仅开业395家；到2011年3月末，全国共有小额贷款公司3027家，多集中在地级以上城市。由于小额贷款公司按照工商企业纳税，所服务的客户资信程度低，因此经营成本和风险较高，其贷款利率一般为银行基准利率的3~4倍。还有一些小额贷款公司乘人之危，借机违规收取高额的服务费用，使急需资金的企业不堪重负。

小型微型企业很难参与直接融资。小型微型企业本身的发展特征，决定了其很难通过公开的资本市场进行直接融资；同时，由于现阶段证券市场发行制度的限制，造成包括中小板和创业板在内的整个证券市场基本上与小型微型企业无缘，直接融资的概率极低。此外，中小企业集合债券等融资产品还处于探索阶段，获批发行集合债券的中型企业很少，小型微型企业更是少之又少。2010年，黑龙江经信委牵头为6家中小企业发行集合债券，耗时竟达一年之久；广西等地至今尚未发行过中小企业集合债券。

3. 扶持政策落实不到位

继全国人大常委会2002年颁布《中小企业促进法》后，国务院2005年出台“非公经济36条”，2009年出台“中小企业29条”，2010年又出台“民间投资36条”，促进中小企业发展的政策框架已基本形成。但是，由于企业划型标准不准确、有关配套措施不到位和财税支持力度不足等原因，致使绝大多数中小企业至今还是认为扶持政策“看得见，摸不着”。

中小企业划型标准不准确。现行企业划型标准过于粗放，决定了目前各类支持中小企业发展的财政专项资金，实际上主要惠及中型企业，而恰恰最需要获得扶持的小型微型企业则被拒之门外。各部门对中小企业有不同的认定标准，如中国银监会将银行对单户授信总额500万元以下的企业均列为小企业，税务部门按行业、所有制对企业进行划分并统计税收情况。由于各部门对中小企业的划型标准不一，缺少相应的统计分析，在一定程度上影响了扶持政策的制定和落实。

相关配套措施不到位。虽然出台“民间投资36条”将近一年，但一些垄断领域的“玻璃门”仍未打破。齐齐哈尔市精铸良公司反映，他们生产的高铁机车配件已成为美国高铁的主打产品，但就是迟迟不能直接进入中国高铁市场，国内的入围企业只能从美国购回该产品以满足需求。近两年，中国银监会提出了小企业信贷增长“两个不低于”的目标，即确保小企业贷款增速不低于全部贷款平均增速，增量不低于上年。虽然取得了一定效果，但由于缺少有效的监督考核机制，该政策措施并未在所有商业银行网点得以广泛推行。

财税政策惠及面窄。2010 年，中央财政设立中小企业专项资金总额 123 亿元，但企业受惠额度及受惠面较小。调研显示，财政补贴分配以中型高科技企业为主，补贴额占企业销售收入的比重在 0.5% ~2% 左右，年销售在 1000 万以下的企业基本享受不到财政补贴。财政资金支持还存在重单个项目、轻服务体系建设的情况，大量需要帮助的中小企业特别是小型微型企业游离于政策之外。在税收扶持方面，有些直接针对小型微型企业的政策措施，其意图和出发点不错，但往往失之于可操作性不强。例如“年应纳税所得额 3 万元以下企业，其所得额按 50% 计入应纳税所得额”，一般只适用于查账征收的企业。由于起征额度过低，且对企业财务管理要求较高等原因，符合该优惠条件的企业实际上非常有限。2010 年，泉州市 4.99 万家中小企业中仅有 91 家企业享受过该政策优惠，仅占 0.2%。

4. 企业素质普遍较低

小型微型企业的成长过程，就是不断提高经营管理素质的实践过程。由于在起步阶段普遍资金不足、人才缺乏、技术水平低、生存压力大，一般都无暇顾及规范企业管理，总处于低水平重复阶段，难以有序实现经营规模扩张和质的飞跃。正是由于中小企业特别是小型微型企业素质普遍较低，一遇外部环境风吹草动，例如国际金融危机冲击、宏观调控趋紧等，其关闭率就会大大上升，直接影响就业与社会稳定。

低水平生产加工。传统制造业的小型微型企业大多处于产业链的低端，只能完成简单的初级加工，缺乏可持续的发展能力。截至 2009 年年底，广东从事“三来一补”的企业仍有 1.5 万户，大部分仍靠赚取微薄的加工费生存。河南郑州生产的女裤已占全国近 50% 的市场份额，但基本上是贴牌加工，没有自主品牌和知名商标。相当一部分小型微型企业技术装备和生产工艺落后，资源利用率低、能源消耗多、环境污染重等问题比较突出，其中一些“用能大户”的能源利用效率比全国平均水平低 20% 以上。

经营管理有失规范。很多中小企业经营者怀有技术特长，但不熟悉市场运作和企业管理，决策能力和管理模式明显不适应市场发展要求，存在一定的随意性和盲目性。不少小型微型企业财务账簿不健全，没有专业财会人员，有的甚至连生产成本、销售成本、财务成本都搞不清楚，潜在的决策和管理风险很大。

质量诚信意识淡薄。一些小型微型企业生产假冒伪劣产品、偷税漏税，有的甚至不讲信用，恶意逃债。例如在社会上引起巨大震动的苏丹红、瘦肉精、染色馒头等事件，都对中小企业特别是小型微型企业发展造成了负面影响。

面对上述突出困难和问题，我们在调研中发现，许多地方党委和政府及相关部门、社会组织等深入实际，想方设法，有针对性地采取各种区别化政策及措施，积累了不少好的经验。一是地方党委、政府大力支持中小企业发展。重庆市提出了“投资者出一点，财政补一点，税收返一点，金融机构贷一点”的“1 +3”模式，明确了“每年发展 2 万个微型企业”的 5 年翻番目标。辽宁省积极推动中小企业征信征集系统和信用档案数据库建设，已建立开通了“辽宁中小企业信用网”和中小企业信用数据库，累计采集了 2.1 万户企业信用信息。广东省佛山市顺德区政府积极推进政体制与机构改革，将服务中小企业的满意度作为考评政府公务员的重要指标，构建产业服务体系、技术服务体系等六大服务体系，优化中小企业成长环境，大大激发了中小企业发展活力。二是商会助推中小企业发展。成都市工商联 2009 年成立了专门的服务中心，先后帮助 1100 家中小企业融资 60 多亿元，培训各类人员 8 万余人次，2009 年办理各类投诉案件 164 起，为会员企业挽回经济损失约 1.1 亿元。深圳市工商联按照“政府补贴、企业参与、市场运作、规范管理”的原则，联合政府、银行、企业三方力量，建立民营企业互保金，帮助中小企业解决融资困难。目前共有 17 家银行签约互保金业务，入会企业313家，获得互保金贷款企业220家，贷款金额达到154亿元。三是龙头企业带动中小企业协作发展。例如阿里巴巴集团通过电子商务帮助小企业快速开拓市场，客户中21.76%的中小企业在B2B平台上获得了平均238倍的交易额回报，82个外贸小企业创立的品牌通过了淘宝商城认证，累计为17000家中小企业提供了超过220亿元的贷款。浙江正泰电器股份有限公司整合并带动产业链上的200多家中小企业快速集聚发展，救活了一大批小型微型企业。四是金融机构创新服务中小企业发展。中国银行2010年12月初推出的“中关村模式”，重新设置科技型中小企业客户标准，引入专家评委，承认专有技术、核心技术及专利品牌的资本属性和价值，单独设定不良贷款容忍度，3个月就为中关村48家科技型中小企业授信6亿元。中国民生银行董事会将为小微企业服务作为重要战略定位，全行上下集中信贷、人力、财务资源配置，坚持大数法则、效率优先、专业化、专门化的原则，实现小微客户批量化、规模化开发和服务，近两年来为小型微型企业贷款累计发放超过3000亿元，户均贷款低于200万元，不良贷款率仅为0.08%，中小企业及商贷通贷款增长量占全行全年一般贷款增量的83%，为26万家小型微型企业客户发展提供了强有力的支持。

三、促进我国中小企业发展的对策建议

在当前和今后一个时期，全国中小企业工作要进一步明确发展思路，坚持以科学发展为主题、以加快转变经济发展方式为主线，把扶持小型微型企业作为重中之重，重点培育战略性新兴产业、现代服务业等领域的小型微型企业，着力突破传统制造业小型微型企业融资瓶颈制约等问题，努力营造有利于中小企业特别是小型微型企业可持续发展的市场环境、政策环境、法治环境和社会环境。为此，提出以下建议。

1. 把促进中小企业发展上升为国家战略

从国家战略层面高度重视中小企业发展，必须深入研究并遵循中小企业特别是小型微型企业成长与发展的客观规律。首先要加强规划引导，编制中小企业发展“十二五”规划，在财政货币政策调控、要素价格形成、国土资源配置、社会服务体系建设等方面，完善促进中小企业特别是小型微型企业可持续发展的对策举措。其次要完善法规政策，组织开展对“非公经济36条”、“中小企业29条”、“民间投资36条”等政策措施落实情况的监督检查工作，当务之急是要根据不同地区、不同行业、不同规模中小企业的发展特点，抓紧制定《加强中小企业社会化服务体系建设的意见》、《加强金融创新支持小型微型企业发展的意见》等配套政策文件，并把修改《中小企业促进法》尽快纳入全国人大常委会立法项目计划，完善促进小型微型企业发展的差别化政策法规体系。第三要健全管理体制和服务机制，筹备召开第一次全国中小企业工作会议，适时成立国家部级中小企业管理机构，开辟国家级中小企业改革综合试验区，建立政府引导、社会参与、市场运作的共享式社会公共服务体系，并抓紧修订和出台中小企业划型标准，建立健全中、小、微型企业统计监测系统。

2. 多渠道缓解融资难问题

缓解融资难问题，必须多管齐下，但结合中国国情，重点是两条对策。一要鼓励商业银行将更多服务向中小企业倾斜。开展对《中国人民银行、银监会、证监会、保监会关于进一步做好中小企业金融服务工作的若干意见》（银发〔2010〕193号）执行情况的检查评估工作，特别是在推进小企业金融服务向基层延伸、确保单户授信金额500万元以下的信贷投放力度、加强小企业金融服务专营机构建设、落实“六项机制”和“两个不低于”要求等方面加大督促检查力度；合理调节中长期贷款和短期贷款比例，切块保障小型微型企业信贷规模；研究制定资本金、风险资产权重、存贷比管理等方面的差别化监管政策，逐步将商业银行纳入小企业贷款税收优惠政策的适用范围，引导商业银行提高对小型微型企业的服务意识和能力。二要加大金融创新力度。创新发展专门面向小型微型企业的金融机构，例如社区银行、科技银行、融资租赁公司等；加快民间资本进入金融领域的步伐，放宽小额贷款公司转制条件，允许民间资本作为主要发起人设立并控股村镇银行等小型金融机构；积极开发适合小型微型企业需求的多种金融产品，鼓励商业银行拓宽抵质押品范围，探索制定以专利、品牌、技术等无形资产进行抵押或质押贷款的具体措施，并完善服务小型微型企业的融资担保体系，鼓励非银行金融机构主动开展面向小型微型企业的投融资业务；探索中小企业直接融资新途径，放宽小企业债券融资条件，鼓励设立风险投资、创业投资等各类股权投资基金，规范发展中小企业产权交易中心等场外交易市场；创建小型微型企业征信机制，整合分散在工商、税务、银行等部门的企业信用记录，加强信用管理，规避信用风险。

3. 加大财税扶持力度

提高财政资金促进小型微型企业发展的使用绩效，必须深化公共财政改革和税收体制改革。尽快设立国家中小企业发展基金，逐年扩大中小企业发展专项资金规模，明确专门用于小型微型企业的具体比例；改善财政资金的使用和管理，调整财政资金的使用结构，通过“政府支持中介、中介服务企业”的间接方式，扩大小型微型企业的受惠面；明确政府采购中小企业产品或服务的具体比例，降低注册资本、资产规模等门槛条件，帮助中小企业开拓市场；允许采用核定征收的小型微型企业也能享受税收优惠，细分小型微利企业税率优惠幅度，着力落实并长期实行小型微利企业所得税优惠政策；加快增值税转型扩围，将增值税和营业税优惠政策中的“起征点”调整为“免征额”，将交通运输、建筑安装、物流等生产性服务业纳入增值税范围，适当降低小型微型企业的增值税税率；坚决清理和取消不合理收费，探索改革社会保险费缴纳体系，适当降低小型微型企业社会保险费率。此外，要特别注重对创业初期小型微型企业的财税扶持，免除开办过程中的各种行政事业性收费，并在一定期限内免征企业所得税；划拨专项资金，在政府主导下，引导社会服务机构对创业人员特别是初次创业人员进行必要的政策和专业知识培训。

4. 鼓励依靠技术创新

制定中小企业发展政策，要更多考虑科技进步因素，引导金融资本和社会资本向企业技术创新集聚，鼓励中小企业主要依靠技术创新提高核心竞争力、加快转型升级。要建立共享式技术创新服务平台。依托高等院校、科研院所、产业技术创新战略联盟、大型骨干企业以及各类科技中介服务机构，在共性技术、基础性技术以及低成本、无障碍使用公共科技资源等方面为小型微型企业提供支持。要加大涉及创新的税收政策优惠。进一步简化并明确放宽研发费用加计扣除、高新技术企业所得税优惠、技术先进型服务业所得税优惠等政策的适用条件，简化申报程序，真正把优惠政策落实到需要优惠的中小企业上；允许科技型企业提取研发风险准备金并在所得税前扣除，将购进无形资产纳入增值税进项税额抵扣范围，并对企业从事技术转让和开发以及相关的技术咨询、服务取得的收入免征营业税，对企业技术转让所得免征所得税，以引导中小企业加大研发投入，推动技术成果转化；加大技术改造项目资金投入，对技术改造设备购置允许缩短折旧年限或者加速折旧，并提高所得税前扣除比例，以提升中小企业技术装备水平。此外，要强化科技创新成果保护。引导和教育中小企业增强知识产权意识，积极开展技术创新活动，并加强专利技术保护等。

5. 引导企业集群发展

支持培育一批以大中型企业为龙头、以产业链为基础、以小型微型企业为主体的示范产业集群，形成大中型企业发挥龙头作用、带动小型微型企业配套发展的分工协作机制，探索建立资源集约、产业集聚、服务集中的集群发展战略联盟；把建立创业基地与产业集聚发展结合起来，统筹创业基地和地方特色产业发展规划，切块落实基地建设的用地指标，对小型微型企业租用厂房给予一定的财政补贴，允许民间资本参与产业园区的建设管理，重点培育战略性新兴产业以及金融服务、现代物流、高技术服务、商务服务等生产性服务业领域的小型微型企业；探索东部发达地区与东北、中西部等区域优势互补、合作开发特色产业园区、小型微型企业创业基地、科技型企业孵化基地的新型模式，促进区域间产业梯度转移与承接；建立地域性与行业性相结合的社会服务体系，发展健全工业园区、科技园区等产业集群内的社会服务机构，为小型微型企业集中提供信息、培训、融资、维权等贴身服务。

6. 充分发挥商会作用

加快行业内统计监测、标准制定、职称评定

等政府职能的有序转移，积极培育中国特色商会组织，大力发展服务小型微型企业的各类商会，形成层次合理、分工明确的商会组织体系；规范商会运行管理，建立商会评估体系，促进商会健全服务职能、提高服务水平，形成公平有序的竞争秩序；深入贯彻落实《中共中央国务院关于加强和改进新形势下工商联工作的意见》，为工商联充分发挥在政府管理和服务非公有制经济中的助手作用和行业协会商会改革发展中的促进作用创造必要条件。

关于商会建设的调研报告

为了贯彻落实中央16号文件，下基层，打基础，及时发现和解答实践中提出的各种新问题，推动商会建设健康发展，全国工商联自2011年7月起开展了为期四个月的商会建设调研活动，分3个调研组分别深入到东部、中部、西部和东北地区的11个省（区、市），召开了43场座谈会，实地走访了55个商会和31家企业，形成了6份区域报告、32份地方报告和70个典型案例。

一、良好态势：数量增长与作用彰显并重

商会是市场经济发展到一定阶段的必然产物，是现代市场体系的重要组成部分，是沟通企业与政府关系的桥梁和纽带，是推动非公有制经济健康发展、引导非公有制经济人士健康成长的重要力量。调研表明，工商联系统的商会组织既不同于旧中国的行业商会和境外商会，也不同于改革开放以来在转变政府职能过程中相继成立的行业协会，目前正处在加速发展新阶段，一方面数量增长较快，另一方面其功能作用进一步显现，构成了我国商会建设中代表前进方向的基本面和主旋律，展示出前所未有的良好态势。

改革开放以来，在社会主义市场经济体制和现代市场体系的不断构建与完善中，各类同业公会、商会作为工商联的基层组织快速发展起来，以中国特色社会主义理论体系为依据，以非公有制企业和非公有制经济人士为会员主体，以自愿组建、自主管理、自筹经费为办会特点，呈现出数量规模和会员覆盖面“双扩大”的新局面。从总量上看，各类商会已经从1991年的338个增长到2011年的41551个，增长了122倍；从形态上看，已经由最初的同业公会、行业商会发展到包含行业商会、乡镇商会、异地商会、街道商会、市场商会、园区商会、社区商会、楼宇商会、村商会等类型在内的多种商会组织；从覆盖面上看，县级、乡镇、街道乃至村商会增长较快，目前全国范围内乡镇商会和街道商会覆盖率分别已达51.4%和61.5%，有的县（市、区）已实现了乡镇商会和街道商会的全覆盖。自2009年6月民政部授权全国工商联作为全国性社会团体业务主管单位以来，已有29个省级工商联得到政府授权或部分授权，目前已完成法人登记的行业商会所占比例达到43.7%。

调研发现，在商会数量不断增长的同时，许多商会组织在工商联的精心指导下，遵循社会主义市场经济发展的客观规律，逐步成为现代市场体系中的有机构成，在发展和管理会员、团结和引导会员、联系和服务企业、当好政府参谋助手等方面发挥着综合优势，尤其在以下几方面发挥了重要作用。

一是提供服务，促进非公有制经济健康发展。服务是商会的立会之本，只有提供服务才能吸引和凝聚会员。为帮助会员企业缓解生产经营过程中面临的融资难等实际问题，天津、江苏、浙江、广东、四川、云南、甘肃、安徽等地的许多商会都对成立互保金、联保贷、小贷公司、担保公司等不同方式进行了有益探索。为帮助会员企业加快实现转型升级，有的商会主动搭建技术创新服务平台，提供科技成果转换、技术创新培训、知识产权代理等服务；有的商会积极搭建行业信息服务平台，提供最新的产业数据等动态信息，比如全国工商联新能源商会连续五年发布行业年度报告，出了100多期行业期刊，成为会员企业和有关方面了解本行业发展情况的权威渠道；有的商会充分发挥大企业的龙头带动作用，比如安徽省电线电缆商会积极培育产业集群，促进了产业链上下游中小企业集群发展。为帮助会员企业在促进城乡区域协调发展中发挥作用并赢得商机，有的商会积极引导会员企业参与县域经济发展和社会主义新农村建设，成为加快城镇化进程的重要推手，比如四川省眉山市行业商会组织“百企联百村”活动，五年来共有623户企业结对帮扶609个村，投入资金达1.65亿元，为农村和谐稳定发展做出了积极贡献；辽宁省桓仁县北甸子乡商会通过与龙头企业签订长期稳定的购销合同，使冰葡萄收购价每斤提高1元，增加了农民收入。为帮助会员企业“走出去”开拓国际市场，有的商会千方百计组织内外对接，比如天津市医疗器械商会、云南省工程机械商会等许多商会精心安排会员企业到境外参与国际经贸活动和参观考察，寻求投资合作机会。

二是反映诉求，维护会员合法权益。商会与企业联系紧密，能及时了解企业运行中的各种问题和困难并反映给相关部门，更好地保护会员企业的合法权益。首先是通过提案议案反映诉求。目前，各地商会普遍重视通过工商联参与政协的提案工作，通过提案反映行业发展中面临的问题，为政府部门制定政策提供重要参考，近五年来全国工商联提交全国政协的团体提案中，有一半以上都是由各类商会提出的。其次是通过建立沟通机制反映诉求。有些地方党委、政府通过工商联或直接与商会建立了沟通协商的工作机制，及时了解企业需求和行业发展动态。再次是通过参与制订行业标准等反映诉求。为维护市场经济秩序，规范行业发展，不少商会通过调查研究，掌握行业发展趋势，积极参与制定行业标准和产业发展规划，向政府有关部门及时反映促进行业发展的意见建议，如全国工商联房地产商会建立了首个中国房地产低碳建筑减排评估行业标准，发布了《中国绿色低碳住区减碳技术评估框架体系》，推出了《中国生态住区技术评估手册》。此外，许多商会还普遍把帮助会员企业寻求法律援助、进行商标维权、追讨欠款等作为服务会员企业的重要内容，切实维护了会员企业的合法权益。

三是加强引导，提高会员综合素质。实践表明，各类商会作为工商联工作的组织基础和重要依托，在坚持工商联“三性”有机统一的基本特征、提高会员综合素质方面做了大量富有成效的工作。不少商会通过多种形式宣传党和国家的方针政策，尤其是与民营企业切身利益相关的产业政策、规划和区域发展战略，引导会员企业不断提高政治素质。不少商会通过组织学习法律法规、制定会员公约等，引导会员企业增强依法纳税、诚信经营意识，维护市场竞争秩序。比如面对通胀压力加大的形势，2011年全国工商联所属的24家行业商会联合发出《保供应、稳物价、促和谐》倡议书，号召会员企业不串通涨价、不人为抬价。不少商会通过开展感恩行动等各种社会公益活动，引导会员企业树立致富知恩、贡献回报、敬德利他、和谐共赢的理念，不断增强社会责任感。比如云南福建商会采取公益捐赠和项目投资相结合等方式，将感恩理念和社会责任感贯穿于投资帮扶、诚信经营、文明管理等具体行动中。尤其是面对汶川地震等重大自然灾害，广大商会动员会员企业积极捐款捐物，给全社会留下了深刻印象。不少商会通过发挥协调优势，引导会员企业构建和谐劳动关系，保障员工合法权益。比如湖北省汉川市庙头镇商会专门成立了人民调解委员会，及时调解处理企业劳资纠纷、安全事故纠纷和其他突发事件。不少商会还积极开展党建工作，引导会员企业组建基层党组织，拓展党组织发挥作用的有效途径。比如天津山西商会将党建工作融入到商会每项重大活动中，有力促进了“两个健康”，其党委书记张士伦同志还被中央授予“全国先进党务工作者”荣誉称号。

商会建设之所以能够出现数量增长与作用彰显并重新局面，主要得益于社会主义市场经济体制的逐步完善，得益于党和政府的高度重视和支持，得益于各级工商联的探索实践，得益于商会自身的不懈努力。实践证明，只要顺应社会主义市场经济发展的客观规律，顺应促进“两个健康”的内生需要，商会建设就一定会呈现出蓬勃生机，激发出无穷无尽的创新活力。

二、突出问题：发展不足与指导不力并存

调研中发现，虽然商会建设在实践中取得了较大进展，近年来已呈加速发展之势，但也明显存在一些亟待解决的问题，其中发展不足与指导不力两大问题尤为突出。

关于发展不足问题。相对于我国非公有制经济快速发展的形势要求，相对于推动科学发展、促进社会和谐的时代要求，现有的商会数量规模还远远不相适应，急需进一步扩大，尽力实现充分发展。而发展不足的问题，首先表现在传统行业中组建难。中央16号文件明确规定，工商联要认真履行社会团体业务主管单位职责，指导和推动商会组织完善法人治理结构、规范内部管理、依照法律和章程开展活动。但是，由于在转变政府职能过程中相继成立的行业协会已基本涵盖了各大传统行业，致使许多商会不能进行法人登记。目前，各级工商联中还有56.3%的行业商会特别是全国工商联还有19个行业商会无法在民政部门履行注册登记手续，不能以独立法人身份开展活动，直接影响了非公有制企业发起组建商会的积极性。截至2011年6月底，全国私营企业已达903.49万家，比2010年年底增加了6.9%，而同期工商联各类商会仅增长2.3%，其中行业商会增长3.4%，商会增速明显滞后于私营企业增速。其次表现在战略性新兴产业和现代服务业中组建慢。调研表明，商会建设在战略性新兴产业和现代服务业（包括文化产业）中发展迟缓，数量较少，规模较小，还难以适应产业结构调整与新经济发展的紧迫需要。

关于指导不力问题。按照中央要求，工商联必须认真履行社会团体业务主管单位职责，这意味着必须加强对各类商会的科学指导。但是，调研发现，面对商会不断壮大的新形势，一些工商联组织还普遍存在指导不力问题。一是指导缺位，重组建轻监管，重使用轻服务，重业务轻方向。由于指导缺位，有些商会只停留在维持运行状态、活动开展较少，还有些商会处于休眠状态，即便开展活动，会员参与度也较低，缺乏吸引力；由于指导缺位，许多商会未能及时建立健全法人治理结构，要么没有充分发挥会员大会和理事会的作用，要么对会长、秘书长人选缺乏必要、有效的考察和监督，要么换届选举程序不规范，使得商会领导班子缺乏应有的威信和凝聚力。二是指导越位，对本该由商会自主决策的事务一手包揽，忽视商会的法人独立地位，忽视商会内部治理结构的作用，随意调配商会人、财、物等资源，出现商会“官办”化倾向。三是指导错位，热衷于锦上添花，却很少雪中送炭，抓不住商会建设工作重点和关键环节，对不同地域、不同类别、不同发展阶段缺乏有针对性的分类指导和服务帮助，没有形成靠制度指导商会建设的机制，有时随意性较大。

此外，指导不力还表现为一些工商联特别是地市级、县级工商联对商会工作力不从心。客观地说，由于历史原因等，地市级、县级工商联配备专职工作人员普遍偏少，有的只有二三名专职工作人员，难以承担指导职责；以前商会工作的全局性地位还不突出，指导职责还集中在会员组织部门等一两个部门，还没有形成多部门齐抓共管的机制；一些工商联干部特别是基层干部的知识结构、业务能力、工作作风等方面的素质还不能适应指导工作的需要。这种疏于管理和指导的现象如果不尽快扭转，不仅会影响商会建设的健康发展，也将在很大程度上影响工商联促进“两个健康”的任务真正贯彻落实到基层，应当引起高度重视。

调研发现，之所以突出存在发展不足与指导不力两大问题，最主要的原因还是思想认识不到位，存在着亟待厘清的种种认识误区。一是对商会在工商联工作中的基础性地位以及在丰富和充分体现“三性”特征、促进“两个健康”中的独特作用缺乏准确全面的认识，有的把“三性”割裂开来，认为商会只有经济性和民间性，没有统战性；有的把“两个健康”割裂开来，认为“引导非公有制经济人士的健康成长”是工商联的任务，而“促进非公有制经济的健康发展”则是商会的任务，导致商会工作重经济活动和政治安排，轻团结引导，忽略了对非公有制经济人士的教育和帮助。二是对民间商会（总商会）与工商联的关系缺乏准确全面的认识，主张由总商会而不是工商联主管各类商会，把主要精力放在以总商会的名义开展活动上，忽略了工商联对商会建设的指导作用。三是对在转变政府职能过程中相继成立的行业协会缺乏准确全面的认识，不能立足大局历史地看待这些行业协会在我国社会主义市场经济体制改革中发挥的积极作用，也不能用发展的眼光审视其改革发展的必然趋势，从而深刻理解建设中国特色商会组织需要形成合力，行业协会商会改革和发展的良好环境需要共同营造，忽略了主动协商合作。四是对商会在工商联整体工作中的基层组织地位缺乏准确全面的认识，没有坚定不移地在商会建设中贯彻“三性”有机统一，没有坚定不移地把商会建设作为抓基层、打基础的重要内容，没有坚定不移地把商会建设摆到工商联自身建设的重要位置，引导意识差，服务意识弱，忽略了商会建设的基础性作用。五是对中国特色社会主义制度解放和发展生产力目标下政府、企业包括出资人和职工、商会三者之间根本利益的一致性缺乏准确全面的认识，只讲或片面强调商会是企业代言人，甚至将工商联正常履行指导职责看作是“干预太多”，忽略了工商联指导商会建设的必然性与必要性。六是对党的领导以及商会和政府部门的关系缺乏准确全面的认识，只讲或片面强调商会的“民间组织”或“非政府组织”属性以及商会的经济服务功能，甚至倡导“去政治化”或“强商业化”，忽略了中国特色商会组织的本质特征。如此种种，都容易导致商会建设偏离正确轨道。事实证明，商会建设一旦陷入这样那样的认识误区，就必然在发展和指导上出现走样、变形或扭曲，出现困顿不前甚至混乱不堪。因此，对症下药，摆脱各种认识误区的困扰，不断端正和提高思想认识，应当是当前及今后一个时期商会建设的要务之一。

三、主要建议：提高认识与深入实践并举

中央16号文件明确提出，积极培育和发展中国特色商会组织，充分发挥工商联在行业协会商会改革发展中的促进作用。通过调研，我们认为，下一阶段要推进商会建设健康发展，必须以认真贯彻落实中央16号文件精神为首要任务，一手抓提高思想认识，一手抓深入工作实践，在认识与实践的双向互动中，积极探索中国特色商会组织建设的新思路、新路径和新方法。

强调提高认识与深入实践并举，就是要紧紧围绕培育和发展中国特色商会组织这一根本要求，推动认识上的提高和实践上的深入，光有认识上的提高而无实践上的深入，或者光有实践上的深入而无认识上的提高，都不利于创新探索中国特色商会建设之路。因此，从根本上说，提高认识就是要提高“培育和发展中国特色商会组织”之认识，深入实践就是要深入“培育和发展中国特色商会组织”之实践，“实践，认识，再实践，再认识，循环往复，以至无穷”，这就是唯物辩证法对我们在新形势下加强和改进工商联工作包括商会建设工作具有现实意义的深刻启示。

提高商会建设方面的思想认识，一要着重把握中国特色商会组织的真正内涵，认识到要培育和发展中国特色商会组织，就必须坚持中国共产党的领导、坚持中国特色社会主义制度、坚持服务广大会员，使商会建设符合我国社会主义初级阶段的基本国情，使商会发展符合社会主义市场经济体制的内在要求。二要着重把握“统战性、经济性、民间性”的辩证统一关系，认识到“三性”彼此依存、相互促进、不可分割和有机统一，是工商联商会组织的独特优势和鲜明特征。三要着重把握“两个健康”的重要意义，认识到促进“两个健康”是保障企业发展规范、行业发展有序、社会发展稳定的基本前提。

提高商会建设方面的思想认识，还应积极开辟多种途径，务求实效。一要加强学习。当前，尤其要注重对中央16号文件精神的学习贯彻。中央16号文件既是指导工商联工作发展的纲领性文件，又是指导商会建设的行动指南，必须贯穿于商会工作的各个方面、各个环节。学习中央16号文件，有一个由浅入深、不断领会和实践的过程，是今后一个时期工商联各项工作的重中之重，也是商会建设的重中之重。同时，还要加强党的十七届六中全会《关于深化文化体制改革推动社会主义文化大发展大繁荣若干重大问题的决定》的学习贯彻，深刻领会、准确把握中央文件精神，密切联系商会文化建设工作实际深入学，引导和组织商会领导班子带头学。同时，还要创新学习方法，针对商会专职人员和会员的不同特点，举办学习班、辅导讲座、座谈会等，开展各具特色的学习培训活动。二要加强理论研究。以开放的心态吸收各方面的领先研究成果，拓宽商会文化、商会史、中外商会比较研究等领域，增强商会建设的理论素养。当前，尤其要注重加强对“什么是中国特色商会组织、怎样建设中国特色商会组织”这一重大问题的系统研究，把中国特色商会建设研究纳入工商联理论框架体系中。要在实践的基础上不断深化对中国特色商会组织内涵与外延的理论探索，深入研究商会与工商联的关系、商会与政府的关系、商会与市场的关系、商会在社会管理中的地位和作用等全局性、基础性、前瞻性问题，为建设中国特色商会组织提供理论支撑。在加强理论研究中，应注意整合工商联系统研究资源，强化各级工商联的协作配合，切实做到研究成果、思想认识成果和信息资源共享；通过委托研究、合作研究等方式，密切与高等院校、科研机构、学术团体的联系，充分发挥其优势，共同推进中国特色商会组织理论创新，以指导商会工作实践。三要加强舆论宣传与对外沟通。提高思想认识，不仅要着力于工商联及其商会自身，同时也要着意于社会各界或各有关方面，因此，加强与学术界、新闻媒体等方面的沟通联系，形成正确的舆论导向和健康向上的舆论环境，十分必要。

深入实践，意味着商会建设必须坚持正确的政治方向。要坚定走中国特色商会建设之路的信心和信念，坚持“三性”有机统一的正确理念，使各类商会承担起促进“两个健康”的基本任务，发挥好加强和创新社会管理的重要作用。深入实践，也意味着商会建设必须强化创新思维。实践没有止境，商会建设也必然是一个与时俱进、不断创新的过程，必然是一个动态发展、开放兼容的过程。要始终立足于基本国情，始终着眼于时代特征、中国特色、商会特点，坚持将实践与创新有机结合起来，充分体现探索性、开放性和包容性，让创新思维激活工作实践、深化工作实践、升华工作实践。比如无锡市等工商联适应“政会分开”改革的新形势，探索建立登记部门、工商联、政府职能部门“三位一体”的商会管理指导工作体系，就是一种创新实践。深入实践，还意味着商会建设必须加强调查研究。调查研究是最好的实践方式，也是发现问题、解决问题的利器之一。只有深入基层，眼睛向下，才能及时发现和解决实践中不断出现的各种新问题、新矛盾，推动实践向纵深拓进。工商联不仅要率先搞好调查研究，还要引导各类商会组织大兴调查研究之风。比如全国工商联所属行业商会作为全国性的行业组织，应以本行业的振兴、进步和赶超国际先进水平为己任，及时开展各种具有前瞻性的调研活动，为制定行业发展规划出谋划策。从某种意义上说，深入实践就是深入调研，随时掌握第一手的动态信息、掌握来自实践第一线的鲜活资料和生动案例，才是真正的深入实践，否则还是难以获得指导实践的发言权和话语权。

深入实践，还要注重讲究工作艺术，激发热情与活力。调研中发现的正反两方面的一些典型案例都表明，如果缺乏热情与活力，死气沉沉，思想僵化，行动呆板，就不可能使各种实践活动深入下去，开创出井井有条、忙而不乱的生动局面。这就是说，在深入实践中要特别强调善于围绕中心服务大局。当前，商会建设必须紧紧围绕“十二五”规划主题主线，紧密结合党委政府中心工作，促进企业、行业和区域经济科学发展。要特别强调善于突出工作重点。比如在发挥商会作用方面，应重点引导各级各类商会组织在支持中小企业保生存、谋发展中发挥作用，在完善社会服务和社会管理中发挥作用。在构建商会组织网络方面，应重点推进县级以下商会的组建工作，有条件的地方尤其要积极发展乡镇商会、街道商会、社区商会等，向基层拓展商会组织网络。在指导商会筹建方面，应重点抓住章程起草以及选好配强会长秘书长等关键环节。在组建商会的领域选择方面，应重点鼓励和引导一批具有代表性和影响力的企业，根据当地产业发展需要，为促进传统产业的转型升级以及先进制造业、战略性新兴产业和现代服务业（包括文化产业）的发展而着力组建行业商会。要特别强调善于有序规范商会管理。要按照法律法规和有关政策要求，加强对各类商会的科学监管。完善指导商会的规章制度，根据不同情况，抓紧制定商会成立审批、年检初审、领导班子考核、职能规范等管理办法，制定商会内部管理制度范本，指导商会完善内部治理结构。建立商会评价体系，根据民政部《社会组织评估管理办法》的要求，制定商会评估管理办法，科学设定评价内容，并按照规定组织实施商会评估工作，充分发挥评估工作对商会的导向、激励和约束作用，评估结果作为商会表彰和非公有制经济人士政治安排的重要依据。

总之，深入实践的触角很多，涉及方方面面，需要各级工商联上下一心，集中各种聪明才智，推动商会建设的工作实践不断走向深入。要切实把探索中国特色商会组织建设作为新形势下加强和改进工商联工作的长期任务和面向基层打牢基础的重要举措抓紧抓好，以改革创新精神，按照方向正确、管理民主、行为规范、服务高效、充满活力的发展目标，努力开创中国特色商会组织建设的新局面。

全国工商联对《国务院关于鼓励和引导民间投资健康发展的若干意见》调查问卷分析报告

2010 年 5 月，国务院下发了《国务院关于鼓励和引导民间投资健康发展的若干意见》（简称“民间投资 36 条”）。一年来，中央有关部委以及地方政府相继出台了贯彻落实“民间投资 36 条”的实施办法和意见。为推动“民间投资 36 条”政策的进一步落实，及时了解文件的执行情况和民营企业对政策的反应，发挥好工商联在非公有制经济人士参与政治和社会事务中的主渠道作用，促进非公有制经济健康发展，全国工商联于 2011 年 3 月布置开展对“民间投资 36 条”贯彻落实情况的问卷调查。

本次调研的对象为民营企业的主要负责人。调研内容分为两部分，第一部分是“民间投资 36 条”贯彻落实情况调查，了解民营企业对政策执行的满意度以及目前还存在的突出问题和建议；第二部分是民营企业对经济形势的判断、企业经营状况和战略规划情况调查。调研采用问卷方式，调查问卷发放至各地工商联和各行业商会，由企业家填报后回收，全国工商联统一汇总。本次调研范围包含全国 31 个省、区、市，涉及 3 大产业的多个行业和大、中、小不同规模的民营企业。

调研得到各地工商联的大力配合和民营企业经营管理者的大力支持。共发放问卷 2000 份，全国回收有效问卷 1600 份。从区域①上看，东部地区回收 582 份，中部地区回收 180 份，西部地区回收 616 份，东北地区回收 222 份。从规模②上看，年营业收入在 3 亿元人民币以上的大型企业 330 家，3000 万元以下的小型企业 572 家，3000 万元到 3 亿元收入的中型企业有 613 家。

一、本次调研的简要结论

在“民间投资 36 条”政策的颁布和执行方面，大多数民营企业持积极的评价。有约 80% 的民营企业认为“民间投资 36 条”的颁布对促进民间投资的发展是有积极作用的。但是，在回答“政策颁布以后，相关配套措施落实情况如何?”的问题时，有 28.7% 的企业认为，国家有关部门在相关的政策配套落实方面作为不够；有 35.1% 的企业认为，地方政府制订相关配套措施的作为不够。

在民间投资进入垄断行业的市场准入方面，电力、石油天然气和电信行业被认为是准入障碍最为严重的三个行业。在回答“垄断行业的准入和改革进展如何”时，普遍认为“进展一般”。而其中认为障碍最大的三个行业分别是：电力行业（有 66% 的企业认为该行业准入障碍最大），石油天然气行业（58.6%）和电信行业（50.9%）。

在影响政策执行和妨碍民间投资的因素方面，行政障碍被认为是最严重的。有 64.6% 的企业认为，进一步清理相关政策和行政障碍，落实

① 区域的划分标准为：东部：北京、天津、河北、上海、江苏、浙江、福建、山东、广东和海南。中部：山西、安徽、江西、河南、湖北和湖南。西部：内蒙古、广西、重庆、四川、贵州、云南、西藏、陕西、甘肃、青海、宁夏和新疆。东北：辽宁、吉林和黑龙江。（来自国家统计局的最新区域划分）

② 本文关于企业规模的划分均按此标准，在有效问卷中有 85 家企业未填写销售收入额。

民间投资与其他投资主体的公平待遇对促进民间投资最为重要；而在“民间投资36条”的落实过程中，55.1%的企业认为，垄断行业的门槛较高是最主要障碍，52.1%的企业则认为是政府观念未扭转，配套措施执行力度不够。

在对经济形势的判断方面，有超过1/3的企业认为2011年的通胀压力较大且难以承受；但大部分企业对人民币升值的承受能力在增强。调查显示，有34.2%的民营企业认为目前的通胀预期压力很大，已经难以承受。同时，认为人民币升值可以承受或影响很小，甚至有较正面影响的企业，总共占受调查企业的86%。

在自身发展方面，大多数民营企业对2011年的经营前景持乐观态度。有45%的民营企业预计，2011年企业的利润会有所增长且增长率可能高于2010年；另有16.1%的民营企业认为，利润会有所增长但增幅会比2010年有所下降。两者总数超过受调查企业的一半。

调研结果还显示，大部分民营企业正致力于通过不断提高自身管理和效率、调整产品结构和加强自主创新与技术开发来加快经济发展方式的转变，应对市场的波动。对于“如何适应转变经济发展方式”的问题，65%的企业认为应提高自身管理能力，提高生产经营效率和效益是最合适的，其次，50.9%的企业认为调整产品结构，提高自主创新能力，开发高附加值和技术含量高的新产品也较为合适。

此外，在工商联工作方面，2010年的受访企业仍然普遍认为工商联帮助非公有制企业加强与政府的沟通最为重要。有82.8%的企业选择了该选项。

二、调研问卷分析

（一）第一部分：“民间投资36条”的贯彻落实情况

该部分共有12个调查问题，包括民营企业对“民间投资36条”颁布后对于民间投资的促进作用满意度，对国家和地方政府相关配套政策的满意度，对垄断行业的准入和改革的评价，对行业的投资意愿，哪些政策对促进民间投资较为重要，还存在哪些方面的障碍等。

问题1：“民间投资36条”颁布以来，您认为其对促进民间投资的发展作用如何？

调查结果显示，在受访的民营企业中，有893家企业认为“民间投资36条”对促进民间投资的发展有一定的作用，占比为56.2%；有376家企业认为有很大的作用，占比为23.7%；这表明约80%的企业认为该政策的颁布对促进民间投资是有积极的作用的。另外，有267家企业认为作用不明显，占比16.8%；只有53家企业认为该政策对促进民间投资的发展没有什么影响，占比3.3%（见图1）。

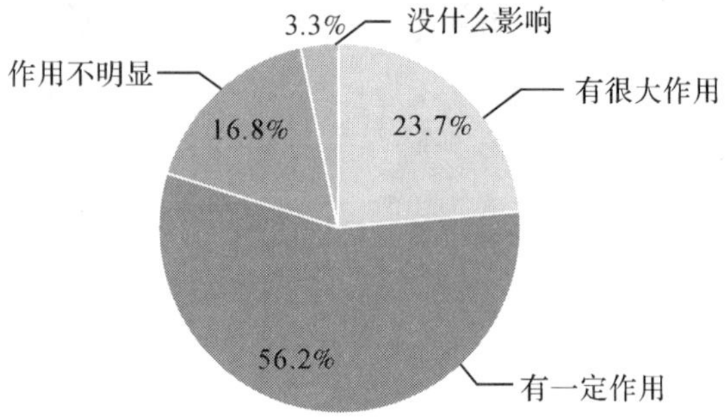

图1 “民间投资36条”对促进民间投资发展的作用

从不同的企业规模看，对政策的效果感受有一些差异，其中大型企业对政策的积极效果感受更明显。在大型企业中，只有1.5%的企业认为“民间投资36条”对民间投资的促进没有影响，82.1%的企业认为政策有积极的作用（含“有一定作用”或“有很大作用”，见表1）。

表1 大企业对政策的效果感受更明显

	大型企业	小型企业	中型企业
有很大作用	22.4%	24.5%	25.0%
有一定作用	59.7%	53.3%	55.1%
作用不明显	16.1%	17.5%	16.0%
没什么影响	1.5%	3.8%	3.4%

问题2：“民间投资36条”颁布以来，国家有关部门的相关配套措施落实情况如何？

从调查结果看，民营企业对国家有关部门的相关配套措施落实情况的反应还是相对积极的。31.1%的企业认为，相关政策出台迅速；38.5%的企业认为，相关政策措施有力；32.8%的企业认为，相关政策落实到位。但仍然有451家企业（28.7%）认为，相关的政策作为不够。

问题3：“民间投资36条”颁布以来，地方政府的相关配套政策情况如何？

整体而言，民营企业对地方政府相关配套政策的落实情况满意度要低于对国家有关部门。仅有24.5%的企业认为，地方政府相关配套政策出台迅速，低于国家有关部门的政策出台速度；同时仅有31.4%的企业认为，地方政府相关配套措施有力，比认为国家有关部门措施有力的比例低了近7个百分点。另外，有35.1%的企业认为，地方政府相关配套措施作为不够，比认为国家有关部门措施作为不够的比例高出了6.4个百分点（见图2）。

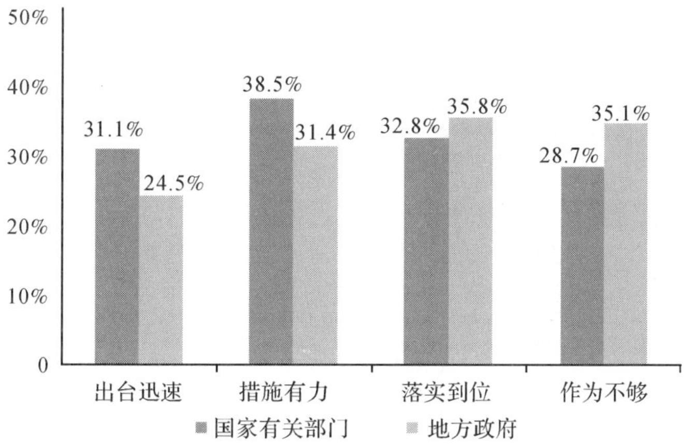

图2　国家有关部门和地方政府相关措施落实情况

从不同地方政府相关措施的落实情况看，东部地区政策出台相对较为迅速，而东北地区政策出台速度相对较慢；但从地方政府相关措施落实到位程度看，东北地区反而相对较好，中部地区相对较差（见图3）。

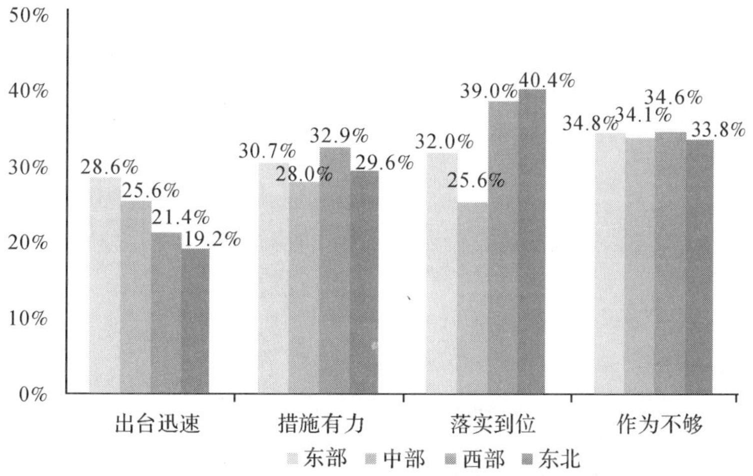

图3　不同地区地方政府相关措施落实情况

问题4："民间投资36条"颁布以来，垄断行业的准入和改革进展如何？

一直以来，垄断行业的准入都是民营企业最为关注的问题之一，但进展似乎并不理想。此次调查中，只有14.9%的企业（234家）认为，关于垄断行业的准入和改革进展明显；绝大部分企业（62.2%）认为进展一般。而有21.5%的企业认为没有进展，还有1.4%的企业认为有所倒退（见图4）。

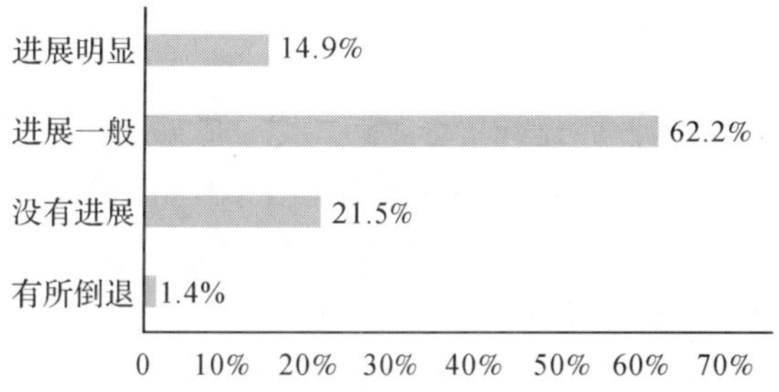

图4　垄断行业的准入和改革进展情况

问题5：目前哪些行业在准入和打破垄断方面的障碍最大？

在被调查的13个行业中，有66%的企业认为电力行业的准入障碍最大，其次是石油天然气行业（58.6%）和电信行业（50.9%），排在第四位的是金融服务行业（28.3%）。

另外，认为国防科技工业、市政公用事业和矿产资源勘探开发的行业准入障碍最大的企业比重也都超过了20%。而在现代物流、文化、体育的行业准入障碍相对较小（见图5）。

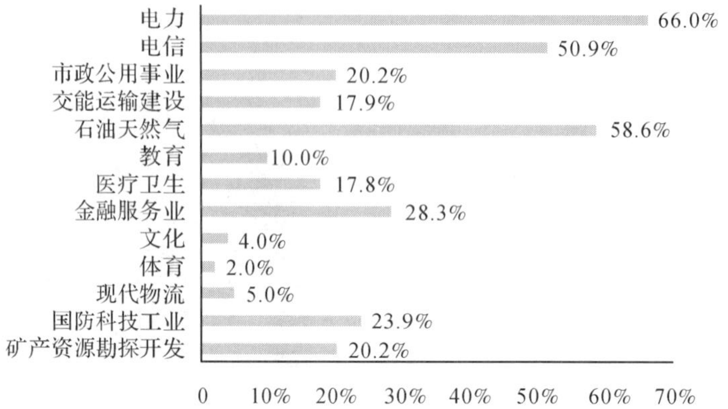

图5 准入障碍及打破垄断障碍较大的行业

问题6-1：企业是否有进入垄断行业的意愿？

面对垄断行业准入的重重障碍，民营企业进入的意愿并不强烈，有45.9%的民营企业并无进入的打算，当然也有39.2%的民营企业在等待进入的时机，只有5%的民营企业已经进入了垄断行业（见图6）。

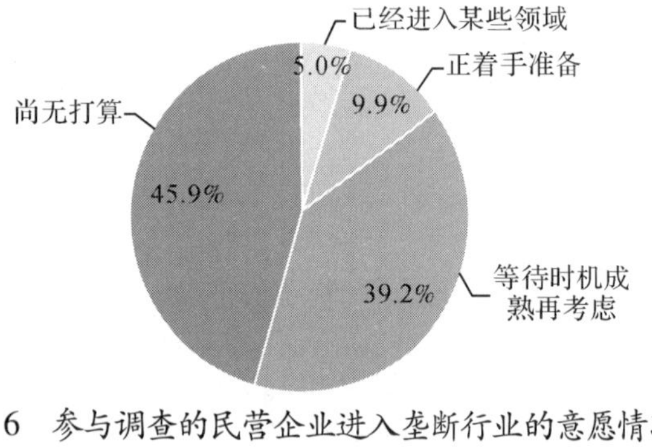

图6 参与调查的民营企业进入垄断行业的意愿情况

民营企业进入垄断行业的意愿不强烈的原因，一方面是垄断行业的行业准入障碍依然难以逾越，（从问题5的调查结果可见）；另一方面，进入垄断行业对企业的规模、经营模式等都有更高的要求，部分民营企业尚未完全做好准备。

表2 大民营企业进入垄断行业的意愿相对较强

	大型企业	中型企业	小型企业
已经进入某些领域	11.8%	3.5%	2.5%
正着手准备	13.1%	10.0%	8.4%
等待时机成熟再考虑	41.7%	39.9%	36.0%
尚无打算	33.3%	46.6%	53.1%

从表2中也可以清晰地看到，民营企业进入垄断行业的意愿和企业的规模呈正相关关系，企业规模越大，进入垄断行业的意愿则相对较强。在大型企业中，有11.8%的企业已经进入了垄断行业，这远远高于中型企业3.5%的占比和小型企业2.5%的占比。另外，大型企业目前正在着手准备进入垄断行业的比例达13.1%，也比中型企业和小型企业的占比高出了3.1个和4.7个百分点。而且大型企业准备等待成熟时机进入的占比也高达41.7%，分别比中型企业和小型企业的占比高出1.8个和5.7个百分点。

问题6-2：如果已经或者着手准备进入垄断行业，其行业投资意愿是什么？

垄断行业的资金、技术和政策壁垒最高，民营企业要想进入确实非常难。从调查结果中可以看到，在所列的15个垄断行业中（垄断的程度会有所差异），民营企业的投资意愿都不高（意愿比例都低于30%）。

随着2011年对保障房等政策性住房的投资力度加大，民营企业已经充分意识到了这块蛋糕的诱惑力。虽然关于政策性住房建设的盈利模式还不是很确定，但民营企业的投资意愿相对较高，有28.9%的民营企业表示，对政策性住房建设有投资意愿。

表3　政策性住房建设和新能源领域是投资意愿最强的垄断行业

有意愿的投资行业	占比
政策性住房建设	28.90%
电力建设，风能、太阳能、地热能、生物能等新能源产业的建设	28.60%
商品批发零售、现代物流领域	25.40%
市政公用事业建设、城市供水、供气、供热、污水和垃圾处理、公共交通等	24.70%
土地整治和矿产资源勘探开发	20.00%
发展文化、旅游和体育产业，建设文化设施	18.30%
农田水利、跨流域调水、水资源综合利用等水利工程建设	17.70%
兴办金融机构、金融中介服务机构	17.10%
公路、水运、港口码头、民用机场、通用航空、铁路等交通运输建设	12.80%
兴办各类社会福利机构	12.30%
兴办各类医院、社区卫生服务机构、公共卫生服务、基本医疗服务等	11.20%
兴办各类教育和社会培训机构	10.40%
油气勘探开发领域，原油、天然气、成品油的储运输送	10.10%
基础电信运营市场，增值电信服务	7.10%
国防科技工业投资建设领域	4.70%

其次，在新能源领域民营企业的投资热情也很高。在过去五年里，中国的新能源投资爆发式增长，投资规模甚至超过了美国等发达国家。在能源价格不断上涨的背景下，大力发展新能源无疑是克服对传统能源过度依赖的必行之路。民营企业对此显然已有了充分认识，有28.6%的民营企业表示，对电力建设，风能、太阳能、地热能、生物能等新能源产业建设有投资意愿（见表3）。

问题7：未来3年内，企业打算投资哪些领域？

在民营企业的行业分布中，除了传统优势的制造业外，信息领域几乎占据第二重要的位置，在信息技术革命的背景下，如何占领信息技术的制高点成为未来竞争的关键因素。此次调查显示，64.4%的民营企业表示，在未来三年内，打算投资于新一代信息技术业，远远高于对其他行业的投资意愿。

其次，民营企业对节能环保行业的投资意愿也较高，有33%的民营企业表示，未来三年内有打算投资节能环保领域的意愿。

此外，超过20%的民营企业还表示，对现代物流领域和商品批发零售业有投资意愿。这两个领域的技术壁垒和资金壁垒相对较低，民营企业介入的可行性相对较高（见图7）。

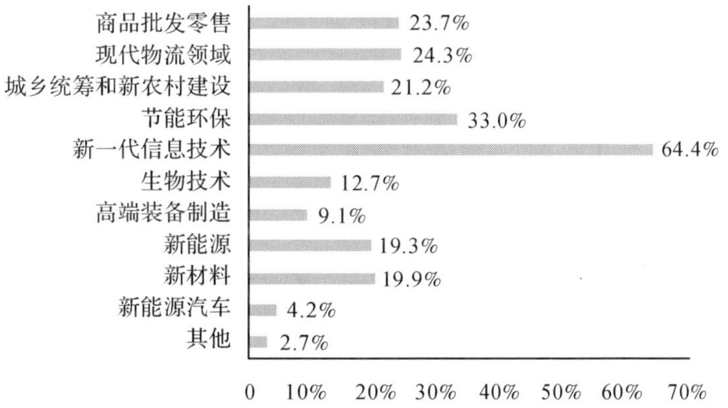

图7　参与调查民营企业投资意愿情况

问题8：“民间投资36条”颁布以来，哪些措施在解决企业融资难问题上较为重要？

融资难一直是制约民营企业发展的主要障碍之一。2010年以来，政策管理者为稳定物价水平并控制流动性实施了一系列的货币紧缩政策，在局部上更加剧了民营企业的融资难问题。在政策持续收紧的背景下，民间资金已经感到紧张，但面向大企业、大机构的银行间市场流动性依然宽松。这种流动性的结构问题如何解决才是融资问题的关键。相对于在我国目前尚不发达的直接融资，民营企业仍过多依赖间接融资方式。调查结果显示，63.8%的企业认为，调整信贷结构，提高大中型银行对民营企业的信贷比例对于解决融资难问题较为重要。

此外，有58%的企业认为，大力支持设立中小型金融机构（村镇银行、小额贷款公司等）对解决融资难问题也较为重要。另有44.1%的企业认为，拓宽中小企业创业板上市、创业投资等直接融资渠道对解决融资难问题较为重要（见图8）。

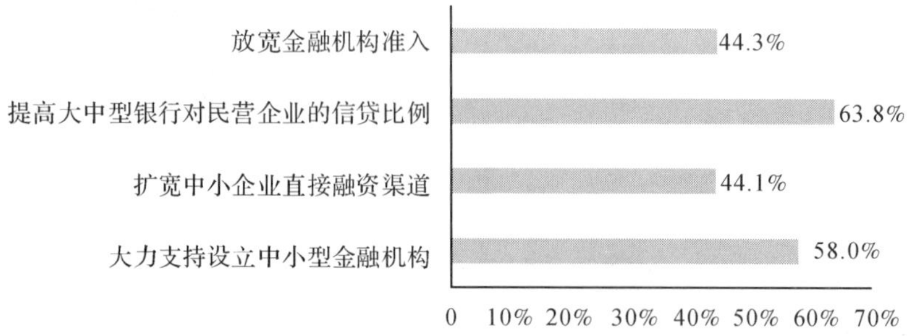

图8 民营企业对解决融资难问题的措施看重情况

问题9：哪些政策措施对促进民间投资较为重要？

在影响民间投资的障碍问题上，行政障碍被认为是最严重的。64.6%的企业认为，进一步清理相关政策和行政障碍，落实民间投资与其他投资主体的公平待遇对促进民间投资最为重要；64.3%的企业认为，需要进一步放宽民营经济投资的领域和范围，鼓励民间资本进入垄断行业。另有53.5%的企业认为，加大对民间投资的融资支持力度，完善中小企业金融服务体系对民间投资的促进较为重要（见图9）。

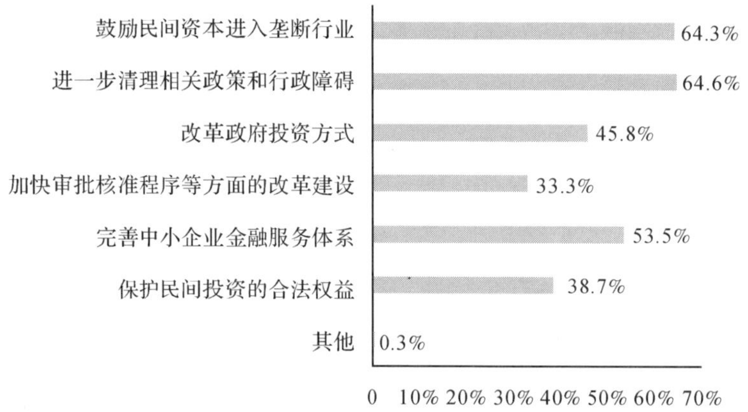

图9 促进民间投资政策措施的重要程度

问题10："民间投资36条"颁布以来，在贯彻落实过程中主要存在哪些方面的障碍？

在"民间投资36条"的贯彻落实过程中，垄断行业的门槛较高被认为是最主要障碍，其次是政府观念未转变，执行力度不够，配套措施滞后。

55.1%的企业认为，垄断行业的门槛较高是"民间投资36条"贯彻落实中的主要障碍；52.1%的企业认为，政府的观念未扭转，执行力度不够是主要障碍。

值得注意的是，民营企业除看到外界客观的障碍外，还比较看重自身素质的影响。40.4%的企业认为，非公有制企业自身素质有待提高也是"民间投资36条"落实中的一项重要障碍（见表4）。

表4 贯彻落实"民间投资36条"的主要障碍

落实的障碍	占比
政府配套措施滞后	51.9%
政府观念未转变，执行力度不够	52.1%
垄断行业门槛较高	55.1%
股权受限，不能控股	17.6%
垄断行业对新进入者有较大抵触	33.7%
非公有制企业自身素质有待提高	40.4%
其他	0.5%

问题11：针对民营企业的社会服务和维护民营企业合法权益方面的满意度如何？

从调查结果看，在发展社会中介服务机构、开展创业服务、开展企业经营者和员工培训、支持企业科技创新活动、支持企业开拓国内外市场、完善私有财产保护、维护企业合法权益、推进社会保障制度建设、营造有利于民间投资的良好舆论氛围9个方面，民营企业表现出相当一致的认知程度，回答满意的在32.1%～40%之间，回答一般的为52.7%～62.8%，回答不满意的均低于10%。这既从一个角度反映出当前社会服务各方面的环境确实在不断改善，也说明社会在为民营企业营造的环境和提供的服务方面发展比较平均。

其中，民营企业对营造有利于民间投资良好舆论氛围的满意度最高，有40%的企业对此表示满意。目前媒体对民间投资的关注度都有很大的提高，这无疑为民间投资的进一步发展提供了一个良好的氛围环境。而民营企业对支持企业开拓国内外市场方面的满意度相对较低，仅有32.1%的企业对此方面表示满意。民营企业对发展社会中介服务机构方面的满意度也只有33.7%（见图5）。

表5　民营企业对社会服务和自身维权的满意度

	满意	一般	不满意
发展社会中介服务机构	33.7%	62.8%	3.5%
开展创业服务	38.8%	55.5%	5.7%
企业经营者和员工培训	35.8%	57.1%	7.0%
科技创新活动支持	39.3%	53.6%	7.1%
支持企业开拓国内外市场	32.1%	59.7%	8.2%
完善私有财产保护	36.3%	55.9%	7.8%
维护企业合法权益	38.4%	52.7%	8.9%
推进社会保障制度建设	37.7%	56.1%	6.1%
营造民间投资舆论氛围	40.0%	53.9%	6.1%

问题12：工商联组织应该在哪些方面进一步发挥协助政府管理和服务民营企业的作用？

根据调查结果，82.8%的民营企业认为，工商联组织应该在帮助民营企业加强与政府的沟通方面进一步发挥积极作用。其次，民营企业认为，工商联组织应该在为民营企业提供信息支持和服务方面（71.1%）、在维护民营企业合法权益方面（70.3%）发挥更为积极的作用（见图10）。

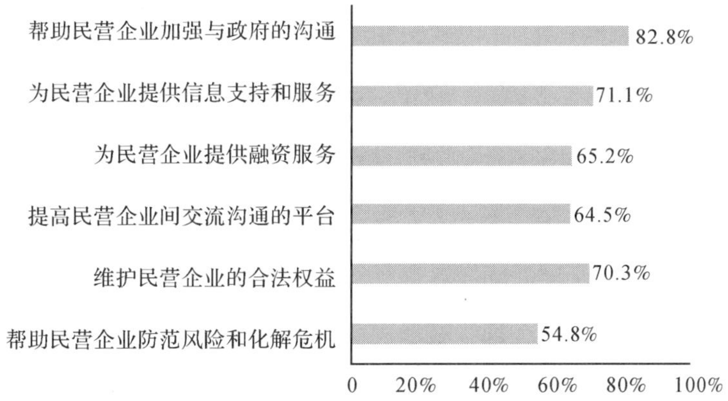

图10　受访企业希望工商联组织进一步发挥作用的方面

（二）第二部分：对经济形势的判断以及企业经营状况和战略规划

该部分共有9个问题，针对民营企业对国内通胀预期的承受力，人民币汇率升值的影响，2011年企业利润情况预测以及当前影响企业发展的一些问题等进行了调查。

调查的结果表明，国内通胀的高企已经使三成以上的民营企业感到难以承受，而大型企业的承受力相对好一些；对于人民币的升值，现在企业的负面感受还不大，但未来随着升值的加大可能会有所变化；有近四成的企业已经遭遇到了"用工难"问题，新生代农民工对工作条件的要求提高和劳动力供需的结构不对称是造成"用工难"问题的主要原因。

原材料和劳动力成本的提高对民营企业的影响最大，其次是土地和能源。面对要素成本的不断上升，近三成的企业已经明确了自己产品涨价的意愿。在目前的宏观经济环境下，企业对2011

年利润的前景还是比较乐观，45%的企业认为利润增长率会高于2010年。

问题1：对当前国内通胀形势如何判断？

自2010年下半年以来，通胀形势不断恶化，虽然人民银行采取多次加息并上调准备金率的调控措施，但截至2011年4月，CPI同比增长依然高达5.3%，未来的通胀形势依然十分严峻。在通胀高企的情况下，国有企业借助资金和资源的优势，相对较为容易把价格上升的成本转移出去，而民营企业一直以来是靠低成本赢得市场，通胀的上升无疑对民营企业的冲击更大。

调查结果显示，有54.7%的民营企业认为，通胀尚在可承受的范围内，但也有34.2%的企业认为目前的通胀预期压力很大，已经难以承受，只有6.5%的企业认为通胀不会带来明显的影响（见图11）。

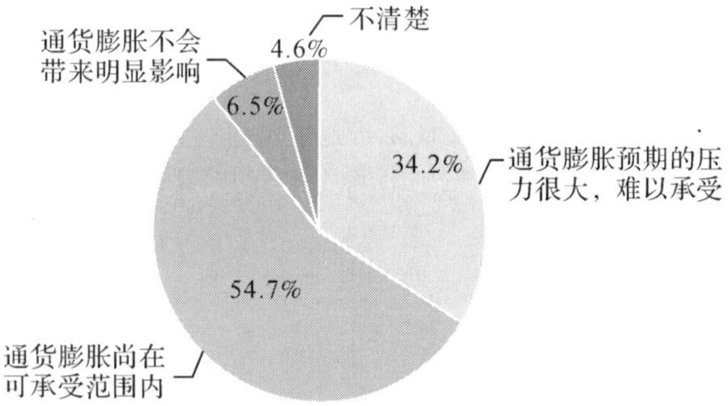

图11　2011年下半年通胀形势对受访企业的压力情况

当然，不同规模的企业对通胀的承受能力会有一些差别。调查结果显示，认为通胀难以承受的大型企业占29.3%，比小型企业认为通胀难以承受的占比低了近10个百分点，比中型企业的相应占比也低了2.2个百分点（见表6）。

表6　大型企业对通胀的承受力相对强一些

	大型企业	中型企业	小型企业
通货膨胀预期的压力很大，难以承受	29.3%	31.5%	39.0%
通货膨胀尚在可承受范围内	62.8%	57.2%	49.0%
通货膨胀不会带来明显影响	5.8%	6.8%	6.6%
不清楚	1.5%	4.6%	5.3%

同时，认为通胀尚可承受的大型企业占比也比中型企业和小型企业高。其中，大型企业认为通胀尚可承受的占比为62.8%，比中型企业的相应占比高了5.6个百分点，比小型企业的相应占比高出13.8百分点。

问题2：人民币汇率升值对企业的影响。

2010年6月下旬，人民币汇率继续开始升值，到本次调查问卷回收截至日期的2011年4月30日，人民币兑美元汇率已经升至6.50左右，自2010年9月重启汇改以来已经累计升值约5%。从原理上看，人民币升值将不利于出口企业，因此曾有人提出“人民币只要升值3%，一些行业的出口企业将毫无利润可言”。但针对民营企业的调查结果表明，民营企业对人民币升值的适应程度还是相当高的，并没有达到无法承受的地步。

有50.6%的企业认为，人民币升值有一定的影响，但仍可以承受；而31.4%的企业认为，人民币升值对企业的影响较小。认为影响较大的企业有13.9%（见图12）。说明民营企业在融入世界经济格局的过程中，也在逐渐提升产业水平和抗汇率风险的能力。

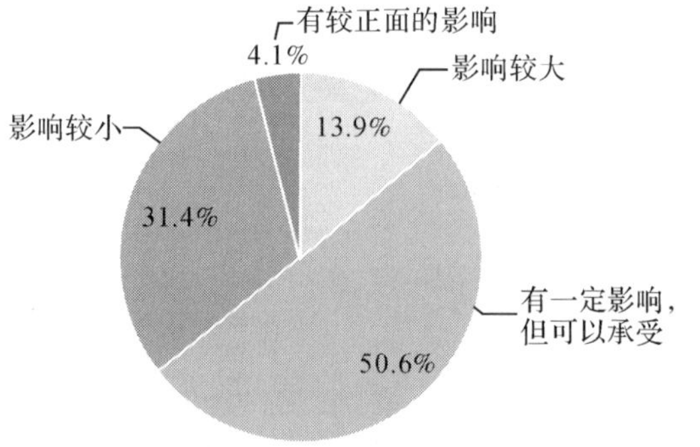

图12　人民币汇率升值对企业的影响情况

值得注意的是，有4.1%的民营企业认为，人民币汇率升值产生了较为正面的影响。人民币升值本身就具有两面性，它在削弱出口企业竞争优势的同时，也会减少进口企业的成本。中国的对外贸易中很大一部分属于加工贸易，一些半成品需要从国外进口，而人民币升值无疑会减少加工贸易的进口成本。

问题3：企业对2011年利润情况的预测。

2010年中国经济实现了9.7%的增长，民营企业利润也实现了较快的增长，在此背景下大部分民营企业对2011年的利润增长较为乐观。有45%的民营企业认为2011年企业的利润会有所增长且增长率可能高于2010年；有16.1%的民营企业认为，虽然利润会有所增长但增幅会比2010年有所下降。另外，有6.3%的企业认为，2011年利润会比2010年有所下降（见图13）。中国经济在后金融危机时代还存在很多的不确定性，欧美经济的复苏可能出现反复，而国内通胀的高企伴随的政策持续收紧的负面作用也可能逐渐显现。对于这些不确定性，民营企业必须有所准备并作出及时的应对。

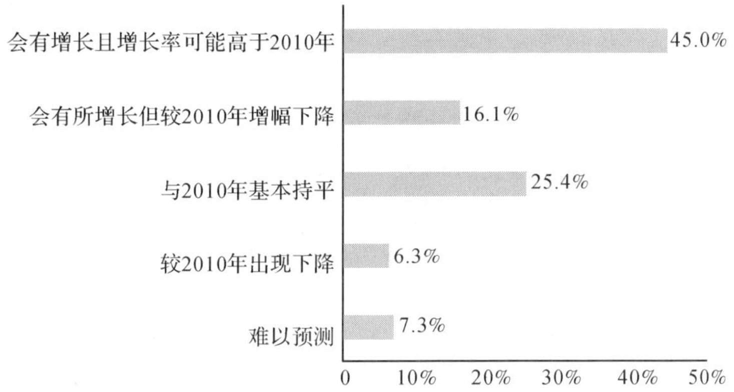

图13　受访企业对2011年利润的预测情况

问题4：所在企业是否遭遇了“用工难”问题？

据2010年的我国人口普查显示，老龄化问题在加重，人口红利在逐渐消失。据Jassin - O'Rourke Group估计，中国纺织业的劳动成本优势已经不大。中国沿海地区的劳动成本为1.08美元/小时，几乎是孟加拉国的5倍，即使是在“金砖四国”中，中国的劳动力成本也仅低于巴西，与俄罗斯相当，比印度高出1倍。随着人口红利的逐渐消失，中国企业的“用工难”问题将会越来越严重。

从本次调查的结果中也可以看到，有38.6%的企业认为它们已经遭遇了不同程度的“用工难”。

问题5：导致“用工难”的主要原因。

整体劳动力供给的逐渐减少是一个长期的过程，有33.3%的企业已经感受到了其带来的压力，但短期看，其他的因素对“用工难”问题的恶化起到了更直接和重要的作用。

67.4%的企业认为，新生代农民工对工作条件的要求提高是导致“用工难”的主要原因（见图14）。随着人民生活水平和文化素质的不断提高，新生代的农民工不仅仅满足于收入的提高，对居住环境、工作环境和业余生活的要求越来越高，简单的“螺丝钉”式的生活和工作方式已经很难得到新生代农民工的认可。

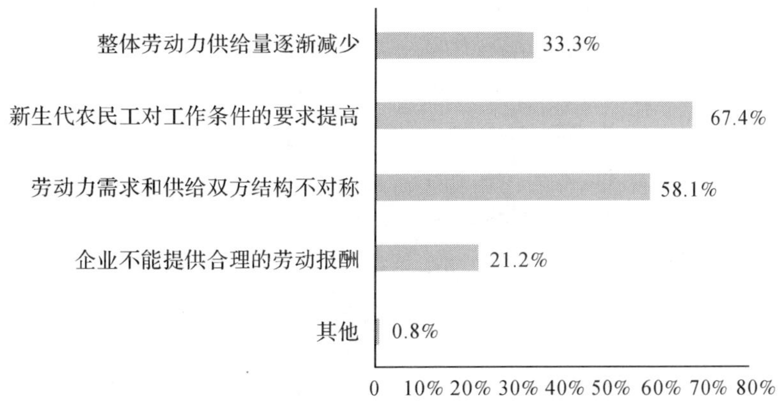

图14　受访企业对“用工难”主要原因的判断情况

此外，有58.1%的企业认为，劳动力需求和供给双方的结构不对称是造成“用工难”的主要原因。比如劳动的信息服务平台不完善，需要找工作的人寻找不到合适的单位，而急于用人的公司又无法获得需要的员工信息。另外，由于劳动力的流动存在较大的成本，这些都会造成局部地区劳动力需求和供给的错配。

问题6：政府和企业应该采取哪些措施来缓解“用工难”问题？

当劳动需求大于劳动供给时，要想使劳动力市场趋于平衡，较为市场化的方式就是让劳动力的工资上升。当工人工资提高以后，企业会减少一定的劳动力需求，而劳动力供给会有所上升，进而达到劳动力的供需平衡。62.4%的企业认为，提高工人工资，提升工人的福利水平，有助于缓解“用工难”，这与上述的劳动力市场规律是完全吻合的。

正如问题5的分析，新生代农民工对工作条件的要求不断提高是导致“用工难”的一个最为重要的原因，那么营造良好的企业文化，加强与员工的情感沟通就显得更加重要，这也越来越被员工所看重。调查显示，有61.1%的企业认为，营造良好的企业文化，并加强与员工的沟通会有助于缓解“用工难”。

从长期的角度看，中国的整体劳动力供给在不断减少，这一“用工难”的硬性约束将不可能通过其他方式得到解决，因为人口的规律几乎在短期内是无法改变的。面对这一局面，已有52.8%的企业意识到，需要转变企业的发展方式，即摆脱以往一直依靠的低劳动力成本的生产方式来缓解“用工难”。

和通常的一些认识有些出入的是，虽然有30.8%的企业认为，加快城市化和户籍制度改革将有助于缓解“用工难”，但这一比例对比其他几种措施相对较低（见图15）。

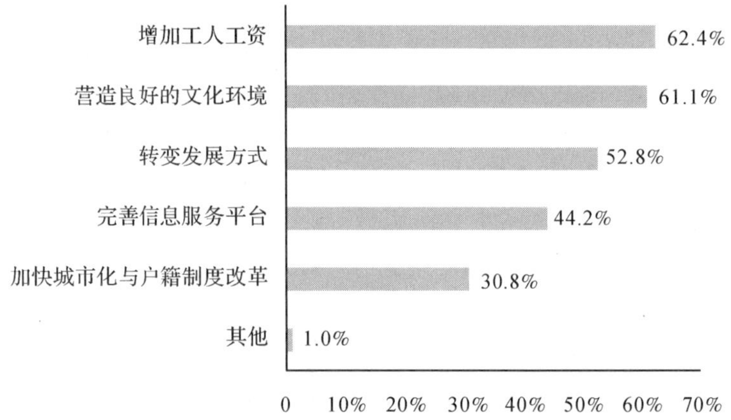

图15　受访企业对改善“用工难”措施的判断情况

问题7：2010年以来，企业受到原材料、设备、能源、劳动力和土地成本上升的影响情况。

在各类要素成本上升中，原材料和劳动力的影响最大。其中，75.8%的企业认为，原材料成本的上升对企业的影响较大，认为劳动力成本上升对企业影响较大的企业也达到65.7%。相对而言，认为能源、土地成本的上升对企业影响较大的民营企业，分别占总数的47.4%和40%。而认为各类设备成本上升对企业影响较大的只有30.5%（见图16）。

可以看出，民营企业认为原材料、劳动力和能源等资源型生产要素的成本上升对其影响较大，影响程度占各种生产要素的前三位，表明依赖资源消耗和廉价劳动力的生产经营模式正在面临较大的压力。因此即便对民营企业而言，积极转变发展方式和减少对资源要素的依赖也是相当紧迫的。

问题8：在成本上升的影响下，企业的产品价格如何变化？

在各类要素成本上升的情况下，企业把成本转嫁出去是最直接的处理方法，产品价格提高就成了顺理成章的事情。调查结果表明，企业对提高或将要提高价格的倾向较高。最多的企业（35.2%）认为产品价格会随市场合理波动，虽然没有明确表明产品价格的变动方向，但在目前通胀持续高企的背景下，所谓的市场合理波动则可能更多体现在价格的上行。此外，有28.9%的企业已经提高或将要提高其产品价格。

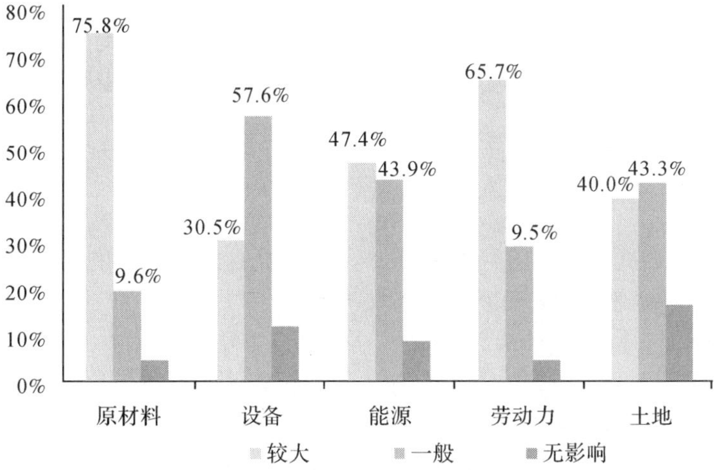

图16　企业产品价格受成本上升影响程度

但也有22.6%的企业认为，它们可以消化成本上升的影响，让产品价格保持平稳。而13.3%的企业认为，自身所处的行业竞争越来越激烈，产品价格反而有下滑的趋势（见表7）。

表7　成本上升对受访企业产品价格的影响

	占比
已提高或将要提高价格	28.9%
能够消化成本上升的影响，价格保持平稳	22.6%
竞争更趋激烈，价格有下滑趋势	13.3%
价格随市场合理波动	35.2%

问题9：“十二五”规划提出“以加快转变经济发展方式为主线”，哪些经济结构调整方式对企业是更适合的？

调查结果表明，有65%的企业认为提高自身管理能力，提高生产经营效率和效益是最适合的。其次，50.9%的企业认为调整产品结构，提高自主创新能力，开发高附加值和技术含量高的新产品也较为适合。

有43.7%的企业认为，实施产业结构调整，向新兴产业、资源领域和现代服务业等其他产业转移是适合的；另外也有43%的企业认为，发挥企业的竞争优势，向产业链的上下游延伸也是适合的转变方式。

相对于提高企业自身能力或实行产业结构调整，企业认为地区转移和“走出去”的转变不是那么适合和迫切。只有20.7%的企业认为，实施地区转移，向中西部或有比较优势的地区转移是适合的；也只有20.3%的企业认为，提高国际化能力，积极“走出去”对外投资是适合的转变方式（见表8）。

表8　企业对适合自身的经济结构调整方式的判断

选择的方式	占比
实施产业结构调整，向新兴产业、资源领域和现代服务业等其他产业转移	43.7%
实施地区转移，向中西部或有比较优势的地区转移	20.7%
调整产品结构，提高自主创新能力，开发高附加值和技术含量高的新产品	50.9%
发挥企业的竞争优势，向产业链上下游延伸	43.0%
进行市场调整，努力开拓新兴市场	49.6%
提高国际化能力，积极“走出去”对外投资，充分利用“两个市场，两种资源”	20.3%
提高自身管理能力，提高生产经营效率和效益	65.0%
其他	0.2%

中小企业税费负担状况调研报告

近期，受国务院领导委托，全国工商联在年初中小企业综合性调研的基础上，又开展了中小企业税费问题专项调研，通过向企业发放问卷，召开有关部门和中小企业参加的座谈会，分赴山东、安徽、北京等地进行实地调研，深入传统制造业、高科技、服务业、文化产业等不同类型的部分中小企业包括微型企业进行一对一调研，以及委托广东、重庆等地工商联对企业税费问题开展调研等方式，了解到一些中小企业目前税费缴纳状况和集中反映的问题，反映的问题具有一定的普遍性和代表性。

一、当前中小企业在税费负担方面集中反映的问题

为减轻小型微型企业的负担，近期，国家出台了一系列结构性减税措施，如提高增值税和营业税起征点；延长小型微利企业所得税减半征收优惠政策至2015年底，并由现规定的年应纳税所得额上限3万元提高到6万元。在减轻企业负担方面，自2010年三次取消和停止征收多项行政事业收费，这些政策对减轻小型微型企业负担有很大作用。但总的来看，政策优惠呈阶段化、惠及面窄、幅度不大、效果不明显，力度仍显不够。依然存在中小企业税费负担过重、名目繁多、行政执法环境亟待改善等问题。

1. 中小企业整体税负水平偏高

一是从宏观看，税收增速高于GDP增速，税收占GDP比重偏高。2010年全国税收收入增幅达22.64%，同期GDP增幅为10.3%，税收增幅为GDP增幅的2.2倍，各项税收占GDP比例为19.4%，广东省的税收占该省GDP比例为22%。二是中小企业税费负担率高于全国企业总体水平。根据相关资料统计，我国中小企业的税收占销售收入的负担率为6.81%，高于全国企业总体6.65%的平均水平。三是从微观看，税收占中小企业营业收入的比重较高，缴税总额高于净利润。以安徽省为例，根据该省工商联对3个市28个中小企业调查统计，2010年企业仅上缴税金和社保费占营业收入比重达到10.1%，而同期利润率仅为5.3%。南京某商业企业，2010年营业收入总额5300万元，毛利润107.8万元，缴税总额256万元，税后利润为82万元；合肥某机械制造企业，2010年营业收入总额7360万元，毛利润54.8万元，缴税总额达301.6万元，税后利润仅为41.1万元。

2. 税制结构不合理

一是企业涉税种类繁多。目前，中小企业所涉及的税除流转税、所得税外，还有城市维护建设税、教育费附加、房产税、土地使用税、印花税、契税、车船税等。根据重庆市工商联对该市房地产企业的调研显示，涉及税种高达14项，机械制造业涉及的国税和地税税种也有13种。例如国家已征收教育费附加，而很多地方又增加征收地方教育费附加。二是一般纳税人和小规模纳税人之间的市场交易受到阻碍，企业存在重复缴税。一般纳税人发生购销业务可以使用增值税专用发票，对进项税进行抵扣。而小规模纳税人（往往也是微型企业）是按照产品销售额乘以相应税率计算应缴税额，不能使用增值税发票。一方面由于购货方从小规模纳税人购进货物或应税劳务时，无法抵扣进项税额，由此不愿购买小规模纳税人的货物，使大多数的小规模纳税人在激烈的市场竞争中处于极为不利的地位。另一方面一般纳税人企业购进小规模纳税人的货物，却要承担重复交税。如安徽某石材公司，由小规模纳税人变为一般纳税人后，由于向其供货的多是小商户，连普通发票都很难提供，更谈不上增值税发票，但是公司却要缴纳17%的增值税，因行业竞争激烈，利润很薄，很难通过提高价格来转嫁

增值税。新疆的汽车用品零售行业反映，许多车饰小商品均来自小制造加工企业，无法提供增值税发票，不能抵扣进项税；三是所得税税前抵扣不能满足企业实际需求。根据规定，企业贷款利息可在税前抵扣，但仅限于基准利率产生的利息，在当前银根紧缩的情况下，中小企业很难获得贷款，即便获得贷款，实际利率也远高于基准利率，银行还要向企业额外收取保证金、评估费、手续费、咨询费等费用，这些费用都作为所得调增应纳税所得额。据某公司反映，2010 年仅此项调增所得 40 万，多缴纳税款 10 万元。另外，根据企业所得税有关规定，企业发生的与生产经营活动有关的业务招待费支出，按照发生额的 60% 扣除，但最高不得超过当年销售收入的 5‰，超出部分应作为所得调增应纳税所得额，目前企业间相互往来费用明显增多，业务招待费规定标准明显偏低，无法满足企业需求。四是营业税改增值税某些企业税负可能会升高。据企业反映，企业的各种零星购买多数无法取得增值税进项发票，不能抵扣成本，即使按最低 6% 的增值税率计算也比营业税率高 1 个百分点，企业可能因此而增加税负。

3. 税务部门征管过程存在问题多

一是稽查事项多，提前预缴税款现象普遍存在。税务部门为完成预定税款入库任务，经常采取“刮地皮”的方式收缴税。例如要求企业提前预缴下一阶段的税款，并且多缴不退。二是征管过程费用高，人为增加了企业成本。如北京某高科技企业，经营范围涉及建筑业和服务业，2011 年企业从小规模纳税人变更为一般纳税人，需重新购置由税务局指定的设备，在设备投资上，该企业共计花费了 2.9 万元，每年还需缴纳网上申报费、数字证书费等各种用于交税的服务费 2870 元。三是扩大“核定征收”的范围。按照国家税务总局的规定，缺少账簿的小企业可采取“核定征收”的方式征收企业所得税，但有些基层税务机关不管企业是否设置账簿，不管财务核算是否健全，都采用“核定征收”的办法，甚至不管有无利润，一律按核定的征收率征所得税，加重了小企业的税收负担。四是强制实行定率随征。据安徽某餐饮企业反映，税务部门征收企业所得税时按照定率随征方式进行，按销售额的 2.5% 计算所得税，企业亏损时仍然要缴纳所得税，该企业 2010 年亏损 70 万元，但是仍然缴纳了 25 万元企业所得税。五是纳税标准存在一定随意性。一线征税员在一定范围内拥有自由裁量权，对关系好的企业按照低限征税，关系不好的企业按照高限征税，滋生了寻租行为。据山东企业家反映，税务部门和行政收费部门到企业后，征收金额的随意性很大，经常可以讨价还价。企业若未缴纳足额税金，就给企业“停票”或者只给少量的发票，企业因无法开具发票或者发票数量不能满足需要，导致企业的业务无法正常开展。六是对中小企业的税收管理和服务存在不足。不少地方只重视对税源大户、大型企业的服务和监管，对中小企业要么管得过严，要么只重结果不重过程，出了问题一味处罚，导致中小企业在建立健全财务管理、依法纳税等方面得不到及时有效的指导和帮助。据安徽某企业反映，企业于 2007 年购买土地，2008 年建设了厂房，地税部门当时并未说明要缴纳土地使用税和房产使用税，在税务机关未履行告知义务的情况下，2011 年一次性征收几年的土地使用税和房产使用税，土地按 4 元/平米、房产按 1.9 元/平米征收，并且加收 20% 的滞纳金。七是中小企业没有充分享有税收优惠的知情权。由于税务机关对税收政策宣传落实不到位，不少中小企业对自己应该享受的优惠政策不知道或知之较少。尽管现在对新办中小型企业、对申办高科技企业、第三产业企业、资源利用企业和劳动就业服务企业等制定了若干税收优惠政策，但很多企业并不知道这些政策或不清楚操作程序，不少中小企业没有享受到这些税收优惠政策。

4. 收费种类繁多，成为企业隐性税负

一是收费种类繁多，搭车收费、乱收费现象普遍。目前向中小企业征收行政事业性收费的部门目前有公安、工商、卫生、国土、环保、城建、林业、农业、水利、气象、保密、质监等部门，据统计，按收费项目分有 69 个大类、上千个子项目。据浙江省工商联调查，小企业缴纳的各种行政事业性收费总额与纳税额基本相当，费用种类和数额都在逐年上升。重庆市工商联调研显示，该市房地产企业收费项目涉及 16 个政府部门和事业单位，收费项目高达 30 项。山东滕州市公布的《2011 年滕州市行政事业性收费项目目录》，列出了 1300 多项行政收费项目，其中多数面向企业。另据安徽某公司反映，该公司厂房基建项目存在10项收费，如图审费、房屋登记费、竣工测量费、散装水泥基金、消防检测费、环保检测费等，每年还要缴纳锅炉排烟污染费，而且只要缴费就予以锅炉验收合格，未尽到检测职责。黑龙江省收取防洪保安费，哈尔滨市按营业收入的1‰征收，鹤岗市则是按户收取1万元。一些地方工商、税务部门强制企业订阅工商、税务杂志，消防部门按照企业的规模摊派消防培训名额，强迫企业交费报名参加培训，只要交费甚至可以不参加培训。二是企业对缴纳工会费、残疾人就业保障金反映强烈。调查中企业反映这两项费用增加了负担，由税务部门代为征缴，成为企业隐性税负。以北京市为例，工会经费从2011年7月由地税代收，缴纳标准为员工工资收入的2%，按规定每个季度缴纳一次，之后由地税部门返回60%给企业，其余40%交由各级工会组织使用。一家80人的会计师事务所，2010年所缴纳的工会费占营业收入比重达0.3%。北京某餐饮企业反映，从2011年三季度开始缴纳工会费，7～10月共缴纳284.2万元，占企业同期营业收入的0.47%。据多家企业反映，2011年下半年已经缴纳了工会经费的企业，都还没有收到任何返还款，返还手续复杂，审批时间长，即“收钱快还钱慢”。此外，还有不少小型微型企业不具备成立工会的条件（会员不够25人），却要按人头由税务部门代收工会费，并得不到返还。根据《残疾人就业条例》的规定，用人单位安排残疾人就业达不到其规定比例的（职工总数的1.5%），应当缴纳残疾人就业保障金。北京市、山东省规定残疾人就业保障金为每百人缴纳1.7人当地职工平均工资的残保金，有的地方甚至按每百人缴纳2.5人平均工资的残保金。据某餐饮企业反映，该公司2010年企业缴纳残保金171.2万元，占到企业全年营业收入的0.32%；2011年1～10月已缴纳残保金267.1万元，占企业1～10月营业收入的0.42%，相当于平均每名职工承担494元。由于是按人头收费，残保金的征收对劳动密集型企业影响更加明显。三是事业性收费高。需要政府进行审批的项目，指定的中介服务机构收费过高，特别是在环保、质检等方面企业反映强烈。如一些行业在前置审批阶段需要进行的环境评估，据反映，云南某市一家小餐馆的环评收费就高达3万元；质检部门对设备、产品检测收费过高，价格缺乏透明度，有些特种设备的一次性检验费用甚至比新购置还高。据安徽省工商联电动自行车商会反映，电动自行车行业竞争激烈，主要靠产品外观设计差异化来赢得市场，电动自行车仅改变外观也被视为新品研发，每款必须重新进行检测，单次收费近3000元，而且在外地上市又必须由当地质监部门重新检测，过高的检测费用使企业难以承受。

5. 社会保险使企业负担进一步加重

2011年7月，《中华人民共和国社会保险法》正式施行。对于使用大量农民工的劳动密集型企业，由原来的上两险改为上五险，企业成本上升很多，对给员工全员上保险的规范经营企业影响更大。如按规定缴纳，根据测算，五险占工资的比重为41.75%，其中单位缴费部分占工资比重为30.75%（养老保险20%，医疗保险6%，失业保险2%，工伤保险0.5%～2%取均值1.75%，生育保险1%），个人为11%（养老保险8%，医疗保险2%，失业保险1%）。以北京某餐饮连锁企业为例，一家员工30人、日均流水10000元的餐厅，按最低工资基数计算，由上两险改为上五险后，企业为员工每月支付的费用占总流水的比重由24.42%上升到32.3%，提高了近8个百分点。如缴纳五险将使规范经营的企业成本费用大幅上升，处于竞争的不利地位。因此，很多小型微型企业设法少缴、迟缴社会保险。此外，目前仅有养老保险可以实现跨省转移接续，而且需要员工和所工作的企业持续缴费15年，员工退休后才能享受，其他保险跨省后无法转续，之前缴纳的就白缴了。据温州等地企业反映，由于务工人员流动性大，很多员工都不愿意缴纳五险，企业只好将员工应缴纳的部分承担起来，社保费用全部都转嫁到企业身上，进一步加重了企业负担。

二、关于进一步减轻中小企业税费负担的建议

我国已逐步进入高成本时代，并可能成为常态。在这种情况下，中小微企业特别是在产业链低端的制造业企业竞争力下降，生存环境艰难，面临的主要困难是“一高两难”，即成本高、用工难、融资难。进一步减轻中小微企业税费负担对于营造中小企业良好的生存环境，激发中小企

业转型升级动力，推动中小企业健康发展将起到积极的作用。具体来说，有以下几项建议。

1. 进一步提高增值税和营业税起征点

为支持小型微型企业发展，我国已提高了小型微利企业的增值税和营业税起征点为月销售额5000元~20000元。根据国税局提供的数据，若全国一次性统一调整到20000元上限，将有451.48万户微型企业受益，国家将减收约140.78亿元。占增值税和营业税全部收入的0.44%。根据湖北天门市的调查，2009年、2010年小型企业税收占该市税收的比重分别为4.76%、5.76%，微型企业占比分别为2.39%、1.84%。因此，我们认为从财政承受能力上看，还有很大的减税潜力，建议进一步提高增值税和营业税起征点，使更多的企业受惠和得到更多地扶持。营业税改增值税也要科学论证、认真测算，避免出现高于原税率情况。

2. 进一步扩大小型微利企业所得税减征范围并作为长期政策

国务院175次常务会议决定，将对小型微型企业的所得税减半征收政策延长至2015年，并由现规定的年应纳税所得额低于3万元（含）增加到6万元（含），扩大了适用范围，对微型企业发展有很大帮助。但是按照目前的优惠政策计算，应税所得上限6万元的企业，平均每月所得为5000元，需要按10%缴纳所得税500元，这些企业大部分应是个体工商户。如果与目前个人所得税率比较，月收入5000元的个人只需交45元所得税。因此建议把减半征收所得税适用范围进一步扩大，并把对小型微利企业的扶持政策继续延长，作为长期政策坚持下去。

3. 调整社会保险缴费制度

改革社会保险统一费率，实行大、中、小、微型企业差异化政策，降低小型微型企业社会保险费率，对于困难的小型微型企业实行阶段性的缓缴社会保险费或降低其费率，推行灵活多样的缴费方式。

4. 取消向企业征收残疾人就业保障金

目前企业所缴纳的各项税金中应已包含国家用于残疾人福利和保障的费用，国家应承担起残疾人保障的责任，不应在税外另行向企业征收。建议修改《残疾人就业保障条例》，取消向企业征收残保金的规定。

5. 调整工会经费征缴方式

建议取消工会经费由税务部门代征的方式，改由工会自行征缴。

6. 取消一切行政事业性收费

政府服务所产生的费用都应该通过财政来解决，行政机构是依靠企业、个人缴纳的税赋来运转，而不应开出名目繁多的行政收费项目维持。建议取消由行政机构直接收取和由事业单位代为征缴的行政性收费。对事业性收费项目也要严格控制。

7. 规范执法，减少各类检查活动和罚款

建议进一步明确刚性的税收政策和执法依据，统一执法标准，各级税务部门要在税收征管过程中严格执行各项规定，限制和减少税务部门自由裁量权，杜绝权力寻租行为。要对中小企业减少检查的次数，对中小企业企业要以服务为主，慎用包括罚款在内的行政处罚手段。

附件一：我国中小企业税费政策的现状

附件二：部分行业税费统计表

附件三：部分企业税费缴纳清单

附件四：各地部分企业缴纳税费情况案例

附件一：

我国中小企业税费政策的现状

1994年财税体制改革后，我国的税种设置共有19个，按照课税性质可分为流转税、所得税、财产税、资源税和行为目的税五类。按照税收管理权限又分为国税和地税。中小企业涉及的主要税种有：一是增值税，一般是根据销售额与购买额之间的差额计算缴纳增值税（17%），若为小规模纳税人，则依据销售额的3%缴纳；二是营业税，一般为服务业企业缴纳，根据营业额按法定税率（一般为5.5%）缴纳；三是企业所得税，当年收入扣减成本后，按不同企业类型缴纳企业所得税（一般企业25%，小型微利企业20%，高新技术企业15%）；四是城市维护建设税及教育费附加，以增值税、营业税和消费税等流转税为纳税依据计算，城市维护建设税、教育费附加分别为流转税的7%和3%；五是中小企业因行业而异，涉及到的其它国税地税。如土地增值税、房产税、印花税、契税、资源税、土地使用税、地方教育税附加、消费税、车辆购置税、车船使用税等等，有的多达13~14种。

向中小企业征收行政事业性收费的部门目前有公安、工商、卫生、食品药品监督管理、房管、环保、城建、规划、林业、农业、水利、气象、保密、技术监督等部门，据统计，按收费项目分有69个大类、上千个子项目。

为减轻小型微型企业的负担，近期，国家出台了一系列结构性减税措施，如提高增值税和营业税起征点，将销售货物、应税劳务的增值税起征点分别由月销售额2000～5000元、1500～3000元提高到5000～20000元，将营业税起征点由月销售额1000～5000元提高到5000～20000元；延长小型微利企业所得税减半征收优惠政策至2015年底，并由现规定的年应纳税所得额低于3万元（含）增加到6万元（含），其所得减按50%计入应纳税所得额，按20%税率缴纳企业所得税。在减轻企业负担方面，2010年1月起取消和停止征收城市房屋拆迁管理费、暂住证（卡）工本费、新资源食品申请审评费等100项行政事业性收费；2011年开始，国家取消了工商注册登记和年检、税务登记、车辆检测、卫生防疫、外贸出口、农业生产等31项涉企行政事业性收费和20项社团收费；从2012年至2014年对小型微型企业暂免征收管理类、登记类、证照类等22项行政事业收费。

附件二：部分行业税费统计表

表1 重庆市房地产行业税费统计表

征收单位	税（费）种	税（费）目	计税（费）依据	征收比例
地方税务局	营业税	售建筑物及土地附着物及租赁业	房屋销售收入及租金收入	5.00%
	城市维护建设税		营业税税额	7.00%
	教育费附加		营业税税额	3.00%
	地方教育费附加		营业税税额	2.00%
	房产税	出租房产	房屋租金收入	12.00%
		自用房产	房产价值*70%	1.20%
	土地增值税（预征）	普通住房	房屋销售收入	2.00%
		非普通住房	房屋销售收入	3.50%
		独栋商品住房	房屋销售收入	5.00%
	土地增值税（结算缴纳）	增值率50%以下（含）	增值额	30.00%
		增值率50%～100%（含）	增值额	40.00%
		增值率100%～200%（含）	增值额	50.00%
		增值率200%以上	增值额	60.00%
	印花税	购销合同	销售及采购合同金额	0.03%
		财产租赁及保险合同	租赁及保险合同金额	0.10%
		营业账簿及设计合同	记载资金账簿及设计合同金额	0.05%
	契税		土地出让金	3.00%
	土地使用税	一等地	土地面积	15元/平方米
		二等地	土地面积	12元/平方米
		三等地	土地面积	10元/平方米
		四等地	土地面积	8元/平方米

（续表）

征收单位	税（费）种	税（费）目	计税（费）依据	征收比例
国家税务局	所得税（预征）		房屋预售收入＊预计利润率 20%	25.00%
	所得税（结算缴纳）		房屋销售收入－房屋销售成本	25.00%
	增值税	销售使用过的固定资产	销售收入金额/1.03	3.00%
土地房屋产权交易中心	转让手续费		房屋销售金额	1.00%
	转移登记费		房屋套数	550 元/套
	预售公告费		总面积＊工程造价	0.10%
建委	城市建设配套费		建筑面积	290 元/平方米
	招标管理费		建安成本	0.04%
	工程监理费		建筑面积	4.5 元/平方米
	工程定额测定费		工程总造价	0.14%
	工程服务费		工程总造价	0.075%
	工程质量质监费		工程总造价	0.28%
	施工合同印花税		施工合同金额	0.03%
	民工保证金		工程总造价	2.00%
	质量监督费		工程总造价	2.00%
	定额测定费		工程总造价	1.40%
人防办	人防费		建筑面积	45 元/平方米
有资质的评估单位	地质灾害危险评价		建筑面积	0.75 元/平方米
规划局	放线验线费		地形图、规划	477.5 元/点
	规划许可证照费	住宅	建筑面积	2 元/平方米
		非住宅	建筑面积	4.5 元/平方米
相关资质单位	白蚁预防费	15 层以上	建筑面积	0.30 元/平方米
审图公司	施工图审查费	一级	建筑面积	0.8～1.5 元/平方米
		二级	建筑面积	1.0～2.2 元/平方米
		三级	建筑面积	1.2～5.0 元/平方米
气象局	防雷评估		建筑面积	0.5 元/m^2
	防雷审查	工程概（预）算 M≤500 万元部分	工程概（预）算	0.03%
		500 万元＜M≤1000 万元部分	工程概（预）算	0.02%
		1000 万元＜M 部分	工程概（预）算	0.01%
环保局	环评及污水处理			0.7/立方米
	散装水泥费		水泥使用量	3 元/吨
市政局	市政道路开口赔偿费		占用面积（根据经验估计值）	200 元/平方米

（续表）

征收单位	税（费）种	税（费）目	计税（费）依据	征收比例
园林局	集中绿化建设费			2000～4000 元/平方米
天然气公司		天然气安装	户数	2150 元/户
供电局	供电费		户数	660 元/户
	供水费	管网安装	建筑面积	约 2 元/平方米
有线电视	闭路电视费		户数	500 元/户
房测院	房测	两次房测	建筑面积	0. 60 元/平方米
测绘局	竣工地形面积测量	建筑面积 3 万平方米以上	建筑面积	0. 20 元/平方米
		建筑面积 3 万平方米以下	建筑面积	0. 40 元/平方米

表 2 税费负担情况重庆市摩托车及部件制造企业

类别	税（费）种	税（费）率	占营业收入比例（%）	税负高低感受
国税	增值税	17%	6. 60	偏高
	消费税	3%		高
	企业所得税	25%		偏高
	车辆购置税	10%		高
地税	营业税	5%		
	城市维护建设税	7%		偏高
	教育费附加	3%		
	地方教育附加	2%		高
	房产税	1. 20%		偏高
	城镇土地使用税	8 元/平方米		
	印花税	0. 30%		
	契税	3%		
	车船使用税	按辆征收		
其他	关税			
	残疾人保障金	1. 50%		
	工会经费	2%		偏高

附件三：部分企业税费缴纳清单

表 1　北京市某服装制造企业 2010 年税费清单（420 名员工）

税费项目	金额（元）	产品销售收入（元）	占销售收入比例（%）
税金及教育费附加	6928934.84	103556068.77	6.69
社会保险	2510298.29		2.42
其中：养老保险	1548086.60		1.49
失业保险	41456.93		0.04
医疗保险	655065.08		0.63
工伤保险	50954.76		0.05
生育保险	13530.92		0.01
住房公积金	201204.00		0.19
费用	389786.73		0.38
其中：残疾人就业保险金	96396.00		0.09
工会经费	138337.12		0.13
网上报税及税控费用	6230.00		0.01
街道卫生费	11400.00		0.01
协会会费	37500.00		0.04
企业所得税审核费	25000.00		0.02
银行卡手续费	52423.61		0.05
真标费用	22500.00		0.02

表 2　山东省某商业零售企业 2010 年税费清单（750 名员工）

项目	金额（万元）	营业收入（万元）	占营业收入比例（%）
税后利润总额	53	13300	0.4
税金总额	210.8		1.58
其中：增值税	176		
营业税	5		
教育费附加	7		
城建税	12		
印花税	1.6		
企业所得税	9.2		
社会保险总额	36		0.27
费用总额	10.67		0.08
其中：企业年度检验费	0.87		
残疾人就业保障金	2		
卫生费	5.8		
门头装修费	0.8		
户外活动收费	1.2		

表 3　南京市某建筑装饰企业 2010 年税费清单（694 名员工）

项目	金额（万元）	营业收入（万元）	占营业收入比例（%）
税后利润总额	756	16659	4.54
税金总额	813.36		4.88
其中：营业税	499.7		
教育费附加	19.99		
城建税	34.98		
印花税	6.5		
城镇土地使用税	0.19		
企业所得税	252		
社会保险总额	80		0.48
费用总额	56.75		0.34
其中：企业年度检验费	0.1		
残疾人就业保障金	5		
计量器具收费	5		
职业安全卫生检验费	10		
卫生费	5		
防洪基金	5		
行业协会费用	10.65		
安监费	16		

表 4　南昌市某医药流通企业 2010 年税费清单（180 名员工）

项目	金额（万元）	营业收入（万元）	占营业收入比例（%）
税后利润总额	137.74	8980.94	1.53
税金总额	575.69		6.41
其中：增值税	462.32		
教育费附加	14.24		
地方教育费附加	3.64		
城建税	24.07		
印花税	2.30		
房产税	10.30		
城镇土地使用税	5.80		
企业所得税	53.02		
社会保险总额	24.20		0.27
费用总额	12.16		0.14
其中：企业年度检验费	0.12		
残疾人就业保障金	2.40		
卫生费	0.20		
防洪基金	5		
堤围防洪费	1.44		
价格调节基金	3		

表 5 合肥市某制造型企业 2010 年税费清单（926 名员工）

<table>
<tr><th>项目</th><th>金额（万元）</th><th>营业收入（万元）</th><th>占营业收入比例（%）</th></tr>
<tr><td>税后利润总额</td><td>725</td><td rowspan="20">24038</td><td>3</td></tr>
<tr><td>税金总额</td><td>1337</td><td rowspan="9">5.56</td></tr>
<tr><td>其中：增值税</td><td>827</td></tr>
<tr><td>教育费附加</td><td>33</td></tr>
<tr><td>城建税</td><td>41</td></tr>
<tr><td>印花税</td><td>6</td></tr>
<tr><td>房产税</td><td>22</td></tr>
<tr><td>城镇土地使用税</td><td>37</td></tr>
<tr><td>企业所得税</td><td>371</td></tr>
<tr><td>社会保险总额</td><td>450</td></tr>
<tr><td>费用总额</td><td>32.1</td><td>1.87</td></tr>
<tr><td>其中：企业年度检验费</td><td>0.3</td><td rowspan="9">0.13</td></tr>
<tr><td>残疾人就业保障金</td><td>12</td></tr>
<tr><td>计量器具收费</td><td>130</td></tr>
<tr><td>职业安全卫生检验费</td><td>0.2</td></tr>
<tr><td>安防系统工程检验费</td><td>1</td></tr>
<tr><td>环评费</td><td>1.40</td></tr>
<tr><td>卫生费</td><td>0.80</td></tr>
<tr><td>各种会费</td><td>8.50</td></tr>
<tr><td>产品检验费用</td><td>6.60</td></tr>
</table>

表 6 北京某餐饮连锁企业 2010 年度和 2011 年 1～10 月的税费清单

<table>
<tr><th rowspan="2">项目</th><th rowspan="2">执行标准</th><th colspan="2">2010 年度</th><th colspan="2">2011 年 1～10 月</th></tr>
<tr><th>金额（万元）</th><th>占总营业收入的比例(%)</th><th>金额（万元）</th><th>占总营业收入的比例(%)</th></tr>
<tr><td>营业税</td><td>以收入为计税依据，税率为 5%</td><td>2649.0</td><td rowspan="6">6.23</td><td>3014.7</td><td rowspan="6">6.21</td></tr>
<tr><td>城建税</td><td>以营业税为基础，税率为 7%</td><td>176.8</td><td>202.5</td></tr>
<tr><td>教育费附加</td><td>以营业税为基础，税率为 3%</td><td>81.6</td><td>94.2</td></tr>
<tr><td>企业所得税</td><td>—</td><td>218.0</td><td>168.4</td></tr>
<tr><td>代扣代缴个人所得税</td><td>—</td><td>209.3</td><td>197.4</td></tr>
<tr><td>增值税</td><td>小规模纳税人，按商业零售额的 3%</td><td>5.2</td><td>14.4</td></tr>
</table>

（续表）

项目	执行标准	2010 年度		2011 年 1～10 月	
		金额（万元）	占总营业收入的比例(%)	金额（万元）	占总营业收入的比例(%)
印花税	书立合同金额的 0.1%或 0.003%	19.5		27.5	
房产税	房产余值的 1.2%	14.2		31.8	
土地使用税	房产面积，每平方米 1.2 元征收	6.8		97.2	
契税	房款的 3%	0		52.5	
车船使用税	不同车型，以载人载货车区分，以车座位区分	1.6		1.8	
税金总计		3382.1		3902.3	
税控系统及发票相关费用总计		55.2	0.1	53.8	0.09
残疾人保障金	京政发〔2006〕18 号	171.2	1.11	267.1	1.87
工会经费	（京工发（2011）56 号）	—		284.2	
银联 POS 机刷卡佣金	刷卡消费金额的 2%	431.9		623.26	
费用总计		603.1		1174.56	
社会保险支出总计		167.9	0.31	285.5	0.45
各项税费总计		4208.3	7.76	5416.16	8.61

附件四：各地部分企业缴纳税费情况案例

案例一：北京市某餐饮连锁企业社会保险费缴纳情况

2010 年颁布了《中华人民共和国社会保险法》，统一城镇、农民工保险。对于劳动密集型的企业，由于安排了大批农民工就业，由缴纳两险变为缴纳五险，企业受到巨大影响，尤其是给员工全员上保险的规范经营企业。北京一家餐饮连锁企业按照其中一家员工 30 人、日均流水 10000 元的连锁餐厅的情况，核算了一下由于社会保险费的变化对餐厅人工成本的影响。按最低工资基数算，原农民工保险（两险）合计 32.77 元，改按城镇保险（五险）缴纳后，单位承担 632.63 元，个人承担 187.82 元，由于餐饮业员工流动性大、工资水平比较低，很多员工不愿缴纳社会保险的个人部分，企业不得不替员工缴纳费用，因此全部费用均转嫁到企业，企业实际上共需缴纳 820.45 元。按最低工资标准粗算，过去大多数餐饮企业为每个员工每月支付的费用为：最低工资 1160 元 + 奖金 200 元 + 加班费 427 元（每月四天假日，加班双薪）+ 住宿费 200 元 + 餐费成本 360 元 + 社保 32 元 + 培训费 27 元 + 工会费 36 元 = 2442 元，30 名员工总计 73260 元，占总流水的 24.42%；交纳五险以后，每月人均费用增至 3230 元，30 名员工总计 96900 元，占总流水达到 32.3%，相当于人工成本增加了 32.26%之多。

据企业反映，因餐饮业从业人员绝大多数属外地农民工，本身知识水平不高，劳动技能弱，普遍工资水平不高，188 元占其工资的 10%左右。

90%的员工年龄为18～28岁，15年后为33～43岁，正值青壮年，离退休还有很长时间，但现在交的养老保险费，需要员工在15年中所工作的企业都是规范给员工上五险的前提下，才有可能享受，否则之前缴纳就白费了。故绝大多数人员认为眼前利益更重要，先需要现钱娶妻生子、养家糊口，故不愿上缴此笔费用，希望企业给其上农民工保险，保障其基本医疗、工伤权益即可。

案例二：北京市某会计师事务所工会经费缴纳测算

根据京工发（2011）56号文件，北京从2011年7月开始试点并逐步全面推广工会经费税务代收工作。按规定，工会经费缴纳标准为员工工资收入的2%，每个季度一次交给地税局，之后由地税部门返回60%给企业，其余40%交由各级工会组织使用。北京一家80人规模的会计师事务所做了一个测算，拿2010年的数据来看，2010年企业营业收入总额为800万元，员工工资总额是300万元，如果按照2%的比例缴纳工会经费，一共是6万元，除去返还的60%的部分，企业还需承担2.4万元，仅此一项，就占到了企业总营收的0.3%。而据我们调研的多家中小微型企业了解，2011年下半年已经缴纳了工会经费的企业，都还没有收到任何返还款，返还手续复杂，审批时间长，即“收钱快还钱慢”。特别是，由于相关政策对企业成立工会有最低人数限制，微型企业没有可能成立工会，因此无法拿到返还的工会经费，但他们却依然要按要求缴纳该费用。

案例三：北京市某高科技企业税控系统及相关费用情况

北京一家高科技型企业，2010年营业收入总额为3000万元，共有35名员工。该企业的经营范围涉及建筑业和服务业，因此对应两种不同的票种，按照规定，缴纳地税时配备的各种设备几乎都需要两套，具体来说，两台税控计算机共8000元，两套税控器、读卡器、IC卡共4100元，两张税控器隔离卡共1760元，两套备份系统共1380元，一台国、地税可共用的针式打印机计2999元；国税方面，小规模纳税人原本是可以使用手工发票的，但2010年的新政策规定小规模纳税人也要集体上机器，而且设定了期限，该企业因此于2010年3月购置了整套设备，包括：一般纳税人、小规模纳税人均可用的税控计算机计5000元，税控器1300元，税控伴侣480元，还缴纳了280元税控培训费。但是2011年期间又因达到了一般纳税人标准，升级为一般纳税人后，原用于小规模人纳税人的设备全部作废，2011年9月重新购置了新设备，包括：金税卡、读卡器、IC卡共计1416元，涉税宝（与税控伴侣不兼容）880元，一般纳税人专用发票抵扣信息采集使用的扫描仪980元，增值税专用发票抵扣联网络认证客户端软件800元。国税和地税的税控系统一次性投资上，该企业共计花费了29375元。而同时还需每年缴纳的各种服务费也不少，国税方面，金税卡服务费/年370元，抵扣联信息采集系统服务费/年200元，网上申报/年120元；地税方面，两台税控计算机的年维护费共1180元，两台税控器的年服务费共720元，网上申报数字证书费/年280元。这些服务费每年总计2870元。

据企业反映，为了缴税，税务部门要求重新购买各项设备，但这些设备只能在纳税时使用；只规定有限的几家定点企业作为供货方，企业没有选择；由于国税局强制要求在短期内购买机器，一些企业因为各种设备没有配齐，但是又停了手工发票，导致在几个月内完全无法开展业务。

案例四：小微企业税费情况示例

据浙江省工商业联合会的调查，2008年金融危机后，浙江各级政府出台了一些减轻税费的政策，使中小企业得到了一些优惠，但现在有的政策已经恢复执行。通过调查近500家工业小企业的税费情况，小企业纳税额和缴纳的各种行政事业性收费总额基本相当，但涉及的税种和费用总类2010年都比2009年在数量上有所上升（2009年涉税种类平均7.6项，2010年为8项；2009年涉费种类平均为7项，2010年为10.5项）。据绍兴一家纺织企业反映：一件报价为75元的衣服，面料和辅料成本约为50元，加工费25元。在这25元加工费中，需缴纳国税3.63元，地方教育附加费0.44元，水利基金0.02元，社保费用2.55元，总的税费6.86元，这样实际税费负担达到27.44%。

北京一家从事文化产业的微型公司，6名员工，2010年营业收入总额为163万元，税后利润总额为1.9万元，缴税总额为9.15万元，占营业收入的5.6%，社会保险费为9.18万元，占营业收入的5.6%。

案例五：企业不合理收费例证

据广东省工商联调查，广州市除收取企业人均138元每年的暂住证费和每家企业450元一月的垃圾清理费之外，还要收取每家企业每月1600元的保安费、每月200元的治安联防费以及16000元一年的工业园区绿化安全管理费等。

据海南省工商联调查，企业装修店面使用的相关材料都要按消防部门要求送检，每项收费2000元，整个装修光此项送检就得花上万元，否则拿不到消防许可证无法营业；公安部门要求娱乐企业安装一套治安管理信息系统，收费6800元，每年还要交1500元管理维护费，一个新人员信息录入另交150元。

河南省工商联在对中小企业的调查中，回收了500多份问卷，其中的60%的企业反映规费过多、负担过重。中小企业要面对城建、食品、卫生、消防、气象、统计（强制培训）、残联（残疾人就业保障金）、环评、地震监测、文物勘探等众多收费门类。据河南省工信厅统计，如注册一个3万至5万的小公司，注册过程费用平均2000元以上，即使不营业，一年也需缴纳3000元以上。

黑龙江省工商联的调查显示，虽然1999年《黑龙江防洪保安费征收使用管理办法》中规定，防洪保安费的征收自1999年1月1日起到2010年12月31日终止，但目前该项费仍在征收中，比如，哈尔滨市按营业收入的1‰征收，鹤岗市则是按户收取1万元。

新疆自治区工商联的调查中，有企业反映，餐饮企业每年换发特殊行业安全许可证，公安局不收费，必须到公安局下属的保安公司交费后才能换发。某市一公司每年各种衡器和场内作业的叉车、装载机的检测费需要近3万元。

山东一家民营医疗机构反映，企业一台心电图机每年要交费5000元，X光机操作人员办证费、年审费每人需要几千元的费用。

赴温州调研情况汇报

受全国工商联领导委托，全国工商联欧阳晓明副秘书长一行四人于10月13～15日赴温州进行调研。在浙江省工商联和温州市工商联配合下，在温州市瓯海区、乐清市、龙湾区、中国民生银行温州分行召开了4次座谈会，邀请政府有关部门、银行、行业商会、小额贷款公司、担保公司和30余家企业，就当前温州中小企业生产经营现状、存在的主要困难及原因、对政府政策措施的建议等听取了意见。我们和与会者进行了认真讨论，感受到他们希望通过工商联反映诉求的迫切愿望。通过调研，我们了解到，受国际国内宏观形势影响，温州企业生产经营面临融资成本、原材料成本、劳动力成本大幅上升的压力，劳动密集型企业的利润空间不断被挤压，多数企业盈利水平不断降低，抗风险能力较弱。个别企业（温州市有几十家）因转型升级、盲目投资、借高利贷等原因，出现了资金链断裂、企业关停和企业主出走的问题，与其联保互保企业也遭到银行的追讨，引发连锁反应。同时经过媒体的大肆宣传，在社会上引发了恐慌心理，金融机构和民间借贷开始抽资和压贷，温州市信用体系遭到破坏。“十一”期间温总理视察了温州，国务院和省市两级政府出台了一系列稳定经济的措施，金融机构也积极配合，及时消除了恐慌心理，防止了风险的扩大和蔓延。我们的初步判断是：温州经济总体运行正常，坚持主营业务的企业生产经营状况基本正常，但是中型和小型企业的生存环境非常艰难，资金异常紧张，企业经营处在微利、无利甚至亏损，潜在风险很大。温州三季度工业生产总值增长幅度有较大下降，并有继续下滑的风险。

需要进一步采取更加有效的措施，适当扩大资金供给，帮助企业渡过难关。同时要高度警惕，防止温州经济危机和恐慌心理向周边乃至全国蔓延。

一、“温州危机”的大体情况

最近才凸显的“温州危机”，在2011年上半年已出现苗头，1～8月约有85家企业倒闭，到9月份有十几个企业主“跑路”，因企业规模较小，未能引起足够重视。直到9月21日眼镜行业龙头浙江信泰集团董事长胡福林因欠十多亿元债务，出走美国，在媒体的聚焦下，温州经济危机受到了各级政府和民众的关注。

浙江信泰集团在2008年经济振兴政策支持、地方政府产业结构调整规划的引导下，投资2亿多元进军光伏产业，在项目还没有盈利时，突遇国家实行货币紧缩政策，新款贷不到，旧债还不清，所负债务无法按期偿还。由于民间负债，遭遇债主暴力催债，为了人身安全，企业主出走国外。发生的数起企业主“跑路”大体都是类似情况。

由于胡福林在当地有一定影响力，信泰是当地纳税大户、眼镜行业的龙头企业，他的出走引起了政府和各方面的高度重视。同时也有不少新闻媒体推波助澜，对“温州危机”的大肆炒作，使恐慌情绪在社会上蔓延，助推了温州企业长期形成的信用环境恶化：银行为防范风险进一步收紧银根和抽贷，民间借贷活动几乎完全停止；温州企业家的对外信誉也受到影响，不少供货商一改延期付款的做法为现金交易和款到发货。这些都助推了企业资金链的进一步紧张。

温家宝总理10月4日温州之行起到了“稳定人心，提振信心”的作用，危机蔓延的趋势得到遏制。随后在温州工商联新任主席奥康鞋业董事长王振滔等多方的努力下，胡福林已于10月10日返回温州，这也似乎成为“跑路”事件的一个转折点，又有一些出走的企业主陆续回来。政府、工商联也在帮助他们进行融资和企业重组，恢复正常的生产经营。

二、温州危机的深层次原因

在座谈会上，无论是企业代表还是政府部门负责人的发言，都非常恳切地反映资金短缺是企业目前面临的最大问题，并客观地认为少数企业盲目转型、扩张也是重要原因之一。

（一）国家宏观政策及金融系统的原因是反映最强烈的问题

1. 金融政策大起大落导致资金链出现问题

2008年，国家为应对金融危机，实行宽松的货币政策，温州市民营企业长期存在的融资难变得很容易。某企业提及：企业到银行贷款500万，银行信贷人员说这个项目好，可以贷款2000万，由于利率比较低，企业家感到不贷就吃亏，冲动地过多借贷。但银行对民营企业的贷款多为6个月到1年的短期产品，而企业通常将其用于长期项目的建设中，即“短贷长投”。企业靠民间高利贷资金作为过桥资金，帮助企业还贷，并等待新贷款的续贷，在资金宽裕的时候这样的方式不会出现任何问题。当资金紧张后，银行收贷，民间也收贷或者短期高利贷变为长期高利贷，企业承受不起，导致资金链断裂。此次温州危机，民间信用体系遭到破坏，恐慌情绪蔓延，银行的风险控制力度加大，数据显示，2011年1～6月，温州各银行新增贷款506亿元，平均每月为84亿元，而7、8两个月新增贷款合计为100亿元，平均每月为50亿元，减少了40%，增量出现明显的下降趋势。9月份数据还没有看到，可以肯定下降幅度会更大（座谈会上一家与建行合作的担保公司反映，8、9月基本没做贷款担保业务），银行收缩贷款业务，加剧了温州危机的扩大和加速。

2. 银行贷款实际利率高企，加大企业融资成本

在货币紧缩政策下，银行贷款利率不断攀升。国家规定银行的贷款利率在基准利率的基础上可以实现最高30%的上浮。企业座谈会上反映，温州银行基本按上浮最高水平放贷，且又设立名目繁多的各种收费，主要有企业理财产品（向企业销售基金等）、企业保险产品（搭售企业固定资产长期保险等）、存贷款挂钩（企业贷款2000万必须存款1000万）、提前扣除利息（贷款1000万，实际发放840万）等，变相抬高贷款利率，大型企业贷款利息达到1.4分/月，小型企业达到1.6分/月。民间融资利息则达到3～5分/月。

（二）企业盲目投资、冲动转型是温州危机的内因

在2008年后4万亿元投资刺激下，温州的部分民营企业放弃利润低的主营业务，投资高新

技术产业、房地产等利润高的行业。但资金、人才、管理皆准备不足，抵抗风险能力小。据统计，2010 温州百强民企绝大部分有多个主业，5 成以上的企业进军房地产业和金融行业，企业融资需求量剧增。由于产业转型前期投入过高，后续资金亟待补充，但产业形成规模及利润周期较长，碰到资金紧缩则陷入困境。

（三）税费负担重且财税优惠政策落实不到位

中小企业的税费负担比较重，据温州有关企业指出，其综合税费约达 35%。企业家指出各种关于中小企业的财税政策措施往往操作性不强，温州外贸企业的税费补贴不能完全落实，对为中小企业提供信贷的小额贷款公司和担保公司政策支持不够。对于中小企业的财税政策的差异化管理没有体现。有企业反映，年纳税所得额在 3 万元以下的企业，其所得额按 50% 计入应纳税所得额的规定，由于起点太低、优惠不够，同时对企业财务管理要求过高，基本上只是流于形式。

（四）地方政府对企业转型升级的指导服务不够

信泰集团 2009 年进军光伏产业时，温州政府将其作为转型升级的典型进行宣传，随后的指导和扶持没有及时跟上。温州民企数量多，产业集群性质明显，地方政府的指导企业转型升级规划的科学性、差异化引导措施没有体现。温州最近的“六先拆”政策加大了民营企业成本，很多民营企业对这种一刀切的方式表示了质疑。企业家提出“非公经济 36 条”的配套措施不全及实施力度不够，导致企业转型升级过程遭遇“玻璃门”，继而在资金逐利的驱动下，进军高风险的投机性产业，在此次温州危机中伤痕累累。

（五）市场环境骤变及成本过高挤压企业利润

2011 年以来，外汇汇率不断攀升，同时劳动力成本上升（2011 年的温州劳动力成本约为 2800 元/月，近年来每年提高约 30%）、原材料成本上升（比去年同期提高 20%），两头挤压导致很多企业陷入了“不做不亏，越做越亏”的怪圈。部分民营企业去年利润水平为 5% ~10%，现在则基本是保持无利，甚至亏损。这样的市场环境打击了企业主继续做实业的信心。一些大型企业抗风险能力强，但这样的环境最多只能坚持一两年。

三、面对温州危机，各方面积极采取措施

面对呈现蔓延趋势的温州问题，政府部门积极采取各种措施，尽可能降低温州危机的损失，重塑温州信用体系，转变温州发展模式，提升温州经济发展水平。

1. 国家层面采取的扶持措施

10 月 12 日，国务院研究确定支持小型和微型企业发展的金融、财税政策的 9 条措施。其中提出对小微企业贷款的增速不低于全部贷款平均增速，增量高于上年同期水平；适当提高对小微企业贷款不良率的容忍度；小型微利企业减半征收企业所得税政策，延长至 2015 年底并扩大范围。

2. 温州地方政府实施的各项措施

市委、市政府发布了《关于稳定规范金融秩序促进经济转型发展的意见》，明确加快金融改革创新，规范民间金融秩序，同时组织 25 个联络组进驻 25 个市级银行机构（暂定时间 1 个月），协调银行机构做好银企融资对接。

市政府为加大财政资金扶持力度，设立 5 亿元“企业应急转贷专项资金”。对困难企业减免税收；对生产经营正常的企业银行不抽贷、不压贷；对于资金暂时流动困难的，加强政企银联手，加大资金扶助力度；对已经关停倒闭的企业，支持其兼并重组。

在防范社会风险方面，温州市发布了《关于保护正常民间借贷 打击非法高利贷活动的通告》，公安机关对恶意逃债、恶意讨债和破坏社会秩序等不良行为予以严打，保护公民的人生安全。

3. 金融机构采取的银企帮扶措施

各家银行均按照“属地管理，一企一策”的原则切实为中小企业解决问题。大部分银行均已向直管行提出了增加信贷规模的申请，并得到部分批准。

工商银行温州分行、中信银行温州分行取消了辖区支行的存款业务考核。招行温州分行将不良贷款容忍度提高至 2% 等。建行明确表态不抽资、不压贷，对已有风险但可控且生产经营正常的企业维持信贷业务的投放。

民生银行温州分行与中小企业举行“与民营小微企业同根同源”交流会，提出五大措施帮扶企业，取得积极效果。一是积极增加信贷规模，并得到总行原则同意；二是利率优惠政策，对资金暂时出现困难的企业给予利率优惠，实行差异化利率；三是提高审批效率，兑现“初次申请，3天答复；二次申请，1天答复；信用客户，3天放款”的承诺；四是调整绩效考核，将企业维稳工作纳入各经营单位考核中；五是提高不良贷款容忍度，争取提高至1.5%（现在为0.34%）。

4. 温州工商联和行业商会帮扶措施

温州市工商联刚刚换届，在这次危机中起到了重要的作用。政府通过工商联动员胡福林回来，并积极帮助他恢复生产和重组。工商联还积极与市政府有关部门衔接，目前正筹备成立“企业扶助资金”，帮助会员企业缓解融资困难。鹿城区工商联成立了会员企业服务中心，副主席单位共同出资设立了“中小企业转贷临时周转金”，资金额度达到3亿元至6亿元。瓯海区工商联推动组建瓯联控股集团由6家主席副主席单位组建，决定投资2亿元组建帮扶资金。

鹿城区服装行业协会根据会员企业规模和实力，以“抱团取暖”的形式分类对接银行。温州市橡胶行业12家骨干企业共出资1200万元设立了“温州大橡投资发展有限公司”，帮助会员企业的资金救急与调剂。温州家具商会用3000万元专门成立“温州家具商会资金互助会”管理使用。

四、温州危机的几点反思和建议

通过此次温州调研，与会的企业家、专家和政府部门负责人客观地、理性地分析了危机的由来，反思了长期以来积累的问题，提出了建议。

第一，温州危机目前得到了缓解，但是还没有得到根本性解决，潜伏的危机依然存在，需要将近期措施和远期政策统筹考虑。近期要出台稳定经济、提振信心、帮助企业走出困境的措施；远期要以转变发展方式、提升产业水平为目的出台政策。2011年温州市市规模以上企业工业总产值1～3月增长20.3%，1～6月增长17.0%，1～8月增长15.4%，单独换算7～8月，实际增长为11.64%，增速逐月连续下降。龙湾区以工业企业为主，一家供电企业反映7月份用电量为560万度，9月份为450万度，除去夏季空调的因素，用电量仍有较大下降。因此近期对这些信号要充分关注，防止“经济增长失速”的风险（区经贸局负责人提出），适当调整货币政策，加大资金供给量。

第二，加大“民间投资36条”的落实力度。很多民营企业家认为“民间投资36条”没有得到很好的落实，配套措施没有到位，很多实施细则没有出台，国有企业垄断有加强的趋势，很多应该放开的领域碰到了“玻璃门”现象。资本是趋利的，制造业利润很低，进入垄断行业困难重重，很多企业投资房地产以及一些投机性行业，在房地产萎缩，货币政策紧缩的情况下，导致一些企业陷入困境。因此要加大“新36条”的执行力度，真正促进民营经济发展。

第三，银行加大改革力度，支持民营企业发展。民营企业的基建项目和技改项目得不到银行长期资金的支持，很多企业实行短贷长投，循环贷款的方式进行项目建设，但这样带来的后果就是，银行的贷款被企业改变了贷款用途，不利于银行的监管，同时企业不断面临银行的催促还款的压力。如果能够适当扩大银行对民营企业的中长期贷款比例，有利于民营企业的转型升级中的资金安排。我国长期以来一直实行固定的利率政策，在基准利率的基础下，实行浮动利率，银行的自主性和竞争性不强，尽快推动利率市场化，有助于企业采取不同的经营策略，实行差异化经营，维持适度竞争，为企业提供差异化服务。

第四，政府要发挥对企业的转型升级进行方向指引的作用。目前政府出台的结构调整、转型规划对企业的指导性不强，跟踪服务欠缺，有时还会出现误导。另外，少数企业还在进行着低端产业的重复建设，造成诸如皮革、低压电器产能严重过剩，并引发价格战，有时会击垮经营多年的好企业。政府如何解决好这个问题，事关企业的发展，更影响到区域经济发展的可持续性。国家、地方各级政府都应予以重视并解决好。

第五，统筹规划，搞好温州金融综合改革试验区建设。金融改革是一个攻坚战，既需要理论指导，也需要实践去加以印证，温州危机提供了一个良好的契机，建议中央政府和地方政府高度重视，以温州为试点，进行金融综合改革，制定差别化的金融政策，解决长期困扰温州经济发展，又为温州经济发展提供了润滑剂的民间金融问题，探索一条金融改革的新路。

第六，对于舆论宣传的导向问题，政府有关部门应加强监管，特别是当地政府应及时把握，以免造成不应有的影响。温州危机来势汹汹，其中很大的因素是网络的种种不实言论，此类状况时有发生，危害较大。监管部门一方面要紧密关注其动态，同时应加强监管，对不负责任特别是不符合实际的报道给予及时制止，并追究责任。

第七，工商联和以民营资本为主的中国民生银行在后温州事件时期还应有大作为。在后温州事件时期，工商联在稳定民营企业家队伍人心，维护民营企业利益，向政府有关部门建言献策，坚持正确舆论导向等方面将发挥重要的作用。中国民生银行温州支行在温州事件中逆势而为，积极支持中小企业，提升了信誉。体现了与民营企业“同根同源同成长”的理念，并将继续支持民营企业发展。

加快民营企业进入垄断领域的政策建议

——以石油和金融领域为例

当前，我国民间投资规模不断扩大，质量和效益不断提高，特别是《国务院关于鼓励和引导民间投资健康发展的若干意见》（国发〔2010〕13号，以下简称“民间投资36条”）颁发实施一年来，民间投资的政策环境得到很大改善。但是，民营企业仍在石油、金融、电信、铁路等领域遇到市场准入、公平竞争等问题。为深入了解民间投资在石油领域的市场准入，以及公平竞争方面存在的问题和困难，广泛听取民营企业的意愿和诉求，向党和政府提出进一步落实“民间投资36条”、加快民营企业进入垄断行业的建议，全国工商联将“加快民营企业进入垄断领域研究”作为2011年的重点调研课题。由全国政协副主席，全国工商联主席黄孟复同志牵头组成的调研组，于2011年2月至6月间，采用资料分析、召开座谈会、开展专题研究和实地调研等形式，对民间资本进入石油和金融等垄断领域进行了较为深入的研究。

第一部分
加快民营石油企业进入
垄断领域情况调查及政策建议

一、我国石油领域体制的现状和问题

1. 三大石油公司基本垄断从原油开采到终端销售的整条产业链

目前，中石油、中石化和中海油三大石油公司控制了超过95%以上的原油生产和进口；中石油和中石化炼厂的产能占全国炼油总产能的近80%，实际炼油数量占比更高；中石油、中石化全资和控股的批发企业占全国总数的比例超过75%，加油站占全国总数一半以上。

2. 民营石油企业在石油领域各环节都未能得到平等的竞争地位

民营企业尚未获得“民间投资36条”规定的石油勘探开采权；民营企业实际进口原油的数量十分有限，商务部公布的2011年原油非国营贸易进口经营备案的23家企业中，国营企业所属公司占到13家，民营企业仅8家，而且按照规定，所有的非国营原油进口都必须返销给两大石油企业；由于缺少稳定的原油供给，民营炼厂开工率普遍不到30%，设备装置闲置情况严重；石油流通企业没有稳定的成品油供应保障，油源控制在两大石油公司手中，优先供给自己的批发企业和加油站，即使是获得非国营贸易成品油配额的民营油企也只能进口燃料油，无法进口汽柴油，因此时常出现批发企业无油可批和加油站无油可加的情况；民营油企约有4000万吨仓储能力，但由于长期没有稳定的油源供应保障，民营石油企业的码头、油库大多长期处于闲置状态。

3. 石油行业目前存在的问题主要是由于不当垄断和过度排斥竞争导致的

行政部门赋予企业垄断市场和控制资源的权利，并设置层层壁垒，就会产生不公平的竞争行

为，扭曲市场经济的本来属性，从而引发各种社会经济问题，包括国家能源体系的市场适应能力和供给保障能力日益弱化、石油价格扭曲、国家在国际市场话语权缺失、区域性油荒，以及经营效益和效率低等问题。

二、让具备条件的民营企业适度进入石油领域的必要性和可能性分析

1. 打破石油行业不当垄断、引入适度竞争有利于国家经济安全和改善民生

打破垄断让更多的企业参与竞争，市场将更加活跃，可以使进口渠道、方式、时机更加灵活多样，促使炼油企业更加注重创新、提高品质、降低成本，战略储备将更加分散、充足、安全，销售网络星罗棋布更加方便群众、价格趋于合理，更加利于民生。

2. 适度开放民间资本进入石油垄断行业时机已成熟

国务院“非公经济36条”和“民间投资36条”鼓励民间资本进入石油领域，提供了政策依据；民营企业已具备了进入石油行业上中下游各环节的能力，多年来在夹缝中生存下来的民营炼油企业和流通企业具有顽强的生命力，在技术、装备、经营管理上具有比较优势；石油供给市场从过剩到相对短缺，引入更加充分的竞争，有利于石油行业企业挖掘潜力，在中间环节消化部分油价带来的成本上升，缓解成本向其他行业转嫁的趋势。

3. 放开石油进口不会重蹈铁矿石进口的覆辙

石油与铁矿石的国际市场交易方式有根本的差别，国际上铁矿石主要有三个大的供应商，选择较少，这种供需方直接谈判的利益博弈导致了我国进口铁矿石价格连年上涨。但是，国际石油交易的特点是买家和卖家比较分散，石油交易主要是通过国际上几个主要石油交易平台进行，有成熟的价格形成机制。放开石油进口管制，促进石油贸易主体的多元化，非但不会重蹈铁矿石覆辙，反而有利于提高我国在国际市场上的影响力。

三、关于逐步放开石油领域的建议

建议我国石油领域体制改革按照“适度垄断、引入竞争、逐步放开”的原则，根据石油产业链各环节不同的特点，确定为上游适度垄断、中游引入竞争和下游逐步放开的格局。即在石油勘探和开采的上游环节，维持国有企业的主导地位，以中石油、中石化、中海油等国有企业为主体，吸引民间资本积极参与；在石油炼制的中游环节，鼓励民营企业进入炼油加工行业，给予符合条件的民营炼厂与两大石油公司平等的竞争地位；在油品流通的下游环节，充分放开市场，鼓励多元化竞争主体进入，要建立一个以石油交易平台为中心，公平、透明、健康的石油市场。石油领域改革还需制定路线图逐步实现，当前最现实和最迫切的是以放开原油进口为改革突破口。

1. 打造我国规范成熟的石油交易市场

充分利用国内石油交易市场，为国内各种所有制的石油经销商和石油生产企业提供公开透明、公平交易的平台，发现供需平衡点，产生合理价格，培育多元化的市场主体，避免石油市场的无序竞争。我国是石油产品的消费大国，如果引导企业集中在交易市场上进行原油、成品油现货和期货的买卖，随着市场交易量的增加和世界影响力的提高，将会大大增加我国在国际石油定价上的话语权。

2. 支持民间资本参与石油勘探开发领域

落实“民间投资36条”，支持民间资本与国有石油企业合作开展油气勘探开发；出台优惠政策，鼓励民营企业自主开采零散的小油气田、低渗低产和地质构造复杂出油率不高的油气田。

3. 逐步放开对民营企业原油、成品油进口限制

一是大幅度提高原油、成品油非国营贸易进口配额，适当扩大进口主体。取消非国营贸易企业进口原油需由中石油或中石化出具排产证明的有关规定，取消对成品油非国营贸易配额只能用于进口燃料油的限制，允许他们在配额内自行进口并在交易市场上流通；二是对民营企业利用海外资源合作取得的份额油运往国内加工，应取消或优先获得进口配额和许可证，进口原油可在交易市场上交易；三是给予符合条件的民营炼油企业原油自营进口权，用于保证本企业生产的原油供给。炼油企业自营进口原油应不受配额限制。可由全国工商联石油业商会，根据企业实力、原油加工能力、油品质量、节能减排指标等筛选、推荐部分符合条件的民营炼油企业；四是允许符合条件的民营仓储企业根据国际国内市场变化情况，自主进口汽柴油等成品油，进入交易市场交易，可先在珠三角和长三角选取一部分企业做试点。

4. 分步骤实现石油流通的充分市场化

一是中石油、中石化应与民营成品油批发企业和加油站签订长期的、有法律保障的供货合同，使市场中成品油的供应得到充分的保证；二是允许民营炼厂直接向市场供应成品油，改变目前只有两大石油公司供油的局面；三是建议两大石油集团从明年起不再参与新建加油站投资，并在未来几年内逐步退出加油站经营，放手给民间资本。鼓励和引导民营企业建立连锁经营的加油站，加强民营加油站的品牌建设和管理的规范性，彻底开放石油行业下游的零售市场。

5. 将符合条件的民营储油企业纳入国家石油战略储备体系

一是由政府租赁民营原油储油设施长期使用，进行战略储备。政府与企业签订合约，对企业的责任、义务做出明确规定；二是结合商业的方式进行储备，政府制定相关法规，规定储油企业承担国家战略储备的义务和责任。对纳入石油战略储备体系的民营储油企业赋予汽柴油等成品油的进口权，允许其根据国际油价和储油能力自主进口，参与石油交易市场交易。同时规定其必须随时保留30%罐底的石油以确保国家在紧急时刻调用。储油企业既履行了国家义务，也能在石油交易中获得收益，还可起到平抑市场价格波动的“蓄水池”作用。

第二部分
民间资本进入金融领域的建议

民间资本难以进入金融服务领域。“民间投资36条”明确提出“鼓励民间资本发起或参与设立村镇银行、贷款公司、农村资金互助社等金融机构”，但现实并不乐观。在村镇银行方面，限于村镇银行最大股东或唯一股东必须是银行业金融机构，持股比例不得低于总额的20%，民间资本投资村镇银行的积极性基本处于被限制状态。截至2010年年底全国村镇银行仅开业395家。受制于多头管理混乱、税费负担较重、资金来源狭窄、金融产品单一、信息不对称等因素，民营资本获准主办的小额贷款公司、贷款担保公司等在实际经营中仍面临诸多困难。截至2011年3月末，全国共有小额贷款公司3027家。据调研，大量拥有一定资金实力的民营企业，对投资进入金融领域、兴办小型金融机构的愿望强烈，但不能获得金融机构的实际控制权以及现行制度体系下的高成本高风险，往往令民营资本望而却步，只能在金融之门外观望。

小型金融机构能为小型微型企业有效解决融资难问题。现有银行体制下，小型微型企业获得大型商业银行贷款十分困难。除银行外的其他融资形式使绝大多数小型微型企业在高额的融资成本前望而却步。“草根金融”即小型金融机构立足于为小型微型企业服务，具有管理层次少、运营成本低、机制灵活、金融服务高效等天然优势和合理性，适合中小企业批次多、数量少、时间急的融资需求；另一方面，中小金融机构分散在各地，扎根基层，对中小企业的经营状况、项目前景、资信状况和企业家素质比较了解，能克服信息不对称产生的交易成本高的障碍。可以说，小型金融机构具有服务中小企业的先天优势，而巨大的中小企业融资需求则为小型金融机构的发展提供了广阔的市场空间。

从准入、扶持、创新和监管等方面加快推进小型金融机构健康发展。为拓宽民间资本进入金融领域，组建更多的为中小企业服务的小型金融机构，我们建议：坚决贯彻落实“民间投资36条”，支持民间资本进入金融领域，参与组建股份制商业银行，遵循小规模专业化、规定区域内经营、严把“吸储”关等原则，发起组建中小型金融机构，力争实现地方金融服务机构的“全覆盖”。从2012年起，取消村镇银行必须有银行业金融机构作为主发起人的限制性规定，每个县（市）允许业绩优良、资信可靠、经营规范的小额贷款公司发起组建村镇银行，让自然人及企业法人可以依法自行组建小金融机构。加强对民间资本进入金融领域的正确引导，杜绝关联贷款等现象的发生，更好发挥民间资本的积极作用。

一、扶持村镇银行服务“小、农”金融

适当调整和放开专户的管理限制，给村镇银行有一个吸收财政资源（如中央和地方拨投的支农资金）的渠道，进一步拉近村镇银行与“三农”经济的关系，提升村镇银行的社会认知度；给予村镇银行更大差别的存款准备金率或免交准备金率，加大对村镇银行支农再贷款和再贴现的支持力度，进一步降低再贷款和再贴现利率；适当延长、拓宽或逐步取消对村镇银行的存贷比限制；尽快建立针对村镇银行的存款保险制度，并在此基础上，允许村镇银行开展存款利率上浮试点。

二、通过财税杠杆扶持小型金融机构

对符合条件的小型金融机构发放的中小企业贷款采取减、免征收营业税、加大准备金提取和代偿损失税前扣除等扶植政策，使小型金融机构能够提供一定的股东报酬，增加市场进入的积极性；对业务规范、资质良好的贷款担保公司给予适度担保资金财政补贴，加大财政风险补偿机制，平衡银保关系，促进银保合作，提高担保公司放大倍数。

三、创新设立多种类型小型金融机构

按照“设立适应特定对象、提供特色服务的多种形式中小金融企业”的改革方向，在目前已有小型金融机构基础上，创新建立包括城镇内提供社区金融服务的社区银行、与风投机构合作服务科技型中小企业的科技银行、帮助小企业低价获得生产设备使用权的融资租赁公司和其他多种专业银行在内的多方位服务体系，鼓励民间资本进入城乡中小商业银行和金融机构，为中小企业提供金融零售方面的服务。

四、创新金融产品、建立多层次企业融资担保体系

建议协调国土、住建、金融、工商等部门为小型微型企业和小型微型企业担保机构开展抵押物和质押的登记、确权、转让等业务提供优质服务。完善中小企业信用担保机构备案制度，建立担保机构信息服务平台，及时掌握担保机构发展动态。大力推动中小企业集合债券和集合票据的发行工作。加大对融资担保机构的分类指导，鼓励非银行金融机构主动开展面向小型微型企业的投融资业务，对政策性担保机构要加大注册资本金的投入，扩大担保规模，增加担保供应量，加大政策导向力度；对商业性担保机构要长期实行财政补贴、营业税减免等财税扶持政策，降低担保费率，构建银行与担保机构的合理风险分担机制；对互助型担保机构要研究推广商会协会组织成立的企业互保金贷款；发展商圈担保融资、供应链融资和商铺经营权质押融资等新的融资模式，通过供应链条上核心企业与其上下游合作伙伴的数据共享，将银行零售业务转化为批发形式。加强企业信用体系建设，集合分散在公、检、法机构，海关、工商、税务、银行、社会保障等不同部门的企业信用记录，建立覆盖全面的征信体系和网络化的征信数据库。

五、切实加强对小型金融机构的监管力度

适度放宽对村镇银行不良贷款的容忍度，建立差异化的问责机制，根据村镇银行所处地区差异较大的特点，实行差异化的监管政策，根据地方金融需求确定村镇银行发展规模。将小额贷款公司和贷款担保公司明确定位为小型金融机构，纳入地方银监局的监督管理范围；由银监局根据地方特点，制定差异化的小额贷款公司和贷款担保公司发展规划；参照商业银行一般根据存贷利差来征收营业税的标准，制定专门对小额贷款公司和贷款担保公司的税收征收标准；严格监管小额贷款公司和贷款担保公司日常业务活动，严厉打击“高利贷”等违规经营活动；加大正面宣传力度，提高全社会对小额贷款公司和贷款担保公司的认识，对平抑民间资本高利，引导民间资本流向发挥积极的作用。

民营企业“走出去”发展模式与特征研究报告

当前，国际金融危机后续影响尚未消除，全球经济复苏进展缓慢，主权债务危机等各种经济危机此起彼伏，包括中国在内的世界各国均把国内企业参与国际竞争列入国家经济安全和发展的重要战略日程。与此对应的是，近年来，我国民营企业在“走出去”实践过程中也逐步摸索出一条独具特色的国际化道路，积累了大量的经验和教训。

一、民营企业“走出去”发展呈现新局面

2008年金融危机发生以来，我国民营企业适应国际国内新环境，进行战略调整，通过“走出去”打开新局面。

1. 民营企业“走出去”发展迅速，已成为“走出去”的重要力量

近年来，从“走出去”企业数量看，非国有制企业①呈上升趋势，所占比已从2005年的71%持续上升到2010年的89.8%；从投资额看，对外投资流量（非金融类）中非国有制企业占比提升也很明显，从2008年的14.6%，提高到2010年的29.5%。截至2010年年底，我国非国有制企业在境外投资的存量已达1040.41亿美元。在一些地区，比如江苏、辽宁等地，民营企业对外投资已占据半壁江山。以江苏为例，2010年该省民营企业境外投资，无论是新批项目还是大项目，无论是项目数还是中方协议投资额，民营企业在全省所占比重都超过了60%。在一些重要领域，民营企业也已成为对外投资的绝对主力。比如矿业领域，根据商务部研究院提供的相关数据，2009年，矿产类境外项目共计155项，其中民营企业登记项目76项，已超过登记总数的一半。

2. 民营企业国际化经营意识不断增强，经营方式愈加成熟

近年来，特别是国际金融危机后，越来越多的民营企业，特别是一些在国内具有竞争优势的民营企业，逐步认识到企业“走出去”的重要意义，“走出去”开展跨国经营和海外投资从自发、随机、盲目向自觉、主动、战略导向转变。企业在进行发展规划时，视野更加开阔，着眼全球配置资源，获取市场，思路更加清晰，目标明确，立足谋求更大的生存和发展空间。调研中，多数民营企业“走出去”都有明确的战略规划，有的抢抓商机获取战略资源，有的延伸产业链以获得产业发展的主动权，有的转移过剩产能延长产品生命周期；还有财务投资以求获得财富增值等。同时，民营企业在发展战略规划、实现路径选择、跨国财务统筹、权益保护等方面的经验更加丰富：基于“侨缘”“亲缘”“学缘”“地方缘”等拉、帮、带“走出去”运行模式已趋于成熟；部分民营企业在发挥产业集群优势，通过产业上下游配套抱团“走出去”上积极尝试并取得了良好的效果。

3. 民营企业国际化前景广阔，可承载强国历史使命

后金融危机时代，我国经济发展和对外开放都进入新阶段。民营企业加快“走出去”步伐，不仅加强国家资源能源安全保障程度，还促进国内产业结构调整和优化。此外，加强民营资本的对外投资，可使目前的“官方资本流出”为主，逐渐转变为“民间资本流出”为主，从而提高资本利用效率，促进国际收支平衡。可以预见，后危机时代我国民营企业“走出去”将进入一个快速发展的新时期，将成为实施国家对外开放战略和富民强国的重要力量。

二、民营企业“走出去”的范围广，方式灵活

当前，我国民营企业境外投资所涉及的行业领域非常广泛，包括农林牧渔业、餐饮保健服务业、加工制造业、矿产资源开发、对外承包工程等等。总体来说，民营企业“走出去”根据不同行业的特点主要还是采取绿地、兼并和契约等灵

---

① 主要包括私营独资企业、有限责任公司、股份有限公司等。

活进入的模式。

1. 农林牧渔领域

我国民营企业农业林业领域对外投资仍处于起步阶段。从“走出去”方式看，民营企业在传统的“租地（买地）种粮”“租地（买地）种植”、参与农业对外援助、参与农林业“合作区”、替代种植模式基础上，不断深化发展。如罂粟替代种植已经逐步向替代产业、替代经济、替代发展的更高层次转型，云南省力量生物公司在老挝、越南、缅甸种植甘蔗等替代罂粟，并发展到蔗糖加工业。又如农业投资已由初期的单一种植业开发向农业综合开发发展。黑龙江省鹤岗市林鹤经贸有限公司在俄罗斯尤太洲设立的公司，每年与饲料场、养殖场签订订货合同，并与中俄农业合作示范区基地农户签订种植品种、数量订单，此外还积极发展生猪、奶牛养殖业，进行农业产业化经营，有效拓展发展空间。

2. 矿产资源领域

近年，民营企业资源领域境外投资发展迅速，已成为我国企业矿产资源领域“走出去”的重要力量，并创造了大量新的模式，如购买产能、开展境外资本并购、实施矿产风险勘查和开发、承接工程、技术换资源等。从产业链运作层次来看，主要通过三种模式：一是直接运作矿权模式，企业直接在当地一级市场登记矿权（勘查权、勘探权或开采权）或通过二级市场购买矿权。此外，矿产资源联合勘查，即通过累积投入资金到一定量后取得勘查区一部分权益，也是近年来我国民营企业常采用的做法。如中川国际矿业集团取得加拿大萨斯喀彻温 2 个省钾矿探矿权和 17 个铀矿探矿权，四川宏达集团在坦桑尼亚开发煤矿和铁矿。二是运作资本市场模式，除企业直接购买上市矿业公司股份的方式外，利用资本市场运作来参股和控股项目公司，进而推动境外资源项目开发也是一种重要模式。比如，科瑞集团投资参股在澳洲注册、在伦敦证交所上市的 ZZL 公司，并通过增发获得公司 70% 股权就属于这种模式。三是开发服务协议模式，即国际矿产勘查开采承包类公司，通过钻探、地球物理服务合同、提高回采率合同等服务合同，参与境外资源勘查开发。例如，中矿资源勘探股份有限公司在巴基斯坦、埃塞俄比亚等地承包矿产勘查钻探工程。这种模式虽不能直接控制资源，但却可以增进与所在国的了解与友谊。

3. 制造业领域

民营企业加工制造业海外投资在国内占据相当的份额，从“走出去”的形式看，主要采取两种方式：一是绿地投资，设立海外工厂，如三一重工股份有限公司于 2007 年在印度投资 6000 万美元建设工程机械生产基地，2009 年，出资 1 亿欧元在德国建设三一欧洲机械制造基地。二是并购海外同行企业，如浙江吉利控股集团有限公司收购沃尔沃，大连远东集团并购欧洲著名工具企业德国维克公司以及世界最大高速钢钻头工厂美国格林菲尔德/克利夫兰刀具工厂。此外，以三一重工为代表的民营工程机械企业在传统销售模式基础上创新海外融资租赁模式，设备可卖可租，满足了资金缺乏或者流动性资金不足的客户的需求，对设备销售起到了很大的促进作用。

4. 传统服务业领域

近年来，我国一些传统服务业民营企业“走出去”正伴随着我国“走出去”的大趋势，焕发出新的生机。在餐饮服务业领域，以小肥羊火锅、小尾羊火锅、上海南翔馒头等为代表的中国民营品牌餐饮企业实施海外特许经营战略，通过直营和加盟模式实现国际市场布局。在保健服务业领域，山东华夏良子集团利用企业已形成的品牌效应，2007 年起在德国开展足疗保健服务，短短 2 年时间迅速打开局面，为弘扬中华民族健康文化和传统中医药“走出去”树立了榜样。

5. 高端服务业领域

目前，在市场需求强烈、准则趋同、政策扶持、人才初步具备的背景下，会计师、律师事务所等高端服务业“走出去”条件成熟。以会计师事务所为例，目前，全国已有近百家事务所在海外创建了自己的服务网络。从地区分布来看，会计师事务所“走出去”的主要地区为中国香港地区，其途径大致分为两类：一是以自身为主体在境外发展执业网络机构，如信永中和会计师事务所；二是加入其他国际网络，成为国际网络的成员所，如京都天华会计师事务所加入了均富国际网络、立信大华加入了德豪国际网络等。

6. 对外工程承包领域

近年，我国民营企业对外承包工程获得了长足发展，业务规模持续保持高位，项目大型化趋势明显。2008 年，共有 130 家民营企业开展对外承包工程，新签合同额105.95亿美元，2009年尽管受到金融危机的影响，仍有143家民营企业境外承揽工程项目，新签合同额达95.22亿美元，单体项目平均规模2.73亿美元。新签合同主要集中在电信、房屋建筑以及电站领域。在电信领域，华为技术有限公司独占鳌头，2011年新签合同额超过100亿美元；在建筑领域，沈阳远大铝业、北京宏福和浙江东阳三建名列前三甲。环保工程近年来异军突起，成为民营企业对外承包工程的新亮点，如上海神工环保股份有限公司承揽合同额为2.16亿美元的巴基斯坦卡拉奇固废全过程管理项目，桑德环保集团承揽合同额为1亿美元的沙特第九污水处理厂升级改造项目等。在工程承揽方式上，我国民营企业已由初期以土建分包和施工总包为主，向以EPC（设计—采购—施工）为代表的总承包模式拓展，并开始尝试PPP（公私合营）模式，更多介入项目前期规划和设计，向高端市场和高附加值领域拓展。

三、民营企业“走出去”的方式模式探索

经过多年的探索，民营企业“走出去”形成了独特的发展模式。

1. 中小企业依托集群化“走出去”

我国民营中小企业受自身条件的限制，在国际化成长方面主要采取三种途径：一是为大企业配套型，企业通过融入大型企业的生产链和价值链，与大企业一起实现国际化经营，这有利于中小企业规避市场风险，增加对外直接投资的积极性，对于较少涉及国际市场的中小企业来说是比较合适的；二是境外平台带动型，通过建立中小企业“走出去”的国际市场平台和境外合作园区，降低企业的成本和风险，使企业以较快的速度进入国际市场，如海宁皮革城在莫斯科建立的“海宁皮革专业市场”，在阿联酋设立的“中国产品交易中心”，华立集团在泰国建立的罗勇工业园等，平台大部分由境外华人或中资企业投资，也有部分由我国政府参与投资；三是集群推进型，民营中小企业集群“走出去”有产业链集群、优势互补集群、地域集群等类型。如浙江越美带动浙江绍兴市当地民营企业在尼日利亚发展纺织业，分工非常精细，产业链集群比较成熟。

2. 多种主体合作“走出去”

当前，民营企业以各种契约形式为纽带，形成了多种主体参与的战略合作关系，增强了企业竞争力，降低了企业国际化经营风险。一种是中外战略联盟模式，我国民营企业积极探索更容易被对方接受的联盟方式，包括市场互换式联盟（海尔与日本三洋）、技术合作式联盟、品牌收购式联盟（TCL与汤姆逊及阿尔卡特）、长期供货合同式联盟、合资经营式联盟等，在民营企业尚不具备境外并购的规模和实力时，战略联盟更有现实性。在一些领域，如资源领域，中外企业的战略联盟更是必不可少的途径，可以避免很多的风险。另一种是国内企业间的合作模式。如在资源领域较为普遍的民营企业与专业性事业单位的紧密合作；另外，与国有企业战略合作、与中介组织互补合作、民营企业之间合作等也有很多案例。

3. 境内外融资方式多元化

近年，民营企业境外投资的融资渠道有所拓宽。一是通过境外金融市场进行融资。一些民营企业善于利用国外资金渠道，例如：上市融资、银行贷款、私募股权融资等。二是基于项目进行融资。目前，包括融资租赁模式和PPT模式等方式在内的融资手段已被部分民营企业所采用。三是通过股权性投资基金进行融资。近年来，一些针对企业“走出去”的股权投资机构迅速发展起来，如国内的中非发展基金、中国东盟投资合作基金等。在部分行业也成立了专业的股权投资基金，如资源领域的中矿联合基金。四是通过民营企业“抱团式”贷款进行债权融资。在实践中，一些民营企业组成联保小组，以集合企业不动产作为担保，解决了部分对外投资的融资问题。

4. 更加重视风险防控

当前海外突发事件，侵犯海外企业利益事件越来越多。面对复杂局面，我国民营企业通过多种途径规避海外发展的各种风险，主要有：一是通过“抱团出击”防风险，通过集群式开发，建立境外经贸合作区、境外贸易中心，成立民营企业国际合作组织等方式，合力“抱团打天下”；二是通过壮大民间海外利益保障力量抗风险，如南非南通商会和当地大使馆合作，共建了非洲中国警民中心，为中国在当地的重点企业提供安全保卫服务。

四、当前民营企业“走出去”面临的困难与问题

我国民营企业“走出去”存在的问题主要来自四个方面。

1. 国际环境的挑战

我国参加了多项国际公约，与世界174个国家建立了正式外交关系。这些都为我国民营企业开展海外投资奠定了制度基础。但是，由于历史和文化等方面的原因，在国际层面上尚存在一些障碍和阻力。一是多边制度层面存在一些问题。如我国已加入的《多边投资担保机构公约》、《服务贸易总协定》、《补贴与反补贴措施协议》等多边制度，目前对我国民营企业“走出去”支持作用还很有限。另外依照“华盛顿公约”设立的国际投资争端解决中心的投资仲裁保护机制设计本身尚不成熟，我国还是有保留的加入。

二是我国的双边投资保护协定保障水平不够高。截至2009年12月，我国已与130个国家签订了双边投资保护协定，还有一些关键国家仍未签署协定。双边投资保护协定也存在一些问题：如关键问题解释模糊，对于补偿，发达国家一直主张“充分、及时、有效”的补偿原则，我国则一般规定“适当的补偿”或“合理的补偿”。虽然这样便于我国对其作有利于自身的解释，但对方缔约国同样也可以作出任意解释，因此从长远来看并不利于我国企业对外直接投资的发展。又如，目前世界各国普遍开始采用的“国家—投资者”争端解决机制在我国没有有效体现，我国尚没有关于投资者与东道主国家之间投资争议仲裁程序的基本规定。再比如，代位求偿问题，由于我国国内没有提供赔偿的机构，我国海外投资者无法因政治风险遭受的损失在本国得到赔偿，我国政府也就没有代位求偿的权利。

三是双边税收协定保障程度尚显不足。如双边税收协定覆盖面还待提升；税收协定的谈签文本未针对企业“走出去”需求作及时调整；税收协定的谈签跟不上中国快速发展的需要；与发展中国家的税收协定中有关饶让抵免的规定不够等。

四是投资目的国的投资环境存在一些问题。如印度尼西亚等国不允许外国人直接持有矿权。另外，一些国家官员腐败，劳动力技能和素质差，一些地方强收保护费，法院执法偏袒本国雇员等也是民营企业难以“走出去”的关键原因。

2. 国内政策环境有待进一步改善

一是缺乏对民营企业“走出去”的整体规划。总体上看，民营企业境外投资自发性较强，产业分散，上下游关联产业支撑不足，如有的资源企业进入东道国实施项目，需要自带建筑队，自行建设石灰窑、水泥厂和发电厂，又如会计师服务业由于事务所审计国有企业的境外业务非法定审计业务，业务规模很难拓展，要实现与实体产业“捆绑”走出去，还有很长一段路要走。因此，对“走出去”进行更加科学的规划，加强宏观指导，显得日益紧迫。

二是有的地方政府领导对“走出去”认识不足。一些地方政府领导国际化意识不强，不关心甚至不支持本地的民营企业“走出去”，甚至认为这样会“耕了别人的田，荒了自己的地”，同时一些地方政府并未将促进“走出去”的绩效作为考核指标，使得包括民营企业在内的各类企业对外投资的热情无法与政府工作产生共鸣。降低了项目审批、用汇等环节效率。

三是对民营企业“走出去”公共服务不足。由于经费、人员等客观条件限制，专门面向民营企业“走出去”的公共服务平台尚未建立，民营企业在国际市场项目信息、跨国经营人才培训等方面急需更多的公共服务。

四是外汇金融支持不足。多数企业反映，目前国家外汇充裕，但民营企业获得的外汇金融支持力量仍然不够，对于矿产开发等投资大、周期长的项目，资金的瓶颈更为明显。我国政策性银行和商业银行的境外分支机构能力不足，布局结构与实际需求存在结构性错位，使得“内保外贷”、项目融资等现有金融措施难以落实；境外流动性贷款，因在企业信用等级、资产负债比例和抵押品价值等指标上较为严格，民营企业难以获得；国内现有支持企业“走出去”的股权投资基金，大多支持面窄、门槛高，难以满足中小型民营企业面广、额度小的融资需求。此外，尽管目前国家外汇管理部门已进行便利化改革，但企业反映，在基层操作层面，购汇等环节仍存在一定限制。

五是税收政策缺乏与实际情况接轨，境外权益资源输回有障碍。如企业反映，在有的国家，由东道国提取的预提所得税没有税单，企业回国后不能抵扣；由于双边税收情报交换、征管互助等机制尚未建立，国内税收部门无法全面掌握企业在境外税源情况，企业境外所开发票、报表有时难以在国内进行认证。还有企业反映，企业将境外权益资源运回国时涉及的货物税、所得税和运输保险费太高；境外权益资源自己运回国内时，由于没有结汇单，不能结汇，给企业经营造成一定困难。

六是境外权益保护力度不足。近年来国家加大了我国企业境外权益的保护力度，但与企业需求仍有很大差距。如多数驻外使领馆人手紧张，接访任务较重，应对日益增多的企业诉求显得力不从心；使领馆中专业人士不足，与境外投资发展的需求严重脱节。此外，由于个别外交人员观念问题，一些民营企业感受到与国企的不平等对待。

3. 中介组织发展不充分

国内支撑“走出去”的要素市场发育尚不成熟。一是信息服务市场不健全，咨询机构尚未成熟。大多数被调研企业反映，其对外投资的项目信息大多基于偶然途径获取，而非专业收集。以矿业为例，多数民营企业不知道国际知名的四大矿业大会；对国土资源部主办多届的“境外矿产信息发布与勘查论坛”也不知晓。目前国内专业做投资咨询的公司尚处于起步阶段，国内企业不得不花高价聘请国际专业咨询公司，成本巨大。

二是“走出去”产权交易市场发育尚不成熟。如，境外矿权不能作为项目进入国内资本市场融资，导致境外投资权益无法有效地在国内市场找到需求，而在香港等地矿权是可以直接上市挂牌交易的。

4. 民营企业自身素质有待提升

能力不足是制约企业“走出去”的重要因素，民营企业海外投资不同程度地存在专业资讯不足、人才缺乏、资金准备不足、项目来源非主流、对国家政策和相关公共服务缺乏了解、组织管理水平不高等内功不足问题，导致碰壁后束手无策的事例时有发生。如有的扎堆投资同一资源国，各自为战，恶性竞争，导致东道国“资源民族主义”抬头；有的企业并购境外企业时前期调研不充分，往往由于被并购企业隐性的“负资产”而最终受害；有的企业不重视社区责任以及环保责任，损害了我国对外关系；有的企业因不遵守东道国相关法律法规，使中国投资者形象受损。其中，人才缺乏是影响企业能力的重要因素之一。很多民营企业反映，在“走出去”过程中缺少语言、文化、法律、金融等方面的专业人才，具备全球视野、掌握国际惯例和相关专业标准规范的领军型人才也比较缺乏。尤其是高端服务业的人才瓶颈更为明显。民营企业境外投资很多分布在南亚、非洲及东欧等欠发达地区，条件艰苦，境外医疗不能使用国内医疗保险等，也导致企业对高级海外人才的吸引力不足。

五、对新形势下鼓励和支持民营企业“走出去”的建议

改革开放30多年来，民营企业实力增强，竞争力提高，对外投资的愿望大大增加，当前又面临着迅猛发展的经济全球化和全球资产重新估值重组的重要战略机遇期。要把有利于民营企业更好“走出去”的各种政策、资源等合理高效地加以整合，助力我国民营企业“走出去”。

1. 补充修订我国与他国签署的双边投资保护协定

一是进一步补充和完善关于代位求偿权的有关规定，进一步规范解决投资争议的程序性规定。我国目前已经签订123个投资保护协定，在新签订和修改投资保护协定时，要充分利用这一平台，添加和完善关于代位求偿权、解决投资争议的程序性规定，以确保我国代位求偿权的顺利实现。

二是扩大商签双边投资保护协定的国别范围。我国政府应统筹国内外两个大局，积极开展谈判，推动双边投资保护协定的达成。

三是根据我国互利共赢开放战略的总体要求和对外开放的阶段性特征，增加协定内容。重点关注对我国企业境外利益的保护责任，同时，积极寻求在协定中建立风险控制机制，发挥防范和预警机制，加强双边投资保护协定的可控性和可预期性。

2. 进一步扩大双边税收协定的签订范围，完善双边税收政策内容和实际操作

一是应进一步明确企业所得确认办法。建议采用投资国税务机关认可的应纳税所得额作为计缴国内税款的依据；若无法取得依据，则允许以企业提供的境外中介机构的审计报告为依据确认境外所得。

二是适当采用综合限额抵免法。当企业在多国都有盈利，而且税率与本国比较有高有低时，采用综合限额抵免制度可相对增加国内企业的实际抵免限额，从而充分保障企业的境外投资利益。

三是完善超限或不足抵免额结转规定。允许超限或不足抵免额同时向前、向后结转，结转的具体年限可根据实际情况而定。

四是实施全面的税收饶让。对税收协定中没有写入我国承担税收饶让义务的国家，可以考虑

采取以下两种单边方法：①凡是纳税人从与中国签订有避免双重征税协定的国家取得减免所得税，不论在协定中是否有税收抵免的规定，都视同已全额征税给予税收抵免；②对纳税人从对方国家得到的减免所得税，不论对方国家是否与我国签订有避免双重征税协定，都可以由纳税人提供有关证明，经税务机关审核后，视同已全额缴纳所得税进行抵免。

五是将受控外国公司（CFC）税收规则纳入新签订双边协定条款。由于此前的税收协定并没有涉及到CFC税制，因此，我国在以后实施CFC税制过程中，与税收协定发生冲突将成为必然。因此，今后我国与他国重新谈判或签订新税收协定时，应考虑将CFC规则纳入协定条款，使得两者具有兼容性。

六是及时更新双边税收协定中有关间接抵免的内容。当前，我国已出台了有关间接抵免的有关规定，但在原有的对外税收协定中，间接抵免规定有些是我方未列入，有些是对方未列入，应做及时的更新，保障企业海外所得的税收权益。

七是加强双边税收合作。税务部门应加强与缔约国税务当局的税收协调和合作，努力维护境外投资者的境外税收权益；妥善运用税收协定中的相互协商程序解决争端，并加大境外税收救济力度。

3. 加强统筹协调，理顺“走出去”相关政府部门职责分工

近年来，政府有关职能部门出台了一系列针对企业对外投资的支持政策，但仍然存在政出多门，多头管理，部门之间缺乏统筹协调，政策之间衔接不畅等问题。建议要充分发挥国务院批准的“走出去”部级协调机制作用，明确部门职责分工，对涉及“走出去”重大问题进行统一管理和协调。建议颁布《对外投资合作“十二五”专项规划》，使企业明确国家的发展战略、投资重点、行业导向和地区分布导向。

4. 简化民营企业对外投资的审批程序

要树立对外投资的主体是企业、风险防范的主体也是企业的观念。对民营企业的对外投资项目，应采取备案制，从重视前置审批转为强化事前和后续服务。在政策实施过程中要尽量减少对民营企业的约束，简化审批内容和程序，提高民营企业对外投资的效率。建议由有关职能部门组建审批平台，提供一站式“一条龙”核准服务，推动审批便利化。

5. 多途径保障企业境外投资安全，降低风险

一是要更好发挥领事保护作用。建立健全领事保护预警机制，及时公布风险信息和危机警告信息；进一步完善领事保护信息共享机制，打造领事保护的应急管理平台，建立健全紧急时刻寻求国外紧急救援的机制，充分发挥媒体的导向作用等。加强驻外使领馆队伍建设和能力建设，提升领事保护的应急能力和危机恢复能力，增补“资源参赞”“能源参赞”。

二是要建立健全投资保险市场制度。应继续提高中国出口信用保险公司的资金实力，扩充保险内容。实行差别的境外投资保险政策，优化我国境外投资的国别地区分布、产业分布和行业分布。对不同的投资国，甚至同一投资国的不同行业，实行不同的承保范围、保险费率和保险额度。海外投资保险模式逐步由现行的单边主义模式向双边主义模式调整。为此，一要科学设置承保机构。采用审批机构和保险业务机构分离制，以保证各自发挥其职能，各尽所长；二要调整部分保险范围。对于征收险、外汇险、战争险等予以采纳。并将“战争险”扩展至“战争与内乱险”；三要科学界定投保人范围。强调具有中国国籍的自然人、法人或其他经济组织的控股地位，要使政策性保险确为中国企业受益。

三是要积极运用反海盗的机制。要进一步完善国内反海盗立法，使国内立法与国际立法相衔接。尽快在我国《刑法》中增设有关海盗犯罪的条款。要充分发挥我国和联合国的联动作用，建立打击海盗、维护海上通道安全的长效机制。应重视和维护联合国在打击海盗中的权威和主导作用，发挥联合国等国际和地区组织在打击海盗中的协调功能，积极参与有关国际海上运输安全规则的制定和危机的处理。积极推动联合国尽快建立和完善反海盗国际公约，支持各国制定和完善其国内的反海盗法规，使国际反海盗有法可循。要进一步推动反海盗的国际和地区合作。加强与其他国家的信息共享和情报支援，与有关国家就海上安全进行磋商与对话，进一步制订或完善有关海上安全的具体规则和操作程序，积极提供反海盗的能力建设和技术援助，与世界各国通力合作，严厉打击海盗行为。

6. 加强对“走出去”的财政金融支持

一是加大境外产权国内交易市场建设。在现有的证券市场和产权市场基础上，通过对现有产

权市场业务范围的拓展和创新，把“走出去”企业的海外权益（如海外探矿权和采矿权等）纳入产权市场的业务范围，作为中国“走出去”民营企业新的融资途径。

二是加大对企业境外投资的财政支持。建议加大中央财政支出中有关“走出去”业务的比重：增加其中用于建设信息服务平台、培训系统的额度；加强对我驻外机构信息收集和处理的支出；探索列支“走出去咨询服务补贴”，建立政府、企业咨询成本分担机制；加大对企业参加国内外展览和市场考察的支持力度。继续加大“国外矿产资源风险勘查基金”投入力度，增加单个境外资源项目资金投入量，避免企业同一个资源项目多次申请。在“国外矿产资源风险勘查基金”中设立“境外地质矿产信息服务专项”，鼓励建立民间境外矿产信息服务咨询机构，开展境外矿产资源信息建设和服务。

三是科学发挥援外资金的引导作用。新形势下，可适当微调我国援外侧重点，加大对民营企业具有带动性的“走出去”项目的支持力度。援外资金应结合我国海外利益战略地图科学调整和变化，为我国民营企业平稳“走出去”搭桥铺路。

7. 鼓励和支持“走出去”服务机构和平台建设，完善服务体系

鼓励社会力量成立“走出去”服务机构和平台，如境外产业投资基金、国际维权组织、对外投资合作咨询机构等。充分发挥现有为“走出去”服务的各类商协会作用，如中国民营经济国际合作商会等，鼓励和支持其依据自身优势健全服务职能，开展“走出去”企业之间的经验交流，提供更加有针对性的专业培训，协调民营企业和国有企业间相互协作、互补多赢；积极开展民间经济外交，加强与国外各类经济组织的合作，帮助企业增强与他国企业的合作深入开展，减少企业跨国经营阻力；建立预警机制，排解风险隐患，化解危机。借鉴英国咨询局经验，探索构建境外投资大型信息服务库，整合现有的散落在相关部门、驻外使馆、驻外企业的信息资源，开展差异化咨询服务，培养咨询战略人才。

8. 提升民营企业国际化能力

一是增强民营企业内部风险控制水平。提倡民营企业加强内部监管，严防违规操作，建立一套规范、全面的内部风险管理程序，包括建立风险管理小组，将风险识别和分析常规化，建立灵敏准确的外部环境监测系统、完善的预警管理计划和风险教育制度，准确、科学地发现、识别、防范、控制和化解经营风险。比如，对预期汇率变化等不确定因素提前做好应对预案，有效降低风险；将风险防范费用等成本纳入投标报价中等。

二是增强民营企业责任意识。民营企业要坚持互利共赢的观念，尊重当地政府、社会组织和民众，遵守当地法律法规，与所在国各方面建立良好的关系，包括当地政府、警察、当地安保部门、驻在国合作伙伴、当地雇员、驻在国居民等。尊重当地风俗习惯、宗教信仰。积极承担环保与社区责任，为当地民众谋福利，特别要注意汲取早年西方矿业公司在海外拓展资源不遵守相关国际法规和准则导致最终被赶出去的教训。

三是建立政企联动的风险应对体系。民营企业应该认真遵守《境外中资企业（机构）报到登记制度》、《商务部等部门关于加强境外中资企业机构和人员安全保护工作意见的通知》等相关管理规章，配合政府发挥好企业境外风险应对服务功能。

四是加强人才培养和人才信息服务。加快培养适应企业“走出去”需要的各类专业人才和跨学科的复合型人才，加大小语种人才培养。引导开展语言、国际法、区域文化等方面的培训。可从投资目标国招收有潜力的学生或雇员到中国学习深造后派遣回本国为中资企业工作；在目标国开展职工短训等。设立专家型人才交流信息平台。

五是积极引导，逐步规范民营企业境外投资的竞争秩序。通过舆论、自律、机制等各种力量，规范企业市场行为，防止恶性竞争，积极探索开展专业化协作和集群化发展，发挥联合“走出去”的优势。

9. 加强工商联服务企业“走出去”的工作

各级工商联要适应新时期对外开放战略的需要，积极持续开展民营企业“走出去”调查研究，及时了解企业“走出去”过程遇到的困难问题，积极向有关政府部门反映，协调解决；要充分发挥网络优势、组织优势、民间外交的优势，配合政府相关部门参与国家间经济交流合作，加强与外国驻华使馆联系，进一步发展同国外咨询组织、研究机构和非政府组织的交往，依托中国民营经济国际合作商会，建立专门面向民营企业的“走出去”服务平台，向民营企业提供信息、培训服务等，提高企业跨国经营的能力建设。

2010 年度全国工商联上规模民营企业调研

2010 年民营企业 500 强总体发展概况

2010 年，我国民营企业发展迅速，规模、效益和社会贡献等各项指标呈现快速增长。经营规模方面，2010 年中国民营企业 500 强营业收入总额达到 69849.32 亿元，比 2009 年增长 47.48%；资产总额为 58824.80 亿元，增长 50.90%。企业效益效率方面，民营企业 500 强的税后净利润、销售净利率、净资产收益率、劳动生产率、总资产周转率等指标全面提高，资产负债率略有下降。社会贡献方面，民营企业 500 强纳税总额增长速度超过同期全国税收增长 22 个百分点，员工总人数突破 500 万人。从行业分布看，制造业在民营企业 500 强中仍占绝对优势。从地区分布看，民营企业 500 强主要集中在东部地区，特别是浙江和江苏两省，但是西部地区的增长明显。2010 年原材料价格普遍上涨，成为影响民营经济发展的首要问题，人才缺乏、税费负担重和土地供应紧张等问题依然突出，国际金融危机对民营企业的影响则显著下降。“十一五”期间，民营企业在加快转变发展方式的同时，营业收入、资产、利润、缴税和就业等各项指标都取得了快速增长，尤其是 2010 年各项指标均创历史最高水平。

一、民营企业 500 强规模迅猛扩张

民营企业 500 强入围门槛一举突破 50 亿元，增长幅度、增长速度均创近 5 年新高。2010 年，民营企业 500 强入围门槛达到 50.60 亿元，较 2009 年提高了 14 亿元，增长 38.23%。

民营企业 500 强营业收入总额增长更为迅猛，2010 年，民营企业 500 强营业收入总额达到 69849.32 亿元，户均 139.70 亿元，比 2009 年增长 47.48%（见表 1）。

表 1　2009～2010 年民营企业 500 强收入情况

项目指标		2010 年	2009 年	增长率
入围门槛（亿元）		50.60	36.60	38.25%
营业收入（亿元）	总额	69849.32	47362.66	47.48%
	户均	139.70	94.73	

民营企业 500 强资产规模也实现了超常发展，2010 年，民营企业 500 强资产总额达到 58824.80 亿元，户均 117.65 亿元，较 2009 年增长 50.90%；固定资产净值达到 12346.58 亿元，户均 24.69 亿元；净资产达到 21275.10 亿元，户均 42.55 亿元，较 2009 年增长 54.68%（见表 2）。

表 2　2009～2010 年民营企业 500 强资产情况

项目指标		2010 年	2009 年	增长率
资产总额（亿元）	总额	58824.80	38982.28	50.90%
	户均	117.65	77.　96	

注：2009 年为固定资产总额，2010 年为固定资产净值。

从营业收入的分布看，超大型和大型民营企业数量增长明显。2010年，共有4家企业营业收入总额超过1000亿元（见表3）。其中，华为技术有限公司以1851.76亿元的营业收入居于首位（见表4）。随着入围门槛的提高和民营企业整体规模的扩大，营业收入在100亿元以上的企业明显增多，由2009年的126家增至220家。

表3　2009～2010年民营企业500强营业收入结构表

营业收入总额标准	2010年企业数量（家）	2009年企业数量（家）
1000亿元以上	4	3
500亿～1000亿元	13	1
100亿～500亿元	203	122
100亿元以下	280	374

表4　2010年民营企业500强营业收入前20家

序号	企业名称	所属行业	省、自治区、直辖市	营业收入总额（亿元）
1	华为技术有限公司	通信设备、计算机及其他电子设备制造业	广东省	1851.76
2	江苏沙钢集团有限公司	黑色金属冶炼及压延加工业	江苏省	1786.24
3	苏宁电器集团	批发和零售业	江苏省	1562.23
4	联想控股有限公司	通信设备、计算机及其他电子设备制造业	北京市	1466.97
5	大连万达集团股份有限公司	房地产业	辽宁省	771.77
6	浙江吉利控股集团有限公司	交通运输设备制造业	浙江省	682.80
7	海航集团有限公司	综合	海南省	648.63
8	新疆广汇实业投资（集团）有限责任公司	批发和零售业	新疆维吾尔自治区	647.56
9	雨润控股集团有限公司	食品加工与食品、饮料制造业	江苏省	647.55
10	广厦控股创业投资有限公司	建筑业	浙江省	603.60
11	新希望集团有限公司	农、林、牧、渔业	四川省	559.64
12	杭州娃哈哈集团有限公司	食品加工与食品、饮料制造业	浙江省	548.74
13	海亮集团有限公司	有色金属冶炼及压延加工业	浙江省	525.26
14	中天钢铁集团有限公司	黑色金属冶炼及压延加工业	江苏省	518.90
15	北京建龙重工集团有限公司	黑色金属冶炼及压延加工业	北京市	512.68
16	山东六和集团有限公司	农、林、牧、渔业	山东省	506.86
17	三一集团有限公司	通用设备和专用设备制造业	湖南省	502.00
18	比亚迪股份有限公司	交通运输设备制造业	广东省	484.48
19	东方希望集团有限公司	有色金属冶炼及压延加工业	上海市	483.10
20	恒大地产集团有限公司	房地产业	广东省	458.01

从资产规模的分布来看，共有8家企业资产总额突破1000亿元，比2009年增加6家，这也进一步显示出民营企业大型化、规模化的发展趋势。其中，海航集团以2017.87亿元的规模高居民营企业资产总额榜首（见表5，表6）。资产规模在100亿～1000亿元的企业大幅增加，由2009年的93家增至143家。

表5 2009～2010年民营企业500强资产总额结构表

资产总额标准	2010年企业数量（家）	2009年企业数量（家）
1000亿元以上	8	2
100亿～1000亿元	143	93
50亿～100亿元	140	121
10亿～50亿元	202	261
10亿元以下	7	23

表6 2010年民营企业500强资产总额排名前20家

序号	企业名称	所属行业	省、自治区、直辖市	资产总额（亿元）
1	海航集团有限公司	综合	海南省	2017.87
2	华为技术有限公司	通信设备、计算机及其他电子设备制造业	广东省	1608.41
3	江苏沙钢集团有限公司	黑色金属冶炼及压延加工业	江苏省	1525.83
4	大连万达集团股份有限公司	房地产业	辽宁省	1414.65
5	联想控股有限公司	通信设备、计算机及其他电子设备制造业	北京市	1146
6	上海复星高科技（集团）有限公司	综合	上海市	1066.72
7	浙江吉利控股集团有限公司	交通运输设备制造业	浙江省	1044.58
8	恒大地产集团有限公司	房地产业	广东省	1044.52
9	广州富力地产股份有限公司	房地产业	广东省	774.17
10	碧桂园控股有限公司	房地产业	广东省	720.49
11	重庆龙湖企业拓展有限公司	房地产业	重庆市	663.81
12	雅戈尔集团股份有限公司	服装、鞋帽、皮革制造业	浙江省	581.18
13	雨润控股集团有限公司	食品加工与食品、饮料制造业	江苏省	577.61
14	东方希望集团有限公司	有色金属冶炼及压延加工业	上海市	573.2
15	三一集团有限公司	通用设备和专用设备制造业	湖南省	531.48
16	比亚迪股份有限公司	交通运输设备制造业	广东省	529.63
17	北京建龙重工集团有限公司	黑色金属冶炼及压延加工业	北京市	500.12
18	浙江新湖集团股份有限公司	综合	浙江省	495.37
19	江苏苏宁环球集团	房地产业	江苏省	480.66
20	玖龙纸业（控股）有限公司	造纸及纸制品、印刷业、文教体育、办公用品制造业	广东省	467.47

二、民营企业500强经营效率、效益全面提升

在企业规模实现快速增长的同时，民营企业500强盈利能力也显著提升。2010年，民营企业500强实现税后净利润3911.34亿元，户均7.82亿元，比2009年增长79.46%。销售净利率由2009年的4.6%提高到5.6%，资产净利率由5.59%提高到6.65%，净资产收益率由17.88%提高到22.33%，民营企业500强的盈利能力全面提升（见表7）。

表7　2009～2010年民营企业500强盈利情况

项目指标		2010年	2009年	增长率
税后净利润（亿元）	总额	3911.34	2179.52	79.46%
	户均	7.82	4.36	
销售净利率		5.60%	4.60%	—
资产净利率		6.65%	5.59%	—
净资产收益率		22.33%	17.88%	—

民营企业净利润过百亿元的是华为技术有限公司和浙江吉利控股集团有限公司，分别达到200.85亿元和139.11亿元（见表8）。

表8　2010年民营企业500强税后净利润排名前20家

序号	企业名称	所属行业	省、自治区、直辖市	营业收入总额（亿元）	净利润（亿元）
1	华为技术有限公司	通信设备、计算机及其他电子设备制造业	广东省	1851.76	200.85
2	浙江吉利控股集团有限公司	交通运输设备制造业	浙江省	682.80	139.11
3	恒大地产集团有限公司	房地产业	广东省	458.01	80.25
4	内蒙古伊泰集团有限公司	采矿业	内蒙古自治区	352.60	74.02
5	江苏沙钢集团有限公司	黑色金属冶炼及压延加工业	江苏省	1786.24	73.74
6	大连万达集团股份有限公司	房地产业	辽宁省	1786.24	72.56
7	三一集团有限公司	通用设备和专用设备制造业	湖南省	502.00	72.01
8	杭州娃哈哈集团有限公司	食品加工与食品、饮料制造业	浙江省	548.74	66.00
9	江苏华厦融创置地集团有限公司	房地产业	江苏省	146.98	45.49
10	广州富力地产股份有限公司	房地产业	广东省	246.42	44.56
11	上海复星高科技（集团）有限公司	综合	上海市	456.92	43.95
12	碧桂园控股有限公司	房地产业	广东省	246.38	42.97
13	内蒙古汇能煤电集团有限公司	采矿业	内蒙古自治区	107.92	41.10
14	苏宁电器集团	批发和零售业	江苏省	1562.23	41.07
15	海航集团有限公司	综合	海南省	648.63	39.14
16	雅戈尔集团股份有限公司	服装、鞋帽、皮革制造业	浙江省	334.81	38.63
17	雨润控股集团有限公司	食品加工与食品、饮料制造业	江苏省	647.55	38.51
18	重庆龙湖企业拓展有限公司	房地产业	重庆市	182.09	37.78

（续表）

序号	企业名称	所属行业	省、自治区、直辖市	营业收入总额（亿元）	净利润（亿元）
19	江苏扬子江船业集团公司	交通运输设备制造业	江苏省	226.69	37.57
20	新疆广汇实业投资（集团）有限责任公司	批发和零售业	新疆维吾尔自治区	647.56	35.78

2010年，民营企业500强中仅有一家企业亏损，而2008和2009年分别有11家和5家企业亏损，亏损企业数量和亏损额均大幅下降。

随着民营企业技术水平的提升、管理效率的提高，民营企业500强的劳动生产率、总资产周转率都有所提高。2010年，民营企业500强劳动生产率为124.47万元/人，较2009年的104.86万元/人提高18.91%。从总资产周转率来看，2010年，民营企业500强总资产周转率为142.83%，比2009年提高了1.94个百分点。在总资产快速增长的同时，2010年民营企业500强的资产负债率为63.83%，比2009年下降了0.89个百分点（见表9）。

表9　2009～2010年民营企业500强运营情况

项目指标	2010年	2009年	增长幅度
劳动生产率（万元/人）	124.47	104.68	18.91%
总资产周转率	142.83%	140.89%	—
资产负债率	63.83%	64.72%	—

三、民营企业500强社会贡献更为突出

从纳税来看，民营企业500强纳税2738.81亿元，占全国税收比重稳步提高，贡献进一步增长。与2009年相比，纳税额增长了54.21%，比全国税收增长率高出22.46个百分点，占全国税收比重由2009年的2.98%上升到3.74%。其中，共有21家企业缴税超过20亿元，大连万达集团、浙江吉利控股集团、内蒙古伊泰集团分别以95.55亿元、63.78亿元和49.60亿元位居缴税总额的前三位（见表10）。

表10　2010年民营企业500强纳税前20家

序号	企业名称	所属行业	省、自治区、直辖市	缴税总额（亿元）
1	大连万达集团股份有限公司	房地产业	辽宁省	95.55
2	浙江吉利控股集团有限公司	交通运输设备制造业	浙江省	63.78
3	内蒙古伊泰集团有限公司	采矿业	内蒙古自治区	49.60
4	广州富力地产股份有限公司	房地产业	广东省	47.77
5	杭州娃哈哈集团有限公司	食品加工与食品、饮料制造业	浙江省	45.70
6	江苏沙钢集团有限公司	黑色金属冶炼及压延加工业	江苏省	44.16
7	苏宁电器集团	批发和零售业	江苏省	43.81
8	恒大地产集团有限公司	房地产业	广东省	38.62
9	比亚迪股份有限公司	交通运输设备制造业	广东省	37.16
10	上海复星高科技（集团）有限公司	综合	上海市	36.76
11	华为技术有限公司	通信设备、计算机及其他电子设备制造业	广东省	36.72

（续表）

序号	企业名称	所属行业	省、自治区、直辖市	缴税总额（亿元）
12	碧桂园控股有限公司	房地产业	广东省	32.67
13	三一集团有限公司	通用设备和专用设备制造业	湖南省	28.12
14	重庆龙湖企业拓展有限公司	房地产业	重庆市	25.85
15	山东大海集团有限公司	纺织业	山东省	25.32
16	鄂尔多斯乌兰煤炭集团有限责任公司	采矿业	内蒙古自治区	24.19
17	海航集团有限公司	综合	海南省	24.03
18	恒力集团有限公司	化学纤维制造业	江苏省	23.55
19	广厦控股创业投资有限公司	建筑业	浙江省	21.83
20	新疆广汇实业投资（集团）有限责任公司	批发和零售业	新疆维吾尔自治区	20.86

从就业来看，2010年，民营企业500强吸纳就业561.16万人，户均员工达到1.12万人，比2009年增长24.03%。对全国就业的贡献进一步增强（见表11，表12）。

表11　2009～2010年民营企业500强纳税和就业情况

项目指标		2010年	2009年	增长率
缴纳税收（亿元）	总额	2738.81	1776.06	54.21%
	户均	5.48	3.55	
员工人数（万人）	总额	561.16	452.46	54.21%
	户均	1.12	0. 90	

表12　2010年民营企业500强员工人数前20家

序号	企业名称	所属行业	省、自治区、直辖市	员工人数（人）
1	比亚迪股份有限公司	交通运输设备制造业	广东省	198576
2	苏宁电器集团	批发和零售业	江苏省	150419
3	华为技术有限公司	通信设备、计算机及其他电子设备制造业	广东省	100000
4	雨润控股集团有限公司	食品加工与食品、饮料制造业	江苏省	100000
5	广厦控股创业投资有限公司	建筑业	浙江省	91012
6	修正药业集团	医药制造业	吉林省	80000
7	南通二建集团有限公司	建筑业	江苏省	78380
8	海航集团有限公司	综合	海南省	77319
9	新希望集团有限公司	农、林、牧、渔业	四川省	70687

（续表）

序号	企业名称	所属行业	省、自治区、直辖市	员工人数（人）
10	中太建设集团股份有限公司	建筑业	河北省	70000
11	龙元建设集团股份有限公司	建筑业	浙江省	61000
12	三一集团有限公司	通用设备和专用设备制造业	湖南省	58000
13	雅戈尔集团股份有限公司	服装、鞋帽、皮革制造业	浙江省	53084
14	山东六和集团有限公司	农、林、牧、渔业	山东省	52000
15	江苏江都建设集团有限公司	建筑业	江苏省	51041
16	浙江中成控股集团有限公司	建筑业	浙江省	50837
17	步步高商业连锁股份有限公司	批发和零售业	湖南省	50000
18	世纪华丰控股有限公司	建筑业	浙江省	49725
19	宁波申洲针织有限公司	服装、鞋帽、皮革制造业	浙江省	46910
20	南通四建集团有限公司	建筑业	江苏省	44211

四、民营企业500强制造业仍占绝对优势

2010年，民营企业500强的产业构成延续往年格局，近80%的企业集中于第二产业，第三产业占比低于全国平均水平，加快转变发展方式、促进产业结构优化升级是摆在民营企业500强面前的重要问题。

2010年，民营企业500强中仅有5家企业属于第一产业，营业收入占比、资产总额占比均在3%以下；有399家企业属于第二产业，营业收入占500强的77.35%，总资产占71.05%；有96家企业属于第三产业，比2009年减少了5家，营业收入占比、资产总额占比不到30%（见表13）。

表13　2010年民营企业500强产业分布情况

产业分布		入围企业		营业收入		总资产	
		数量（家）	比重（%）	总额（亿元）	比重（%）	总额（亿元）	比重（%）
第一产业	2010年	5	1.0	1479.93	2.12	585.17	0.99
	2009年	3	0.6	761.76	1.61	382.33	0.98
第二产业	2010年	399	79.8	54029.33	77.35	41794.05	71.05
	2009年	396	79.2	36063.43	76.12	27931.21	71.77
第三产业	2010年	96	19.2	14340.07	20.53	16445.25	27.96
	2009年	101	20.2	10550.52	22.27	10602.81	27.25

2010年，民营企业500强行业分布仍然以制造业为主导。2010年，共有329家制造业企业入围，比2009年增加5家，短期内这种行业分布特征难以改变。

从各行业入围企业数看，2010年，民营企业500强前5大行业分别为黑色金属冶炼及压延加工业，建筑业，批发和零售业，电气机械及器材、线缆制造及仪器仪表制造业，综合类（见表14），2010年，民营企业制造业、服务业、建筑业营业收入前20家见表15、表16和表17。

从入围企业数量变化看，有向重型化发展的趋势。其中，黑色金属冶炼及压延加工业企业变化最大，较2009年增加了23家，这与国家采取淘汰和关停钢铁落后产能、实施钢铁企业生产经营准入条件等行业政策引起钢铁企业重组有关，通过兼并重组等方式使钢铁企业的产能更加集中，向规模化、现代化发展；石油加工炼焦工业增加了4家，有色金属冶炼及压延工业也增加了

3家；建筑业入围企业数量减少了9家，楼市调控政策对该行业有所影响；纺织业入围企业减少7家，主要受原材料价格上涨、人民币升值、出口难度大、利率上涨、劳动力成本上涨等国内外因素影响较大。

表14　2010年民营企业500强行业分布　（单位：家）

序号	所属行业	2010年	2009年
1	黑色金属冶炼及压延加工业	64	41
2	建筑业	58	67
3	批发和零售业	52	51
4	电气机械及器材、线缆制造及仪器仪表制造业	43	44
5	综合（含投资类）	29	28
6	有色金属冶炼及压延加工业	25	22
7	交通运输设备制造业	25	27
8	房地产业	23	26
9	食品加工与食品、饮料制造业	19	23
10	化学原料及化学制品制造业	19	25
11	化学纤维制造业	17	18
12	通用设备和专用设备制造业	16	12
13	石油加工、炼焦加工业	12	8
14	金属制品业	11	12
15	纺织业	10	17
16	采矿业	10	4
17	医药制造业	9	13
18	服装、鞋帽、皮革制造业	9	10
19	非金属矿物制品业（含水泥、玻璃、陶瓷、耐火材料等）	8	8
20	造纸及纸制品、印刷业、文教体育、办公用品制造业	7	8
21	通信设备、计算机及其他电子设备制造业	7	11
22	橡胶制品、塑料制品业	5	6
23	农、林、牧、渔业	5	3
24	木材加工及木、竹、藤、棕、草制品、家具制造业	4	1
25	交通运输、仓储业和邮政业	4	1
26	租赁和商务服务业	2	6
27	废弃资源和废旧材料回收加工业	2	0
28	电力、热力、燃气及水的生产和供应业	2	2
29	住宿、餐饮业	1	1
30	信息传输、计算机服务和软件业	1	1
31	金融、保险业	1	2
32	工艺品及其他制造业	0	2

表15　2010年民营企业制造业前20家

序号	企业名称	所属行业	省、自治区、直辖市	营业收入总额（亿元）
1	华为技术有限公司	通信设备、计算机及其他电子设备制造业	广东省	1851.76
2	江苏沙钢集团有限公司	黑色金属冶炼及压延加工业	江苏省	1786.24
3	联想控股有限公司	通信设备、计算机及其他电子设备制造业	北京市	1466.97
4	浙江吉利控股集团有限公司	交通运输设备制造业	浙江省	682.8
5	雨润控股集团有限公司	食品加工与食品、饮料制造业	江苏省	647.55
6	杭州娃哈哈集团有限公司	食品加工与食品、饮料制造业	浙江省	548.74
7	海亮集团有限公司	有色金属冶炼及压延加工业	浙江省	525.26
8	中天钢铁集团有限公司	黑色金属冶炼及压延加工业	江苏省	518.9
9	北京建龙重工集团有限公司	黑色金属冶炼及压延加工业	北京市	512.68
10	三一集团有限公司	通用设备和专用设备制造业	湖南省	502
11	比亚迪股份有限公司	交通运输设备制造业	广东省	484.48
12	东方希望集团有限公司	有色金属冶炼及压延加工业	上海市	483.1
13	上海复星高科技（集团）有限公司	综合	上海市	456.92
14	天津荣程联合钢铁集团有限公司	黑色金属冶炼及压延加工业	天津市	437.63
15	江苏新长江实业集团有限公司	黑色金属冶炼及压延加工业	江苏省	432.93
16	浙江恒逸集团有限公司	化学纤维制造业	浙江省	360.76
17	雅戈尔集团股份有限公司	服装、鞋帽、皮革制造业	浙江省	334.81
18	恒力集团有限公司	化学纤维制造业	江苏省	325.13
19	江阴兴澄特种钢铁有限公司	黑色金属冶炼及压延加工业	江苏省	324.33
20	江苏三房巷集团有限公司	化学原料及化学制品制造业	江苏省	317.76

表16　2010年民营企业服务业前20家

序号	企业名称	省、自治区、直辖市	营业收入总额（亿元）
1	苏宁电器集团	江苏省	1562.23
2	大连万达集团股份有限公司	辽宁省	771.77
3	海航集团有限公司	海南省	648.63
4	新疆广汇实业投资（集团）有限责任公司	新疆维吾尔自治区	647.56
5	恒大地产集团有限公司	广东省	458.01
6	三胞集团有限公司	江苏省	398.08
7	西安迈科金属国际集团有限公司	陕西省	387.52
8	物美控股集团有限公司	北京市	375.05
9	江苏苏宁环球集团	江苏省	295.2
10	广州富力地产股份有限公司	广东省	246.42

（续表）

序号	企业名称	省、自治区、直辖市	营业收入总额（亿元）
11	碧桂园控股有限公司	广东省	246.38
12	百兴集团有限公司	江苏省	242.13
13	江苏高力集团有限公司	江苏省	239.35
14	陕西东岭工贸集团股份有限公司	陕西省	232.21
15	九州通医药集团股份有限公司	湖北省	212.52
16	远大物产集团有限公司	浙江省	212.11
17	兴华财富集团有限公司	河北省	184.83
18	香江集团	广东省	183.21
19	中南控股集团有限公司	江苏省	182.53
20	重庆龙湖企业拓展有限公司	重庆市	182.09

表17　2010年民营企业建筑业前20家

序号	企业名称	省、自治区、直辖市	营业收入总额（亿元）
1	广厦控股创业投资有限公司	浙江省	603.60
2	中天发展控股集团有限公司	浙江省	273.43
3	江苏南通三建集团有限公司	江苏省	205.80
4	南通二建集团有限公司	江苏省	203.47
5	浙江中成控股集团有限公司	浙江省	183.73
6	南通四建集团有限公司	江苏省	162.02
7	南京丰盛产业控股集团有限公司	江苏省	153.35
8	中太建设集团股份有限公司	河北省	152.71
9	浙江宝业建设集团有限公司	浙江省	151.88
10	江苏省苏中建设集团股份有限公司	江苏省	142.90
11	浙江东宸建设控股集团有限公司	浙江省	118.02
12	山东科达集团有限公司	山东省	117.30
13	浙江广天日月集团股份有限公司	浙江省	106.23
14	沈阳远大企业集团	辽宁省	105.32
15	江苏南通六建建设集团有限公司	江苏省	105.30
16	世纪华丰控股有限公司	浙江省	102.76
17	浙江东南网架集团有限公司	浙江省	100.03
18	龙元建设集团股份有限公司	浙江省	98.44
19	浙江华成控股集团有限公司	浙江省	93.54
20	江苏江都建设集团有限公司	江苏省	91.09

从行业收入规模来看，2010年，前5大行业营业收入占全部500强的48.35%。居营业收入规模前5位的依次为黑色金属冶炼及压延加工业，批发和零售业，建筑业，电气机械及器材、线缆制造及仪器仪表制造业，综合类（见表18）。与2009年相比，黑色金属冶炼及压延加工业超越建筑业，跃居首位。

表 18　2010 年民营企业 500 强分行业规模指标

所属行业	入围家数（家）	营业收入总额（亿元）	资产总额（亿元）	员工人数（人）	税后净利润（亿元）
黑色金属冶炼及压延加工业	64	11402. 68	7257. 74	443945	319. 37
建筑业	58	5726. 22	2882. 89	1354845	156. 27
批发和零售业	52	7876. 13	3447. 1	453400	217. 92
电气机械及器材、线缆制造及仪器仪表制造业	43	4696. 95	3350. 02	340557	244. 03
综合	29	4072. 28	6754. 61	394998	252. 13
有色金属冶炼及压延加工业	25	3401. 83	2010. 89	88969	104. 45
交通运输设备制造业	25	3409. 51	4141. 96	419705	343. 63
房地产业	23	3887. 6	8314. 95	163092	517. 19
食品加工与食品、饮料制造业	19	2588. 19	1837. 14	304718	182. 15
化学原料及化学制品制造业	19	2337. 88	1576. 58	95493	89. 85
化学纤维制造业	17	2166. 39	1517. 31	113504	129. 52
通用设备和专用设备制造业	16	1774. 83	1823. 21	152775	169. 96
石油加工、炼焦加工业	12	1194. 56	860. 98	45046	54. 69
金属制品业	11	1081. 9	927. 55	75138	75. 96
纺织业	10	1480. 02	1089. 63	123856	70. 1
采矿业	10	1068. 29	1158. 99	47856	205. 68
医药制造业	9	1462. 97	985. 01	182372	89. 72
服装、鞋帽、皮革制造业	9	1169. 84	1180. 94	167754	103. 79
非金属矿物制品业（含水泥、玻璃、陶瓷、耐火材料等）	8	734. 03	820. 26	74864	58. 57
造纸及纸制品、印刷业、文教体育、办公用品制造业	7	916. 84	1330. 34	73678	80. 27
通信设备、计算机及其他电子设备制造业	7	3803. 99	3135. 25	147629	277. 56
橡胶制品、塑料制品业	5	488. 94	319. 91	27508	43. 14
农、林、牧、渔业	5	1479. 93	585. 17	150566	45. 1
木材加工及木、竹、藤、棕、草制品、家具制造业	4	292. 69	255. 64	26303	12. 22
交通运输、仓储业和邮政业	4	226. 07	196. 07	15318	12. 55
租赁和商务服务业	2	327. 38	94. 61	14055	10. 45
废弃资源和废旧材料回收加工业	2	244. 26	123. 76	533	7. 74
电力、热力、燃气及水的生产和供应业	2	316. 27	464. 21	29469	16. 14
住宿、餐饮业	1	62. 28	22. 36	35468	13. 78
信息传输、计算机服务和软件业	1	55. 48	44. 31	4630	0. 76
金融、保险业	1	103. 05	315. 42	43601	6. 66
总计	500	69849. 28	58824. 81	5611645	3911. 35

从行业效率来看，所有行业均实现盈利。有16个行业销售净利率高于民营企业500强平均水平，销售净利率较高的行业主要有采矿业、房地产业、交通运输设备制造业等，上述行业的销售净利率均达到10%以上；有15个行业资产净利率高于民营企业500强平均水平，资产净利率较高的行业主要有采矿业，橡胶制品、塑料制品业，租赁和商务服务业等。采矿业入围10家，销售净利率、资产净利率分别为19.25%和17.75%，行业整体效益较高。而信息传输、计算机服务和软件业，建筑业，黑色金属冶炼及压延加工业，批发零售业则由于竞争较为激烈，行业整体效益不高（见表19）。

表19　2010年民营企业500强分行业效益、效率指标

所属行业	销售净利率（%）	资产净利率（%）	劳动生产率（万元/人）	总资产周转率（%）
黑色金属冶炼及压延加工业	2.80	4.40	256.85	157.11
建筑业	2.73	5.42	42.26	198.63
批发和零售业	2.77	6.32	173.71	228.49
电气机械及器材、线缆制造及仪器仪表制造业	5.20	7.28	137.92	140.21
综合	6.19	3.73	103.10	60.29
有色金属冶炼及压延加工业	3.07	5.19	382.36	169.17
交通运输设备制造业	10.08	8.30	81.24	82.32
房地产业	13.30	6.22	238.37	46.75
食品加工与食品、饮料制造业	7.04	9.91	84.94	140.88
化学原料及化学制品制造业	3.84	5.70	244.82	148.29
化学纤维制造业	5.98	8.54	190.86	142.78
通用设备和专用设备制造业	9.58	9.32	116.17	97.35
石油加工、炼焦加工业	4.58	6.35	265.19	138.74
金属制品业	7.02	8.19	143.99	116.64
纺织业	4.74	6.43	119.50	135.83
采矿业	19.25	17.75	223.23	92.17
医药制造业	6.13	9.11	80.22	148.52
服装、鞋帽、皮革制造业	8.87	8.79	69.74	99.06
非金属矿物制品业（含水泥、玻璃、陶瓷、耐火材料等）	7.98	7.14	98.05	89.49
造纸及纸制品、印刷业、文教体育、办公用品制造业	8.76	6.03	124.44	68.92
通信设备、计算机及其他电子设备制造业	7.30	8.85	257.67	121.33
橡胶制品、塑料制品业	8.82	13.49	177.74	152.84
农、林、牧、渔业	3.05	7.71	98.29	252.91
木材加工及木、竹、藤、棕、草制品、家具制造业	4.18	4.78	111.28	114.49
交通运输、仓储业和邮政业	5.55	6.40	147.58	115.30
租赁和商务服务业	3.19	11.05	232.93	346.03
废弃资源和废旧材料回收加工业	3.17	6.25	4582.74	197.37

（续表）

所属行业	销售净利率（%）	资产净利率（%）	劳动生产率（万元/人）	总资产周转率（%）
电力、热力、燃气及水的生产和供应业	5.10	3.48	107.32	68.13
住宿、餐饮业	22.13	61.63	17.56	278.53
信息传输、计算机服务和软件业	1.37	1.72	119.83	125.21
金融、保险业	6.46	2.11	23.63	32.67
500强平均水平	5.60	6.65	124.47	142.83

五、民营企业500强东西部差距缩小

从区域分布来看，民营企业500强仍集中于东部地区，但西部地区民营企业数量显著增加，东西部差距缩小。与2009年比较，2010年，民营企业500强有388家分布在东部地区，减少了17家，但占比仍然达到77.6%；营业收入总额、资产总额占比分别达到79.81%、75.97%，略有下降；西部大开发政策促进西部地区民营企业快速的发展，西部地区入围52家，比2009年增加18家，营业收入总额和资产总额占比分别上升到10.57%和11.88%。中部地区入围44家，与2009年持平，营业收入总额、资产总额占比略有下降。东北地区入围16家，近3年持续下降（见表20）。

表20　2009～2010年民营企业500强地区分布

地区		入围家数		收入规模（亿元）		资产规模（亿元）	
		2010年	2009年	2010年	2009年	2010年	2009年
东部	企业数量	388	405	55745.92	39057.35	44688.70	30796.18
	占500强比重	77.6%	81.0%	79.81%	82.46%	75.97%	79.00%
中部	企业数量	44	44	4412.12	3077.73	3660.39	2538.6
	占500强比重	8.8%	8.8%	6.32%	6.50%	6.22%	6.51%
西部	企业数量	52	34	7382.04	3761.76	6987.68	3686.7
	占500强比重	10.4%	6.8%	10.57%	7.94%	11.88%	9.46%
东北	企业数量	16	17	2309.24	1465.82	3488.03	1960.81
	占500强比重	3.2%	3.4%	3.31%	3.09%	5.93%	5.03%

从企业经营效益、效率来看，各地区民营企业500强销售净利率均显著提高；除东北地区外，东、中、西部地区民营企业总资产周转率都有不同程度的提高（见表21）。

表21　2009～2010年民营企业500强各地区经营效益情况

地区	销售净利率（%）		总资产周转率（%）	
	2010年	2009年	2010年	2009年
东部	5.28	4.49	147.70	147.31
中部	5.31	3.58	142.35	132.87
西部	7.67	6.07	138.31	119.26
东北	7.33	5.89	84.76	89.85

从省市分布看，2010年民营企业500强涵盖我国内地27个省、市、自治区，新增广西壮族

自治区。民营企业500强仍主要集中在浙江和江苏两省，但集中程度有所下降。2010年，浙江和江苏两省入围民营企业达到262家，比2009年减少47家，营业收入总额、资产总额占比均为50%左右。内蒙古自治区、河北省、山东省、广东省和四川省入围企业数量增加较多，比2009年分别增加11家、10家、10家、8家和7家，地区间差距缩小（见表22）。

表22　2010年民营企业500强省市分布

序号	省（区、市）	营业收入		资产		入围企业	
		总额（亿元）	占500强比重（%）	总额（亿元）	占500强比重（%）	数量（家）	占500强比重（%）
1	江苏省	19082.46	27.32	13454.09	22.87	118	23.60
2	浙江省	16316.59	23.36	12117.5	20.60	144	28.80
3	山东省	5262.82	7.53	2976.68	5.06	46	9.20
4	广东省	4820.46	6.90	6507.69	11.06	21	4.20
5	四川省	2806.45	4.02	1945.83	3.31	18	3.60
6	河北省	2679.22	3.84	1537.04	2.61	20	4.00
7	上海市	2619.62	3.75	2792.81	4.75	17	3.40
8	北京市	2416.61	3.46	1821.56	3.10	4	0.80
9	辽宁省	1613.4	2.31	2634.78	4.48	11	2.20
10	内蒙古自治区	1457.99	2.09	1884.76	3.20	13	2.60
11	天津市	1262.63	1.81	615.91	1.05	9	1.80
12	湖北省	1220.2	1.75	906.38	1.54	17	3.40
13	重庆市	1103.31	1.58	1719.89	2.92	10	2.00
14	湖南省	1103.27	1.58	903.69	1.54	6	1.20
15	新疆维吾尔自治区	825.26	1.18	672.24	1.14	2	0.40
16	海南省	804.57	1.15	2427.24	4.13	3	0.60
17	陕西省	790.92	1.13	453.91	0.77	4	0.80
18	河南省	770.46	1.10	606.77	1.03	9	1.80
19	山西省	567.33	0.81	621.09	1.06	7	1.40
20	福建省	480.95	0.69	438.19	0.74	6	1.20
21	江西省	433.54	0.62	525.52	0.89	2	0.40
22	黑龙江省	419.77	0.60	740.22	1.26	3	0.60
23	安徽省	317.31	0.45	96.93	0.16	3	0.60
24	吉林省	276.07	0.40	113.03	0.19	2	0.40
25	云南省	193.4	0.28	81.33	0.14	3	0.60
26	广西壮族自治区	124	0.18	146.13	0.25	1	0.20
27	宁夏回族自治区	80.7	0.12	83.58	0.14	1	0.20
	合计	69849.32	100	58824.8	100	500	100

六、原材料价格上涨和人才缺乏是影响民营企业 500 强发展的重要因素

2010 年，全球大宗商品价格波动剧烈，通货膨胀压力持续加大，原材料成本上升成为影响民营企业 500 强发展的首要因素，加之能源供应紧张等因素，2010 年民营企业的生产成本显著增加。

人才短缺仍然是制约民营企业 500 强发展的重要因素。当前，大型民营企业积极进行转型升级，专业技术人才和经营管理人才的不足自然愈加凸显。为缓解人才短缺的困难，民营企业作出了各种努力，从连续三年的调研数据中看到，选择劳动关系紧张一项的企业逐年减少，民营企业更加自觉地履行《劳动合同法》，保障员工权益，完善激励机制，劳动关系得以不断改善。

2010 年，随着我国经济转型升级的进一步深化，以及国务院“民间投资 36 条”的颁布，大型民营企业投资意愿增强。调研数据表明，土地供应紧缺、市场准入壁垒、节能减排要求过严和地方保护主义等与投资相关的外部因素对不少企业影响较大，民营企业要真正享有平等的投资机会还有待国家政策的具体落实。

2010 年全球经济缓慢复苏，调研数据表明，相比 2008 年和 2009 年，国际金融危机对我国民营企业 500 强的影响已显著降低，国际市场需求萎缩的状况得到好转，但随着出口额的增多，人民币升值又对外向型民营企业造成了一定的影响。

尽管 2010 年下半年开始，为了防范金融风险，降低通货膨胀预期，央行开始调整存款准备金率和利率，银行贷款难度有所加大，但是由于拓宽了其他直接融资渠道，融资难问题对民营企业 500 强的影响较前一年只是略有上升。在政策环境方面，2010 年民营企业 500 强中仍然有近一半的企业认为税费负担重，此外权益保护不够、政府沟通不畅、执法环境不良等政策和法治的环境因素对企业的影响也呈上升趋势（见表 23）。

表 23　2010 年民营企业 500 强发展影响因素分析

影响因素		2010 年		2009 年		变动情况
		企业数量（家）	占 500 强比重（%）	企业数量（家）	占 500 强比重（%）	
市场环境	国际金融危机影响	183	36.60	270	54.00	↓
	融资难	156	31.20	146	29.20	↑
	市场需求萎缩	94	18.80	178	35.60	↓
	原材料成本上升	358	71.60	226	45.20	↑
	能源供应紧张	145	29.00	—	—	
	地方保护主义	59	11.80	59	11.80	
	人民币升值	120	24.00	—	—	
政策和法治环境	税费负担重	219	43.80	138	27.60	↑
	市场准入壁垒	84	16.80	—	—	
	宏观调控偏紧	153	30.60	—	—	
	节能减排要求过严	109	21.80	—	—	
	土地供应紧缺	217	43.40	—	—	
	权益保护不够	78	15.60	17	3.40	↑
	执法环境不良	36	7.20	29	5.80	↑
	政府干预过多	37	7.40	—	—	

续表

影响因素		2010 年		2009 年		变动情况
		企业数量（家）	占 500 强比重（%）	企业数量（家）	占 500 强比重（%）	
社会环境	政府沟通不畅	72	14.40	29	5.80	↑
	舆论环境不利	66	13.20	19	3.80	↑
内部环境	治理结构不规范	59	11.80	20	4.00	↑
	人才缺乏	303	60.60	171	34.20	↑
	劳动关系紧张	35	7.00	40	8.00	↓
	关键技术缺乏	100	20.00	—		
其他		2	0.40			

2010 年民营企业 500 强转变发展方式专题研究

国际金融危机冲击，凸显了我国经济发展方式的弊端，加快转变经济发展方式是我国适应全球经济结构重大变化、顺应我国经济社会发展新的阶段性特征的战略选择。民营经济已占到我国 GDP 一半以上，民营经济的结构调整，是我国经济结构调整的关键；民营经济的可持续发展，关系到我国经济可持续发展的大局。2010 年，在国家政策的引导下，民营企业 500 强大力推进发展方式转变，通过提高管理效率、引进高素质人才、强化质量管理、优化产品结构、调整产业结构等多项措施，将转变发展方式落到实处。同时，民营企业 500 强广泛进入战略性新兴产业，节能环保、新材料、新能源是进入最多的三个产业。承前启后的 2010 年，在国家“十二五”规划即将开局之际，民营企业结合国内外新形势，有超过 80% 的企业制定了未来五年发展规划。

一、民营企业采取多种措施，提高自身素质，推进发展方式转变

经过国际金融危机的考验，步入经济社会新的发展阶段，民营企业到了转型升级的关键时期。民营企业面临着由粗放分散发展向集约集聚发展转变、由投资驱动为主向创新驱动转变、由生产产品到打造品牌转变、由劳动密集型向资本密集型、知识密集型转变等多重挑战。

2010 年，民营企业 500 强采取多种举措，提升企业管理水平，挖掘内部潜力，努力推进企业转变发展方式。调研数据显示，提高管理效率是民营企业 500 强转变发展方式最主要的举措之一，有 364 家企业致力于此；“人才”作为推动企业长期发展的核心动力的重要性被越来越多的民营企业所认知，把“引进高素质人才”作为促进转变发展方式的主要手段的有 339 家；采取强化质量管理、优化产品结构、调整产业结构、加强品牌建设的企业数量也均在 300 家以上。此外，部分民营企业还采取加强节能环保、调整区域布局和转变商业模式等措施，这些组合措施对推进发展方式转变的推动作用效果明显（见表 1）。

表1　2010民营企业500强转变发展方式采取的措施

转变发展方式的具体措施	企业数量（家）	占500强的比重（%）
提高管理效率	364	72.80
大力引进人才	339	67.80
强化质量管理	330	66.00
优化产品结构	326	65.20
调整产业结构	314	62.80
加强品牌建设	312	62.40
降低生产成本	308	61.60
加强自主研发	306	61.20
加强节能环保	250	50
引进高新技术	217	43.40
调整区域布局	183	36.60
转变商业模式	160	32.00

二、民营企业加快进入战略性新兴产业

战略性新兴产业是引导未来经济社会发展的重要方向，发展战略性新兴产业已成为世界主要国家抢占新一轮经济和科技发展制高点的重大战略。国务院“民间投资36条”中明确提出“鼓励和引导民营企业发展战略性新兴产业”，对于民营企业加快产业升级、加强自主创新、拓展投资领域、占领发展先机具有战略意义。

在国家政策的引导下，结合自身发展实际，民营企业迅速调整产业布局，主动进入战略性新兴产业。调研结果显示，目前已进入节能环保、新材料和新能源三个新兴产业的民营企业较多，且在未来三年里，这三个新兴产业仍是大多民营企业投资的重点方向。生物、高端装备和新能源汽车这三个产业由于专业性强、产业技术壁垒较高，目前分别有39家、39家和24家进入，未来三年随着民营企业技术和资金的积累，以及国家支持力度的加大，未来三年拟进入这三个行业的企业数量将有所增加。此外，也有部分企业打算涉足电子商务、第三方物流、金融服务业、用电服务等领域（见表2）。

表2　2010年民营企业进入战略性新兴产业情况分析

企业目前已/拟进入的战略性新兴产业	目前已进入的新兴产业		未来三年拟进入的新兴产业	
	企业数量（家）	占500强比重（%）	企业数量（家）	占500强比重（%）
节能环保	180	36.00	188	37.60
新材料	149	29.80	174	34.80
新能源	128	25.60	146	29.20
信息技术	47	9.40	56	11.20
生物	39	7.80	44	8.80
高端装备	39	7.80	50	10.00
新能源汽车	24	4.80	31	6.20
其他	14	2.80	13	2.60

三、民营企业未来三年发展模式以突出核心竞争力为主

在对中期发展模式的选择上，民营企业500强更为稳健、理性，追求可持续发展，涉足领域不是一味求大求广，而是结合自身条件与长期规划，在充分发挥企业已有比较优势的情况下适当扩展投资领域。近年来，我国民营企业不断开拓经营领域，从商贸流通业、餐饮业、劳动密集型制造业，逐步向重化工业制造业、技术含量较高的机械设备制造业、基础设施，以及房地产等资本密集型领域拓展，民营企业已经涉及到国民经济的各个领域，特别是在充分竞争的行业，民营企业的优势地位得到进一步巩固。

据调研结果显示，在对未来三年的发展模式的选择中，选择立足本行业做强做大或是在关联行业里推进发展的企业占大多数，这反映了不少民营企业的发展战略立足发挥自身的优势和核心竞争能力，并将优势向上下游或关联行业扩展，

以取得更大的发展空间。同时，随着有更多的产业发展机会，以及规避单一行业风险的需要，也有相当数量的民营企业选择多元化发展。另据调研数据显示，已选择跨领域经营的企业中，只有19家选择回归主业经营（见表3）。

表3　2010年民营企业500强未来三年发展模式选择

企业未来三年发展模式选择	企业数量（家）	占500强比重（%）
立足本行业	398	79.6
向关联行业发展	301	60.2
在非关联行业开展多元化投资	137	27.4
由多元化回归主业	19	3.8
其他	8	1.6

四、民营企业500强制定并开始实施企业经营发展规划

2010年在“十一五”和“十二五”期间起着承前启后的重要作用，也是民营企业总结经验、进行新的战略部署的重要时期。“十二五”期间，国内外环境将发生改变，产业升级、区域发展战略、经济体制改革、对外开放等各个方面都将进一步调整和深化，大多数民营企业摒弃了盲目发展和单纯追求短期利益的机会主义策略，根据经济形势变化趋势和市场规律，制定企业战略发展规划，指导企业未来发展方向。

根据调研结果显示，民营企业500强中超过80%的企业已经制定了未来五年的发展规划，其中大部分企业已着手实施；仅有5.6%的企业尚未制定新的发展规划，但在近期内准备着手制定。进一步体现了多数大型民营企业已经普遍具有战略规划的意识和行动，将企业未来的规划与国家战略和政策相结合，理性、科学、扎实地发展（见表4）。

表4　2010年民营企业500强未来五年经营发展规划制定情况

“十二五”期间企业经营发展规划制定情况	企业数量（家）	占500强比重（%）
已制定经营发展规划并着手实施	394	78.8
已制定经营发展规划尚未开始实施	22	4.4
尚无经营发展规划，但准备制定	28	5.6
没有制定发展规划的打算	1	0.2

“十一五”期间民营企业500强发展情况分析

“十一五”期间，尽管经历了国际金融危机的冲击，民营企业500强积极应对，迅速恢复，经营规模和各项指标不仅恢复到危机前的水平，还在2010年创历史新高。

民营企业500强入围门槛持续大幅提高。除2008年、2009年受金融危机影响，入围门槛增速有所放缓外，其他年份增长率均超过30%。2006年，民营企业500强入围门槛为18.27亿元，2010年达到50.60亿元，五年复合增长率为30.52%（见图1）。

“十一五”期间，民营企业500强的企业规模逐年扩大，增长速度逐渐恢复到金融危机前的水平。2010年，民营企业500强营业收入总额达到69849.32亿元、户均139.70亿元，是2005年的3.36倍，五年复合增长率为27.41%，均远高于同期全国GDP增长速度。2010年民营企业500强资产总额共计58824.80亿元、户均117.65亿元，是2005年的3.88倍，五年复合增长率为31.16%，扩张迅速（见表1）。

从各项盈利指标来看，除2008年受金融危机影响税后净利润略有下降外，民营企业500强各项盈利指标均稳步提高，尤其是2010年达到近五年最高水平。2010年，民营企业500强税后净利润总额达到3911.34亿元、户均7.82亿元，是2005年的4.92倍，五年复合增长率为37.52%（见图2）。

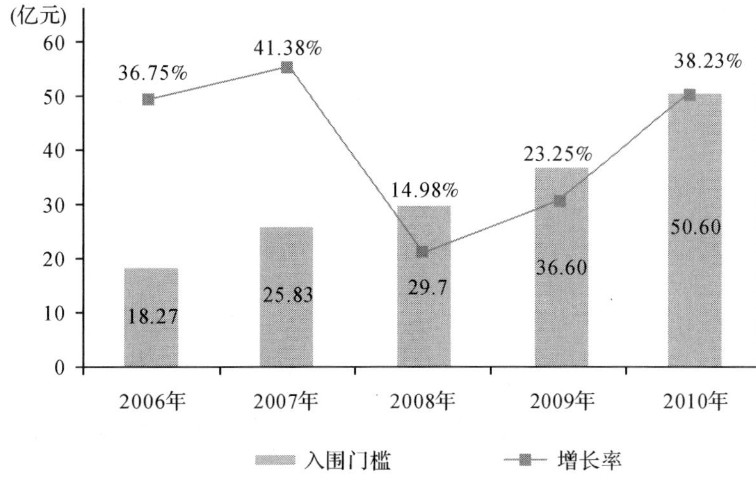

图1 "十一五"期间民营企业500强入围门槛变化

表1 "十一五"期间民营企业500强营收和资产规模指标

年份	营收总额（亿元）	年度增长率（%）	资产总额（亿元）	年度增长率（%）
2006年	26997.01	29.75	18550.4	22.39
2007年	35523.34	31.58	25129.85	35.47
2008年	41099.01	15.70	28250.07	12.42
2009年	47362.66	15.24	38982.28	37.99
2010年	69849.32	47.48	58824.80	50.90
五年复合增长率	27.41		31.16	

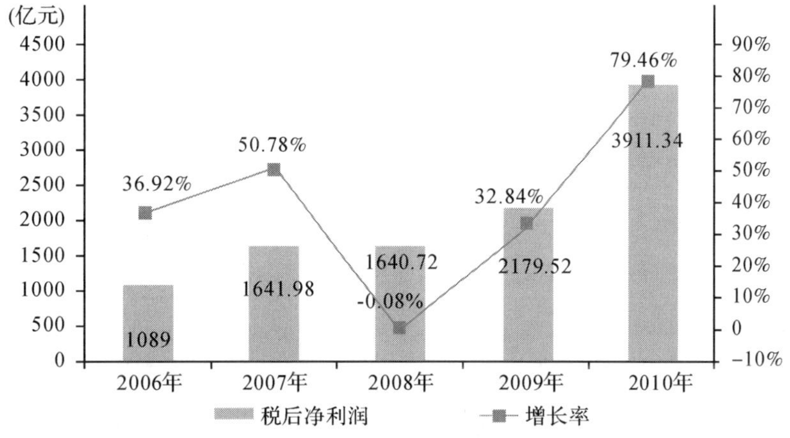

图2 "十一五"期间民营企业500强税后净利润情况

民营企业500强销售净利率、资产净利率整体呈逐年上升趋势，仅在2008年、2009年，受金融危机影响，销售净利率、资产净利率出现下降，但仍高于2005年水平。2010年，民营企业500强销售净利率达到6.65%，资产净利率达到5.6%，超过国际金融危机前水平，均创近年纪录（见图3）。

受宽松货币政策影响，2009年、2010年民营企业500强总资产增长迅猛，除资产周转率仍低于危机前水平外，企业规模实现了快速扩张。劳动生产率和人均利润均超越了金融危机前的水平，分别达到124.47万元/人和9.07万元/人，分别是2005年的1.82倍和3.48倍。总体上来看，"十一五"期间，民营企业500强经营效率水平获得了较快提升（见表2）。

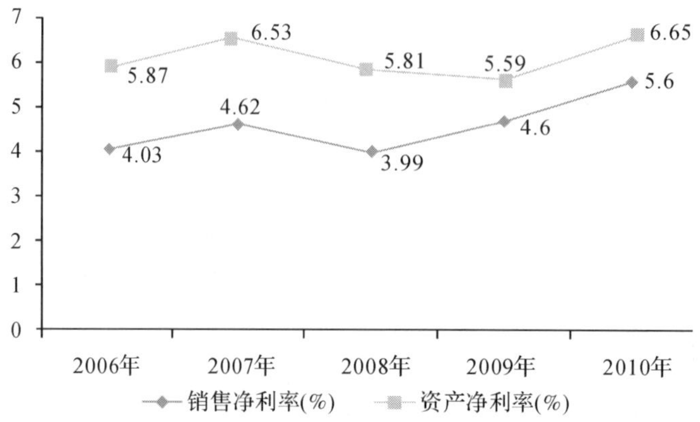

图3　“十一五”期间民营企业500强销售净利率、资产净利率变化

表2　“十一五”期间民营企业500强经营效率指标

项目指标	2010年	2009年	2008年	2007年	2006年
总资产周转率（%）	142.83	140.89	153.99	162.65	160.18
劳动生产率（万元/人）	124.47	104.68	99.45	103.03	76.7
人均利润（万元/人）	9.07	4.82	3.97	4.76	3.09

“十一五”期间，民营企业500强缴税和就业增长迅速，社会贡献显著提升。从纳税来看，2010年，民营企业500强缴税总额达到2738.81亿元，是2005年的3.77倍，五年复合增长率高达30.38%，户均税收由2005年的1.45亿元增至2010年的5.48亿元。除2008年外，民营企业500强缴税总额年增长率均高于历年同期全国税收增长水平（见图4）。

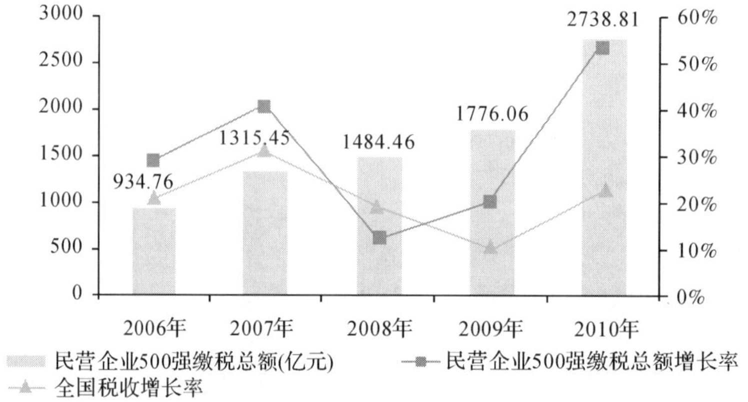

图4　“十一五”期间民营企业500强缴税总额变化

（数据来源：2010年税收收入数据来自《2010年国民经济和社会发展统计公报》，其余年份来自《中国统计年鉴2010》）

从就业来看，2010年民营企业500强员工人数超过560万，是2005年的1.84倍，五年复合增长率为13.02%。除2007年外，民营企业500强员工增长速度远高于同期全国就业人员增长率，尤其是2008年、2009年，在国际金融危机的影响下，民营企业仍然顶住压力，坚持不裁员、不减员，吸纳就业人数分别增长19.87%和9.48%，为稳定和扩大就业、建立和谐社会作出了突出贡献（见表3）。

近年来，民营企业500强区域分布不均衡明显，一直集中在东部地区，尤其是浙江、江苏、山东、广东等东部沿海发达省市。但是西部地区资源丰富，在西部大开发政策的鼓励下，西部地区入围企业数量增长显著，由2005年的29家增长到2010年的52家。而东北地区入围企业数量逐年下降，由2005年的28家下降到2010年的16家（见表4）。

表3　“十一五”期间民营企业500强经营效率指标

项目指标	2010年	2009年	2008年	2007年	2006年
民营企业500强员工总数（万人）	561.16	452.46	413.27	344.77	351.98
民营企业500强员工总数增长率（%）	24.03	9.48	19.87	-2.21	15.66
全国就业人员增长率（%）	—	0.66	0.64	0.77	0.76

表4　“十一五”期间民营企业500强地区分布

地区		2010年	2009年	2008年	2007年	2006年
东部	企业家数	388	405	395	396	396
	比重（%）	77.60	81.00	79.00	79.20	79.20
中部	企业家数	44	44	48	54	51
	比重（%）	8.80	8.80	9.60	10.80	10.20
西部	企业家数	52	34	37	29	27
	比重（%）	10.40	6.80	7.40	5.80	5.40
东北	企业家数	16	17	20	21	26
	比重（%）	3.20	3.40	4.00	4.20	5.20

从行业分布来看，“十一五”期间民营企业500强行业变化不大，主要集中在黑色金属、有色金属冶炼及压延加工业，建筑业，批发和零售业，电气机械及器材、线缆制造业等行业。其中纺织业、化学纤维制造业入围家数下降幅度最大，2010年入围27家，比2005年减少37家（见表5）。

表5　2006～2010年民营企业500强前十大行业入围企业数量

所属行业	2010年	2009年	2008年	2007年	2006年
黑色金属、有色金属冶炼及压延加工业	89	63	66	67	63
建筑业	58	67	60	66	58
批发和零售业	52	51	45	53	42
电气机械及器材、线缆制造及仪器仪表制造业	43	44	47	40	47
综合	29	28	27	2	36
纺织业、化学纤维制造业	27	35	42	36	50
交通运输设备制造业	25	27	23	20	15
房地产业	23	26	16	23	16
食品加工与食品、饮料制造业	19	23	20	17	15
化学原料及化学制品制造业	19	25	20	24	20

"十一五"期间，民营企业500强呈现出强劲的生命力和持续的成长性，共有255家企业连续五年入围民营企业500强且保持了大幅度的增长。

经过改革开放以来的30多年的发展，中国民营经济已经成为国民经济的重要组成部分，对我国经济发展中的贡献越来越大。

表6 2006~2010年255家企业总体财务指标

持续增长企业总计	2010年	2009年	2008年	2007年	2006年	复合增长率
营收总额（亿元）	40198.65	30533.89	27131.32	23189.93	18149.87	21.99%
资产总额（亿元）	31241.66	23729.96	18244.59	15987.68	12124.91	26.70%
缴税总额（亿元）	1376.89	1040.78	956.51	857.65	622.60	21.95%
税后净利润（亿元）	1856.74	1276.91	1018.88	1016.34	704.22	27.43%
净资产总额（亿元）	11079.75	8463.27	6856.11	5947.45	4150.28	27.82%
出口总额（万美元）	2697516	2022554	2779180	2867897	1319392	19.58%
员工人数（万人）	318.67	279.69	253.38	217.12	212.57	10.65%

在发展上，中国民营企业500强不断缩小与中国企业500强、世界企业500强的差距，越来越多的企业成长为行业的领军者、有国际竞争力的跨国公司。

在管理上，中国民营企业500强在向世界先进企业学习的同时，也不断实践着自己的管理经验，创造出中国特色的管理模式。

在转型升级方面，中国民营企业500强转变发展方式，由粗放分散发展向集约集聚发展转变，由投资驱动为主向创新驱动转变，由产品生产向打造品牌转变，由劳动密集型向资本密集型、知识密集型转变。

在保障和改善民生方面，中国民营企业500强开辟更多就业岗位，与员工建立互利共赢的和谐劳动关系。

在国际化方面，中国民营企业500强正在"走出去"，拓展海外市场，优化配置资源。

"十二五"时期是我国可以大有作为的重要战略机遇期，也是我国转变发展方式的关键时期，大型民营企业的发展环境将不断改善，发展基础进一步坚实，自主创新能力继续提升，在促进我国国民经济又好又快发展中作出更大贡献。

2010年中国民营企业500强与中国企业500强比较分析

结合中国企业联合会、中国企业家协会发布的《2011中国500强企业发展报告》，对中国民营企业500强和中国企业500强进行对比分析。从规模指标来看，中国民营企业500强营业收入、资产、净利润等规模仍相对较小，但是各项指标增长率均超过中国企业500强，二者差距缩小。从经营效率来看，中国民营企业500强资产运营效率显著高于中国企业500强，但是总体盈利水平仍低于后者。从行业数量分布来看，二者企业都主要集中于第二产业，但是就资产和净利润率，中国企业500强则更集中于第三产业。中国企业500强比中国民营企业500强更多的分布于金融、石油、通信等垄断行业，而进入这些领域的民营企业极少，这是中国民营企业500强总体盈利水平较低的重要原因。

一、企业总体发展情况对比分析

1. 中国企业500强国有企业超六成，民营企业占比仍偏低

2010年中国企业500强中，国有及国有控股企业有316家，占比63.2%，比去年减少13家，仍保持绝对主导地位。316家国有及国有控股企业实现营业收入300782.88亿元，占比82.82%；资产总额达到977367.94亿元，占比90.40%；实现税后净利润17059.56亿元，占比81.88%，占比均略有下降。

民营企业入围2010年中国企业500强数量持续增长，2010年中国民营企业500强中共有125家企业入围中国企业500强，比2009年增加39家。如果按照2010年中国企业500强销售收入141.99亿元的入围门槛，中国民营企业500强中应有137家企业入围（见图1）。

2. 中国民营企业500强规模仍相对较小，但与中国企业500强之间差距缩小

2010年，中国民营企业500强多项指标增长速度均超过中国企业500强，各项指标相对值显著提高，二者差距进一步缩小。

从入围门槛来看，2010年，中国企业500强达到141.99亿元，较2009年增长28.10%；中国民营企业500强达到50.60亿元，较2009年增长38.25%，增速快于中国企业500强10个百分点。

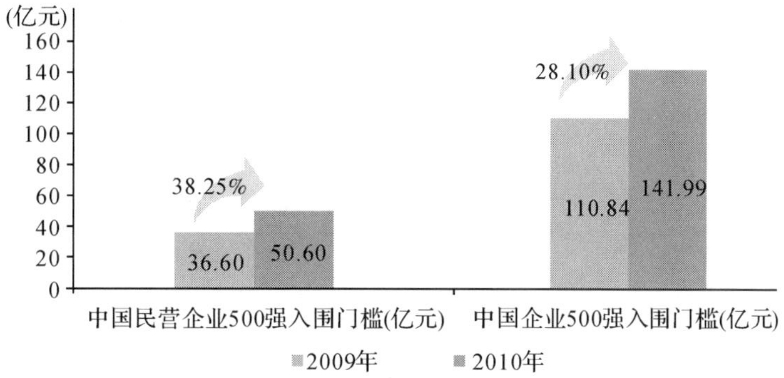

图1　2009~2010年中国民营企业500强与中国企业500强入围门槛

从各项规模指标增长率来看，中国民营企业500强均显著超过中国企业500强。尤其是盈利能力显著增强，净利润增长率达到79.46%，高于中国企业500强40.83个百分点（见图2）。

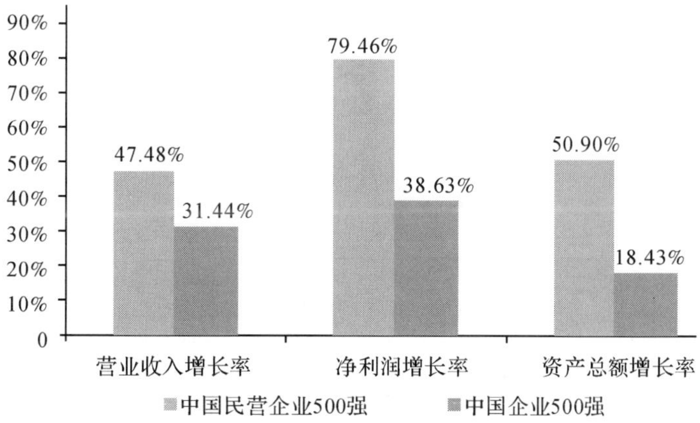

图2　2010年中国民营企业500强与中国企业500强规模增长率指标

从各项规模指标来看，中国民营企业500强规模仍然较小，但是与中国企业500强的相对比值持续增长。2010年，中国民营企业500强资产总额、税后净利润和营业收入总额分别为58824.80亿元、3911.34亿元和69849.32亿元，相当于中国企业500强的5.44%、18.77%和19.23%，比2009年分别增长1.17、4.27和2.09个百分点（见图3）。

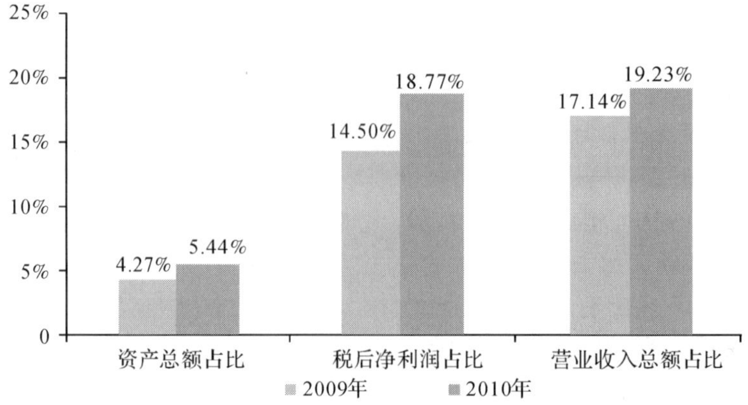

图 3　2009～2010 年中国民营企业 500 强与中国企业 500 强各指标比值

从营业收入前十位的企业来看，2010 年，中国企业 500 强前十家企业营业收入总额为 85261.27 亿元，中国民营企业 500 强前十家企业营业收入总额为 10669.11 亿元，相当于前者的 12.51%，比 2009 年提高了 2.26 个百分点。中国石油化工集团公司以 1.969 万亿元营业收入连续 7 年蝉联中国企业 500 强榜首，华为技术有限公司以 1851.76 亿元营业收入居中国民营企业 500 强榜首，但仅为前者的 9.4%，在中国企业 500 强中名列第 39 位。2010 年，华为、沙钢、联想共计 3 家民营企业进入世界财富 500 强（见表 1），一批真正有国际竞争力的民营企业逐渐成长起来。

表 1　2010 年中国企业 500 强与中国民营企业 500 强营业收入前十家

序号	中国企业 500 强	营业收入（亿元）	中国民营企业 500 强	营业收入（亿元）
1	中国石油化工集团公司	19690.42	华为技术有限公司	1851.76
2	中国石油天然气集团公司	17208.85	江苏沙钢集团有限公司	1786.24
3	国家电网公司	15288.08	苏宁电器集团	1562.23
4	中国工商银行股份有限公司	5450.02	联想控股有限公司	1466.97
5	中国移动通信集团公司	5190.16	大连万达集团股份有限公司	771.77
6	中国中铁股份有限公司	4736.63	浙江吉利控股集团有限公司	682.8
7	中国铁建股份有限公司	4701.59	海航集团有限公司	648.63
8	中国建设银行股份有限公司	4540.87	新疆广汇实业投资（集团）有限责任公司	647.56
9	中国人寿保险（集团）公司	4375.23	雨润控股集团有限公司	647.55
10	中国农业银行股份有限公司	4079.42	广厦控股创业投资有限公司	603.6
合计		85261.27		10669.11

3. 科技创新是民营企业快速增长的内生动力

近年来，大型民营企业快速增长，科技创新是其发展的重要源泉。2010 年，共有 344 家民营企业填报了研发费用占营业收入的比重，计算得出研发费用共计 1658.90 亿元，占中国民营企业 500 强营业收入总额的比重为 2.37%，同期中国企业 500 强该比重为 1.41%，中国民营企业 500 强研发费用占营业收入的比重为中国企业 500 强的 1.6 倍。同时，中国民营企业 500 强中研发费用占营业收入比重在 5% 以上的达到 81

家，而中国企业500强中只有12家企业达到该比重。

2010年，中国民营企业500强中有322家企业共拥有有效专利47120项，其中发明专利共20662项，占专利的43.8%。中国企业500强422家企业共拥有22.08万项专利，其中发明专利达到5.88万项，占专利的26.63%。民营企业拥有很强的自主创新能力，创新是民营企业快速发展最重要的内生动力。

4. 资产运营效率较高，但盈利水平低于中国企业500强

2010年，中国民营企业500强平均资产周转率达到142.83%，远高于中国企业500强36.42%的水平，民营企业资产规模相对较小，资产周转更为灵活，因此流转速度更快、利用效率更高。中国民营企业500强资产获利能力更高，平均资产收益率、平均资产净利率分别达到22.33%、6.65%，均高于中国企业500强。中国民营企业500强资产运作更为稳健，资产负债率为63.83%，低于中国企业500强20个百分点（见图4）。

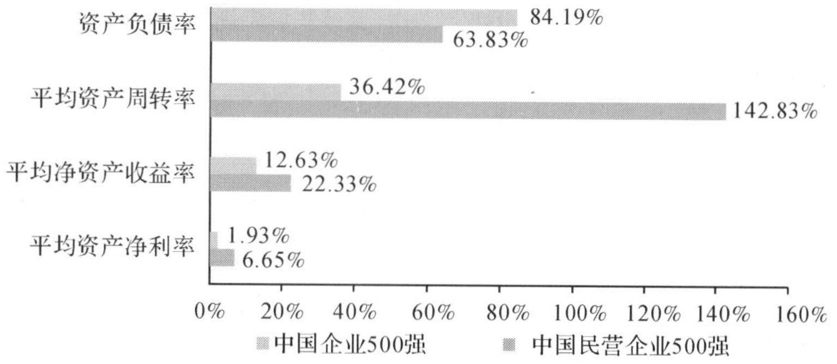

图4 2010年中国民营企业500强与中国企业500强资产运营情况

中国民营企业500强盈利水平仍然低于中国企业500强。2010年中国民营企业500强销售净利率为5.60%，低于中国企业500强0.14个百分点，差距比2009年缩小0.7个百分点；人均净利润差距也略有缩小，由2009年的0.74万元/人减少到0.68万元/人；中国民营企业500强劳动生产率为124.47万元/人，中国企业500强为133.32万元/人，中国民营企业500强劳动生产率由原来略高于中国企业500强变为稍低于中国企业500强（见表2）。

表2 2009～2010年中国民营企业500强与中国企业500强盈利能力情况

	平均销售净利率（%）		人均净利润（万元/人）		劳动生产率（万元/人）	
	2010年	2009年	2010年	2009年	2010年	2009年
中国民营企业500强	5.60	4.60	6.97	4.82	124.47	104.68
中国企业500强	5.74	5.44	7.65	5.56	133.32	102.26

中国企业500强前十大盈利公司集中于银行、石油开采加工、移动通信等垄断行业，共实现净利润8668.34亿元，占中国企业500强的41.60%。其中，仅5家国有商业银行就实现净利润5444.75亿元，占中国企业500强的26.13%；3家石油公司实现净利润2231.23亿元，占中国企业500强10.71%。中国民营企业500强前十大盈利公司主要集中于制造业和房地产等竞争性行业，共实现净利润868.61亿元，占中国民营企业500强的22.2%，为中国企业500强前十大盈利公司净利润的10%（见表3）。由此可见，在金融、石油开采等垄断行业，民营企业仍未获得真正平等的投资机会。

表3　2010 年中国企业 500 强与中国民营企业 500 强净利润前十家

序号	中国企业 500 强	净利润（亿元）	中国民营企业 500 强	净利润（亿元）
1	中国工商银行股份有限公司	1660.25	华为技术有限公司	200.85
2	中国建设银行股份有限公司	1348.44	浙江吉利控股集团有限公司	139.11
3	中国银行股份有限公司	1096.91	恒大地产集团有限公司	80.25
4	中国石油天然气集团公司	972.52	内蒙古伊泰集团有限公司	74.02
5	中国农业银行股份有限公司	948.73	江苏沙钢集团有限公司	73.74
6	中国海洋石油总公司	742.31	大连万达集团股份有限公司	72.56
7	中国移动通信集团公司	658.85	三一集团有限公司	72.01
8	中国石油化工集团公司	516.4	杭州娃哈哈集团有限公司	66.00
9	交通银行股份有限公司	390.42	江苏华厦融创置地集团有限公司	45.49
10	中国中信集团公司	333.51	广州富力地产股份有限公司	44.56
合计		8668.34		868.61

二、产业及行业对比分析

1. 中国民营企业 500 强和中国企业 500 强均集中于第二产业

从入围企业数量和营业收入来看，中国民营企业 500 强与中国企业 500 强均集中于第二产业，中国民营企业 500 强集中度高于中国企业 500 强。2010 年，中国民营企业 500 强有 399 家企业居于第二产业，占比 79.8%；实现营业收入 54029.33 亿元，占比 77.35%。中国企业 500 强有 363 家企业居于第二产业，占比 72.6%；实现营业收入 253584.22 亿元，占比 69.83%（见图 5，图 6）。

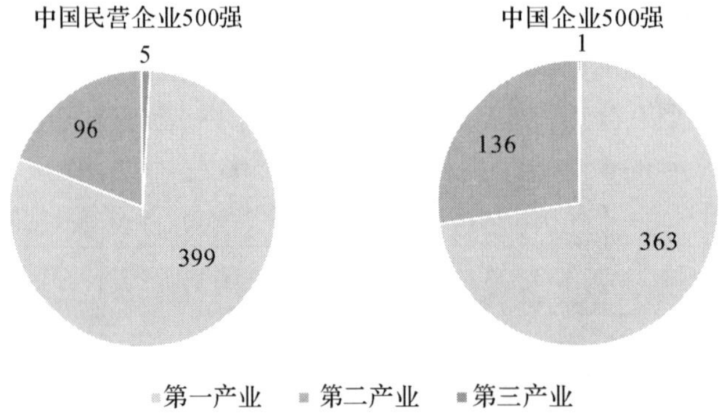

图 5　2010 年中国民营企业 500 强与中国企业 500 强各产业入围企业数量

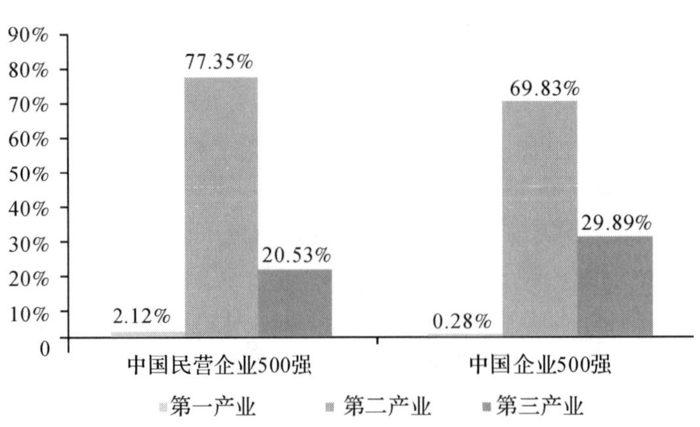

图 6　2010 年中国民营企业 500 强与中国企业 500 强各产业营业收入占比

从资产总额和净利润来看，中国民营企业500强第二产业占比均在70%以上，而中国企业500强则集中于第三产业，占比均超过50%（见图7，图8）。中国企业500强第三产业资产和净利润占比偏高主要是由于商业银行资产占比高达55%，净利润占比高达31%，而企业数量和营业收入占比仅为2.4%和6.26%。

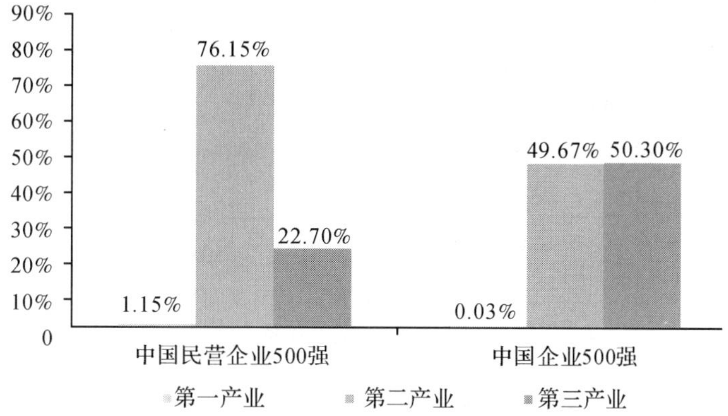

图7　2010年中国民营企业500强与中国企业500强各产业净利润占比

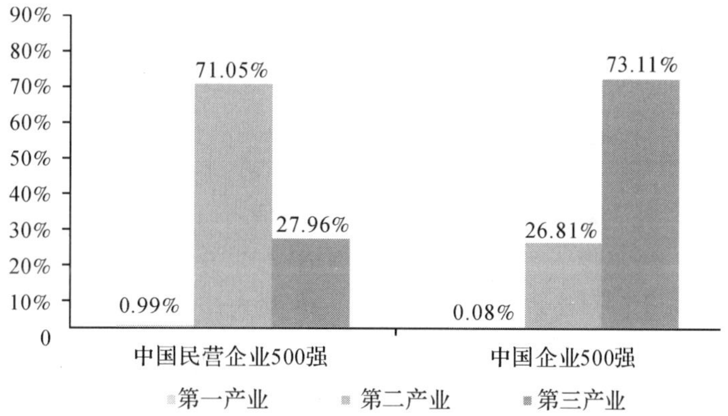

图8　2010年中国民营企业500强与中国企业500强各产业资产总额占比

2. 中国企业500强比中国民营企业500强更多的分布于垄断性行业

为了对行业进行对比分析，我们将中国企业500强行业合并整理后，共有29个行业纳入了比较范围。

从营业收入占比前十大行业来看，中国民营企业500强均分布在市场开放、竞争激烈的行业；而中国企业500强有五大行业为能源、资源、金融、基础设施建设等垄断行业，仅金融、保险业和采矿业45家企业就集中了45.61%的税后净利润。中国企业500强前十大行业共有企业312家，营业收入总额占比78.74%，净利润占比78.13%；中国民营企业500强前十大行业共有企业345家，营业收入总额占比72.82%，净利润占比66.85%（见表4）。

表4　2010年中国企业500强与中国民营企业500强营业收入前十大行业

序号	中国企业500强				中国民营企业500强			
	所属行业	入围家数	营业收入占比	净利润占比	所属行业	入围家数	营业收入占比	净利润占比
1	采矿业	27	10.55%	13.20%	黑色金属冶炼及压延加工业	64	16.32%	8.17%
2	批发和零售业	53	9.09%	2.55%	批发和零售业	52	11.28%	5.57%

（续表）

序号	中国企业500强				中国民营企业500强			
	所属行业	入围家数	营业收入占比	净利润占比	所属行业	入围家数	营业收入占比	净利润占比
3	黑色金属冶炼及压延加工业	55	9.01%	3.41%	建筑业	58	8.20%	4.00%
4	交通运输设备制造业	32	8.97%	7.44%	电气机械及器材、线缆制造及仪器仪表制造业	43	6.72%	6.24%
5	金融、保险业	18	8.77%	32.41%	综合	29	5.83%	6.45%
6	电力、热力、燃气及水的生产和供应业	15	8.12%	3.32%	房地产业	23	5.57%	13.22%
7	建筑业	42	7.82%	2.85%	通信设备、计算机及其他电子设备制造业	7	5.45%	7.10%
8	交通运输、仓储业和邮政业	25	6.39%	7.15%	交通运输设备制造业	25	4.88%	8.79%
9	石油加工、炼焦加工	9	6.00%	2.71%	有色金属冶炼及压延加工业	25	4.87%	2.67%
10	电气机械及器材、线缆制造、及仪器仪表制造业	36	4.02%	3.10%	食品加工与食品、饮料制造业	19	3.71%	4.66%
合计		312	78.74%	78.13%		345	72.82%	66.85%

3. 中国民营企业500强绝大多数行业效率高于中国企业500强

从行业经营效率来看，中国民营企业500强多数行业在销售净利率、资产净利率、人均净利润方面超过中国企业500强，但是人均营业收入相对较低。

其中，在汇总对比的29个行业中，中国民营企业500强有24个行业销售净利率高于中国企业500强，仅纺织业，交通运输、仓储业和邮政业，信息传输、计算机服务和软件业，房地产业，租赁和商务服务业5个行业低于中国企业500强；有25个行业资产净利率高于中国企业500强，仅纺织业，化学纤维制造业，信息传输、计算机服务和软件业，金融、保险业4个行业低于中国企业500强。中国民营企业500强人均盈利水平较高，有17个行业人均净利润高于中国企业500强。凭借灵活的管理机制、对自主创新的重视、对成本的严格控制，中国民营企业500强在竞争性行业中表现出更强的盈利能力。

但是，在人均营业收入方面中国民营企业500强仅有12个行业领先中国企业500强，原因可能是中国民营企业500强更多地分布于劳动密集型行业（见表5）。另外，在相同的行业领域内，中国民营企业500强装备水平与中国企业500强仍有一定差距。

表5　2010年中国民营企业500强与中国企业500强主要行业经营指标分析

序号	行业名称	中国民营企业500强				中国企业500强			
		销售净利率(%)	资产净利率(%)	人均营业收入(万元)	人均净利润(万元)	销售净利率(%)	资产净利率(%)	人均营业收入(万元)	人均净利润(万元)
1	农、林、牧、渔业	3.05	7.71	98.29	3	0.55	0.63	14.08	0.08
2	采矿业	19.25	17.75	223.23	42.98	7.18	4.81%	88.23	6.33
3	食品加工与食品、饮料制造业	7.04	9.91	84.94	5.98	6.84	8.75	95.88	6.56

（续表）

序号	行业名称	中国民营企业500强				中国企业500强			
		销售净利率（%）	资产净利率（%）	人均营业收入（万元）	人均净利润（万元）	销售净利率（%）	资产净利率（%）	人均营业收入（万元）	人均净利润（万元）
4	纺织业	4.74	6.43	119.5	5.66	5.27	9.27	106.24	5.6
5	化学纤维制造业	5.98	8.54	190.86	11.41	5.96	8.89	211.98	12.64
6	服装、鞋帽、皮革制造业	8.87	8.79	69.74	6.19	7.25	6.37	89.58	6.5
7	造纸及纸制品、印刷业、文教体育、办公用品制造业	8.76	6.03	124.44	10.89	6.32	5.12	167.36	10.57
8	非金属矿物制品业	7.98	7.14	98.05	7.82	6.10	5.17	117.01	7.14
9	黑色金属冶炼及压延加工业	2.80	4.40	256.85	7.19	2.17	2.13	193.17	4.2
10	有色金属冶炼及压延加工业	3.07	5.19	382.36	11.74	2.94	2.81	165.8	4.88
11	金属制品业	7.02	8.19	143.99	10.11	3.44	5.10	120.47	4.14
12	石油加工、炼焦加工业	4.58	6.35	265.19	12.14	2.59	3.45	312.03	8.09
13	化学原料及化学制品制造业	3.84	5.70	244.82	9.41	2.81	2.46	131.31	3.7
14	医药制造业	6.13	9.11	80.22	4.92	4.69	6.42	138.87	6.52
15	橡胶制品、塑料制品业	8.82	13.49	177.74	15.68	5.18	7.86	155.32	8.04
16	通用设备和专用设备制造业	9.58	9.32	116.17	11.12	7.09	7.72	117.11	8.3
17	交通运输设备制造业	10.08	8.30	81.24	8.19	4.75	4.58	137.69	6.55
18	电气机械及器材、线缆制造及仪器仪表制造业	5.20	7.28	137.92	7.17	4.42	5.17	132.05	5.84
19	通信设备、计算机及其他电子设备制造业	7.30	8.85	257.67	18.8	5.74	7.11	185.56	10.66
20	电力、热力、燃气及水的生产和供应业	5.10	3.48	107.32	5.48	2.34	1.18	113.18	2.65
21	建筑业	2.73	5.42	42.26	1.15	2.09	2.30	109.34	2.29
22	交通运输、仓储业和邮政业	5.55	6.40	147.58	8.19	6.42	1.85	84.42	5.42
23	信息传输、计算机服务和软件业	1.37	1.72	119.83	1.64	10.60	14.82	275.2	29.18
24	批发和零售业	2.77	6.32	173.71	4.81	1.61	3.08	320.78	5.16
25	住宿、餐饮业	22.13	61.63	17.56	3.89	2.68	2.43	81.3	2.18
26	金融、保险业	6.46	2.11	23.63	1.53	21.21	1.08	154.56	32.78
27	房地产业	13.30	6.22	238.37	31.71	13.76	5.91	268.11	36.9
28	租赁和商务服务业	3.19	11.05	232.93	7.44	7.91	1.56	95.42	7.54
29	综合	6.19	3.73	103.1	6.38	4.64	2.37	205.52	9.54

关于秦巴连片特困地区扶贫开发的政策建议

2011年5月，中共中央、国务院印发了《中国农村扶贫开发纲要（2011～2020年）》（以下简称《纲要》），11月29、30日又召开了中央扶贫开发工作会议，全面动员部署了新十年扶贫开发工作，充分体现了党中央、国务院为消除农村贫困、保障和改善民生、实现全面建设小康社会目标、促进经济社会和谐发展的决心。全国工商联长期以来围绕党和政府的中心工作，服务大局，积极组织引导广大非公有制企业及人士参与扶贫开发和光彩事业。近年来在组织引导民营企业积极参与扶贫开发中，全国工商联重点在秦巴连片特困地区的四川省仪陇县和巴中市连续开展了5年多的定点扶贫。这次调研以长期的扶贫实践为基础，在2011年8月份，调研组分别赴重庆市万州区、云阳县，四川省广元市及所辖旺苍县、剑阁县，陕西省周至县、城固县、留坝县、西乡县、汉阴县、紫阳县调研。调研组在与当地政府、企业、农民座谈、研讨，特别是通过与乡镇领导、贫困农民和在当地进行扶贫开发的企业家的深入访谈，收获很大。

一、秦巴地区“连片特困”现状分析

秦巴连片特困地区位于川、渝、陕、甘、鄂、豫六省市交界处，涉及75个县（区），面积约28万平方公里，人口约3400万，其中农业人口约2900万，是我国著名的革命老区和少数民族地区。东西走向的秦岭、大巴山横亘境内，长江最长的支流汉水流贯其间，是温带与亚热带的交接地带。由于地理上的完整性和自然生态条件的一致性，这里成为我国气候、植被、矿藏和物种的重要区界与交汇场所，自然资源的综合利用和工农业生产的可持续发展面临着广阔的前景，是一个有巨大潜在优势的待开发区域。

调研表明，《中国农村扶贫开发纲要（2001～2010年）》实施以来，秦巴地区扶贫开发取得了新的成就。这一地区农村贫困人口大幅减少，收入水平稳步提高，贫困地区基础设施明显改善，社会事业不断进步，最低生活保障制度全面建立，农村居民生存和温饱问题基本解决，探索并正在继续探索有中国特色、符合本地实际的扶贫开发道路。当地政府和广大群众一道，创造了相对成熟的工作经验，如“扶贫活力在于创新工作机制”，“稳定扶贫机构、整合开发资源”，“移民扶贫为重点、整村开发为主体”等。这些经验值得充分肯定和继续创新，因为通过扶贫已经取得的减贫经验是最终脱贫的宝贵财富。

同时，秦巴地区“连片特困”依然具有如下特点：一是传统农业产业在萎缩，种植业粮食作物播种面积缩减，农民对养殖业积极性不高，农副产品商品化程度低，特别是耕地闲置或撂荒现象日益突出。二是青壮年劳动力严重匮乏，几乎每家的壮劳力都外出打工，未出去的大多是失去劳动能力的病残者或没有劳动能力的智障者。三是增收渠道少、难度大，由于受教育程度低、缺乏知识和技能，外出打工主要集中在建筑、矿山、砖厂、拆卸、搬运等劳动强度大和工时长的行业，工资低、欠薪多、讨薪难；务农收入、增收难度越来越大。粮价扣除种子、化肥、农药、地膜、灌溉等成本后，农民没什么钱赚。四是贫困导因，大多是因病致贫、因病返贫，家里有人因生大病或主要劳动力去世等大变故，或家有失去劳动能力的残疾人和智障人，则陷入贫困并很难靠开发扶贫实现脱贫，需要长期依靠民政救济和慈善关怀。

调研组认为，差异性现状分析事关连片特困地区开发扶贫的成败。通过贯彻实施《纲要》，积极参与中国经济结构战略调整的重要切入点之一，在于必须有差异地调查研究连片特困地区。要使连片特困地区作为我国新时期扶贫开发的主战场，根据不同地区经济社会发展水平，因地制宜制定并实行有差异的扶贫开发扶持措施，首先应当充分尊重连片特困地区自身对其贫困现状的认识及其成因分析，不宜简单地主观臆断这类认识和分析“有水分”而“束之高阁”。调研过程中，从“尊重差异”的角度了解到当地“人多地少、山大沟深”，“环境复杂、农业脆弱、还贷困难”，“增收难度大、返贫人口多、投入产出不成比例”，乃至“基础条件差、发展水平低、产业规模小”等情况，依然是秦巴连片特困地区的差异性表述。

目前，提高扶贫标准是注重差异性现状分析一个十分重要的前提。秦巴地区农村居民的生存和温饱问题虽然总体上已基本解决，但如何使地方政府和当地农民群众一道，通过提高扶贫标准完成新的扶贫开发任务，更具体地提出相关可行的政策措施，则尚未“破题”。本次调研所实地了解的一些地方，实际上大多已程度不同地制定或测定了新的扶贫标准，其中至少还有占农业人口14%左右的农民为贫困人口，个别地方贫困人口占农业人口1/3左右（见表1）。按照新的扶贫标准，估计整个秦巴连片特困地区贫困人口占农业人口的比例约为20%左右，“扶贫开发”依然任重道远，不应有任何懈怠。

表1　秦巴地区贫困人口占比情况

县（市）	总人口（万）	农业人口（万）	贫困人口（万）	贫困人口占农业人口（%）	备注
云阳县	134	109	12.13	11.13	(1) 2010年扶贫与低保两项制度衔接后实施标准：人均年纯收入1500元～1600元以下（下同）。(2) 根据调研采集数据测算。
西乡县	41	34.4	9.6	27.9	
汉阴县	30	26.18	6.3	24.06	
紫阳县	35	30.1	10.4	34.55	
广元市	314	242	42.7	17.64	
城固县	53	43.8	12.1	27.63	
宁强县	34	30.5	9.9	32.46	
留坝县	4.7	3.57	0.9804	27.46	
奉节县	105.32	88.27	13	14.73	
巫山县	63	52.37	8.6	16.42	
巫溪县	54	46.8	6.88	14.7	

事实上，在充分肯定相对成熟的扶贫工作经验与注重有差异地分析存在问题之间，并没有绝对的界限。本次调研所作的上述分析判断，在相当大程度上具有相对的意义，因为把“连片特困地区”作为扶贫主战场的攻坚才刚开始。同时，在秦巴连片特困地区的各县域之间，鉴于历史渊源和地缘经济政治的关联，从本质上讲其扶贫经验和贫困现状并非具有本质性的巨大差异。本次调研之所以特别关注“差异性”，一方面是由于国家关于发起“连片特困地区扶贫攻坚”的政策设计导向，本身就强烈地宣示了“差异性扶贫政策”的内涵；另一方面是因为在这一重要政策取向前提下，同样具有相对广阔的“差异性扶贫政策”的空间，毕竟各县域乃至县域内次区域之间、秦巴连片特困地区与其他连片特困地区之间，经济社会发展的实际状况总是有差异的。

二、实施差异性扶贫政策

在认真学习了国务院扶贫办和国家发改委印发的《武陵山片区区域发展与扶贫攻坚规划（2011～2020）》后，调研组认为，国家应对14个连片特困地区制定差异性扶贫政策，在同一个地区内也应根据区域和县域情况的不同采取有差异性的扶贫措施。

调研组认为，结合秦巴连片特困地区实际，为实现《纲要》既定的奋斗目标，一是要继续增加投入。包括农户企业化转型，产业市场化对接；加大技能培训力度，突破产业化发展瓶颈；以“打包”方式实现特色产业“捆绑”发展；落实大项目，促进连片大开发成为产业大开发；继续鼓励和促进民营企业、尤其是大中型民营企业参与扶贫；盘活特困区域存量资产，整合连片扶贫资源，激发农村金融活力；优化当地产业与区域性产业衔接，加大国家金融对相关产业支持力度。二是要把革命老区、民族地区作为优先扶贫地带。对少数民族聚居区的贫困乡村给予重点扶持；应对“搬迁移民”、“生态移民”予以细分，从长计议鼓励外出受教育、务工的青年人不再返回不宜居住的贫瘠地区，实现自然淘汰性质的“自然移民”或“智力移民”。应采取具体措施提高农民素质并合理解释其应承担的责任；应采取具体措施提高“村村通路”的实际成效。三是要加大重点生态功能区生态补偿力度。建立生物多样性保护实验区（基地），探索水资源保护区生态补偿体制机制，研究秦岭与巴山特殊地质地貌生态养护体系，鼓励民营企业合理有序开发利用矿产资源。四是要通过政策支持和部门协作保障扶贫开发的实际社会效果。探索基层工商联（商会）组织在社会扶贫开发中的体制创新，以民间善款撬动更多民间资本，创新民间融资积极的社会影响。使一大批具有年轻化、知识化、本土化特征的青年干部活跃在特困连片地区村镇工作第一线，这是能否实现《纲要》战略目标的重大决策之一，应及时总结推广实践中的可行经验，善于发现并解决实施中的具体问题。

三、建议

1. 制定国家级产业综合发展规划

应把消除连片特困地区贫困作为事关全国发展大局的重大问题，上升到国家战略高度予以考虑。建议国家有关部门（如国家发改委、国土资源部、农业部、国家旅游局等）协调秦巴连片特困地区内部次区域及比邻周边省市，编制秦巴地区国家级产业综合发展专项规划，通过“顶层设计”优先布局、实施一批重点项目。应当具体区分上述次区域及比邻周边省市的特殊情况部署相关专项规划，例如在水资源保护地有限度地规划旅游业和相关农业项目；在由于特殊（如军事）原因不宜开展招商引资的区域，积极探讨规划特种养殖业大项目（如大鲵繁养基地或富硒茶产业基地等），促使秦巴连片特困地区各地积极参与区域经济互利协作，促进产业发展、资源开发等方面互惠共赢，形成宽领域、全方位的产业集群效应，实现多边共同发展。

2. 取消各类建设项目地方财政配套要求

要树立举全国之力破解连片特困地区贫困难题的重要理念。建议国家通过特别税或特殊资金投入支持加大此类地区减贫力度；建议凡中央财政列支在秦巴连片特困地区各类建设项目，一律取消对地方财政（尤其是县财政）的配套要求。针对现行新村建设、通村公路、移民搬迁、沼气、水利项目等项目补助标准与实际成本相差太大和补助标准不一致情况，应大幅提高现有补助标准，争取逐年增加10% ~20%。同时加大财政转移支付力度，将上缴中央税金返还比例由现行30%提高到100%，到2020年不变。中央和省级财政要继续加大对该地区境内（次级）连片特困区域基础设施、农村教育、医疗、卫生等社会事业的投入，提高农村新型合作医疗、农村养老保险等的财政补贴标准，加大支持城乡统筹发展力度。为此建议财政部、国家税务总局进行专项调研。

3. 酌情减免贷款还本付息规定

建议酌情减免秦巴连片特困地区贫困农户因抵御各类自然灾害形成的贷款还本付息规定。对于各类自然灾害如干旱、洪涝、冰雹等气象灾害，岩崩、滑坡、泥石流等山地灾害使贫困农民造成的经济损失，以及贫困农户由此产生的贷款减灾需求，应当酌情分析界定，科学合理制定具体减免办法。同时，要继续积极探索建立相应信贷扶贫体制，增加国家扶贫贴息贷款力度，将贴息标准从目前的3%提高到5%。尤其应加大对境内（次级）连片特困区域民营企业的信贷支持力度，扶持一批骨干民营企业，带动当地脱贫致富。为此要积极探索建立相关贷款担保公司，减少民营企业的借贷风险。国家应帮助建立秦巴连片特困地区扶贫信贷基金，专项用于境内（次级）连片特困区域扶贫。为此建议财政部、中国人民银行及相关金融机构进行专项调研。

4. 合理提高小额扶贫信贷额度

建议对秦巴连片特困地区境内所有连片特困扶贫开发重点县，每年度小额扶贫贷款下达指标不少于5000万元，互助资金项目每村财政扶贫资金补助不少于50万元，农村贫困户产业发展直补到户资金平均每户不少于5000元，最高为3万元。支持产业发展的互助资金项目，1000人以上的村将标准提高到50万元。鼓励按照“一村一品”的产业发展思路，继续把茶叶、生猪和市场前景好的农副产品作为发展重点，采取具体措施帮助群众连片规划建设，着力于优化品种、提高质量、增加效益，努力提升规模化、标准化、集约化生产经营水平。继续鼓励引导龙头企业到境内（次级）连片特困区域建立原料生产基地，实行农工商、产供销一体化。继续鼓励发展农民专业合作经济组织和中介组织，搞好产前、产中、产后服务，继续推行“政府+龙头企业+合作社+农户”模式，增强贫困农民参与市场竞争和抵御风险的能力。探索建立秦巴地区农村市场商品流通补偿基金，完善农产品价格补贴机制。为此建议财政部、工信部及相关金融机构进行专项调研。

5. 落实生态补偿政策

建议国家在秦巴连片特困地区全境，尤其是境内（次级）连片特困区域适度延长退耕还林补助期限：经济林补助10~12年，生态林补助20~25年。秦巴连片特困地区“天保工程”森林管护面通常面积宽、战线长、任务重。一方面林区管护基础设施设备陈旧，加之近年物价上涨等诸多因素，造成森林管护经费逐年增多；另一方面国家目前下拨的“天保资金”，是按2000年水平编制的“计划资金”，属“静态投资”，多年来一直未增加资金。为此，可考虑按有关地方性森林法规，将过去年度“天保工程”结余的基本养老保险补助费调整作为森林管护费；同时，中央层面应针对秦巴连片特困地区森林管护实际情况拨付专项经费，并采取切实步骤开展生物多样性生态补偿机制实验，包括逐步建立生物多样性保护实验区（基地），以及水资源保护区（如南水北调工程经秦巴连片特困地区沿线的移民安置、禁止工业发展、限制旅游业等）生态补偿体制机制创新实践。为此建议环保部、科技部、农业部、国家林业局进行专项调研。

6. 适当减免大中专学生学费

建议国家加大秦巴连片特困地区大中专生资助力度。可考虑秦巴连片特困地区大中专毕业生学费减半，其中特别困难（如家住高寒、土石山区）的大中专生学费全免。应在务实调查基础上，逐步改变目前下达资助计划的办法，创造条件实现秦巴连片特困地区大中专生资助“全覆盖”。同时也可考虑，对秦巴山区境内（次级）连片特困区域内的高考学生降分录取。应在分批试点基础上，对秦巴连片特困地区全境实行学前班、小学、初中和高中免费教育，延长义务教育时间至15年。此外还应积极创造条件，动员各方力量兴建扶贫职教中心，普遍推行扶贫“9+X”教育，通过职业技能和实用技术的培训，更好地促进劳务扶贫，解决贫困人口增收难问题。为此建议教育部、财政部进行专项调研。

7. 适时加大社会帮扶力度

建议国家下达刚性指标，继续整合在秦巴连片特困地区的对口帮扶、对口援建相关政策，在整个“十二五”乃至“十三五”期间，继续对秦巴连片特困地区（尤其是重灾贫困地区）实行对口帮扶政策。同时，动员产业化龙头企业，支持集中连片贫困地区发展，继续深化结对帮扶，重点发展长效增收产业，提高农业产业化发展水平。要进一步创新定点帮扶的工作方法，注重发挥骨干龙头企业的作用；要靠优惠政策而不是行政命令激励企业对扶贫工作的投入，应按企业对贫困地区扶助额度的一定比例进行税费减免。适当调整税率，使企业增值税税率控制在10%以内，调动企业参与扶贫攻坚战的积极性。应探索通过市场机制动员社会资源，建立秦巴地区产业投资基金一类的金融机构。为此建议国务院扶贫办、农业部、工信部、国家税务总局以及相关金融监管部门进行专项调研。

8. 妥善解决有关遗留问题

应具体分析和研究，如何在目前已原则确定的秦巴连片特困地区扶贫开发重点县名录基础上，实现动态管理、解决“合理的遗留问题”。其重要内容之一在于，有些无论从历史渊源（如行政管理体制变迁）延续，还是从地缘地质架构（如同属秦巴山脉）关联来看，都本应纳入秦巴连片特困地区扶贫开发重点县（区）名录的地方（如重庆市万州区、开县以及广元市的利州区），却被“一刀切”在名录之外。目前某些县（区）未被纳入“重点县（区）名录”的原因“不尽透明”，需要具体分析，如是否因“相对贫困”而未纳入。因此，有必要进行相关的“梯度贫困”研究。解决此类问题的思路，依然在于要正确树立“差异性扶贫政策”理念，从“经济增长极”的客观规律出发，寻求统筹综合发展秦巴连片特困区域经济的“集合解”。类似的问题，可能在秦巴连片特困地区的相关城市中都会出现，应当在实践中逐步妥善处理，不宜“久拖不决”。为此建议国务院扶贫办会同有关部门进行专项调研。

9. 创新跨区域扶贫体制

连片特困地区作为我国新十年扶贫开发主战场的关键词是“连片”，其战略实施成败的关键在于能否实现真正意义上的“连”。为有效推进秦巴连片特困地区跨省市区域协作，应积极推进区域交通一体化建设，努力构建以机场、铁路、高速公路、航运“四位一体”的立体交通网络，实现物流、人流、信息流、资金流快捷畅通。在三峡库区已建成奉节—巫山—巫溪“小金三角”、三峡大坝—巫山—神农架“大金三角”旅游精品环线基础上，应考虑积极推动渝东北、陕南、鄂西区域生态文化旅游联盟。还应在更广泛的视角下考虑通过构建西安—重庆—成都“大西三角经济带”，统筹协调目前已有的“秦巴山区扶贫开发示范区”、“秦巴经济走廊”等建言，以及实施《成渝经济区区域规划》的合理要素，积极探索研究突破区划障碍的战略举措，制定生产要素合理流动的统一规则，消除市场壁垒，实现生产要素、人力资源优化配置，培育秦巴连片特困地区统一、开放、竞争、有序的市场体系。应当考虑建立秦巴连片特困地区省市、区县定期联席会议，实行轮值主席制度，定期协调解决区域扶贫协作中的重大问题。为此建议中共中央组织部、国务院扶贫办、国家发改委及有关部门进行专项调研。

10. 探索建立中央政府与地方政府间委托代理机制

对除去“西藏、四省藏区、新疆南疆三地州”的11个连片特困地区的扶贫开发工作，如何实现真正意义上的跨行政区域的连片开发，要在“连”字上做好文章（如秦巴山区就涉及6个省市），要在产业规划布局、基础设施建设、工作协调机制等方面给予有效的保障。要从建立和完善中国特色社会主义市场经济体制机制的战略高度出发，积极促进我国连片特困地区地方政府自发自主构建跨区域协作机制；同时，中央政府宜采取“积极不干预”政策。在机制保障上，可否在国务院扶贫领导小组下对11个连片特困地区分别设立副部级巡视员或观察员机制，负责协调、巡视和督查连片特困地区的工作，参与指导此类跨区域协作机制的相关事务；还应为正确处理中央与地方关系开辟新的“改革实验区”，为培养锻炼党政高级干部创造新的“人才开发区”。我国已经进入工业化中后期阶段，从统筹城乡和区域发展、促进社会公平的意义上讲，中央政府在解决“老少边穷”地区的贫困问题上应当发挥更大作用，承担起财政投入的全部责任，与地方政府形成委托代理关系，完成好这些地区的扶贫工作。

2010年民营企业参与光彩事业（履行社会责任）统计调查数据分析报告

2010年，从国际形势看，世界经济缓慢复苏。从国内形势看，我国仍处于重要战略机遇期，经济发展长期向好的趋势没有改变，但面临的矛盾和问题也不少。2010年是巩固经济回升向好态势的关键之年，也是经济形势异常复杂的一年。面对复杂多变的国内外经济环境和各种重大挑战，全国各族人民在党中央、国务院的坚强领导下，以邓小平理论和“三个代表”重要思想为指导，深入贯彻落实科学发展观，坚持实施应对国际金融危机冲击的一揽子计划，加快转变经济发展方式和经济结构战略性调整，国民经济保持了平稳较快发展，各项社会事业取得新的进步。据国家统计局初步核算，2010 年全年国内生产总值 397983 亿元，按可比价格计算，比 2009 年增长 10.3%。

2010 年以来，我国继续实施积极的财政政策，货币政策由适度宽松的货币政策逐渐收紧回归到稳健常态。国家出台了一系列财税政策，刺激经济的发展，给民营经济创造了有力的经济环境。国家进一步促进经济结构调整，推动经济发展方式转变，给民营经济发展带来新的机遇。国家加大惠民力度，增强消费对经济增长的拉动作用，提振了民营企业投资信心。国家陆续出台区域性发展规划，大力支持区域经济协调发展，为民营经济提供了更广阔的空间。加快传统行业的结构转型和升级，促进战略性新兴产业发展，给民营企业注入了新的活力。值得一提的是，2010 年 5 月 7 日，国务院正式颁布《关于鼓励和引导民间投资健康发展的若干意见》（以下简称为民间投资 36 条）。这是改革开放以来我国出台的第一部专门针对民间投资发展、管理和调控方面的综合性政策文件，进一步明确了民间投资的领域和范围，对于推动市场经济体制在发展中不断完善，创造公平竞争、平等准入的市场环境，对于充分发挥民营经济的积极性，为民营企业特别是大型民营企业进入重点行业和领域带来新的契机，将起到十分重要的作用。

2010 年民营经济依然保持较好的发展势头，为国民经济和社会发展作出了重要的贡献。截至 2010 年年底，我国登记注册的私营企业数量已经超过 840 万户，注册资金总额超过 19 万亿元，私营企业成为我国最大的企业群体，占全国实有企业总数的 74%。2010 年我国民营企业民营经济城镇固定资产投资总额超过 12 万亿元，出口总额超过 4500 亿美元，占全社会出口总额的 30% 以上，已经成为我国对外贸易的重要主体。民营经济在全部 19 个行业中的 9 个行业投资占比超过 30%，在金融业等国有资本长期控制的垄断行业，以及信息传输、计算机服务和软件业等高新技术领域投资规模显著增大。

民营企业承担社会责任的意识明显增强。据统计，2010 年，1674 家民营企业投资 2053 个光彩事业项目。到位资金 592.51 亿元，安排就业 31.66 万人，培训 42.10 万人，带动 198.05 万人脱贫致富。可见，光彩事业已经发展成为符合中国国情、具有鲜明特色的社会扶贫事业，成为统一战线服务党和国家中心工作、学习和落实科学发展观的重要实践，成为培育非公有制经济人士队伍、巩固和壮大统一战线的重要载体，成为弘扬优秀传统文化、共建社会主义核心价值体系的重要途径。广大非公有制经济人士自觉把自身企业的发展与国家的发展结合起来，把个人富裕与全体人民的共同富裕结合起来，按照市场经济规律开展扶贫活动，达到企业经济行为与企业家道德行为的有机统一，促进了中国传统文化道义观与现代市场经济利益观的紧密结合，充分展现了“致富思源、富而思进、扶危济困、共同富裕、义利兼顾、德行并重、发展企业、回馈社会”的光彩精神。

第一部分 企业的基本情况

一、参与光彩事业的民营企业区域分析

1. 东部地区依然占绝对优势

在接受调查的 13266 个民营企业中，东部地区共有 7668 家民营企业参与统计调查，所占比例为 57.8%。与上年 63.95% 相比，比例有所下降。但是东部地区参与光彩事业的民营企业，还是占据绝对比重优势，仍然延续“东高中西低”的态势。与全国私营企业区域分布趋势大致相同。这与东部地区的民营经济迅猛发展，民营企业具有雄厚的经济基础等因素是分不开的。

2. 西部地区比例大幅增加

在接受调查的 13266 个民营企业中，西部地区共有 3145 家民营企业参与统计调查，所占比例为 23.7%。与上年 15.22% 相比，比例大幅度提高。虽然西部地区民营经济并不十分发达，但是受到国家各项政策牵引和投资拉动，西部民营经济的社会贡献依然突出。2010 年是国家实施西部大开发战略第二个十年规划的起步之年。近年来，国务院出台了《关于应对国际金融危机保持

西部地区经济平稳较快发展的意见》、《关于支持青海等省藏区经济社会发展的若干意见》、《关中—天水经济区发展规划》等，西部地区把优化环境，促进民营经济健康发展作为着力点，把实施全民创业作为重要抓手，为民营经济发展提供了有力保障，为光彩事业发展提供广阔的平台。

3. 江苏省一枝独秀

在接受调查的13266个参与光彩事业的民营企业中，江苏省民营企业共有4918家，占总数的37.07%，为各地区之首。江苏省民营经济发达，民营企业参与光彩事业积极性很高，其数量之多，效益之好，在各地区民营企业中一枝独秀，为促进当地民营经济发展、履行社会责任，不断作出新的贡献。

二、参与光彩事业的民营企业类型分析

1. 大多数为有限责任公司

在本次统计调查中，参与光彩事业民营企业绝大多数为有限责任公司。此项统计调查共有12839家企业，有限责任公司有9422家，所占比例为73.4%。这种分布特征大体上与全国范围内的民营企业结构类型相一致。据国家工商行政管理总局的有关数据，截至2009年年底，全国私营企业实有户数中有限责任公司比重为82.45%。以现代企业制度为代表的公司制企业发展迅速，股份制有限责任公司发展迅速，占据主导地位。

2. 合伙企业比重最小

本次统计调查中，合伙制企业有266家，所占比重为2.1%。这是因为我国合伙制企业相对较少，在私营企业中比重也很小。据国家工商行政管理总局的有关数据，截至2009年年底，全国合伙企业实有12.58万户，所占比重为1.70%。所以，参与光彩事业的合伙制公司数量不多，也在情理之中。

三、参与光彩事业的民营企业行业分析

1. 行业分布不均衡，以制造业为主

在本次统计调查中，参与光彩事业的民营企业的行业集中度较高，行业分布不均衡。在12746个企业中，制造业民营企业所占比例最大，共有6069家企业，所占比例为50.7%，超过半数。随后依次是批发和零售业，所占比例为9.6%；农、林、牧、渔业，所占比例为7.6%；建筑业，所占比例为7.5%。我国民营企业中，社会责任意愿和能力较强企业的行业分布与企业总体的行业分布不完全一致。私营企业中批发和零售业实有户数最多，占52.3%，制造业居其次。而在参与光彩事业中，通常制造业的产业链条更长，涉及利益相关者更多，大型民营企业仍集中在这些放开较早，竞争充分的传统行业当中，因此对企业的社会责任行动产生较强的压力和动力。而批发和零售业由于企业规模较小，边际投资意愿较低，抗风险能力较弱，对社会开放程度有限，公司治理结构较为传统，对于企业进一步履行社会责任产生了一定的制约作用。

2. 第二产业所占比例为半数以上

在11973家参与光彩事业统计调查的民营企业中，7594家为第二产业，占63.4%。而第一产业有913家，占7.6%。第三产业有3469家，占29.0%。可见，第二产业参与光彩事业的最多，比例最高。这与制造业民营企业比例大的情况相呼应。而在民营企业产业格局中，第三产业民营企业数量不少，但由于第三产业一些民营企业能力有限，整体上履行社会责任的能力还有待提高。

四、参与光彩事业的民营企业规模分布

1. 企业规模情况

从注册资本情况看，注册资本1亿元以上的大型企业有879家，所占比例最小，为6.7%。注册资本1000万至1亿元的中型企业有4928家，企业数量所占比例最大，为33.6%。注册资本100万（不含）至1000万元的小型企业有4801家，所占比例为36.4%。注册资本100万元以下的微型企业2586家，所占比例为19.6%。可见，中小型企业虽然注册资本并不如大型企业那样资金雄厚，但是其数量较多，比例较大，积极参与光彩事业。

从企业资产总额方面看，调查中的中型企业，即资产总额1000万至1亿元的民营企业为5867家，所占比例最大，45.0%。其次是资产总额1亿元以上的大型民营企业，比例为25.9%。再次是资产总额1000万元以下的小型民营企业，比例为19.5%。调查显示，大型企业积极参与光彩事业，企业数量与往年相比，有较大增长。而中小型民营企业虽然企业资产所占比例仅为5.45%，但企业数量较多，比例较大。中小民营企业对履行社会责任，具有同样的热情和积极

性。可见，参与光彩事业、履行社会责任，已经逐步成为民营企业健康发展的一大趋势。

2. 上缴税金情况

从企业上缴税金方面看，2009 年上缴税金在 100 万～1000 万元之间的民营企业数量最多，有 5082 家，比例为 39.9%。其次，税金在 10 万至 100 万元之间的民营企业 3808 家，比例为 29.9%。而税金小于 1 万元或大于 1 亿元以上的企业所占比例较小，整体上基本呈现“中间大、两头小”的正态分布。这些民营企业积极履行社会责任，为国家经济建设作出了重大贡献。

3. 员工人数情况

从企业员工人数方面看，100～999 人和 10～99人的企业所占比例最高，分别为 49.7% 和 37.9%。这两项比例之和，将近 88%。大体上，这样的企业基本都属于中小型企业。这与我国民营企业以中小型企业占绝对多数的规模分布特征是完全一致的。这也再次证明了，中小民营企业是参与光彩事业的主要力量。

五、企业发展阶段情况

初步稳定阶段的民营企业参与光彩事业所占比例最大，为 40.1%。稳定发展阶段的民营企业参与光彩事业所占比例为其次，比例为 34.5%。可见，能够稳定发展的民营企业参与光彩事业、履行社会责任，最具积极性。创业期的企业受限于自身发展水平，所占比例最小，仅占 5.4%。发展了 20 年以上的企业，所占比例亦不高，为 5.4%。受企业生命周期规律限制，加之我国民营企业发展历史尚短，“高龄”企业数量在企业总数中不占较大比例是正常现象。

六、企业劳动法执行情况

1. 签订集体劳动合同情况

在参与调查的 13266 家企业中，有 10922 家企业能够签订集体劳动合同，占 82.3%。可见，绝大多数民营企业都能以爱国、敬业、守法、诚信、奉献为原则，维护企业主和员工的合法权益，努力建立和谐的劳动关系，积极参与光彩事业，认真履行社会责任。

2. 建立党组织情况

在 13266 家参与统计调查的企业中，有 8020 家企业建立党组织，所占比例为 60.5%。在参与光彩事业的民营企业中，建立党组织的民营企业已占多数。可见，民营企业党组织充分发挥推动发展、服务群众、凝聚人心、促进和谐的作用，使民营企业家承担起更大的社会责任，不断提高参与社会、服务社会和关怀社会的能力，在参与社会公益活动和履行社会责任等方面，表现出更多的主动性。

3. 建立工会组织情况

在 13266 家参与统计调查的企业中，有 9569 家企业建立工会组织，所占比例为 72.1%。在参与光彩事业的民营企业中，建立工会组织的民营企业已占多数。可见，工会作为传统工人组织和现代社会劳资关系的桥梁，在我国民营企业中扮演重要角色，对于推进企业健康发展，促进光彩事业发展，构建以人为本、关爱共处、共谋发展、共享成果的和谐劳动关系，发挥着重要的作用。

七、企业与工商联的关系

1. 工商联会员企业情况

在全部 13266 个样本中，有工商联会员企业 11359 家，占全部样本的 85.6%。在会员企业中，担任各级工商联职务的有 9948 家，占会员的 87.6%。可见，各级工商联坚持把促进非公有制经济人士健康成长作为重要职责，引导他们深入了解国情，积极回报社会，充分展示中国特色社会主义事业建设者的时代风貌。同时，工商联会员积极参与光彩事业，把自身发展与国家发展结合起来，为构建社会主义和谐社会作出更大的贡献。

2. 担任工商联常委或执委情况

在参与光彩事业民营企业统计调查中，共有 11359 个企业家担任各级工商联常委或执委。其中，28 家企业为全国工商联常委，比例为 0.2%；39 家企业为全国工商联执委，比例为 0.3%；419 家企业为省级工商联常委，比例为 3.7%；351 家企业为省级工商联执委，比例为 3.1%；1856 家企业为地级工商联常委，比例为 16.3%；1398 家企业为地级工商联执委，比例为 12.3%；3311 家企业为县级工商联常委，比例为 29.1%；3103 家企业为县级工商联执委，比例为 27.3%；2067 家企业不担任工商联职务，比例为 18.2%。担任工商联常委或执委的企业比例高达 81.8%。可见，工商联常委执委以自身的实际行动，坚持“先富帮后富、实现共同富裕”的根本宗旨，弘扬“义利兼顾、以义为先”的精神理念，投身参与光彩事业，不断增强光彩事业的生命力和影响力。

第二部分　企业参与光彩事业投资类（非捐赠）项目情况

一、光彩事业总体概况

2010年，共有1674家企业投资2053个光彩事业项目。光彩事业到位资金592.51亿元，安置就业31.66万人，培训42.10万人，带动脱贫198.05万人。光彩项目是在经济社会发展水平较低的区域进行的投资开发，民营企业家以更大的胸怀和视野，积极践行“义利兼顾、以义为先”的光彩理念，坚持从企业的自身优势和特点出发，将弘扬光彩精神作为建设企业责任文化的重要内容，在促进贫困地区经济社会发展的同时实现投资企业自身发展，在投资光彩项目的同时实现先富帮后富促进共同富裕。

二、单个企业投资光彩事业项目数量分布

本次统计调查显示，2010年共有1674家民营企业参与2053个光彩事业项目投资。2010年到位资金额592.51亿元，年度到位资金额占比达到100%。27.4%民营企业投资2个以上的光彩事业项目。可见，广大民营企业家积极参与光彩事业项目，从事以社会效益最大化为目标的投资行为，自觉地实现中国特色社会主义事业建设者伟大的理想追求。

三、光彩事业发展状况

1. 2010年度投资资金全部到位

本次统计调查显示，10万～100万元资金额度的项目数量最多，共465个项目，所占比例为28.4%。其次，1000万～10000万元资金额度的项目数量有436个项目，所占比例为26.6%。1亿元以上资金额度的项目数量不多，但是资金总额巨大，达到434亿元，资金占比可达73.3%。投资亿元以上资金额度光彩项目的企业平均要投资4481.89万元。投资1万元以下光彩项目的企业平均要投资0.59万元。可见，民营企业根据自身优势，心系国家，情牵人民，热心参加光彩活动。无论企业投资能力大小，民营企业家秉承“义利兼顾、以义为先”的精神理念，身体力行、力所能及地投入光彩事业中，自觉把自己和企业的命运同党和国家的命运紧密联系在一起。光彩精神已经成为引导教育广大非公有制经济人士积极履行社会责任的一面精神旗帜。

2. 2010年度安置就业效果较好

本次统计调查显示，2010年共有1181家企业实施了1303个安置就业项目，当年共安置31.66万人。其中，安置规模10～100人的项目数729个，所占比例为55.9%；其次是安置100～1000人的项目，有433个，比例为33.2%。从安置人员方面看，安置人员就业超过1000人的项目54个，在项目总数中只占4.1%，但在安置总人数中却占53.7%。可见，光彩事业安置就业效果显著。2010年面对复杂多变的经济形势和巨大的就业压力，民营企业全力扩大社会就业，积极帮助安置就业，主动投身光彩事业，创造更多就业岗位，民营企业已经成为吸纳更多劳动者就业的重要渠道。

3. 2010年度培训工作稳步开展

2010年受调查企业中，有1106家企业共实施了1224个就业培训项目。2010年培训总人数42.10万人。其中，培训规模为10～100人的项目数量所占比例最高，达到49.3%；100～1000人的项目数比重为其次，占到37.1%。在项目完成的培训人数方面，1000～10000人项目培训总人数16.27万人，比例为38.6%。民营企业积极开展光彩就业培训项目，培训工作稳步进行。

4. 2010年度带动脱贫有序进行

2010年受调查企业中有1013家企业共实施1102个项目。2010当年带动脱贫总人数198.05万人，带动脱贫工作有序进行。规模在10～100人的项目数量所占比例最高，为39.8%。10000人以上规模的项目比例只有3.0%，但脱贫人数所占比例高达73.9%。这表明，民营企业以扶贫开发为主题，以自觉自愿、互惠互利为原则，以项目投资为中心，着眼富民惠民把握功能定位，带动社会资源向贫困地区、贫困人口倾斜，使贫困地区群众共享改革发展成果。

四、光彩事业项目迅猛增长

本次调查中发现，从光彩事业项目开始实施年份来看，截至2010年年底，光彩事业项目数量达到1859个。尤其是2010年，当年光彩事业开始实施的项目就有1215个，数量迅猛增长。

这表明，光彩事业正在深入发展，项目数量呈总体增长态势。项目实施作为光彩事业的基本方式，必须有效整合力量扩大规模效应，全面提升光彩事业的层次和水平，不断壮大光彩事业的实力和队伍。

五、光彩事业项目地区分布情况

在本次统计调查中，光彩事业项目实施地点在东部地区的企业，所占比重为36.1%，西部地区所占比重为35.3%，中部地区比重为28.5%。其中，在山东省实施项目最多，占9.7%。光彩事业项目来源于东部地区的比例为39.4%，来源于西部地区的项目比例为33.2%，来源于中部地区的项目所占比例为27.4%。其中，来源于江苏省的项目比例最高，为9.9%。实施光彩事业项目企业在东部地区的比例为38.1%，在西部地区的比例为33.1%，在中部地区的比例为28.8%。江苏省的企业最多，占比可达11.3%，山东省企业其次，为8.5%。总体上看，光彩事业项目来源，企业分布大体一致。中西部地区的项目和民营企业所占比重都很高。可见，光彩事业不仅仅局限在东部发达地区，而是面向全国，特别是中西部老少边穷地区。这对于发展贫困地区经济，缩小东西部的差距，把富余资金投入到最需要开发的地区，具有重要的意义。

六、光彩事业项目行业分布情况

第三产业光彩项目比例最大，农林牧渔项目增长较快。在光彩事业项目统计调查中，第三产业光彩项目比重最高，为45.3%。第二产业占比为28.7%，第一产业占比为26.0%。从具体行业角度看，农、林、牧、渔业项目增长较快，比重最高，为26.0%。制造业所占比例次之，为18.8%。教育类再次，为7.7%。虽然农、林、牧、渔业光彩项目最多，但是第三产业光彩项目涉及面广，领域宽，累加起来，第三产业光彩项目总数所占比例最高。教育类项目也成为光彩事业投资重点，这反映了光彩事业既帮助了贫困地区发展生产、增加收入，又使实施者得到合理的收益，自身事业获得新的发展，是一种具有真正意义上的造血功能的扶贫模式。

七、光彩事业项目特点分析

本次统计调查显示，农业产业化、基础设施建设仍占优势。农业产业化方面光彩事业项目所占比例最高，达23.6%，基础设施类项目紧随其后，占23.3%。农业产业化、基础设施建设具有稳定的经济预期，是民营企业投资光彩事业项目重点领域。可见，光彩事业始终坚持经济行为与道德追求并举，既遵循市场规律，讲经济效益，又弘扬社会主义道德，注重回报社会，始终保持旺盛的生命力和强大的感召力，实现光彩事业良性循环、蓬勃发展。

第三部分　企业参与公益慈善、光彩事业捐赠情况

一、企业2010年参与公益慈善、光彩事业捐赠情况

本次调查统计表明，2010年8882家企业参与公益慈善、光彩事业捐赠20714项，捐赠金额（含捐物）总计73.92亿元。其中捐款64.51亿元，捐物折合金额为9.41亿元。其中，救济贫困的项目所占比例最大，占27.6%。救助灾害为其次，占22.2%。可见，公益慈善、光彩事业捐赠弘扬了中华民族扶危济困、乐善好施的传统美德，是一种高尚的道德行为，很多民营企业家都能够参与到光彩事业中，自觉履行义利兼顾、扶危济困的社会责任，积极回馈社会、造福人民，光彩事业正在不断推向深入，走上持续发展、和谐发展的道路。

二、捐赠项目规模分布

受调查的20857个项目，共捐赠73.92亿元。其中，1万~10万元捐赠项目数量将近一半，其比例达到49.7%。1万元以下捐赠项目数量为其次，比例为22.9%。可见，民营企业身体力行，替政府分忧，帮他人发展，不论数额多少，都尽最大努力伸出自己的援助之手，乐于奉献。

三、项目来源与受惠区域分布情况

1. 受惠地分布

本次统计调查显示，西部地区所占比重最大，为44.2%。东部地区为其次，比例为35.5%。中部地区比例最小，为20.0%。可见，西部地区受光彩捐赠的项目最多，同比增长迅速。民营企业更多关注我国发展水平相对落后的西部地区。2010年中央先后召开第五次西藏工作

座谈会、新疆工作座谈会、西部大开发工作会议，西部地区的经济社会发展和扶贫事业进入了新的阶段。西部大开发战略的深入推进，为光彩事业提供更加广阔的平台。广大民营企业家推动区域协调发展，积极投身新一轮西部大开发。

2. 项目来源地区分布

受调查的21500个项目中，东部地区所占比例为46.3%，占绝对优势。中部地区比例最少，占21.8%。西部地区居中，占31.9%。来源于东部地区项目比重较大，这与东部地区民营经济起步较早，规模较大，实力雄厚等因素密切关联。

3. 捐赠企业地区分布

在8882家捐赠企业中，东部地区民营企业有4580家，占51.6%，比重最大；西部地区民营企业有2464家，占27.7%，比例为其次；中部地区民营企业有1838家，占20.7%，比例最小。东部地区民营经济实力雄厚，具有较强的公益慈善、光彩事业捐赠能力。

四、基金会和专项基金情况

1. 基金会和专项基金总体概况

在统计调查的21500个项目中，共有1778个项目受到基金会或专项基金的资助，占全部项目的8.3%。但这些项目的捐赠金额却有73.92亿元，占到全部项目捐赠额的24.8%。这意味着，民营企业的光彩捐赠更加有序规范，基金会和专项基金更加制度化、社会化、常态化。

2. 基金会和专项基金地区分布

根据统计调查显示，2010年共有437个基金会或专项基金。即在8882家企业中有4.9%的企业建立了基金会或专项基金。其中，有360个基金会或专项基金已募集资金共约38.53亿元。东部地区建立企业基金会和专项基金数量所占比例最大，为56.3%，超过半数。其次为西部地区，所占比例为27.9%。中部地区比例为15.8%。

第四部分　企业新增就业及开展培训情况

一、2010年企业新增就业情况

1. 2010年企业安置各类人员总体概况

根据统计调查显示，2010年共有9920家民营企业安置各类人员163.68万人。其中，安置农民人数最多，为87.9万人，其次为大学生，有21.0万人，第三为下岗职工，有20.6万人。可见，民营企业开辟就业再就业渠道广泛吸纳各类待业人员，缓解就业压力，为构建社会主义和谐社会贡献自己的力量。

2. 2010年企业新增各类人员就业规模分布

统计调查表明，2010年单个民营企业新增就业规模以100～999人为最多，共占全部新增就业人员总数的41.3%。新增就业人员规模10～99人的企业数量最多，其比例达到55.3%。由此可见，提供就业岗位10～999人规模的中小民营企业是新增各类人员就业的重要渠道，是解决就业问题的重要途径。

3. 2010年新增就业企业的区域分布

根据本次统计调查显示，提供新增就业岗位的民营企业中，东部地区民营企业占54.3%，西部地区民营企业比例为25.6%，中部地区民营企业比例为20.1%。可见，东部地区是新增就业企业的主要集中区域。

4. 2010年新增就业人员的区域分布

根据本次统计调查显示，新增就业人员中，东部地区就业人员数量所占比例为51.3%，中部地区民营企业比例为27.6%，西部地区民营企业比例为21.1%。可见，东部地区是新增就业人员的集中地。

5. 2010年安置农民人数与参与企业数量

根据统计调查显示，2010年单个民营企业当年所安置农民以100～999人规模占安置农民就业总数的最大比例。而当年提供10～99人规模就业机会的企业，占安置农民企业总数的最大比例。可见，中小型企业安置农民占主导。

6. 2010年安置下岗职工人数与参与企业数量

同上，根据统计调查显示，2010年单个民营企业当年所安置下岗职工以100～999人规模占安置下岗职工的最大比例。当年提供10人以下就业规模的企业，占安置下岗职工企业总数的比例最大。可见，中小型企业安置下岗职工，尤其是10人以下小微企业占据优势。

7. 2010年安置大学生人数与参与企业数量

根据统计调查显示，2010年单个民营企业当年所安置大学生以100～999人规模占安置大学生的最大比例。当年提供 10 人以下就业规模的企业，占安置大学生企业总数的比例最大，为 58.8%。可见，中小型企业尤其是小微企业成为安置大学生的重要渠道。

8. 2010 年安置残疾人人数与参与企业数量

根据统计调查显示，2010 年单个民营企业当年所安置残疾人以 10～99 人规模占安置残疾人的最大比例。提供 10 人以下就业规模的企业，占安置残疾人企业总数的比例最大，为 85.0%。可见，中小型企业尤其是小微企业成为安置残疾人的主渠道。

9. 2010 年安置复转军人人数与参与企业数量

根据统计调查显示，2010 年单个民营企业当年所安置复转军人以 10～99 人规模占安置复转军人的最大比例。提供 10 人以下规模就业的企业，占安置复转军人企业总数的比例最大，为 85.0%。可见，中小型企业尤其是小微企业成为安置复转军人的重要途径。

10. 2010 年安置其他人员人数与参与企业数量

根据统计调查显示，2010 年单个民营企业当年所安置其他人员以 1000 人以上占安置其他社会人员总数的最大比例。提供 10 人以下就业规模的企业，占安置其他社会人员企业总数的比例最大。

二、2010 年企业开展培训情况

1. 2010 年企业开展培训总体情况

2010 年受调查企业共培训各类人员 372.72 万人，投入培训金额 18.16 亿元，人均培训费 487 元。提供 1000～9999 人规模培训的企业占培训总人数的比例最大，所占培训人数比例为 38.5%。以企业数量论，提供 10～99 人规模培训的企业最多，所占比例为 46.2%。53.5% 的企业能够拿出 1 万～10 万元不等的资金开展培训工作。可见，光彩事业着眼增强贫困地区自我发展能力培养，更加注重人力资源开发，更加注重支持教育培训，推动贫困地区实现可持续发展，从根本上改变贫困落后面貌。

2. 培训企业的区域分布

根据本次统计调查显示，53.5% 培训企业来自东部地区，26.2% 培训企业来自西部地区，20.3% 培训企业来自中部地区。更多的东部地区民营企业注重开展职业培训，推进职业教育，资助培训项目，提高贫困地区群众就业技能，培养实用人才和致富带头人。

3. 受培训人员的区域分布

根据本次统计调查，接受培训的人员 61.0% 在东部地区，20.3% 在西部地区，18.7% 在中部地区。

4. 培训资金的区域分布

根据本次统计调查，58.0% 培训资金在东部地区企业，22.9% 培训资金在西部地区企业，19.1% 培训资金在中部地区企业。“授之以鱼，不如授之以渔”。民营企业参与光彩事业，其资金投入更加注重人力资源开发，更加注重项目的持续发展能力。

来京农民工子女接受义务教育情况调研报告

根据黄孟复主席的指示，扶贫与社会服务部就农民工子弟接受义务教育情况，成立了由部门有关领导牵头，光彩处相关人员组成的调研组，于 2011 年 1 月 17 日至 20 日在北京进行了专题调研。

一、调研过程

接受任务后，调研组查阅了有关资料，对北京市农民工子弟接受义务教育情况进行了摸底，并结合工作实际，制定了调研方案。最初选定在丰台、海淀和昌平三个区进行调研，并得到了北京市工商联和有关区县工商联的热情帮助和大力支持。由于临近期末，北京市各中小学已陆续开始放寒假，调研组经过与北京市工商联和有关区县工商联紧张联系和协调，赶在学校放寒假之前到丰台区进行了调研。海淀和昌平区由于学校已放假，未来得及安排调研。为获取更多的素材和情况，调研组还联系了“新公民之友”和“北京打工子弟教师之家”两家民间公益组织。在两家机构的安排下，调研组与两家组织的负责人以及由他们请来的部分打工子弟学校的校长和老师进行座谈。对海淀和昌平区的调研拟安排在学校开学之后即着手进行。

1月17日上午，调研组赴丰台区召开了两场座谈会，分别与三所公立学校的校长和区教委有关同志进行了座谈。在校长座谈会上，校长们各自介绍了随迁子女在学校借读的现状和一些基本情况，并提出了实际困难和希望；在与教委座谈中，教委的有关负责同志就该区来京务工人员随迁子女义务教育的发展情况进行了详细的介绍，从基层教育行政管理部门的角度谈到了面临的主要困难和困惑，并提出了意见和建议。

1月20日上午，调研组一行赴位于朝阳区的“新公民之友”与该组织的负责人及由该组织请来的4所打工子弟学校的负责人和老师进行了座谈。“新公民之友”是专门从事随迁子女义务教育研究和项目工作的社会组织。座谈会上，打工子弟学校的负责人分别介绍了学校的办学历程和特点，讲述了一些现实问题和困难，并对现行的教育体制和机制提出了自己的观点。参加座谈会的老师叙述了他们教学当中的窘境和困难。

1月20日下午，在全国工商联机关，调研组与“北京打工子弟学校教师之家”的有关负责同志和由该组织请来的6所学校的管理人员及老师进行了座谈。“教师之家”是一所非营利性打工子弟学校在职教师组成的民间公益组织。在座谈会上，老师们通过自身工作经历和感受，详细讲述了打工子弟学校的现状，特别是老师的福利待遇状况。

通过以上数次座谈，调研组从不同角度听取了情况反映，对目前来京务工人员随迁子女接受义务教育基本情况，北京市打工子弟学校基本状况，打工子弟学校教师队伍现状，政府部门的相关政策等有了初步了解。

二、基本情况

（一）来京农民工子女接受义务教育基本情况

1. 入学情况

近年来，胡锦涛总书记和温家宝总理高度重视流动人口子女教育问题，特别是对教育公平的关注。北京市主要领导也对北京市教育部门作出明确指示。这些举措有力地推动了来京务工人员随迁子女义务教育工作的开展。现阶段，北京市教委针对来京务工人员随迁子女义务教育问题，主要采取以公办学校为主接收的原则和目标，试图通过北京市规划和改造，新建和扩建公办学校，逐步解决打工子弟学校的随迁子女教育问题。

据了解，2010年来京务工人员随迁子女人数40余万，85%集中在三环至六环之间的城乡结合部，其中约2/3、近30万安排在这些地区的公办学校借读，这些公办学校中的随迁子女学生比例平均达50%以上，部分学校高达90%以上。由于这些地区公办学校数量有限，各校接收能力已经饱和，因此其余1/3的随迁子女只好到这些地区不同层次的打工子弟学校就读。

目前，北京市对来京务工人员的随迁子女在公办学校入学和接受教育进行了统一规范管理，申请进入公办学校的随迁子女需持“五证”（身份证、务工证、暂住证、劳动合同、老家无人监护证明），因此没有办理或未办齐“五证”的随迁子女目前只能在打工子弟学校就读。

2. 接受义务教育情况

随迁子女进入公办学校后，学校将统一办理学籍登记卡，登记卡记载了该学生在北京接受教育经历的基本信息。随迁子女在减免费用和教育评优等方面，基本与京籍学生同等对待。随迁子女在公办学校就读，接受以培养综合素质的北京教育体系，而打工子弟学校考虑到学生回原籍读高中和考大学，一般要考虑应试教育的理念和教学方式。总体上讲，来京务工人员随迁子女在北京基本能够得到义务教育的保障，但学校硬件和教学水平差异明显。

3. 相关问题

来京务工人员随迁子女接受义务教育的情况和问题繁杂，并相互影响和制约。

随迁子女的学习基础和环境不理想。打工子弟学校的学生来自全国各地，学习基础和使用教材各异，新环境下的统一教学给学生学习带来了困难。同时有相当一部分随迁子女的家长每天为养家糊口而奔波，没有时间和能力顾及孩子的学习和教育，不能与学校和老师积极配合，影响了对孩子的教育培养。

"五证"办理渠道畅通，效果却欠佳。目前，随迁子女进入公立学校对"五证"有硬性要求，而打工子弟学校没有严格要求，有相当数量的农民工没有办理"五证"。据了解，农民工办理"五证"只需按照相关的流程到有关单位办理即可，程序并不复杂，成本也不高昂。分析原因，一是政府有关部门宣传服务不到位，农民工没有渠道了解到相关信息。二是有的农民工认为办理"五证"对平时的生活和工作没有利益帮助，因而放弃，对孩子教育不够重视。也有反映，目前随迁子女中多生子女较多，一些来京农民工因超生而无法办齐"五证"。

进入中学后流失率较高。据反映，在小学阶段随迁子女在校生流动性并不大，但由于我国目前实行的是9年义务制教育，受当前教育体制的制约，随迁子女要回原籍就读高中和考大学，因此进入初中后陆续转回原籍就学的学生逐年增加。据反映，部分中学流失率较高，这种情况既对迁出学生的学习教育不利，同时也给原在学校组织教学带来很大困难。

随迁子女教育欠缺引发社会问题。据反映，由于个别地方没有妥善处理好随迁子女教育问题，出现随迁子女因学习成绩差而辍学，较早流入社会的现象。他们由于缺乏生存和生活技能，容易受到不良影响，成为社会的不稳定因素，有些甚至直接走上犯罪道路。

北京市教育资源面临压力和忧虑。北京市逐步加大对公办和打工子弟学校随迁子女教育的投入，但教育资金投入的增长远远落后于随迁子女人数的膨胀，造成有限的教育资源相对紧张。丰台区教委同志指出，北京籍学生应享受的教育资源标准和质量，因绝对人数的增长变化而呈现降低趋势。北京在随迁子女"同城待遇"方面的努力，不断吸引着更多数量的农民工将子女带到北京，享受首都在随迁子女义务教育的公平和福利。教委同志不无忧虑地表示，随迁子女人数的无序增长，让北京的教育资源压力与日俱增，也给教育部门的管理和服务带来了诸多意想不到的挑战。

（二）打工子弟学校基本状况

1. 学校现状

根据市教委和社会组织有关数据，目前北京打工子弟学校现有260余所。由于北京城市化建设带来的拆迁及各种原因，学校的数量正在逐年递减。根据是否经教育行政管理部门审批注册，打工子弟学校大致分为两类：

一类是在北京市各区县教育行政管理部门批准注册的打工子弟学校。据统计，已在教育行政管理部门批准注册的打工子弟学校在北京有60余所，约占打工子弟学校总数的1/4，这些学校具备一定的教学条件和师资力量。其中约有十所打工子弟学校的硬件水平和教学质量不逊于公办学校。这60所已批准注册的打工子弟学校得到北京市各级部门不同程度的管理和服务，以及一定的政策和资金支持。此类学校学生学费2000～3000元/年（两学期），学生家庭经济状况相对较好。教师工资1500～3000元/月，教师素质相对较高。在政府的支持下，办学已基本形成良性循环，各种矛盾和问题不太突出。

另一类是没经教育行政管理部门批准注册的打工子弟学校。这类学校近200所，约占打工子弟学校总数的3/4。这些学校普遍基础设施落后，教学资源匮乏，教学质量没有保障。进入这些打工子弟学校的学生，其家庭经济条件相对较差，多数家长从事如废品回收、保洁、保安、经营流动地摊等低收入行业。学生学费为1100元/年（两学期），老师工资平均为1200元/月。此类学校、教师和学生基本没有得到教育部门的统一管理和服务。

2. 政府的措施

对于打工子弟学校，北京市教委采取不同措施管理和服务，市教委加大对已批准注册的打工子弟学校扶持力度，如有选择性的对部分学校免费提供校舍，开展教师的教研活动，与公办学校合作和交流等。对于未批准注册的打工子弟学校，当地教育部门主要采取加强对学校的安全管理等措施，在政策和资金支持，以及教学管理方面几乎空白，造成了此类自办学校举步维艰，困难和矛盾重重。

3. 主要问题

未经批准注册的打工子弟学校数量较多，各类问题也比较突出，一是教学条件差。这些学校的基础设施简陋，校舍通常向当地村镇租用，操场大都是简单整理的泥土地，学生安全和教学需求得不到保障。教学设备严重缺乏。据反映，教师的教学用具只能语言描述和自制，而已被公立学校广泛使用的多媒体教学设备更是稀缺。这些打工子弟学校的教师很难像公办学校教师一样，参加当地教育部门组织的各种培训和交流，相对闭塞的环境造成教学内容和方式上的滞后。二是教学质量低。这类学校老师的收入不高，阻碍了优秀人才的进入，影响了老师整体素质水平，导致了教学质量较低。教育部门对学校的教学管理的缺失，打工子弟学校对教学质量的不重视，加剧了教学质量整体水平不高。三是学校的营利性。有相当比例的学校，一味追求营利性，把办学作为见效快、风险小又体面的获取利益的有效途径，从而造成了对随迁子女的教育体系的危害。为追逐利润，不注重提高教学质量和改善办学条件，教师待遇低，维持学校在最低水平上运转。据调查，这类学校以食堂午餐收费和经营小卖部为主要收入之一，提供性价比极低的用餐和出售“三无”等伪劣食品，严重影响了学生的健康成长。

（三）打工子弟学校教师队伍状况和主要问题

1. 教师的基本情况

根据相关社会组织统计，目前北京市打工子弟学校老师有6000～7000人，流动性大，整体水平不高，素质参差不齐。据了解，教师以师专毕业的大学生为主，也有公办学校退休和离职的老师。

2. 主要问题

打工子弟学校的教师本身也是来京务工人员，这个群体具有以下的主要特点：一是福利待遇低。目前，未批准注册的打工子弟学校教师平均工资1200元/月，长期徘徊在北京市最低工资标准1160元/月左右，而公办学校教师平均工资4000元左右。微薄的收入只能维持在北京的生存和基本生活。由于北京市最低社会保险标准7000元/年左右，这类学校为压缩开支，普遍没有按《劳动法》的相关规定，给老师上社会保险，仅个别学校上了意外伤害险。由于待遇低，出现此类教师因生活拮据而额外兼职和春节不回家探亲的现象。二是工作压力大。学校出资人，基于成本考虑，造成除英语和体育课由专职老师任职外，一般老师都兼多门课程，平均约25节/周。沉重的教学负担使老师没有精力去研究教学和学习培训。三是受到政策歧视。未批准注册的打工子弟学校教师由于没有纳入当地教育部门的统一管理，无法享受如公办学校教师的各种权益，更没有机会参加各种培训、教学交流活动和职称评定。多数自办学校老师的上述特点，严重制约了教师队伍水平的提高。教师作为开展教育的直接主导和实施者，决定了教育质量整体状况。这成为来京务工人员子女义务教育的突出问题之一。四是缺少学生和家长的认可和尊重。由于打工子弟学校的老师经济收入和教学水平不高，在日常的教学活动中，和学生出现冲突和矛盾时，往往得不到学生的尊重和家长的理解。家长将问题归结为教师的能力低，加上收入低的歧视，出现有对老师辱骂等不良行为，学生耳濡目染，对老师逐渐不尊重，给老师开展教学活动带来了困难。

三、几方面的启示

随迁子女义务教育的问题日益得到政府和社会各界的关注。在短时期内还不能完全满足大量随迁子女进入公办学校接受义务教育的现实情况下，进一步积极利用、规范、支持民办打工子女学校发挥更大的作用还是值得加以研究和探讨的。通过调查我们了解到一些地方政府和社会组织正在进行不同方式的尝试，我们认为这些探索将给我们带来更好的启示。

1. 探索政府支持打工子弟学校的主要标准和依据

近期下发的《国务院办公厅关于开展国家教育体制改革试点的通知》指出“探索营利性和非营利性民办学校的分类管理办法”。这为北京市开展来京务工人员随迁子女义务教育工作启发了思路。确定打工子弟学校的公益性和营利性，并把它作为学校划分的标准。对公益性打工子弟学校切实加大政策和资金的支持，帮助他们发展壮大，为更多的随迁子女提供质量更高的教育服务。对于营利性的打工子弟学校，加强学生安全和教学质量检查和管理，改善学校的发展环境。努力推动来京务工人员子女义务教育发展的整体水平。

2. 上海在流动人口子女义务教育的积极探索

上海市作为一线大城市，在随迁子女教育问题上和北京有着相同的困惑。上海市政府积极探索，勇于实践，取得了一定的成果和经验，值得思考和借鉴。上海的主要思路和措施是：根据教育部门准确掌握打工子弟学校随迁子女学生的人数，发放3000元/人·年的生均补贴。政府公共财政对打工子弟学校的经营和发展提供了大力的支持，学校出资人不再为经营盈亏而竭力寻找利润点，极大推动学校各方面建设，促使学校教师福利待遇的提高，为教师队伍整体素质的提升提供了保障，从而进一步提高了教学质量，同时促使学校减免学生的各项学杂费，减轻学生家庭的经济负担。目前，上海市在加强对学校使用补贴经费的有效监管后，效果良好，据上海市有关部门监测和统计，随迁子女在上海接收义务教育人数略有增长，“洼地效应”并不突出。

3. 北京市开展来京务工人员随迁子女义务教育委托办学的积极尝试

为了不断改进和完善来京务工人员随迁子女义务教育工作，北京市政府也进行了探索和尝试。目前，在部分打工子弟学校中开展委托办学模式的试点工作，委托具有丰富教育教学经验的公立学校退休校长和老师为校长。当地教育部门对这类学校提供大力支持，免费提供校舍和按照公办学校规范化建设要求配备的教学设备，按公办学校标准补贴取暖费和一定额度的公用经费，规定学校收取学杂费上限，帮助学校给老师上社会保险，提供如拨付食堂建设的费用的其他支持。目前，在当地教育部门具体和有力的支持下，此类学校（如星河双语学校金盏分校）运转良好。

4. 民间组织在农民工子女教育方面的积极尝试和有益经验

目前，有一些社会组织通过合法渠道，让民间公益资金进入农民工子女办学领域，探索社会捐资、公民参与、民办公助的办学新路子。在各方面的支持和资助下，公益性社会组织主导和实施打工子弟学校的建设和管理。整个过程坚持和弘扬教育的公益性质，区别于长期处于“低投入、低收费、低薪酬、低质量”恶性循环的民办农民工子弟学校，又有助于弥补政府公办学校的教育资源不足，缓解政府的财政压力和教育移民现象，协助政府更好的解决农民工子女教育问题。

全国工商联民营企业税收法治环境调研报告

为贯彻落实中央16号文件精神，深入了解民营企业实施企业所得税法和增值税转型改革中的问题，切实掌握民营企业税收负担，努力探寻符合企业发展规律的税收政策建议，促进非公有制经济法治环境的进一步改善，2011年2月20日至10月21日，全国工商联副主席谢经荣，全国工商联副主席、用友软件股份有限公司董事长兼总裁王文京及全国工商联法律部副部长白莲湘分别带队在陕西、北京、江西、福建、黑龙江、辽宁开展了“民营企业税收法治环境”调研，全国工商联法律委员会第七次全体会议在委员调研的基础上以此为主题研讨，为构建民营企业可持续发展的公平税收法治环境建言献策。

一、总体认识

目前我国共有所得税、增值税等19个税种，不同企业所涉及的税种和税率根据其所在行业、经营范围、经营方式和规模等不同而有所不同。税收对于筹集财政收入、调整国民收入分配，确保经济社会发展起到了积极作用。2008年实施的《中华人民共和国企业所得税法》以及2009年起推行的增值税由生产型向消费型全面转型改革，为我国各类企业优化了税收的政策与制度环境，但是民营企业，尤其是小、微民营企业税收负担实际情况不容乐观。

1. 民营经济已经成为国家税收贡献的主力军

据统计，2010年广东民营经济单位438.68万个，实现GDP19620.96亿元，实现税收收入2933.09亿元，同比增长27.2%，比2005年增长1.48倍，年均增速为19.9%，比全省税收年均增速高0.5个百分点，占全省税收比重29.2%，比2005年提高0.5个百分点，其中私营企业、个体工商户分别上缴税收763.64亿元、418.47亿元，比2005年增长146.1%、99.0%，年均增速19.7%、14.7%。从民营单位户均贡献水平来看，2006年至2010年，民营单位户均上缴税收分别为4.6万元、5.1万元、5.8万元、5.5万元、6.7万元，贡献水平持续提高。截至2010年年末，河北省民营经济单位数达216.2万个，从业人数1629.1万人，占社会第二、三产业从业人员2/3以上，纳税额占全省财政收入的半数以上，成为促进经济社会发展的重要生力军。

2. 依法纳税已成为大多数企业的自觉行为

民营企业社会责任感不断增强，普遍认为依法纳税是企业的法定义务，成为多数企业的自觉行为，并以多纳税为荣。金花企业集团自1991年成立发展至今，始终以“诚信纳税、守法经营”为企业发展的一项重要方针，虽然下属各企业由于实体经营行业、经营范围不同，所缴纳的税种有所区别，但是都随着经营规模的增长，创造了较高的纳税业绩，下属企业连续数年被评为西安市诚信纳税企业和陕西国、地税A级纳税企业。苦练内功、降本增效，严格遵守税收等法律法规，诚实守信经营，履行社会责任，在学习研究国家税收法规政策同时用好用足税收优惠成了众多民营企业的共识。充分利用国家重视民营企业发展的良好契机，加强基础管理，强化营销和风险管理，完善治理结构，推进管理创新，提高经营管理水平，主动加速自身转型升级。

3. 税负过重已成为企业共同感受

税负过重是企业普遍反映的呼声，尤其是当前企业面临融资费用提高、原材料价格大幅上涨、人力资源成本上升，而产品价格却难提升的现实，企业税负过重比2008年金融危机时显得更为突出，如何应对，已成为企业家沉重的精神负担。浙江省受访民营企业认为目前税费负担很重或较重的共占到73%以上，据调查，2009年企业涉税种类平均7.6项，2010年为8项；2009年涉费种类平均7项，2010年为10.5项，较金融危机时，涉税种类有所增加，税收负担逐年增加。如绍兴一家纺织企业反映：一件报价75元的衣服，面料和辅料成本约为50元，加工费25元。在这25元加工费中，需缴纳国税3.63元，地方教育附加费0.44元，水利基金0.02元，社保费用2.77元，总的税费6.86元，这样综合税费负担达到27.44%。与国有企业相比，站在所有者角度，综合考虑资产收益和资产税负，民营企业税负也是明显高于国有企业。

从税制结构上看，我国是以流转税——增值税、消费税、营业税为主要特征，这种税制特征导致产品税负极易传导到下游环节。在我国，国有企业居垄断地位，民营企业，尤其是民营企业中的小、微企业主要是依赖垄断的国有企业产品进行生产和经营的，从税收归宿角度看，国有企业的负担最终由民营企业来承受，使企业更加感到了税负的沉重。

4. 减轻税负、鼓励回归实业已成为企业强烈呼声

世界经济的不确定性、不稳定性上升，凸显经济复苏的长期性、艰巨性和复杂性，我国经济运行也面临一些新情况新问题，加上税收体制存在着征税成本高、税负不合理的事实已经造成实体企业，尤其是充分竞争行业中的民营企业生存困难的局面。一些企业家因为经营实业的政策环境差、企业发展艰难转而逃离实业，从事金融投资、房地产等行业和方向，有的甚至收缩关闭企业，转向赋闲休养。企业家们纷纷呼吁消除限制和阻碍民营企业发展的制度和政策，建议国家调整当前的财税政策、金融政策和其他政策，以利于促进产业转型升级，恢复并增强民营企业对中国制造业的信心。在税制上，体现鼓励创业和创新，回归实业，尊重劳动，帮助和支持中、小、微型民营企业发展。

5. 工商联建机制营造良好税收法治环境

广西壮族自治区工商联在2011年4月与广西国家税务局、地方税务局共同成立了“广西民营企业纳税人权益维护中心”，正式建立了三方联合工作机制。广西民营企业纳税人权益维护中心设在自治区工商联，自治区国税局、自治区地

税局相应设立一个联络室，并在各行业协会、商会建立联络点、选聘联络员，以确保联合工作机制运转顺畅。目前，已有百色、玉林、南宁等5个市、38个县区成立了地方一级的民营企业纳税人权益维护中心，有35个县区的维权中心也正在筹备当中，截至8月，各地累计收到问题反映19件，办结18件，涉及金额400多万元。陕西省工商联也于2011年8月与省国税、地税一起建立了陕西纳税人维权服务中心，为在纳税过程中处于劣势地位的民营企业与税收征管部门建立起了长效对话机制。

二、民营企业税收环境存在的主要问题

当前中国税收呈现“三高”特点：一是税收增速高于GDP增速，二是税收基数高，三是税收占GDP比例高，且国税更甚。自1995年以来，中国政府的财政税收总额以超过GDP两倍的增幅迅速增长，2010年税收首次突破8万亿元达到了8.1万亿元，税收收入占财政一般预算收入份额的95%左右。而在整体的税收收入中，企业缴纳的增值税、营业税和所得税占相当比重。

据统计，2010年我国增值税实现收入21091.95亿元，同比增长14.1%，占税收总收入的比重为29%；营业税11157.64亿元，同比增长23.8%，占税收总收入的比重为15.2%；企业所得税实现收入12842.79亿元，同比增长11.3%，占税收总收入的比重为17.5%。三项税收占税收总收入比重的61.7%。企业经营所得已经成为我国税收收入的主要来源，也因此成为我国财政收入的重要组成部分。但是，产业税负不均衡容易导致税收杠杆失灵，使调控宏观经济的税收政策，失去指导资金流向的作用。

税收负担问题是量化税收政策对纳税人影响的重要指标体系。现行的税收政策对企业的影响主要表现为以下方面。

（一）整体税负水平偏高，中小企业压力较大

1. 增值税的实征税率较高

因为名义税率和实征税率存在差异，很多中小企业虽然名义上的纳税负担低于大中型企业，但由于其无法享受到进项税额抵扣或优惠，实缴税反而高于大中型企业。中国的增值税如换算成“消费型”，其基本税率相当于23%，国外一般为20%。

2. 劳动密集型的服务型中小企业税负水平偏高

按照全部营业额3%～5%的营业税率缴纳税收后，加上城市维护建设税、教育附加费、企业所得税和员工社保支出等，使得大量处于创业和增长期的中小型企业不堪重负。

3. 小微企业实征税率提高

企业所得税法修改后，一般企业所得税率为25%，虽然比之前33%的税率下降了8个百分点，但此前除33%的名义税率外，大部分中小企业实际纳税适用优惠税率，实征税率为18%～27%。现在即便是小微企业20%的实征税率，也比之前18%的税率上升了2个百分点。此外，税前扣除项目少、经济利润偏低更加凸显了小微企业的税收负担。

与国外相比较，美国虽然实行15%～33%的四级超额累进税率，但由于税前扣除项目多，税基相对较小，即使按最高税率计算，实际税负也比中国低得多。如果再加上中国企业剩余产品价值率低，即使税率相同，税负也显得重。

4. 核定征收的税收方式，使得处于创业初期或经营利润微薄的企业无法进行有效利润积累和再发展

当前不少地区按照企业利润的8%～20%，来核定征收企业所得税率，不仅降低了企业经济活力，也损害产业竞争力水平，继而影响整体社会可持续发展和竞争力。

（二）我国税法体系不健全，税收立法层次较低

税法体系是一个国家不同的税收法律规范有机联系而构成的统一整体，按照税收立法权限或者法律效力的不同，划分为宪法性规范、法律、行政法规、地方性法规和国际税收协定等。税收宪法法定国际惯例，也是保障人权、维护国家利益和社会公益的需要。

1. 我国宪法对财政税收制度和税收立法权未作专门规定，税收法定原则没有宪法体现

我国宪法中关于税制的规定仅仅体现在“公民有依照法律纳税的义务”的规定，增值税等几大税种，仅有行政法规没有法律，不仅违反了立法法“基本经济制度以及财政、税收、海关、金融和外贸的基本制度只能制定法律”的规定，而

且违背了税收法定主义的基本原则。

2. 税收立法层次较低，没有形成稳定完整的法律体系

除个人所得税、企业所得税是经全国人大正式立法外，其他开征的税种大多停留在由国务院发布的暂行条例和规定，实施细则和解释通知由财政部发布，表现为“小条例”、“大细则”。由于缺乏税收基本法，致使税赋中的一些重大问题，如基本原则、税收权限、税务执法、税务司法等未能得以规范和统一，使得单行税法在运用中，易发生混乱和矛盾，其效力也大打折扣。加之立法透明度不高，执法人为因素多，随意性大，法律执行力度不强，实际效力低。

3. 税种名目繁多，缺乏归类指导，政策“适时定制”缺乏连贯性

税务部门频频通过临时通知、补充规定、最新解释等对纳税政策进行调整，使得税收的解释与执行口径宽紧不一，企业无法准确判断年度各类应纳税款，达不到应有的政策效果，也无法满足市场经济法制化的迫切要求。

4. 缺少对纳税企业实际情况的数据采集与分析，税率确定科学性不强

税率是税法的核心要素，是衡量国家税收负担是否适当的标志，以适宜的技术手段合理确定税率，是税率政策导向的功能体现。以企业所得税法为例，该法规定企业所税税率为25%，符合条件的小型微利企业税率，减按20%征收，国家重点扶持的高新技术企业，减按15%的税率征收。上述税率的确定方法，根据2007年3月8日第十届全国人民代表大会第五次会议上《关于〈中华人民共和国企业所得税法（草案）〉的说明》（以下简称草案说明）：“草案将新的税率确定为25%。主要考虑是：对内资企业要减轻税负，对外资企业也尽可能少增加税负，同时要将财政减收控制在可以承受的范围内，还要考虑国际上尤其是周边国家（地区）的税率水平。全世界159个实行企业所得税的国家（地区）平均税率为28.6%，我国周边18个国家（地区）的平均税率为26.7%。草案规定的25%的税率，在国际上是适中偏低的水平，有利于提高企业竞争力和吸引外商投资。”据了解，我国制订新的企业所得税法时，比较了主要发达国家和我国周边国家企业所得税的基准税率，比较方法科学性、严谨性不足，确定企业缴纳所得税率的方法简单、粗糙。因为缺少对纳税企业实际情况的数据采集和数据分析环节，即使税率从33%降到25%，企业也并未感到适当，降税的呼声仍然很高。

5. 存在事实上的双重税赋

从名义税率的国际比较看，虽然我国各大主体税种的税率尚处于居中水平，但是国际上对中小企业普遍采用的是低税率、高免税线的方法。与之相比，我国中小企业除缴纳企业所得税外，其投资者分得的利润，还要缴纳个人所得税，双重税赋使得投资者税负沉重，抑制了投资。

（三）税收优惠政策方式单一，落实不到位

1. 税收优惠政策宣传不到位，企业了解不够

许多企业反映对国家与地方的税收优惠政策不了解。河北省受访企业中，对常见12项优惠政策中每一项的了解均不足50%，大多在20%左右。80%以上的受访企业反映优惠政策落实不到位。据了解，东部地区研发费用加计扣除、高新技术企业所得税优惠等政策落实率不到50%，小型微利企业所得税优惠政策落实率不到35%。在广西等中西部地区，这些政策落实面更窄。量大面广的小微企业在获取财政税收支持方面不仅存在“量少、面窄、申请难”现象，绝大多数小微企业对以投资规模和强度为依据的税收优惠政策更是望尘莫及，无法享受，也使这些优惠政策在实践中难以落实、兑现到位。又如，本应在2010年发布的国家鼓励软件产业发展的税收优惠接续政策2011年年初发布后，其增值税的执行细则10月份发布，且很多地方到12月中旬仍然没有开始办理退税，营业税的实施细则到现在只有少数地区发布了，给本应受鼓励支持的软件企业在资金和年度利润上带来巨大压力。

2. 税收优惠政策存在地区和行业等差异

地区间的税收优惠政策不平等，主要体现在不同省、市、区执行国家及省一级税收优惠政策的力度以及企业享受优惠政策的难易度上。实践中存在自由裁量权导致同一税收政策在同行业同规模的企业因在不同地区、甚至是在同一地区不同征税人员之间产生执行差异的奇怪现象。省、

市一级税收优惠较少，越是经济发达地区，税收优惠越少。以两家同规模同类型分别位于上海和广州的企业为例，上海除收取员工每人100元/年的暂住证费和每家企业200元/月的垃圾清理费之外，不再有其他收费。而广州除收取企业人均138元/年的暂住证费和每家企业450元/月的垃圾清理费之外，还要收取每家企业1600元/月的保安费、200元/月的治安联防费以及16000元/年的工业园区绿化安全管理费等。大型企业和中小型企业之间获取优惠政策支持能力不同，导致大型企业能轻易获得税收优惠，而中小型企业因为信息不畅等原因难以实现。

3. 税收优惠政策门槛高、审批难、关卡多

如2009年1月22日，广东省地税局下发《关于印发扶持中小企业发展8项税收优惠政策及办税指引的通知》中明确，中小企业因有特殊困难，符合税法规定条件，可以申请延期缴纳税款并免予加收滞纳金。但一些企业反映，该优惠政策多个条款执行难。一方面是地税部门为完成税收任务不愿开优惠口子，另一方面是优惠政策要经过省市两级审批，难度大、时间长；再就是税务部门对优惠政策指引模糊、标准不一、宣传不足，解释不清。有高科技企业反映，在申请税收优惠时，经常由于科技部门与税务部门之间要求不同步、信息不对称、受理时间有冲突导致困难重重；退税流程长且程序复杂，特别是对季度预缴的企业所得税，在年度末汇算清缴时无法退回多缴税款；对于企业以安排下岗工人、应届毕业生，吸收残疾人士和退伍军人就业等事由申请税收优惠，得不到税务部门回应。

4. 优惠方式简单，造成优惠政策低效

我国有关税收优惠规定局限于税率优惠和减免税直接优惠的形式，没有采用国际通行的加速折旧、投资抵免、延期纳税等间接优惠做法。同时，直接减免税的做法不仅造成收入绝对额的减少，而且优惠对象也仅限于取得收益的企业，无法适应不同类型民营企业发展的要求。国家层面的税收优惠政策仅停留在解决残疾人就业、废旧物资回收再生等局部技术层面，没有将转型升级、自主创新、吸纳就业及社会和谐稳定作为重要考量因素，税收优惠政策的针对性、引导作用及调整力度不明显。

（四）税外收费、罚款项目过多，进一步加重企业实际负担

1. 社会保险费用缴纳比例偏高

调研中，民营企业税外负担重的感受尤为强烈，以五险一金为例，养老保险、医疗保险、失业保险、工伤保险和生育保险的缴费比例分别是28%、8%、3%、0.5%～2%、1%，合计达到42%，其中用人单位缴纳31%严重偏高，给企业造成了很重的负担。中国税收结构以间接税为主体，直接税比重过低的主要原因是至今尚未开征社会保障税，也未将已经开征的社会保险费作为税收统计，而社会保障税在绝大多数国家都是一个比较重要的税种，在发达国家更是如此。

2. 收费繁多，搭车收费现象普遍，地方性收费动力远高于征税动力

从目前情况看，民营企业要缴17%的增值税、5.5%的营业税、25%的企业所得税，企业主本人要缴20%以上的个人所得税，再加上其他各种收费罚款，多数企业不堪重负。以家电制造企业为例，除了上述税收外，还有堤围防护费按营业收入的1‰征收，教育附加费和城市维护建设税分别按流转税的3%和7%征收，三项附加税费占营业收入比例接近5‰，此外还有房产租赁税、城镇土地使用税、车船税、残疾人就业保障金、个体协费、工会费、植树费、卫生费、垃圾清理费等名目众多、逐年上升的税局代征费用也使得企业的成本不断增加，对于净利率仅为1%～2%的制造企业，附加税费的负担明显过重。

3. 各种税费的征收标准不一，增长速度迅速

江西一家生产型企业对城镇土地使用税、房产税表示困惑，这两个税种在全国无统一征收标准，地区做法各有差异。一些地方政府部门常把民营企业作为各种费用开支的“摇钱树”，经常增设名目摊派费用作为解决财政困难的手段，欠发达地区“费大于税”的现象较为严重，尤其一些地方行政执法部门为了完成收费指标，以罚代管、隐形收费现象突出，这给民营企业的发展造成很大的困难。企业困难，经济难以发展，地方财政更困难，形成恶性循环。这些依托政府强制力量的各种税外收费和乱摊派、乱集资名目繁多，形成了税费不分、以费代税、费强税弱的不

良局面，既弱化了税收的调节分配职能，又使企业不堪重负。

（五）税收征管随意性强，服务意识欠缺

1. 稽查事项多，提前预缴税款现象普遍存在

税管单位及工作人员在不能完成预定税款入库任务时，要求效益好的企业提前认缴下一阶段的纳税款，并且多缴不退。个别企业反映，税务部门为填补税收优惠造成的缺口，直接对其他企业进行预缴加缴。

2. 纳税环节有关规定依据不足

如把交社保费用与纳税挂钩，年销售额达到一定金额的企业可以成为一般纳税人，但在一些地区，还要有多少名员工参加社保作为附加条件。有企业反映，一些地区为保住税源，企业迁出本区（市）或注销，税务部门往往很长时间不来核查办理，不及时出具完税证明，“潜规则”是要求企业自查自补，自动缴纳一定金额税款，税务部门才出具完税证明。

3. 部分纳税环节不合理

如在所得税征管环节上，对个人收入，要以个人所交纳养老保险作凭证算工资收入，而不以劳动合同为凭证。

4. 征税标准不合理，存在重复征税现象

企业无论是否盈利都需要根据营业额缴税，如餐饮企业在开具餐饮发票时已经纳税，但仍需向税务部门缴纳定额税；还有当生产企业无法取得材料供应商的发票时，本应由材料供应商承担的税收只能由生产企业承担。

5. 对有异地直营连锁及分支机构的企业未能做好分税工作

某市汽车销售企业反映，目前企业设立连锁店的各区均要求各门店独立核算，分别向所在区上缴税项；而不是按《关于连锁经营企业增值税纳税地点问题的通知》（财税字〔1997〕97号）规定由企业总部向其所在地税务部门统一纳税，给企业的经营和管理造成了很大因难。

6. 税收任务不与企业经济发展状况挂钩，财政开支任务不断加码、逐年大幅攀升

某从事商业地产开发的企业反映，商业地产项目通常投入期长，甚至六七年都无法实现盈利，但却需缴纳逐年增加的各种税费，税负高达总收入22.7%。

三、改善民营企业税收法治环境的建议

以民富优先为目标的经济发展方式转变，成为“十二五”和今后一个时期加快发展的主线，在社会财富发生巨大变化的情况下，着力为中小企业建立健全以公平普惠为主的税收优惠政策体系，积极构建民营企业可持续发展的公平税收法治环境，鼓励创业和创新、鼓励发展实业、鼓励诚实劳动，切实减轻中小企业税费负担需要从以下几方面着力。

（一）深化税收体制改革，着力为中小企业建立健全以公平普惠为主的税收优惠政策体系

税收是国家调控宏观经济的重要杠杆，国家可以利用税收政策，调节产业结构、产品结构，鼓励或限制某些产品生产、产业发展。我国正处于经济结构调整和优化时期，政府应该在科学设计基础上实现税制结构的优化，该减的减到关键处，该征的征到适宜对象身上，该用的用在合理的地方。

1. 进一步优化小型微利企业所得税优惠措施

适当放宽小型微利企业年度应纳税所得额不超过30万元的税收优惠上限；实行差别化政策，细分小型微利企业税率优惠幅度，对于应纳税所得额在3万元以下的企业长期免征企业所得税；允许采用核定征收的小型微利企业享受税收优惠，促进更多的税收优惠向小型微利企业倾斜；对纳入环境保护、节能节水企业所得税优惠目录的投资项目，按规定给予企业所得税优惠。

2. 深化增值税制度改革

逐步将目前征收营业税的行业改为征收增值税，将交通运输、建筑安装、物流等生产性服务业纳入增值税范围；比照农产品初加工企业适当降低小型微利企业的增值税税率，允许企业开具增值税专用发票；将增值税和营业税优惠政策中的“起征点”调整为“免征额”，并大幅调高免征额标准；允许小型微利企业在小规模纳税人或一般纳税人上自行选择适用；将人工成本纳入增值税进项税金抵扣范围。

3. 改善税收征管服务

税务部门要简化程序、缩短时限、提高效率，为中小企业设立、生产、经营等环节提供便捷服务，实现由“监管”向“服务”的转变，

创新工作方式，引导企业规范财务账簿、降低纳税成本。税务机关要深入贯彻依法治税、依法行政的理念，减少税收执法弹性空间，为企业创造公平的税收环境。

4. 清理不合理收费

加强税费改革力度，推行放水养鱼政策，缓收、减收或免收暂住证费、教育附加、残疾人就业保障金、工会费、植树费，劳动合同监证费，按比例递减征收堤围费等。对于条件成熟的，可由费改为税，在减轻企业和个人负担的同时又增加了国家税收。如社会保险费也可以考虑变成缴税制等。

5. 加大创业税收支持

对新办企业应由现行以地区优惠、经济性质优惠为主向以产业倾斜为主转变，实现优惠形式多样化；由单一直接减免税向直接减免、降低税率、加速折旧、放宽费用列支、设备投资抵免、再投资退税等多种形式转变，扩大创业企业优惠范围。对劳动密集型小型微利企业可全额退税，为新办企业轻装上阵，实现放水养鱼，激发企业内生活力。

（二）建立以法律为主、法规为辅的税法体系，将平等原则贯穿始终

税收立法是税收法治形成的起点，税收立法的有效性直接决定税收法治环境的形成和税收秩序化程度。大力提倡公平税负，将平等原则贯穿于税收立法和税收政策制定的全过程，通过平等的税收负担分配，营造公平的税收法治环境。

1. 依照税收法定主义原则，改革我国目前以税收行政法规为主、税收法律为辅的税收立法制度

提高税收立法效力级次和立法质量；通过宪法和立法法来完善国家的立法体制，建立以税收法律为主、税收法规为辅的税法体系。根据“一税一法”的立法模式，尽快将增值税暂行条例上升为法律。

2. 尽快制定税收基本法，使税收立法权限明确化、具体化、程序化

进一步健全税收法律体系，推动税收法制建设；合理划分税权，规范税收关系，使税收立法、税收执法和税收司法建立在有法可依的基础上。

全国工商联法律部推动协调劳动关系三方会议工作调研报告

协调劳动关系三方会议是市场经济条件下国家协调劳动关系的制度安排，是我国适应国际规则协调劳动关系的重要举措，对我国企业构建和谐劳动关系发挥着重要作用。为贯彻落实中央16号文件精神，完善协调劳动关系三方会议工作，全国工商联法律部会同各省（区、市）工商联于2011年4月至8月深入调研，进一步了解工商联参与协调劳动关系三方会议的现状、面临的主要问题和省级工商联对参与协调劳动关系三方会议的意见和建议。现将调研情况报告如下。

一、工商联参与协调劳动关系三方会议的总体情况

2001年8月，我国正式建立了由原劳动和社会保障部、中华全国总工会和中国企业联合会、中国企业家协会组成的国家协调劳动关系三方会议制度。为充分反映不同形态企业的利益和诉求，建立符合中国国情、适应非公有制经济发展需要的三方会议制度，全国工商联自2007年以来积极争取以雇主组织的代表加入。

2011年7月，国家协调劳动关系三方会议召开第十六次会议，对国家协调劳动关系三方会议制度予以修订，增加全国工商联作为国家三方会议的成员单位。据此，全国工商联作为企业组织代表，与人力资源和社会保障部、中华全国总工会、中国企业联合会/中国企业家协会，共同组成国家三方会议。全国工商联正式加入国家三方

会议，增强了企业组织的代表性，是健全我国协调劳动关系三方机制的必然要求，也是贯彻落实中央16号文件精神的重要举措。

根据31个省（区、市）工商联和新疆生产建设兵团工商联参与协调劳动关系三方机制基本情况统计，目前全国共有22个省级工商联和新疆生产建设兵团工商联加入了本级协调劳动关系三方会议，中央16号文件发布（2010年9月）之后加入的有北京、河北、黑龙江、上海、浙江、福建、江西、湖北、广东、四川、贵州、云南、西藏、宁夏14个省（区、市）；争取在今年年底前加入本级协调劳动关系三方会议的有吉林、安徽、山东、河南、广西、重庆、陕西、甘肃、青海9个省（区、市）工商联。

（一）主要模式

各级工商联组织参与协调劳动关系三方会议的模式多样，是在实际工作中根据省（市）情、社情探索而产生的。主要有三种。

三方三家模式。这种模式中的三家分为两类：一类是由人力资源社会保障部门、工会组织、企业联合会组成，如湖南省的2个市（州）、43个县（市、区）采用了此类模式；另一类是由人力资源社会保障部门、工会组织、工商联组成，此类模式主要存在于没有企业联合会组织的地（市）或区（县）级层面，如湖南省的12个县（市、区）采用了此类模式。

三方四家模式。这种模式主要是基于中国企业组织多有特定的工作对象，利益代表也体现在特定群体。为弥补单一企业组织代表性不完整的情况，省级组织突破传统模式，变通吸收多家企业组织共同代表一方利益，为“一方多家”；或基于政府职能划分与承担，吸收多家政府部门参加，形成政府利益代表，也为“一方多家”。如，北京市工商联于2011年7月加入协调劳动关系三方会议，与市人力资源和社会保障局、市总工会、市企业联合会组成了三方四家；湖南省内的12个市（州）、43个县（市、区）也采用了此种模式。新疆自治区工商联于2005年7月加入协调劳动关系三方会议，与区人力资源和社会保障厅、区经济和信息化委员会、区总工会组成了三方四家。

三方多家模式。这种模式也是三方四家形式的变通，为多家政府组织、多家企业组织。如山西省协调劳动关系三方会议成员由省人力资源和社会保障厅、省总工会、省企业联合会、省国资委、省中小企业局、省民营企业协会、省外商投资企业协会、省工商联共8家单位组成。辽宁省协调劳动关系三方会议成员由省人力资源和社会保障厅、省总工会、省企业联合会、省工商联、省外商投资企业协会共5家单位组成。天津市协调劳动关系三方会议成员包括市人力资源和社会保障局、市总工会、市国资委、市工商联、市企业联合会5家单位。江苏省工商联与省人力资源和社会保障厅、省经济和信息化委员会、省总工会、省企业联合会组成了协调劳动关系三方会议的三方五家模式。

（二）运行情况

各级工商联在当地党委、政府的领导下，坚持因地制宜、因时制宜、因事制宜的原则，在三方会议框架内与人力资源和社会保障部门、工会组织等加强沟通协调、密切配合，以多种有效方式积极开展工作。

一是巩固并完善三方会议组织网络建设。浙江省在完善镇（街道）三方协调机制的基础上，努力扩大三方会议的组织基础，积极指导村（社区）以及企业协调劳动关系，建立劳动争议调解组织；各级工商联顺应时势，着力探索建立行业集体协商制度和劳动争议调解组织，力求把劳动关系矛盾化解在基层的同时，也促进了三方会议组织网络的形成。

二是进一步加强三方协商主体的培育。四川省在政府、工会、工商联（或政府、职工、企业）三方主体明确的前提下，采用不同组织形式，不断完善企业方代表，使企业方的代表主体更具代表性；尤其在中央16号文件发布后，积极推动各级工商联加入三方会议。目前，全省21个市（州）和181个区（县）都已建立了三方会议；截至2011年6月，21个市（州）中已有12个市（州）的工商联加入了本级三方会议（占比57.1%），181个区（县）中已有86个区（县）工商联加入了本级三方会议（占比47.5%）。

三是完善工作制度，定期召开联席会议。天津市各级协调劳动关系三方会议定期召开联席会议，共同研究制定本地区的劳动政策，沟通交流企业劳动关系动态，总结成绩、查找问题、部署工作，努力形成工作合力。安徽省马鞍山市协调劳动关系三方委员会定期召开办事机构工作会议，各方按照职责分工，及时通报工作开展情况，注重研究工作中的典型个案，不断总结经验、剖析不足、改进工作。

四是重点建立联动机制。江苏、安徽、湖南、重庆部分地区的协调劳动关系三方会议对于重大事项及时通报、会商，对劳动合同、工资集体协商、劳动争议调解仲裁等劳动关系协调中的突出问题，进行专项联合巡查活动，发现情况立即研究，并在第一时间采取有针对性措施加以解决，共同推动和谐劳动关系建设。

五是联合开展调研、评先等活动。据不完全统计，近些年来，湖南省三方会议各成员共联合开展劳动关系调研95次，推选26家企业和3家工业园区参评“全国模范劳动关系和谐企业和全国模范劳动关系和谐工业园区”，先后评选了120家省级劳动关系和谐企业和360家市级劳动关系和谐企业。

（三）作用发挥

工商联与民营企业联系广泛，在开展协调劳动关系工作中具有明显优势，也发挥了重要作用，取得了显著成效。

一是以多种形式参与劳动关系立法、开展法律法规宣传。全国工商联积极配合全国人大法工委、国务院法制办等部门参与劳动关系立法，着力在社会保险和工资等立法完善上求突破，在开展非公有制经济劳动法治环境调研上见实效。重庆市工商联积极参与有关地方劳动立法的听证会和征求意见座谈会，配合有关部门开展劳动立法专题调研。安徽省各级工商联组织面向民营企业和劳动者积极宣传《劳动合同法》及其实施条例，增强了劳资双方的法律意识，有效提高了劳动合同签订率。湖南省各级相关部门深入开展贯彻落实《劳动合同法》的多层次、宽领域培训，共覆盖8万余家用人单位和20余万企业管理人员。

二是积极推进工资集体协商。工商联组织以工资集体协商为主线，积极引导非公有制企业建立企业和职工共享成果、共渡难关、共谋发展的保障制度。浙江省工商联组织分别从开展工资集体协商宣传、集中开展“工资集体协商推进月”行动、强化工资集体协商工作指导、巩固工资集体协商成果4方面入手，着力解决企业工资集体协商中的热点、难点问题，集体协商覆盖范围不断扩大。安徽省工商联组织与三方机制其他成员共同推动建立并不断完善适应市场经济要求的企业工资分配制度、企业工资决定机制和正常增长机制，妥善处理各方利益关系，推动实现劳资共赢。湖南省工商联组织通过加强培训建立了工资集体协商指导员队伍，通过政策引导扎实推动工资集体协商制度的贯彻落实。

三是参与调处劳动争议。工商联组织把调处劳动争议作为参与协调劳动关系工作的重要载体和抓手，积极发挥维权职能。天津市工商联积极引导民营企业探索建立与职工定期商谈解决劳动争议制度，建立健全劳动争议调解委员会，最大限度通过调解方式解决劳动争议。目前，天津市工商联在协调劳动关系三方会议基础上形成了两个独具特色的协调民营企业劳动关系服务平台：一是工商联（商会）人民调解委员会。该平台将调解劳动争议纳入人民调解工作之中，使劳动纠纷尽量解决在萌芽状态。二是天津市民营企业危机管理服务联席会议。该平台以民营企业危机管理服务为主要工作内容，帮助企业处理劳资争议，确保劳动关系和谐稳定。

四是加强企业基层民主政治建设，夯实和谐劳动关系基础。工商联组织积极在非公有制企业中推进厂务公开民主管理工作，注重发挥民主管理对引导思想行动、协调矛盾纠纷的积极作用；目前全国已有3/4的省级工商联进入厂务公开领导机构。近些年来，全国工商联作为全国厂务公开协调小组成员单位，大力指导各级工商联和民营企业经营者组织企业职工依法实行民主参与、民主决策和民主监督。浙江省工商联组织不断提高企业职代会和厂务公开的建制率，民主评议制度、职工董事和职工监事制度进一步健全。重庆市工商联组织积极参与经验交流等活动，广泛集中职工智慧，充分调动职工的积极性、主动性和创造性，有力促进了企业劳动关系和谐。

五是加强企业精神文明建设，丰富和谐劳动

关系内涵。工商联组织高度重视企业精神文明建设，积极指导民营企业以培育健康向上的价值理念和丰富职工精神文化生活为重点，把企业文化建设作为构建和谐劳动关系的动力工程、基础工程。辽宁省工商联坚持“以人为本”理念，以培育时代精神、弘扬先进文化、陶冶职工情操和促进企业发展为目标，在企业中扎实推进职工队伍文化建设，以此引领和谐企业文化构建。浙江省工商联组织以创建“合格职工之家”和镇“职工文化中心”为切入点，深化阵地建设，利用图书馆在乡镇的分馆资源，分别设立了镇“职工书屋”和“职工阅览室”，利用镇报、镇刊和镇广播站等阵地资源，大力宣传职工文化建设，进一步丰富了和谐劳动关系内涵。

二、工商联参与协调劳动关系三方会议存在的主要问题

各级工商联参与协调劳动关系三方会议虽然取得了较大成效，但由于协调劳动关系工作牵涉面广、影响力大、利益关系复杂，加上相关工作经验比较缺乏，工商联组织在参与协调劳动关系三方会议中还存在以下问题：

一是工商联参与三方会议不平衡，工作机制不完善，社会影响力不够。工商联参与三方会议还存在地区差异，有些省份的工商联加入三方会议较多、有些较少。同时我们了解到，虽然很多工商联加入了本级三方会议，但工商联内部有关参加三方会议的配套改革和制度建设还较为滞后，自身工作机制不规范、不完善，职责任务还需进一步理清，高素质的工作人员还比较缺乏，资金支持也很有限，客观上限制了工商联社会影响力的发挥。

二是由于历史原因形成的政府比较强势、工会相对主动、企业方弱势的格局仍然存在。这种客观情况导致了企业方在劳动关系协调中往往处于弱势地位，不能充分表达非公有制企业和非公有制经济人士的意愿和诉求。由于工作经验相对缺乏，工商联组织对于在参与协调劳动关系工作中如何发挥自身作用、怎样发挥好自身作用往往不甚明了，在面对有充分实践经验的政府部门和工会组织时，工商联的工作略显被动。

三是工商联系统对三方会议的重要性认识不足、重视不够。由于全国工商联在今年7月正式加入国家协调劳动关系三方会议，之前对于地方工商联参与协调劳动关系三方会议的指导偏弱，在一定程度上影响了地方工商联的思想认识。同时由于大部分工商联组织加入本级三方会议时间不长，对三方会议的重要性和必要性还缺乏深刻理解和认识，相关宣传也不到位，造成了部分工商联组织对于参与三方会议的积极性不高、投入不足，在一定程度上影响了参与协调劳动关系工作的成效。

四是对工商联参与三方会议的理论研究不深、理论探索不够。理论来源于实践，又要指导实践。之前，工商联组织对于参与三方会议工作的理论研究几乎空白。目前，在各级工商联组织内也没有专门力量对工商联参与三方会议的现实意义、主要模式、运作情况、作用发挥、存在的主要问题和未来工作规划，以及非公有制企业劳动关系中的热点和难点问题等进行全面深入的理论研究和实践总结。由于理论指导上的缺乏，工商联组织在参与三方会议的工作实践中往往不能站在理论高度谋全局、打基础、抓大事、解难题、管长远，导致我们的工作往往与预期目标存在距离。

五是调解劳动争议时，工商联的作用未能充分发挥。企业劳动争议调解组织作用发挥难的情况还普遍存在。工商联作为政府管理和服务非公有制经济的助手，与会员企业联系紧密，代表企业方利益；但正因如此，在处理劳动争议纠纷时往往容易丧失劳动者当事人的信任，产生争议方劳动者舍近求远、舍基层就上层、舍调解就仲裁的情况，客观上限制了工商联在劳动争议调解中的作用发挥。

六是工商联工作人员的能力建设不足。工商联组织是党和政府联系非公有制经济人士的桥梁纽带，这种定位决定了工商联只能作为政府的助手，没有行政权力，与党政机关相比职能不是很清晰，工作氛围也相对松散，对人才的吸引力有限。这些现实情况导致工商联工作人员的政治把握能力、调查研究能力、群众工作能力、落实推进能力不是很强，工作热情也有待提高。概而言之，目前工商联工作人员的整体能力建设不足，这种不足制约了工商联组织参与三方会议的工作实效。

三、对工商联参与协调劳动关系三方会议的认识及意见建议

（一）深刻理解工商联参与协调劳动关系三方会议的重要意义

要深刻理解工商联参与三方会议与构建非公有制企业和谐劳动关系的内在一致性，不断提高认识、加大工作力度，把工商联参与三方会议工作作为构建和谐劳动关系的一项战略工程抓紧抓好。

一是工商联参与三方会议是顺应国际发展趋势的必然要求。协调劳动关系三方会议是市场经济条件下国家协调劳动关系的制度安排，大部分市场经济国家都已设置了这一制度。长期以来，国际劳工组织重视国际劳工标准的制定，推动会员国对国际劳工公约的批准实施，对维护各国劳动者的基本权益起到了积极的促进作用。工商联作为我国最大的雇主组织，截至 2010 年年底，已有企业会员、团体会员和个人会员共计 271 万个；工商联参与协调劳动关系三方会议，不仅可以进一步完善我国三方会议的代表性和执行力，也是顺应国际发展趋势的必然要求。

二是工商联参与三方会议是构建我国企业和谐劳动关系的紧迫需要。改革开放 30 多年来，我国非公有制经济快速发展，取得了举世公认的成就。截至 2010 年年底，全国民营企业已超过 840 万家，占全国法人企业总数的 74% 以上，成为我国最大的企业群体。民营企业解决了城镇就业的 80% 和新增就业的 95%，成为吸纳扩大社会就业的主渠道；民营经济占国内生产总值的比重已超过 60%，成为国民经济的重要组成部分。由此可见，民营企业劳动关系和谐与否已成为我国企业劳动关系整体是否和谐的关键性因素。工商联作为政府管理和服务非公有制经济的助手，在发展非公有制企业和谐劳动关系中具有不可替代的重要作用。因此，从实践来看，工商联参与协调劳动关系三方会议，大力推动非公有制企业发展和谐劳动关系，是构建我国企业和谐劳动关系的紧迫需要。

三是工商联参与三方会议是进一步扩大统战性、增强党的执政基础的现实需求。协调劳动关系涉及广泛的社会生产单位和劳动群体。非公有制企业覆盖的领域，是我国职工群众最为集中的领域；广大非公有制企业经营者，是推动我国经济发展的重要力量。工商联是党领导的以非公有制企业和非公有制经济人士为主体的具有统战性、经济性、民间性的人民团体和商会组织，工商联参与三方会议，积极推动广大非公有制企业自觉构建和谐劳动关系，着力保障广大职工依法享有权利和地位，保障广大非公有制企业经营者施展才华、干事创业，对于进一步扩大工商联的统战性，始终保持党同职工群众的血肉联系，进一步增强党的执政基础、扩大党的群众基础均具有重大的现实意义。

（二）对工商联参与协调劳动关系三方会议的意见和建议

近年来，有关政府部门、工商联与广大非公有制企业积极交流有关发展和谐劳动关系的理论和实践问题，共同探索新形势下发展和谐劳动关系的方法途径和具体举措，尤其是在协调劳动关系三方会议框架内做了大量卓有成效的工作，使非公有制企业和谐劳动关系不断发展完善，涌现出了以浙江传化集团为代表的一大批构建和谐劳动关系先进典型。通过调研我们了解到，总体而言，当前我国非公有制企业劳动关系和谐稳定，局部矛盾平稳可控。为使工商联在参与三方会议工作中发挥更大作用，为构建非公有制企业和谐劳动关系作出更大贡献，现提出以下意见建议。

1. 进一步提高对协调非公有制企业劳动关系重要性的认识

要充分认识协调非公有制企业劳动关系的重要性和必要性，进一步加强宣传，营造全社会共同关注、相关部门齐抓共管、有关各方密切配合的浓厚氛围，形成构建和谐劳动关系的整体合力。要将加强国家、省、市、县四级三方会议制度建设纳入各级党委、政府的议事日程，进一步加强组织领导和工作指导，建立健全各级三方会议协调网络，逐步形成多层次、多形式的组织体系。要按照服从服务于党和国家工作大局、三方根本利益一致、注重充分合作和政府起适度主导作用的原则，进一步明确职能、完善制度、规范运作，推动形成“三方协商、政府调控、依法规

范”的工作格局，务求协调劳动关系工作取得实效。

2. 将协调劳动关系三方会议制度纳入推进社会管理创新的大范畴

推进社会管理创新包括协调劳动关系三方会议制度的创新和发展。工商联要在三方会议框架内，继续把握科学发展这一主题和加快转变经济发展方式这条主线，紧密结合中央要求，进一步推动非公有制经济组织强化管理、优化服务，明确自身管理和服务员工的社会责任，坚持职工主体地位，积极改善民生，保障非公有制企业职工劳有所得、安居乐业，走共同富裕的发展之路，最大限度增加和谐因素、最大限度减少不和谐因素，为提高我国社会管理科学化水平作出积极贡献。

3. 尽快将全部省级工商联纳入相关三方会议

协调劳动关系工作是一项系统工程，建立健全各级协调劳动关系三方会议，不可缺少任何相关主体的代表。省级工商联在工商联系统中处于承上启下的重要枢纽地位，但目前仍有9个省级工商联未加入相关三方会议，其中的原因既有工商联争取加入三方会议的主观能动性不够，也有部分工商联正处于加入前的相关调研和准备工作之中。积极推动省级工商联全部加入三方会议，既是落实中央16号文件要求的具体举措，也是扩大雇主组织代表性、提高协调劳动关系三方会议执行力的必然要求。

4. 充分挖掘、发挥工商联在三方会议中的多重作用

各级工商联组织要高度重视协调劳动关系工作，结合实际进一步明确在三方会议中的工作职责和具体任务。要深入研究新形势对劳动关系的影响，通过对非公有制企业劳动关系现状的调研分析，将劳动关系中带有全局性、倾向性的重大问题提交三方会议通报和协商，并提出意见建议；要充分发挥商会职能，进一步加强劳动争议调解仲裁能力建设，积极参与劳动调解和仲裁，不断提高仲裁效能；要健全劳动关系矛盾监测预警和应急处置机制，对非公有制企业可能发生的重大集体劳动争议和群体性事件提前进行研判，并提出预防和解决的意见建议。

5. 在维护非公有制经济人士正当利益的同时，切实维护好非公有制企业职工的合法权益

各级工商联要按照中央16号文件的要求，以参与协调劳动关系三方会议为工作载体和重要抓手，正确处理劳动关系，妥善解决劳动争议，积极研究非公有制企业劳动关系中的重大理论和现实问题，充分发挥雇主组织的职能作用，切实维护好非公有制企业的正当利益。此外，要根据《中共中央关于巩固和壮大新世纪新阶段统一战线的意见》（中发〔2006〕15号）精神，与工会等人民团体密切配合，在维护非公有制经济人士利益的同时，切实维护好非公有制企业职工的合法权益。

6. 注重与企业联合会/企业家协会的沟通协调，加强与人力资源社会保障部门、工会组织的合作共事

工商联加入三方会议，将进一步完善企业方的代表性和执行力，尤其是提高对非公有制企业的代表性。但工商联作为后加入的企业方代表，其代表性和参与度还需得到三方会议其他成员的进一步认可。由于工商联和企业联合会共同代表企业方，在工作中更需加强彼此的沟通协调，最大限度增加和谐因素、减少摩擦，求同存异。目前，三方会议中代表政府的人力资源社会保障部门居于主导地位，代表职工的工会组织也有较强的影响力，工商联在工作中应进一步加强与两者的合作共事，使自身获得足够的工作支持，以有为争取更大的有位。

7. 扎实搞好培训，为工商联参与三方会议提供人才保证

各级工商联要适应形势发展和三方会议的工作需要，进一步加大对参与三方会议的人员和资金投入。要着力搞好干部队伍建设，注重抓好培训，加强机关干部对劳动法律法规和业务知识的学习，培养一批既懂劳动关系又熟悉市场经济规律、既有调查研究能力又有落实推进能力的复合型干部，提高工商联干部在协调劳动关系工作中的能力和水平，进一步夯实参与协调劳动关系工作的人员基础，增强工商联在三方会议中的话语权。

8. 进一步抓好非公有制经济人士队伍建设

工商联参与协调劳动关系工作离不开非公有

制经济人士的支持，工商联要在三方会议框架内着力抓好非公有制经济人士队伍建设。要进一步搞好非公有制经济人士思想政治工作，以此作为工商联工作的生命线，不断激发非公有制经济人士健康成长的内生动力。要进一步加大对非公有制经济人士的各类培训，着力引导非公有制经济人士依法享有权利、承担义务，积极创造就业岗位，在发展和谐劳动关系中有更大作为。

9. 加强对先进典型和工商联工作的宣传报道，营造良好社会氛围

积极开展各类评选、创建活动，选树和谐劳动关系先进典型。通过评选创建，进一步搭建服务平台，创新活动载体，打造优秀品牌，不断拓展工作深度和广度。要充分发挥主流媒体的宣传作用，利用电视专题、报刊杂志、宣传资料等多种形式，全方位、多角度地对工商联参与三方会议、构建和谐劳动关系进行宣传，对工商联、商会组织通过仲裁成功进行劳动纠纷调解的典型个案进行报道，着力引导非公有制企业树立新理念、管理上水平，积极发展和谐劳动关系，同时不断扩大工商联和商会组织的社会影响力。

全国工商联商会调解与诉讼调解衔接机制调研报告

商会调解，是商会组织作为社会力量参与社会管理创新、化解矛盾纠纷的创新性实践。胡锦涛总书记强调，要发挥社会团体、行业组织和社会中介组织提供服务、反映诉求、规范行为的作用，形成社会管理和社会服务的合力。同时，中央16号文件提出积极培育和发展中国特色商会组织，充分发挥工商联在行业协会商会改革发展中的促进作用。积极推进商会建设、完善商会调解职能，是落实中央决策指示、贯彻中央16号文件、推进工商联工作的重要切入点。

为进一步发挥工商联组织和人民法院在非公有制经济领域的职能作用，构建多元矛盾纠纷化解机制，全国工商联与最高人民法院共同决定在全国开展建立完善商会调解与诉讼调解衔接机制的联合调研工作。在分别收集各地推动建立完善商会调解与诉讼调解衔接机制工作材料基础上，从2011年4月28日至11月18日，联合调研组分赴北京、福建、辽宁、安徽、重庆等五个省市，深入各地工商联、法院、基层商会以及企业，组织座谈12场次，围绕建立完善商会调解与诉讼调解衔接机制的实践探索、工作成效、制约因素、意见建议等进行了广泛的调查了解，初步摸清了我国非公有制企业民商事纠纷化解的基本状况，收集掌握了各地在商会调解与诉讼调解衔接机制方面的有益做法，结合各自职能任务进行了深入的研究，提出了加强商会调解工作、推动完善商会调解与诉讼调解机制的建设性思考。

一、总体情况

非公有制企业民商事纠纷主要涉及股权转让、特许经营、外贸加工、市场销售、加工承揽、金融借款、劳动争议等。随着市场经济的不断发展，非公有制企业民商事纠纷呈日益增多趋势，在诉讼案件中的占比越来越高，给人民法院审判工作造成了很大压力，影响了企业正常的生产经营，也给社会和谐稳定造成不利影响。

近年来，为适应新形势下社会管理的新情况新变化，中央提出了加强和改进社会管理的重大战略措施，先后出台了《关于深入推进社会矛盾化解、社会管理创新、公正廉洁执法的意见》和《关于深入推进矛盾纠纷大调解工作的指导意见》，积极推动多元矛盾纠纷解决机制，构建大调解格局。为贯彻中央指示，最高人民法院2009年以来先后印发了《关于建立健全诉讼与非诉讼相衔接的矛盾纠纷解决机制的若干意见》和《关于进一步贯彻“调解优先、调判结合”工作原则的若干意见》，把构建多元矛盾纠纷解决机制作

为重点，重视挖掘商会作为社会组织参与调解、化解纠纷的职能优势，把商会调解纳入非诉讼纠纷解决方式，积极推动商会调解与诉讼调解的紧密衔接。在全国工商联和最高人民法院的指导下，为强化商会调解与诉讼调解在解决社会矛盾纠纷中的积极作用，实现两个调解的优势互补、良性互动，促进非公有制经济健康发展，推动社会和谐稳定，各地工商联和人民法院加强沟通、紧密联系，广泛开展了商会调解与诉讼调解相衔接的实践活动。

（一）基本模式

从掌握的情况看，目前各地在实践中主要采取以下几种模式。

1. 商会调解

主要由工商联或商会成立独立的调解组织，配备调解人员，依据法律法规、行业规则、商业习惯以及调解规则，帮助当事人自愿达成调解协议，促成纠纷的有效解决。该模式主要以商会自行调解为主，案源主要来自会员企业申请，同时也保持与人民法院、仲裁委员会的沟通，接受司法机关的业务指导。从调研的情况看，各地商会调解组织名称不一，如安徽省工商联的“商会调解中心”，甘肃省工商联的“矛盾纠纷排查调处中心”，广东省工商联的“调解仲裁中心”，河南省工商联的“民商事仲裁调解中心”，福建省晋江市的“陈隶镇商会商事调解委员会”，吉林省长春市工商联的“民商事调解中心”，福建省厦门市工商联的“维权调解服务中心”，以及浙江省义乌、辽宁省沈阳经济区、重庆市北碚区等地在工商联或商会设立的“人民调解委员会”。

2. 委托调解

该模式主要是在人民法院的引导下，根据当事人意愿和案件实际情况，将纠纷委托给第三方，如工商联、商会或商会调解组织，由第三方组织登记造册的调解员进行调处，法院适时跟踪指导，并根据进展情况对调解协议予以司法支持，调解不成的回到诉讼程序，依法审理。主要体现为人民法院对诉讼案件的劝导分流，呈现诉讼外解决矛盾纠纷色彩。如福建省漳州市人民法院发挥商会的独特优势，将涉及行业规则、技术规范、企业维权的商事案件，在诉前交给商会组织协调。又如，福建省泉州市针对涉及晋江辖区，在泉州市中级人民法院和晋江市人民法院起诉的非公有制企业民商事纠纷案件，在受理前后，经双方当事人同意，委托晋江市陈埭商会商事调解委员会先行调解。

3. 协助调解（邀请调解）

该模式是由人民法院主导，在非公有制企业民商事纠纷诉讼中，邀请商会人员、企业家等作为调解员、陪审员，参与到诉讼调解或庭审中，充分发挥他们的角色、专业优势，促进纠纷的有效解决。与委托调解相似，两者都有借助社会力量解决纠纷的因素，不同之处在于协助调解的调解员或陪审员身份来自人民法院授予，由人民法院对调解员、陪审员进行登记造册，协助调解是嵌入诉讼活动中的，本身构成诉讼调解或诉讼程序的一部分。如北京市海淀区人民法院在上地法庭创设了“商事特邀调解员”制度，由上地法庭从北京民营科技实业家协会会员企业中聘请具有较高知名度和威望的企业家作为特邀调解员，主持商事案件的庭前调解，最终由上地法庭对调解协议进行审查和确认。福建省泉州市聘请行业协会企业家代表作为商事调解员，四川省高级人民法院邀请工商联人士作为特邀调解员，也是很好的例证。

4. 联动调解

该模式主要是在多元矛盾纠纷解决格局下，在地方党委的领导下，工商联（商会）、人民法院、仲裁机构、司法行政机关等部门建立沟通机制，互派人员、互设机构或成立综合部门，在遇到矛盾纠纷时，充分发挥各自职能优势，综合运用多种手段，最大化地对矛盾纠纷进行有效处置。比较典型的有：重庆市工商联与市高级人民法院、人民检察院通过联席座谈、互派参会、情况通报等形式建立联系机制，重庆市沙坪坝区工商联与区人民法院联合挂牌成立便民诉讼联络站，被誉为“荣昌经验”的重庆市荣昌县的综合调处室，福建省莆田人民法院的“大调解”工作格局，湖南省湘潭市仲裁委在市总商会成立的调解中心，广东省佛山市南海区工商联与法院合作建立的南海民企法律调解中心等。

实际上，各省市在推进商会调解与诉讼调解衔接机制过程中，并不是单纯采用某一种模式，而是规定了多种模式，并根据实际情况灵活运用，使之相互递补衔接、形成整体合力。比如，福建省泉州市《关于建立诉讼调解与行业组织调解衔接工作机制的意见》明确了诉讼调解、协助调解、委托调解的相关程序，并对衔接方式进行了规范。福建省厦门市湖里区法院针对当地涉台纠纷增多的实际，与市台商协会、区政府台办分别签署《涉台案件委托调解协议书》以及《涉台案件协助调解协议书》，通过委托调解、协助调解、联动调解等，构建起一个台办、台协、法院、台商四位一体的多元化纠纷解决体系。

（二）特征优势

从调研的情况看，我国商会调解尚处于起步阶段，建立商会调解与诉讼调解的实践也在不断探索之中，受到政策支持、领导重视、历史传统等因素的影响，呈现出一定区域性、行业性、传统性以及综合性特征。同时，我们也发现在一些商会调解开展比较好的地区，商会调解在为政府解忧、为审判机关解压、为非公有制企业解难、为社会和谐助力方面扮演了重要角色，商会调解有如下优势。

1. 当事人享有自治

与国家垄断司法权的诉讼程序相比，商会调解没有国家权力介入，在不违反国家强制性规定前提下充分尊重当事人意愿，调解人员、地点、方式、规则以及程序都由双方合意选择，对调解不满意，还可以选择其他纠纷解决方式。

2. 调解人熟悉企业

商会本身是企业的结社组织，来自企业、了解企业，调解员大多是本行业领域的知名企业家，具有较高的社会地位，懂得商事语言和各种规则，与当事人能够近距离沟通，设身处地了解当事人的难处，为当事人所熟识甚至尊敬。

3. 调解方式柔缓

商会调解员以朋友身份出面、用友情化解矛盾，当事人双方没有对抗态势，能够放下防范心理，互谅互让、心平气和地面对面沟通。诉讼方式虽然能够得到判决，但往往使问题更加恶化，不能从根本上缓解双方利益冲突，而商会调解过程更具人情味，不至于双方把关系搞僵，为继续合作留下空间，有利于促进正常的商务活动和良好合作关系的维持。

4. 调解专业性强

商事纠纷往往涉及复杂的商业规则，包括交易习惯、行业惯例、相关专业知识等，特别是一些新型的商事纠纷，其行业专业知识往往很难被审判人员及时掌握。在这方面，商会调解有着较之其他纠纷解决方式所不具有的优势。

5. 调解效果较好

当前，一些诉讼纠纷非常复杂，审判难度大，诉讼调解效果有限，当事人很难服判息诉，是近年来涉法重信重访案件增多的重要原因之一。商会调解具有民间背景，在调解中不囿于诉讼程序的诸多限制，不仅能够解决双方在法律上的利益纠葛，还能化解情感、信任等法律所难以解决的矛盾，调解成功率较高。在协议履行方面，由于企业较为重视其业内声誉和诚信，也会顾及如果不履行协议造成的业内负面评判，加上商会的监督效应，客观上会促使协议的有效履行，真正实现案结事了。截至 2008 年年底，北京市海淀区上地法庭商事特邀调解员参与调解的案件累计达 51 起，其中调解成功的共 44 起，案件标的累积已达 1280 余万元，且无一进入强制执行程序。

6. 调解简便快捷、费用低

与诉讼的时间长、费用高、程序复杂、执行难相比，商会调解突出的特点就是经济、简便、快捷、保密性强，有利于消除纠纷双方的根本矛盾，减轻当事人的诉累，为后续合作打好基础，维护长久利益，实现互利双赢。有的在人民法院需要几个月甚至几年才能解决的案件，通过商会调解能较短时间内解决。我们在调研中了解到最快的一个案例就是一件标的为 30 万元的合同纠纷，经商事调解员一个小时调解后双方达成和解，6 天后协议履行完毕。事实上，企业都不想让纠纷影响自身的正常经营，特别是在市场经济不断完善的今天，企业更加重视形象建设，不想一些诉讼纠纷对企业信誉造成不可挽回的损失和消极影响，甚至拖垮企业。

（三）工作成效

1. 缓解了人民法院的诉讼压力

随着经济社会快速发展，社会结构、阶层的变化，公民权利意识、参与能力的增强，我国社会进入了矛盾易发多发期，纠纷数量、类型双向增加，解决难度加大，激增的矛盾纠纷集中在诉讼领域，使有限的司法资源不堪重负，加上个别地区司法公信力不高，对一些重大复杂案件、敏感案件处理不慎，引起社会广泛关注。通过在非公有制经济领域推行商会调解、构建多元矛盾纠纷解决机制，能够客观上分流部分案件，最大化地将案件在诉讼前得到及时化解，在有效弥补法官对商事规则了解不足的同时，极大程度节约了司法资源，维护了法律效果和社会效果的统一。例如，北京天融信网络安全技术公司诉贵州盛世科技公司的31起承揽合同纠纷，经北京市海淀区特邀商事调解员多次沟通，双方最终达成调解协议，并即时支付全部货款，使得这个审理起来费时费力的纠纷得到圆满解决。

2. 完善了商会职能

商会是企业自主组建、自我管理、自筹经费的市场中介服务组织，为工商业者提供政企沟通、行业自律、企业维权等方面的职能。当前，工商联的商会建设正处于加速发展时期，尽管受到多种因素的影响，商会在为会员提供服务方面职能单一、方法不多，还没有形成较大的影响力和社会认知度。加强和改进社会管理强调社会力量的积极参与，商会作为联系政府和企业的桥梁，将承接起部分的政府职能。积极推进商会调解，充分挖掘了商会在内行人管行内事、商事纠纷商人解的独特优势，拓展了商会作为社团组织在预防和解决矛盾纠纷方面的职能。

3. 扩大了工商联的影响力

推动商会调解，建立与诉讼调解衔接机制，需要工商联组织与其他部门和社会广泛联系，通过这一平台宣传工商联任务使命、展示工商联形象，强化工商联在非公有制经济领域的职能优势，是提升工商联地位的难得机会。从各地了解的情况看，通过推动商会调解，进一步密切了与政府部门、司法机关的联系沟通，扩大了社会各界对工商联的了解，增强了工商联对非公有制企业的吸引力、凝聚力和影响力。

4. 促进了非公有制经济的健康发展

调解员大多是优秀企业的管理者，在商事调解活动中向当事人传授先进的企业管理理念和防范法律风险的措施，提出改进的意见和建议，帮助企业解决经营管理中存在的问题，规范当事人的市场行为，重塑正确的商业理念，增强了当事人懂法守法和诚信经营的意识，对企业完善内部治理结构、实现长远发展起到了积极的推动作用。通过衔接机制，人民法院与工商联组织也能够帮助企业加强风险防范与化解，通过司法建议、组织培训等形式，提高企业的治理水平，促进非公有制经济健康发展。

5. 集聚培养了法律人才

推动商会调解是近年来工商联法律工作的重点内容，也是在参与立法、个案维权等法律服务职能基础上的创造性拓展。以商会调解为契机，各地工商联、商会更加重视法律工作，加大了为会员企业提供法律服务的支持力度，工商联法律服务的机构更加健全，平台更加广阔，特别是通过工作实践吸引并培养了一大批致力于工商联法律工作的人才，为商会调解以及法律服务工作打下良好基础。

二、存在问题

各地在推动商会调解与诉讼调解衔接机制工作上虽然取得了较大成效，但由于这项工作起步时间不长，社会认知度不高，加之各地商事调解组织多处于建立和完善的阶段，相关经验比较缺乏，存在一些制约因素，从覆盖面和机构运行等多个方面显得都很薄弱，还不够成熟。主要存在以下问题：。

1. 认识上存在偏差

目前，我国政策法规中主要是以司法调解、行政调解、人民调解为主体的调解格局，以商会调解为主的商事调解还没有完全成为一种独立的调解模式。企业经营者在遇到矛盾纠纷时，多倾向于通过人民法院走诉讼解决的惯性思维，对商会调解的独特优势、作用发挥、调解公信力等还存在模糊认识，较少向商会寻求帮助。另外，我国商会建设还在发展之中，部分商会组织将注意力放在规范行业秩序、对行业发展提供业务指导上，对涉及会员企业的商事纠纷，感到参与调解不是本职工作、与已无关，积极性、主动性不高，特别是受到传统的权威依赖思想的影响，寄希望于政府的政策推动，而对自身在解放思想、先行先试、大胆实践、发挥能动作用方面底气不够、信心不足。

2. 发展不够均衡

主要体现在内在推动力上。人民法院在构建多元矛盾纠纷解决机制的大前提下，注重非诉讼方式解决矛盾纠纷，对商会调解与诉讼调解衔接机制也较为重视，工作较为主动，执行力较强，工作落实整体相对较好。同时，我们也感到各地工商联在商会调解和衔接机制建设方面做了大量的工作，但从全局来看工商联内部有关推动商会调解和诉讼调解衔接机制建设还较为欠缺，从商会调解机构设立、调解员选备到资金保障等方面都还有很多工作要做，客观上限制了工商联作用的发挥。另外，从现有的实践来看，在地域之间、行业之间也存在发展不均衡的问题。

3. 法律规定不够完善

在现行法律法规中，对司法调解、行政调解以及人民调解均有规定，对商会参与调解职责，商会调解组织的设立、效力等缺乏规范，在中央的一些文件中也只是提到积极鼓励其他社会组织参与调解，且仅仅落实在政策层面，比较零散，可操作性较差。在实践中，各省市也出台了一些制度规定，但普遍过于原则，法律位阶不高，约束力有限，在商会调解与诉讼调解衔接的具体内容、对接方式、操作程序、组织结构、相互关系方面等方面需要进一步细化完善。

4. 运行机制不够顺畅

商会调解为非公有制经济健康发展提供了一种新的纠纷解决平台，建设好、使用好这一平台需要人民法院、工商联、商会等社会力量的共同参与，对现有资源进行有效整合，使其能够发挥应有作用。但从已经建立商会调解组织的省市来看，部分单位在商会调解自身的推广运行以及与法院相互联系上还停留在制度层面，会员企业、商会、工商联以及法院之间缺少有效的沟通，商会调解与诉讼调解对接的流程还不够成熟，受到领导更换、任务转换等因素的影响，衔接机制还不够顺畅，没有形成长效机制，案件信息的传递、调解的启动以及问题的解决还缺少实践的检验。

5. 理论研究还不够深入

当前，我国商会建设尚处于数量规模、会员覆盖面的基础发展阶段，对商会建设的基础研究已经展开但还不够完善，对什么是中国特色商会组织、怎样建设中国特色商会组织这一重大问题还没有形成系统性的深层次研究成果，特别是对商会调解的研究尚处于起步阶段，对商会调解的基本理论、制约因素、存在问题、未来发展等缺少有针对性的分析论证，不能及时回答和指导实践中遇到的一些问题，影响了商会调解的实践工作。

6. 作用发挥有待提高

总体而言，尽管商会调解工作取得了一定成果，但作用发挥还不够明显，权威性不足，没有形成足够的社会影响力。除了对商会调解认识不足等原因外，一些地方对商会调解宣传引导不够，满足于机构成立了，具体开展工作还不够积极，案源较少，社会影响面小。另外，调解员队伍的素质参差不齐，有的调解员法律素养、行业知识以及调解技巧还比较欠缺，有的地方调解员综合素质较高，个人影响力甚至要高于商会调解组织的影响力。由于没有明确的法律定位，商会调解组织没有合法的经费保障，一些地方只能纳入人民调解，由司法行政部门和工商联共同承担有限的调解经费，限制了商会调解作用的发挥。

三、认识建议

（一）基本认识

商会调解是商会作为社会共同体的一种内部自治形式，也是多元矛盾纠纷解决的方式之一。通过商会调解达成协议，经双方当事人签字或者盖章后，协议具有民事合同性质，如果经过人民法院司法确认，符合强制执行条件的，可以依法强制执行。随着我国向工业国迈进，市场体系将更加完善，商事活动必将在社会经济活动中占据重要位置，如何面对和解决随之激增的商事纠纷将是必须思考的问题。

从国外来看，包括商会调解在内的非诉讼纠纷解决方式已经成为国际通行做法，代表着世界纠纷解决的潮流趋势。受到高额的诉讼费和冗长繁琐的诉讼程序的影响，西方国家一直在寻找一种低成本、高效率的纠纷解决机制，于是非诉讼纠纷解决机制（又称 ADR，替代性纠纷解决机制）在欧美、日本等国家得到广泛重视和发展。

同样，商会调解在我国也有着深厚的文化积淀和丰富的历史实践。从以和为贵的道德理念，到公同议罚、同业公议在内的民间调处息诉传统，商会调解所倡导的平和解决纠纷的理念一直为民间重视。随着清末近代商事纠纷处理机制的建立，清政府、北洋政府、民国政府均通过颁布章程，赋予商会裁断商事纠纷的法定职能。新中国成立后，国家先后成立对外贸易仲裁委员会以及海事仲裁委员会，解决国际贸易中的商事纠纷。目前，中国贸易促进委员会（国际商会）调解中心商事调解发展相对完善，覆盖面也比较广，在国内外形成了一定的社会影响力，而面向国内的商会组织在商会调解实践上发展比较弱。

当前，积极推进商会调解，完善商会调解与诉讼调解衔接机制有着极其重要的现实意义。

1. 构建和谐社会的需要

社会和谐是中国特色社会主义本质属性。企业是当今社会的重要细胞，其和谐稳定关乎地方的和谐稳定，是预防和解决矛盾纠纷的前沿关口。商会大多活跃在县域，直接在基层与会员企业提供服务，通过商会调解对矛盾纠纷的柔性解决，做到一般矛盾不出商会，把大量的矛盾纠纷解决在基层，解决在民间，消除在萌芽状态，构筑了非公有制经济领域维护社会和谐稳定的第一道防线。例如，福建省莆田市秀屿区人民法院与莆田北京商会针对受理案件涉及在京从业人员增多、距离远、诉讼成本高、影响诉讼效率、执行难等特点，联手在北京成立调解衔接工作站，通过委托商会工作站代为收案、远程立案、视频调解，及时进行司法确认，在维护稳定、促进和谐上创造了良好的社会效益。例如，河南省工商联豫东商会一家会员企业与另一家私人企业因租房用途发生矛盾，几近达到械斗的局面。经商会出面调解后，矛盾双方很快和解，双方重归于好，另一方还成为商会的新会员。

2. 社会管理创新的需要

加强和创新社会管理，需要人民团体、社会组织积极参与社会管理和公共服务，工商联作为人民团体和商会组织，承担着协助政府服务管理非公有制经济的重要职能，在指导商会建设方面担负着重要职责。近期，中央社会管理综合治理委员会成立了以中央统战部牵头，包括全国工商联在内的9个成员单位参加的非公有制经济组织服务管理工作小组，将极大推动非公有制领域的社会管理创新。商会调解与诉讼调解衔接机制就是充分发挥商会组织在非公有制经济领域独特职能和人民法院作为解决纠纷专门机关的双边优势，推动公力救济、自力救济、社会救济的有效融合，通过借助行业内在约束力与法律强制力，积极推动非公有制领域矛盾纠纷解决的有效解决。

3. 商会建设发展的需要

当前，各类同业公会、商会作为工商联的基层组织，从数量上已经从1991年的338个增长到2011年的41551个；从形态上，已经从最初的同业公会、行业商会发展到包含行业商会、乡镇商会、异地商会、街道商会、市场商会、园区商会、社区商会、楼宇商会、村商会等众多类型在内的商会组织；从覆盖面上，目前全国范围内乡镇商会、街道商会覆盖率分别达到51.4%和61.5%，完成法人登记的行业商会所占比例达到43.7%。随着改革的不断深入，在国家鼓励企业转型升级、实施“走出去”战略的大背景下，商会作为社会团体将面临更加难得的发展机遇，商会调解将是商会建设发展跃升、增强凝聚力的重要着力点。例如，福建省泉州市，漳州龙文一钟表企业向商会投诉芗城一钟表企业模仿其产品的外观设计，并准备诉诸法律。钟表同业公会通过“钟表专利情报检索及分析平台”检索后，认为产品的相似性达到70%以上。经过调解，侵权方认识到了错误，并达成了龙文企业收购侵权产品、一次付清全款的调解协议。钟表业同行公会为此制定统一的《知识产权自律机制公约》，明确侵权行为的处理措施，减少了该类纠纷的发生率。

4. 落实中央16号文件、推进工商联工作的需要

中央16号文件的颁布实施，是党中央站在新的历史起点上，对工商联工作的战略举措和全面部署。文件对工商联在指导行业协会商会发展改革上赋予了重要任务。但对具体如何推动商会建设，需要工商联工作者发挥主观能动性，本着推动非公有制经济健康发展和非公有制经济人士健康成长的前提大胆实践、勇于探索。商会调解是解决非公有制领域矛盾纠纷的一种有益尝试，体现了工商联指导商会建设、服务非公有制经济的职能，既维护了企业的健康发展，又促进了社

会的和谐稳定。

5. 促进非公有制经济健康发展的需要

目前，国际金融危机影响仍未结束，欧债危机呈扩散蔓延之势，世界经济复苏的不确定性、不稳定性进一步增大，非公有制经济面临海外抄底投资的难得机遇。同时，国内经济运行也出现一些新情况新问题，在“两高两难”（生产经营成本高、税费过高，融资难、招工难）等因素的影响下，以中小企业为主体的非公有制经济面临着很大的发展困境。以厦门市为例，随着国家宏观政策调整，民间融资渠道抬头，当地民间借贷案件大幅上升，在2011年的第一季度，借款合同纠纷一审收案共36件，较2010年同期（8件）增长350%，其中民间借贷纠纷24件，较2010年同期（5件）增长380%。抓住机遇、应对危机、摆脱困境，除了利用好中央的扶持政策外，要更加重视商会熟悉行业、贴近企业的优势，引导企业加强创新、苦练内功、转型升级，同时积极学习借鉴国际上商会调解的有益做法，降低投资风险，在推进民营企业“走出去”中发挥助力作用。对于非公有制经济领域的矛盾纠纷，必须着眼企业经营管理的特殊性，对纠纷做到早发现、早化解，防止影响企业的正常运营。通过商会调解，还能够对纠纷类型、原因、规模等进行梳理分析，及时了解企业经营管理、风险控制、交易规范、资金往来、产权保护等方面的问题，为指导企业加强风险管理、预防减少纠纷提供帮助，促进非公有制经济的健康发展。

（二）工作建议

总的来看，我国商会调解仍处于起步发展阶段，商会调解与诉讼调解衔接机制还有大量工作需要进一步去完成，需要将自上而下的政策推动与自下而上的探索实践相结合，积极借鉴国内外商会调解经验，特别是充分吸收各地的有益做法，坚持边实践边发展、边发展边规范，积极推动商会调解与诉讼调解相衔接机制不断发展完善。

1. 提高思想认识

要加强宣传教育，在培育商会文化的同时，积极普及运用调解解决纠纷的价值理念，使各级充分认识商会调解的独特优势，充分认识商会调解对促进非公有制健康发展、维护社会和谐稳定不可替代的作用，增强推动商会调解工作、完善诉调对接的责任感和使命感。特别是注重发挥广播、电视、报刊等新闻媒体作用，宣传介绍商会调解的成功案例和成果，将商会调解作为品牌推广出去，使企业及时了解商会调解、能够接近商会调解、积极运用商会调解，着力转变纠纷就要打官司的传统观念。要鼓励各地在实践中解放思想，积极先行先试，对没有法律规定的，只要不违反国家强制性规定，符合国家调整改革方向，可以先有实践、再有文件，通过主动作为，用既有发展成果赢得中央支持。

2. 完善基础平台

一是支持工商联或商会成立商会调解机构。商会调解的发展是商会调解与诉讼调解衔接机制完善的基础，工商联和人民法院可以进一步加强联系，通过独立、合作、派驻等方式，设立商会调解的工作机构，制定相关调解规则，对调解组织和程序进行规范，建立考核评价标准。二是扎实积淀调解员资源。商会调解的影响力取决于调解员能力水平的高低，要在人员选调上把好关，明确调解员的选配标准、使用调整程序，特别是把握好法律专家与行业专家、企业家的人员组成结构，对成绩突出的调解员和商会调解组织建立奖励机制，由最高人民法院和全国工商联联合进行表彰。三是积极开展组织培训。工商联积极发挥人民法院的业务指导作用，通过上岗培训、合作办班、定期交流、个案指导等形式，帮助调解员提高法律水平、行业知识，掌握调解技巧。

3. 加强衔接配合

推进商会调解与诉讼调解衔接机制，要在加强商会调解的同时，注重从职能机构、程序制度、效力确认、信息沟通等方面加强对接：一是职能对接。要积极发挥各级法院和工商联组织的主导作用，明确各自负责衔接机制的职能部门或成立相应的领导机构，将工作任务分解到人头、落实到部门。二是效力对接。商会积极促成当事人达成调解协议，督促调解协议的实际履行，法院对双方当事人申请司法确认的调解协议，及时进行审查，依法确认效力，切实维护商会调解组织的权威性和公信力。三是程序对接。进一步完善对接的流程，针对不同衔接模式，出台具体的操作规程，包括事项委托、案卷移交、情况反馈等，实现诉前、诉中以及判后的无缝衔接。四是信息对接。建立健全联席会议、相互走访、联合调研等制度，实现信息互通、工作互动、优势互补，完善专门联系人制度，加深信任和理解，加强双方的工作互动和配合，坚持日常信息交换，人民法院向商会提供新出台的有关企业经营与治理的法律法规及司法解释，商会则向法院提供最新经济发展动态及上级有关部门对经济发展的要求。

4. 加大综合指导

工商联会同司法机关、科研院所加强对商会调解的理论研究，及时掌握非公有制经济案件的新情况新特点，坚持动态发展、开放兼容，既要保持本色，又要解放思想、大胆创新，积极推动中国特色商会组织和多元矛盾纠纷解决机制的不断完善。借助民事诉讼法修改等机会，力争出台指导文件，进一步明确商会参与调解的职责，以及商会调解的法律地位，对商会调解进行详细规范，推行在诉讼活动中商事纠纷的先行调解程序，将其纳入大调解机制的范围之内。要针对商事活动和商事纠纷的特殊性，把握商会调解与人民调解的内在属性的异同，积极支持商会在调解上的收费自主权，尝试推行商会调解组织的适当收费制度，增强内生机制，调动商会调解的积极性。要及时总结商会调解的经验成果，选取不同模式的典型，在全国范围内进行推广普及，搞好跟踪指导，推动商会调解整体发展。

第五部分　省级工商联工作

北京市工商业联合会工作综述

2011 年是围绕科学发展主题和加快转变经济发展方式主线，实现“十二五”良好开局之年，也是学习贯彻落实中央 16 号文件和市委 17 号文件精神，工商联工作取得显著成效的一年。一年来，全市工商联组织在市委、市政府领导下，紧紧围绕建设“人文北京、科技北京、绿色北京”和中国特色世界城市战略目标，以服务中小企业科学发展、加强基层组织建设、提高机关干部能力为着力点，创新服务机制，打造工作品牌，有力促进了首都非公有制经济健康发展和非公有制经济人士健康成长，全面提升了工商联的凝聚力、影响力、执行力。

一、以贯彻中央 16 号文件和市委 17 号文件精神为重点，不断拓展工作思路

坚持把贯彻落实中央 16 号文件和市委 17 号文件精神作为首要工作任务，认真谋划，积极作为。及时召开主席办公会、全体主席会、常委会、执委会，传达学习“两个文件”精神。举办学习班、研讨班、座谈会、知识竞赛、征文评选等，深化对工商联性质、基本特征、工作对象、指导思想、主要任务和职能作用等一系列重大问题的学习认识。在全国率先召开全市加强和改进工商联工作会议，极大地提升了工商联在中心工作中的地位和影响，形成了各级党委、政府支持工商联发挥作用，重视非公有制经济健康发展和非公有制经济人士健康成长的良好局面。

为深入贯彻落实中央 16 号文件和市委 17 号文件精神，市工商联结合自身工作实际和非公有制经济发展特点，着眼北京市“十二五”规划的目标任务，研究制定了贯彻落实“两个文件”的工作实施方案（以下简称《实施方案》），提出要着力打造创新驱动、产业升级、融资服务、品牌培育、开放合作、人才培养、光彩惠民、劳资和谐、文明创建、队伍建设等十大工程。并建立完善了适合工商联自身特点的工作指导、工作协调、责任教育、参政议政、商会运行等五项长效工作机制。《实施方案》的有关做法被《中办专报》作为工作经验交流编发。

二、以创新教育载体为抓手，不断强化非公有制经济人士思想政治工作

坚持把非公有制经济人士思想政治工作贯穿工商联工作和各项活动的始终，以纪念建党 90 周年和市工商联成立 60 周年为契机，举行纪念市工商联成立 60 周年大会和纪念建党 90 周年暨市工商联成立 60 周年书画笔会，编写市工商联简史，印制庆祝市工商联成立 60 周年书画精品集，出版《工商界》庆祝市工商联成立 60 周年专刊，在《中华工商时报》、《北京日报》分别刊发纪念专版，详实阐述市工商联成立 60 年 60 件历史事件，宣传工商联和非公有制经济人士为首都经济社会发展所作的贡献。

注重在社会实践活动中加强对非公有制经济人士的教育引导，使其自觉践行社会主义核心价值体系。实施了光彩惠民、文明创建、劳资和谐等工程。光彩惠民工程，重点开展“圣火光彩惠农养蜂项目”试点，援建井冈山市北京朝阳光彩小学，启动千亩“木业商会光彩林”，发起建立“北京市伤残民警帮扶基金”等，组织广大非公有制经济人士开展回报社会、感恩行动；启动“同心·新农村示范工程”，筹集1100万元帮扶资金，支持怀柔区喇叭沟门满族乡帽山村和密云县不老屯镇史庄子村整体搬迁配套工程建设。截至2011年11月，累计完成项目30个，共计投入资金（含计划投入）77625.3万元，帮扶农户3282户，安排就业6107人。文明创建工程，召开“文明创建工程”座谈会，与首都文明办、市商务委、市工商局联合开展首都非公有制经济领域“文明企业，共铸诚信”主题教育活动，各区县工商联和直属行业商会采取多种形式开展主题教育活动。经过不懈努力，市工商联加入市协调劳动关系三方会议，搭建了政府、企业、员工和谐劳动关系平台；与人力社保局、市总工会、市企业联合会共同组成“市协调劳动关系指导委员会”；我会主办的北京民营企业合法权益维护中心被认定为3A级社会组织；起草制定了法制宣传教育五年规划。组织开展民营企业招聘周活动，100余家民营企业参加招聘会。

三、以服务转变经济发展方式为主线，不断推动非公有制经济科学发展

围绕首都工作大局，服务和促进中小企业健康发展，深入开展调研，努力为市委、市政府科学决策提供依据和参考。一年来，配合全国工商联开展了中小企业综合性调研，围绕构建和谐劳动关系开展专题调研，与市科委联合开展科技型中小企业创新发展环境专题调研等，取得丰硕调研成果。

创新服务载体，打造品牌工程，努力推动非公有制企业转变经济发展方式。在实施的“十大品牌”工程中，其中六个工程是服务非公有制企业科学发展的工程，创新驱动工程，完成《科技型中小企业创新政策环境调研及优化对策研究》课题的立项申报。在深入调研的基础上，形成了《关于在创新驱动中最大限度激发中小型科技企业创新活力的建议案》。产业升级工程，与市发改委、经信委、科委、农委等部门联合启动了转变经济发展方式“十佳标兵”会员企业评选活动，近期拟对20家符合在转变经济发展方式、开展技术创新等方面取得突出业绩的企业进行联合表彰。撰写上报中央统战部的6个转变经济发展方式典型案例，有4个被评选为全国第一。融资服务工程，与市金融局合作举办政银企沟通交流专题会暨金融助推首都中小企业发展专题会，举办“首都非公有制经济服务周”活动，市、区县工商联和直属商会先后举办50多次银企对接会，为中小企业融资搭建平台、拓宽渠道。据不完全统计，截至2011年11月底，为中小企业融资及授信额度43亿元。品牌培育工程，率先在市工商联美容美发化妆品商会启动“打造知名品牌、促进行业升级”品牌建设活动。开放合作工程，召开外埠在京企业商会座谈会，搭建平台推动商会间的经贸交流与合作。组织非公有制企业参加“中国—亚欧博览会暨光彩事业新疆行”、齐鲁行暨环渤海民营经济经贸洽谈会、光彩事业荆门行等活动。在举办“中国—东盟北京经济论坛”工作中，市工商联作为主要承办单位之一，积极筹划、认真组织，工作精益求精，会务组织服务工作受到市领导的高度评价。此外，还组团到澳门、香港进行项目对接洽谈，赴国外进行商务考察，接待多个境外代表团来访，扩大了我会及首都非公有制企业国际影响。人才培养工程，举办系列的执常委讲座，举行“育林计划”走进北京中小企业—精确化管理专题讲座、“梅耶中国行”世界情商大师大型演讲会、国内当前经济形势分析与企业对策研究专题报告会，5000余人次参加了培训，有效提升了企业综合素质。随着“十大工程”的推进和实施，工商联工作得到市委、市政府有关部门的重视和企业的认可。

四、以夯实基础为根本，不断加强基层组织建设

区县工商联换届工作，坚持以中办发〔2011〕17号和京办发〔2011〕23号文件精神为指导，以选好配强区县工商联主席和党组书记，优化领导班子结构，健全组织机构为重点，广泛开展思想宣传，及时上下沟通，严格工作程序，截至10月28日，全市16个区县工商联的换届工作全部结束。

为加强商会建设，广泛开展调研活动，形成《夯实基础、开拓创新、培育建立中国特色商会组织》、《市工商联社会组织开展党建工作情况》等调研报告。制定建立了《直属行业商会联系人制度》、《关于直属行业商会履行报批程序规定》等日常指导监督和综合评价考核机制。同时，组织直属行业商会积极参与购买政府社会服务项目。

为进一步加强市工商联社会组织党建工作，成立了社会组织党建工作委员会，设立了党建工作委员会办公室，组织召开社会组织党建工作委员会成立大会，向第一批成立的市工商联社会组织党建工作小组授牌。此外，市工商联还配合市委统战部完成了首都新阶层联谊会和市光彩事业促进会的换届工作。

五、以提高能力为目标，不断加强干部队伍建设

按照建设一支政治强、业务精、作风正的干部队伍要求，以提高机关干部的政治把握能力、调查研究能力、群众工作能力和落实推进能力为目标，以队伍建设工程为载体，抓学习培训、重实践锻炼。

注重在工作实践中培养锻炼干部，通过开展调研、办文办会办事、抓典型宣传、推动“十大工程”建设等重点工作，使干部树立了大局意识，提高了组织协调能力，学会了统筹兼顾的科学方法。组织机关干部深入会员企业了解企业发展情况，掌握经济运行规律，学习经济知识。在市委组织部开展的组织工作满意度调查中，市工商联在全市226个党政机关和企事业单位排名由2009年的第206名、2010年的第152名，2011年跨跃为全市第38名，在全市102个党政机关单位中排名第19位。

天津市工商业联合会工作综述

2011年是“十二五”开局之年，也是天津市工商业联合会深入贯彻落实中央16号文件，加强和改进工商联工作取得丰硕成果的一年。一年来，天津市各级工商联组织全面贯彻落实中央16号文件和天津市委6号文件精神，把中央和天津市委的文件精神贯穿于各项工作当中，积极作为，奋发有为，为确保实现“两个健康”积累了新经验，凝聚力、影响力、执行力有了新提升，天津市工商联整体工作呈现出新面貌。

一、深入学习贯彻中央16号和天津市委6号文件精神，切实加强和改进工商联工作

2011年4月，天津市委、市政府出台了关于贯彻落实中央16号文件的实施意见（天津市委6号文件）。6月，召开了天津市加强和改进新形势下工商联工作会议，中央政治局委员、天津市委书记张高丽做了重要讲话，全国工商联党组书记、第一副主席全哲洙专程来津出席会议并讲话。会议后，天津市委进一步加强了对工商联工作的领导、市政府明确了联系工商联的领导同志并增加了工商联办公经费。天津市工商联把学习宣传和深入贯彻中央、天津市委文件精神，全面落实我市加强和改进工商联工作会议要求作为一项重要政治任务，贯穿于全年各项工作当中。在天津市委6号文件起草调研期间，多次组织召开非公有制经济代表人士、区县工商联主席和党组书记座谈会，广泛征求意见。市委文件出台后，我们制定了工作分工方案，将任务分解落实到各部室。同时，通过举办研讨班、培训班、座谈会，组织工商联系统干部职工、广大非公有制经济人士，特别是各级工商联执常委，认真学习领会中央和市委文件精神。充分利用报刊、广播、电视、网络等多种媒体，集中宣传两个文件的重大意义和基本精神，充分展示天津市非公有制经济和非公有制经济人士为推动经济社会发展作出的突出贡献。

二、继续加强组织和会员队伍建设，进一步夯实工商联工作的组织基础

截至2011年年底，行业商会总数已达39家，拥有异地商会团体会员22家。组织的发展完善使会员队伍不断壮大，全天津市工商联会员总数达到20525个，2011年新增3061个。其中企业会员总数达到16332个，新增3019个。与此同时，编辑印发了《组织工作文集（第二辑）》，成功举办了加强商会建设研讨班，会同市民政局等部门出台了《天津市行业协会2011—2015年发展规划》，明确了工商联进入"天津市行业协会发展和改革工作联席会议制度"。在全国工商联商会建设工作会议上，市工商联《发挥优势，开拓创新，不断提高商会建设水平》和天津山西商会《以加强商会党建工作为抓手，促进会员企业科学发展》作为典型经验发言。在全国工商联编发的《商会建设调研典型案例汇编》一书中，收录了市工商联、商会组织经验报告15篇，占总篇数的17%。

三、不断提高调查研究的广度和理论研究的深度，为推动民营经济健康发展积极参政议政

承担并完成天津市委重点调研课题《加快我市民营经济发展的对策研究》，在天津市委《对策研究》第20期刊发。积极承担全国工商联重点调研课题，先后形成了《京津冀地区民营经济发展报告》、《天津民营企业家创业历程调研报告》、《县级工商联组织建设调研报告》、《2007—2010年会员队伍发展情况报告》、《2011年天津市中小企业调研报告》等多篇调查报告上报全国工商联及市有关部门。就天津市民营企业生存状况及部分行业发展情况深入调研，形成《我市民营经济发展调查报告》和水运、资源再利用、互联网等十个行业的发展报告，受到市领导的高度重视，黄兴国市长、杨栋梁常务副市长、崔津渡、王治平副市长等市领导都给予了重要批示。认真贯彻落实党的十七届六中全会精神，在天津市委统战部领导下，就如何促进天津市民营文化企业发展进行深入调研，形成的《关于我市民营文化企业情况的调研报告》上报天津市委，得到市领导和有关部门的重视。开展了市工商联系统优秀调研成果评选表彰活动，共有78篇调研成果受到表彰。完成全国工商联部署的对"民间投资36条"执行情况和"非公有制经济组织中优秀人才分析与研究"课题的调查工作。在做好调研的同时，还深入开展理论研究，先后撰写了《上下级工商联关系浅析》、《试论工商联在构建和谐劳动关系中的地位和作用》等报告，丰富了工商联工作的理论体系。2010年，天津市工商联有2篇调研报告在全国工商联优秀调研成果评比中分获一等奖和三等奖；有2篇文章在市政协专题调研和理论研究评选活动中分获调研成果和理论成果三等奖；有5篇文章在天津市统战理论研究优秀成果评选中分获一、二、三和优秀奖。

在深入调研的基础上，认真做好参政议政工作。一年来，天津市工商联围绕"十二五"发展规划、文化大发展大繁荣、科技"小巨人"计划、社会管理创新等重点、热点问题积极向天津市委、市政府建言献策。组织民营企业代表参加市人大召开的《天津市企业工资集体协商条例》实施情况座谈会，向市人大提交了《在民营企业中开展劳动合同法实施情况调研的报告》。在市政协十二届四次会议上，市工商联作了《大力实施科技"小巨人"计划，进一步增强民营经济发展活力》的大会发言，并提出了《关于有效解决我市民营企业招工难的建议》等3个团体提案，受到市政协领导的重视，一些建议已经转化为市有关部门的决策。

四、紧密围绕全国工商联和天津市工作大局，各项工作上了一个新台阶

市工商联以"机遇 挑战 使命——十二五时期民营企业转变发展方式的目标和路径"为主题，成功举办了第五届"民营经济发展·天津论坛"。全国政协副主席、全国工商联主席黄孟复，天津市委常委、副市长崔津渡出席论坛并作主旨讲演。按照天津市"调结构、增活力、上水平"活动的总体部署，市工商联认真完成中小企业项目三组的帮扶任务。共深入企业20家，了解梳理企业提出的困难30个，帮助解决28个。"2011天津市滨海高新区中小企业集合票据"获准发行，为5家科技"小巨人"企业成功在银行间债券市场直接募集资金1亿元。充分发挥市工商联与天津市委、市政府有关部门及司法机关合作工作机制的优势，在河东区成立了天津市首家工商联（商会）人民调解委员会，在天津宁波商会成立了首家异地商会人民调解委员会，填补了天津市人民调解工作在非公有制经济领域的空白。组建了“天津市外经贸企业对外发展促进会”，不断加快民营企业“走出去”的步伐。全年组织近千家企业在国内各地开展多种形式的经贸交流与合作。组织了10个代表团出访，接待了来自世界各地的考察团226人次，与日本四日市商工会议所结为友好商会，与澳大利亚、菲律宾、蒙古国等国家和地区的12家商会签署了合作备忘录。大力开展光彩事业，协助3家会员企业捐款78.1万元，支持体育、教育事业和新农村建设。向天津市对口支援地区青海黄南州民族中学捐款160万元援建天津光彩综合教学楼。市工商联捐款援建的陕西略阳县“嘉陵江天津光彩大桥”、徐家坪公路项目被评为全国“十一五”期间为全面建设小康社会作贡献社会服务优秀成果奖。编撰完成了《1994—2010天津市光彩事业发展报告》，总结了13项市工商联组织实施光彩事业的重大成果，宣传了74位光彩企业家的先进事迹。

五、全面推动天津市非公有制经济组织党建工作，为引导非公有制经济代表人士健康成长提供思想政治保障

经天津市委批准，中共天津市非公经济组织工作委员会于4月28日正式成立并在市工商联挂牌，开辟了非公有制经济组织党建工作新途径。工委成立后，组织召开了非公经济组织党建工作座谈会，举办了第二期非公经济组织党组织负责人培训班。新华社以《天津市河东区推动非公有制企业党建成效明显》为题，刊发了河东区积极探索非公有制企业党建新思路的主要情况，中组部部长、中央创先争优活动领导小组组长李源潮就此作出重要批示。

在做好各项工作的同时，市工商联始终坚持加强自身建设，一手抓学习教育，一手抓制度完善。在提高干部队伍素质的同时，注重总结工作、积累经验，完善各项规章制度，不断提升工商联机关的执行力和影响力。

河北省工商业联合会工作综述

2011年，河北省工商联在省委、省政府的领导和全国工商联、省委统战部的指导下，开拓进取、奋力而为，较好地完成了年初确定的各项工作任务，多项工作受到全国工商联和省委、省政府的肯定和表彰。

一、深入学习和贯彻落实中央、省委关于工商联工作的文件和会议精神，工商联组织建设和机关建设得到进一步加强

中央16号文件下发后，省工商联按照省委、省政府要求，与省委统战部共同起草河北省加强和改进工商联工作的《实施意见》征求意见稿。起草过程中，省工商联广泛征求各方面意见，反复与有关部门沟通协商，为省委、省政府《关于加强和改进新形势下工商联工作的实施意见》的出台作出了贡献。省委召开“全省加强和改进工商联工作会议”后，省工商联通过《河北日报》等媒体广泛宣传活动，营造了良好的舆论氛围。

省工商联以贯彻落实中央、省委关于工商联工作的文件和会议精神为契机，积极推进组织建设。开展了省工商联、省总商会领导联系县级工商联活动，会领导深入联系的县区，积极帮助协调解决存在的困难和问题。加强对市县工商联换届工作的指导，会领导深入市、县，与当地党政主要领导加强沟通，结合贯彻中央和省委文件，努力推动县级工商联领导进入副县级领导岗位。不断发展壮大会员队伍，全省新发展会员4000多个，会员总数达到14.3万个。

在省工商联机关继续深入开展“创先争优”和“六型”（学习型、服务型、创新型、开放型、务实型、效率型）机关建设活动，努力提升干部的“四个能力”，机关工作质量有了新提高。为配合“四个能力”提升，举办了全省工商联系统干部履职能力培训班。加大信息工作力度，共上报信息865条。省工商联被全国工商联评为2011年度信息工作先进集体。

二、继续深入开展“学新奥、比创新、促转型”活动，推动民营企业转变发展方式，增强创新能力

召开了全省“学新奥、比创新、促转型”活动现场经验交流会。开展对口帮扶，在全省筛选了1000家转型基础好、成长潜力大的民营企业作为重点联系对象，为其转型升级提供多元化服务。围绕重点产业、重点领域、重点学科、重大工程建设中遇到的技术性难题，积极组织对接服务，共促成34家民营企业与14所高校签约37项产学研合作项目。推动全省1000家企业成立了科研机构，开发新产品近7000多种，近200家企业完成阶段性转型升级。省工商联推荐的河北新华高压电器有限公司科技成果获全国工商联科技进步一等奖。

三、加强非公有制经济领域社团制度建设，积极开展管理工作

研究制定了《河北省非公有制经济领域社会团体建设与管理办法》和《河北省工商联直属非公有制经济领域社会团体管理办法》，为加强和改进非公领域社团建设与管理提供了制度保障。对已建商会开展了复查、整改，并开始审批设立新的社团组织。召开了“海内外异地河北商会恳谈会”，来自海内外和省内的37家商会代表参加了会议，会议决定成立海内外河北商会、同乡会联席会议，省工商联担任联席会议主席单位。

四、继续深入开展“听、帮、引、促”活动，推动非公有制经济健康发展和非公有制经济人士健康成长

省工商联连续第四年在全省工商联系统开展了“听、帮、引、促”（听取意见、帮助解难、引导方向、促进发展）活动，取得了新的成效。

在听取意见方面，通过走访、座谈、发放问卷等方式开展调研，听取意见，向党委、政府反映民营企业的呼声、诉求和困难，全年共撰写政协提案和调研报告20份。许多调研成果得到省领导肯定。《关于促进我省民营经济转型升级的建议》的提案得到时任省委书记张云川同志的批示。《关于当前我省中小企业发展情况的调研报告》得到省委书记张庆黎等省领导的批示，庆黎书记批示：“很好！有情况，有分析，有建议。在充分准备的基础上择机可召开座谈会或工作会。”2011年省工商联撰写的调研报告和提案得到6位省领导12次批示肯定，其中省委书记、省长共批示5次。《京津冀一体化过程中市场主体发展环境研究分析及对策建议》获全国工商联调研成果一等奖。

在帮助解难方面，一是大力开展银企对接活动。与省金融办、农信联社联合举办了“河北省农村合作金融机构股权合作洽谈会”，组织38家民营企业与35家农信联社就股权转让进行了对接洽谈；举办了“银企对接洽谈会”，协助金融机构与近50家中小企业进行了对接。二是组织民营企业参加经贸活动。组织企业家参加了“2011海内外知名企业家齐鲁行暨环渤海民营经济经贸洽谈会”、“感知河北·走进怀来”等招商引资活动。三是对全省400多名民营企业管理者进行了提升领导力、培养战略管理思维等方面的培训。同时，首次在新加坡举办了两期民营企业境外培训班，取得良好效果。四是搭建民营企业人才服务平台。与省人社厅等部门联合举办了“2011年民营企业招聘周活动”，提供空岗信息81143个，签订职业技能培训意向11433人，为缓解民营企业用工难发挥了积极作用。充分发挥省工商联人才交流中心作用，在为民营企业开展人才档案管理的基础上开展了职称评定工作。五是积极参与协调劳动关系三方会议，省工商联正式成为协调劳动关系三方会议副组长单位。

在引导方向方面，引导广大非公有制经济人士走中国特色社会主义道路，自觉履行社会责任。积极引导广大民营企业参与社会公益事业，共向贫困地区、老区和受灾地区捐助资金2.93亿元。开展“千家民企进老区帮万户光彩示范行动”，1420家企业帮扶群众2.3万人，招工2万多人，培训1.3万人，实施惠民项目1789个。开展了“自主创业·共创未来，大学生创业就业巡回宣讲活动”。与新奥慈善基金会合作开展农业技术巡回培训，培训农技人员640余名。

在促进发展方面，充分发挥工商联职能作用，积极搭建政策、融资、引智、招商、维权、外联、科技、培训等服务平台，帮助企业排忧解难。引导民营企业新吸纳就业人员53万多名，占全省的2/3左右。经过不懈努力，2011年，全省民营经济单位235.95万个，新增19.75万个；实现增加值15276.03亿元，增长24%，占全省GDP的63.1%；上缴税金1978.3亿元，占全省财政收入的65.5%。

五、加强和改进民营企业思想政治工作

在全省非公经济领域进一步开展了“创先争优”活动，努力抓好非公有制企业中党组织组建和党员发展工作，发挥党组织在企业发展中的积极作用，推动企业发展。继续以民营企业文化建设为重要抓手，推进民营企业思想政治工作，并召开了全省民营企业文化建设工作会议。在全省范围内开展了创建、树立和宣传社会主义核心价值体系先进典型活动，对评选出的50家先进典型企业，在媒体上进行了广泛宣传。为庆祝建党90周年，与省文化厅等单位联合举办了“河北省民营企业庆祝建党九十周年文艺晚会”；召开了民营企业家庆祝建党九十周年座谈会。通过活动激发了民营企业家爱党、爱国的热情，更加坚定了他们走中国特色社会主义道路的信念。

六、对外交往工作取得新进展

坚持对外联络、对外合作、对外宣传、境外培训和外事服务齐抓，积极推动对外交往。一是积极开展了与国（境）外商会的交流，先后与澳大利亚等9个国家和地区的15家商会组织建立了工作联系。二是推动了民营企业对外经贸交流。组织5批民营企业经贸代表团出访8个国家和地区，就合作项目进行了对接洽谈。组织民营企业家参加了在新加坡召开的第11届世界华商大会和新加坡第13届中小型企业大会。三是加强了区域和国际间的合作。联合省商务厅等部门分别与香港特区政府投资推广署、新加坡经济发展局共同举办了“立足香港、走向国际”、“新加坡投资上市”和“2011企业走出去海外推介会”等活动。

山西省工商业联合会工作综述

2011年，在省委、省政府的正确领导下，在全国工商联和省委统战部的有力指导下，山西省工商联坚持以中国特色社会主义理论体系为指导，认真贯彻全省领导干部大会、全省民营经济转型跨越发展大会和中央16号文件精神，紧紧围绕全省转型跨越发展战略部署，解放思想，锐意创新，加强服务，狠抓落实，奋力推动民营经济转型跨越发展，努力推进工商联自身建设，全省民营经济转型跨越发展迈出了坚实步伐，工商联事业发展取得了新进展，围绕中心、服务大局作出了新贡献。

一、认真贯彻落实中央16号文件精神

中央16号文件是指导新形势下工商联工作、推动工商联事业大发展的纲领性文件。一年来，围绕贯彻落实文件精神，全面推进工商联事业向前发展。

1. 抓住历史机遇，推动文件精神贯彻落实

以调查研究为先导，深入11个市60余个县（区）调研，听取基层的意见，向省委提出了贯彻中央文件精神的建议报告。省委常委会专门听取了工商联的汇报，省委书记袁纯清、省长王君等领导充分肯定了工商联提出的意见和建议省委常委会对贯彻落实中央文件精神做出了安排部署，出台了《中共山西省委、省政府关于加强和改进新形势下工商联工作的实施意见》；召开了全省加强和改进新形势下工商联工作会议。会上

省委副书记金道铭出席会议并作重要讲话，省委常委、常务副省长李小鹏出席会议，省委常委、统战部长聂春玉主持会议并作总结讲话，会议全面部署了加强和改进全省新形势下工商联工作的任务。省直19个部门的负责人，各市委分管领导、统战部部长，联系工商联的副市长，市工商联主席、党组书记，县（市、区）统战部长、工商联主席或党组书记300余人参加了会议。省委组织部等11个省直部门就如何贯彻落实文件精神作了发言。各市县工商联紧紧抓住这一大好时机，主动向当地党委、政府汇报工作，积极争取支持，与有关部门建立合作机制，形成工作合力，一些长期以来制约工商联工作的体制性难题得到破解。

2. 举办市县工商联会务干部培训班，用文件精神统一工商联干部的思想认识

5月在中央社会主义学院举办了全省市县工商联负责人培训班，省、市、县三级工商联主席、党组书记共113人参加了培训学习。省委常委、统战部部长聂春玉出席开班仪式、并作了重要讲话，全国工商联党组副书记、副主席宋北杉为培训班作了中央16号文件精神解读报告。参加培训的人员还参观了全国工商联直属商会，并在培训结束后分两路到浙江、重庆等先进省市工商联和非公有制企业学习考察。

3. 深入基层宣讲文件精神，指导市县工商联换届工作

2011年是市县工商联换届年，根据省委的统一安排部署，要求市县工商联在年底前完成换届工作。省工商联把此项工作作为贯彻中央和省委、省政府文件精神的重要举措，在深入基层调研中宣讲中央16号文件和省委、省政府17号文件精神，提出希望和要求。全省10个市和107个县（市、区）应换届，到年底共有5个市和60余个县工商联完成换届任务。

4. 落实中央对工商联商会工作的要求，实现商会建设新突破

按照中央16号文件要求，省工商联已获准担任商会业务主管单位，这标志着省工商联在商会建设工作中实现了新突破。在深入基层调研指导商会工作，总结29个商会工作经验和做法，组织省直商会观摩学习活动的基础上，12月9日，召开了全省工商联商会建设工作会议，安排部署全省工商联商会建设工作，会议对先进商会和工商联商会工作先进组织进行了表彰，有效地推动了工商联商会建设工作。截至12月底，全省工商联会员总数达到87319个，基层组织（包括异地商会）643个，行业商会387个。

二、全力推动全省民营经济转型跨越发展

民营经济在全省转型跨越发展中发挥着重要作用。引导和服务全省民营经济健康发展，是省委省政府赋予工商联的主要任务。2011年，山西省工商联充分发挥优势，通过调研考察、政策引导、项目服务、专题培训、反映意见建议等形式，有力地推动了全省民营经济转型跨越发展。

1. 开展大培训活动，解读政策措施，坚定转型跨越发展信心

举办了全省非公有制经济人士“十二五”规划暨国家资源型经济转型综改试验区学习班、省十次党代会精神培训班、优秀青年非公有制经济代表人士培训班等6个培训班，编印“十二五”规划等学习材料2000余份。组织参加培训的160多位优秀青年创业者和民营企业二代接班人分三批到深圳、温州、杭州等地知名民营企业学习，到香港、澳门参观考察。7月份召开了全省民营企业转型跨越发展一周年座谈会，表彰了15家先进企业。通过培训和表彰等活动有效地提高了企业家理解执行党和国家方针政策的能力，进一步解放了思想、转变了观念、坚定了转型跨越发展信心。培训活动取得显著效果，山西日报在头版对培训活动进行了报道，受到省委常委、统战部部长聂春玉的充分肯定和好评。

2. 开展“联百企走千户”大调研活动，积极建言献策，创优发展环境

全省民营经济转型跨越发展大会以来，省工商联主要领导带领机关干部先后走访了近千家在转型跨越发展中先行的民营企业，重点联系了受省委、省政府表彰的100户优秀民营企业。宣传省委、省政府的决策部署，了解掌握企业情况，考察非公经济代表人士。重点组织了全省中小企业和民营经济发展状况综合调研、上规模民营企业调研、工商联商会建设调研、民营企业构建和谐劳动关系调研、转型综改区建设与民营经济发展调研等专题调研活动，在深入调研基础上形成

了一批调研报告，并得到中央统战部、全国工商联、省委、省政府和有关部门的好评。其中《加强非公有制经济代表人士队伍建设调研报告》获2011年全国工商联系统优秀调研成果二等奖，上规模民营企业调研工作获全国工商联二等奖。在省政协十届四次会议上，报送团体提案7件，在全会上作了《落实政策、创优环境，鼓励引导民间投资支撑全省转型跨越发展》和《加大现代化煤炭专业人才培养力度，为煤炭企业转型跨越提供人才支撑》的大会发言，在省政协十届二十次常委会上又作了《抓住先行先试机遇，推动民营企业转型跨越发展》大会发言，在全省统一战线服务转型跨越发展专题调研汇报会上作了《在综改区建设中促进民营经济转型跨越发展的建议》的发言。

3. 开展大招商活动，走出去、引进来，拓展了经济服务平台

以第六届中博会在山西省召开为契机，举全会之力为民营企业招商引资、推介项目。先后赴湖北、江西等5省（市）推介了“中博会”的招商项目，发送“中博会”邀请函600多份，组织国内外21个代表团共250多位民营企业负责人参加了“中博会”，实现签约资金200多亿元的工作目标。多方向拓展联络工作，与24个异地晋商会和境外12个商会组织建立了联系，带领企业家走出去，参加了第11届世界华商大会、“环洽会”、“齐鲁行”等经贸活动，帮助民营企业“走出去、引进来”投资融资、合作发展呈现良好趋势。截至11月底，全省民间投资达到2761.2亿元，同比增长48.1%。

三、树立和宣传非公经济先进典型，开展思想政治工作“同心”品牌工程

1. 认真组织树立和宣传先进典型活动，促进了非公经济领域思想政治工作

根据全国工商联安排部署，成立树宣工作领导组，下发了通知。在各市推荐的基础上，一是整理上报了49家先进企业的典型材料，七家企业被全国工商联确定为首批重点宣传的先进典型，8月18日的《中华工商时报》对他们的事迹进行了集中刊登，山西电视台、山西日报等多家媒体也对这些典型企业进行了宣传报道；二是组织优秀企业家到山西科技大学作创业报告，扩大企业影响，增进企业家与大学生的交流；三是在“第六届中博会”期间，组织12家民营企业和6家异地商会在山西日报“中博会山西对外宣传专版”进行了集中宣传，向国内外来宾展示了新晋商的新形象。全年在中央和省级各类媒体发稿200余篇，宣传报道了100多家优秀民营企业，营造了全社会理解支持非公经济发展的良好氛围，有力地促进了非公经济领域思想政治工作。

2. 深入开展“同心”品牌工程，引深“感恩行动”

全省统一战线实施“同心”品牌工程动员大会后，采取多种形式，通过有效载体引导教育非公经济人士思想上与党同心同德、目标上与党同心同向、行动上与党同心同行。启动实施了同心·新晋商科普惠“三老”活动，动员19家民营企业捐赠1100万元和价值100万元的药品，为全省1.4万余名在乡的老红军、老八路、新中国成立前老党员提供科普惠农绿色通道十项优惠服务，帮助实现每户每年增收3000余元的目标。组成以山西农业大学1095名师生志愿者为主体的18支社会实践队，对武乡等18个县区“三老”人员帮扶。同时以工商联界别政协委员开展的“三送一帮扶”活动为载体，组织全省470家民营企业为7583名贫困学生捐助2181.35万元，帮助其完成学业。启动“红丝带”健康包活动，为外来务工人员免费发放健康包2000个。山西省开展的“同心”品牌工程，受到中央统战部的表扬，在中央统战部感恩行动研讨会上作了典型发言。

3. 发挥在构建和谐劳动关系中的积极作用，促进了民营企业劳动关系的和谐

组织开展了“民营企业招聘周”、“大学生就业见习”、民营企业“关爱员工、实现双赢”、民营企业劳资关系调研等活动。在民营企业招聘周期间，全省4103家民营企业提供就业岗位8.2万个，92家民营企业提供高校毕业生就业见习岗位6492个，活动取得圆满成功。4家会员企业被评为“全国就业与社会保障先进民营企业”。袁玉珠、薛靛民、李安平被评为“全国关爱员工优秀民营企业家”。与省总工会共同对“关爱员工、实现双赢”活动涌现出来的优秀企业家、优秀员工、优秀企业、先进单位进行了表彰，这些活动引导和促进了会员企业劳动关系的和谐。

四、创建文明和谐单位

2011年，省工商联机关围绕建设“学习型、业务型”机关的目标，积极创建文明和谐单位。不断加强领导班子建设和机关思想建设、业务建设、作风建设，狠抓干部队伍素质提升，取得良好效果，连续五年被省直工委评为“文明和谐单位”。

1. 固本强基加强领导班子建设

担任副主席、副会长和常委的企业家，践行“同心”思想，在转变发展方式上，在学习培训、社会公益和会务工作中发挥了带头示范作用。驻会领导改进工作作风，坚定不移执行省委、省政府的部署，围绕中心，服务大局，开拓创新，求真务实，深入市县工商联和会员企业了解掌握情况，调研指导工作，想方设法为会员解决问题。按照省委“六个一”的要求，下乡驻企、扶贫帮困，驻会主要领导先后7次到中阳县枝柯镇张家沟驻村扶贫，组织18家会员企业提供就业岗位1300余个，捐助过冬物资200余万元。在驻企工作中帮助企业建立5个党支部，为两所小学366名学生捐赠了校服、书包。

2. 创先争优促进学习型机关建设

省工商联机关开展了读书年活动，深入开展创先争优，大力推进学习型机关建设。组织了“十二五”规划、综改试验区政策等四次专题学习，这些举措有效地提升了机关工作水平，提高了凝聚力、影响力和执行力。省委统战部聂春玉部长对工商联抓工作表示肯定，作了“有谋有划，有板有眼，有始有终，有成有果”的批示。

3. 党建工作引领文明和谐单位建设

开展了形式多样的纪念建党90周年活动，组织机关干部职工唱红歌、学党史，参加党史知识竞赛，赴革命圣地延安接受传统教育。机关党委指导帮助直属商会和直属会员企业新建5个基层党组织，党员总数达到86名。全省开展正风肃纪创优环境集中教育活动后，省工商联机关成立了领导组，制定详细实施方案，观看了警示教育片，签定了承诺书，推动了机关作风的进一步转变。

内蒙古自治区工商业联合会工作综述

一年来，区工商联坚持以邓小平理论和“三个代表”重要思想为指导，全面落实科学发展观，紧紧围绕自治区党委、政府中心工作，团结一心，扎实工作，圆满完成了全年各项工作任务。

一、认真学习贯彻中央16号文件和《实施意见》精神

区工商联认真学习和贯彻落实中央16号文件、《实施意见》和全区加强和改进工商联工作会议精神，邀请全国工商联副主席庄聪生在自治区工商联十届五次执委会上就贯彻落实中央16号文件精神作了专题辅导讲座。大力宣传各级工商联在贯彻落实中央16号文件、《实施意见》、全区加强和改进工商联工作会议精神工作中好的做法和经验，并通过工作简报的形式，及时向中央统战部、全国工商联和自治区党委、政府报告全区各级党委政府研究部署工商联工作情况、出台的政策措施情况。

二、非公有制经济人士思想政治工作取得成效

一是组织非公有制经济人士深入学习贯彻党和国家路线方针政策。通过召开非公有制经济人士座谈会、专题报告会等形式，学习传达了胡锦涛总书记在庆祝建党90周年大会上的重要讲话精神、中央十七届六中全会和自治区九次党代会精神、全国和自治区两会精神、全国和自治区经济工作会议精神。学习传达了国务院“民间投资36

条”、《国务院关于进一步促进内蒙古经济社会又好又快发展的若干意见》（国发〔2011〕21 号）。通过学习，把广大非公有制经济人士的思想和行动统一到中央和自治区党委的决策部署上来。

二是深入开展非公有制经济代表人士综合评价工作。区工商联高度重视非公有制经济代表人士综合评价工作，把这项工作摆上重要议事日程，专门研究具体工作方案，明确分工，落实责任，作出部署，与自治区党委统战部联合下发了《关于进一步做好非公有制经济代表人士综合评价工作的通知》，并督促指导各盟市工商联开展代表人士综合评价工作。按照“凡进必评、凡奖必评”的原则，完成了对自治区工商联 144 名十届执委的信息采集上报工作。

三是加大宣传表彰力度，努力营造非公有制经济发展的良好社会舆论环境。在全国就业与社会保障先进民营企业表彰大会上，区工商联推荐的 4 家民营企业荣获“全国就业与社会保障先进民营企业”称号；在全国工商联科学技术奖评选表彰大会上，区工商联推荐的内蒙古蒙龙机械制造有限责任公司荣获“全国工商联科技进步优秀奖”，内蒙古金宇保灵生物药品有限公司荣获“科技创新企业家奖”。举办了“2011 内蒙古民营企业 100 强”发布活动，发布了“2011 内蒙古民营企业 100 强”名单和《2011 内蒙古民营企业 100 强分析报告》；与自治区党委宣传部等单位共同开展“公益之星”评选表彰活动。大力宣传非公有制经济领域先进典型，并向全国工商联推荐上报 53 家先进典型，全年发表各类宣传文章约 300 多篇。举办了全区非公有制经济组织纪念建党 90 周年暨“中央 16 号文件”颁发一周年大型文艺晚会。“七一”前夕组织开展了评选表彰先进基层党组织、优秀党务工作者、优秀共产党员和新党员入党宣誓、老党员重温党的誓词活动，7 个先进基层党组织、5 名优秀党务工作者和 8 名优秀共产党员受到表彰，100 多名党员重温了入党誓词。

四是开展教育培训工作，不断提升非公有制经济人士综合素质。区工商联与内蒙古军区后勤部在呼和浩特联合举行建军 84 周年报告会，出色完成非洲维和任务的 5 位同志作了先进事迹报告。举办了非公有制经济代表人士培训班、基层商会和行业商会负责人培训班，与新加坡中华总商会合作举办了中新商会学习研讨培训班，与香港培华教育基金会合作举办了开放建设研讨班，提高了非公有制经济人士在企业战略管理、经营等方面水平。全年共开展 9 期培训班，培训人数 600 多人次。

三、调查研究参政议政质量进一步提高

一是以促进中小企业健康发展为重点，开展调查研究工作。区工商联组成调研组深入各盟市中小企业，就政策落实情况、行政执法环境、税费负担状况、企业自身素质等四个问题进行了专题调研，撰写完成《内蒙古自治区中小企业发展状况的调研报告》。开展了 2010 年度上规模民营企业调研和民营企业参与光彩事业统计工作，及时上报上规模民营企业 53 家，荣获全国工商联上规模民营企业调研二等奖；上报了民营企业参与光彩事业统计调查表 200 多份。此外，开展了民营经济发展情况、非公有制经济组织党建工作、非公有制经济人士思想政治工作、人才队伍建设情况、三农三牧等方面的调查研究工作，撰写了《内蒙古民营经济发展报告（2010 年度）》等 8 篇研究报告。向全国工商联推荐优秀调研成果 6 篇，其中获得优秀调研成果三等奖 1 篇。向自治区党委统战部推荐优秀调研成果 4 篇，其中获得优秀调研成果一等奖和三等奖各 1 篇。

二是通过人大、政协会议的渠道积极参政议政、建言献策。向自治区政协提交 20 件团体提案，其中获得自治区优秀提案 1 件。答复 5 件自治区政协交办的提案。对自治区“十二五”规划提出修改补充意见，对自治区党委第九次代表大会工作报告提出建议。

四、服务非公有制经济的能力不断增强

一是开展银企对接活动，缓解中小企业融资困难。分别在鄂尔多斯市和通辽市举行了 2011 年自治区东、西部地区民营中小企业融资对接会，各金融机构与 30 余家中小企业签署融资项目协议，为自治区各中小企业融资 280 多亿元；主办了新加坡上市融资座谈会，为两地经贸交流和发展搭建了平台。通过包商银行呼市分行为准格尔旗民营企业融资 500 万元，对呼和浩特市无抵押的 3 户微小企业，通过呼市瑞信担保公司以产品订单、库存物品为质押解决信贷资金 600 万元。

与招商银行在内蒙古军区招待所携手举办了“心博万物　睿智千里　贵宾客户私享之旅”活动。与道朴投资管理有限公司和华鼎合资本管理有限公司签订了合作框架协议。与中国建设银行内蒙古分行中小企业部共同制定了联合工作合作机制。组织企业参加了第五届中国企业国际融资洽谈会和鄂尔多斯商会民间资本投资服务中心成立大会。

二是组织民营企业参加各类经贸洽谈活动，帮助民营企业“走出去”。组织会员企业参加了“2011 海内外知名企业家齐鲁行暨第十三届环渤海民营经济经贸洽谈会”、“内蒙古——香港经贸合作圆桌会议”、“优秀民营企业家感知河北·走进怀来”、“2011 中国·青海绿色经济投资贸易洽谈会”、“第二届驻京中外知名企业投资内蒙古行座谈会”、“2011·中国二连浩特中蒙俄经贸合作洽谈会”、“2011 年全国山东商会草原经济论坛”等经贸洽谈活动，进一步加强了内蒙古和其它地区之间的民间经贸合作与交流。

三是发挥工商联组织网络优势，提高信息化服务水平。2011 年 4 月 12 日，自治区工商联与中国移动内蒙古公司合作开办的“商会在线”网站开设了政策信息、企业宣传、产品展示、招商引资、网上交易等栏目，为广大非公有制企业提供优质信息化服务。

五、基层商会组织建设工作稳步推进

2011 年年底，全区工商联共有会员 74871 家，其中企业会员占 10% 左右，全区工商联基层组织为 476 家。工商联系统行业商会协会、同业工会组织共 574 家。自治区工商联采取以会代训等方式，对商协会和直属会员进行思想引导教育。对自治区工商联 45 家直属行业商协会中开展庆典、研讨会、文坛活动情况进行了调查，并将调查工作情况报自治区纠风办和自治区民政厅。加强对直属行业商会协会管理，完成对直属行业商会协会的年检初审工作。

六、引导非公有制企业为构建和谐劳动关系贡献力量

区工商联与相关部门共同举办了以“为高校毕业生求职建立通道，为民营企业吸纳人才搭建平台”为主题的“2011 年民营企业招聘周”活动。招聘周活动期间，全区进入各级人才市场、劳动力市场的民营企业为 6206 家；企业提供就业岗位 119863 个，签订就业意向人数 34474 人；签订职业技能培训意向人数 13507 人；维权及法律援助 13872 人次。区工商联与自治区人社厅、总工会赴各盟市对非公有制企业工资集体协商工作进行督查，出台了《关于在全区非公有制经济企业中建设和谐劳动关系的意见》。与有关部门协调解决了内蒙古江西商会、内蒙古湖南商会、内蒙古汽车摩托车配件行业协会、内蒙古社会诚信协会、内蒙古五金机电行业商会 5 家商会协会涉及有关法律维权纠纷事件。

辽宁省工商业联合会工作综述

在过去的一年里，在省委、省政府的领导下，在全国工商联和省委统战部的指导下，辽宁省工商联高举中国特色社会主义伟大旗帜，以邓小平理论、“三个代表”重要思想为指导，深入贯彻落实科学发展观，以科学发展为主题，以加快转变经济发展方式为主线，深入学习贯彻中央 16 号文件和《中共辽宁省委辽宁省人民政府关于贯彻〈中共中央国务院关于加强和改进新形势下工商联工作的意见〉的实施意见》（辽委发〔2011〕6 号，以下简称省委《实施意见》），进一步加大服务力度，引导非公有制经济人士健康成长、促进非公有制经济健康发展，各项工作取得了新成果。

一、引导、指导民营企业积极应对国际国内复杂多变的经济形势，促进非公有制经济健康发展

一是深化与政府有关部门合作，形成工作机

制，加强政策信息服务。二是创新工作模式，努力破解中小企业融资难题。与中国工商银行辽宁省分行联合开展“共同合作，助推辽宁中小企业发展”活动，与中国建设银行辽宁省分行联合开展“共同支持中小企业、县域经济发展工程”。全省各级工商联组织帮助企业融资近60亿元。三是构建管理、科技载体，增强民营企业自主创新能力。与省有关部门联合主办了“辽宁省高等学校、科研机构与民营企业科技成果转化对接会”，合作项目签约共计398项，签约金额超过10亿元。四是与各地政府合作，组织召开推介会、招商说明会等活动，为企业搭建经贸、融资平台。据初步统计，全省由工商联牵线搭桥促成的项目375项，协议金额1815.66亿元，到位资金901.11亿元。五是有效深化“一会一乡”创富活动，新增市、县创富对子377个，2167家民营企业积极参与。新增扶贫帮扶项目464个，投入资金13.5亿元。帮助79513名农民脱贫，农村劳动力转移培训46365人。

围绕惠民生、促和谐积极开展工作。会同省有关部门在14个市开展了“民营企业招聘周”活动，组织非公有制企业5183家，提供就业岗位52392个，其中适合高校毕业生就业岗位13226个，签订就业协议15902份。深化“光彩事业”活动，组织开展扶贫捐赠。据不完全统计，本年度光彩事业的现金捐赠额达2.5亿元，物品捐赠折合4000万元；实施光彩事业项目431项，累计投资金额14.8亿元，安排就业365717人。

二、参政议政，反映诉求，建言献策

在年初省政协全会上，以团体名义向大会提交团体提案3件。在省政协全会及各次常委会议上先后作了多次大会发言，并在省政协下半年的常委会上较好地组织了5位工商联界常委就中小企业发展所存在的困难问题及应对措施作大会发言，受到一致好评。在深入调研的基础上，省工商联主要领导在省委有关征求意见会上提出意见建议，应省委书记王珉要求，向省委提交了《关于我省中小企业发展有关情况的报告》，王珉书记阅后于当天即作出重要批示，责成有关部门就报告中涉及问题与建议采取措施，扶持中小企业健康发展。省政府常务副省长召开由有关部门参加的专题协调会，就王珉书记批示具体落实。一年来，省工商联还就全省非公有制经济发展、中小企业发展起草了多篇调研材料和报告。主要有：辽宁省中小企业发展综述，辽宁省中小企业综合调研报告等。

三、不断创新工作机制和载体，积极开展非公有制经济人士思想政治工作

加强宣传工作，积极进行舆论引导。重点宣传自主创新、加快转变发展方式，关爱员工、构建和谐企业，保障改善民生、自觉履行社会责任，“走出去”、争创民族品牌，非公有制企业党建工作，加强企业文化建设6个方面的典型。宣传了丹东、朝阳、沈阳等市工商联的亮点工作。召开全省宣教工作会议，表彰了85个非公有制经济领域先进集体和先进个人。开展企业文化建设推广工作。开展评选活动，在全省推广表彰14家企业文化先进典型。与省有关部门共同开展第六届全省民营企业“关爱员工、实现双赢”评选表彰活动，评选出“全省关爱员工优秀民营企业家”、“全省热爱企业优秀员工”和“全省双爱双评先进企业”各16个，其中5家企业和10名个人经与省有关部门共同推荐获国家表彰。与省委统战部等单位联合开展第三届中国特色社会主义事业优秀建设者表彰活动。全省共表彰50位优秀企业家。全年编发《辽宁商会信息》36期，编发网站宣传稿件1700余条。

四、加强组织建设，行业（外埠）商会建设和市级工商联领导班子建设取得新进展

2011年是辽宁省各市工商联换届年。根据有关要求，省工商联积极开展工作，在换届政策、规定上，在换届组织程序上，在换届人选推荐选拔上指导各市圆满完成换届工作任务。

在行业组织建设上，按规定履行程序，完成了6个省工商联直属行业（外埠）商会的登记注册工作。进一步推进行业商会建设，坚持每季度召开一次行业（外埠）商会秘书长会议，及时了解商会工作动态、明确任务、指导工作。做好行业（外埠）商会年检工作。召开直属行业（外埠）商会庆祝中国共产党成立90周年联欢会。发挥行业组织优势，促成了由汽配商会投资5亿元人民币在大石桥建立“大石桥国际汽配城”项目。组织各行业（外埠）商会为省孤儿学校搬迁捐款78万元人民币，并捐赠计算机20台。省工商联组织工作情况在全国工商联组织工作会议上作了经验交流。

五、创新工作机制，法律咨询服务、维权服务和对外联络工作取得新成果

在法律咨询、维权服务工作方面，主要做了以下工作：会同沈阳市工商联开展非公有制经济发展软环境调研，形成了《关于进一步构建辽沈地区民营企业和谐劳动关系的几点建议》。加强维权服务机制建设，充分发挥商会在企业出资人、经营者与企业员工关系的调解上的积极作用，在机构设置上努力取得新突破。在省工商联设立省民企仲裁庭得到批复，向省高法推荐了40名调解员。充实调整了省工商联维权工作委员会，建立了维护民企合法权益联席会议制度。全年处理个案维权案5起，跨省调解案件1起。

在对外联络工作方面，主要做了以下工作：起草了《辽宁省为民营企业循因公渠道办理出国（境）手续的试行办法》，已审签完毕。与香港贸发局共同举办了80余人参加的“如何在香港上市集资和企业融资”大型讲座，组织50余家会员企业参加了“日本东洋纺医用净水设备辽宁说明会”，组织会员企业参加了中德企业调查问卷活动，组织15家企业参加了伊朗东阿塞拜疆省政府在辽宁召开的“项目投资洽谈会”，向各市工商联转发了《辽宁省外事办公室关于全省国有企业、民营企业人员申办APEC商务旅行卡实施细则》的通知，组织企业参加了省外办召开的推介会，组织人员应邀访问了德国工商总会、德国国际合作机构总部等多家商会、经济机构。2010年年底，会领导带领会员企业访问台湾工商企业界，促成两岸企业项目和商会的协作与交流。一年来，省工商联通过多种方式加强与政府有关部门的协调与沟通，推动对外联络工作新进展。

六、加强组织指导，进一步推动非公有制经济组织创先争优活动深入开展

作为非公有制经济组织创先争优活动指导小组的成员单位之一，省工商联同省委统战部等有关单位一道积极探索创先争优活动的特点规律，切实加强指导，突出重点，创新载体，统筹推进创先争优活动。据统计，全省非公有制经济组织中设立共产党员工程2.6万个，党员先锋岗5.1万个，提出合理化建议29万条，革新技术17万项，完成急难险重任务21.8万件，为企业创造效益近300亿元。

在省直机关目标责任制考评中，省工商联再一次被评为优秀单位。

在新的一年里，在省委、省政府的领导下，在全国工商联和省委统战部的指导下，我们要高举中国特色社会主义伟大旗帜，以更加开阔的视野、更加务实的作风，履职尽责、开拓创新，真抓实干、奋发有为，为建设富庶文明幸福新辽宁作出应有贡献，以优异成绩迎接党的十八大胜利召开！

吉林省工商业联合会工作综述

2011年，吉林省工商联在省委、省政府的正确领导下，在全国工商联的有力指导下，以邓小平理论和“三个代表”重要思想为统领，深入学习实践科学发展观，认真落实党的十七大以来各项方针政策，以学习贯彻中央16号文件精神为主线，紧紧围绕全省中心工作，履职尽责，服务大局，促进非公有制经济健康发展，引导非公有制经济人士健康成长，努力开创工商联工作新局面，为促进全省民营经济腾飞和经济社会发展作出了应有贡献。

一、创立“吉商论坛”，开展多种形式的思想政治工作

2011年5月，省工商联对加强非公有制经济人士思想政治工作模式进行大胆尝试和创新，与省图书馆共同创办了“吉商论坛”，旨在打造“吉商”品牌，收藏“吉商”思想，挖掘“吉商”内涵，宣传“吉商”事迹，弘扬“吉商”之德，树立“吉商”形象。邀请省内非公有制经济领域的典型人物作为主嘉宾，根据典型人物事迹量身定制话题，与电视台主持人和特邀专家学者同台讨论创业、创新、企业发展、企业社会责任、和谐劳动关系等方面的话题，并与现场听众互动，答疑解惑。省内7位非公有制经济领域典型人物先后做客“吉商论坛”，社会反响较好。

以纪念建党90周年为契机，组织非公有制经济人士开展学习“七一”重要讲话座谈会、“同心向党”文艺演唱会、“一心向党”征文等宣传教育活动。与《长春商报》、《长春晚报》创办了“企业家风采”、“创富大讲堂”等栏目。向全国工商联报送41个典型。举办两期民营企业总裁培训班，近3000人次参加。举办了“成功之路、将帅之道”民营企业家毛泽东思想特训研修班。非公有制经济人士在“回报社会感恩行动”中，帮扶200户困难户，捐款捐物达8万余元。开展了全省民营企业“促进就业、创和谐企业”评比表彰活动。全省工商联会员企业新安置就业6.7万人。

二、开展“经济服务年”活动，全力助推民营经济发展

2011年是吉林省“十二五”规划和新一轮民营经济腾飞计划起步之年。省工商联与省工信厅共同组织开展了全省中小企业和民营经济服务年活动，全力推动全省中小企业和民营经济实现新的突破和快速发展。省工商联、省工信厅、省促进中小企业发展服务中心及各级担保机构共同组成10个服务队，分赴9个市州和长白山管委会，相继开展十个专项服务活动。一是由省政协副主席、省工商联主席别胜学带队，省工信厅负责同志参加的调研组，通过走访企业、听取情况介绍、召开专题座谈会、发放调查问卷等形式，对全省1100户中小企业发展情况进行了深入的调研，形成《吉林省中小企业发展分析报告》，上报省委、省政府。二是组织产学研对接活动，有300家企业参加活动，现场解决技术难题90个，跟踪解决38个。三是开展产需对接活动，有133户中小企业300多种“专、精、特、新”产品参加省内外展会，943户企业参加了第七届东博会、签约项目131个，签约金额448亿元，推进产品扩大市场份额。四是组织108名律师与108户企业对接，为企业开展免费法律咨询和培训服务，帮助企业解决涉法问题265个。五是组织创业项目对接活动，推介创业项目3137个，提供就业岗位8398个，提供咨询服务608次，达成创业意向型合作项目472个，达成就业意向近3000多人。六是组织管理咨询诊断活动，管理咨询机构和专家先后为500户企业提供咨询服务，帮助制定管理提升方案。七是推进银企对接工作，落实银企保签约项目3317个，实现贷款金融461.63亿元，缓解了部分企业融资难题。八是深入推进创业孵化基地建设，新增13个创业孵化基地，省级孵化基地达到95个，孵化能力达到4500户，现有入户企业2900多户。九是开展中小企业素质提升工程，开展“万名创业者”、“万名小老板”、“万能高级人才”培训，完成培训31万人次。十是组织机关干部帮扶企业活动。120名机关干部与120户中小企业建立帮扶关系，帮助解决发展中的实际问题241个。

三、完善“民营经济固定观察点”，深入开展调查研究

为系统地反映和掌握吉林省民营企业的生产经营状况，以及企业经营者对其发展环境的感受与评价等相关情况，从2009年开始，省工商联依托全省各级工商联及行业商会组织，建立以中小型民营企业为主体的民营企业生产经营情况固定观察点，开展专项调研，进行定点监测、长期跟踪。全省共建立660个民营企业观察点，涵盖了全省汽车零部件、石油化工、现代服务业等10大行业。省工商联专门成立了固定观察点工作领导小组和办公室，设立了综合观察员；各市（州）、县（市、区）级工商联设专职负责人；作为观察点的民营企业设兼职观察员。形成了全省民营企业生产经营情况固定观察点工作网络。各观察点根据本企业的相关生产经营情况完成各项调查任务，由本级工商联组织上报省观察点办公室；各市（州）工商联负责本地区观察点工作的指导、监督、检查和联络员队伍建设，以及向省观察点办公室上报数据的组织、协调和指导工作；省观察点办公室通过开展专项调查、跟踪监测和典型案例分析，认真梳理全省民营企业生产经营状况，及时了解全省民营企业发展中出现的新情况、新问题、新变化，并以季报和年报的形式，将相关统计和调研数据及分析报告上报省委、省政府，为党委和政府决策提供参考依据。建立全省民营企业固定观察点，既为全省各级工商联组织提供翔实的第一手资料和调研资源，为参政议政和调查研究工作奠定坚实的工作基础，又是各级党委和政府了解掌握民营经济运行情况的重要渠道，为科学决策提供参考和支持，对于发挥工商联组织的参政议政作用，提升工商联组织履行政府管理和服务非公有制经济的助手职能作用具有重要意义。

四、认真学习贯彻中央16号文件和《实施意见》精神，全面加强工商联自身建设

一是高度重视。中央16号文件颁布以来，及时召开领导班子会议，研究部署文件精神的贯彻落实，制定出台了工作方案和具体措施。抓好机关干部自身学习的同时，通过召开专题辅导报告会、理论学习会等方式，及时组织非公有制经济代表人士开展学习活动，推动全省各级工商联组织和广大非公有制经济人士领会中央16号文件的精神实质。二是精心组织。成立专题调研组，认真听取基层组织和非公有制经济人士的意见、建议和要求；为起草制定《实施意见》以及筹备召开全省加强和改进工商联工作会议提供相关依据。5月25日，省委常委会专题研究了全省加强和改进工商联工作，6月21日召开了全省加强和改进工商联工作会议，省委书记孙政才出席会议并作重要讲话，省直和各市（州）负责同志及民营企业家代表500多人参加会议，全省加强和改进工商联工作向纵深推进。三是加强宣传。积极协调省内各大主流媒体，充分利用《统战纵横》、《工商潮》等宣传阵地，集中宣传《意见》和《实施意见》的主要精神及重要意义，营造了深入贯彻落实文件精神的良好舆论氛围。

组织建设进一步加强。以加强班子建设为核心，以会员队伍建设为重点，稳妥推进行业商会建设。省工商联领导班子不断加强，充分发挥党组的领导核心作用，搞好合作共事。注意发挥兼职副主席、副会长的作用，外事活动、内宾接待、出国考察带队、论坛发言、电视访谈等都做适当安排。加强会议纪律管理，执、常委会议实行登记通报制度，执、常委会议到会率95%以上。基层组织和队伍建设力度不断加大。把联系服务基层工商联组织作为“双向工作延伸”工作的重点，总结推广了九台市工商联组织建设的经验。对全省县级工商联组织建设的情况进行总结，并在全国工商联两次会议上交流。积极探索会员发展的新途径、新方法，全省会员总数达63432个。行业商会建设健康发展。先后成立了钢铁贸易商会、饮品行业商会、房地产行业商会。突出加强了思想、作风、能力及制度建设，深入开展“创先争优”活动、“五型”机关建设，注重发挥党员干部带头作用，进一步建立健全干部培养、考核、激励机制，切实推进工作目标责任制的落实。信息工作进一步提高。老干部工作、机关服务工作都有所提升。

黑龙江省工商业联合会工作综述

2011年，黑龙江省工商联在省委、省政府的领导下，在全国工商联和省委统战部的指导下，紧紧围绕省委、省政府中心工作，认真学习贯彻中央16号文件精神，切实提高履行职责的能力水平，努力开创工商联工作新局面，为促进全省非公有制经济人士健康成长和非公有制经济健康发展做出了新贡献。

一、积极推动中央16号文件精神的贯彻落实

中央16号文件是新时期指导工商联工作的纲领性文件。为促进黑龙江省《实施意见》的尽快出台，省工商联分别召开了三次全省工商联干部和企业家座谈会，同时借鉴山东、江苏、四川、重庆等省、市的经验做法，提出修改意见。省委、省政府于2010年8月召开了加强和改进工商联工作会议，省委书记吉炳轩作了重要讲话，并及时出台了《实施意见》。为推动文件精神落实，杜家毫副书记来省工商联现场调研，根据省工商联提出的困难和问题，现场为县（区）级工商联解决了200万元办公经费。会后，省工商联及时与政府有关部门建立了工作联系制度。在省政协十届四次会议上围绕贯彻中央16号文件做大会重点发言，提出加强工商联工作、推动黑龙江省民营经济快速发展的7条建议。各市（地）工商联也都结合本地实际，积极争取党委、政府帮助解决人员编制、行政经费、办公条件等方面的问题。通过中央16号文件的贯彻落实，提升了工商联的影响力和凝聚力，为更好地发挥作用和长远发展奠定了坚实基础。

二、积极开展调查研究，认真履行参政议政职能

调查研究工作。一是开展了黑龙江省东部煤化工发展情况调研。为贯彻省委确定的“八大经济区”之一的东部煤电化基地建设的战略部署，同时争取国家“十二五”新型煤化工示范工程在黑龙江省布点，省工商联同发改委、工信委、科顾委、龙煤集团、七台河、双鸭山、鹤岗市举办了“聚民企、谋项目、促发展”东部煤电化基地行活动。形成了《加快黑龙江省东部煤化工发展的建议》调研报告，促成了宝泰隆集团与龙煤集团合作建设甲醇制烯烃项目，近期可望得到国家发改委的批准。二是配合全国工商联开展中小企业综合情况调研。形成了《关于黑龙江省中小企业发展情况的调研报告》报送全国工商联。三是开展担保业调研。为落实杜家毫副书记来省工商联现场办公会议精神，省工商联对全省民营担保企业进行了调研。推荐了7户民营担保企业，经与省金融办联系，哈尔滨均信投资担保股份有限公司等5家企业通过了省金融办规范整顿颁发的许可证。四是召开民营企业家座谈会。针对中小企业融资困难、生产资料、劳动力成本上升、出口额下降的严峻形势，省工商联组织召开了12个行业30余家民营企业参加的座谈会。及时向省委省政府上报了情况反映。吉炳轩书记、王宪魁省长分别作出重要批示。

参政议政工作。一年来，省工商联多次参加省委、省政协、统战部及全国工商联召开的参政议政会议，就贯彻落实中央16号文件精神，加强工商联建设，促进中小企业发展等方面提出意见建议。向省政协十届五次会议提交了《关于发展互助式会员制担保机构的建议》、《关于对“走出去”民营企业加强金融服务支持的建议》、《关于创新行业商会登记管理方式的提案》。

三、积极引导、开展活动，加强非公人士思想政治工作

先进典型推荐。一是选拔推荐宣传黑龙江省非公有制经济领域先进企业和个人典型。根据全国工商联要求，推荐了东方集团、西钢集团、亿阳集团、中发集团、运建集团和黑龙江天狼星电站设备有限公司总经理陶然6个非公有制经济领域先进典型，并在省政协机关报全面进行了报道。二是开展“关爱员工，实现双赢”活动。向全国工商联推荐第六届“双爱双赢”先进企业和个人典型，受到表彰。三是组织开展了“庆建党、学讲话、忆党史、看发展”为主题的市（地）工商联主席、企业家副主席、副会长暑期读书交流学习班。四是开展了结对帮扶“老抗联、老解放、老抗美援朝、老劳模”感恩活动。

四、加强开展培训工作，不断提高非公有制经济人士和工商联干部素质

为全面提高黑龙江省非公经济人士和工商联干部素质，省工商联积极与相关部门积极协调，开展丰富多彩、具有实效的培训活动。一是举办了省、市（地）、县工商联干部、民营企业家“浙江大学高级研修班”。为响应全国工商联对口支援西藏新疆的工作部署，为西藏工商联培训10名学员。二是先后派人参加了全国工商联在澳门举办的“商会运作及交流研讨班”和在香港举办的“第177期香港工商业研讨班”。组织参加全国工商联在新加坡举办的“商会建设研讨班”、在香港举办由培华教育基金会资助的“第24期开放建设研讨班”。

五、加入省协调劳动关系三方会议机制，推进维护企业合法权益

加入省协调劳动关系三方会议机制。通过积极争取，省工商联正式加入协调劳动关系三方机制，开展了全省构建和谐劳动关系情况调研。为召开全省构建和谐劳动关系先进表彰会，对构建和谐劳动关系达标单位和标兵单位进行考核。

开展维权服务工作。一是法律维权联席会议制度新增加了省人大财经委、商务厅和司法厅3家合作单位。二是与省法院建立非公有制企业法律风险防范化解机制，出台了《黑龙江省高级人民法院·黑龙江省工商业联合会关于共建企业法律风险防范化解机制促进黑龙江省非公有制经济发展的意见》。三是针对全省中小企业生产经营中的不合理收费问题，与省政府法制办组成联合调研组，赴部分市进行调研。四是通过专项调研、维权案件咨询等方式，宣传和普及相关法律知识，解决会员企业实际法律疑难问题。

六、广泛开展经济服务工作

一是推荐申报全国工商联科技进步奖和质量先进典型企业案例。经过考核审定，省工商联推荐申报的哈尔滨通能电气股份有限公司“TN系列接触式密封装置”项目获一等奖，哈尔滨鑫润工业有限公司“国产母合金精铸燃机叶片”等3个项目获优秀奖。推荐上报的葵花药业、七台河双叶家具公司、北大仓集团三家企业典型事例入选全国工商联编辑的《民营企业质量、品牌、责任典型事例汇编》，在《中华工商时报》上宣传了七台河双叶家具公司典型事例。

二是继续推进新农村建设和光彩事业工作。按照省新农村办安排，省工商联承担兰西县榆林镇林城村的帮建工作，投入10万元帮建林城村主屯红砖路面，受到了农民的欢迎和好评。今年省工商联被省委、省政府评为“2009～2010年全省新农村建设帮建工作先进单位”。光彩事业项目统计工作获得全国工商联二等奖。

三是组织开展企业招聘周和职工技能竞赛活动。第七届企业招聘周，全省参加招聘周民营企业共计5224户；提供空岗信息96972个。在同省总工会、人社厅、科技厅、工信委等7家单位共同开展的职工职业技能竞赛活动中，有近百万名职工参加了共计76个工种的比赛，有325名选手晋升为高级技师，322名选手晋升为技师。

七、加强对外交往，参加和举办大型经贸活动

一是组织参加大型经贸活动。先后组织民营企业家参加了“2011黑龙江（香港）活动周暨十大重点产业项目推介会”、“2011年海外台商龙江行”活动、“第22届哈洽会”、“第一届中国国际新材料产业博览会”、“第五届中国企业国际融资洽谈会”和“国内知名民营企业走进贵州项目推介会”。截至2011年，省工商联已连续7年荣获哈洽会“突出贡献奖”。

二是加强与境外商会交流交往。先后组织了赴中南美洲经贸交流考察团，赴中国台湾经贸与会务交流考察团。考察团赴美国、墨西哥、秘鲁进行考察访问期间，牡丹江友博药业有限责任公司与美国俄亥俄州托莱多大学就研究新一代代血浆、疏血通注射液作用机理和合作建立新药研发中心项目进行了洽谈，宝泰隆煤化工集团与秘鲁SAPET发展公司就投资合作开发石油化工等项目进行了交流。赴台湾经贸与会务交流考察团就商会组织的职能作用、行业商会（同业公会）建设与管理、龙台两地市级商会合作的方式等与台湾地区商业会及台湾市级商会组织开展了广泛交流，并考察了台湾农产品加工业、食品业、制造业等企业。

八、扩大会员队伍，切实加强工商联组织建设

一是加强行业商会建设。出台了《黑龙江省工商业联合会行业商会管理办法（试行）》。召开了直属商会工作会议。二是调整省工商联执委会成员。新增执委45人：其中副主席5人，常委21人。班子由原来的27人增至32人，常委由116人增至137人，执委由221人增至266人。三是指导各市地、县区换届工作。截至2010年9月底，十三个市地、县区基本全部完成换届。市地新上任主席5人，新上任党组书记7人。四是改善基层工商联办公条件。为145个市地、县区工商联发放电脑等办公设备。五是推进会员队伍建设。对全省会员及行业商会（异地商会）会员进行了重新统计，将商会会员统一纳入了全省会员总数，截至2010年11月底，全省会员总数为63405人。

上海市工商业联合会工作综述

2011年是上海市工商联走过60年光辉历程、续写光荣新页并取得硕果的一年。在上海市委及市委统战部的领导下，市工商联以贯彻落实中央16号文件及市委12号文件精神为统领，围绕上海"转型驱动、创新发展"的战略部署，加强自身建设，改进服务质量，提高工作水平，引导民营企业积极应对发展挑战，促进自身转型升级，努力践行感恩行动，为促进上海经济发展和社会和谐作出了新贡献。

一、贯彻落实中央16号文件精神

作为中央16号文件上海实施意见起草小组成员，深入开展调研，广泛听取意见建议，有力推动本市实施意见的出台。6月14日，召开上海市加强和改进工商联工作会议，俞正声书记作重要讲话，会上正式颁发了贯彻落实中央16号文件的实施意见（即市委12号文件）。文件颁发后，市工商联精心组织学习、宣讲、解读等系列活动，认真贯彻落实文件精神，积极推动区县出台实施意见。浦东新区、青浦区、静安区、普陀区、崇明县相继推出了地区实施意见。

与市委、市政府有关部门、社会有关方面加强沟通和协同，推动工商联工作纳入体制、形成机制、建立制度取得重要阶段性成果：建立了由市经信委牵头、市工商联等20个市有关部门参与的为民营企业、中小企业服务的联席会议制度；建立了由市民政局牵头、市工商联等市有关部门参与的市社会管理联席会议制度；建立了由市总工会、市人力资源和社会保障局、市企联、市工商联共同参与的三方劳动关系协调机制；建立了由市纪委牵头、市工商联参与的新社会组织反腐倡廉工作联席会议；建立了由市委统战部牵头、市工商联等多个部门参与的非公有制企业人才选荐机制；建立了由市社会工作党委、市委统战部共同牵头、市工商联等6个市有关部门参与的非公有制企业党建和创先争优工作机制；建立了市工商联与市经信委战略层面的联动机制和工作层面的互动机制；建立了由市工商联与市外办联手为民营企业出境申办APEC绿色签证商务旅行卡、赴美直通车签证服务的工作机制。

二、参政议政

在市政协十一届四次会议上提交团体提案8篇，大会发言1篇，其中"健全服务体系，推动本市家庭服务业市场化、产业化、社会化发展"、"实践低碳环保，在长三角地区大力推广信息化账单服务"获市政协优秀提案奖。积极开展"上海上规模民营企业发展及扩张取向研究"、"长三角地区民营经济发展情况研究"、"市非公有制经济组织中优秀人才问卷调查"、"高新技术产业、现代服务业和新兴行业发展案例研究"等调查研究。"上海市民营企业转型提升的实践"、"上海市信息服务业民营企业创新发展研究"等课题分获2011年全国工商联系统优秀调研报告一等奖、二等奖。围绕"两个健康"开展信息报送，共报送15期《调研参阅》，5期《要情专报》。有关课题成果、调研成果、重要信息报送市委、市政府及有关部门，获得市有关领导批示的共有40多次。市工商联获得2011年全国省级工商联信息工作、社情民意工作先进单位。

三、教育引导

与市委组织部、市社会工作党委、市委党校联合举办第八期民营企业家研修班、"两新"组织高层次人才——第9期经营管理者研修班和第二期民营企业接班人研修班，增强非公有制经济人士"同心"价值观。举行庆祝上海市工商业联合会成立60周年纪念大会，全国政协副主席、全国工商联主席黄孟复为专题片题写片名《甲子之歌》，市委书记俞正声为大会发来贺信。与市委宣传部、市委统战部联手，组织本市主流媒体开展对成长性好的民营企业进行调研和宣传，据不完全统计，各主要媒体有关民营企业转型发展、民营企业家先进典型的相关报道达400余篇次。与市委统战部、上海统一战线网站和上海东方新闻网站联合举行“加强新形势下工商联工作，促进民营经济健康发展”在线访谈活动。举办庆祝中国共产党成立90周年系列活动，并发挥民营企业家合唱团、女企业家联谊会、国学沙龙等新型延伸组织的作用，开展自我教育、特色教育取得积极成果。组织青年创业者联谊会举办“与父辈对话”活动。举行“科学发展迈新步、回报社会谱新篇——2011年上海市工商联新春联谊会”、“同舟共行——党在我心中”征文活动。

四、经济服务

配合有关部门做好拟上市公司的调研及政策咨询服务，举办“中小企业上市工作推介会”，全面推动本市中小企业上市工作。组织以民营企业为主体的国内合作交流工作取得重要成效，组团规模场次创历史新高，首次主办了政府协定项目云南昆交会，组织云南、新疆、西藏、青海、三峡等重点对口和边疆地区投资考察，落实若干重大项目，同时做好服务协调、落实专项扶持资金等工作。开展有关劳动关系民主管理与危机处理、工伤与职业病处理与实务操作指导、社会保险法解读、中小企业扶持政策解读等不同主题的法律讲座，累计会员企业参会人数约500人次。开展“为高校毕业生求职建立通道，为民营企业吸纳人才搭建平台”民营企业招聘周活动。据不完全统计，共组织2089家企业参加现场招聘会，举办招聘会30余场，发布招聘岗位2.1万个，有4000多名求职者与用人单位当场达成录用意向。

五、组织建设

增补20名和50名政治表现好、综合素质高、有代表性的非公有制经济人士进入市工商联十二届常委、执委班子。把换届工作作为区县贯彻落实中央16号文件及市委12号文件精神的重大任务，17个区县工商联圆满完成换届。在全国率先制订上海市工商联2011～2015年会员发展规划，确定了5年内会员总数翻番的目标，2011年各级工商联发展新会员是2010年会员发展数的2.5倍，超过前三年会员发展总和。组建市工商联有色金属贸易商会、市工商联家电行业商会、市工商联装饰装修行业商会，吸收上海市有色金属行业协会等5家行业协会为团体会员。开展表彰2010年度第四届市工商联基层商会创优活动的优秀基层商会和基层商会先进个人活动，指导街镇商会换届工作。

六、对外联络

组织15个商务代表团出访，与国外商会合作，共享发展商机。与上海美国商会、上海欧盟商会等海外驻沪商会代表处加强联系与合作，为民营企业对外投资、跨国经营服务。与中信保公司加强联手，支持民营企业“走出去”，全年短期出口信用保险业务支持本市出口总额达到100.18亿美元，服务企业数达到651家，同比增长30%。组织民营企业参加香港总商会150周年庆典和第六届“沪港大都市发展研讨会”等活动，市工商联与全港各区工商联签署了友好协议。经过与市外办、美国驻沪总领馆等多方的协商，开通会员企业赴美签证预约直通车服务，为会员赴美提供更为便捷的通道，该项服务开通以来，已有超过100位企业代表使用，受到广泛好评。

七、承担社会责任

举办“党的光辉映同心、感恩行动添光彩——2011上海市光彩事业活动日”主题活动，据不完全统计，广大民营企业以践行核心价值观为主旨，促进民营企业家承担社会责任，发挥主体作用，在感恩行动中慰问各级老模范等帮扶对象达1.8万人，提供资金2600万元。在中央统战部大会上介绍上海感恩行动开展的经验。举办红丝带健康包“百校进千企”活动，促进民营企业家投身社会公益事业。市光彩会2011年荣获第二届“上海慈善奖”中的“优秀慈善组织”、“上海市对口支援都江堰市灾后重建突出贡献集体”，以及“上海市人道博爱奖集体”。组织企业家代表团赴对口支援地区迪庆考察，红星美凯龙集团、上海人民企业集团向当地两所中、小学捐赠102万元，用于建立图书室和电教室。组织到民营企业西藏考察，市光彩会向西藏公益性社会事业捐款 70 万元。组织企业家代表团赴青海省果洛藏族自治州学习考察。组织民营企业参展新疆喀什经贸交易会，市光彩会向喀什地区莎车县地震灾区捐款 100 万元。

江苏省工商业联合会工作综述

2011 年，在省委、省政府的坚强领导下，江苏省工商联带领广大民营企业认真贯彻落实科学发展观，着力推动发展方式转变，促进经济转型升级，为实现全省民营经济又好又快发展作出了积极贡献。

一、深入贯彻落实中央 16 号文件精神，着力推动工商联事业大发展

2011 年，省工商联把推动各地学习宣传和贯彻落实中央 16 号文件精神作为工作的重中之重。江苏省工商联配合省委统战部，搭建专门的工作班子，开展大量调查研究，代拟省委贯彻落实实施意见。2011 年 3 月，江苏《实施意见》（苏发〔2011〕3 号文件）正式下发。《实施意见》切合全省民营经济发展与工商联工作实际，为工商联工作进一步指明了工作方向。

以《实施意见》出台为契机，省工商联多次建议省委、省政府召开关于加强和改进工商联工作会议，得到了省委主要领导同志的肯定。会议筹备期间，省工商联承担了大量前期准备工作，参与起草工作会议主题报告和省委主要领导讲话。8 月 21 日，全省加强和改进工商联工作会议顺利召开。省委书记罗志军、全国工商联党组书记全哲洙作了重要讲话，相关部门负责同志就今后进一步加大力度支持工商联工作在会上作了交流发言。这次会议对于进一步加强工商联自身建设，扩大工商联社会影响，发挥工商联职能作用，更好地促进非公有制经济健康发展和非公有制经济人士健康成长，具有十分重要的意义。

二、深入调查研究，切实加强参政议政工作

2011 年上半年，在各地工商联广泛参与下，经过深入调查研究，省工商联形成了《江苏中小企业发展调查报告》，为全国工商联提供了详实资料与典型案例及有益经验。一年来，围绕光伏产业发展现状、传统产业转型升级、促进现代服务业发展以及民营企业参与社会管理创新等课题开展深入调查，形成了多篇调研报告，并在省政协主席协商会、常委会上作专题发言，引起广泛关注。年度上规模民营企业调研持续进行。118 家进入 2011 中国民营企业 500 强。其中，沙钢集团、苏宁电器集团和雨润集团分列 2、3、9 位。16 家企业排名前 50 位，28 家企业排名前 100 位。召开了全省工商联重点课题调研活动总结交流会和参政议政工作座谈会，总结调查研究成绩，交流参政议政经验。《2010 江苏省民营经济发展报告》如期出版，全面系统汇集全省民营经济发展概况，展示民营企业发展成果，影响日渐突出。

在省政协十届四次会议上，省工商联作了题为《加强科技创新，培育战略性新兴产业》、《盘活存量资源，提高服务水平，以知识产权战略助推江苏民营企业创新升级》等 4 篇大会发言。围绕全省民营经济发展中存在的问题，向大会提交了 12 份团体提案，其中《关于建立专项引导基金，促进我省新材料产业发展的建议》被列为省政协主席督办提案。

三、深入推进创先争优，切实加强典型宣传

2011 年年初，创先争优活动经验交流会隆重举行，红豆集团作了典型经验介绍，与会代表作了交流发言。省工商联组织省直餐饮业商会、黄金珠宝业商会率先开展“顾客满意的窗口服务单位”主题实践活动，全面落实创先争优活动要求。组织民营企业家开展“非公有制经济人士感恩革命老区黄桥行”活动。全省非公有制经济组织创先争优活动形式多样，涌现了大批先进典型。共表彰了51名先进党组织、42名优秀共产党员和42名优秀党务工作者。据不完全统计，自开展创先争优活动以来，全省新组建非公有制企业党组织2701个，全省非公有制企业党组织组建率已达63.7%，走在全国前列。波司登、宏图三胞、苏宁电器、雨润、红豆等企业率先成立民营企业党委纪律监督委员会，创新和发展了非公有制经济领域党建工作。

召开了全省工商联宣传工作会议。向全国工商联推荐了21家民营企业典型案例。其中苏宁电器集团董事长张近东在全国非公有制经济先进典型事迹报告会上作了专题发言。组织拍摄了6家民营企业电视专题片，还有50位民营企业家走进江苏教育台《苏商》栏目。在《中华工商时报》上开辟了“苏商视窗”专版，全面宣传全省工商联（商会）工作、民营企业创新发展成果。一年来，《中华工商时报》、《新华日报》等主要媒体刊载全省工商联组织、民营企业的文章及新闻宣传稿件共152篇、近30万字。

四、大力推进民营经济转型升级，提升服务发展水平

按照省政府“百企千亿”援疆工作统一部署，鼓励江苏民营企业抱团到新疆发展，为江苏民间资本对接新疆资源开发项目和市场需求搭建平台。8月，2011年“全国苏商领袖峰会暨苏商投资新疆经贸合作洽谈会”在乌鲁木齐隆重举行。江苏民营企业踊跃参与投资新疆建设，签约总投资额达1226.89亿元人民币。与省委统战部共同组织了“江苏民营企业家沿海行”活动，组织企业考察沿海地区的投资发展环境，帮助企业拓展新的发展空间。组织企业家赴贵州、湖北、青海、广东等地考察，寻找商机。

为进一步向中小型出口企业提供配套金融服务，省工商联与省商务厅、中信保江苏分公司共同举办了中小企业外经贸促进政策和出口信用保险专题培训班。配合全国工商联分别在南京、南通召开了“民营企业‘走出去’座谈会”。我们与南通市政府共同举办了“江苏省商会对外友好合作联谊会”，圆满完成了第十一届世界华商大会代表团出访任务。完成与德国SES专家组织合作项目15个，在建项目11个。

一年来，省工商联积极参与协调劳动关系三方委员会相关活动，13个省辖市工商联全部进入当地协调劳动关系委员会。与省人社厅、省总工会、省企家联合会开展了全国模范劳动关系和谐企业和工业园区推荐工作。以成立法律维权处为契机，积极参与非公有制企业法律服务协调中心和法律顾问团的筹备，调解企业法律纠纷。

五、切实加强组织建设，充分发挥行业组织作用

积极参与《江苏省行业协会条例》的修订。多次与省人大法工委、省发改委、省民政厅沟通，提出省工商联意见，促成工商联所属行业协会适用条例范围，并明确规定工商联具有对行业商会、协会进行协调、指导的职能。

为切实加强基层工商联组织建设，省工商联对全省县级工商联基层组织建设情况进行了全面深入调查。全国工商联将江苏省基层组织建设的典型经验在全国进行宣传推广。在全国工商联商会建设工作会议上，江苏省工商联作为全国3个先进省级工商联之一，汇报了江苏省商会建设工作的经验，并分获全国工商联基层组织建设先进单位、商会建设先进单位荣誉称号。

2011年，省工商联吸收了全国26个省级江苏商会为省工商联团体会员，召开了2011全国各地江苏商会协调工作委员会第四次会议，积极推动异地江苏商会间开展经贸交流与合作。异地江苏商会组织已从省会城市向地市级城市延伸。

六、加强机关自身建设，不断提升整体工作水平

一年来，机关个人联系行业交流会和每人每年撰写一篇与自己业务工作相关论文的工作持续推进，机关干部中长期课题研究持续深入，“网上在线”学习和“5+X”培训实现常态化管理。

结合学习贯彻中央16号文件和全省加强和改进工商联工作会议精神，加强与非公有制企业代表人士的联系与交流，适时通报省工商联研究决定的一些重大事项和主要工作安排，及时发布企业家副主席（会长）企业重要新闻，组织企业家副主席（会长）助理培训班，并为企业家副主席（会长）邮寄学习资料，送阅各类报刊。

在充分肯定成绩的同时，也要清醒地认识到，面对当前国内外经济环境复杂多变的情况，江苏省工商联工作仍然有很多方面需要加强和改进。2012年江苏省工商联将进一步深刻领会和把握中央16号文件精神，加强调查研究，提升应对复杂形势、服务民营经济发展的整体工作水平，尤其是加强对小微企业转型升级的服务，进一步探索改进非公有制经济人士思想政治工作的方式，推进和帮助基层组织加强自身建设。

浙江省工商业联合会工作综述

2011年，在省委、省政府的领导下，在全国工商联和省委统战部的指导下，浙江省工商联紧紧围绕科学发展主题和加快转变经济发展方式主线，以贯彻落实中央16号文件和《中共浙江省委、浙江省人民政府关于加强和改进新形势下工商联工作的实施意见》（以下简称省委51号文件）为统领，突出重点、开拓创新，切实加强自身建设，深入实施"223工作计划"，全力举办首届世界浙商大会，亮点纷呈，成效明显，社会影响力显著提升。

一、认真贯彻落实中央16号文件和省委51号文件精神

认真学习中央16号文件精神，协助省委、省政府于5月制定出台了省委51号文件。主动争取省委办公厅支持，省委办公厅、省政府办公厅联合下发了《浙委〔2011〕51号文件任务分解方案》，推进省委51号文件精神的贯彻落实。协助省委、省政府召开全省加强和改进工商联工作电视电话会议。加强对市、县工商联贯彻落实工作的具体指导，下发学习贯彻中央16号文件和省委51号文件精神的通知，召开全省工商联党组书记会议，部署学习贯彻文件和会议精神。对实施"223工作计划"创优评先办法和量化评分细则进行修订完善，推进中央16号文件和省委51号文件精神的贯彻落实。

二、成功举办首届世界浙商大会

根据省委、省政府部署，10月23日至28日，牵头28家省级有关单位，成功举办了以"创业创新闯天下、合心合力强浙江"为主题的首届世界浙商大会。国家副主席习近平、国务院副总理张德江向大会发来贺信。全国政协副主席、全国工商联主席黄孟复，全国政协副主席董建华亲临大会并作重要讲话。全球1500多名浙商代表和部分驻华使节、世界500强企业、央企、有关社会团体代表及研究机构专家学者600多名嘉宾出席会议。组织开展了开幕式、世界浙商论坛、省委主要领导专访、省政府主要领导媒体见面会、欢迎晚宴、世界浙商大会执委会议、世界浙商网启动、《天下浙商》丛书首发仪式、浙商对话世界500强、光彩事业丽水行等22项活动，对70名优秀浙商代表进行表彰。这次大会这是我省举办的规格层次最高、参会人数最多、活动内容最为丰富的一次浙商盛会，对提振浙商信心、凝聚浙商力量、弘扬浙商精神、传承浙商文化、打响浙商品牌起到了积极作用，得到了省委、省政府、全国工商联、社会各界和广大浙商的充分肯定，获得中央统战部工作创新奖，赵洪祝、夏宝龙、乔传秀、李强等省领导分别作出重要批示给予高度评价。

三、着力服务非公有制经济健康发展

深入开展调查研究和参政议政工作。向省政协十届四次会议提交大会发言和5个团体提案，其中1个被列为重点提案。开展中小企业综合性调研，形成《浙江工业小企业发展状况的调查与思考》，得到省主要领导的重要批示，并在《政策瞭望》、《浙江日报》、《联谊报》上刊发。开展"营造良好发展环境，鼓励浙商回归创业创新"调研活动。一批调研报告和团体提案分别获得全国工商联优秀调研报告一、二等奖和优秀提案奖，省政府浙江发展研究三等奖，省政协优秀调研报告一等奖和优秀提案奖。深化与金融机构的合作，2011年，有关金融机构累计向5030家会员企业新增贷款515亿元。组织9批次500多家企业参加各类招商推介会、投资洽谈会，为企业发展拓展市场、寻找商机。组织开展“百名浙商阿克苏行”活动，落实项目对接27个，意向投资金额195亿元；现场签约项目20个，总投资金额73亿元。开展第三次民营企业军民两用高新技术及产品研发生产情况专项调查，30家民营企业进入国家军民两用高新技术民营企业及产品目录。推荐民营企业积极参与科技进步奖评选活动，获全国工商联民营企业科技进步一等奖2个、二等奖3个、优秀奖10个，7家企业获科技创新企业奖，列入2011年国家火炬计划1个。参与省人力社保厅、总工会等单位共同举办的2011年浙江民营企业招聘周活动，推荐5家企业获得“全国就业与社会保障先进民营企业”称号。组织1069家民营企业参加全国工商联上规模民营企业调研活动，144家民营企业入围2011中国民营企业500强，参与调研和入围500强企业数连续13年居全国首位、获全国工商联上规模民营企业调研工作一等奖。与省司法厅联合开展民营企业法律体检专项活动，为民营企业提供法律服务。精心组织2011“携手浙商”活动，进一步加强与东盟国家驻沪总领事馆的合作，为民营企业开展对外经贸合作建立平台。积极促进两岸交流，与省中小企业局在台湾联合举办“台湾·浙江中小企业交流合作活动周”，组织民营企业为台湾大学生提供40个暑期社会实践岗位，与台湾工业总会签署友好合作协议。加强与国外友好商会和政府机构的联系，组织3批商务代表团分别赴美国、澳大利亚、英国等9个国家考察，继续推进我省民营企业在印尼等东南亚国家投资兴业。

四、扎实做好非公有制经济人士思想政治工作

广泛开展“抓典型、树典型、学典型”活动，充分发挥先进典型示范效应，扎实有效地开展非公有制经济人士思想政治工作。在全国率先召开全省非公有制经济领域纪念建党90周年暨先进典型宣讲电视电话会议，省委副书记夏宝龙出席会议并作重要讲话，8名非公有制经济代表人士进行先进事迹宣讲，得到中央统战部、全国工商联的高度评价。推荐3名非公有制经济人士在中央统战部、全国工商联联合召开的全国非公有制经济领域先进典型报告会上作报告。与省委统战部联合在清华大学举办第二期省优秀中国特色社会主义事业建设者理论政策研修班；与省社科院、南京银行杭州分行共同举办以“转型升级与富民强省”为主题的民营企业家年度论坛。配合中央调研组和省委、省政府深入开展和谐劳动关系调研。加入省劳动关系三方四家协调机制，向全省非公有制经济人士发出《深入发展和谐劳动关系倡议书》，同省总工会等单位联合开展“双爱双评”活动，组织和谐劳动关系先进企业赴基层巡回报告，引导和推动民营企业发展和谐劳动关系。组织非公有制经济人士参与新农村建设和光彩事业，与有关单位联合举办全省重点欠发达县新农村建设招商引资项目推介会，签约27个项目，涉及资金28.3亿元。做好6个低收入农户集中村和8个少数民族低收入村结对帮扶工作，落实帮扶资金75万元，被省委、省政府评为2011年度“低收入农户奔小康工程”结对帮扶工作先进单位。与省委统战部联合开展“光彩事业丽水行”活动，落实项目111个、帮扶资金1586万元，惠及群众42290户；圣奥集团等10家企业向省光彩事业基金会新增捐款1332.5万元。组织非公有制经济人士开展以“义行天下—浙商感恩”为主题的送温暖惠民活动，省、市、县三级联动，共组成985个慰问组，组织2631名非公有制经济人士，走访慰问2823名老革命、老党员、老模范和10015户城乡贫困户、困难户，发放慰问金2585.2万元。

五、切实加强工商联自身建设

大力发展会员，切实加强基层商会、行业商会、异地商会和直属商会建设，新增会员14603个，增长10.54%；新建乡镇（街道）商会等基层商会248个，行业商会148个，异地商会101个，分别增长18.75%、32.82%、24.81%。指导省工商联石材商会、园林花木商会顺利换届。吸收浙江省日化行业协会为团体会员，并挂牌浙江省工商联日化商会。增补执委144名、常委62名，进一步优化执（常）委会队伍结构。加强对市、县两级工商联换届工作的指导，8个市级工商联和29个县级工商联圆满完成换届。着力加强机关党的建设和干部队伍建设。成立机关党委，并经编委批准单独设立专职机关党委副书记。以建党90周年为契机，深入开展创先争优活动。注重干部学习培训和实践锻炼，选派19名干部到国（境）外学习考察和有关单位挂职锻炼，干部的素质能力得到很大提高，机关的凝聚力、战斗力、执行力得到全面提升。

安徽省工商业联合会工作综述

2011年，安徽省工商联紧紧围绕省委、省政府中心工作，坚持把学习贯彻中央16号文件精神贯穿到工商联工作各个方面，积极为促进“两个健康”和安徽经济社会平稳较快发展作出贡献。

一、以贯彻落实中央16号文件精神为统领，全面推动工商联事业健康发展

1. 参与起草安徽省实施意见

在省委统战部的牵头组织下，省工商联积极参与安徽省实施意见的起草，抽调精干人员深入全省16个市调研，通过召开各市工商联党组书记座谈会、各市委统战部部长会议、省工商联务虚会等多次进行讨论修改，主动到相关部门沟通协调，并向省委、省政府进行专题工作汇报，文件起草过程历时6个月，先后易稿20余次，经省政府常务会议研究颁布实施。

2. 承办高规格工作会议

根据省委部署，省工商联精心组织，具体承办了全省加强和改进工商联工作电视电话会议。省委书记张宝顺，时任省委副书记、省政协主席王明方出席会议并作重要讲话，全省各市分管书记、58个省直部门等在主会场参加会议。在分会场参加会议的人数达3000余人。

3. 推动文件精神在全省范围内贯彻落实

省委常委会和省政府常务会议先后听取工商联工作汇报。在省政府及编制部门的高度重视和大力支持下，在省工商联增设宣教处，增加处级领导职数3名，增加人员编制4名。积极协调推动11个县区工商联独立设置问题。部分市县工商联的机构编制、人员、经费等具体问题也得到有效解决。建立省工商联联系指导市县工商联工作制度。

二、以品牌活动为牵引，进一步增强工商联围绕中心服务大局的能力

1. 深入开展与全国知名民营企业合作发展活动

一是全力服务省政府和全国工商联在京签署战略合作框架协议。二是扎实做好已签约项目的跟踪落实和满意度回访工作。截至2011年11月底，2169个安徽省与全国知名民营企业合作发展签约合同项目中有1719个项目开工，投资规模7176亿元，开工项目累计完成投资额2636亿元。意向协议1446个项目转化为合同项目的达686个。三是深入推进与全国知名民营企业合作发展工作。在徽商大会上，安徽省与全国知名民营企业共洽谈并签约投资额5亿元以上项目100个，投资总额1711.1亿元。其中投资额10亿元以上合同项目52个，投资总额1434.4亿元，分别占总数的52%和83.6%。积极建议并协助省经信委出台了《关于进一步深化与全国知名民营企业合作发展的意见》。

2. 扎实推进“商会合作共建皖江”活动

推动多家知名徽商企业强强联合，共同投资打造了南翔万商同心（芜湖）国际商贸物流园区项目，总投资80余亿元。目前，省工商联已与滁州市政府和江北、江南两个集中区建立了战略合作关系，开展了系列活动，仅省工商联会员企业在滁州市的投资项目资金总额就达33.8亿元。在省工商联和芜湖市政府的推动下，由多家民营企业发起并主导、注册资金达30亿元的安徽新安金融集团股份有限公司在芜湖市正式成立。与安徽温州企业家联合会联合开展了“全球温商精英走进皖江”活动，省长王三运会见了代表团一行。

邀请了天津市民营企业家考察团赴芜湖、宣城等地考察，促进了天津与安徽省企业的合作交流。

3. 持续开展“百家民企进皖北”活动

先后协助阜阳、亳州两市在广州举办招商活动，并与广东省工商联联系磋商，组织广东省企业家到宿州参观考察发展环境，此后又协助宿州市开展对广东省工商联及商协会的回访活动。帮助亳州市赴浙江省开展招商推介活动。举办省政协工商联界别视察暨“百家民企进皖北”活动。省政协主席王明方，省政协副主席、省工商联主席李卫华带领省政协工商联界别委员、省工商联企业家副主席、副会长及部分行业商会会长共50余人，先后视察了亳州、阜阳两市重点企业和在建项目。据不完全统计，截至2011年9月底，工商联组织已先后组织了9批民营企业家、166人次赴皖北考察。全省各级工商联组织民营企业在皖北3市7县签约项目共计31个，项目总投资额达185亿元，目前已开工项目累计总投资达82.9亿元。

4. 认真组织实施“工商联直通车”工作机制

积极推动省委办公厅、省政府办公厅正式发文，将“工商联直通车”工作机制在全省各级党委、政府层面予以制度化。2011年以来，省工商联积极报送“工商联直通车”意见、建议。其中，《构建社会化的服务体系：加快中小企业发展的治本之策》得到省委、省政府主要领导张宝顺、王三运、詹夏来、黄海嵩的高度重视，并分别作出重要批示。

5. 精心组织实施同心示范工程和光彩事业

省工商联主要领导多次赴金寨县斑竹园镇桥口村实地考察和了解情况，先后组织实施了助学计划、医疗救助计划等同心示范工程，并组织民营企业家深入桥口村，实地考察该村生态旅游和农民工创业园项目等。省工商联直属商会企业家共捐资117.8万元，资助217名贫困大学生圆了大学梦。积极开展光彩事业，认真做好蚌埠、萧县两所光彩小学的项目立项、跟踪服务和验收交付等工作。

三、以“两个健康”为己任，积极提供切实有效服务

1. 积极为非公经济发展建言献策

组织开展了全省中小企业综合调研、中小企业和实体经济生存状况跟踪调研、地方金融体系建设调研等多次调研活动，调研成果被《安徽日报》、《安徽调研》、《社情民意》等刊登或采用。积极推动省政府《关于促进当前工业经济平稳运行的意见》、省政府办公厅《关于支持中小企业微型企业发展的政策建议》等文件的出台。

2. 继续开展百名排序活动

连续13年开展安徽省上规模民营企业经营情况调查和百名排序活动，受到社会各层面的关心重视，已成为社会各界了解我省民营经济发展情况的窗口。同时，从参加企业中选优选强，向全国工商联推荐上报了安徽省274家上规模民营企业调研材料，获全国工商联上规模民营企业调研工作二等奖。

3. 主动开展银企对接服务

在省工商联的指导协调下，全省各市工商联投融资服务中心分别向金融机构等单位推介136个项目，拟融资额达到30.9亿元，实际发放金额7.3亿元，项目总投资额达到89亿元。与杭州银行合肥分行在合肥签署战略合作协议，该行给予省工商联所属行业商会及会员企业授信30亿元。促成了浦发银行与省工商联直属商会的合作，帮助建设银行、民生银行等金融机构在省工商联直属会员商会和电线电缆商会开展联保贷款业务工作。

4. 积极为民营企业提供人才服务

省工商联人力资源市场网站全年提供10000多条最新招聘信息，50万人浏览网站，发布橱窗招聘信息10000条，举办300余场招聘会，进场招聘企业5000多家，进场求职者25万人次。

5. 切实保护民营企业合法权益

与省高院联合下发《关于建立健全涉及非公有制企业商事纠纷诉调衔接机制的意见》（皖高法〔2011〕432号），有力地推动了省工商联维权工作的开展，提高了商会调解组织的公信力和权威性。

6. 积极为构建和谐劳动关系服务

联合省人社厅、总工会共同对全省范围内吸纳就业、参加社会保险和维护职工合法权益作出突出贡献的80家民营企业进行了表彰。6月，对蚌埠、马鞍山、黄山、安庆、铜陵、巢湖6市工商联参与劳动关系工作进行重点调研，形成了

《关于工商联参与协调劳动关系三方机制情况的调研报告》。

7. 扎实做好信息服务工作

做好省工商联门户网站及“工商联网络办公平台”更新维护及信息发布工作，获得2011年度全国工商联信息工作先进单位。与科大讯飞合作建设“联商在线”中小企业公共服务平台，举行“联商在线”发布会。

8. 进一步加强对外联络工作

配合省政府做好第七届中国国际徽商大会的邀商和服务工作。指导成立了迪拜安徽商会，新建立了与台湾工商建设研究会、澳门安徽联谊总会的友好商会关系，联系与巴西巴中商会、美国纽约华人总商会协商建立友好合作关系。

9. 树立宣传非公有制经济领域先进典型

开展“宣传民营经济好新闻评选”活动，设立100万元专项基金，奖励在宣传和服务安徽民营经济发展方面作出突出贡献的单位和个人。在工商导报、工商联网站、安徽民企开辟“先进典型”宣传栏，进行集中宣传报道。积极开展“民营企业家大讲堂”活动。

四、以“共成长”活动为总抓手，全面推进机关效能建设

1. 坚持“共成长”活动与效能建设有机融合

“与民营经济共成长”活动是以工商联服务科学发展和实现自身科学发展为目的，力争用3年时间，使工商联服务能力、队伍建设有一个全面的提升，切实增强工商联履职尽责能力。今年以来，省工商联坚持把效能建设与共成长活动紧密结合，以共成长活动为总抓手，把效能建设与中心工作、重大任务、队伍建设完全融为一体，统一计划、统一部署、同步推进、同步考核。通过“大学习”、“大讨论”、“大宣传”、“大培训”、“大督查”，使2011年共成长活动和效能建设丰富多彩。同时，各市县都成立了共成长活动领导小组，确保机制健全，形成上下联动的有效局面。

2. 组织实施系列培训

首次与省委组织部、省委统战部、省委党校联合举办两期全省工商联工作和非公经济发展专题研讨班，来自各市、县区的党政分管领导、统战部长、工商联主席书记、省直有关部门负责人和民营企业家共240余人集中同班学习。连续举办三期全省工商联系统干部培训班。省、市、县（市、区）各级工商联领导干部和业务骨干，有关行业商协会共300余人参加培训。这是省工商联第一次将省、市、县三级工商联干部集中在一起，进行有计划、有针对性地大规模、高强度、高密度的专题培训。

3. 加强会员队伍和行业商会建设

全年发展会员增长比例为8%，省工商联发展直属会员32家。加大行业商会组建步伐，全年新成立了6个行业商会，已批准在筹的有2个行业商会，指导筹备成立了安徽河北商会。在行业商会组建的同时，着力抓行业商会的规范管理和异地商会的联络服务工作。同时，对全省工商联（省、市、县三级）会员数据库实现分级管理，目前已经完成1.6万家会员企业数据录入工作。

福建省工商业联合会工作综述

2011年是全面实施“十二五”规划的开局之年，也是全省深入贯彻落实中央16号文件和《中共福建省委、福建省人民政府关于加强和改进工商联工作的实施意见》（简称《实施意见》）精神，全省工商联工作取得丰硕成果的重要一年。一年来，福建省工商联深入学习贯彻党的十七届五中、六中全会和省第九次党代会精神，全面推动实施《海峡西岸经济区发展规划》，把中央16号文件和《实施意见》精神贯穿到工商联工作全过程，努力促进“两个健康”，为在更高起点上推进福建发展和海西建设作出了应有贡献。

一、以贯彻落实中央16号文件精神为契机，推动全省工商联工作开创新局面

中央16号文件出台后，福建省工商联迅速向省委、省政府汇报，认真组织各级工商联深入学习贯彻，加强与相关部门的联系沟通，在全国工商联系统内较早促成省委、省政府出台《实施意见》并召开全省加强和改进工商联工作会议。为检查和推动市、县贯彻落实中央16号文件和《实施意见》精神，会领导分赴各地调研指导，李祖可主席和王玲书记联名向全省84个县（市、区）的主要领导致函，希望各地党委政府进一步重视支持县级工商联工作。从11月起，专题编发每周一期的“情况简报”，进一步总结、推广、宣传各地的贯彻落实情况，其中有3期在全国工商联贯彻落实中央16号文件情况简报上全文刊出。

主动与省人力资源和社会保障厅、省总工会等部门沟通协调，于7月正式加入了福建省协调劳动关系三方会议。依法依规依策，研究确定了《福建工商时报》主管主办模式。在9月全国工商联召开的省级工商联办公室工作座谈会上，福建省工商联作为八个典型之一进行了经验交流。同时，以创先争优为动力，着力加强机关党的建设、干部队伍建设、制度建设和作风建设，积极开展庆祝建党90周年系列活动。制定了《福建省工商联信息工作制度》，荣获全国工商联“2011年度信息工作先进单位”称号，在省统战系统信息工作总评中荣获一等奖。

二、以民营企业产业项目对接为着力点，推动民营经济转型升级实现新跨越

根据省委、省政府的工作部署，举全省工商联之力做好民营企业产业项目对接工作，在赴省内各设区市和16个省、区、市开展大调研、大宣传、大发动工作的基础上，形成《关于福建省民营企业产业项目对接工作调研报告》，获得省委孙春兰书记的重要批示和充分肯定，积极争取到全国工商联作为福建省民营企业产业项目洽谈会的主办单位，全国工商联党组书记、第一副主席全哲洙专程出席洽谈会并作重要讲话。洽谈会共形成对接项目1334项，总投资超过12801亿元。主动做好对接项目的跟踪落实服务，力促签约项目及时落地、早收成效。

努力提升服务民营经济发展的水平，注重加强与省外、国外商会的互动交流，在5月与贵州省总商会签订了闽黔两地商会战略合作协议，在9月与德国中小企业联合总会签订了友好合作协议。巩固与建设银行、民生银行、招商银行的合作成果，推进与工商银行、中信银行的战略合作关系。探索与省外事办合作，推荐符合资信条件的执委企业申办“APEC商务旅行卡”。开展“民营企业招聘周”活动，全年共组织1063家民营企业入场招聘，提供就业岗位15316个，达成就业意向4160多个。坚持做好职称评定工作，一年来经考核评审通过获得非公有制企业专业技术职称的共有3676人。

三、以深入开展调查研究为基础，推动参政议政工作收获新成果

在深入基层、深入企业调查研究的基础上，形成了一批优秀调研成果。其中，《关于进一步提升我省县域民营经济发展水平的思考与建议》刊登在省委政研室《调研文稿》第14期，《关于进一步推动福建省非公有制经济组织党建工作的思考和建议》进入全国工商联理论框架体系的专题研究成果库，《关于推动福建省中小企业实现科学发展和跨越发展的调查与建议》入选《2011年中国中小企业调研报告》蓝皮书。在全国工商联系统优秀调研成果评比表彰中，获得二等奖1篇。在第七届“全面推进海峡西岸经济区建设建言献策论坛”优秀论文评选中，推荐的调研报告获得一等奖1篇、二等奖1篇、三等奖3篇。编印《福建民营经济发展报告（2010）》和《2011年调研论文集》，收录全省工商联系统优秀调研成果79篇。

一贯重视参政议政职能的充分发挥，注重成果及时转化。7月，福建省工商联《关于贯彻落实〈海西规划〉的几点建议》在《八闽快讯》上以专报件刊出，省委书记孙春兰、省长苏树林分别作出重要批示。10月，针对福建省民营企业尤其是小微企业在当前经济形势下存在的突出问题和困难，开展专题调研，形成了《当前福建省中小民营企业发展状况的调查与建议》，并以专报件形式刊登在《八闽快讯》第1585期，获省委副书记陈文清充分肯定并签批“调查与建议很有参考价值”。

四、以树立宣传先进典型为载体，推动思想政治工作迈上新台阶

认真落实“团结、服务、引导、教育”的工作方针，采取“五个一”方式做好树立宣传非公有制经济领域先进典型工作。12月28日，经省委领导同意，与省委统战部联合召开有1000多人参加的“全省非公有制经济人士弘扬感恩文化暨先进典型事迹报告大会”，树立宣传了10名非公有制经济领域先进典型，20多家主流媒体都作了宣传报道，在社会上产生了强烈的反响。

着力加强非公有制经济人士教育培训和评选表彰工作。12月初选送11位民营企业家参加省委组织部在省委党校举办的“全省第一期大中型企业负责人进修班”，这是福建省民营企业家首次被纳入省委组织部的培训范围。在第六届全国民营企业“关爱员工、实现双赢”评选表彰中，吴惠天、刘用辉等4位民营企业家荣获“全国关爱员工优秀民营企业家”称号，七匹狼集团等4家企业荣获“全国双爱双评先进企业”。

深入实施“同心”品牌“六大行动”，发动民营企业家帮扶助推政和县发展，做好援藏援疆援宁和支援闽西北灾后重建后续工作。8月，与省委统战部、省光彩会联合以“同心·海西春雨光彩助学”为抓手，向164名三明、南平、龙岩、宁德4个设区市及政和县的大学生、福建农林大学部分贫困大学生发放助学款62.32万元，同时联动各设区市和部分县（市、区）在同一时间开展助学活动。据不完全统计，2011年各级工商联发动非公有制经济人士参与捐资助学，共筹集资金3375万元，产生了良好的社会影响。

紧扣迎接建党90周年，以指导非公有制经济组织开展创先争优活动为契机，抓住企业党组织负责人、党建指导员和企业主要出资人“三个关键”，举办了“福建省非公有制经济组织创先争优活动培训班”，扎实推动服务行业非公有制企业“为民服务创先争优”和“深入基层大走访”活动，开展6个专题的非公党建课题研究。按照基层党组织、共产党员、党务工作者、企业出资人4种类型，编印4册《福建省非公有制经济组织创先争优活动先进事迹材料汇编》，宣传推广了120个先进典型。推动各级人大代表、政协委员、工商联常执委、个体私营企业协会理事所在企业组建党组织，覆盖率提高了3.11%。

五、以海峡两岸商会经济论坛为突破口，推动两岸商会交流合作增创新优势

6月12日，与漳州市政府共同承办的第三届海峡两岸商会经济论坛在漳州举行，全国工商联副主席褚平、中国国民党副主席曾永权、省政府副省长叶双瑜出席论坛并致辞。两岸四地商会、企业界人士及专家学者共500多人参加了论坛。此次论坛实现了从规格到规模的全面提升，首次作为第三届海峡论坛的子论坛，首次由全国工商联、闽台经济合作促进委员会和台湾八大工商社团共同主办，是ECFA生效后首次两岸最高级别的商会交流合作活动。论坛期间，签署了《泛珠三角区域商会与台湾工商社团交流合作框架协议》，标志着两岸商会的合作交流步入了制度化、常态化轨道。向省委、省政府呈报的《关于第三届海峡两岸商会经济论坛的报告》，得到了苏树林省长、陈文清副书记、陈桦副省长、叶双瑜副省长等省领导的重要批示。

六、以培育和发展中国特色商会组织为抓手，推动基层组织建设取得新进展

始终坚持统战性、经济性、民间性的有机统一，积极培育和发展中国特色商会组织，取得了明显成效。在全国工商联商会建设工作会议上，福州市工商联作为大会经验交流的12个单位之一，代表福建省工商联系统作了典型发言，得到全国工商联领导的充分肯定。

把换届工作作为工商联组织建设的重要环节，积极配合地方党委做好市、县工商联换届工作，选好配强工商联领导班子。10月，召开全省工商联（总商会）换届工作会议，省委副书记陈文清到会做重要讲话；在各设区市工商联换届大会上，当地党政主要领导以不同方式出席大会，会见新班子并讲话。12月底，按规定要换届的市、县两级工商联均已圆满完成换届工作。

认真履行社会团体业务主管单位职责，加强对直属组织、行业商会的监督和管理。与省委统战部联合召开福建省异地商会工作会议，下发了《关于加强异地福建商会工作的若干意见》，引导闽籍异地商会健康有序发展。截至2011年年底，福建省各级异地商会共563个，其中省级福建商会31家，市级福建商会96家。同时，认真做好“三个结合”的工作，引导和鼓励新成立或进行换届的商会组织踊跃参加“同心”品牌系列活动。

江西省工商业联合会工作综述

2011年，江西省工商联在省委、省政府的正确领导下，在全国工商联和省委统战部的具体指导下，认真学习胡锦涛总书记“七一”重要讲话精神，深入贯彻党的十七届六中全会和省第十三次党代会精神，树立科学发展观，紧紧围绕中心、服务大局，认真履行职能、夯实组织基础、强化机关建设、创新服务发展，各方面工作都取得了较为明显的成效。

一、2011年工作主要成效

（一）积极推动中央16号文件精神的贯彻落实

中央16号文件出台后，先后在党组理论专题学习会、机关干部学习讨论会、工商联党员干部学习会、九届五次执委会、九届六次常委会等会议上组织各级工商联机关干部和非公经济代表人士集中学习文件精神。在深入调研的基础上，与省委统战部共同起草了江西省贯彻落实文件精神的实施意见代拟稿《中共江西省委江西省人民政府关于加强和改进新形势下工商联工作的实施意见》，该实施意见经多番修改后于2011年7月22日正式颁发。7月29日，江西省加强和改进新形势下工商联工作会议在南昌召开，省委常委、组织部长莫建成主持会议，省委副书记张裔炯同志参加并讲话，进一步推动了学习贯彻中央16号文件、《实施意见》的新高潮。

（二）推动非公党建和非公有制经济人士思想政治工作取得实效

1. 召开全省非公有制经济组织党建工作推进会

2011年11月15日，召开了全省非公有制经济组织党建工作推进会，会上宣读了省委书记苏荣关于非公有制经济党建工作的三次重要批示和省委常委、组织部部长、统战部部长莫建成关于加强非公有制经济组织党建工作的批示。省委常委、省委统战部部长蔡晓明出席会议并讲话。

2. 深入开展非公有制经济组织创先争优活动

根据中央、省委统一部署，在全省非公有制经济组织中深入开展创先争优活动。根据江西省实际制定下发了《全省非公有制经济党组织创先争优活动指导小组指导工作若干制度》、《关于将救灾重建作为全省非公经济组织创先争优生动实践的通知》等一系列文件指导活动的开展。为加大创先争优活动宣传力度，编发创先争优活动简报52期，并积极向全国非公创先争优活动指导小组和省创先争优活动领导小组报送最新动态。为加强对各设区市非公有制经济组织创先争优活动的指导和检查力度，派出督导组赴全省各设区市检查督导活动开展情况，及时发现总结推广活动中好的经验做法，对活动中遇到的有关问题给予帮助解决。

3. 扎实推进各级非公党工委的组建

中共江西省非公有制经济组织工作委员会于2010年8月批复成立后，为推动全省各设区市、县（市、区）非公党工委组建，根据《中共江西省委关于进一步加强和改进党的基层组织建设的意见》（赣发〔2011〕14号）精神，对各地非公党工委组建工作明确提出时间节点和进度要求，极大地推动了各级非公党工委的组建步伐，截至2011年年底，全省市县两级非公党工委的成立工作已基本完成，在全省初步形成了自上而下的非公有制经济组织党建工作网络。

4. 举行感恩革命老区井冈行活动

由中央统战部、中国光彩事业促进会主办的“非公有制经济人士感恩革命老区井冈行”活动暨纪念建党90周年座谈会，2011年6月8日至9日在中国革命的红色摇篮井冈山市隆重举行。全国工商联党组书记、第一副主席全哲洙率领150位全国知名非公有制经济代表人士前往革命老区开展革命传统教育，此次活动将向井冈山革命老区感恩捐赠1500余万元，省委副书记张裔炯出席活动。组织江西远泉实业集团有限公司等4家民营企业参选第四届“光彩事业国土绿化贡献奖”。组织88家会员企业参加“2011年民营企业招聘周”活动，提供6000多个就业岗位，实际招聘2460人。

（三）调研活动和参政议政工作取得实效

1. 深入开展多项调研活动

广泛听取企业家副主席、副会长的意见建议，充分借用社会研究资源，调动工商联机关干部和广大非公有制经济人士参政议政热情，围绕服务非公有制经济发展、事关我省经济发展全局的问题深入开展调查研究，先后选定“江西省民营经济发展分析”、“江西省中小企业综合性调研”、“新形势下非公有制经济组织党建工作研究”、“新形势下工商联组织建设工作研究”、“非公有制经济组织优秀人才状况”、“非公有制经济组织党员发展教育管理服务”等十多项课题开展调研，调研成果分别以不同的形式上报全国工商联、省委、省政府有关领导及部门。

2. 建言献策质量稳步提升

在充分利用调研成果的基础上，通过人大会议、政协会议、党外人士座谈会等多条渠道向省委省政府建言献策。在江西省政协十届四次会议上，组织提交了“关于促进江西民营经济科学发展的建议”、“关于推进我省非公经济党建工作的建议”等提案，其中“关于促进江西民营经济科学发展的建议”被确定为重点督办提案。对省人大第十一届四次会议需我会协办的“关于加强对非公有制经济后备人才培训工作的建议”和省政协十届四次会议需我会主办的“关于发挥江西泉商作用的建议”提案，及时办理并进行提案答复。在省政协第五次提案工作会上，江西省工商联“建议营造宽松优良环境促进非公有制经济又好又快发展”、“进一步优化我省民营经济发展软环境”、“关于推进我省服务外包产业发展的建议”3项提案被评为本届优秀提案，省工商联被评为参政议政工作先进单位。

（四）服务非公有制经济发展取得实效

1. 深化银企合作推进融资服务

与交通银行、民生银行建立合作关系，举办银企对接会，直接与省内60多家企业进行了对接，加强了双方的联系沟通，解决了一批中小企业的融资难题。

2. 协助招商引资、促进经贸交流

一是2011年5月协助江西省政府在香港成功举办招商引资活动周活动，分别和香港青年企业家协会、香港九龙总商会、香港广东商会、中港企业家协会等5家商会组织建立了友好合作关系。二是配合组委会邀请了三井物产株式会社、松下电工（中国）有限公司等13家世界500强企业参加第七届泛珠三角区域合作与经贸论坛，被省委、省政府评为“第七届泛珠三角区域合作现发展论坛暨经贸洽谈会先进单位”。三是累计组织了280多人次参加“第三届海峡两岸商会经济论坛”、“第五届中国企业国际融资洽谈会”等区域经贸交流活动，成功主办了“2011年经济趋势暨十二五规划与企业经营战略”论坛、“浙江宁波—江西煤炭业务洽谈会”等活动。

3. 加强与境外工商社团的联系，加快实施“走出去”战略

积极组织赴国外商务考察活动和经贸交流，与澳大利亚维多利亚雇主工商会、新加坡中华总商会、泰国中华总商会、柬埔寨中国商会、台湾八大工商社团以及香港地区5家商会建立了友好合作关系。与省“走出去”工作推进领导小组各成员单位协商建立了“江西省走出去工作协调推进制度”和“江西省走出去信息平台沟通制度”，参与制定了《关于加快推进全省“走出去”工作的指导意见》；收集中央和地方60多个促进民营经济发展的政策文件以及江西省“走出去”业务指南，汇编成册下发给全省各市县级工商联以及广大会员企业。2011年4月，会同海

关、出入境检疫、税务等部门，联合开展了民营企业“走出去”业务咨询活动。

4. 加强科技服务促进转变发展方式

在2011年江西“同心报国基地”科技成果产业化洽谈会上，向全省发布了39项科研成果进行配对，为企业寻求科技项目支撑。推荐江西省民营企业参加“全国工商联科学技术奖”评选，5家民营企业获此殊荣。

5. 做实法律服务平台

继续推动与相关部门建立工作联系制度。向全省各级工商联推广工作联系机制，巩固现有的联系制度，积极与省公安厅、省环保厅、省科技厅、省国税局、省地税局等部门沟通协调，联合开展调研，探索服务非公经济发展的法律工作平台。召开优化民营经济发展环境经验交流会，邀请建立联系制度的有关部门负责人参加。积极开展民营企业法律咨询服务，加强法律风险防范，帮助协调解决法律纠纷，切实维护企业合法权益。

山东省工商业联合会工作综述

2011年，山东省工商联深入贯彻落实科学发展观，立足实际，全面贯彻落实中央16号文件精神，在省委、省政府的正确领导和全国工商联、省委统战部的具体指导下，强化大局意识、责任意识、创新意识，以更加宽广的视野、更加宽阔的胸怀、更加积极的心态，抓住机遇，乘势而上，积极作为，各方面工作取得了新进展、作出了新贡献。

一、在贯彻落实中央16号文件精神上取得新突破

中央16号文件下发与全国加强和改进工商联工作会议召开后，省委、省政府高度重视。省委常委会学习传达了全国加强和改进工商联工作会议精神，听取了省工商联工作汇报，省委书记、省人大常委会主任姜异康、省委副书记、省长姜大明作出重要批示指示。1月17日，省委、省政府召开全省工商联工作会议，省委副书记、省政协主席刘伟同志出席会议并作重要讲话，省委常委、常务副省长王仁元主持会议，省政协副主席、省委统战部部长张传林作总结讲话，省直有关部门和各市党政负责人等参加会议。4月16日，省委、省政府出台了《关于贯彻〈中共中央国务院关于加强和改进新形势下工商联工作的意见〉的实施意见》，就如何全面贯彻落实中央16号文件作出部署。面对良好的发展机遇，山东省工商联脚踏实地、持续推动，把2011年确定为中央16号文件学习宣传年，5月，在全省集中开展了“宣传月”活动；举办了新形势下工商联工作知识电视大奖赛；在《大众日报》开设专栏，刊发了省委统战部、省工商联主要领导同志关于学习贯彻中央16号文件的署名文章；会领导还接受多家媒体的采访，在《人民日报》、《人民政协报》、《中华工商时报》、《联合日报》等发表了多篇署名文章。工商联工作在全面进入党政领导班子决策视野的同时，也受到了有关部门的重视和支持，地位和作用正在得到越来越多的社会认可。2011年，山东省工商联参加（列席）省委、省政府重大会议的次数逐渐增多；省政府还作出重大决定，今后召开的有关工业和信息化、工商、质监、安监等领域的重要会议要安排省工商联参加，凡是邀请省属企业参加的，同时请省工商联副主席企业（或部分代表性民营企业）负责人参加。结合学习贯彻中央16号文件工作和工商联集中换届的机会，在全省工商联系统推广菏泽“一二三工程”（即为工商联配1台车；二岗合一即县级工商联主席兼任副县级领导职务；至少解决3个行政编制）经验，取得积极成果，被评为2011年度全国工商联（商会）“十大工作亮点”第一名。全省各级工商联在同级党委统战部门的大力支持下，积极争取领导职数、人员编制和办公经费，努力改善办公条件，为今后工作开展奠定了坚实基础。

二、在非公有制经济人士思想政治工作上取得新成效

以庆祝建党90周年为契机，举办了山东省民营企业庆祝建党90周年书画展，召开了全省非公有制经济代表人士学习胡锦涛总书记“七一”重要讲话精神座谈会，着力强化非公有制经济人士的理想信念、社会责任、奉献精神。充分发挥工商联参与政治协商、民主监督、参政议政的优势，深入开展调查研究，在全省工商联系统实行调研课题制，由会领导担任课题组长，并带队分赴基层开展调研活动，取得了一批优秀理论调研成果，通过参政议政，集中反映非公有制经济人士的所思所盼和利益诉求，向省政协十届四次会议提交的《关于依法推进信用担保体系建设、促进民营企业融资的建议》被列为重点提案，刘伟同志和省委常委、副省长王军民作出批示，省政协副主席乔延春带领有关部门的同志就提案涉及的内容进行了专题调研，为推动我省出台相关政策措施提供了依据。坚持团结、稳定、鼓劲和正面宣传为主，在省工商联十一届十一次常委会上命名表彰了103名山东省优秀民营企业家，在全省民营企业中举办了2011年山东民营企业100强、山东省民营企业公益之星、山东省最具发展潜力民营企业3项评选活动，开展了树立宣传非公有制经济先进典型、全国“关爱员工、实现双赢”先进单位和个人推荐、全省“关爱员工、实现双赢”先进单位和个人评选等工作。在加强和创新非公经济领域社会管理工作中，与践行“三强”（强信念、强责任、强奉献）、争创“三百”（民企百强、公益百星、潜力百家）活动紧密结合，大力弘扬“爱国、敬业、诚信、守法、贡献”的优秀建设者精神。坚持以人为本、服务会员，与北京银行济南分行、中国银行济南分行、山东邮政储蓄银行、交通银行济南分行等金融机构签署了战略合作协议，切实帮助会员破解融资难问题；与省人力资源和社会保障厅、省教育厅、省总工会在县级以上城市组织开展了民营企业招聘周活动，建立多部门、多渠道、多层次的供需对接平台，着力破解民营企业招工难问题；借助社会力量，维权与防范并重，与省人力资源和社会保障厅举办了劳动关系法律风险防范实务培训班，积极帮助会员协调社会关系、化解经济纠纷；协助会员申报全国工商联科技进步奖和国家级火炬计划项目、星火计划项目，切实把思想政治工作做到心坎上，落实到促进发展的实际工作中。

三、在服务地方经济建设和会员科学发展上作出新贡献

根据省政协主要领导指示，会主要领导带领有关方面的同志组成调研组，就如何推动山东半岛蓝色经济区建设的深入实施进行了专题调研，以此为基础形成的十届省政协二十一次常委会建议案受到各方高度重视。围绕山东省“十二五”规划确立的主题主线，加快推进“蓝黄”两区建设，由全国工商联、山东省人民政府主办，省工商联和东营市人民政府承办的第九届“齐鲁行”活动于9月15日至18日在东营举行。黄孟复、姜大明、连成敏、张传林等省领导出席活动，达成了88个合作项目。积极配合全国工商联开展中小企业综合性调研，通过走访企业、与地方有关部门和中小企业负责人座谈、问卷调查等形式，形成了山东中小企业综合性调研报告，及时向省委、省政府及有关部门反映了制约山东省中小企业加快发展方式转变的突出问题。在全国工商联十届七次常委会上，就如何推动和服务中小企业发展作了大会发言。积极推动会员“走出去”，与省经信委、山东财经大学（筹）、韩国中央大学联合举办了“首届中韩物流高层研讨会”，组织会员到陵县、薛城、胶南等地举办了民营企业家“区县行”活动，组团参加了2011中国青海绿色经济投资贸易洽谈会、第五届中国企业国际融资洽谈会、广东与国内知名民营企业合作发展共促转型升级大会等活动。主动加强与港澳台和国外工商社团的合作，组团参加了2011年两岸农产加工食品业交流暨参访活动、第二届两岸中小企业合作发展论坛、第十一届世界华商大会，组织3个企业考察团赴德国、瑞士、美国、加拿大、澳大利亚等国进行访问，达成了一批合作项目。

四、在支持非公有制经济组织党工委履行职责上取得新进展

省委决定依托山东省工商联成立省非公有制经济组织党工委，是对工商联工作的高度重视和充分信任。目前，全省绝大部分市县非公有制经济组织党工委依托工商联组建，虽然工商联和党工委的工作侧重点不同，但都在同一领域工作、领导成员相互兼职，理应是“一家人”，必须团结一心、紧密配合，工作上做到一起研究部署、一起检查督导、统筹兼顾、同抓共促。一年来，根据中央、省委和全国非公经济组织创先争优活动指导小组的部署安排，配合党工委召开了全省非公经济组织创先争优活动推进会议，围绕“组织创先进、党员争优秀、企业有发展、职工得实惠”目标，务实做好第二轮承诺、践诺、评诺工作和“创先争优、为民服务”活动，扎实推动全省非公经济组织创先争优争做齐鲁兴业先锋活动向深度广度发展。协助党工委与省委组织部、省委统战部联合开展了非公经济组织党建情况专题调研，与省委组织部、团省委等部门和单位下发文件，在全省非公有制企业中按照党员“一方隶属、多重管理、全程作用”模式“建组织、扩覆盖”，加大“兼合式”党组织、团组织组建力度，全省规模以上非公有制企业党组织实现全覆盖。支持党工委认真贯彻落实全省推进基层党务公开工作电视电话会议和省委、省政府加强和创新社会管理工作电视电话会议精神，制定全省非公有制企业党组织党务公开工作实施意见，成立了全省非公经济组织社会管理工作指导小组。在协助开展全省非公经济组织党建工作中，着力教育引导非公有制企业出资人支持党建工作，努力形成出资人重视支持企业党建、党组织负责人履职尽责、党建指导员助推引领的工作机制，积极选树培育先进典型、宣传推广成功经验、营造良好工作氛围。在中央组织部和全国党建研究会开展的全国非公有制企业发展强、党建强“双强百佳党组织”评选活动中，全省各级工商联、党工委紧密配合、通力合作，山东省推荐的10家企业入围全国150家候选名单，其中5家获得殊荣并受到表彰。

五、在实现工商联自身科学发展上取得新成绩

主动适应新形势、新任务对工商联工作提出的新要求，积极探索和建立健全符合我省工商联特点的工作制度、管理办法和办事程序。实施了机关作风能力建设系统工程，深入开展“学习年”主题实践活动，认真组织机关干部系统学习中国特色社会主义理论体系和业务知识。以加强党的执政能力建设和先进性建设为主线，建立目标管理考核体系，全面加强机关党的思想建设、组织建设、作风建设和党风廉政建设。把创建省级文明机关纳入总体工作范畴，健全文明创建机制，完善文明创建制度，探索文明创建规律，进一步提高创建工作的质量和水平。坚持重心下移、面向基层，大力发展会员，全力支持基层工商联和会员开展活动。围绕中国特色商会组织建设开展了专题调研，注意在新兴战略产业发展会员，成立了山东省工商联商联书画院。加强工作指导，直属商会的工作特色突出、充满活力，如由山东省各异地商会、省工商联各直属商会共同参与的“滨州行”活动，省工商联女企业家商会举办的第三届“影响山东十大经济女性”评选表彰活动，省工商联酒店业商会举办的“千家万店拒用地沟油”活动等，都产生较大影响，收到良好效益。主动加大与异地山东商会的联谊工作，在苏州召开了第五届全国山东商会联谊年会，与全国43家异地山东商会建立了工作联系。

河南省工商业联合会工作综述

2011年，在河南省委、省政府的正确领导下，在全国工商联、河南省委统战部的具体指导下，河南省工商联以科学发展观为指导，以贯彻落实中央16号文件精神为统领，以促进“两个健康”为宗旨，围绕中心，突出重点，打造平台，服务大局，各项工作取得了新进展。

一、中央16号文件贯彻落实情况

2011年是全面深入贯彻落实中央16号文件精神的第一年。省工商联向各级组织发出了深入学习贯彻中央16号文件精神及全国加强和改进工商联工作会议精神的通知，向省委、省政府提出了贯彻落实的意见建议。9月5日，正式颁发了《中共河南省委省政府贯彻〈中共中央、国务院关于加强和改进新形势下工商联工作的意见〉的实施意见》，9月14日，全省加强和改进工商联工作会议在郑州召开，省委副书记、省政协主席叶冬松出席并作重要讲话，省委组织部、省财政厅等9部门就落实文件要求、支持工商联工作作了发言。

省工商联制定了驻会领导班子成员分工联系基层工商联制度，并印发《关于建立省、市工商联领导成员分工负责县级工商联组织建设联系点的通知》，指导加强县级工商联建设。召开了全省思想政治工作座谈会，对新形势下的思想政治工作进行了研讨和交流。

二、宣传教育工作

凝心聚力，开展主题教育。围绕纪念中国共产党诞辰90周年，各级工商联在非公有制经济界广泛开展了“上党课、唱党歌、报党恩、促党建”系列活动。省工商联邀请重庆力帆集团董事长尹明善作了“坚持改革开放不动摇”专场报告，邀请省委党校教授为非公有制经济人士讲党史；举办了河南民营企业“激情中原·放歌五一”文艺晚会和庆祝建党90周年红歌比赛；组织了“真情报党恩”系列活动，为贫困学生捐赠“爱心包裹”，捐赠助老工程、教育基金、光彩事业；组织非公有制经济代表人士赴革命老区慰问老红军，接受革命传统教育；与省残联共同开展了“爱撒残疾人”活动。

彰显形象，树立宣传典型。省工商联与省委统战部商省委宣传部下发了《关于加强非公有制经济领域先进典型的宣传报道意见》，杨清河、王超斌、李彪、韩宪保、赵孙立、杨志萍被全国工商联树为先进典型；会同省委统战部开展了“建设者风采——2011巡礼”活动；与省委统战部、省扶贫办共同举行了“千企帮千村、村企共建扶贫工程”经验交流暨总结表彰大会；与省总工会联合开展了“关爱员工、实现双赢”评选表彰活动。《中华工商时报》全年报道河南省的宣传稿件近20万字，位居全国第一。

提升素质，注重学习培训。一是开展政治理论学习。组织企业家认真学习胡锦涛总书记“七一”讲话、国务院《关于支持河南省加快建设中原经济区的指导意见》、中共十七届六中全会、省九次党代会精神，引导企业家正确认识形势、准确把握政策、抓住重大机遇、坚定发展信念。二是开展业务学习。执常委会期间邀请专家讲解企业上市知识，帮助企业走进资本市场；与团省委共同举办了“中原经济区发展论坛暨河南省青年企业家走进资本市场”报告会；与清华大学经济管理学院联合举办了“清华EMBA名师管理论坛”；组织企业家赴北京和天津参加了中国民营企业投资与发展论坛。

搭建平台，推动履行责任。省工商联成立了省民营企业社会责任促进中心，开展民营企业社会责任调查和统计，积极探索建立全省民营企业社会责任评价体系。与河南日报报业集团联合主办了2011河南省产业集聚区高峰论坛暨河南最具产业竞争力集聚区评选活动。

三、调查研究和参政议政工作

服务大局，深入调查研究。一是组成多个调研组，深入市、县产业集聚区和异地商会，开展招商引资环境调研，形成了《关于我省招商引资环境的调研报告》，向省委、省政府提出了优化招商引资环境和建立“政府支持、商会主导、企业参与”招商模式的建议，受到省委、省政府领导的高度重视。二是深入中小企业调查，召开企业和政府有关部门座谈会，了解中小企业发展情况及存在问题，形成了《河南省中小企业综合性调研报告》，受到全国工商联重视，部分建议被全国工商联调研报告采纳。《关于我省民营企业转变发展方式情况的调研报告》获得“2011年全国工商联系统优秀调研成果”一等奖，上规模民营企业调研被全国工商联评为一等奖，民营企业参与光彩事业调研被全国工商联评为二等奖。

当好参谋，积极建言献策。在省政协十届四次全会上，省工商联提交团体提案及大会发言16份，本界别的省政协委员提交个人提案近80份，创历年新高。其中省工商联提出的《扶持民办幼儿园健康发展、缓解“入园难”的建议》被列为重点提案，部分建议被省政府采纳；积极通过《民企社情》反映情况，提出建议，推动解决了一批企业的实际问题。

四、经济联络工作

“百千万工程”稳步推进。各地积极探索帮扶新模式，将“千企帮千村”与村企共建扶贫工程、整村推进和新型城镇化建设结合起来，推动帮扶工作不断深入。目前，全省参与新农村建设的民营企业累计10468家，结对帮扶村8513个，实施项目8792个，累计投资总额近84亿元，为新农村建设社会公益事业累计捐款19亿元。在全国召开的各民主党派、工商联和无党派人士为全面建设小康社会作贡献表彰大会上，河南省“千企帮千村、参与新农村建设”活动荣获中央统战部、人力资源和社会保障部、全国工商联等11个部门颁发的“社会服务优秀成果奖”；省工商联经联部被国务院扶贫开发领导小组授予“全国扶贫开发先进集体”荣誉称号；组织民营企业参加重大经贸活动12次；各级工商联共组织境外考察171次，参加人数1355人；与有关部门共同举行了“河南省民营企业招聘周”活动，全省2800多家民营企业参与，提供用工岗位6万多个。与省委宣传部等7家单位联合主办了河南省第四届大学生职业生涯规划大赛，推动了大学生自主创业活动的开展。

服务民营企业扎实有效。一是务实开展法律维权服务。目前，全省工商联建立法律服务机构116个，共办理案件1755件，调解仲裁1482起。二是开展融资担保服务。召开了全省工商联系统融资担保服务工作座谈会，指导推动担保公司合法规范经营。三是积极开展政策信息服务。召开了纳税服务座谈会，请专家解读税收政策，帮助企业控制涉税风险、降低纳税成本。通过编发《政策信息》内刊，帮助企业及时了解政策、用好政策。

五、基层组织工作

行业商会作用彰显。认真贯彻落实全国工商联商会建设工作会议精神，召开了直属商会会长座谈会，进一步明确了商会发展的方向。9家省直属异地商会联合成立了九商联盟投资公司，强化合作、共谋发展。省汽摩商会、汽车用品业商会、茶叶商会、广告传媒商会等加强与有关部门和金融机构的联系，努力为会员提供融资、维权服务。新成立了省照明灯饰商会、上海商会、太行商会、河北商会和盘古商会，省直属商会达到40家。全省各级各类商会达到1778家，比2010年新增90家。

县级工商联基础条件得到改善。省、市工商联驻会负责同志深入57个联系点，督促、帮助解决存在的困难和问题，取得成效。联系点新增行政编制28个、事业编制11个、经费50.6万元、办公用车16辆、办公设备39台、办公用房349平方米，7个县工商联实现了独立办公。

乡镇组织覆盖面扩大。目前，有11个市的基层商会组建率达到100%。全省2361个乡镇（街道）96.4%建立了基层商会，基本实现了全覆盖。固始、民权、汝州、淮阳等县级工商联还在部分经济发达的行政村建立了村级商会，在基层组织建设方面进行了有益探索。

会员结构不断优化。一批思想品质优、贡献大、影响好的非公有制经济人士加入工商联，进一步优化了会员结构。截至2011年年底，全省工商联会员达到175161个，其中企业会员76067个，比去年新增3919个，团体会员2860个，比2010年新增854个。

湖北省工商业联合会工作综述

2011年是“十二五”开局之年，也是贯彻落实中央16号文件的第一年。在省委、省政府的坚强领导下，省工商联充分发挥促进非公有制经济健康发展和非公有制经济人士健康成长职能，有力地推动了全省民营经济的健康发展和非公有制经济人士的健康成长。截至2011年年底，全省私营企业达到30.8万户，注册资本7063.52亿元；个体工商户达到170.5万户，资金总额755.8亿元；17家民营企业入围2011年中国民企500强，入选企业数位居全国第八，中部地区第一位；民营经济实现增加值9990.91亿元，比2010年增长30.3%，占全省GDP的比重首次突破50%达到51%，比2010年提高了3个百分点；完成民间投资7461亿元，同比增长42.1%，占全社会固定资产投资的比重为59.4%，占比提高5.5个百分点；民营经济占规模以上工业的比重达到60%，为全省实现“十二五”良好开局作出了积极贡献。促进非公有制经济人士健康成长有新的成效，培养了一大批优秀中国特色社会主义事业建设者，我会副主席、百步亭集团董事长茅永红作为全国非公有制经济十大典型在人民大会堂作了事迹报告。2011年，省工商联有5项主要工作受到全国工商联和省委、省政府表彰：一是《湖北省工商联推动社会各界学习“信义兄弟”精神，弘扬优秀建设者时代风采》被评为“2010年度全国工商联十大工作亮点”，这是湖北省工商联连续三年获得该项荣誉；二是上规模民营企业调研成果获全国工商联一等奖；三是荣获全国工商联2011年度优秀提案奖；四是省工商联被省委、省政府表彰为“2011年度全省扶贫开发工作先进集体”；五是省工商联“‘三万’活动”工作组被省委、省政府评为“先进工作组”。

一、贯彻落实中央16号文件精神取得显著成效

中央16号文件颁发后，湖北省工商联党组高度重视，及时向省委领导汇报、及时组织学习、及时制定贯彻落实方案，成立了贯彻落实领导小组和工作专班，有力地推动了文件和全国加强和改进工商联工作会议精神的贯彻落实，取得了较好的效果。

2010年12月31日，省工商联向省委常委会汇报了关于全国加强和改进工商联工作会议精神及湖北省贯彻意见情况，并建议省委出台贯彻落实中央16号文件的实施意见、召开全省工商联工作会议。省工商联在认真学习领会中央16号文件精神和深入调研的基础上，起草了《关于进一步加强和改进工商联工作的意见》（代拟稿），省委、省政府于2011年4月出台了《关于进一步加强和改进工商联工作的意见》（鄂发〔2011〕9号），召开了全省加强和改进工商联工作暨加快民营经济发展会议，省委书记李鸿忠、省长王国生出席会议并作重要讲话，省委常委、省直相关部门主要负责人及各市州书记或市长参加会议，会议对加强和改进工商联工作作出了全面部署。会后，省工商联会同省委组织部、省委统战部举办了两期加强和改进工商联工作专题研讨班。各市州党委、政府认真贯彻落实中央、省委决策部署，就加强和改进工商联工作出台文件，召开会议，全省加强和改进工商联工作的氛围已经形成。中央统战部、全国工商联先后8期简报刊发湖北省的经验做法。

湖北省工商联以贯彻落实中央和省委决策部署为契机，切实加强工商联和商会组织建设，全省各类商会组织达到2017个；完善了省领导联系省外湖北商会制度；市州、县（市区）工商联换届基本完成，工商联组织的凝聚力、影响力和执行力得到全面提升。

二、围绕大局服务中心取得新成绩

一是改进为民营企业服务。开展了中小企业发展情况专题调研、民营企业转变发展方式案例评选；加强与金融部门合作，帮助企业解决融资困难；加强与有关部门汇报沟通，较好地维护了民营企业合法权益。二是发挥优势招商引资。全年组织、参与招商引资活动13次，仅“光彩事业荆门行”就签约项目112个，投资总额529.7亿元，公益捐赠4562万元。三是积极参与“三万”活动，省工商联被评为全省“三万”活动先进单位。动员民营企业家开展支农惠民行动，全省各级工商联组织共动员民营企业家为“挖万塘”捐赠资金8376.36万元，其中省工商联直属会员企业捐赠2720万元。四是组织引导民营企业参与新农村建设，与4000个村建立结对帮扶关系。五是动员民营企业扩大就业，仅民营企业招聘周活动，就达成就业协议9万余人。

三、积极引导非公有制经济人士队伍建设取得新进步

一是思想引领。以纪念建党90周年为契机，引导广大非公经济人士坚持中国共产党的领导，努力做合格的中国特色社会主义事业建设者。二是活动引导。通过光彩事业、回归工程、感恩行动、支农惠民等系列活动，引导民营企业家履行社会责任，自觉践行社会主义核心价值体系。三是培训提高。配合省委组织部、统战部，先后在北京等地培训民营企业家300余人。四是典型示范。培养、总结、宣传了一批非公有制经济先进典型，召开了全省非公有制经济先进典型事迹报告会，推荐茅永红作为全国十大典型在人民大会堂作事迹报告。

四、建言献策参政议政工作有新提高

一是在2011年全国政协大会上提交了两个提案和三篇大会发言材料，其中，我会关于《提升基本医疗保障功能 提高基本医疗服务绩效》的建议作了大会发言，并在2012年全国政协大会提案工作报告中有明确表述；关于“建立叠加式保费筹措机制”、“采取医保、医疗、医药联动改革”的提案建议受到国家卫生部、人力资源和社会保障部高度重视，认为“非常具有参考价值”，“并会在工作中积极推进”。二是在省政协十届四次大会上作了《进一步优化发展环境掀起新一轮民营经济发展热潮》的大会发言，向省政协大会提交了6篇大会发言材料和5份提案。三是上规模民营企业调研获全国工商联一等奖，全省有17家企业入选全国民营企业500强，有11家入选全国民营制造业企业500强。四是组织市州工商联、省工商联直属商会和会员企业开展了全省民营经济发展、商会发展及民营企业发展情况的调研，编写了《湖北民营经济发展报告》、《商会发展报告》和《民营企业发展报告》，撰写了《中部六省2010年民营经济发展报告》。

五、深入开展创先争优活动，非公有制经济组织党的建设进一步加强

一是突出主题主线，围绕实现“十二五”良好开局和纪念中国共产党建党90周年创新活动载体，深化非公有制经济组织创先争优活动，为非公有制企业应对当前困难，转变发展方式提供了动力和组织保障，湖北省非公有制经济组织创先争优活动得到了中央非公有制创先争优活动指导组充分肯定，两次在全国会议上介绍经验。二是突出“两个全覆盖”和“三个关键人（企业出资人、党组织书记、党建指导员）”，围绕“五个基本、七个体系”加强非公有制经济组织党的建设，非公有制企业党组织达到17923个，稻花香集团党委被评为全国先进基层党组织，福星集团等五家企业被评为全国双强百佳先进党组织。三是加强非公经济领域廉洁风险防控的调查研究，印发了《加强廉洁风险防控，促进非公有制经济健康发展的意见》。

六、积极组建，规范管理，商会发展势头强劲

按照“管理好直属商会、联系好省外商会、指导好基层商会”的工作方式，不断加强商会组织建设，全省商会组织规模不断壮大。截止2011，全省商会组织共计2077个，其中行业商会701个，乡镇和街道商会1026个，异地商会215个，市场商会83个，开发区商会8个，联谊会等其他组织44个。全省103个县（含县级市、区）工商联和商会组织健全；1220个乡、镇（含街道）中，有84%的乡镇和街道商会建立了商会组织。为了加强与省外湖北商会的联系，省委、省政府在全国率先建立了省领导联系省外湖北商会制度，并出台文件予以规范。目前，省工商联在全国26个省市建立了34家湖北商会，建立健全了省外湖北商会年会、会长工作会议等制度，并连续3年成功举办了“楚商合作与发展论坛”。

开展湖北商人征名定名活动得到省领导批示。在省委、省政府领导的关心下，省工商联会同荆楚网、《楚天金报》等新闻媒体面向全社会开展了湖北商人征名定名活动，省委书记李鸿忠在省委统战部和省工商联联合上报的报告上批示：“活动效果很好。可研究选择一个适当的形式、仪式将‘楚商’之名‘诏告’天下”。根据省领导的指示，省工商联于9月28日以湖北省人民政府新闻发布会的形式举办了湖北商人定名楚商新闻发布会。整个活动在社会上引起了强烈反响，形成了楚商共识，树立了楚商品牌，探讨了楚商文化，营造了重商氛围，极大增强了湖北商人的凝聚力。

七、以贯彻落实中央文件和换届为契机，工商联自身建设进一步加强

各级工商联班子建设进一步加强。以优化结构配强班子为重点抓市州、县（市、区）工商联换届。按照省委统一部署，2011年下半年，各市州、县（市、区）工商联进行了换届，通过换届加强了市州、县（市、区）工商联执委会、常委会和领导班子建设，一大批有贡献、有影响、热爱工商联事业的非公经济人士选拔到工商联领导班子中，优化了结构，提高了素质，扩大了影响，振奋了精神，为工商联组织注入了新的活力。

各级工商联机关建设进一步加强。通过贯彻落实中央16号文件和省委9号文件，县级以上工商联在编制、人员、经费等方面得到改善，职能作用进一步发挥。加大对县市工作的指导与督办力度，提升了县市工商联的工作水平。扎实开展治庸问责，切实加强了各级工商联机关干部队伍建设和制度建设，各级工商联组织的凝聚力、影响力和执行力得到提升。省工商联召开了机关青年干部座谈会，党组主要负责同志在座谈会上与青年干部交心谈心，进一步激发了青年干部做事创业的内在动力。

湖南省工商业联合会工作综述

2011年，湖南省工商联以贯彻落实中央16号文件和省委23号文件精神为主线，不断提升工商联工作的影响力、执行力、创造力，为推进“四化两型”、加快富民强省作出了积极贡献。

一、多方联动，贯彻落实中央16号文件和省委23号文件成效日趋凸显

2月16日，省委、省政府在全国率先召开了加强和改进工商联工作暨第三届“湖南省优秀中国特色社会主义事业建设者”表彰大会。10月9日，周强书记率相关部门负责人赴全国工商联就湖南贯彻落实中央16号文件等情况，与全国工商联进行了沟通。建立健全了各级党委政府每年听取一次非公有制经济发展情况和工商联工作汇报的例会制度和专人负责联系工商联制度。与省检察院建立了联席会议制度；与省人社厅、省总工会等单位联合下发了构建和谐劳动关系的文件；与省政协、省委政研室、省经信委等单位建立了调研合作机制。全省14个市州、122个县市区都下发了《实施意见》，召开了工作会议，80%以上的市、县工商联增加编制2个以上，经费增加40%以上。

二、典型引路，非公有制经济人士教育引导体系日趋完善

举办了全省非公有制经济代表人士读书班、非公经济党组织负责人社会管理和非公有制企业上市融资培训班，1500多人参加了教育培训。组织10多个直属会员企业党员分别赴延安、井冈山、韶山开展纪念建党90周年等各具特色的活动。组织开展了工商联会员担任人大代表、政协委员履职情况调查，建立了非公有制经济代表人士动态资料库。调整完善了综合评价体系，并在评比表彰、政治安排、典型推荐中得到广泛运用。召开了省工商联十届五次执委会、十届六次常委会，对执常委进行了调整充实。制定了全省工商联换届工作任务分工方案，集中开展了市、县换届前后的系统培训。长沙、湘潭、永州、邵阳已经换届，全省县级工商联基本完成换届。完善评比表彰体系，8家企业分获全国工商联科技进步奖、创新企业奖。34个非公有制经济企业家、38个非公有制经济创业标兵等受到省政府表彰。11位企业家、11位员工被省工商联、省总工会评选为2011年度“全省关爱员工优秀民营企业家”、“全省热爱企业优秀员工”。99个先进基层党组织、60名优秀共产党员、40名优秀党务工作者在全省非公有制经济组织党组织纪念建党90周年暨先进表彰大会获奖。完善非公党建体系，筹备成立了湖南省非公经济组织党工委，14个市州、110个县市区先后成立了非公经济组织党工委或“两新”组织党工委。联合省委组织部下发了《关于开展非公有制经济组织党组织集中组建活动的通知》，新建党组织10000余家。

三、整合资源，服务经济社会建设工作品牌日趋有影响。打造推进新农村建设的“万企联村、共同发展”活动品牌

动员6家民营企业投资3.5亿元，联手成立湖南龙叶古丈毛尖茶文化产业公司。全省共有6100家企业对接行政村9500多个，实施项目6500多个，投入各类资金近350亿元，覆盖全省1100多个乡镇，1200多万农业人口。打造推进新型工业化的战略性新兴产业园区品牌。积极推动金荣集团的麓谷工业园、巨星股份的国际企业孵化港建设，协调有关部门考察园区建设，并就财政贴息、税收优惠、小额贷款公司组建等问题进行了协商。打造推进新型城镇化的中心城镇整体开发品牌。组织100多家企业参加湖南知名民营企业宜章行活动，合同金额达11.39亿元。支持并配合凤凰古城、大汉集团、老百姓大药房等企业投资30多亿元，启动了洪江古城的开发建设。协调推动株洲“欧洲小镇”、韶山“华润希望小镇”建设取得阶段性成果。打造参与招商引资的“中国（湖南）民营经济投资洽谈会”活动品牌。

联合承办了“2011中国（湖南）民营经济投资洽谈会暨海内外华商湖南行”活动，黄孟复主席、周强书记等中央、省市领导莅临会议并讲话，500多名海内外知名企业家代表参会。会议签署了湖南省人民政府与全国工商联战略合作协议，签订了106个投资项目，总投资1478.23亿元，其中合同项目72个，金额890.48亿元，协议项目34个，金额587.75亿元。联合省外侨办、省商务厅等举办了第二届中日企业合作对接洽谈会、2011湖南经济合作洽谈会暨第五届湘商大会，近3000名湘商参会，184个合作项目正式签约，总投资达1152.54亿元，引进资金1132.11亿元。打造推进和谐社会建设的“感恩光彩大行动”品牌。转移安置大学毕业生、城镇下岗职工、农民就业和再就业22万多人次。联合省人社厅、教育厅、总工会等部门举办了“2011省会民营企业专场招聘会”、“2011年湖南省民营企业招聘周”，提供就业岗位68600多个。加大光彩基金募集力度，募集资金1700多万元，10多家企业建立了“感恩光彩基金”；组织100多家知名企业家开展湘西古丈行、江华行、新疆吐鲁番行、西藏山南行、江西井冈山行等活动，捐资300多万元，湖南省在全国感恩活动总结大会上作了经验介绍。

四、多措并举，非公有制经济服务平台搭建日趋全方位

积极构建融资服务平台。与广发银行湖南分行签订了长期合作框架协议并举办了“服务湖南中小企业战略启动会”，联合建设银行湖南分行召开了中小企业融资促进会，争取新投放中小企业贷款资金103.35亿元。牵头组建湖南省小微企业融资担保公司。积极构建政策支撑平台。联合省委统战部、省经信委等部门制定了《2011—2020年非公有制经济人才培训长期规划》等。开展的“全民创业”专项调查课题得到了周强书记的充分肯定。提交了4件议案、11件提案，开展了重点提案督办。编辑出版了《2010年湖南省非公有制经济发展报告》，发布了《2010年度湖南省上规模民营企业调研报告》。

积极构建信息服务平台。加强与海内外媒体的对接，围绕加强和改进工商联工作、非公经济党建工作、建党90周年等专题，开展了深度宣传报道；加强工商联网站建设，开辟了人才服务、技术服务等专题服务。积极构建法律维权平台。设立了法律处，在26家非公有制企业建立了省优化经济发展环境监测点，26名企业负责人成为监督员。联合下发了《关于开展工资集体协商工资调研督查的通知》等文件，对多家企业开展了维权行动。积极构建技术服务平台。与省外国专家局联合下发了《关于引进国外智力服务全省非公经济发展的意见》，拓展了德国退休专家组织服务领域和项目。指导省家电行业商会起草了《湖南省家电维修服务标准》，并协助召开了评审会。

五、应时趋新，工商联事业发展长效机制日趋健全

健全基层工商联联系指导机制。开展了“中国特色商会建设”专题调研，编辑了《工商联系统商会建设经验材料选编》。建立了省、市（州）、县（市、区）工商联工作联系机制和目标责任制，并落实了责任处室和责任人。健全会员行业商会协会管理机制。举办行业商会协会会长、秘书长、专职工作人员培训班，建立了直属行业商会党组织台帐。组建了湖南省电瓷电器商会、湖南省安全用电设备设施商会等，参与组织了“第二届湖湘财富论坛”、“湖南钢贸销售50强”评选等大型活动。健全工商联工作考核机制。积极争取将工商联工作纳入了市、县及有关部门的党委（党组）目标考核体系，与省人社厅共同开展了工商联系统先进集体、先进个人评比表彰活动，全省共树立16个先进集体、15名先进个人。健全干部队伍管理机制。组织机关干部参加了国家行政学院、省委党校或者非公党工委举办的社会管理培训班的培训学习。开展了竞争上岗和民主推荐，加大干部考核、交流和任用力度。加强领导班子建设，规范党组中心组学习，推进机关党务公开，不断提高领导班子成员能力。优化文明机关创建机制。制定了文明机关创建规划和方案。开展了纪念建党90周年暨“七一”表彰等活动。湖南商会大厦投入使用，从根本上改善了工商联机关和商会办公条件，提升了工商联的社会形象。

广东省工商业联合会工作综述

2011年是“十二五”规划实施的开局之年，也是工商联发展史上具有里程碑意义的一年。一年来，广东各级工商联认真贯彻中央16号文件、省委15号文件以及全国、全省加强和改进工商联工作会议精神，紧扣中心任务，着力开展“我为幸福广东建功业”系列行动，全力推进非公有制企业加快转型升级，建设幸福广东，各项工作进展顺利，成效显著。

一、紧抓历史机遇，扎实推动中央16号文件贯彻落实

中央16号文件颁布和全国加强和改进工商联工作会议召开后，省工商联把贯彻落实文件精神作为工作的重中之重，全力推动出台《中共广东省委广东省人民政府关于加强和改进新形势下我省工商联工作的意见》（简称省委15号文件）和《落实〈中共广东省委广东省人民政府关于加强和改进新形势下我省工商联工作的意见〉分工方案》，召开全省工商联工作会议。全省加强和改进新形势下工商联工作会议是广东省工商联发展史上规格最高、规模最大、影响最为深远的一次会议。时任省长黄华华主持会议，汪洋书记作重要讲话，林木声副省长、陈蔚文副主席等领导出席会议。省委有关部委、省直有关单位、省有关人民团体、省管企事业单位等126位主要负责同志出席主会场会议。各地级以上市、县（市、区）党委、政府主要负责同志和分管工商联工作负责同志以及市、县（市、区）直有关单位负责同志共4850人参加各分会场会议。全省贯彻落实中央16号文件和省委15号文件精神的各项工作扎实稳步推进。

二、紧扣中心任务，集全省工商联之力承办广东与全国知名民营企业共促转型升级大会

根据省委、省政府工作部署，广东省工商联与省经信委联合承办广东与全国知名民营企业共促转型升级大会。积极配合全国工商联与广东省政府分别在北京、杭州联合举办大型系列招商活动（国内知名民企）推介会，牵头在江苏、山东组织两场宣传推介会。动员组织来自北京、江苏、浙江、山东等10个重点省、市100多名有投资意向的知名民营企业家组成省工商联分团参加转型升级大会，有9个项目在大会现场签约，签约总金额642亿元。继续扎实推进“双转移”战略。先后组织200多名企业家赴阳江、揭阳参加省内知名民企招商考察活动。全省各级工商联配合当地党委、政府或自行组织的“双转移”活动共达成签约项目957个，总投资金额超1549亿元。引导民营企业积极参与援藏、援疆建设，与喀什地区签订21个对口援建合作项目，总投资额达51.3亿元。继续深化与金融单位合作，与省农行、省中行签订合作框架协议，协议承诺未来五年分别向省工商联推荐的会员企业提供1500亿元、1000亿信贷支持。积极拓展科技服务平台。我会推荐的7个项目分别获全国工商联科技进步一等奖、优秀奖和科技创新企业奖；1项获省科技厅立项资金扶持；1项获广东省民营科技企业认定。参与组织实施“广东青年领军企业上市孵化工程”，推荐12家企业入选。加强对外交流。协助省委、省政府成功举办“广东省与世界500强和境外大型企业合作交流会”，精心打造交易会酒会、粤港澳主要商会高层圆桌会议活动品牌，先后组织200多位民营企业家参加第十一届世界华商大会等大型国际博览会，与省直有关单位、国外驻穗机构联合举办投资推介会，组织企业赴东欧、南美、东南亚地区9个国家学习考察，推动实施“走出去”战略。

三、加强教育引导，鼓励非公有制经济人士履行社会责任

引导广大非公有制企业积极投身扶贫济困等社会公益事业。组织动员80多位民营企业家参加省政府召开的“民营企业积极参与‘广东扶贫济困日’活动座谈会”，当场认捐款物超过2亿元。积极协助省委统战部做好广东光彩事业促进会二届四次理事会议暨广东光彩事业潮州行活动。与澳门大学联合举办澳门大学应届毕业生与广东企业见面会，与省人社厅、教育厅、总工会联合举办“2011年广东民营企业招聘周”活动，提供就业岗位1.5万个。扎实推进扶贫“双到”工作。全省共有2524家民营企业参与光彩事业，投资项目749个，到位资金17.34亿元；捐助兴建学校、医院177所，到位资金6.2亿元。会同省委统战部联合举办两期广东省非公有制经济后备人才培训班和一期广东省优秀中国特色社会主义事业建设者培训班，为服务广东省非公有制经济科学发展凝聚和培养人才。树立非公有制经济先进典型，在《南方日报》、《中华工商时报》专版报道，多渠道多形式宣传树立非公有制企业和非公有制经济人士良好社会形象。

四、狠抓组织建设，进一步夯实工商联创新发展组织基础

积极指导各市县工商联做好换届工作。各地抓住换届机会，领导班子建设取得新突破，基层组织得到加强，工商联面貌明显改观。完成换届工作的19个地级以上市工商联中，汕尾、中山、茂名3个市党组书记为市委委员，深圳、惠州、东莞、江门、阳江、湛江、肇庆、潮州等8个市党组书记为市委候补委员，河源、云浮两市主席进入同级政协领导班子；102个县级工商联中，有24名党组书记担任同级党委委员，13名主席进入同级政协领导班子。注重抓好商会协会建设。组织召开全省工商联商会协会建设工作会议，加快发展异地商会为团体会员步伐。会员数量增长明显加快。全省会员总数超过20万个，跃居全国第一，较上年同比增长14.3%。

五、关注热点难点，积极参政议政

在全省范围开展中小企业综合情况、中小企业税负状况、民营经济领域劳动关系、商会协会参与社会建设以及民营企业参与“双转移”情况等重点课题调研，调研成果受到省委、省政府主要领导高度重视，汪洋书记、黄华华原省长、朱小丹省长、徐少华常委分别在多个调研报告作出重要批示，省国税局、省地税局多次上门听取意见建议，省委政策研究室、省编办将我会提出的重要建议吸纳到省委领导讲话和有关政策意见中。在全省工商联系统启动大调研，了解掌握各地贯彻落实中央16号文件和省委15号文件情况，为加强工作指导提供参考。

六、维护合法权益，优化非公有制经济发展环境

积极参与协调劳动关系三方机制，省工商联已正式加入协调劳动关系三方会议。作为省创建和谐劳动关系示范区工程联席会议召集单位之一，共同推进省创建和谐劳动关系示范区工程，引导非公有制企业构建和谐劳动关系。成立“广东省工商业联合会调解仲裁中心”和省工商联调解仲裁工作领导小组，组建调解仲裁中心调解员队伍。召开广东省受理民营企业投诉和法律工作会议。2011年底，全省受理民营企业投诉机构共接到非公有制企业的各类投诉、咨询、求助共436宗（次），其中正式受理投诉90宗，办结83宗，办结率92%，提供维权协助等340多宗。制定《省工商联贯彻落实省2011年普法工作要点实施意见》《省工商联系统开展法制宣传教育第六个五年规划（2011～2015年）》，全面开展“六五”普法宣传教育活动。

七、加强自身建设，进一步提高履行职责的能力和水平

各级工商联乘中央16号文件和省委15号文件东风，把握地市工商联换届机会，在争取机构设置、人员配备、经费支持方面做了大量工作，取得积极进展。经省编办批准，省工商联成立宣传调研部，解决多年一直难以解决的问题。各级工商联切实加强领导班子和干部队伍建设，深入推进“四型”机关建设，增强服务科学发展能力。注重加强干部教育培养。组织全省县级以上工商联主席、党组书记学习班，召开全省工商联系统办公室主任工作座谈会。首次在全省以公开选拔方式招录投诉中心负责人。启动选拔任用干部工作，科学合理调整干部岗位，鼓励干部竞争上岗。继续规范并严格执行机关财务管理制度，落实廉洁办会要求。

2011年是广东省工商联工作取得重大成绩的一年。在看到成绩的同时，也清醒认识存在的差距和不足，工商联工作区域发展不平衡现状没有彻底扭转，部分地区工作执行力不强，少数基层组织工作比较薄弱，一些干部缺乏强烈争为争位意识等。2012年，省工商联将继续在省委、省政府正确领导下，按照中央主题主线要求，围绕“加快转型升级、建设幸福广东”这一核心，进一步改进工作作风，全面提高履职能力，切实服务和促进“两个健康”，以优异成绩迎接党的十八大和全国工商联第十一次会员代表大会的胜利召开。

广西壮族自治区工商业联合会工作综述

2011年，广西壮族自治区各级工商联认真学习贯彻党的十七届五中、六中全会和广西第十次党代会精神以及中央16号文件精神，全面贯彻落实科学发展观，围绕自治区党委、政府中心工作，以引导非公有制企业转变发展方式为着力点，进一步加强自身建设，强化服务会员工作力度，各项工作都取得了新的成绩。

一、积极推动，深入学习贯彻中央16号文件和自治区实施意见精神

按照自治区党委、政府的部署，积极参与广西实施意见的起草和有关会议的筹备工作，努力推动中央文件精神的贯彻落实。2011年5月《中共广西壮族自治区委员会　广西壮族自治区人民政府关于贯彻落实〈中共中央、国务院关于加强和改进新形势下工商联工作的意见〉的实施意见》（桂发〔2011〕18号）（以下简称《实施意见》）正式出台；7月，自治区党委、政府召开了全区加强和改进工商联工作暨推进全区非公有制经济跨越式发展电视电话会议，自治区政府主席马飚主持会议，全国工商联党组书记全哲洙、自治区党委书记郭声琨作重要讲话，对贯彻落实中央16号文件精神作了全面部署。会议规格之高，规模之大，不仅是自治区工商联历史上的第一次，也是广西部门会议中最高规格会议之一。

二、加强引导，促进非公有制经济人士健康成长

一是加强企业文化建设，提升企业软实力。2011年，自治区工商联利用重大节日开展丰富的企业文化教育活动，引导民营企业树立正确的价值观、经营理念和企业精神。以庆祝中国共产党成立90周年活动为主题，自治区工商联与统战部、总工会、体育局共同举办了“神冠杯”第二届广西民营企业运动会，与统战部联合举办“民营企业庆祝中国共产党成立90周年文艺汇演”。此外，还组织全区知名民营企业家到井冈山爱国主义教育基地学习考察，组织商会会员参观圆明园图片展览等一系列活动，进一步坚定非公有制经济组织走中国特色社会主义道路的信心，增强非公有制经济人士爱党爱国的热情。

二是推进企业创先争优活动，增强典型模范带头作用。一是推进“关爱员工，实现共赢”活动，会同总工会评选出了38名“全区关爱员工优秀民营企业家”、38名“全区热爱企业优秀员工”、40家“全区双爱双评先进企业”。二是推进构建和谐劳动关系，经自治区工商联推荐，有1名企业家被评为全国各民主党派、工商联、无党派人士为全面建设小康社会作贡献先进个人；有2家企业被评为“全国就业与社会保障先进民营企业”。此外，有3家会员企业荣获全区“优秀劳动关系和谐企业”荣誉称号，有10多家会员企业荣获“劳动关系和谐企业”荣誉称号。三是与共青团广西区委等单位共同举办“首届杰出（优秀）青年民营企业家”评选活动，表彰了11名广西杰出青年民营企业家、39名广西优秀青年企业家；向自治区党委、政府推荐100家优秀民营企业会员作为政府重点联系的非公有制企业，向有关部门推荐36名青年企业家作为自治区重点联系企业人才，向自治区党委组织部推荐广西“十百千优秀人才”非公有制经济人士。通过树立榜样，增强了民营企业构建和谐社会的主动性、积极性。

三是引导企业履行社会责任，推动企业道德文化建设。在发展经济方面，全区民营企业主动转变发展方式，在资源节约与环境保护工作方面取得新进展；在促进就业方面，与自治区人力与社会资源保障厅、教育厅、总工会等部门合作，举办了民营企业“招聘周”和广西知名企业与职业院校毕业生双选专场会等活动，3822家企业参加了招聘活动，其中民营企业3166家，提供就业岗位184889个，签订就业意向27133人；在履行社会责任方面，据不完全统计，2011年，全区工商联会员企业已捐款21983.59万元，捐物价值8665.54万元，充分展示了非公有制经济人士致富不忘社会的良好形象。

四是加强培训教育，提高非公有制经济人士素质。2011年以来，自治区工商联举办了四期“非公有制企业成长讲座”，先后邀请全国与广西的知名专家、学者、企业家作了《中医保健与中医药发展》、《中央和自治区关于缓解中小企业融资难题的政策措施》等5个专题报告。在7月份召开的常委会上，以转变发展方式为主题召开经验交流会，并邀请三家企业的董事长作了典型发言。此外，自治区工商联还与区党委统战部联合举办“催生、助长、扶强、促进非公有制企业腾飞—助企工程”走进广西两期论坛；与区党委统战部联合在广西社会主义学院举办全区非公有制经济代表人士培训班。年内推荐10名非公有制经济代表人士入选自治区政治思想工作研究会副会长、执常委。通过培训教育，使企业家们进一步了解了“十二五”规划、转变经济发展方式及鼓励民营经济发展等政策，增强了企业可持续发展的信心。

五是加大宣传力度，营造舆论氛围。按照全国工商联的要求，自治区工商联把非公有制经济先进典型宣传作为2011年宣传工作的重点，选择了全区6个专项共64个非公有制经济先进典型上报全国工商联；与广西电视台合作完成了五期“财富密码”专题宣传片的制作和宣传，在广西日报开辟“商会风采，桂商弄潮”专栏，宣传广西民营企业先进典型；恢复出版了《广西总商会》。

三、围绕中心，服务非公有制经济健康发展

一是巩固政企对话平台。与自治区金融办联合主办2011年广西银企高峰会，就“银行业如何切实贯彻落实好‘民间投资36条’精神”等三个专题进行面对面互动对话。会上，广西银监局与自治区工商联签订了战略合作框架协议，启动了共同服务广西民营企业融资工作的长效机制。此外，还先后与民生银行南宁分行、中国银行南宁分行举办了“民生银行与中小企业融资座谈会”和“中国银行助力广西中小企业腾飞—2011年广西中小企业合作与发展论坛”，为企业融资提供服务和帮助。

二是搭建企业合作发展平台。年内组织近130名民营企业家开展“港澳台及海内外知名企业陆路东盟崇左行投资会”和第二届红水河民族文化艺术节暨“来宾行”经贸考察活动；会同自治区发改委、非公办、投资促进局共同举办“广西引入民间资本项目推介暨签约会”，近70名区内外企业家代表参会，签订投资合作项目65个，总投资达137亿元；组织会员企业参加全国工商联举办的多项活动，促进区内外民营企业的交流与合作。

同时积极为民营企业“走出去”搭建平台。一是组织企业参加第八届中国—东盟博览会系列活动。组织区内600多家企业参加东盟有关国家的6场推介会；组织区内25家企业参加“第八届中国—东盟博览会企业股权（债权）投融资交易会”；承办经财政部、外交部批准的亚洲区域合作专项资金项目、全国工商联主办的“中国—东盟旅游促进减贫研讨会”，会议期间还组织开展了“旅游投资促减贫老区行”活动。二是组织企业赴境外出访考察。组织近30家会员企业分别参加由香港特区政府与自治区政府联合举办的“第三届桂港金融合作交流会”、由香港中国商会与中央电视台财经频道联合举办的“中国海外投资年会（2011）”、由新加坡中华总商会主办的“第十一届世界华商大会”，推荐2家骨干会员企业随全国工商联赴缅甸参加“大湄公河次区域第四届领导人会议”。

三是做好重大项目引进与落地服务工作。推动香港豪德集团投资35亿元的玉林豪德现代商贸物流城项目及广西碧园集团在扶绥县投资3亿元的房地产项目的开工建设；推进广西新天地旅游投资股份有限公司总投资约7亿元的扶绥县文化旅游公园项目落户扶绥；引进北京新华联集团投资50亿元的镍铁冶炼项目落户玉林市；协助推进有关项目的前期工作等。据不完全统计，2011年，全区工商联已引进项目143个，投资总额987.79亿元。

四是加大民营企业合法权益维权平台建设。与自治区国家和地方税务局联合成立了广西民营企业纳税人权益维护中心，全区已有5个地级市、38个县（市、区）成立了地方一级的“民营企业纳税人权益维护中心”，累计收到问题反映19件，办结18件，涉及金额400多万元，取得了良好的社会效果。与自治区监察厅、自治区政务服务中心管理办公室联合开展了“服务企业、破解难题、促进发展”的活动；与自治区总工会、人力资源和社会保障厅共同召开广西非公有制企业创建和谐劳动关系研讨座谈会；联合人力资源和社会保障厅开展最低工资标准情况调研，共同建议自治区党委政府召开了全区构建和谐劳动关系暨先进表彰会。

四、深入开展调查研究，参政议政的履职能力进一步提高

一是研究重大课题，当好政府助手。高质量完成了全年、半年全区非公有制经济运行分析；牵头与有关部门共同完成《2010年广西非公有制经济发展报告》编写工作。完成了2011年自治区党委重大决策课题《关于我区培育发展循环经济产业园区问题研究》；配合党委、政府部门为广西“十二五”规划纲要及相关专项发展规划提供修改意见；协助自治区发改委研究出台了《2011年广西引入民间资本项目方案》等。配合全国工商联完成了《广西中小企业发展情况调研报告》、《广西非公有制经济人士思想政治工作现状研究》和《广西新振锰业抓党建促发展结硕果》等调研文章。

二是研究社会热点议题，拓宽参政议政范围。在全国政协十一届四次会议上，提交了3篇大会发言和8件提案；在广西政协十届四次会议上，工商联界别共提交团体提案28件，大会发言3篇，其中两件被列为自治区政协2011年重点督办提案。认真开展自治区政协常委季度会议重点议题的调研工作，完成了《促进我区食品工业健康快速发展调研报告》及《广西民营养老产业发展建议》的调研报告，多数意见与建议被政协主报告采纳。

五、强化能力建设，各级工商联自身建设与职能作用明显加强

一是加强学习型工商联组织建设。通过组织各种学习活动，进一步提高工商联常委的整体素质，增强履职能力。通过举办全区工商联专干培训班，选送工商联干部参加全国工商联举办的培训班和自治区党委组织部、统战部举办的培训班等，进一步提升机关干部的素养。

二是扎实推进商会组织建设。在全区工商联系统开展了“商会建设年”活动，全区已有各级工商联会员90502人、乡镇商会1300个、同业行业商会168个；研究制定了《广西工商联主管行业商会管理暂行办法》；加快行业商会的组建步伐，成立了新桂商商会，完成了五金商会的登记注册，医药商会、陶瓷商会的挂牌成立，着手筹建广西装备制造商会；开展了“全区十佳乡镇商会评比活动”。

海南省工商业联合会工作综述

2011年，省工商联以深入贯彻落实中央16号文件和省委5号文件精神为主线，以促进非公有制经济健康发展和非公有制经济人士健康成长为落脚点，紧紧围绕国际旅游岛建设中心工作，积极发挥工商联的职能作用，突出优势，主动作为，较好地完成了各项工作任务，为海南经济社会发展发挥了积极作用。

一、积极谋划、主动作为，推动中央16号文件和省委5号文件贯彻落实

2011年3月，海南省委、省政府《贯彻落实〈中共中央国务院关于加强和改进新形势下工商联工作的意见〉的实施意见》（琼发〔2011〕5号，以下简称省委5号文件）出台，会党组及时部署贯彻落实的工作意见，积极配合省委省政府和省委统战部召开“全省加强和改进工商联工作会议”和“全省统战部、工商联工作会议”，加强对市县工商联的贯彻落实文件的指导，举办了“学习贯彻中央16号文件加强工商联工作培训班”，并组织市县工商联专职领导集中学习考察。在学习过程中，各市县结合工作实际，着力解决实际问题，取得了实实在在的成效，一些长期制约工商联发展的问题正在得到有效解决。如乐东工商联商会大厦破土动工，4个市县也正在着力推动工商联会所立项；琼海、东方成立了非公有制经济领导小组；东方、儋州等市县“把非公有制经济人士培训工作纳入培训总体规划”；三亚等6个市县成立了非公有制经济组织党建工作委员会；东方市还把支持工商联工作分解细化到各有关单位，并列入市党政领导班子年度考核内容，把工商联党组的工作经费列入财政预算。

二、加强引导、树立典型，非公有制经济人士思想政治工作效果良好

1. 做好表彰宣传工作，树立先进典型

省工商联成立专门领导小组，制定方案，并

积极指导各市县工商联开展先进典型的推选表彰工作，先后配合相关部门认真做好非公有制经济人士全国劳模、省级劳模、省三八红旗手和红旗手集体、省文明单位、省精神文明建设先进个人等表彰推荐工作，树立了一批先进典型。同时，注重做好典型宣传工作，在《海南日报》上两次进行整版报道，并多次刊发大篇幅报道；在海南电视台新闻频道播出特辑，先后报道了苏宁电器、康芝药业等先进企业事迹，宣传海南省非公有制企业在社会管理中发挥的作用。开展“创业大讲堂”活动，组织优秀民营企业家先进典型走进校园，树立民营企业家良好的社会形象，取得良好效果。

2. 积极引导非公有制经济人士主动承担社会责任

一是引导非公经济人士开展感恩行动。2011年，省工商联配合省委统战部组织“感恩行动”走进五指山、昌江、屯昌、白沙等中西部市县。据不完全统计，自感恩行动从2010年8月开展以来，全省18个市县共783家非公有制企业参加活动，投入金额9039.8万元，受帮扶的“三老人员”及贫困户8929户。二是引导民营企业解决社会就业。与省人力资源和社会保障厅等部门联合主办“2011年海南省民营企业招聘周活动”、“海南省高校毕业生就业见习岗位对接会”、“2011年大中专毕业生就业暨‘激情六月’综合类人才大型招聘月活动”。

三、围绕中心、创新服务，工商联助手作用发挥明显

1. 深入调研，积极建言献策

继续打造好非公有制经济调研“品牌”，编辑《海南省非公有制经济发展调研报告汇编（2010年）》。联合省委统战部、省工信厅开展2011年度海南省中小企业综合性调研，形成《海南省中小企业发展状况专题调研报告》。与省政府研究室联合调研，形成《关于海南总部经济的调研报告》上报省领导。联合省政协，开展我省社会管理服务问题调研，形成《海南省非公有制经济组织社会管理服务体系建设情况调研报告》。积极履行参政议政职能，提交了2篇政协大会发言和6份政协提案。其中两篇被列为2011年省政协重点提案。2010年下半年，在会党组领导下成立专门工作小组，调研推出11期《海南非公有制经济发展专报》直接报送省级领导和相关职能部门，深入反映非公有制经济发展中遇到的困难，提出合理化建议，受到省领导肯定。编辑《海南省扶持非公有制企业发展政策法规汇编》，在省政务中心设置服务点摆放宣传，受到领导和企业的一致肯定。

2. 创新载体，主动服务企业

加大与政府相关部门的联系，推动建立非公有制经济发展联席会议制度。为破解中小企业融资难题，延伸中小企业融资服务渠道，全力配合相关部门进行海南省中小企业融资现状的调研，提出了意见建议，积极做好省工商联金融服务平台前期筹备工作。上报并纳入2011年中小企业公共服务平台网络建设项目工作初步计划。积极协助企业申请科技创业资金、中小企业项目扶持资金、农业技术推广资金等国家扶持资金。做好“民营企业招聘周”活动和农民工培训工作。

3. 发挥民间优势，搭设合作交流平台

做好联络工作，组织企业参加各种经贸交流活动。2011年先后组织海南省企业家参加第十一届世界华商大会、第十二届世界海南乡团联谊大会、“2011年海内外知名企业家齐鲁行暨第十三届环渤海民营经济经贸洽谈会”等10余次经贸交流活动。

四、深入基层、加强指导，工商联组织建设进步明显

1. 加大指导力度，推动市县工商联工作整体进步

会领导多次深入市县工商联调研走访，积极与当地党政领导协调沟通，为部分市县工商联解决办公场所、人员编制、工作用车等问题发挥了积极的推动作用；组织开展评比表彰经验交流，召开了2011年全省市县工商联工作经验交流暨表彰会议。配合省委统战部，采取逐个走访、召开片会的方式，对各市县工商联换届筹备情况进行了调研、指导，进一步规范了换届工作流程，为市县工商联顺利换届打下了坚实的基础。

2. 规范程序，社团业务主管工作有发展

省工商联作为业务主管单位，结合工作实际制定并完善了社团筹备成立初审工作考察、审批流程，目前已审批成立12家商会、协会，5家民

办非企业单位。加强社团日常业务指导，尤其是对社团组织换届、年会等重大活动，贴近靠前指导，为其有序、充满活力的运转提供有力保障。同时加强与商会协会的联系工作，大力发展团体会员，将团体会员的会员纳为工商联当然会员，实现以发展团体会员为依托，以点带面，不断壮大会员队伍的目标。举办团体会员秘书长联谊会，为各社团交流合作提供了很好的平台。

3. 加强自身建设，工商联组织影响力明显提升

成功召开“20 年海南省工商联与非公有制经济发展”座谈会，制作 20 年发展历程宣传片；整理史料，征集企业发展历程，编辑《商会拾珍》。同时，充分利用中央 16 号文件、省委 5 号文件出台，20 年座谈会等重大活动，在媒体在醒目位置用大版面集中宣传工商联工作成果和非公经济成就，引起社会强烈反响，进一步扩大了我省非公经济和工商联影响力。

五、探索创新、创先争优，非公经济组织党建工作有突破

1. 加强组织建设，不断扩大党建工作的覆盖面

推动市县成立党工委，逐步健全领导体制。2011 年，在省非公经济组织党工委的指导下，三亚、儋州、乐东、白沙、文昌、琼海已参照省级模式成立非公经济组织党工委，有序开展工作。协助省委组织部，共同推动市县党组织组建工作，成效明显，全年共有 200 多家非公有制企业成立党组织。

2. 创新工作方式，结合重大活动推进党建工作

为庆祝建党 90 周年，结合创先争优活动，2011 年首次在全省非公有制经济组织中开展先进基层党组织、优秀共产党员、优秀党务工作者评选表彰，首次将“党旗在飘扬”演讲比赛活动扩大至全省非公有制经济组织党组织，充分展示了企业党组织的作用和党员的风采。同时对近年海南省非公有制经济组织中涌现出的 45 个先进基层党组织、50 名优秀共产党员、49 名优秀党务工作者进行表彰。

3. 深入开展创先争优活动

根据全省创先办要求，省工商联对 2011 年非公有制经济领域创先争优工作分解成 19 项工作，并签定目标责任书，督促市县非公有制经济指导协调组、指导员增强责任感，指导各非公经济组织开展创先争优活动。全年结合服务行业创先争优、旅游行业创先争优，协助指导非公经济组织做好创先争优工作。编发创先争优简报 56 期。

重庆市工商业联合会工作综述

2011 年，是深入贯彻落实中央 16 号文件，为实现“十二五”规划目标开好局、起好步的重要一年。重庆市工商联按照全国工联的工作部署和要求，以促进“两个健康”为工作主题，全市非公有制经济活动单位达到 102.6 万户，比上年增加 15.5 万户；实现增加值 5059.8 亿元，同比增长 18.8%，占 GDP 的 63%；吸纳就业人员 836.4 万人，比 2010 年增加 34.1 万人；实交税金 555.1 亿元，同比增长 22.8%；提供劳动者报酬 1770.4 亿元，同比增长 16.7%，其他各方面工作全面推进并取得较好成效。

一、深入贯彻落实中央 16 号文件，区县工商联换届工作圆满完成

市委、市政府组织召开了全市工商联工作会议，出台了贯彻实施意见，表彰了 60 名优秀中国特色社会主义事业建设者。市委统战部、市工商

联深入区县调查研究，多次组织召开贯彻落实工作推进会。40个区县（自治县）相继出台了贯彻实施意见、召开了高规格的工商联工作会议，区县委书记或区县长亲自出席会议并讲话，中央统战部和全国工商联对重庆市贯彻落实工作给予了充分肯定。全市区县（自治县）工商联换届工作稳妥推进，思想政治传承创新、“两支队伍”平稳过渡，各项工作顺利交接，换届圆满完成。

二、开展主题教育和典型宣传，思想政治工作成效明显

一是组织非公有制经济代表人士、直属企业党组织参加庆祝建党90周年座谈会和文艺汇演；组织企业家参观邓小平故居，缅怀伟人、颂扬改革开放；按时完成“211工程”，确保工商联展馆顺利开馆。二是先后组织《中华工商时报》等10家市内外主流媒体，采访宣传了企业、商会和区县工商联共70余家。向全国工商联报送六个方面先进典型40人次，举办了全市非公有制经济先进典型事迹报告会；开展首届“同心奖·十大共富责任民企典范（人物）”等评选活动。三是及时学习传达中央和市委重要精神，发挥《新渝商》等刊物作用，积极引导民营企业诚信经营，加强企业文化建设，重视企业党建工作，4家会员企业党组织获得“全国非公有制企业双强百佳党组织”称号。

三、实施“三大战略”，促进民营企业科学发展

一是实施“大企业带动、商会带动”战略，采取搭建平台、导师指导、结对帮扶、银企联动和成立微企商会等有效措施，服务中小微企业发展，全年新增微型企业4.6万余户，解决就业34万多人。二是实施民营企业“走出去”战略。制定了《重庆市工商联关于进一步促进民营企业“走出去”的意见》等文件，多次召开工作推进会、交流会；组织民营企业家赴多个国家和地区商务考察，接待国（境）外政府机构、商会组织、知名企业来访，全年全市民营企业共计完成对外投资40个项目、意向协议资金24.1亿美元。

四、开展“三项服务”，助推会员企业健康发展

一是开展融资服务。2011年与4家金融机构建立合作关系并签订了战略合作协议，总计与15家银行签订了战略合作协议。全年举办银企对接会200多次，向民营企业提供融资820多亿元。指导本系统担保公司、小额贷款公司开展融资服务，融资金额超过400亿元。推进5家民营企业成功上市，全市上市民营企业达23家，占全市上市企业数的近50%。二是扎实开展法律服务。全年市工商联共受理维权案件27起，涉案金额约2.27亿元。全市区县工商联共受理完成各类维权案件1517起，涉案金额约4.2亿元。三是扎实开展科技人才服务。新建5个商会科协工作站，全市已达16个。帮助指导广怀集团成功申报我市第二批院士专家工作站；支持智飞生物制品股份有限公司荣获2011年全国工商联科技进步二等奖，力帆实业（集团）股份有限公司荣获2011年全国工商联科技创新企业奖。拓宽非公有制企业职称评审工作范围，组织千名民营企业家冬季大培训，举办调整转型、新渝商MBA总裁高级研修班，对4000多名民营企业家进行了集中培训。

五、2011中国（重庆）民营经济发展论坛、全国知名民营企业重庆行活动暨第二届渝商大会成果丰硕

市领导亲自出席相关活动和会议，全国政协副主席、全国工商联主席黄孟复专程莅临出席活动并多次发表重要讲话。出席活动超过1000人，比去年增加了600人。参会的全国知名民营企业家103人，其中，全国工商联副主席、中国民间商会副会长6人，全国人大代表、全国政协委员22人，中国民营企业500强50家。达成意向协议119个项目，签约项目59个，投资总额达1078亿元。

六、加强调查研究工作，发挥参政议政职能

协助全国工商联来渝开展中小企业综合情况、县级工商联联系点、商会建设调研工作，形成了《关于重庆市部分区县非公有制企业及员工参保“五险”情况》等6份专题报告，完成“民营经济发展战略性新兴产业”课题调研并形成报告，首次牵头完成西南地区2010年度民营经济发展报告，开展2010年度上规模民营企业调研，印发了《关于进一步加强和改进调查研究工作的意见》、编印了《2010年重庆工商联系统优秀调研成果汇编》。组织、撰写《关于将工商联纳入劳动关系“三方协调机制”》等政协集体提案13件，其中，《关于建立健全银企合作风险补偿机制 进一步缓解中小企业融资难的提案》被列为市政协重点提案，《健全完善非公有制经济统计体系和发布制度的建议》受到国家统计局的高度肯定和重视。印发了《关于进一步加强和改进集体提案工作的意见》、编印了《2006—2011集体提案汇编》。

七、引导民营企业履行社会责任，参与改善和保障民生工作富有实效

一是在助推“两翼”增收行动中，到位资金138亿多元，建成和在建项目132个。二是在提振县域经济行动中，与万州等12个区县签署战略合作协议，共组织1800多家企业参加140余次区县招商引资推介会，签约项目600多个，协议金额达2600多亿元。三是扎实开展服务新农村建设行动。到2011年年底，全市有670多家企业参与，完成光彩推进村建设200个，实施项目450多个，到位资金47亿多元，帮助12万多人实现脱贫。四是扎实开展以“万名渝商红岩感恩行动”等活动。共有1万多家企业参与，帮扶“五老”困难人员4万多户（人），捐赠钱物8600多万元，帮扶项目270多个。五是成立“同心·重庆光彩事业基金”，首批捐赠共计1460万元；组织企业为政协扶贫集团筹集资金200余万元。六是全市工商联系统组织民营企业举办招聘会170多场，共提供12万多个就业岗位；落实了带薪实习岗位3000余个，在7家民营企业中建立了重庆市大学生社会实践学工活动基地；在第五个“重庆农民工日”活动中，加薪惠及农民工12万多人，累计金额达1900多万元。

八、切实抓好商会建设工作，会员组织建设工作势头良好

全市工商联共发展会员71484个，其中，企业会员数达32536户，增幅11.6%，基层组织856个，区县工商联建设巩固提高，商会建设更加规范。完善商会检测考评机制，大力推进外地重庆商会建设，建立完善了覆盖全国各省市的渝商组织网络，商会工作富有活力。

九、加大干部队伍建设力度，市工商联的凝聚力、执行力和战斗力不断增强

为弘扬重庆工商界爱党爱国的优良传统，展示工商联60载薪火相传的光辉历程，积极筹办市工商联成立60周年纪念系列活动。新建的市工商联大厦举行开工奠基仪式，机关干部竞争上岗、干部现代知识培训等工作，以及“创先争优”活动、“一讲二评三公示”、以“转变作风、服务群众”等主题教育实践活动有序推进。通过干部职工“三进三同”和“送温暖惠民生”慰问活动，改善了干群关系；通过表彰“立足岗位 争创佳绩”先进部室及个人，营造了“爱集体、重事业、讲品性、比贡献”的良好工作氛围。

四川省工商业联合会工作综述

2011年是中国共产党成立90周年，也是实施“十二五”规划的开局之年。一年来，四川省工商联在省委、省政府领导下，在全国工商联和省委统战部指导下，认真贯彻党的十七届六中全会和省委九届九次全会精神，以落实中央16号文件精神为主线，以争创“一流商会”为目标，开拓创新，把握机遇，扎实推进各项工作，积极促进我省非公有制经济健康发展和非公有制经济人士健康成长。

一、着力提高思想认识，深入贯彻落实中央16号文件精神

继续加大学习宣传力度，切实把贯彻落实中

央16号文件精神贯穿到加强工商联自身建设的各个环节中，以此指导各级工商联组织的换届工作，全面推动地方党委政府抓紧出台实施办法并召开当地加强和改进工商联工作会议。2011年，四川省工商联成立5个督查小组分别前往全省21个市（州）进行督察，截至年底，全省12个市州党委、政府出台了《实施意见》，8个市州党委、政府召开了专题会议。多数市县配强配齐了工商联领导班子，完善了市县两级机构设置、增加了人员编制、改善了工作环境和办公条件，增加了专项工作经费，加强了工商联干部的交流提拔。

二、着力提高参政水平，广泛开展调研积极建言献策

一年来，围绕引导和服务中小企业转型升级、推进川内民营企业实施品牌战略和知识产权保护、推进四川省新型工业化和新型城镇化“两化”互动、加快四川省文化产业发展等重点课题开展调研，形成《四川省中小企业综合性调研报告》、《在城镇化进程中充分挖掘建设用地潜能的建议》等调研报告上报省委、省政府和全国工商联，并在调研中将发现的典型经验通过会议发言、材料交流、媒体宣传等途径进行推广。积极反映民营企业的问题和呼声，广泛收集掌握情况，草拟提交了《关于加快我省私募股权投资基金发展的建议》、《充分发挥工商联作用促进民营经济健康发展》、《关于推进四川中药产业发展的建议》、《关于鼓励引导民营企业进入战略性新兴产业发展的建议》等政协大会发言、联组会发言材料及12件团体提案，认真履行工商联参政议政职能，多条建议被有关部门采纳。

三、着力宣传先进典型，不断创新宣传教育手段

积极拓展宣传渠道，通过各类媒体以及我会《新蜀商》杂志、信息简报、官方网站等平台，大力宣传党的路线、方针、政策和四川省非公有制经济发展中的先进典型。继续在省内开展了第六届全国民营企业“关爱员工、实现双赢”评选表彰推荐活动，推荐四川金广集团、四川科创集团、四川永隆集团、四川剑南春集团等企业的企业家和员工接受全国表彰。编辑出版了《不屈的脊梁——四川民营企业抗震救灾纪事》一书，协助拍摄了《四川往事》、《蜀中蛟龙》等影视作品，切实加强对全省工商业者和民营企业的宣传力度。

四、着力提升队伍素质，抓好基层组织建设和“两个队伍”建设

积极稳妥推进行业商会组建与规范，充分发挥行业商会发展会员、服务会员的载体作用。指导他们进一步完善各项规章制度，搞好行业自律，不断加强行业商会的制度化、规范化建设，引导行业商会、异地商会健康发展。调研了解基层尤其是县级工商联组织的情况和问题，指导有条件的地方工商联进行大胆探索和实践。参与举办了县级工商联会长研修班、建筑行业安全生产培训、矿业安全生产知识培训等活动，组织25名乡镇干部参加全国工商联第九期乡镇干部培训班，着力提高各级工商联干部及会员队伍素质。

五、着力提供经济服务，大力开展招商引资

先后组织会员企业参加青海、山东、甘肃、天津等地的经贸洽谈会、第六届中国中部投资贸易博览会、“第七届新疆喀什中亚南亚商品交易会暨第二届国际旅游节成都招商推介会”等经贸活动。继续搭建“川商”发展平台，将省内四个民营产业园区授权为“川商产业园”，同时加强对川商投资控股有限公司的跟踪服务，协助考察遴选重大投资项目，积极协助筹建“川商大厦”。成功承办西博会重大活动“四川省与全国民营企业合作发展会议暨第六届泛成渝经济区商会合作峰会”，借助西博会平台促进招商引资，集中签约项目27个，投资金额达307.26亿元，得到了省领导的高度评价。结合企业发展需求提供金融服务，与工商银行四川分行签署全面战略合作协议，建立银企联动的新型金融服务平台，推动有利于解决民营企业融资难的各项具体措施的落实。努力为民营企业融资服务搭建平台。

六、着力加强友好联络，搭建国（境）外合作平台

组织企业家代表团赴台湾考察，赴新加坡出席第十一届世界华商大会，赴墨西哥、秘鲁参加“中国四川商品展暨经贸洽谈会”、“中国——拉美企业家高峰会”，赴香港参加2011年中国海外投资年会等活动。与台湾中华工商联合会、香港投资推广署投资推广总监、德意志银行中德证券、英国驻上海总领事馆、塔吉克斯坦国家工商会等机构负责人以及新加坡企业考察培训团、澳大利亚维多利亚雇主工商会代表团、新加坡青年企业家协会代表团进行座谈磋商，通过一系列外联活动，积极搭建四川省民营企业与境外、国外相关机构组织交流合作的平台，帮助企业拓展眼界，发掘商机。

七、着力营造良好环境，切实维护会员合法权益

2011 年，四川省工商联正式成为省协调劳动关系三方成员单位。为力促劳动关系和谐稳定，与多部门联合下发了《关于印发〈2011 全省推进集体合同制度实施彩虹计划实施方案〉的通知》、《关于深入推进小企业劳动合同制度实施专项行动计划的通知》等 12 个涉及劳动关系的文件，并积极参与“省协调劳动关系三方机制”工作。参与承办省委、省政府召开的“全省构建和谐劳动关系先进表彰暨经验交流会电视电话会议”，表彰宏达集团等 50 家民营企业为“四川省模范劳动关系和谐企业”，通报表扬四川华侨凤凰纸业等 80 余家民营企业。在积极参与协调劳动关系的同时，及时化解各类涉企矛盾，2011 年一年时间，共帮助解决个案 17 件，提供法律咨询 20 余次，涉及劳动用工问题、行政审批争议、拆迁问题、土地问题、维稳工作、债务纠纷等，标的近 3 亿元。

八、着力倡导感恩回馈，扎实开展扶贫与社会服务工作

为积极响应中央统战部和全国工商联开展“感恩行动”的号召，支持老区经济建设，四川省工商联组织了“四川民营企业家感恩巴中行活动”，慰问老红军，对接帮扶项目，签订投资协议，总签约资金达 90 亿元人民币。积极引导和组织非公有制企业致富思源，扶贫济困，一年时间里，配合完成了“放飞爱心，与你同行”世茂爱心医院志愿者活动；参加了凉山“红丝带”活动，捐赠了扶贫和爱滋病防治资金和物资 983 万元，用于修建昭觉县人民医院抗病毒治疗中心和修建红丝带村级卫生室等项目；动员企业向贫困县仪陇捐款捐物达 700 万元。同时进一步跟踪“挂帮包”，“村企共建扶贫工程”，民营企业援藏项目的进展落实情况。继续引导非公有制企业积极提供就业岗位和社会援助，与团省委、省工会、省妇联等完成了 2011 “爱心圆梦”——四川省工青妇服务大学生创业暨家庭困难大学生就业援助行动、“红丝带健康包‘百校进千企’”活动、希望工程助困入学关爱行动；完成 2011 年四川民营企业招聘周活动，全省 10579 家民营企业共提供空岗信息 267990 个，签订就业（意向）协议 78045 人。

贵州省工商业联合会工作综述

2011 年，贵州省工商联在省委、省政府的领导下，在全国工商联、省委统战部的指导下，坚持以邓小平理论和“三个代表”重要思想为指导，深入贯彻科学发展观，紧紧围绕中央 16 号文件、黔党发〔2011〕9 号文件的贯彻落实，以及省委省政府“加速发展、加快转型、推动跨越”主基调和工业强省、城镇化带动战略，以促进非公有制经济健康发展和非公有制经济人士健康成长为目标，加强思想教育工作、深入调查研究、扩大对外开放、创新服务方式，各项工作均取得了一定的成绩。

一、深入贯彻落实中央 16 号文件

围绕中央 16 号文件的贯彻落实，省工商联开展一系列扎实有效的工作。在会党组领导下，牵头成立由研究室、会员部组成的《实施意见》起草小组，六易其稿完成了《实施意见》起草工作，并报省委常委会议审议通过，成为全国32个省区市中第7个出台《实施意见》的省份。3月28日，省委、省政府召开“全省加强和改进工商联工作会议”，会议出台了《中共贵州省委贵州省人民政府贯彻〈中共中央国务院关于加强和改进新形势下工商联工作的意见〉的实施意见》（黔党发〔2011〕9号），省委书记栗战书出席会议并发表重要讲话。3月28日至29日，省工商联召开十届五次执委（扩大）会议，传达学习中央16号文件和省委9号文件精神。为加强舆论宣传，在贵州日报上两次通过新闻稿件、一次整版专题宣传省委统战部、省工商联贯彻落实两个会议精神情况。

二、服务全国工商联十届五次执委会议和全国民营企业助推贵州发展大会

一是从2010年年底开始，省工商联多次陪同省委省政府领导拜访全国工商联，进行工作对接和协调，积极争取全国工商联执委会在贵州召开。8月22日，全国工商联正式复函省政府，决定在贵阳召开全国工商联十届五次执委会议，并同意与贵州省政府共同举办全国民营企业助推贵州发展大会。二是在省委统战部指导下，认真做好与全国工商联的沟通与协调。制定了《全国工商联十届五次执委会议服务保障方案》、《协助全国工商联做好执委会议报到工作方案》、《贵州省领导出席全国工商联十届五次执委会议开幕式工作方案》等会议方案。三是参加由蒙启良副省长带队赴北京、青岛、泉州、无锡、杭州开展“全国民营企业助推贵州发展座谈会暨项目推介会”，宣传两个会议和省招商引资工作。四是利用对外联络优势组织企业参与以“民企携手贵州，合作共赢未来”为主题的本地推介。共邀请到全国300家民营企业家和200名境内外知名企业负责人代表参加“贵州民间商会以商招商推介会”、“境内外知名企业家走进贵州推介会”。12月20日至22日，全国工商联十届五次执委会议和全国民营企业助推贵州发展大会在贵阳顺利召开，共有600余人参加了全国工商联执委会议，1600余人参加了助推大会，集中签约500个投资项目、投资总额5835.6亿元。

三、加强教育引导 提升非公素质

一是通过组织收看讲话实况、下发学习通知、召开报告会和举办专题辅导等方式，认真学习贯彻落实胡锦涛总书记“七一”重要讲话精神；与省内主流媒体贵州卫视《新闻联播》共同制作以“学习七一讲话，同心助推发展”为主题的专题新闻和访谈，宣传工商联和非公有制经济人士学习贯彻“七一”重要讲话精神的典型。二是结合纪念中国共产党建党90周年，以“追寻红军足迹，同心建设贵州——黔商重走长征路感恩行动”为载体，在全省非公有制经济人士中广泛开展革命传统教育，进一步坚定非公有制经济人士与党和人民同心同德、同心同向、同心同行的理想信念。三是紧紧围绕主基调和两大战略，结合实际，扎实推进“同心工程”——“助推发展、四帮四促、促进开放、培育人才、三学两比”五大行动。继贵州宏立城集团董事长肖春红出资兴建面积达10万平方米的贵州光彩事业标志性工程——同心光彩大厦之后，“同心光彩大厦”、“贵州夏云同心工业园”、“贵定昌民同心工业园”相继挂牌。四是依托境内外高校，创新培训方式。在省经信委的支持下，在香港理工大学举办了两期非公有制企业总裁研修班，62名非公有制经济代表人士参加学习；在北京大学举办的贵州省非公有制经济党建工作高级研修班，组织21名非公有制企业党组织负责人学习党建工作理论、党建工作与企业发展的关系以及如何在非公有制企业中开展党建工作等知识。

四、注重调查研究，积极参政议政

贵州省工商联围绕省委省政府的中心工作，深入基层开展调查研究。就如何发挥工商联和商会的职能作用、积极参与社会管理创新问题开展调研，完成了《发挥商会职能，创新社会管理》；就我省非公经济在两大战略中面临的机遇和挑战进行调研，形成了《充分发挥非公有制经济在工业强省和城镇化带动两大战略中的作用》，作为2011年“党委出题、党派调研”的调研成果报省委统战部作省委决策参考；对各地贯彻落实中央16号和省委9号文件的情况进行跟踪调研，形成了《借力东风，乘势远航》调研报告，在《贵州商会》和《凝聚力》杂志上登载。省工商联将连续5年内部赠阅的《民营经济发展报告》

一书改为公开发行，在继续收集9个市州地发展报告的基础上，增加了7个商协会、10个企业的发展报告，同时还将7个省直政府部门的专题报告纳入其中，增强了该书的权威性，为研究贵州省民营经济发展情况提供了参考。2011年，贵州省工商联共提交大会发言材料1份和团体提案5件。其中，《关于对我省非公有制经济发展环境开展专项督查的建议》提案，被列为省委全程跟踪督办提案，由省委督查室、省政府督查室、省经信委、省监察厅和省工商联共同组成的督查组赴各地开展督查工作，形成了督查专报并梳理出13条意见报省委主要领导。

五、加强队伍建设，夯实组织基础

一是指导全省市县两级工商联完成换届工作。截至2011年年底，全省县级工商联已全部完成换届工作，9个市、州、地工商联已有7家完成了换届工作，其余2家将于2012年初完成换届工作。二是组织召开贵州省首次民间商（协）会建设和发展大会，通过了《贵州省民间商（协）会秘书长联谊会议制度》和《贵州省商（协）会评定制度》，为加强对商（协）会工作的指导，进一步发挥商（协）会作用奠定了基础。三是配合省委统战部举办全省非公有制经济代表人士综合评价系统培训班。该评价系统包括人物信息、综合评价、汇报系统和系统管理四个部份，评价系统的建立，为推荐、选拔非公有制经济代表人士提供了科学依据。

六、发挥桥梁纽带作用，探索服务非公经济发展新手段

一是开展“开放·合作”活动。为协助政府招商，由省工商联领导带队，率九个市州地工商联、商（协）会负责人和民营企业家，分6个工作组，赴北京、天津、山东等18个省市区和副省级城市，联络拜访工商联，向当地政府、商会、企业介绍贵州省情、产业政策及发展思路、发放招商引资目录，与17个省（区、市和副省级城市）工商联签署了“友好商会协议书”，与香港3个商协会和台湾9个商协会签订了“友好合作协议”；吸引15批次省外工商联、省外境外商协会及企业家投资考察团到贵州回访，来访人员达到122人，签订投资意向协议5个，总投资约21.3亿元。二是省工商联充分发挥民间商协会业务主管部门的职能，积极发动贵州异地商会和异地贵州商会以商招商，引进项目37个，投资约353.6亿元。三是搭建融资服务平台、经贸合作平台、产学研结合服务平台、法律服务平台，为非公有制企业提供融资、承接产业转移、转型升级、科研创新、法律维权等服务。

云南省工商业联合会工作综述

2011年，是云南工商联事业发展史上具有里程碑意义的重要一年，是云南省各级工商联发扬开拓创新精神，真抓实干，取得显著成绩的一年。在这一年里，省委、省政府出台了《关于加强和改进新形势下工商联工作的实施意见》，召开了全省加强和改进工商联工作会议，李纪恒代省长率省委、省政府领导拜访全国工商联，为工商联创造了新的政策环境，工商联工作进入了一个新的历史发展时期。在这一年里，面对复杂多变的国际经济环境和国内经济运行的新情况新变化，全省各级工商联、商会组织和广大非公有制企业，坚持以科学发展为主题、以加快转变经济发展方式为主线，自觉服从和服务于党委政府的中心工作，紧紧围绕推动“十二五”规划实施与落实，积极发挥工商联的各项职能作用，为保持全省经济平稳较快发展、保障和改善民生、维护社会和谐稳定、实现“十二五”良好开局作出了积极贡献。

一、积极主动，多方努力，为加强和改进工商联工作提供了有力保障

在中央16号文件和全国加强和改进工商联工作会议精神的指导下，省工商联积极主动，多方协调，克服困难，深入基层和企业调查研究，广泛征求各级各部门和非公有制经济代表人士意见，较好地完成了《中共云南省委、省人民政府关于加强和改进新形势下工商联工作的实施意见》代拟稿的起草工作。6月22日，《实施意见》以省委11号文件印发全省执行。同时，全力以赴，精心准备，为保障省委、省政府成功召开全省加强和改进工商联工作会议做了大量艰苦细致的工作。8月27日至28日，全省加强和改进工商联工作会议隆重召开，省委书记秦光荣，中央统战部副部长、全国工商联党组书记、第一副主席全哲洙出席会议并做了重要讲话，李纪恒代省长主持了会议。这次会议，规格高，规模大，成效显著，开辟了云南省工商联事业的新纪元。省委11号文件的颁发和全省加强和改进工商联工作会议的成功召开，为新形势下云南省工商联事业发展奠定了基石，指明了方向，成为不断开创省工商联事业新局面的强大理论武器和不竭精神动力。省工商联以此为契机，带领各级工商联认真贯彻落实中央16号文件和省委11号文件精神，沟通协调解决省、州（市）、县各级工商联存在的突出问题和困难。很多州（市）工商联编制少、经费不足、办公条件差的问题得到不同程度的解决。到2011年年底，全省16个州市已有10个州市出台了《实施意见》，有9个州市召开了加强和改进工商联工作会议。

二、深入调查研究，积极参政议政，为促进我省非公经济加快发展建言献策

2011年，省工商联针对中小企业发展和“桥头堡”建设等实际，确定了“云南省中小企业融资问题”、“云南民营企业境外投资情况”等5个专题的调研课题，由会领导担任课题组组长，深入企业，调查研究，取得了较好成效。昆明市工商联深入开展“千名客商评价昆明软环境”活动，对政府部门“效能昆明”建设提意见、提建议。省工商联撰写的《进一步推动商会组织参与“桥头堡”建设》等2个团体提案在省政协十届四次会议上被评为优秀提案。同时积极参加全国工商联《中小企业综合调查》、《非公有制经济组织优秀人才分析与研究》、《商会组织发展》等课题调研工作。完成了《云南民营经济蓝皮书2010—2011》的编撰出版工作。组织企业家参加省政协举办的民生论坛、企业家论坛等各种活动，拓宽了非公有制经济人士参与政治和社会事务的渠道，提高了参政议政的能力和水平。

三、注重优化结构，不断提高会员质量，为加强和改进工商联工作打牢组织基础

按照面向工商界、以非公有制企业和非公经济人士为主体、广泛性和代表性相结合的原则，认真做好会员发展工作。注重提升企业会员和团体会员比重，注重吸收行业协会、行业商会、异地商会等经济类社团加入工商联组织。2011年底，全省工商联会员数达78857个，比2010年增长3.1%。其中企业会员18264个，增长12.4%；团体会员1058个，增长15.9%。同时，高度重视县级工商联和基层商会在工商联工作中的基础地位和作用，各县级工商联在做好乡镇、街道、社区、市场等基层商会建设中，取得明显成绩。2011年底，全省工商联基层组织达908个，增长18.2%。2011年，省工商联加大了行业商会组建和服务力度，成立云南省摩托车商会，帮助省直属商会在州市组建商会、发展会员、开展工作，组织行业商会负责人参加在香港举办的“中国海外投资年会”等。2011年，全省工商联新组建和以团体会员加入工商联的行业商会共610个，增长35.3%。

四、创新服务方式，丰富服务载体，努力增强工商联内部凝聚力和社会影响力

省工商联在组织企业参加昆交会、中国民营经济发展论坛、第七届泛珠三角区域经贸合作洽谈会、“西博会”、“中博会”、“环渤海民营经济经贸洽谈会”等活动中统筹策划，精心组织，为企业参与国内商贸活动提供了便利条件。针对“融资难”这一制约非公有制企业发展的瓶颈问题，走访工商银行昆明分行，就解决中小企业融资难问题进行沟通，达成共识；通过与光大银行加强联系，进一步深化了双方战略合作；向省金融办推荐40余家企业和商会参加云南省股权融资项目暨第二届滇池泛亚股权投资高峰会；组织企业参加中国人民银行“中小企业融资服务对接会”；召开云南省私募股权基金发展座谈会。认真总结历年维权案件经验，在行业商会推动成立仲裁中心，与省高院共同召开民营企业司法保障座谈会，积极协调解决具体维权案件。在全省各级工商联和会员单位的大力支持和积极参与下，省工商联成功举办了云南省首届民营企业运动会。来自全省16个州市、部分省级商会及省工商联直属会员单位的500多家民营企业，31个代表团，16支参赛队，1000多名民营企业运动员参加了运动会。这一重大活动充分展示了云南省非公经济人士的风采和云南省民营企业职工的精神风貌，展示了新时期云南省各级工商联大有作为的创造活力，弘扬了积极向上的民营企业文化，得到了社会各界的普遍赞誉和良好评价，增强了广大非公经济人士的归属感和工商联的凝聚力。积极与云南电视台、《云南日报》、《云南网》、《中华工商时报》等主流媒体加强合作，对全省加强和改进工商联工作会议、云南省首届民营企业运动会、滇缅经贸合作论坛第三次会议等重大活动进行大力宣传报道，增强了工商联的社会影响力。

五、围绕“桥头堡”战略，发挥民间外交优势，积极开展对外联络工作

为把工商联的职能作用充分融入“桥头堡”战略之中，各级工商联积极开展民间对外交往，推动人员互访，推介云南优势产业，组织企业与来访团组座谈交流，召开各种国际商贸会议，创造合作商机。年内省工商联接待了缅甸果蔬生产商和出口商协会代表团，陪同参观昆明金马正昌果品批发市场、螺蛳湾国际商贸城、斗南花卉市场、昆明晨农集团等；接待印度企业发展学院、印度中小企业发展融资中心来访人员，就加强合作事宜进行会谈；组织9批团组赴国外、境外参会参展、参观考察；根据联合国开发计划署援助云南省“中越跨境经济合作区建设”项目的要求，组织11位商会干部和企业家，参加“现代电子商务应用培训”；与省商务厅共同举办“云南省跨境经济合作顾问委员会成立会议”；举办“大湄公河次区域工商论坛理事会”；召开“大湄公河次区域物流运输协会咨询会”；成功主办滇缅经贸合作论坛第三次会议，增强了滇缅双方互信与共识，深化了中缅传统友谊，为实现滇缅长期合作进一步打下坚实基础。省工商联五金机电商会等行业商会积极主动组团参加泰国、越南、老挝等国家博览会和边交会，努力探索商会参与“桥头堡”建设的新路径。

六、心系民生热点，履行社会责任，为促进和谐稳定贡献力量

努力做好鼓励创业“贷免扶补”工作，2011年全省工商联系统扶持创业人员11274人，带动3.8万余人就业，协助放贷6.93亿元，还款率达98.28%，超额完成省政府下达的目标任务。全省民营企业招聘周品牌效应得到进一步发挥，全省共有6335家民营企业进场招聘，提供岗位信息129422个，签订就业（意向）协议49921人。继续组织“民营企业家进校园创业讲坛”活动，引导大学生树立创业精神和正确就业观念。通过努力，省工商联在省协调劳动关系三方联席会第十八次会议上，正式成为三方联席会议组成单位，参加了省人大召开的“云南省企业工资集体协商条例座谈会”，在《2011年云南省最低工资标准调整方案》、《云南省企业工资集体协商条例》等文稿起草工作中发挥积极作用。参加云南省社会管理综合治理委员会会议，积极探索工商联参与社会管理创新工作的路子。普洱市工商联把全市异地商会、行业商会、乡镇商会和部分企业纳入普洱市创新社会管理信息平台，积极参与维护社会稳定工作。“云南红土情·光彩进万家——民营企业感恩行动”顺利推进，2011年年底，全省共有11565家非公有制企业和非公经济人士参与感恩行动，捐赠资金达2.7542亿元。“民营企业德宏感恩行动”扎实有效，成果显著，共捐赠资金526万元及价值30万元的新型建材，用于盈江地震灾区恢复重建。举办红丝带健康包“百校进千企”活动云南启动仪式。沪滇对口帮扶工作成果丰硕，上海市光彩事业促进会向云南省光彩事业促进会捐赠102万元光彩资金。“同心示范点建设工程”有序进行，省工商联与华宁县政府签署“同心·乡村医生培训”项目协议书，与盘溪镇政府签署“同心·示范点建设工程”共建协议书。“七彩云南助学金”对新增加的96名贫困学生进行了资助。红河州工商联拍摄制作“光彩事业在红河”电视系列专题片，在州电视台滚动播出8期，有力地宣传了非公经济人士参与光彩事业的感人事迹。

七、发挥“创先争优”活动和党建工作引领作用，带动和促进思想政治工作跃上新的台阶

各级工商联紧扣“调结构、转方式、建和谐、促发展”主题，不断深化和巩固非公经济组织创先争优活动成效。目前，规模以上非公有制企业100%建立了党组织，50人以上非公有制企业都有党员，初步实现了“组织创先进、党员争优秀、企业有发展、员工得实惠”的目标。积极开展纪念建党90周年活动，讴歌党的丰功伟绩，举办全省非公经济组织庆祝建党90周年“党旗下的誓言”演讲比赛，组织观看党建专题片，积极参加全省“党在我心中”知识竞赛。在“创先争优”和党建工作引领下，思想政治工作整体水平不断提升，杨善洲先进事迹学习活动扎实有效，全面掀起比、学、赶、帮、超氛围；首次在北京大学举办“工商联领导干部培训班”；结合学习贯彻党的十七届六中全会精神，举办《企业文化与企业发展》专题报告，推动企业文化建设和文化企业发展；首次与省委组织部、省工信委联合举办全省民营企业家培训班；举办非公经济组织入党积极分子培训班；加强对机关干部的培养培训工作；认真开展体现社会主义核心价值体系和时代精神先进典型、全国第6届“关爱员工，实现双赢”先进典型的推荐表彰工作；推荐女企业家参选“云南省三八红旗手”；组织青年企业家参加“第三届青年创业省长奖”评选；推荐民营企业参加全国工商联科学技术奖评选；楚雄州工商联在全国“为全面建设小康社会作贡献表彰大会”上被授予“先进集体”荣誉称号。这些活动的开展和荣誉的取得，充分展示了我省民营企业的创新精神、非公经济人士的良好形象和工商联事业的发展成就。

西藏自治区工商业联合会工作综述

2011年，在自治区党委、政府的正确领导和高度重视下，在全国工商联和区党委统战部的有力指导下，自治区工商联紧紧围绕自治区党委、政府“一个中心、两件大事、四个确保”的要求，团结带领全区广大非公有制经济人士，坚持走中国特色、西藏特点的发展路子，积极投身建设小康西藏、平安西藏、和谐西藏、生态西藏的伟大实践，在原有基础上全面提升了工商联的凝聚力、影响力、执行力，有力促进了“两个健康”。据统计，到2011年年底，全区各类非公有制经济市场主体近12万个，其中私营企业（公司）8700个，个体工商户达11.13万户，分别比2010年增长20%、17%；非公有制经济从业人员49.8万人，比上年增长42.4%；非公有制经济上缴税收73.2亿元，比2010年增长1倍，占全区总税收的77%。

一、深入贯彻落实中央16号文件精神，成功召开全区加强和改进新时期工商联工作暨推进非公有制经济跨越式发展会议

2011年9月，自治区党委、政府隆重召开了全区加强和改进新时期工商联工作暨推进非公有制经济跨越式发展会议（以下简称非公经济发展会议），围绕深入学习贯彻中央16号文件精神，进一步加强和改进新时期工商联工作，促进非公有制经济跨越式发展的主题，统一思想、提高认识，号召动员、部署安排，自治区党委书记陈全国亲临会议并作重要讲话，提出“政治上放心、思想上放开、政策上放宽、发展上放胆、工作上放手”的工作方针。为推动全区非公有制经济大发展、快发展，区党委、政府先后出台15号、19号两个重要文件，指导促进非公经济跨越式发展。文件围绕加强非公有制经济发展工作的组织领导、非公经济人士思想政治工作及党的建设、政策措施、发展目标等明确了41条工作内容，强调通过“零注册、轻税赋、强支撑、少检查、重激励”的工作措施积极推动非公有制企业如雨后春笋般涌现、像参天大树般成长，既实现非公有制经济总量扩张、做到铺天盖地，又提升非公有制经济发展质量、做到顶天立地，促进非公有制经济又好又快发展。会议要求各级党委政府和各有关部门在发展目标上解放思想，实现“三个突破”。一是总量上实现突破，到2015年，非公有制经济增加值、上缴税收力争在2010年基础上翻一番以上，年均分别增长15%以上；二是比重上实现突破，到2015年，非公有制经济增加值占GDP的比重、从业人员占二三产业从业人员的比重达到50%以上，上缴税金占税收总额的比重达到80%以上；三是企业规模上实现突破，到2015年，非公有制骨干企业达到100个以上，上市公司达到10个以上。

二、认真学习，强化做好新时期工商联工作的思想基础和理论基础

深入学习掌握党的最新理论成果和各项方针政策，结合实际不断提高干部队伍的综合素质，用理论指导团结服务、教育引导非公有制经济人士工作。中央16号文件下发以来，工商联党组以团结带领广大非公有制经济代表人士推进建设学习型党组织工作为契机，以胡锦涛总书记“七一”重要讲话精神、胡锦涛同志在十一届全国人大四次会议西藏代表团审议时的重要讲话精神、中央第五次西藏工作座谈会精神、习近平同志在参加西藏和平解放60周年庆祝活动时的一系列重要讲话精神为主要内容的学习重点，全面掌握党的路线方针政策和决策部署，特别对中央16号文件进行了多次集中学习研讨。同时，通过理论指导、政治指引、政策引导和正面教育，以专题培训、调训、参观、挂职锻炼、知识竞赛等形式，开展党的惠民惠藏政策教育、“四观、两论”教育、“三个离不开”教育、“反对分裂、维护稳定”等教育活动，进一步坚定了非公有制经济人士走有中国特色、西藏特点的社会主义道路的信心，激发了党员干部职工的工作热情，积极投身促进“两个健康”的各项工作中。

三、解放思想、抢抓机遇，开拓进取，不断深入开展各项主题活动

强化组织领导，狠抓维稳工作的落实。按照会党组的统一部署，调整充实区工商联维护社会稳定工作领导小组，加强对维护社会稳定工作的组织领导；进一步完善应急预案，明确各处室负责人维护稳定的工作责任；进一步强化措施，明确任务，细化责任；进一步加大督促检查力度，做到工作不到位不放过、任务不落实不放过、措施不过硬不放过、责任不明确不放过，确保各项维护稳定工作落到实处。

深入开展好创先争优活动。按照创先活动工作要求，我们建立督查指导机制，联络协调机制，包挂联系机制，宣传引导机制，取得了良好的社会效益，在直属会员企业中推进党组织的建立和党员发展，不断扩大党组织的覆盖面和党的基层工作的覆盖面，增强了非公有制企业党组织的凝聚力。2011年元月，由自治区20多家非公有制企业慷慨捐资120余万元开展的“创业不忘子弟兵、成功全靠共产党”民营企业回报社会感恩行动，在武警边防部队和社会各界中引起了很大反响。

认真组织开展“强基础惠民生”活动。根据区党委的统一安排部署，选派10名机关干部组成2个驻村工作队，进驻海拔4300米以上的日喀则地区岗巴县直克乡乃村、山南地区隆子县加玉乡杆吉村，按照会党组确定的“六项”工作任务安排，为当地群众办实事、办好事，解决生产生活中的实际困难，签订了各类帮扶项目协议15个，捐助资金、实物和项目投资合计近170万元，得到了群众好评。

四、围绕中心、服务发展，积极履行职能，不断提高服务“两个健康”的能力和水平

发展壮大会员队伍。按照数量和质量兼顾原则，重视改善会员结构，面向全区，考虑区域性代表，积极吸纳在行业领域有影响力、具有领头羊作用的非公有制企业加入工商联队伍，逐步改变了原来较小的会员队伍和会员结构单一的情况，实现了会员队伍多元化发展，在一定程度上扩大了工商联会员队伍的广泛性、代表性。截止去年底，全区共发展会员 2938 个，其中新会员 20 个。

加强工商联“三库”建设。进一步完善《会员数据库》、《项目库》和《人才库》，组织力量编撰《西藏民营经济发展报告（2011 年）》，向全国工商联上报了《推进西藏工商联执、常委数据库统计工作壮大会员队伍建设》和《以学习贯彻“意见”精神为契机加强全区县级工商联组织建设》的交流材料，获得好评。

加强商会和基层组织建设。在自治区党委、政府的亲切关怀下，自治区总商会于 2011 年 1 月 5 日正式挂牌成立，随即启动商会各项工作，并取得初步成效。2011 年，区工商联（总商会）力促异地商会建设工作，西藏福建商会、西藏江苏商会、西藏四川富顺商会相继筹建成立。2011 年，全区共成立 3 个县级工商联，进一步加强了工商联事业的延伸和作用。

加强区内外商务联系，积极开展“请进来、走出去”活动。积极与深圳市波特商业立体网络有限公司联系，在拉萨与深圳市波特商业立体网络有限公司签订了《战略合作协议》；与深圳中小企业信用融资担保集团联系，促成西藏通泰投资有限公司与深圳中小企业信用融资担保集团联合推出西藏首支非公有制企业集合票据；积极与中国进出口银行联系，签订战略合作协议，并在拉萨设立分支机构；与上海文广集团联系，为自治区产品及企业走出西藏、走向长三角建立信息平台；与中国证券监管委员会西藏监管局联系，磋商促进西藏私营企业上市融资合作的相关事宜；积极推荐西藏非公有制企业参加西藏银行筹建工作等。通过参与开阔视野，广交朋友，促进发展。

认真开展调研。会领导多次率领处室负责人深入民营企业和各地（市）工商联，了解掌握非公有制经济发展态势和面临的问题和反映的困难、基层工商联建设情况的第一手资料，积极协调解决有关问题。非公有制经济发展会议后，为确保会议精神的贯彻落实，由会领导带队分赴各地（市）对非公经济发展会议精神贯彻落实情况进行调研，并督导各地（市）进一步加强贯彻落实工作力度。

加大宣传教育力度。在积极做好历次重要活动、会议等宣传工作和非公有制经济人士教育培训工作的同时，在区内外主要媒体上发表了自治区主要领导的讲话精神、《我区非公有制经济健康有序发展》、《撑起区域经济半壁江山》、《全区首届“优秀中国特色社会主义事业建设者”名单》、《放心、放开、放宽、放胆、放手发展非公有制经济的 5 篇社论》等多篇报道。同时，在《中国西藏新闻网》开辟“西藏非公经济之窗”，积极推荐自治区工商联编撰的招商引资项目书和政策法规以及全区非公有制经济发展动态，为非公有制经济组织提供信息、法律、人才等咨询服务，推动产业优化升级和企业技术进步。邀请上海文广集团、上海报业协会组织《解放日报》、《文汇报》、《新民晚报》、东方卫视等主流媒体进藏采风，宣传报道西藏非公经济发展和工商联工作情况，相关报道被国内 70 多家各类媒体转载。

五、精心组织，积极筹备，扎实做好工商联换届筹备工作

根据《中央办公厅转发〈中央统战部关于工商联（民间商会）2012 年换届工作的意见〉的通知》（中办发〔2011〕17 号）精神，按照全国工商联换届工作会议的具体要求，扎实做好工商联换届筹备工作。一是成立工作机构，进一步强化组织领导；二是制定《西藏自治区工商联（总商会、商会）2012 年换届工作实施意见》；三是制定《关于 2012 年西藏自治区工商联（总商会）换届大会筹备工作安排意见》。目前，换届工作的各项前期准备工作正在有条不紊地开展中。

六、顺利完成机构改革，干部队伍建设不断加强，为更好地服务“两个健康”提供保障

2011 年，西藏自治区工商联顺利完成机构改革，机构改革后，6 个行政处室和 4 个挂靠的行政处室、2 个事业单位，均配置了正（副）处级干部主持工作，共调整人员 17 人。人员结构进一步优化，干部队伍建设得到进一步加强，服务“两个健康”能力得到进一步提升。

七、加强沟通协调，对口援藏工作成效显著

2011年4月，西藏召开七地（市）及部分县级工商联系统援藏工作协调会议，总结交流了工作经验，安排部署了下一阶段援藏工作。同时，圆满完成了第三批挂职锻炼干部的选派工作。选派有关人员组成工作组，前往黑龙江省工商联就对口援藏工作开展联系、协调及部分项目的对接、推荐工作，为两地民营企业人士进行交流、合作搭建平台，争取重点企业、重点项目尽快落地、发展。

从总体情况来看，一年来，全区非公有制经济又取得了长足发展，非公有制经济企业数量持续增长，规模发展更加凸显，经济总量大幅提高，纳税总额大幅增加，经济社会效益显著提升，已经成为拉动西藏经济增长的重要力量，对西藏经济社会发展的贡献越来越突出。全区工商联工作得到进一步加强和改进，服务水平进一步提高，凝聚力、影响力、执行力全面提升。

陕西省工商业联合会工作综述

2011年，陕西省工商联在陕西省委、省政府的正确领导和全国工商联的精心指导下，紧紧围绕全省经济社会发展大局和富民强省目标，深入贯彻落实科学发展观，认真学习党的十七届五中、六中全会精神，积极贯彻落实中央16号文件精神，认真履行职能，有力地促进了非公有制经济健康发展和非公有制经济人士健康成长，工商联的凝聚力、影响力和执行力有了较大提升。在陕西省委2010年组织的年终目标考核中，工商联机关被评为“优秀”单位。

一、深入贯彻落实中共中央16号文件精神

2011年，是贯彻中央16号文件的关键年。陕西省工商联认真组织开展学习宣传活动，扎实推动文件精神的落实。在深入领会文件精神实质、广泛征求意见的基础上，协助省委统战部起草完成了省委、省政府《关于贯彻落实〈中共中央国务院关于加强和改进新形势下工商联工作的意见〉的实施意见》（代拟稿）。经中共陕西省委常委会讨论通过，8月16日，陕西省委、省政府《关于贯彻落实〈中共中央国务院关于加强和改进新形势下工商联工作的意见〉的实施意见》（陕发〔2011〕12号）正式下发。

为贯彻好《实施意见》精神，8月31日，陕西省委、省政府在西安召开加强和改进工商联工作会议，陕西省政府副省长朱静芝主持，省委副书记王侠出席并讲话，渭南、榆林、安康市委和省委组织部、宣传部及省工商局、中小企业局等做了交流发言，省级有关部门、人民团体、各市（区）分管和联系工商联工作的同志，省、市（区）统战部、工商联负责人、以及部分非公有制经济代表人士等参加会议。9月29日，中共陕西省委对外宣传办公室召开《实施意见》新闻发布会，陕西省委统战部副部长、省工商联党组书记刘玉明致发布辞，并与省工商联副主席李挺毅、宋永华回答记者提问，参加发布会的《人民日报》、《中国日报》、《陕西日报》、《文汇报》等23家省内外及港澳台媒体中有18家作了摘转。

二、加强宣传引导，努力做好非公有制经济人士思想政治工作

为总结宣传典型，促进创先争优活动的顺利开展，陕西省工商联编发了《全省非公有制经济组织创先争优活动剪影》和《全省非公有制经济组织创先争优活动经验交流材料汇编》2000余册，简报22期。为不断优化非公有制经济发展的舆论环境，陕西省工商联主动加强与新华社陕西分社的工作联系，邀请省委宣传部、中央和省级13家主要新闻媒体负责人进行座谈，同时，继续加强与陕西电视台《商界·陕西》的合作，先后制作播出了专题节目58期。为鼓励先进，营造比学赶帮的氛围，陕西省工商联推荐了一批会员为全国先进典型企业和个人；与省总工会联合开展了陕西省第三届民营企业“关爱员工优秀民营企业家”、“热爱企业优秀员工”、“双爱双评先进企业”表彰活动；推荐了一家企业为陕西省“巾帼创业就业示范基地”，三位企业家为陕西省“巾帼创业先锋”。为搭建非公有制企业和代表人士相互学习交流的平台，陕西省工商联在《陕西新工商》内刊上增设了创先争优、庆祝建党九十周年、双爱双评风采、树典型、学典型等专栏。为及时了解和掌握各级工商联工作信息和工作动态，编印下发了《信息快讯》14期。

三、积极开展调查研究，认真履行参政议政职能

2011年，陕西省工商联围绕贯彻落实中央16号文件精神、加强县级工商联和行业商会组织建设及促进非公有制经济健康发展等内容积极开展调研，达到了预期的效果。一是围绕非公有制经济发展开展调研。结合贯彻落实《国务院关于鼓励和引导民间投资健康发展的若干意见》（“新36条”），在全省范围内进行了问卷调查，了解掌握文件精神的落实情况。在全面摸清全省非公有制经济发展基本情况的基础上，报送了《2010～2011西北地区区域民营经济发展报告》（陕西省部分），自主编印的《陕西省民营经济发展报告》蓝皮书中，汇编了陕西省“十一五”期间民营经济发展报告、10个市2010年民营经济发展报告，收录了近年来陕西省制定下发的有关非公有制经济发展的政策文件。在促进中小企业发展调研中，完成了《陕西中小企业发展综合调研报告》。协助全国工商联开展了“非公经济组织中优秀人才分析与研究”的调研活动，整理上报省工商联及各地市工商联关于非公人才调研成果17篇。二是围绕促进经济结构战略性调整议题开展调研。与省政协港澳台侨和外事委员会合作，就加快发展陕西省会展经济课题在省级有关部门和西安市开展了专题调研，撰写了《关于加快陕西会展经济发展的调研报告》。三是围绕工商联自身建设开展调研。围绕加强基层商会组织建设课题，完成了《围绕两个健康，积极服务会员，努力探索商会建设之路》调研报告；陕西省工商联党组书记刘玉明撰写的《对促进陕西省非公有制经济发展与工商联工作的思考》引起省委、省政府领导的高度重视，省委书记赵乐际、省长赵正永等省级领导分别作出批示。四是围绕省委确定的调研课题及全国工商联关于构建工商联理论框架体系相关课题开展调研。撰写了《对进一步加快西咸经济一体化建设步伐的思考》的调研报告，向全国工商联报送了《坚持“三性”基本特征 打造三大特色品牌》的理论文章。

2011年年初，在充分调查研究基础上，陕西省工商联向省政协十届四次会议提交大会发言3份，集体提案13份。其中《尽快出台鼓励股权基金条例的建议》、《关于构建重点民营企业中长期贷款信用平台与补偿机制》、《关于贯彻落实〈国务院进一步促进中小企业发展若干意见〉的建议》等三份提案被评为优秀提案。

四、加强内引外联，服务非公有制经济科学发展

陕西省工商联在推动实施“走出去”战略，为陕西省民营企业开展国际合作提供服务方面，充分利用“西洽会”、“秦商会”、“世园会”等平台，接待了来自美国、俄罗斯、中国香港等10多个国家和地区的商会负责人65人次。全年组织了3个代表团50名会员走出国门，开展商会合作与经贸洽谈。访欧团出席了我国驻德国大使馆的欢迎宴会，参加了德国华人华侨及工商界举办的交流活动，与汉堡商会举办的经贸合作洽谈会，就陕西旅德华人华侨成立德国陕西商会达成共识，考察了瑞典马尔默节能环保示范小区西港新城，与捷克华商会签订了《关于缔结友好商会合作关系协议书》；南亚团赴新加坡参加了第十一届世界华商大会，拜会了印度尼西亚中华总商会巴厘岛分会；访美团考察了美国、加拿大商会组织建设和房地产、酒店业、食品加工业发展状况，参加了中国—伊朗建交40周年系列活动，出席了韩国驻西安总领事馆国庆招待会，组织40多家企业参加了韩国贸易馆在西安举办的“2011 首尔潮流风尚展洽会”，与韩国驻西安总领事馆共同主办了“韩国—陕西经济合作交流会”。一年来，陕西省工商联共为民营企业办理因公出国（境）手续 96 人次，因私出国签证 32 人次。

在加强省内外民营企业交流合作方面，邀请全国工商联领导及全国 300 余家民营企业参加了第十五届“西洽会”；组织省内 240 多家民营企业参加第二届全球秦商大会、第二届中国西部非物质文化遗产项目展演等系列活动；组织部分会员企业参加了天津、重庆、兰州等地举办的经贸洽谈会，乌鲁木齐亚欧国际博览会暨第四次全国陕西商会联谊会；组织 22 家会员企业参加了洛川县城乡统筹发展项目推介会。

在优化民营企业发展环境，维护合法权益方面，陕西省工商联与银行、税务、法院等多家单位合作，共同搭建民营企业服务平台。先后与陕西省地税局合作成立“陕西省纳税人维权服务中心”，召开税企座谈会，力求解决民营企业在纳税服务过程中存在的问题；与中国工商银行陕西分行建立战略合作关系，签署了《中小企业金融服务合作协议》；与省高级人民法院共同推动，成立了由省高院与省工商联有关领导组成的协调小组，省高院向全省各市法院印发了《关于与陕西省工商联建立涉及非公有制企业民商事案件沟通协调机制的会议纪要》。

在开展培训，帮助民营企业科学发展方面，陕西省工商联先后与陕西省金融办、西北大学及会员企业合作，共同主办了“新货币政策下中小企业融资渠道”和“‘十二五’规划金融导向与陕西企业发展机遇”等系列专题讲座。联合省人力资源和社会保障厅、省总工会等单位举办大型招聘会，共组织 417 家企业参加招聘活动，提供就业岗位 8500 余个。积极参与全国工商联组织的红丝带健康包“百校进千企”校企对接活动，发放健康包和调查问卷 2000 份。向全国工商联推荐了一批高新技术典型企业和光彩事业贷款项目。举办了市县工商联领导干部理论培训班和工商联通讯（信息）员培训班，70 多人参加了培训。

五、加强自身建设，不断增强工商联的凝聚力、影响力和执行力

加强会员队伍建设，不断扩大组织覆盖面。上半年，陕西省工商联召开组织工作会议，就全省组织建设和会员发展进行督促检查和研究讨论。下半年，召开了陕西省工商联直属商会会长座谈会，就商会建设取得的主要经验、存在的主要问题及如何进一步加强商会建设进行座谈。按照全国工商联要求，陕西省工商联下发了《关于建立县级工商联组织建设联系点制度并开展调研的通知》，会领导分赴各市、县进行调研考察，确定了蓝田、眉县等 11 个县区为全省县级工商联组织建设联系点。目前，全省企业会员 18440 个，团体会员 647 个，个人会员 47705 个，基层组织 708 个，行业商会 304 个，会员总数达到 66792 个。

加强制度建设，不断提高工作的制度化、规范化和程序化水平。上半年，陕西省工商联重新修订和补充完善了机关《考勤制度》、《学习制度》、《主席办公会议制度》等 7 项制度，逐步建立起按制度办事、人人遵章守制的机关工作秩序。制定了《省工商联机关工作人员绩效考核试行办法》，进一步增强了机关人员的事业心、责任感，大大激发了干部立足本职，争先创优的积极性。

加强机关干部队伍建设，不断提高业务能力。针对机关存在的工作效率不高、抓落实不够、责任心不强等问题，陕西省工商联结合年终工作总结，开展了以“看集体氛围好不好，查自己是否做到宽厚待人、团结同志；看思想认识正不正，查自己是否做到严于律已、公道正派；看工作作风实不实，查自己是否做到任劳任怨、尽职尽责；看队伍素质高不高，查自己是否做到勤学善思、工作创新；看领导能力强不强，查自己是否做到作风民主、科学决策”为内容的“五看、五查”活动，明确要求全体机关干部要努力提高政治把握、调查研究、群众工作、开拓创新和推动落实的能力，不断提高工商联的凝聚力、影响力和执行力，为谋划好、完成好翌年工作奠定了良好的基础。

甘肃省工商业联合会工作综述

2011年是甘肃省工商联围绕科学发展主题，实现“十二五”规划良好开局之年，也是学习贯彻中央16号文件精神的开篇之年。一年来，省工商联工作以深入学习十七大，十七届五中、六中全会精神，认真贯彻落实中央16号文件，紧紧围绕省委提出的实现经济社会跨越式发展的新要求，主动作为，创新发展，示范带动，整体提升，全面实施“331”战略计划，大力促进“两个健康”，有力地推动了全省非公经济又好又快发展，开创了工商联工作新局面。

一、深入学习贯彻中央16号文件精神

1. 抓好学习宣传，统一思想认识

中央16号文件下发后，全省工商联系统及时向党委常委会作了专题汇报，研究讨论了具体贯彻意见。成立了由主要领导担任组长的领导小组，抽调专人开展工作，制定细化学习贯彻方案。各地通过学习研讨和举办培训班，重点在工商联系统机关干部、会员企业和商会三个层面进行了大学习、大宣传和大讨论，力求广泛宣传、深刻领会、深入贯彻。省工商联举办两期培训班，邀请省政府副省长、省工商联主席郝远，知名企业家尹明善等领导专家为省市县工商联领导和干部近200人作辅导解读，统一了大家的思想认识。在《甘肃日报》上刊登了省工商联主要领导针对《意见》和《实施意见》答记者问。与《甘肃日报》联合举办了“天庆杯”学习中央16号文件精神知识竞赛，全省近20万人参与答题，社会影响广泛。

2. 协助制定意见，推动贯彻进程

省工商联成立4个调研组赴市县调研督查学习贯彻活动，完成了三个学习贯彻文件代拟稿，得到省委、省政府肯定。省委、省政府出台了关于《关于加强和改进新形势下工商联工作的实施意见》（甘发〔2011〕4号文件）、《关于加强全省非公有制经济领域各类商会协会发展的意见》（甘办发〔2011〕45号文件）、《加强和改进工商联工作暨推进全省非公有制经济跨越式发展工作任务分解表》（甘办发〔2011〕79号文件），指导督促贯彻落实工作。其中，加强商会协会发展的意见走在了全国前列，中央统战部、全国工商联给予高度评价并推广学习。建议省委、省政府召开了“加强和改进工商联工作暨推进全省非公经济跨越式发展电视电话会议”，省委、省政府及全国工商联主要领导同志作了重要讲话，6个省级部门作了表态发言。

3. 认真抓好落实，实施“331”战略计划

各地按照省委、省政府要求，精心组织，周密部署，实地指导督查、协调当地主要领导支持、下发工作通报，推动中央16号文件精神和省委、省政府“一会三个文件”的贯彻落实。截至年底，全省14个市州中，白银市召开了贯彻落实大会。兰州、金昌、酒泉、平凉、白银、庆阳、甘南7个市州下发了贯彻意见。庆阳市决定每年从市级工业发展专项基金中切出650万元，用于设立中小企业信用担保机构风险补偿基金和技术创新专项基金。兰州市同意设立“中共兰州市总商会委员会”，甘南州实施意见规定工商联党组书记原则上担任同级党委委员，并兼任同级人大或政协常委。兰州、平凉、白银、金昌、定西、酒泉等市均增加了人员编制和经费。为抓好贯彻落实，省工商联立足甘肃实际，提出并在全省工商联系统全面实施“331”战略计划，制定实施方案，细化目标任务，量化工作标准，强化督查考核，全省工商联工作呈现新面貌。

二、服务非公有制经济加快发展进展良好

1. 建立试点联系点，探索发展道路

为推动非公经济跨越式发展探索道路，把定

西确定为全省推动非公经济发展示范点，进行重点指导帮扶，以求在解放思想、优化服务、改善环境、平台搭建、政策支持、强化领导等方面率先突破。在定西举办了省工商联第八次商会联席会议——项目合作活动，签约项目8个，签约资金33.4亿元。建立联系点，以点带面推进工作。推行了省工商联领导班子成员每人联系一个市、所属一个县工商联作为工作联系点，集中精力协调解决具体问题，确保“331”战略计划顺利实施。定西市确定的安定区、白银市确定的平川区等联系点工作已全面展开。

2. 强化调研信息，营造良好环境

全省工商联系统全年共形成调研报告102篇，完成了一批促进非公经济发展的重点课题，较好地发挥了调研参政和服务大局的作用。省工商联向省委、省政府提交了《关于加快全省非公经济发展的建议》、《甘肃省“十一五”期间民营经济分析报告》等调研报告。组织完成的《甘肃商会发展难点及对策研究》、《甘肃省非公有制经济发展状况调查报告》分别获2011年全国工商联系统和全省统战系统优秀调研报告一等奖。承办了全国工商联提案工作暨研究室主任培训会议。信息工作推行工商联系统全员写信息，人人有任务，季度一通报，年终作考核的办法，调动了采写信息的积极性，信息数量和质量明显提升，省工商联被全国工商联和省委统战部评为信息工作先进单位。

3. 搭建服务平台，优化发展环境

全省工商联系统建设“非公经济总部中心”、构建服务平台工作有序推进，并取得初步成效。省工商联建设“五大中心”、“六个服务平台”现已完成了项目方案设计、选址规划等土地招标挂牌前的相关工作。兰州、庆阳、白银、甘南等市州把建设商会大厦和非公有制经济总部中心写入了实施意见。庆阳市政府常务会议研究确定划拨10亩土地、提供50万元启动资金，建设商会大厦。白银市把“建设非公经济商会大厦”列入了“十二五”规划纲要，土地初步确定。靖远县和华池县完成了土地选址。

4. 建立长效机制，构建服务体系

省工商联与工商银行甘肃分行签订了200亿元贷款授信协议。白银市为中小企业开展担保业务160余笔，为非公有制企业提供担保贷款4.8亿元。庆阳市全年新组建小额贷款公司、担保公司9家，总数达到26家，为中小企业融资2亿多元，为15家民营企业贷款2.1亿元。定西市指导陇西等3个县区工商联筹备成立小额贷款公司，省民族发展商会成立了互助金商会。坚持内引外联，主动开展经贸服务活动。先后组织民营企业赴澳大利亚、新加坡、中国台湾地区参加华商大会等经贸活动。接待了马来西亚外贸促进中心、香港贸发局、上海企业家代表团等来甘项目考察活动。组织省外70多家企业参加了兰洽会，兰州市首次举办了“兰洽会”工商联签约专场，签约项目7个、投资额59.7亿元。举办了第二届西部（兰州）汽车博览会，交易额达20多亿元。向全国工商联推介武威市112个重点招商项目，全国工商联向40多个行业商会推介，正国集团签约投资20亿元建设100兆瓦的光伏项目。

三、促进非公有制经济人士健康成长成效显著

1. 树立典型引领，加强典型宣传

开展“非公经济先进人物典型宣传”活动，推荐树立甘肃陇鑫集团李海珊等6名企业家为“全国非公经济典型人物”，甘肃武酒酒业集团冯淑刚等2名企业家为“全国关爱员工优秀民营企业家”，甘肃山丹水泥集团桑占武等3人为“全国热爱企业优秀员工”，甘肃新乐连锁超市为“全国双爱双评先进企业”，甘肃再就业建设工程公司等2家企业为“全国就业与社会保障先进民营企业”，受到国家表彰。与新华社甘肃分社、《甘肃日报》、每日甘肃网、甘肃电视台等主流媒体合作，开设专栏，广泛宣传非公经济和商会发展典型事迹，以“身边人、身边事”鼓舞激励人。全年在《中华工商时报》和省级主流媒体上集中宣传非公经济人士300多名。完成了全省2010年度上规模民营会员企业调查，全省年销售收入过3亿元企业达到33户，完成了百强民营企业排序的发布，获得全国工商联上规模民营企业调研三等奖。酒泉市委、市政府表彰奖励了非公经济企业安排就业10强和全市1000户非公经济诚信纳税人。

2. 教育培训引领，注重素质提升

拓展思路，创新方法，切实加强培训。在上

海复旦大学举办了第五期甘肃非公有制经济人士高级培训班，邀请国内知名专家授课。组织天庆集团韩庆等三名企业家到兰州大学开展创业就业辅导报告会，引导大学生树立正确的择业观。省工商联和省政府金融办等部门联合举办了以“激发活力与优化环境”为主题的甘肃省第三届民营经济发展论坛，为民营经济发展把脉问诊。酒泉市和武威市成立了“非公经济人才教育培训中心”，定西市举办了“首届定西非公经济人士高级培训班”，嘉峪关市举办了企业智慧培训班。

3. 践行责任引领，彰显光彩精神

7 月，省委统战部、省工商联、省光彩会在定西市成功举办了以送科技、政策、医药、项目、资金、信息为主的“六下乡”光彩陇原行活动，全国工商联副主席谢经荣同志莅临指导活动。全国工商联提供 300 万元资金支持，省内民营企业捐款 450.6 万元，共 750.6 万元用于建光彩林 1000 亩、光彩水窖 4000 眼。广泛动员民营企业家开展了情系“三区”（山区、老区、少数民族地区）、感恩“三老”（老党员、老干部和老英模）的感恩行动，全省共捐款捐物 581 万元，帮扶“三老”和特困人员 1824 人，招工扶贫 4884 人，培训扶贫 5010 人。全省工商联系统协同有关部门共同举办了 2011 年全省民营企业招聘周活动，组织企业 2923 户，提供就业岗位 83950 个，签订就业意向协议 42432 人，大量吸纳安置就业，促进了社会和谐。庆阳市和白银市表彰光彩事业先进个人，永昌县非公有制经济人士捐款 823.2 万元支持北海子景区建设。

四、工商联自身建设得到加强

1. 找准商会抓手，加强组织建设

完成了甘肃民间商会的注册工作。建立完善了“商会联席会议”平台，将省工商联主管的商会和政府业务部门主管的 44 家直属商会一并纳入，成为服务商会的有力抓手。中央统战部副部长、全国工商联党组书记全哲洙参加了 7 月在兰州召开的全省商会建设工作座谈会并作了重要讲话。以省政府出台《关于加强全省非公有制经济领域各类商会协会发展的意见》为依据，制定了《甘肃省工商联直属商会管理办法》、《甘肃省工商联商会联席会议成员单位年度考评办法》等制度，并指导省工商联直属商会制定了商会章程和管理制度，形成全方位、多层次的制度保障格局。抓好组织建设，认真安排部署市县工商联换届工作，准确把握换届政策，指导市州工商联做好换届工作，兰州、嘉峪关、金昌、白银、庆阳 5 市已完成了换届。庆阳市利用换届契机，推进政府党外领导干部担任工商联主席，目前庆阳市和西峰区、环县工商联主席均由政府党外领导干部担任。

2. 突出制度落实，加强机关建设

修订完善了符合工商联机关自身特点的干部培养、管理、考核、奖惩等激励制度，建立健全了业务工作绩效考核办法，量化细化了年度工作目标和任务，与市州工商联和省工商联机关处室签订了百分考核目标责任书。陇南市举办了非公经济人士综合评价培训班，兰州市健全完善了非公经济人士人才库、信息库和综合评价体系，加强对会员的动态管理。通过制度化和规范化管理，提高了机关的执行力和工作效能。举办全省工商联领导干部培训班，组织干部赴内蒙古、东北等地考察学习。省工商联选拔充实了 7 名年轻干部，提拔转任了 10 名处级干部，推荐一名干部被省委提拔为副地级领导，机关面貌焕然一新。

过去的一年，是甘肃省工商联在中央 16 号文件精神的指导下大有作为的一年，工商联事业在理论上、工作上、机制上有了新的突破，凝聚力、影响力、执行力有了新的提升，服务科学发展和自身科学发展有了新的进步。新的一年，甘肃省工商联将在省委、省政府的领导下，在全国工商联和甘肃省委统战部的指导下，认真履行职能，充分发挥作用，把各项工作更进一步推向前进。

青海省工商业联合会工作综述

2011 年，在省委、省政府的正确领导下，在全国工商联和省委统战部的具体指导下，省工商联以科学发展观为统领，认真贯彻落实中央 16 号文件和青发 8 号文件精神，抢抓机遇、顺势而为、迎难而上，工商联工作呈现出理念新、领域广、亮点多、效果好的喜人局面，服务科学发展的能力和自身建设都有了新提高。

一、认真贯彻落实中央 16 号文件精神

学习贯彻中央 16 号文件精神作为头等大事，配合省委统战部作好实施意见的起草工作，主动推动贯彻中央 16 号文件实施意见的出台、全省加强和改进工商联工作会议的召开。省委、省政府印发了《关于加强和改进新形势下工商联工作的实施意见》（青发〔2011〕8 号），召开了全省加强和改进工商联工作会议，省委书记强卫到会作重要讲话，省委副书记、省长骆惠宁同志主持会议。这次会议是改革开放以来，青海省工商联发展史上规模最大、规格最高的一次大会。会议期间，省内各大媒体先后刊登了“工商联事业发展综述”、“省委统战部负责人答记者问”、会议新闻稿及评论员文章，营造了良好的舆论氛围。各级工商联通过通报会议精神、举办辅导报告会、发放辅导材料、召开座谈会等方式，组织广大工商联干部认真学习文件和会议精神。各级工商联主动进位、积极作为，在为非公有制经济发展提供良好服务的同时，争取到了各级党委、政府的大力支持。

二、努力提高调查研究和建言献策水平

在全省范围内开展了百家民营企业调研，形成了《围绕转型升级推动全省非公有制经济跨越发展调研报告》，得到了全国工商联、省委和省政府领导的关注。该调研报告被全国联评为一等奖；强卫书记在全省加强和改进工商联工作会议上的讲话中吸收了部分调研成果；省委常委、常务副省长徐福顺，省委常委、副省长骆玉林分别做了重要批示。及时了解和掌握全省非公有制企业、小微企业发展动态和规律，完成了“全省百家民营企业排序”和“2010 年上规模民营企业调研”工作，撰写了《2010 年青海省民营经济发展报告》等调研文章，“上规模民营企业调研”工作被全国工商联评三等奖。围绕全省经济社会发展中的热点难点问题建言献策，向省政协常委会提交了《稳定农产品价格，提高居民生活水平》的发言材料；向省政协十届四次会议提交了《放手发展非公有制经济，加速推进我省市场化改革进程》等大会发言，提交提案 4 份。围绕社会管理创新、构建和谐劳动关系、党群团建设、工商联党组发挥作用、工商联系统商会建设开展了调研。完成了原省政协副主席、省工商联主委廖霭庭先生的人物传记整理工作。

三、积极探索思想政治工作新方式

以创先争优活动为契机，树立和表彰了一批全省非公有制经济领域的先进党组织和先进个人。挖掘和培育在转变发展方式、构建和谐企业、加强品牌建设、提升企业文化等方面的先进典型，范玉明、王伟明、谈长燕被评为第六届全国“关爱员工、实现双赢”优秀民营企业家，金生光、王学刚、罗平兴等企业家的先进事迹被全国工商联列入典型事迹数据库，青海互助青稞酒股份有限公司被全国工商联列为“质量·品牌·责任”先进典型。积极参与协调劳动关系“三方四家”会议，推荐和谐劳动关系先进企业，20 家非公有制企业在“全省构建和谐劳动关系先进表彰暨经验交流会”上受到表彰。加强对非公有制经济人士的培训工作，与省人社厅联合举办“非公有制企业构建和谐劳动关系”培训班两期，113 名非公有制企业董事长（总经理）及中高层管理人员参加培训，并赴河南、上海等地学习先进的理念和管理经验。积极开展以会代培工作，组织召开了先进典型宣传暨构建和谐劳动关系经验交流会，厂务公开民主管理工作经验交流会。

四、不断提高服务经济的能力和水平

把引进知名民营企业参与新青海建设作为服务经济的新途径，"青洽会"期间，筛选、整理重点招商项目302个，邀请193家企业参会，促成签约项目45个，签约金额217亿元，举办了知名民营企业恳谈会、项目对接会、专题讲座等多项活动。这次"青洽会"是工商联邀请国内知名企业最多、参会规模最高，招商引资成效最显著、亮点最多的一次。中央统战部副部长、全国工商联党组书记、第一副主席全哲洙亲自率团参会，省内外各大媒体对活动进行了多角度、全方位的报道。组织会员广泛开展商贸交流活动，邀请全国工商联新能源商会、内蒙西蒙集团等商会和20余家知名企业来青海考察；与青海清华博众公司成功举办了2011年第五届国际沙棘大会。组织企业家分别参加了第十一届世界华商大会、第六届中部贸易投资洽谈会，并分两批赴台湾考察学习。加强融资服务，与交通银行签订了"共同支持中小企业及县域经济发展合作协议"，推荐需求资金企业28家；协调建设银行落实贷款7480万元。积极推动民营企业海外上市工作，邀请麦格理投资集团、海外资本投资（控股）有限公司的金融专家，分别与政府相关部门和民营企业就开展合作进行磋商。继续以"法律进企业"活动为契机，积极为企业提供了多种形式的法律服务。

五、引导非公有制经济人士履行社会责任

积极引导会员企业参与扶贫开发、新农村建设、捐资助学和灾后重建。动员18家会员企业参与"百企联百村"活动，意向性投资700万元；省工商联机关为联点村捐款捐物3.8万元，协调落实整村推进项目1个。与相关部门共同举办了"2011青海重点项目重点企业招聘周暨高校毕业生就业洽谈会"，50家民营企业提供就业岗位2980个，现场达成意向683人。协调中国光彩会、北京工商联光彩办向玉树灾区教育事业捐资604万元；动员各级商会和会员企业为贫困学子捐款350余万元。认真开展"感恩行动"，104家会员企业为"三老"人员捐赠款物60余万元；动员会员企业参与国土绿化，物通集团投资1000多万元在民和县实施荒山绿化项目。积极推荐和宣传在履行社会责任方面的先进典型，藏羊集团藏毯生产项目被评为"各民主党派、工商联、无党派人士为全面建设小康社会作贡献社会服务优秀成果"；杨生良、鲁长征被国家林业局、全国工商联、中国光彩会授予"光彩事业国土绿化贡献奖"；青海黄河水电再生铝业有限公司被授予"全国就业与社会保障先进民营企业"荣誉称号；青海百通高纯材料开发有限公司被推荐为"中国民营企业2011十大碧水环保先锋企业"；天桥实业集团和可可西里食品有限公司被评为2011年吸纳就业突出企业；在省光彩事业促进会二届二次理事会上，为10家基层工商联授予"光彩事业组织奖"，为30名非公有制经济人士授予"光彩事业突出贡献奖"。

六、切实加强工商联组织建设

积极主动地作好会员发展工作，全年共发展团体会员6家、企业会员169家、个人会员598人。按照工商联章程的规定，增补省工商联副主席1名、省商会副会长3名，增补九届常委会委员12名、执行委员会委员32名。指导成立了青海省甘肃商会和义乌市青海商会。基层组织建设得到进一步加强，西宁市工商联组建的行业协会、商会达到7家；海北州实现了县级工商联全覆盖；大通县在20个乡镇成立了商会，实现了全县乡镇商会全覆盖。按照建设学习型党组织的要求，组织机关干部认真学习"七一"讲话精神，十七届五中、六中全会精神，中央16号文件精神和省委十一届十次、十一次全体会议精神；组织开展《党员领导干部廉洁从政准则》知识竞答，参观了全国廉政教育基地，机关"五五"普法工作通过了验收；组织14名机关干部分别参加了全国工商联专题培训班、香港工商业研讨班和干部自主选学培训班，选派5名机关干部到民营企业挂职锻炼。在会机关深入开展创先争优活动文明单位创建活动，以建党90周年为契机举办了"党在我心中"文艺晚会、"党员党史知识竞答"、"学习七一讲话精神专题交流"、红歌比赛等形式多样的活动。

宁夏回族自治区工商业联合会工作综述

2011年，宁夏回族自治区工商联在自治区党委、政府的正确领导下，在全国工商联和自治区党委统战部的大力指导下，紧紧围绕促进非公有制经济健康发展和非公有制经济人士健康成长这个基本任务，充分发挥职能作用，围绕中心，服务大局，创造性地开展工作，圆满完成了全年工作任务。

一、认真贯彻执行中央和自治区重大决策部署

根据中央和自治区创先争优活动领导小组安排，以庆祝建党90周年为契机，指导全区非公有制经济组织深入开展创先争优活动。共计编发简报88期，其中有12篇被全国非公有制经济组织创先争优活动指导小组简报（网络）转发。全区非公有制企业党组织覆盖率为48.71%，在全国名列前茅。认真贯彻中南部山区生态移民动员大会精神，专题安排部署，号召全区各级工商联组织、商（协）会、非公有制企业积极参与到生态移民工程中来。宁夏金龙集团成立了移民教育培训中心，实施生态移民教育培训项目，计划五年内投资5000万元，培训移民1.2万人。我会会同组织部、教育厅、科技厅、扶贫办、移民局等部门，依托金龙集团实施生态移民教育培训项目，对村官、移民实施技能培训，全年共培训7期688人（次）。及时传达学习和贯彻全区“发挥商会作用促进民营经济大发展座谈会”精神，鼓励民营企业学习张毅书记重要讲话精神，不断做强做大，推动了会议精神的贯彻落实。继续做好中发〔2010〕16号文件精神的贯彻落实。及时传达学习了宁党发〔2011〕37号文件和全区加强和改进工商联工作视频会议精神，邀请全国工商联副主席庄聪生对中央16号文件进行专题辅导，掀起了学习贯彻的热潮。各市、县（区）党委、政府对工商联工作十分重视，利用换届契机配强领导班子，基层工商联工作得到了加强。认真做好定点帮扶工作。会主要领导深入帮扶点中宁县徐套乡李士村调研，现场办公，与乡村干部共商移民脱贫致富方案，筹措扶贫资金13万元帮助实施脱贫致富项目。认真学习党的十七届六中全会精神。通过召开机关干部学习会、举办专题班等形式，及时组织机关干部学习贯彻全会精神。对全区工商联系统学习贯彻活动做出安排部署，引导非公有制经济组织、非公有制经济人士为发展壮大宁夏文化产业贡献力量。认真落实张毅、王正伟等自治区领导重要批示，主动拜访全国工商联领导，就2012年在宁举办中国光彩事业宁夏行活动，与中央统战部、全国工商联、中国光彩事业促进会沟通协商。根据王正伟主席重要批示，与自治区政府研究室、经信委、工商局等单位共同研究关于促进宁夏民营经济加快发展的政策建议，为宁夏出台促进非公有制经济发展的突破性政策提供了参考。

二、参政议政工作有新突破

以“建言献策促发展”活动为平台，认真履行政治协商、民主监督、参政议政职能务。向自治区政协九届四次会议提交提案28件，全部立案。共向自治区政协提交社情民意31篇，自治区政协采用4篇，自治区领导批示的有5篇。其中，《关于提高企业科技创新水平的建议》作为重点提案，由自治区政协副主席李淑芬督办落实。深入基层，围绕自治区党委、政府中心工作开展调查研究。对“新36条”落实情况、中小企业发展情况、建立健全非公有制经济劳动关系协调机制问题、村企共建、民营企业参与光彩事业等专题调研，形成对宁夏非公有制经济发展有影响的调研报告十余篇。

三、思想政治工作进一步加强

突出引导性、启发性、可读性，加强编辑策划及审稿，努力提高《宁夏商会》办刊质量，全年共编辑发行《宁夏商会》4期。举办了全区工商联委员培训班，对胡锦涛总书记“七一”重要讲话、中央16号文件等内容进行集中辅导，交流基层组织建设暨创先争优活动经验。宁夏兴俊集团、宁夏红宝集团等会员企业积极开展捐资助学、扶贫济困、环境保护、小流域治理等活动。协助自治区党委宣传部、发改委、广电总台等单位开展了“2010年度宁夏经济人物”“宁夏十大企业”、“宁夏十大优秀企业家”评选活动。积极推荐会员企业参与“全国双爱双评先进企业”、“全国关爱员工优秀民营企业家”、“全国热爱企业优秀员工”、“全国就业与社会保障先进民营企业”的评选，多家企业、企业家、企业员工受到表彰。以《宁夏商会》为平台，加强与华兴时报、宁夏电视台以及市、县报刊、电视台等媒体的合作，开辟《财富故事》、《创业路上》、《倾听》等栏目，集中宣传优秀会员企业、优秀民营企业家的时代风采和典型事迹，在各类新闻媒体宣传先进典型事迹346期（次）；还从基层推选的先进典型人物中筛选出27人推荐给全国工商联。通过多渠道、多平台、多形式的宣传报道，积极营造有利于非公有制经济发展的良好舆论环境。继续抓好创业讲堂活动。邀请自治区工商联副主席、宁夏宝塔石化集团董事局主席孙珩超和北京易道书院院长张述任分别在宁夏理工学院和银川大自然宾馆为学子、企业家作精彩演讲，反响良好。建立了创业讲师人才队伍项目数据库，将在宁的全国YBC（中国青年创业国际计划英文简称）创业导师、长期在生产一线的有创业经验的企业主等充实到创业讲师队伍，目前，入库讲师已达65人。自治区人才工作领导小组办公室对自治区工商联“优秀民营企业家创业讲师人才队伍建设项目”实施情况给予了肯定，并划拨专项资金15万元。

四、组织建设不断强化

到目前，全区各级工商联共有会员26384个，比2010年末增加4750个，增幅21.9%。全年共发展了3批21个直属会员。召开自治区工商联常委会、执委会，传达学习了中央加强和改进工商联工作会议、全区“发挥商会作用促进民营经济大发展”座谈会精神。以纪念建党90周年为契机，指导非公有制经济组织深入开展了创先争优活动。选派5名干部担任民营企业党建工作指导员，加强对基层党建工作的指导。宁夏西部光彩学院党支部、自治区工商联直属会员单位党委以及张宝军、胡学文等单位和个人分别受到表彰。积极开展各类业务培训，选派干部参加全国工商联、自治区相关部门在北京、上海、井冈山、海南、香港等地举办的培训班，组织处级及以下干部参加网络教育培训学习。全年投入培训经费十余万元，培训机关干部68人次，进一步强化了理论武装，提升了干部职工的综合能力和素质。指导石嘴山、永宁等8个市、县（区）工商联及宁夏福建企业家协会等7个商（协）会进行了换届。帮助组建、筹建了宁夏黑龙江商会、宁夏莆田商会、宁夏黄金协会和宁夏家电行业协会等4个商（协）会。推荐宁夏江苏商会荣获“自治区社会组织建设先进单位”。根据党委统战部的工作安排，全力做好自治区工商联第九次会员代表大会相关准备工作。

五、经济服务工作成效明显

认真履行职能，充分发挥政府管理和服务非公有制经济发展中的助手作用。出色地完成了2011年宁夏（香港）经贸文化旅游活动周期间相关活动任务，先后5次邀请港澳工商界人士200余人参加了活动周开幕式及港澳工商界举办的欢迎晚宴等大型活动，受到了自治区主要领导的充分肯定，自治区工商联被自治区政府授予先进集体突出贡献奖。圆满完成了中阿经贸论坛期间中阿联合商会中方理事会代表团的接待任务。积极引导我区民营企业积极参与到中南部地区生态移民工程和黄河善谷建设，会员企业积极响应，引进签订了数十亿元的投资项目。配合招商局等部门全力办好“宁夏·北京经贸合作推介会”和“宁夏·东北地区（哈尔滨）经贸合作推介会”。发挥优势，通过当地工商联组织邀请了60家民营企业参会，并就签约项目主动对接。参加了第十六届澳门国际投资展览会。协助吴忠市组织区内外商协会组织、企业家共31人出席回商大会。全年共参与、组织开展各类经贸活动13次，开展“走出去、请进来”活动9次，有力地宣传和推介了宁夏。开展了上规模民营企业调研工作，受到了全国工商联通报嘉奖。采取多种形式为会员提供信息、法律咨询、人才培训、维权等方面的服务，协助会员企业引进资金、技术和人才，寻找发展机会。组织行业商（协）会、企业负责人、工商界人士共300余人参加了“2011年新经济高通胀下的财富热点高峰论坛”。继续加强与建行宁夏分行等商业银行和担保机构的合作，促成金融机构为工商联推荐的企业贷款20.7亿元。认真组织开展民营企业招聘周活动，共组织全区789家民营企业参加了招聘会，提供就业岗位21034个，4613名求职者与企业签订就业意向协议书，签订职业技能培训意向811人，提供维权及法律援助1981人次，发放政策宣传资料7万余份。

2011年度，自治区工商联机关自身建设取得新成绩，被评为全区职工职业道德建设先进单位，荣获区直机关文明单位称号，连续三年获得全区效能目标管理考核一等奖。

新疆维吾尔自治区工商业联合会工作综述

2011年是全面贯彻落实中央新疆工作座谈会精神，实施“十二五”规划，推进跨越式发展和长治久安取得重大进展和明显成效的一年。一年来，在全国工商联的正确指导和自治区党委的坚强领导下，新疆工商联深入贯彻中央新疆工作座谈会精神，深入贯彻全国工商联有关重要会议和自治区党委、人民政府相关重要会议精神，认真贯彻中央和自治区党委关于加强和改进工商联工作文件精神，认清新形势、抢抓新机遇，进一步促进新疆非公有制经济健康发展和非公有制经济人士健康成长，大力推动全区工商联工作迈上新台阶，努力为实现新疆跨越式发展和长治久安贡献力量，各项工作取得了新突破。

一、非公有制经济和中小企业发展迈出新步伐

一年来，全区广大非公有制经济人士始终围绕经济建设这个中心，抢抓发展机遇、加快发展步伐，积极投身于新疆大建设、大开放、大发展，在转变经济发展方式、调整经济结构，在服务民生、缴纳税收、吸纳就业，在推进新型工业化、新型城镇化和农牧业现代化等诸多方面作出了新的贡献。截至2011年年底，全疆实有私营企业10.7万户，注册资本3342.3亿元，从业人员75.8万人；个体工商户56.3万户，注册资本174.2亿元，从业人员95.8万人。中小企业完成工业增加值879.18亿元，同比增长20.7%。以广汇集团、美克集团、特变电工等为代表的非公有制工业企业在能源、化工、制造等领域不断抢占产业核心技术的制高点；以华凌集团、阿尔曼集团、百商集团等为代表的少数民族民营企业在机遇面前敢拼敢打、不断实现新跨越；以庆华集团、伊泰集团、三一重工等为代表的内地大型民营企业源源不断加入新疆跨越式发展的行列，带来了促进新疆发展的新鲜血液；以自治区工商联金属材料商会、鞋业商会、珠宝商会等为代表的行业商会不甘人后、敢为人先，团结引领各行业民营企业完善管理、加强自律、抱团发展、大步向前。全区非公有制经济发展亮点纷呈，成为推动自治区跨越式发展的一支重要力量。

二、工商联事业发展进入新阶段

2011年11月，自治区党委常委会专题研究工商联工作，通过《自治区党委、自治区人民政府贯彻落实〈中共中央、国务院关于加强和改进新形势下工商联工作的意见〉的实施意见》，并以新党发〔2011〕26 号文下发全疆。2011 年 12 月 16 日，自治区加强和改进工商联工作电视电话会议隆重召开。自治区四大班子主要领导出席会议，张春贤书记作重要讲话，努尔·白克力主席主持会议。各地州市县党政主要领导、分管领导，有关委办厅局负责人；各级工商联领导班子成员，常委企业、执委企业，各行业商会、异地商会代表共计 1 万余人参加了会议。这次高规格的会议，是自治区历史上的第一次。《实施意见》更是结合新疆跨越式发展和长治久安的总要求，提出了一系列符合新疆非公有制经济和工商联事业发展需要的创新措施。事实充分表明，全方位推动工商联工作、多层次提升工商联地位、宽领域发挥工商联作用的新时期新阶段已经来临。

三、参政议政和建言献策工作取得新成绩

各级工商联组织认真贯彻中央 16 号文件精神，积极参加党委、政府召开的座谈会、协调会，提出建设性的意见和建议。在人大、政协会议期间积极建言献策。全面启动中小企业综合性调研工作，全区 8 个地州市 17 个县市 13 个行业商会 57 家企业参加调研，形成近万字调研报告上报全国工商联，并以专报形式上报自治区党委，进一步推动了自治区发展中小企业 27 条的贯彻落实。自治区工商联《关于加快自治区中小企业发展的若干建议》获得中央统战部等 11 部门颁发的全国省区市级工商联和新疆统战系统唯一一个“建言献策优秀成果”奖。在全区开展“千家中小企业大建言”活动，从中筛选出民营企业家关于促进中小企业发展的 96 条建议上报自治区党委，为自治区决策提供依据。根据自治区党委安排，牵头人力资源和社会保障厅、商务厅以及和田地区等单位组成调研组，赴北京、天津就做好新疆籍务工经商人员服务管理工作开展调研。自治区党委采纳了调研组的建议。目前，自治区已经在北京、天津设立工作站，开展相关服务管理工作。自治区工商联《关于在新疆启动小额贷款公司转制工作试点的建议》的团体提案被自治区政协十届四次会议列为 1 号提案。自治区主要领导就自治区工商联《关于解决我区玉雕行业几个突出问题的请示》作出重要批示，相关问题得到及时解决。自治区旅游商会、EMBA 企业家商会联合提交的《关于实施大美新疆文化旅游区域品牌战略的建议案》得到自治区领导的充分肯定。

四、成功承办全国百名知名民营企业家新疆行活动

为进一步贯彻中央新疆工作座谈会和全国工商联援藏援疆工作会议精神，以首届中国—亚欧博览会为平台，大力开展全国民营企业家援疆对接承接工作。2011 年全区各级工商联组织积极与 19 个对口支援省市的工商联对接，开展互访交流。伊犁州、喀什地区、和田地区、阿克苏地区、吐鲁番地区等工商联为对口援疆省市工商联提供了 500 个重点项目，为地方经济发展作出了积极贡献。在大量务实、具体、细致工作的前提下，成功承办全国工商联参加首届中国—亚欧博览会暨全国百名知名民营企业家新疆行活动。在首届中国—亚欧博览会期间，自治区党委、人民政府与全国工商联隆重召开“全国知名民营企业家新疆行”恳谈会，中共中央统战部副部长、全国工商联党组书记全哲洙和自治区党委书记张春贤接见与会代表并出席签约仪式，区外民营企业与新疆地州市政府及企业共签订总额为 1226 亿元的投资合作项目，并向自治区工商联捐赠 1200 万元。

五、推动民营企业为民生建设年积极做贡献

全区各级工商联（商会）坚决响应自治区党委民生建设年的号召，引导广大民营企业家积极承担社会责任，为民生建设年作贡献。许多民营企业主动承担廉租房建设和棚户区改造任务，不讲条件、不计成本、让利于民，深受社会的好评。非公有制经济和中小企业努力为就业再就业贡献力量。仅在自治区民营企业招聘周活动期间，各级工商联就组织全区 1000 多家会员企业提供 120 多个岗位工种、18000 多个工作岗位。在自治区工商联“光彩事业托克逊行”活动中，40 余家会员企业为托克逊县捐款总额达 509.2 万元，捐物折合人民币 131.9 万元。在伊犁州发生里氏 6.0 级地震后，浙江商会、江苏商会、温州商会和民营企业为伊犁州地震灾区捐款 195 万元。据统计，一年来自治区非公有制经济组织累计投资公益事业项目 90 个，到位资金 120 亿元，累计捐款资金达 3000 多万元。

六、扎实推进非公党建工作和非公经济人士思想政治工作

各级非公经济组织党工委召开工作会议、座谈会、经验交流会，举办党组织书记培训班，大力探索非公党建工作新路子。伊犁州、奎屯市先后召开非公经济党建工作现场观摩经验交流会，反响大、效果好。新疆昆仑网开办非公有制经济组织党建频道，加大非公有制经济组织党建宣传工作力度。建党 90 周年之际，新疆华源集团党委获全国先进基层党组织光荣称号。截至去年底，全区非公有制企业建立党组织 5036 个，覆盖企业 26830 家。各级工商联广泛开展非公有制经济领域先进典型宣传工作，共推选 104 个先进典型，其中 36 个先进典型上报全国工商联。在自治区加强和改进工商联工作电视电话会议上，隆重表彰了 40 名自治区第三届优秀中国特色社会主义事业建设者。

七、效能建设工作提升服务水平，“会员之家”活动促进组织发展

2011 年，按照自治区党委“执政为民、变化变革、提高效能”的工作要求，积极响应自治区人民政府开展机关效能建设的号召，认真学习贯彻《自治区行政机关效能考评实施办法（试行）》，在自治区八大群团中率先开展以“解放思想、转变作风、提高效能”为主题的大讨论、大整顿活动。这次效能建设活动进一步统一了机关干部职工思想认识，建立健全了工商联机关各项规章制度，确定了建设“学习型、服务型、创新型、效能型、廉洁型”五型机关的奋斗目标，提振了机关全体干部精神状态和服务效能。继续以创建“会员之家”为抓手推动基层组织建设。2011 年又通过了对昌吉州、奇台县、布尔津县工商联自治区级“会员之家”的考核验收。目前，全区工商联会员 52686 个，基层组织 448 个，行业商会 91 个。

站在新的历史起点上，一定要认清形势、坚定信念、克服困难、乘势而上，要有高度的政治敏锐性和强烈的时代责任感，集智凝心聚力，抓住新疆科学跨越、后发赶超的历史机遇，做强做大非公有制经济和中小企业，为自治区转变经济发展方式、调整经济结构服务，同时，努力把工商联建设成为一个政治坚定、特色鲜明、机制健全、服务高效、作风优良的人民团体和商会组织，为新疆非公有制经济的发展和工商联事业发展的美好未来，为实现新疆跨越式发展和长治久安而努力奋斗。

新疆生产建设兵团工商业联合会工作综述

2011 年兵团工商联以中国特色社会主义理论为指导，认真贯彻中央新疆工作座谈会、全国加强和改进工商联工作会议和兵团党委六届五次、六次全委（扩大）会议精神，努力推进各项工作，围绕兵团跨越式发展和长治久安两大历史任务，进一步加强自身建设，认真履行职责，努力发挥作用，为兵团“十一五”目标的顺利实现和取得“十二五”规划的良好开端做出了积极努力。

一、团结服务，引导教育，为兵团跨越式发展和长治久安凝聚力量

中央新疆工作座谈会、兵团党委六届五次六次全委（扩大）会议召开后，兵团工商联深入实际，调查研究，在各级工商联组织和非公有制经济领域采取多种形式，对贯彻中央的战略决策和兵团党委关于实现兵团跨越发展和长治久安的重大部署，进行深入宣传讲解，提出意见要求。各级工商联组织和广大非公有制经济人士进一步解放思想，提高认识，坚定了推进跨越发展和长治久安的信心。围绕兵团经济社会发展“十二五”战略目标，积极推进非公有制经济组织开展创先争优活动，引导广大非公有制经济人士贯彻胡锦涛总书记“在加快经济发展方式转变上有更大作为，在保障和改善民生上有更大作为，在提升自身素质上有更大的作为”的要求，取得明显成效。在建党90周年之际，罗新文、陈翠莲、魏永胜等3名非公有制经济代表人士在兵团纪念建党90周年大会上受到表彰。唐城购物广场有限公司作为第四届全国民营企业就业与社会保障先进企业，受到国家人力资源和社会保障部、全国总工会、全国工商联联合表彰。

二、参政议政，发挥作用，推动中央16号文件精神贯彻落实

一是中央16号文件颁发和全国加强和改进工商联工作会议召开后，兵团党委常委会听取兵团工商联关于全国加强和改进工商联工作会议精神汇报，分析了非公有制经济发展和工商联工作面临的形势、存在的问题，并对落实“中央16号文件”精神作出部署。二是根据兵团党委的要求，兵团工商联结合“干部作风建设年”活动的开展，深入师、团、企业开展调查研究，提出具体办法，结合兵团实际，参与制定了兵团党委、兵团关于贯彻中央16号文件精神的《实施意见》，2011年9月19日兵团党委及时召开了兵团加强和改进工商联工作电视电话会议。兵团党委书记、政委车俊出席会议并作重要讲话，兵团加强和改进工商联工作进行全面部署。三是为贯彻兵团加强和改进工商联工作会议精神，推动《实施意见》落实，结合师团换届工作的进行，兵团工商联于2011年10月组成3个调研组，深入各师、企业开展调查研究，广泛征求各师党委、工商联和企业的意见和建议，掌握了解情况，指导工商联工作，对各师贯彻落实情况向兵团党委作了汇报，推动了“中央16号文件”精神的贯彻落实。

三、调查研究，建言献策，为非公有制经济发展创造条件

为推动国务院“非公经济36条”（国发〔2005〕3号）和兵团党委、兵团《关于加快兵团非公有制经济发展的意见》（新兵党发〔2005〕10号）的贯彻落实，兵团工商联提出了进一步加快非公有制经济发展的政策措施的意见建议，在兵团党委常委会议上研究同意。按照兵团党委的要求，我们在各师工商联和有关部门的配合下，就兵团非公有制经济发展情况展开深入调研，形成了《兵团非公有制经济发展情况报告》，为兵团党委制定非公有制经济发展目标提供了有力依据。

兵团工商联提交全国工商联《关于组织和引导非公有制经济人士为推进新疆跨越式发展和长治久安做贡献的建议》，受到全国工商联高度重视。全国工商联副主席褚平代表全国工商联就支援兵团工作与兵团工商联专题座谈，有针对性地对支援兵团工作进行了研究，为全国工商联援藏援疆工作座谈会的召开奠定了基础。全国工商联首位援疆干部于2011年8月25日到位兵团工商联；全国工商联百名知名民营企业“光彩事业兵团行”活动于2011年8月30日在农八师石河子市成功举行，有力支持了兵团工商联事业的发展，推动了全国对口援疆工作的全面开展。

四、广泛联系，热情服务，充分发挥管理和服务非公有制经济助手作用

“十一五”时期，兵团招商引资5年累计引进资金536.78亿元。2011年，兵团工商联认真贯彻全国对口援疆工作会议和兵团党委六届六次全委（扩大）会议精神，首届“中国—亚欧博览会”期间，兵团工商联接待全国工商联百名知名企业家到兵、师、团考察，增强了内地企业对投资兵团、合作发展的信心。积极承担兵团首次主办的“西博会”中的组织协调服务工作，一批项目已正式签约，还有一批合作项目正在洽谈中。据不完全统计，2011年上半年通过招商引资到兵团投资建设的非公有制经济项目达308个，占兵团引资项目的89%，到位资金47.18亿元，占到位资金的79%。

协调帮助副主席企业筹备组建了“兵团联众投资有限公司”，积极探索资本市场运作，促进企业联合发展。组织民营企业申报发展资金项目11个，补贴资金1000万元；科技改造项目20个，资金3200万元。协调解决了一批企业融资中的突出问题，分别为企业融资1500万元、5000万元。继续在非公有制企业中开展经济类职称评定工作，78名非公有制经济人士分别获得中、高级职称。协助会员企业办理出国（境）手续百余件，服务企业开拓国际市场。组织2批赴台考察团，促进两岸经贸交流与合作。

五、发挥优势，形成特色，非公有制经济成为兵团发展的重要力量

“十一五”期间，兵团非公有制经济占兵团经济总量的比重由21.3%提高到28%，已经成为兵团经济的重要组成部分。形成了一批有一定规模的民营企业。近两年，落户兵团的民营企业，投资规模百亿元的有6家，超10亿元的126家。兵团外贸企业中，80%以上是非公有制企业，进出口总额占兵团进出口总额的72.6%。兵团四城市中，非公有制经济税收平均占市税收的45.1%，成为税收的重要来源。非公有制企业吸纳了20多万人就业，成为扩大就业的主渠道和转移农业劳动力的重要途径。“十一五”末，兵团经济结构调整取得重大突破，其中工业提高9个百分点，非公有制经济为兵团优化结构产生重要影响，推动了兵团经济结构调整。

六、健全体系、教育培训，工商联组织和队伍建设进一步加强

贯彻落实《全国工商联关于加强县级工商联组织建设的意见》精神，召开现场会，总结兵团基层工商联组织建设取得的成绩和经验，分析面临的形势，明确了任务要求，推动了基层组织建设。贯彻兵团党委统战部关于做好2011～2012年工商联换届工作的意见，指导各师工商联换届工作，组织体系中长期存在的突出问题进一步得到解决。组织师、团工商联61名专兼职干部到浙江省委党校培训，指导各师举办工商联专兼职干部培训班14期，培训300人。举办非公有制经济人士培训班，培训兵团工商联副主席、副会长、执委、常委60名。兵团工商联副主席程利民等4名非公有制经济代表人士在中央社会主义学院参加了培训。

七、履行责任，促进正义，推动和谐社会建设

根据兵团党委《关于用群众工作统揽信访工作的意见》和兵直党工委《关于认真开展“大下访”活动的通知》要求，兵团工商联高度重视、结合实际、制定方案、采取措施，推动了《意见》精神的贯彻落实和“大下访”活动的深入开展。参与兵团劳动关系“三方”协调机制，促进社会就业和劳动关系和谐。组织石河子市“民营企业招聘周”活动，92家民营企业参加招聘会，提供用工岗位达1.1万多个，达成用工意向1972个。维护员工合法权益，参与企业职工工资普遍协商制度。积极提供法律援助。由兵团工商联直接受理并得到妥善解决的案件10余起，为企业挽回经济损失近千万元，对兵团社会稳定作出了应有的贡献。实施光彩事业项目352个，到位资金25亿元。

八、创先争优，改进作风，工商联机关能力建设进一步提高

以“走在前头做表率，服务基层促发展”为主题，在工商联机关党组织、党员中认真开展了创先争优、“热爱伟大祖国，建设美好家园”、大学习、大讨论和干部作风建设年活动。制定学习贯彻中央16号文件精神方案，进一步加强了机关建设，党员干部的思想、工作作风进一步改进，机关各项建设进一步加强，工商联引领非公有制经济健康发展和非公有制经济人士健康成长的能力进一步提高，推动了工商联各项事业的向前发展。

第六部分　附　录

全国工商联2011年工作要点

2011年是“十二五”规划实施的开局之年，也是工商联工作在新起点上开创新局面的关键之年。全国工商联2011年工作的总体思路是：认真学习贯彻党的十七届五中全会和中央经济工作会议精神，以邓小平理论和“三个代表”重要思想为指导，深入贯彻落实科学发展观，以科学发展为主题，以加快转变经济发展方式为主线，把学习贯彻《中共中央国务院关于加强和改进新形势下工商联工作的意见》精神贯穿到工商联工作各个方面和各个环节，坚持围绕中心、服务大局，面向基层、重心下移，以服务中小企业科学发展、树立非公有制经济人士和非公有制企业先进典型、加强基层组织建设、提高机关干部能力为重点，积极促进“两个健康”，为经济社会平稳较快发展作出应有的贡献，以优异成绩迎接建党90周年。

一、服务中小企业科学发展，引导非公有制企业转变经济发展方式

1. 全力做好中小企业调研和服务工作

与各地工商联、有关社会研究机构等共同组织开展中小企业发展综合调研，分析中小企业面临的机遇和挑战，找准制约中小企业科学发展的问题，向国务院提出促进中小企业加快转变发展方式、进一步转型升级的对策建议。与商业银行合作开发面向中小企业的金融产品和服务，提高中小企业信贷比例；加强与证券监管部门和证券商的沟通合作，加大小企业集合债券发行力度，推动各类股权投资基金的发展，拓宽直接融资渠道；与有关部门共同探索建立区域性中小企业产权交易市场，推动建立适合中小企业特别是小型微型企业发展需求的多层次融资平台。开展中小企业税赋状况调查研究，推动政府加大财税优惠支持、加强社会保险扶持、清理不合理收费。积极参与中小企业社会服务体系建设，努力提供信息、法律、融资、技术、人才等方面服务。

2. 促进民间投资政策措施落实到位

对国务院《关于鼓励和引导民间投资健康发展的若干意见》贯彻落实情况开展深入调研，全面了解非公有制企业进入金融、资源能源、基础设施、公用事业等领域的现状，及时掌握有关部门按分工出台一批具体政策措施的情况，向有关部门提出深入贯彻落实的意见建议。广泛开展“上规模民营企业”调研，注重提高企业参与度，做好“中国民营企业500家”发布活动，不断提高品牌影响力，发挥上规模企业在加快转变经济发展方式中的引领作用。完善全国工商联科学技术奖评选表彰机制，引导企业加大研发投入力度，提高自主创新能力。根据国家区域发展战略，组织非公有制企业结合自身发展实际积极参加区域性重大经贸活动。加强与工业和信息化部、总装备部等有关部门的联系与合作，积极引导非公有制高科技企业进入武器装备科研生产领域。继续开展“质量月”活动，引导企业提升产品和服务质量。

3. 推动实施“走出去”战略

开展非公有制企业“走出去”境外投资合作和并购资源性项目情况调研，为推动企业“走出去”提出有针对性的政策建议。建立与有关部门的联系工作机制，推动非公有制企业参与境外经贸合作区建设，开展“走出去”培训，为企业“走出去”提供政策指导和便利条件。与商务部共同召开全国非公有制企业“走出去”促进与交流会议。扩大与海外工商社团、驻华使领馆及商务机构的联系与合作，利用大湄公河次区域工商论坛、中亚区域经济合作、中尼民间合作论坛以及与欧美国家的合作项目等平台，帮助企业进一步拓展国际经贸合作空间。

二、树立先进典型，探索改进非公有制经济人士思想政治工作

1. 总结推广系列典型经验

组织各级工商联就非公有制企业和非公有制经济人士层层抓典型，着重探索对非公有制经济人士引导教育与其自我教育相结合的新途径，总结、树立和宣传在转变发展方式、自主创新、企业和谐、“走出去”、自觉履行社会责任等方面的先进典型。组织非公有制经济人士先进事迹巡回报告团，继续开展“大学生创业大讲堂”活动。与中宣部等部门建立通畅的信息沟通渠道和工作协调机制，充分利用新闻媒体，加大对典型企业、典型人物宣传力度，发挥典型的示范带动作用。

2. 推动企业文化建设

在认真调研基础上，适时召开非公有制企业加强企业文化建设座谈会，总结探索企业文化建设实践中非公有制经济人士自我教育的同时与员工互动教育、达到共振效应的新方式，使非公有制经济人士自觉树立创新、和谐、开放、责任等理念，推动构建先进企业文化。建立非公有制企业社会责任指导体系，引导规模以上非公有制企业发布年度社会责任报告。配合开展非公有制经济组织“七一”创先争优评选表彰活动，推动创先争优活动向广度和深度发展。

三、推动构建和谐劳动关系，引导非公有制企业积极履行社会责任

1. 促进非公有制企业构建和谐劳动关系

推动完善劳动关系三方会议工作，共同研究解决非公有制企业中普遍性、敏感性的重大劳动关系问题。对各地工商联参与劳动三方会议的现状进行调研，进行商会调解劳动关系争议试点工作，探索工商联参与调解、仲裁劳动争议的有效方式。积极参与厂务公开、班组建设等工作，引导企业加强内部劳动制度建设，改善劳动条件，搞好职工培训，体现人文关怀。在加快经济发展方式转变、调整经济结构的实践中，加强对非公有制企业风险管控的指导。

2. 引导非公有制经济人士积极履行社会责任

积极引导非公有制经济人士参与光彩事业、感恩行动等社会公益事业。做好全国工商联定点和重点扶贫地区的帮扶工作，引导农业产业化“龙头”企业带动中小企业积极参与贫困地区县域经济发展。组织非公有制企业积极参与中国—亚欧博览会等活动，推动工商联系统开展援藏援疆工作。继续与有关部门联合开展“全国就业与社会保障先进民营企业”评选表彰活动和“民营企业招聘周”活动，积极引导非公有制企业开发就业岗位，吸纳高校毕业生、农民工和城市就业困难群体等就业。

四、加强基层建设，夯实工商联工作组织基础

1. 加强县级工商联建设

配合中央统战部制定工商联换届工作指导意见，着重抓好县级工商联领导班子建设。落实县级工商联联系点制度，总结县级工商联加强自身建设、切实发挥作用的经验，掌握县级工商联建设面临的新情况、新问题，加强对县级工商联工作的分类指导。

2. 加强各类商会建设

认真筹备全国商会建设工作会议，提出加强和改进新形势下商会工作的指导性意见。继续与国务院有关部门沟通，切实推动行业商会履行法人登记手续，健全商会法人治理结构，规范内部管理。有序发展行业商会，切实加强乡镇、街道、社区、市场等基层商会建设，为会员提供融资、信息、管理、宣传等方面的服务。开展商会立法的先期研究，积极参与行业协会商会政策法律的有关工作。

3. 推动各地贯彻落实《意见》精神

加强各地贯彻落实《意见》情况的调研，及时总结经验，指导各地工商联积极争取党委、政府以及有关部门支持，推动出台各地实施意见。指导各地工商联把贯彻落实《意见》精神与工作实际密切结合起来，抓住有利契机，积极主动与党委政府有关部门进行对接和联系，建立长期合作机制，形成工作合力。

五、提高干部能力，加强机关建设

1. 加强调查研究

精心谋划好2011年度调研课题，统筹各部门力量开展重点课题调研，切实增强调研的计划性和实效性。进一步创新理论研究机制，推动形成全国工商联牵头，地方工商联配合，党委政府有关部门、民（私）营经济研究会、高等院校等研究机构参与的重大理论课题攻关研究机制。加强工商联理论体系建设，抓紧工商联简史编写工作。

2. 加强干部队伍建设

制定有针对性的教育培训计划和挂职锻炼方案，培养骨干力量。积极争取中央组织部和中央统战部的支持，开展局级干部的自主选学工作。制定进一步深化干部人事制度改革方案，推动干部人事制度改革。制定“干部选拔任用规定”和“干部轮岗交流规定”等制度，建立健全干部培养、考核、激励机制，着力提高广大干部的政治把握能力、谋划工作能力和解决问题能力。

3. 加强机关党建工作

开展专题理论讲座和支部书记讲党课活动，加强机关干部的理论学习。认真做好创先争优领导点评工作，组织支部创先争优经验交流，增强创先争优工作的针对性。开展“岗位创佳绩”活动，树立典型、弘扬正气，营造赶超先进的良好氛围。开展建党90周年纪念活动，评选表彰先进党支部和优秀共产党员，增强党员的责任感和使命感，推动机关各项重点工作开展。

4. 加强机关制度化和规范化建设

注重完善并落实工商联系统信息报送工作机制，围绕重点工作提高信息质量，加强信息反馈，为领导决策快速提供有价值的信息。扎实开展公文培训和公文纠错点评活动，切实提高干部公文起草能力，严格执行公文处理方面的有关制度，加强对外发文的审核与把关，提高机关公文办理工作水平。按计划完成新办公楼建设和机关搬迁工作，改善办公设施和办公环境，健全管理制度，规范机关运行，使机关工作呈现新的面貌。

直属企事业单位简介

全国工商联机关服务中心

全国工商联机关服务中心是中华全国工商业联合会（以下简称机关）直属事业单位，成立于2006年，编制25名，现有工作人员42名。

主要职能是为机关办公与职工生活提供后勤服务。业务范围包括：机关办公服务，机关职工生活服务，承办机关委托事项。具体承担：机关办公楼物业管理与服务的监管，机关会议服务、接待服务、文印服务、供餐服务、车辆服务、医务服务等。

2011年，全国工商联机关服务中心在会党组和主席办公会领导下，对内强化管理，对外规范服务，较圆满完成了机关后勤服务保障各项工作任务。截至年底，完成迎送领导任务56次；会议室预订317次，服务4764人次（仅10月迁入新址后至年底）；文印排版、印制、装订各类文件材料1000多件次，使用纸张折合A4型纸约48万张；提供医务诊疗服务5298人次，核销医药费1671人次；承担机关会议服务、物业监管、供餐、职工福利物品发放等工作规范有序、服务到位，受到机关领导的肯定和同志们的好评；车队安全行车65万公里，被北京市东城区评为区级交通安全工作先进单位，车队负责同志被评为区级交通安全工作优秀管理者。

地址：北京市西城区德胜门西大街70号
邮编：100035

全国工商联信息中心

中华全国工商业联合会信息中心是全国工商联所属事业单位，成立于1993年。

主要职能包括：负责全国工商联机关（以下简称机关）信息化建设规划的实施；负责机关网络信息、内刊信息编辑；负责机关计算机网络、通讯网络的技术管理和维护；负责机关办公自动化、数据库、网站等系统的管理维护；负责机关计算机网络信息安全保密工作的技术支持服务；负责机关办公自动化设备的检测维修；负责拓展信息化服务业务；负责指导地方工商联信息化工作。

2011年，信息中心根据全国工商联信息工作的总体要求，积极开展工作，努力推进工商联系统的信息化建设。

一、办公平台建设

加强外网办公平台的管理和应用推广，充分利用信息化手段，畅通公文、信息传送渠道，保证了全国工商联政令下达、各地工商联信息上报的时效性。积极推进内网办公平台的使用和改进完善，部分功能已得到较好应用。

二、完善工作制度，努力做好内刊编辑工作

进一步完善信息报送制度，加强信息员队伍建设，开展评比表彰先进，有效地促进信息工作的开展。2011年各地工商联通过外网办公平台报送信息2500条，发布于全国工商联网站3500条。

2011年编发《全国工商联通报》17期，《全国工商联通讯》5期、《工商联信息》48期、《每日情况》190期，增发了《贯彻落实中发〔2010〕16号文件情况简报》60期，增发《全国非公有制经济领域典型宣传工作简报》14期，在数量和质量上较上一年度都有较大提高。

三、数据库建设

较好的完成了执常委、会员企业数据库，上规模民营企业调研数据库，民营企业参与光彩事业项目统计数据库的改进完善与维护工作。提供了有效的应用培训和使用指导，为数据的统计分析提供技术支持，有效配合了相关工作的开展。

四、网站建设

努力做到及时、准确、全面地反映我会的重要活动，力求图文并茂。有效配合各部门、地方工商联的信息发布工作。较好地完成了重要活动或者重大事件的专题制作。英文网站及时翻译发布重要会议活动新闻，以及统计分析报告、科技奖等，得到了海外商会的肯定和好评。

五、网络系统的维护与管理

组织有关人员加强学习，提高思想政治觉悟和安全保密意识，提高技术服务能力，保持网络的畅通、信息系统的稳定运行、各终端的正常使用。

较好完成了新办公楼计算机网络、电话、电视、一卡通等系统的安装调试，弱电项目的核查督办、使用前期准备，办公自动化设备安装与调试。

六、承担的主要事务性工作

承担了执委会、常委会，以及部分部门相关会议活动的短信群发，执委会议、常委会议、机关大会的签到，以及相应的会务工作。

信息中心较好的完成了内刊编辑任务，充分发挥了网站的宣传作用；较好的完成了信息网络系统建设、维护和应用推广任务，为机关各项工作的开展提供了良好的技术支持与服务保障，创造了良好的办公自动化环境，为全国工商联全面履行职责，促进“两个健康”，作出了应有的贡献。

地址：北京市西城区德胜门西大街70号
邮编：100035

全国工商联人才交流服务中心

全国工商联人才交流服务中心是中华全国工商业联合会直属事业单位，成立于 1995 年，编制 20 名。

主要职能是按照中华人民共和国人力资源和社会保障部颁发的《人力资源服务许可证》和国家事业单位登记管理局颁发的《中华人民共和国事业单位法人证书》规定的服务范围，为工商界人才流动提供中介服务，人才交流服务，流动人才组织与人事关系转接，流动人才档案保管，人才信息服务，人才信息库管理；收集、整理、储存和发布全国工商联系统人才供求信息，组织系统内人才推荐、人才培训、智力开发、成果转让、人才测评事宜，经全国工商联机关人事部授权保管全国工商联下属企事业单位流动人员人事档案。

2011 年人事档案转入 2119 份，转出 499 份，现有人事档案 5200 份。

地址：北京市东城区北河沿大街 93 号

邮编：100006

中华工商时报社

中华工商时报社是中华全国工商业联合会直属事业单位，成立于 1989 年，编制 270 名，现有工作人员 234 名。

《中华工商时报》是一份以促进非公有制经济健康发展、引导非公有制经济人士健康成长为目标的新政经类报纸。办报思想充分体现了“统战性、经济性、民间性”。1989 年 10 月 6 日在北京创刊，海内外公开发行。国内刊号：CN11－0168，国内发行代号：1－146。

《中华工商时报》面向民营企业中的资产拥有者、资本运营者、经营管理者，以及关注财富创造与财富增值的广大政商学界人士。办报宗旨是：做中国民营经济的忠实守望者。目标愿景是：做中国民营经济的舆论领袖。

报道内容以实用性和深度性为特色，向受众传递权威、理性和独到的信息，包括要闻聚焦、产经信息、财金资讯，以及经济发展趋势预测、政策解读、市场分析、焦点热点问题评议，公共事件、突发新闻深度追踪等，浓墨重彩地展现民营经济及其代表人士的风采，以及各级工商联组织、行业商会的工作成就等。

《中华工商时报》倡导“把今天的新闻，置于昨天的背景，诠释明天的意义。”强调以民营经济的视角，关注新近发生的政治、社会、经济等领域的所有新闻事件。并以经济的视角看待社会新闻；以社会的视角看待经济新闻；以国际的视角看待区域新闻。中华工商时报以事件性新闻和连续跟踪报道见长，办报风格秉承“商味”、“民味”、“海味”等本报传统。

《中华工商时报》现为工作日报，每周 56 版，彩色印刷。在全国各省、自治区、直辖市设有 33 个国内记者站，还在法国巴黎、马来西亚吉隆坡等世界华商主要聚集地设有海外记者站。本报除在北京印刷外，还在上海、福州等地设有分印点。

地址：北京市宣武区广安门外南街 47 号

邮编：100055

中国工商杂志社

中国工商杂志社是中华全国工商业联合会直属事业单位，成立于1987年，编制8名，现有工作人员8名。

《中国工商》杂志是由中华全国工商业联合会主管、主办的寓统战性、经济性、指导性于一体的政经类月刊，担负着宣传党的统一战线、非公有制经济理论、方针政策和工商联工作，促进非公有制经济健康发展，非公有制经济人士健康成长的重要使命。是了解我国非公有制经济和工商界发展动态的重要窗口。

《中国工商》以非公有制经济人士和工商联干部和各类商会组织为主要读者对象。坚持面向民营企业，贴近工商联、贴近商会、贴近企业家，努力营造非公有制经济发展环境，提升非公有制经济人士综合素质。研究非公有制经济理论，宣传非公有制经济领域先进典型，构建社会主义核心价值体系。挖掘广大非公有制经济人士创造的，富有时代特征，健康向上的宝贵精神财富和先进文化元素。展示未来非公有制经济发展方向，展示非公有制经济人士和工商联（商会）干部的精神风貌，为非公有制经济发展助力。

《中国工商》始创于1953年。1988年公开发行。2006年由于种种原因暂停出刊。2012年恢复出刊。《中国工商》为月刊，全年12期，大16开，112页正文，全彩色铜版纸印刷。

地址：北京市东城区北河沿大街93号
邮编：100006

中华工商联合出版社有限责任公司

中华工商联合出版社成立于1993年3月，是由中华全国工商业联合会（中国民间商会）主管、主办的中央自收自支事业单位。2009年3月，与吉林出版集团有限责任公司合作重组转企改制为中华工商联合出版社有限责任公司（国有企业），注册资金3350万元，现有职工80余人。

中华工商联合出版社有限责任公司的宗旨是：为全国工商联中心工作服务，成为全国非公有制经济权威专业出版传媒平台。坚持效益优先，坚持发展为第一要务，坚持利润递增。坚持社会效益第一的原则，同时坚持走出版产业化之路，按市场化原则建构图书产品链，形成专业化、特色化、品牌化产品结构，形成大众化、规模化的市场格局。

中华工商联合出版社有限责任公司出书以实用类图书为主，正在从小型经管类出版社向中型经管类出版传媒强社递进。公司以经管类、励志类、培训类、生活类图书为主线。围绕主线，关注市场经济的前沿课题与焦点课题，完成高端产品的大众化与市场化；关注中国职场的发展需求，形成励志图书的团购群体；关注全国工商联的中心工作，为非公有制企业的培训需求开发系统培训教育读物。

公司的市场战略是博弈红海，开拓蓝海。红海即大众市场，蓝海即民企市场；公司图书出版方式是高端低做、低端高做。高端低做即理念类图书大众化，增强其大众传播价值，使之具有潜在畅销书的特质。低端高做即实用类图书精品化，增强其特有实用价值和文化价值，使之具有潜在常销书的特质。

伴随着图书市场日新月异的变化，伴随着文化体制改革的深入展开，中华工商联合出版社有限责任公司面临着严峻的挑战和千载难逢的机遇。展望未来，公司将以“做强主业、打造品牌、进入主流、形成优势”为主导思想，以“深化改革，加快发展”为中心工作，努力做强做大做优。

地址：北京市西城区西直门外西环广场A座19－20层

邮编：100044

中国证券市场研究设计中心

中国证券市场研究设计中心是中华全国工商业联合会直属事业单位，成立于1989年。

1989年成立之初的名称是证券交易所研究设计联合办公室（简称“联办”）。它的设立宗旨是推进中国资本市场的建立。根据中央领导确定的“民间发起，政府支持”的方针，当年3月15日，由中国国际信托投资公司、中国光大（集团）总公司等9家国有信托投资公司发起并筹资成立，由国家经济体制改革委员会代管。1991年经国家人事部批准，更名为中国证券市场研究设计中心（以下简称“中心”）。2002年中心顺利完成了事业单位法人设立登记工作，取得了事业单位法人证书。2004年在国家行政管理体制改革以后，中心的主管单位改为中华全国工商业联合会。

中心在成立的前几年参与了中国证券业和资本市场从结构设计、规模管理到具体操作（包括上交所、深交所筹备）的全过程，并按照主管单位确定的“政策研究、信息服务”的宗旨，开展宏观、行业与市场的经济研究，在业内形成影响，为促进社会经济发展，辅助领导决策等做出了积极贡献。从1993年起中心先后创办了《证券市场周刊》、《财经》杂志等刊物。《证券市场周刊》秉承“眼光即价值”的办刊理念，为个人投资者提供最大的财经信息内容和财经服务平台，为维护证券市场健康有序的发展作出了一定贡献。《财经》杂志一贯保持对金融市场的前端热点事件进行跟踪的办刊风格，保持在业内和社会上的影响力，是目前亚洲财经类的品牌前端杂志。

地址：朝阳区朝外大街22号泛利大厦11层

邮编：100020